当代中国大律师丛书

同兴隆 共平安

徐家力 著

当代中国出版社
Contemporary China Publishing House

图书在版编目（CIP）数据

同兴隆，共平安 / 徐家力著 . -- 北京：当代中国出版社，2022.10

ISBN 978-7-5154-1222-1

Ⅰ . ①同… Ⅱ . ①徐… Ⅲ . ①律师业务—中国—文集 Ⅳ . ① D926.5-53

中国版本图书馆 CIP 数据核字（2022）第 151021 号

出 版 人　冀祥德
责任编辑　邓颖君
责任校对　康　莹
印刷监制　刘艳平
装帧设计　马　帅　鲁　娟
出版发行　当代中国出版社
地　　址　北京市地安门西大街旌勇里 8 号
网　　址　http://www.ddzg.net
邮政编码　100009
编 辑 部　（010）66572744
市 场 部　（010）66572281　66572157
印　　刷　北京润田金辉印刷有限公司
开　　本　710 毫米 ×1000 毫米　1/16
印　　张　33.75 印张　2 插页　548 千字
版　　次　2022 年 10 月第 1 版
印　　次　2022 年 10 月第 1 次印刷
定　　价　128.00 元

自序：同兴隆，共平安

——隆安律师事务所成立三十年记

人生六十耳顺，时间就这么快过去了，我这半辈子，忙忙碌碌，一事无成，唯有两件事情内心颇为得意：一是当年高中毕业考上北大法律系；二是创办了隆安律师事务所（以下简称“隆安”）。如果没有考上北大，我可能还会去下乡，即使不去下乡，大概率是去工厂当个工人，人生会是另外一番景象。如果没有下海创办隆安当律师，在机关里能到什么程度真是无法预料。人生太奇妙，人生太无常，考上北大改变了命运，最大的改变是从北大毕业后可以选择人生的道路，可以选择自己要从事的职业，北大让我有机会有资格做这种选择。成立隆安并做律师这是我自己的选择。1992年，随着国家进一步的改革开放、律师制度的变革，隆安诞生了。我们是典型的“九二派”。无论是隆安，还是我本人，现在舆论普遍认为“九二派”创造了历史，树立了先锋，实际上是我们赶上了好时代，幸运地摸到了历史的脉搏。2022年，30年过去了，在这30年中都发生了什么事情？我自己选择的这条路正确吗？我需要总结一下，给自己一个交代，对所里也是一个交代。这本书不是一本自传，我还比较年轻，还没有到写自传的时候；也不是一碗心灵鸡汤，我不是什么成功人士或者什么名人，没有资格写心灵鸡汤。我所写的都是与隆安有关的故事，有的是直接的，有的是间接的。所有的想法都是在隆安当律师时产生的，有的是自己的感悟，有的是别人的启发。当初创办隆安是为了当律师，我自己决定当律师以后，可以去一些现有的律师事务所去执业，没有去有很多原因，既然自己想当律师，又有机会成立自己的律师事务所，何乐而不为呢？于是，当律师与办自己的律师事务所一并解决，一步到位，这也符合当时的历史潮流。开始的想法就是这么简单，没有什么宏图伟略，干起来再说，只是没有想到未来的发展也无法预测，这是当时的真实情况。隆安能走过30年，还能发展壮大到今天的规模，我是万万没有想到的。没有能力预料到我们现在已经有几千名律师，几十家分所，在各种排名榜单上遥遥领先。追忆曾经发生的事情，除了让现在隆安执业律师知道我们的历史以外，也能为未来隆安的规划和发展提供一些素材和参考，这是我的初衷和意愿。

我平时很喜欢看名人传记一类的书，能成书的人就是把其一生的成与败展现给世人，通过阅读多多少少能从中学到一些东西，可以成为自己的榜样，同时，吸取一下别人的人生教训，也能体会到别人的心路历程。当接触到著名的唐德刚教授的口述历史传记时，我真是爱不释手，几乎看遍了在中国能够找到的中文版口述历史的书籍，其中《张学良口述历史》这本书反复看了好几遍。作为东北人，我通过这本书更加了解了张学良，原来张学良卡通式的印象变成了有血有肉的丰满形象。阅读口述历史的著作收获不小，后来我就想，能不能用这种方式将隆安及我自己的故事写出来？唐德刚教授写的都是名人，我们老百姓也可以借助这种方式写写平常普通的故事。在前几年，我们就开始做这个尝试，比如我们曾经找过李蒙先生，他当时还是《民主与法制》杂志社的记者，由于种种原因，没有完成，在这本书里，我还是采用了他所写的一些内容，特此感谢。再后来又找过其他人写，也没有完成，可能是我们的故事太过普通，甚至是乏味，大咖们无激情，无灵感。在这种情况下，我决定自己亲自操刀，无知者无畏，在过去的岁月里干过很多不知道怎么干的事情，从后来的效果看，还是不错，把经历的，看到的，听说的，想到的写出来，口述历史，所有心里的故事和思考用码字的键盘显现出来。

当真正开始写起来的时候才发现其实很难，尽管隆安已经有了30年历史，但大部分是流水账，能从中提炼出的有价值的东西并不多，在这30年中，随着时代的脚步一直往前走，隆安是千千万万律师事务所中的普通一员，我们走过的道路大家同样都走过，作为过来人，只是力求客观记录所发生的点点滴滴的人和事。律师事务所就是办案的平台，在30年不算太短的时间里，我们办理了大量的案件，在最近一次权威机构的评比排名榜单中，隆安承办的案件数量在全国排名前十，如果把30年的案例都写出来就变成了律师事务所案例集，这不是当下我要完成的任务。我只能根据时间顺序，把隆安前前后后、左左右右的事情串联在不同的时间节点上，当中还有我个人的轨迹交织在一起。我离不开隆安，隆安也离不开我，我中有你，你中有我，我在讲隆安故事的时候其实就是在讲我自己，在创立隆安之前，我人生的大部分时间是在求学阶段，毕业后找了生平第一份工作，干了几年就出来成立了律师事务所。隆安的30年就是我人生的30年，我在写作的过程中总是试图把隆安的历史独立完整地表达清楚，把我从中摘出来，后来发现这不可能，也不现实，我自己这才觉醒过来：我的人生大部分事情与隆安有关，我的生命时间大部分是在隆安度过的，在这30年当中，酸甜苦辣各种滋味都体验过，在创办隆安的过程中，在干中学，在学中干，很多问题要处理，很多事情要面对，现实逼着人去思考，去找解决困难的方法，在30年过程中迸发出来许多想法和感悟，这些想法和感悟随着故事产生，又为持续发生的故事提供了导向，就是这样风风雨雨的度过了30年。

在1992年成立的律师事务所不只隆安一家。我们的出现是一个时代的标志。我们的存在是历史的缩影，我们有义务把当年、当时发生的事件及其背景情况写出来，告诉后来的人，否则没人知道历史，我们每个律师事务所的故事加在一起，构成了我们那个时代的完整故事，这是我们的责任，我们不去承担谁去承担？百年人生，千年忧思，这恐怕就是我们这一代人的宿命。我要用口述历史这种方法说说我们自己的小事和顿悟。

是为序。

徐家力

2022年7月

目 录

同兴隆　共平安

第一编

从“困难时期”出生的小孩到检察官

一、我的青少年时代

曲折而又幸运的童年

我1960年6月出生在辽宁省沈阳市，父亲是辽宁兴城人，据长辈讲我们祖籍在山东省烟台市掖县，也就是现在的莱州市，父亲原来在辽西省（今天辽宁省锦州市）工作，辽西省和辽东省合并以后，父亲就调到了沈阳工作。母亲是河北省昌黎县人，后来也到了沈阳工作。母亲的舅舅当时在沈阳开鞋帽服装工厂，公司合营以后成为国有企业沈阳市服装厂，母亲就是沈阳市服装厂的工人，母亲和父亲应该是在沈阳工作时相识的，后来他们于1958年结婚。1960年我出生，我还有一个弟弟，1965年出生。在那个年代，一个家庭只有两个孩子是比较少见的，我认为是因为当时父母被迫分居两地，他们才少生了孩子。

初生照片

我出生的地点在沈阳市八一公园南侧的启玉里，据母亲讲我出生在一个日本的二层小楼里边，在我小的时候，记忆当中我家里是有地板的地，走起来，地板滋滋乱响，这个家里还有日本的木屐、日本的木质碗筷等。当时从我们家启玉里到沈阳南站是日本1945年投降以后撤离东北遗留下来的房产，这地方日伪时期叫浪速通，应该是日本的租界地，全部是日本人建立的小洋楼。在家附近八一公园周围有原来的美国驻沈阳领事馆、英国驻沈阳领事馆等西洋建筑物，还有不少旧社会遗留下来的大军阀、大财阀的独立大院。

小的时候就经常去家北边当时是苏联驻沈阳总领事馆的遗弃大院玩，那是一个很大的公园，经常去捉蛐蛐、捉蝈蝈，那个大院自然环境非常好。尽管我出生时正处在三年困难时期，但是我本人的童年还是比较无忧无虑地度过的。生活也没有特别艰苦，在我的记忆中，日子过得还是比较惬意的。

这可能跟父亲当时在中共中央东北局财委工作有关，我长到两三岁以后顺理成章地就进了东北局的幼儿园，当时还有牛奶喝，每天早晨送奶工准时把牛奶送到家门口，这在当时是非常难得的。虽然出生于三年困难时期，但是直到今天我的体质都比较好，我认为是因为我小的时候，在最需要喝牛奶的时候喝到了牛奶，强壮了骨骼，这是我身体发育各方面都比较好的主要原因。那时的东北不是现在的东北，那时的沈阳也不是现在的沈阳，生活水平及各种条件都是全国最好的。即使赶上三年“困难时期”，当时的生活条件还是不错的，我幼年的记忆生活是美好的了。我父亲后来几次调转工作都没有离开省直机关，可以说我的早期童年生活是相当愉快的、幸福的，在东北局幼儿园时，经常周末跟我的父母去东北局大院看电影，各种各样的活动都给自己的童年增添了不少色彩，但是这种好日子只持续到了我6岁的时候。

1966年，“文化大革命”开始了，我父亲受到冲击，让他去农村下放劳动。最开始的时候定的是我们家下放到昭乌达盟，就是现在内蒙古的赤峰，全家下放劳动。我记得当时我父母买了很多咸菜、腐乳等大罐食品，以备下乡时使用，可是后来没有去成。听我父母讲是因为我母亲是工人，国营企业的工人不需要下乡，而我父亲是干部，干部需要下乡，所以就没有全家去成。

父母与儿时的我

1967年我7岁，本应该上小学，但因为停课我没有小学可上，加上东北局撤销，我父亲被下放到位于辽宁省盘锦地区大洼县的辽宁省“五七”干部学校接受改造。我很快随着我父亲被下放到辽宁省“五七”干部学校。我母亲继续留在沈阳上班，我弟弟是1965年出生的，当时我弟弟才1岁多，我母亲一个人照顾我弟弟本就很困难，加上我那时候没有学校可以上学，我的去向就成了我们家一个大的问题，于是暂时随着父亲去了辽宁省“五七”干部学校。

这样，我们家四口人分成两部分，在沈阳我母亲带着我弟一个人，他1岁多，母亲每天带着他上班；在盘锦我虽然跟父亲去了五七干部学校，但他根本无暇照顾我，所以我当时属于无人管的状态。

大人们到五七干部学校的目的是进行思想改造，活动较多，孩子们当然就没人管了，呈“放养”状态，不需要上学，也无学可上，这种状态虽然学不到知识，却也很快活，我现在看到小学生沉重不堪的学习生活，常常庆幸地回忆起我无学可上的快乐童年玩耍生活。我那时总的生活情况就是流浪玩耍，基本上没有上过学，也没有学习什么知识，处于文盲状态。

后来，我又被送回到我奶奶家和姥姥家一段时间，刚开始我被送到了我奶奶家，辽宁省兴城县拣金公社边壕子村。因为我的三姑是小学民办教师，就跟着我三姑在这个边壕子小学学习，从一年级开始学习。不过，因为当时停课，小学也不怎么上学，实际上就是跟我三姑一块儿待着，我三姑就带着我，看着我。

少年的动荡

在我的老家辽宁省兴城县边壕子小学待了一段儿时间，不知道什么原因我又被送到我母亲的老家，河北省昌黎县五里营村。这个村是以盛产葡萄而闻名的，有我姥爷、我姥姥，我的几个姨带着我在那儿待着。6岁以前我日子过得还是很幸福的，但是我的6—12岁基本可以用食不果腹，有一顿没一顿，上一顿有下一顿没有，或者今天到这家明天到那家，后天又不知道到谁家去的状态形容，实际上就是流离失所的状态。在那段时间，我一会儿盘锦，一会儿兴城，一会儿昌黎，就这么来回待着。不过在我长到10岁左右的时候，基本上都在父亲下放劳动的辽宁省“五七”干部学校，盘锦市大洼县。

6—12岁这6年名义上是在学校上小学，但基本上是无学可上，我就在这三个地方不断地被送来送去。正因为当时大人们无暇顾及我，或者说没有人认真地管教我，所以我养成了一种享受自由的心态，也养成了无拘无束的性格，当然也体验到了人间的各种艰辛和困苦，遭到过各式各样的白眼，干过这样那样的农活，知道了中国农村最底层老百姓的生活是怎样的。现在每当遇到什么人说他自己小的生活如何如何艰难时，我都付之一笑，我心里很清楚那是一种怎样的状态。

1972年，我父亲回到沈阳重新工作，我也就跟着回来了。我的上学问题也提上了日程，对我来讲面临着12岁继续上小学的问题。先是去了沈阳北市小学，就这样开始了本该在1967年就应该开始的小学学习，当年之所以去这个北市小学上学，我想是因为北市小学就在我们家的不远处，我们刚回城也没有可能选择什么学校，就近就便吧。北市小学位于沈阳著名的朝鲜族居住区西塔附近。到了小学，老师问我上几年级，我说我应该上三年级或者四年级。老师就让我参加一个考试，问我会什么，我基本上什么都不会，我也没学过汉语拼音、没学过数学、更没有学过几何。老师说根据我的年龄及学习程度让我留级一年，那你就上三年级吧，我就跟着三年级上学了。

我就这样上了北市小学的三年级，这个期间又发生了“反击右倾翻案风”的运动，学校又开始停课，我就成天在学校里混，因为经常打架的缘故，被学校老师告到我父亲那儿，我父亲也经常采取比较严厉的“棍棒”教育，问我能不能不打架。但是当时东北的状况，小孩除了打架以外，也没什么娱乐，实际上打架就是一种娱乐，教我的老师经常甚至每天给我们班女同学带小条儿给我父亲，举报我在学校的种种劣迹，我回家以后就会被我父亲揍一顿，这种状态持续了一段时间，这个学校地处沈阳最混乱的地区，名义上是每天上学，但基本上也不学什么东西，我最严重的时候上学时背一个书包，里面放的不是课本，而是砖头或者是菜刀之类的东西。我父亲怕我这样下去要学坏，快成小流氓了，就决定让我转学，后来我父亲给我转到和平二校。和平二校离辽宁省委很近，也离中国医科大学很近，大部分的老师和家属都是中国医大的，跟中国医大家属院就一墙之隔。我转到和平二校接着上四年级，这个学校的风气要比北市小学好多了，除了中国医大家属比较多以外（我的班主任老师就是中国医大的家属），学校还有很多军队的家属，还有相当一部分人是省政府的子弟，尤其是省委的子弟，省直机关大院的子弟，所以在这个班里学风就好很多。我就在和平二校上到1974年从这个学校小学毕业。

虽然和平二校校风比北市小学好一点，但也没有什么学习的事情。小学毕业的时候，我们和平二校的同学整班升入东北育才学校，在育才开始了中学生活。在育才的时间主要是学工、学农，我们上的中学东北育才学校当时叫121中学，我们班到了121中学以后改为18班，除了我们和平二校这些同学以外，又增加了当时的育才和其他外校的人，最多的时候我们这班同学有70多人。

东北育才学校是我真正开始学习的地方，这是1974年。所谓真正开始学习的地方是指比以前的学校好多了，起码能够正规地每天上学，能够正规地学习了。所谓正规的学习，就是比以前那几个学校呢，可能有一些学习的安排，在我的记忆当中原来我上过的几所学校都没有学习的印象，甚至都没有怎么正经地上过课。不过当时在育才学校学习也不是主要目的，主要是参加育才学校地下的防空洞建设，也就是从1974年到1976年，这3年期间我们花了大量的力气挖学校下面的防空洞，每天同学们挖完以后有粮票补助，在育才比较深的记忆是我们这届学生大部分时间都用在给学校挖防空洞了，一直挖到1976年，学习的记忆很少。

我们在中学期间的主要活动并不是按部就班的上课学习。当时东北育才学校刚开始由军管，后来由工宣队接管。当时我们学校的支部书记、工宣队领导、革委会主任应该叫范师傅，是领导我们学校的，来自沈阳变压器厂，所以我对范师傅印象比较深刻，是典型的工人阶级，虽说文化水平不高，但经常在学校大会上讲课，他领导我们挖防空洞。同时，还去佘山分校学农、干活，到沈阳变压器厂去学工，东北育才学校比其他学校应该在学习方面好一点，但是这种社会活动也是比较多的，这种状态在当时是比较正常的，一直持续到1976年学校开始走上正轨。

东北育才学校

东北育才学校是1949年由张闻天、徐特立等老一代无产阶级革命家创建的一所具有光荣革命传统的学校，后来周恩来总理少年读书的小学也合并到了这个学校。东北育才学校是在老一辈无产阶级革命家的亲切关怀下运行管理的。1948年12月开始筹办，1949年年初开始招生，1949年5月1日正式开学。学校隶属于东北局。张闻天同志亲自为学校命名为“东北第一育才小学”。徐特立同志亲自为学校挑选优秀教师。当时，学校是一所东北局东北军区干部子弟学校，学校实行供给制，学生一律住校。第一任校长为李力群同志。各级领导对学校非常关心。1951年贺龙元帅曾来校看望师生。东北行政委员会教育局曾专门发文，对学校及学生的各项开支费用做出明确规定，学校还与中国医大签署了关于医疗和化验员培训的合同。

当时教育界主要学习苏联的教育理论和办学经验。学校多次接待苏联友人的参观访问，并请苏联教育专家来校讲教育学。学校全面关心学生的成长，结合寄宿制特点，经常组织学生进行各种教育活动。

我在东北育才学校

随着教育事业的发展，东北育才学校也在不断扩大和发展。1956年曾与市53中学合并，开始成为一所小学、初中两部建制的学校。后与53中学分离。自1958年起正式招收初中学生。1960年学校动工兴建新的教学楼——东楼，于1962年竣工投入使用。

在此期间学校已经成为沈阳市一所知名学校。1958年荣获沈阳市先进单位称号。同年，荣获沈阳市“体育运动红旗学校”称号。1959年学校少先队被评为和平区优秀大队。1960年荣获全国文教群英会先进单位称号。

“文化大革命”的十年，育才学校遭到了严重的破坏。

“文化大革命”结束后，“文化大革命”期间所实行的九年一贯制（小学、初中、高中）逐步恢复到“文化大革命”前的“六、三、三”学制。学校成为一所完全中学。学校教学质量稳步提高，初中部教学成绩名列市区前茅，高考升学率逐年上升。

由于东北育才学校的特殊背景，我从此“坐上了一艘快船”。东北育才学校，是1949年东北解放时由部分随军家属和子弟共同迁至辽宁而成，北京和上海也各有一个类似的“育才”，这三家学校有着共同的血源。我亦坦言，自己事业上之所以能有今天，同样也得益于育才学校。当时的育才学校正在进行教育体制改革，试行九年一贯制，即不分小学、初中和高中。1978年正是恢复高考的第二年，我完成了九年的义务教育课程走上了考场。然而这是一次惨败的经历，我数、理、化三门考试共得了84分，唯一的收获是证明自己不是学理科的材料。高考落榜之后，我又有了参军的念头，不料却又因眼睛近视未获通过。此时恰逢东北育才恢复旧的教育体制，在“文化大革命”中被迫缩短的学制延长了一年，即所谓戴帽一年。给1978年的毕业生保留了一年的学籍和高考资格，允许1979年高考后再高中毕业，峰回路转我因此又获得了一次高考的机会。

人生路上的长跑

我进入东北育才学校学习的时候“文化大革命”还没有结束，那时的育才学校已改名121中学，1979年中学毕业离校时又改为沈阳教育学院附中。

这是我在中小学上学期间停留时间最长的母校，五年时间的在校学习，虽说时间不长，我们却经历了很多事情。那时候，接受工人阶级的再教育，参加学工、学农劳动是我们的必修课。印象最深刻的是我们付出了说不尽的辛苦，在校园里挖地下准备防止核大战的防空工事，这是我们留给母校的重要资产。1976年历史性的转折到来，国家经济建设及各行各业逐步走上正轨，接着又恢复了高考。到1979年新学期开学后，我们高二年级开设了文科班，我本人就是从这个文科班考上大学的。

在5年的育才学校学习时光里，在不同的学年段，我和同学们得到了很多老师的指导和教诲。除了最后一年的文科班以外，给我印象最深的是班主任白老师、赵老师、迟老师，在同学们人生观、世界观形成的关键时期，老师们不仅传授文化知识，更重要的是塑造我们的精神和灵魂。比如赵慧彬老师的几句批评，就成为了我中学时代乃至我步入社会奋发努力向上的精神动力。说起这事还要从赵老师担任班主任后整顿不良风气，狠抓课堂纪律开始。

赵老师有独到之处，她的方法就是要求同学们每天上课前或在课间必须围绕着中山公园外墙跑一圈。开始时大家都没有当回事，我也是连跑带玩，跑步成绩经常落后于其他同学，有时还趁人少不备进入中山公园抄近路。有一次赵老师例行检查，问我跑步情况，那天因天气十分寒冷我没有跑，就随便找个理由搪塞过去了。正在得意之时，赵老师很严肃的让我在全班同学面前站着，她非常严厉的对大家说："跑步这件事看起来很普通，但能坚持下来也需要毅力和坚强，跑步不仅是为了锻炼你们的身体，更重要的是磨炼你们精神斗志。这是最简单有效的方法，希望你们坚持下去，不要找各种借口，不要大帽子底下开小差，不好好跑是在骗老师也骗自己，为了不好好跑步，找各种理由对付老师，这点小事都做不好未来还能做成什么大事？"说实话平时在班里我的表现还是不错的，尽管不是赵老师最喜欢的好学生，但也并不差。赵老师当着全班同学的面狠批我，让我颜面尽失，无地自容，自尊心受到极大打击，在全班同学面前抬不起头来。心想，不就是没有好好跑步吗？至于这么上纲上线吗？真的太过分了。因此对赵老师的批评有些想不通，情绪抵触之下和老师拉开了距离。过了一段时间看到原来一些后进的同学在赵老师的严格要求下，都有了不同程度的进步，当时我是看在眼里急在心上，痛定思痛，决心痛改前非，哪里跌倒就从哪里爬起来，找回自己的尊严。既然赵老师说我跑步不好，那就从跑步开始，下定决心后我每天跑步再也没有"偷工减料"。功夫不负有心人，几个月下来我渐渐地排在班级甚至全学年的前列，经常获得第一名。从此更是一发不可收，在学校运动会上，中长跑项目成了我的名片，1500米、3000米、5000米、10000米的冠军奖状尽数囊括怀中。我还代表学校参加过和平区运动会和沈阳市运动会，先后拿过很多名次。在每年举行的沈阳市庆新年环城长跑中也取得过名次。

中学时期获得长跑冠军

赵老师刚来时，以抓跑步为突破口整顿班级纪律初见成效，班里学习气氛明显好转，同学们的精神面貌大为改观。世事难料，赵老师的爱人突然离世，对她打击很大，随后便辞去了班主任职务。假如赵老师能一直担任班主任，相信我们班会更好。大家心里明白，在那个特殊年代，能遇到一个有教育情怀的好老师多么的不易，又多么的重要。

人生路上的长跑，健康之路的长跑同样都有内在的道理，健康的长跑养身，人生路上的长跑决定你的一生。在育才学校求学经历中，我的学习成绩一般，比起1977年考入中国科技大学的杨子韶，1978年考入北京大学的王蒡等学霸们，我绝对是无名之辈。我在育才的知名度应该是长跑。当我考上北京大学时，就听到有人私下议论：“被北大录取的徐家力是18班那个很能跑的人吗？真看不出来，居然还能考上北京大学。”

进入北大学习以后，我曾入选过校长跑队。在中国政法大学期间也曾是运动会上长跑的主力选手，并担任了中国政法大学研究生会的文体部长。在荣誉面前，我更加怀念赵老师，如果没有她当时的一番批评和鞭策，我怎会因此而发奋努力，并把强身健体的习惯保持至今。坚持长跑很多年，我的体质一直不错，每次体检时医生都说我的心脏比一般人要大，心率比较缓。现在我最爱的体育运动是打网球和滑雪，以我现在的体能，很少感到疲劳和体力不支，网球球友和滑雪的朋友对我的体力很惊讶，给予点赞！

因为经常参加长跑活动，加入了北大学生会体育部，参与了许多学生会下设的活动组织，比如1981年中国女排夺取世界杯，学生会邀请女排队员到北大联欢。我至始至终参与组织工作。

时光远去，记忆犹新。中学时期因长跑受到赵老师批评及此后的经历，对我而言好比一个传奇。工作之余我经常反思，上学时老师的一句话，一次批评或是表扬，看似很普通，但极有可能会给学生带来终生的影响。或许老师已经忘了当时说了什么话，但学生是会铭记终生的。现在我做了博士生导师，遇到需要指点的学生，总是直言不讳，毫无保留，我之所以这么做，是希望他们当中的某一个人也会像我一样受益终生。

二、北京大学求学

考上北大

从1979年到今天，转眼40多年过去了，40年前我从沈阳的东北育才学校考上了北大，来到北京工作、学习、生活，命运就此改变，当年报考北大的经历至今还历历在目。

历史的车轮滚到了1977年恢复高考，就我而言基本的知识都没有，拿什么高考？我没有系统地上过小学及中学，甚至我都没有学习过数学，只学习过算术，语文连汉语拼音都没有学习过，以现在的标准衡量，我当时就是一个文盲。但却考上了北大，这不是我一个人的境遇，现在很多高官，甚至著名大学校长经常在公众场合讲话时都白字连篇，这是一代人的痕迹。今天回忆起来，以我这样一个文盲身份能够考上北大，有下面几个原因：

第一，报考文科是正确的选择。

我们应该是1978年高中毕业，因为辽宁省在“文化大革命”期间缩短了学制，当我们1978年中学毕业时，还差一年学制，上面通知我们补一年学制，所以我们1978 年毕业时就参加了高考，由于数、理、化三门功课太差，根本不可能达到大学录取分数线。既然可以再补学一年，考理科完全没有希望，于是开始学习文科，报考文科院校。

文科班1979年1月1日成立，1979年7月高考，我一举考上北大，不能不说这是一个正确的选择，扬长避短，不要在一棵树上吊死。当然，在当年“学好数理化，走遍天下都不怕”的口号下，勇于选择文科并不是一件简单的事。选择文科不仅让我考上了北大，也让我喜欢文科一发而不可收拾，我从纯文科的法律本科读到了硕士、博士、博士后，到今天的博士生导师。

第二，集中时间和精力玩命复习。

自1979年元旦后东北育才学校文科班成立，我们正式开始复习准备高考，我投入了全部的时间和精力，心无旁骛、全神贯注，除了吃饭睡觉外，基本上都是在看书复习，家都不怎么回去，吃在教室、住在教室，真是玩起了命，废寝忘食、日夜奋战，近乎癫疯状态，效率极高成果显著。

现在回想起来，那真是一段难忘的时光，很苦很累，真是接近了崩溃的边缘，所幸的是坚持了下来，反倒成为一笔宝贵的财富和难忘的经验。实践证明突击复习考试是有效果的，用这个方法考上北大也是可行的。当时因为恢复高考时间不长，还没有现在的成熟复习高考的经验，完全靠自己的摸索，所以，个人的高考体会与经验还是很重要的。

第三，“文化大革命”期间积累了一定的社会科学知识。

我从应该上小学的1967年开始，到1976年打倒“四人帮”，基本处于流离失所的生活状态，果腹尚未解决谈何学习。不过在这期间无意学到了一些社会科学知识，为高考准备文科的考试奠定了一些基础。比如从《论共产党员的修养》中知道了什么是修养，在批判“海瑞罢官”的时候知道了中国历史，在“批林批孔”中，知道了孔孟学说，在学习中共党史的时候也学习了中国近现代史。

在那个年代，这些无意中学到的历史、地理、政治、语文等考试需要的文科知识也为我考上北大提供了很大的帮助。否则即便我再如何努力，用半年的时间复习考上北大也是天方夜谭。

第四，遇到了好学校和好老师。

我的母校东北育才学校是一个有着辉煌历史的学校，在1949年左右就因为东北野战军要解放东北，由延安及各地迁到沈阳组建，当初是为出山海关的中共干部提供一个孩子学习成长的基地，所以，东北育才学校最初的名字就叫作四野子弟学校，从建校开始，这所学校就是各个方面都比较强的学校，争优抢先的传统一直创造着。有着不同寻常的光荣历史。

虽然在“文化大革命”中学校已经被军管会、工宣队接管，但几十年来学校形成的教学质量及体系是无法全部消失的，尤其是学校具有一大批非常优秀的老师，在高考复习的过程中，这些优秀老师的指导对我们十几岁的孩子们来说，起到了十分关键的作用，可以说没有这些老师的教导，我不可能考上北大，也不会有我的今天。

第五，先考试后报志愿，才使我敢于报北大，才能上北大。

我不知道其他年份的高考情况如何，在我高考的1979年那一年，是先考试后报志愿，这个制度救了我，让我有机会敢报北大。

我在当时的育才学校，学校成绩并不突出，突出的是体育成绩，学校每年的运动会中长跑的最好名次基本上都是我摘取的，反倒学习成绩一般般。混在十几个人的文科班里一点儿都不突出，与十几个理科班尤其与理科快班相比，我们文科班实在是可有可无，没人把我们当回事，学校也没有指望文科班会出什么奇迹。

当我的高考成绩出来后，我才知道我的成绩可以上北大，如果不是有先报志愿的规定我绝不敢报北大，最多是吉林大学及辽宁大学。

第六，考场巧遇烈士遗孤。

我参加的1979年高考于当年的7月7、8、9日三天举行，地点是沈阳市第29中学。在考试当天，大家准备就绪，摩拳擦掌，万事俱备只欠东风，但在考试开始铃响之前，监考老师突然宣布一个消息："今天张志新烈士的遗孤也在这个考场参加高考，等考试开始后，中共辽宁省委第一书记任仲夷同志将来考场看望烈士遗孤，请各位同学予以配合。"

我当时就知道任书记是来看望曾琳琳来的，她是张志新的女儿，也毕业于育才学校。听到监考老师这番话，考场马上炸了锅，这是高考考场老师，不能开这种玩笑。老师说：大家不要着急，会给大家延长时间考试。考试开始后不久，教室的门突然被打开，进来十几个人，其中就有任仲夷书记，他与烈士遗孤握手、拍照、录像后就出了考场。在考试结束铃响以后，监考老师说因为你们考场耽误了一些时间，所以给你们延长时间，我在这延长的时间里收获不小。

为什么选择北大法律系学法律

1978年经历了高考第一次失败后，我改选了文科，经过半年的拼命努力，1979年高考成绩出来，我考了辽宁省文科前几名的好成绩，因为那年高考是先出成绩后报志愿，才会考虑填报北大，如果是考前报志愿，我是绝不敢填报北大，因从小就没怎么念过书，觉得自己是"文盲"，文盲敢报北大吗？

时值改革开放初始，中国大地上生机盎然，党的十一届三中全会已经召开，为中国带来了新生和希望。作为老革命的父亲早已感到中国正在发生的变革，也希望儿子能够在变革中有所作为和贡献。我父亲以一个老革命的眼光，认识到中国的未来一定需要法律方面的人才。他是经历过“文化大革命”冲击的干部，他用自己的切身感悟反复对我说：一个国家，一个社会，没有法治就会乱，整个社会就会颠倒黑白，让你报考法律，就是要为建立法治社会做贡献，将来国家需要这样的人才。然而年少的我像所有的文学青年一样怀揣着做一个新闻工作者的梦想，在高考志愿上我填上了有悖于父亲意愿的专业——复旦大学新闻系新闻专业，因为我的作文曾在全市语文教学中成为过范本，在那个时代我是典型的文学青年，私下偷读了不少世界名著，当然也包括很多手抄本，做着彩色的成为作家的梦。为了说服孩子，父亲请来了一个多年的老友，一个“文化大革命”前的北大法律系毕业的前辈，当时他正是辽宁省文教办主任的秘书，帮助我分析，鼓励我要报考北京大学法律系。并坦言中国的未来需要法律人才，北大的法律系是中国最好的法律系，也是学子们最向往和最神圣的地方。同时我父亲说的另外一个理由是北京比上海离家近，北方人去南方生活不一定习惯，像以往棍棒教育一样。我父亲强制我填报北京大学法律系，我没有其他选择的权利，只好被迫地听从了父亲的提议报考北大法律系。

1979年7月，我以辽宁省前几名的高分成绩被北大法律系录取。

初来北大

我仍清楚地记得来北京的日子是1979年9月9日，我从沈阳坐火车，在北京火车站下火车后，找到北大接站的牌子，在北大接站同学的引导下，坐上北大接站的校车从北京站到北京大学这条路来到了北大校园，当时过了动物园就是稻田和草地。北大校园里湖光塔影，校园外却是郊区，只有海淀镇还繁华一点。学校的学习生活条件是艰苦的，玉米粥、馒头、咸菜是早餐主要内容，当时判断是不是北大学生有个简单方法，就是看我们的衣服上是否留有玉米面粥的斑迹。时隔多年我仍然清楚地记得1979年踏上北京的土地，将与军旅梦、复旦新闻梦擦身而过的遗憾抛在身后，走向了通往法律殿堂的大门。

我们当时的同学年龄相差比较大，我们年龄小的也爱扎堆玩，当时年级上年纪最小的是查海生，就是后来写《面朝大海，春暖花开》的诗人海子。像查海生这样成为文艺界著名人士的少之又少，我的大多数同学后来还是在法律界，比如全国律师协会的前会长于宁等。北大法律系在1979级进行了扩招，学生从1977级、1978级每年几十人一下扩招到我们年级150多人，之前1977级、1978级的同系学长里，有如今的国务院总理李克强，还有姜明安、陈兴良、何勤华、郭明瑞等一批法学大家，都是改革开放后中国法律界的栋梁之材。

北大法律系当时汇集了法学界的大家和名师，我接受了这些名师的熏陶和教诲，打下了比较扎实的法学功底。

我在北大图书馆

难忘燕园生活

北大校园风景秀美如画，向来有“一塔湖图”的美称。“塔”，是指博雅塔。“湖”，是指未名湖。“图”，是指北大图书馆。环湖的杨柳婀娜多姿，枝条低垂，温柔地拍打着水面，未名湖将一座座雕梁画栋融化在一汪清泓里，博雅塔、石筋、枫岛、翻尾石鱼组合成了一幅清新、淡雅、恬静的画图。北大以其独特的精神魅力感召着一代代优秀学子走到时代的前沿，肩负起民族兴亡的重任；北大以其深厚的文化底蕴及其自由的文化氛围，净化着学子的心灵，使得每一位从这里走出去的学子，在多少年后仍饱含着泪水，心中默念着她的名字。这真是一块圣地。丰博的学识，闪光的才智，庄严独立的思想，浓厚的学术氛围、严谨的科学作风、创新的精神，兼容并包的传统，民主科学已经成为这块圣地不朽的灵魂。总之，只要你踏入北大校园，北大的历史就会化为一种实实在在、别有洞天的感觉，她的每一棵树，每一块碑，每一条路，都暗含着历史的沧桑，都凝结着文化的久远。而能在这样的校园里读书、做学问，又何尝不是一种享受呢？北大，这所充满智慧和灵气的校园，流动着充满活力的血液，她的兼容并包提供给了每一个具有活力和创意的学生机会来表现自己，来挖掘自己的能力。北大公平地给每个学生一个自由展示自己能力的空间。在我踏入北京大学的那一刻起，我就知道自己的选择是正确的。中国1977年恢复高考，法律系一直是北京大学比较冷门的系，1977级和1978级法律系每年只招收一个班，1979 级一下扩招到四个班，法律系学生人数大增。这足以证明国家对法律的重视，也预示了中国法律的春天已经来临。然而，并不是所有进入法律系的学子都是自愿选择了法律，我班里49人中只有几人是报考法律系的，我同宿舍的7人中大部分都没有报考法律系，都是从其报考的专业转过来被动地学法律的。可见那时的中国人对法律的认识还很淡薄。1979级以前的同学中有很多是经历过“文化大革命”考验、上山下乡的知识青年，他们的社会阅历和经验都相当丰富。面对来自全国各地的精英，处在这种强中自有强中手的环境，19岁的我这个沈阳市高考学霸原来的优越感受到了挑战，我感到了压抑，感觉到自己太渺小了。对于我来说，进入北大的前两年，表面上是人生高潮，实际上却是情绪的低谷。因为北大的同学们太优秀了，有的智力非凡，有的阅历丰富，相比于他们，我觉得自己很渺小，颇有自卑感，好在我逐渐找到了自己的特长，那就是体育运动，在学校里练习中长跑和马拉松。

我在未名湖畔

为了缓解生活、学习上的压力，我试着调整自己的心态，放下了“天之骄子”的架子，用乐观积极的态度和平和的心态与身边同学友爱相处，我坚信每个人都有自己的特点和别人无法企及的优势。也许你不一定是最优秀的，但你一定可以是最快乐、最独特的。渐渐地我开始适应了北大的集体生活，我在这个聚集着全国最优秀人物的校园里找到了知音。我们一起谈天说地，激扬文字，指点江山，一起实践理想，一起争辩探讨学术问题，一起开展社团活动，同时我还开始根据自己的特点，给了自己正确的定位，选择适合自己的发展方向。自习教室、图书馆乃至草坪之上，石阶之旁，到处留下了我埋头苦读的身影。我沉浸在北大优美的校园环境里，深深地呼吸着这里自由的空气，兴奋地注视着教授，仔细聆听对我们的教诲。我敞开了怀抱来拥抱北大，睁大了眼睛来寻求知识、寻求理想，名师的指导、学风的熏陶、个人自觉的训练和学习使得我的知识、视野、气度都更上了一层楼。首先是思想的深度和广度都得到了提升，思想底蕴在加厚。其次是法学知识、写作水平都得到了全方位的提高。就连我的各项运动潜能也得到很好的展示，我的同学于宁担任北大校学生会副主席后，提名我担任学生会体育部副部长期间，通过努力，邀请到当时威风无限的中国女排到北大，并由此活动喊出了“团结起来振兴中华”的口号；而我的另一杰作是参与组织成立北大自行车队，暑假策划了50多人的全国自行车旅游。这些看似与学习无关的活动让我找到了自信，结交了朋友，从而又为日后我开展律师业务打下了基础。北大，对我的影响实在是太大了！也许这就是北大的魅力所在。只要你走进这个校园，有很多东西你就逃不掉了。你会有对国家、民族最自然的责任感，这是与生俱来的。你就会去思考很多很多……在这里，我被北大的魅力深深地吸引着，找到了自己的精神家园。回忆起北大的生活，这是我一生最有滋有味的几年经历。北大四年的校园生活，开拓了我的眼界视野，培养了我独立思考的能力，教给了我很多的法律知识和做人的道理。在所有的课程里，我最喜欢的和对我影响最大的是法理学和哲学，我认为哲学教我如何认识和分析问题，而法理学则为我现在从事的律师工作提供了坚实的基础和成功的保障。

一年年春去秋黄岁月如歌，多少的故事，多少的欢笑，多少成长的感动，都留在燕园这片神奇的热土上。谈起北大四年、北大精神等话题，我以一句话概括了万千感受：一切还得“拜托你自己”！

参与组织北大学生自行车旅行活动

在北大上学的最大收获其实除了学了很多知识之外，还见到了很多大师。当然，每个人感受到的收获是不一样的，以我个人的体会在北大参加的各种校内外的社会活动，是我在北大上学期间最大的收获。刚上北大不久，学校学生会改选，我被增选为校学生会体育部副部长，参与学生会体育部各种活动的组织，我参与组织的两项最重要的活动，一是1981年的“320”之夜活动，中国女排被请到北大。当夜我们喊出了“团结起来振兴中华”的口号，这个有意义的不眠之夜留在了历史。我参与的另外一项活动就是1981年暑假的自行车旅行活动，从头至尾我都参与其中，记忆犹新，感想颇多。

1981年暑假，由北京大学校团委、校学生会组织的北大学生一行50多人，骑自行车从北京出发，历经天津、沧州、德州、临邑、济南、兖州、曲阜、泰安、淄博、潍坊、平度、南村，青岛、蔡阳、烟台等地，最后到达青岛。还有部分同学乘船去大连等地，然后骑行回到北京。历时1个多月，这次活动是北大组织的一个官方活动，学校专门配置了校团委及校学生会干部组织并参加了全程活动，并派汽车及后勤人员随队保障。这次活动应该是北大学生自行车活动的起点和里程碑。作为此次活动的组织者和参与者，我有许多感受和回忆。

1981年春天，正是我上大学二年级的时候，确切说我是北大法律系1979级3班的学生。当时，北大校园活动十分活跃，各种竞选活动、社团活动及讲座等百花齐放、百家争鸣。在这种背景下，北大校团委、校学生会决定加强和扩大学生们的业余校园活动，组织一次由各系学生代表参加的远程自行车旅行活动，既能扩大北大的影响，又能丰富同学们的课余生活，同时也锻炼了同学们的身体，增强了体质。校团委、校学生会作出决定后，责成时任校团委干事焦宜民老师、王军民老师、时任校学生会副主席于宁同学和时任校学生会体育部副部长的我组成领导班子，负责筹备及实施这次前所未有的北大学生自行车旅行活动。

当时的北大团委书记是李克强（法律系1977级）、学生会主席是潘维明（中文系1978级）、团委体育部长是张虹海（哲学系1977级），他们都对这项活动作了重要指示。从1981年春天开学后不久就开始了这项活动的筹备。首先遇到的问题是从北京出发骑向哪里？当时有人建议去上海，但在炎炎的夏季，从北京到上海近2000公里的路程，怕同学们受不了，否定了。也有人建议去东北或西北等地，最后定下来去山东青岛，是因为当时的北大党委书记王学珍老师是山东人，还在山东省里当过领导，他托人给沿途及目的地有关部门打招呼关照北大学生旅行团，山东青岛就这样定下来了。

解决了去哪里的问题，还要解决谁去的问题。当时北大在校学生几千人，不可能组织太多的学生去。为了便于管理和安全起见，校方给我们的指标是原则上不超过50人，以男同学为主，主要照顾1977级、1978级同学，因为他们一年后即将毕业，原则上不考虑1980级同学参加。按照这些原则，我们组织了报名摸底活动，首先在大饭厅（现世纪大讲堂）贴出了告示：北大团委、学生会准备组织学生自行车旅行团赴青岛，有意参加的学生请到学生会32楼体育部报名。不到几天功夫，报名的同学近千人。近千人报名而我们只要50人，怎么办？让谁去？不让谁去？怎么决定？谁决定？最后我提出：既然这次活动由体育部组织，应该算是一种体育活动，那么这次活动应选体质健康强壮，具有运动员素质的同学参加。因为一个多月的自行车骑行，没有充分的体力和强壮的身体是吃不消的。于是决定在报名的同学中按运动成绩优劣来进行挑选，就像按运动成绩挑选运动员一样。那么怎么挑选呢？这我们就有经验了，因为我们在校园里已经组织过多项的体育活动，制定竞赛规程就是了。

我们决定在校园里组织两次自行车选拔赛，通知报名的同学，自备自行车，在一个风和日丽的星期天，我们组织了第一次去密云水库，有几百人参加，同时从北大出发，骑到密云水库大坝后返回北大。选拔前200名最先到达的同学，从起点到终点，有校学生会体育部的学生干部组织和监督。通过这次选拔赛，我们发现两个现象：一是报名的人比较多，但实际参加选拔赛的人并没有那么多；二是参加选拔赛的同学们体力差异很大，有的同学很轻松就骑回了北大，跟我们估计的时间差不多，而有的同学则骑得很慢，有的甚至第二天才回来。通过这次选拔，我们更有信心了，完全能够组织几十人的自行车旅行团赴青岛。

第二次选拔赛我们选定了潭柘寺。潭柘寺的路程比密云水库更远，关键是去潭柘寺的路不如京密路好走，路窄、车多、山高、坡陡，难度增加了。我们从在去密云选拔赛中脱颖出来的200名同学中，又进行了一次选拔赛，同样是在一个天气很好的周日，我们组织了近200人的潭柘寺骑行选拔赛。这次实际去的同学有一百多人，我们还是从北大出发，到达潭柘寺后原路返回，选拔最先回到北大校园的前100名同学。这样，最后近一百名同学的名单就大致确定了。在这100名中，因为有很多1980级的同学，我们基本上就排除了，除了极个别的1980级同学，其余大部分同学都来自1977级、1978级和1979级。最后去的是50多位同学近60位。因为选拔赛后，有些同学因其他原因决定不去了，还有的同学因为家庭生活困难，根本买不起一辆自行车，这种原因退出的同学占了相当大的比例。鉴于这种情况，北大校方紧急与天津自行车厂联系，希望厂方能够低价向同学出售一批自行车，于是一种名叫“飞身”牌的自行车运到了北大，价钱确实比当时的名牌“飞鸽”便宜许多，但一看质量就不行，这是天津自行车厂一种滞销产品，也是它的一种新产品，有的同学买了此车，在整个骑行过程中此车质量真是不敢恭维。尽管如此，有些同学还是买不起，有的同学向亲朋好友借自行车，有的同学无奈只好作罢，放弃参团。

万事俱备，只欠东风，待人员选定后，我们统一购置了标有“北大自行车旅行团”的背心和遮阳帽。每人还配置了从地理系借来的一只野外专用的地质包。统一了服装、统一了装备，并携带了一面“北大自行车旅行团”的旗帜，学校方面特意派了一辆“130”货车跟随出行。

1981年7月15日，我们一行近60人，打着“北大自行车旅行团”的旗帜，从北大校园浩浩荡荡出发，直奔天安门广场，在广场举行了出发仪式并拍合影留念，许多校领导及媒体参加了出发仪式，次日首都媒体对北大自行车旅行团的壮举进行了报道。

我们按照事先编排好的10个小组顺序，出发前往本次征程的第一站：天津杨柳青，10个小组中每个小组平均有10个同学左右，男女搭配，年级混搭，每个小组都有小组长和副组长，由组长或副组长召集每个小组的成员集合、休息、骑行等活动。我们小组成员有于宁、李京生、贾永祥、韩冀、王京武、吴浩、左耀太、李立、赵东和我，其中，赵东（女，1978级技物系）为组长，我为副组长。之所以要编成10个小组，是因为50多人骑着自行车很难统一步调行进，50多人一块骑行在当时尘土飞扬的公路上也不太安全。有了小组就可以按小组的形式进行活动。另外一个原因，同学们来自各个年级，不同的系别，年龄差异也很悬殊，有的同学当时已近30岁，有的同学才20岁左右，加上同学生源来自五湖四海，分成小组活动确实是一个可行的办法。经过层层选拔和三次拉练，又经过了部分的准备，我们从北京出发第一天到达杨柳青很顺利，也没出现什么状况，体力也没有消耗多少，平安无事。

第二站是从天津杨柳青出发到河北的沧州。当时的中国没有一条高速公路，从北京到山东的公路是混合路，各种汽车、拖拉机、马车、牛车、驴车、自行车、行人混合行驶，不仅时常尘土飞扬，因为有些路段连沥青路面都不具备，而且险象环生。长途飞奔的大卡车有时绝尘而去后带来一股巨大的浊流气浪，我们都要及时躲避让路。有时有的路实在不能骑行，只好下车推着走，有时路上各种车辆乱作一团，完全无路可走，我们只好绕行从公路旁的小路插过去，有时甚至要从路旁的村庄穿行而过。骑自行车的人都知道，自行车在公路上绝对是弱势群体，任何强行抢道的情况，都可能发生在自行车前，所以，无论在出发前，还是在骑行中，我们都反复强调“安全第一”，务必确保每个同学的人身和财产安全，一个不落地把自行车旅行团的每个同学带回北大校园，这是当时我们对北大校方承诺的誓言，也是北大领导批准允许组建这个旅行团并能成行的先决条件。令人欣慰的是：我们一行50多人，在大家共同努力下，安全、完整、团结地回到了北大校园，谱写了一段北大学生自行车旅行的历史篇章，也为北大后来的学生活动，尤其是自行车的活动提供了经验和榜样。据说，现在的北大自行车学生活动十分活跃和流行，我想这与我们这些前辈的业绩和足迹是分不开的。换句话说，我们1981年北大学生自行车旅行团应该是北大学生自行车活动的先驱和鼻祖。

从天津杨柳青到河北沧州的路上，骄阳似火，大家汗流浃背，尽管我们每个人都配备了遮阳帽子，但七月的华北大地仍像火炉一样烤人，有的同学皮肤已经出现了晒伤。但这刚刚是开始，在路途中，常常是皮肤晒得爆了一层皮，没几天退去，几天后又长一层新皮，一个多月下来，几乎每个人都被晒成黑人，以致当自行车旅行团活动结束时，我回沈阳老家，我妈乍一见我都有点儿认不出我了，我妈说你怎么晒成了“黑人”。尽管有衣服保护，大家基本上都被晒成了“黑人”。从北京到青岛这一路是中国北方夏季最热的路途，那时候我们连温度计都没有，估计至少有40摄氏度以上的温度，即便是这样一种条件，大家也都是高兴热烈，一路欢声笑语，整个路上充满快乐和幸福。

从河北沧州出发已是本次活动的第二天，我们的目的地是山东德州。德州是沧州的邻近市，也是我们整个行程中进入山东的第一站。从沧州到德州的过程中，我们在公路旁看到了大片的棉花种植园和西瓜地。早在中学学地理时就知道德州是中国最大的棉花产地之一。亲身经历此地，真有读万卷书，行万里路的感觉。这也是我第一次到山东的土地。不仅看到了书上所学的知识现实状况，而且还有一股兴奋与激动。因为我虽出生于东北沈阳，但祖籍却是山东的烟台市掖县（现在已改为莱州市），所以进入山东我有一种寻根问祖的心情，尽管我的祖籍已没有什么直系亲属了。到了德州之后的发现是西瓜地特别多，到处是熟透的西瓜。我们都非常的口渴，也带了行军水壶，但是完全不够喝，谁也解不了渴，从早上灌满一壶水后很快就喝光了，要等到中午休息的时候，才能重新灌满水。另外，那时也没有现在的矿泉水可以随时买得到。所以在整个活动中喝水成了一个大问题。很多同学，包括我自己干脆就喝的自来水，而且能喝上自来水也是很不容易的了。沿途下来除了个别同学因为饮食不规律出现问题，大多数同学喝自来水也都扛下来了，并无大碍。我们看到眼前的西瓜地，心里就想着用西瓜去解渴了。到了一个地方我们去西瓜摊买西瓜吃，有时也在西瓜地里跟瓜农直接买西瓜，吃完了还要带上几个，于是在我们的车队中就出现了后载物架上人人都载着一个西瓜的景象了。当然也有个别的同学来不及买，或因为太渴，或因为囊中羞涩，直接去西瓜地取之解渴，此种行为也往往发生在天黑以后。也是极少部分人所为，当然也是秘密的。

买了西瓜后大家要切开分享，但没有人有这么大切西瓜的刀，于是就有男同学用手劈西瓜，一掌下去后把西瓜切成几瓣，大家蜂拥而至品尝到了西瓜的甘甜。也有时劈不好，西瓜碎成了西瓜泥，仍有人拾起即吃，无所顾忌，其乐融融。

在德州另外一个很大的收获是遇到了德州扒鸡，以前只是听说过这个地方的扒鸡是美味，但是从来没有机会品尝。到了这个地方以后，发现满大街都是卖这种扒鸡的，价格也是十分的便宜。对于我们每天出行一百多公里的二十多岁的青年人来讲，在路上能吃饱绝对是奢侈之事。到德州发现扒鸡如此之多，大家都乐疯了，我拿25斤粮票换了一只巨大的扒鸡，我几乎是将扒鸡一口气吃下去的，吃完了才有些饱了的感觉。第二天我又用粮票换了一只，又大吃了下去。好在我们从北京出发，到山东德州已经有几天时间了大家比较累。于是决定在山东德州休息一两天，才使我们有机会大饱扒鸡之口福。

除了吃西瓜和扒鸡以外，在德州休整的几天里，我们还有其他一些活动，比如去当地学校交流指导。大家也冲着北大的牌子特别好的招待了我们一番。

待重振精气神后我们又上路了，下一站目标是潍坊。

我经常跟我女儿说，我年轻的时候时常吃不饱，具体地讲就是，在我26岁研究生毕业之前经常吃不饱，虽说当时改革开放也有几年了，但生活水平仍然很低，在学校食堂吃饭，吃不饱是普遍现象。我女儿问我：什么叫吃不饱？为什么不吃饱？面对这类问题，我只能回答：就是无东西可供你吃饱，没有可吃的东西，怎么能吃饱？另外，吃不饱的情况是吃饭时虽然像吃饱了，但过不了一会儿就又饿了，因为所吃的东西没有油水。所以不经饿消化很快，这也是吃不饱的原因。为什么不吃饱当然也就在其中有答案了。在我们的车队中，吃虽然是一个很大问题，但我们仍然玩得很高兴。

“七包子”的来历，因为大家都正处青少年时期，加上连日的舟车劳顿，大家的饭量之大，实在惊人。每人每顿饭吃一两斤实在是正常。在队伍里，有一位女同学，姓杨、年方十九、身材苗条、南方人、温文尔雅。在一次吃饭时，二两一个的包子，她连吃了七个，共一斤四两，还不算其他食物比如蔬菜等，因此在团里得名“七包子”的绰号。

到了潍坊市以后，发现已经越来越接近青岛了，因而也就放松下来，我们除了享受当地的热情招待外，还参观了当地的风土人情，比如十笏园等。由于出发前，北大已跟当地有关部门打好了招呼，我们在当地的活动也安排得非常丰富，十分惬意。在沿途我们也感受到了北大招牌的分量和当地人对北大人羡慕的眼神。一因是北大，二因是我们的壮举，在我们行进的过程中有不少的围观者、跟随者、欢迎者和好奇者，黄衣、绿短裤、地质包，是我们的特征和标杆。我们成了沿途一抹靓丽的风景线。

在骑行的过程中，从北京出发时就有同道者加入我们的队伍。当时正值各学校暑期放假期间，很多学生也骑自行车前往青岛等地旅游，只不过他们都是散兵游勇，而我们是有组织的正规军，在沿途这些散兵游勇见到我们的队伍，都想跟着我们的队伍一起走。于是，队伍越来越壮大，从北京到天津，一个、两个，快到青岛的时候跟随的已经有十几个人了。他们来自不同的学校和地区，最后都混迹于北大的队伍之中了。

到了青岛以后，我们被安排到了青岛的海洋大学（现为中国海洋大学）的学生宿舍。这个大学校园在山坡上，从校园里边可以看到海。我们终于到了终点，大家很高兴，随后开展了预定的各种活动。比如到海里游泳、去薛家岛游览、参观海军舰艇等活动。我还去了我的北大师兄李宏基(1978级、现为通商所律师)家里玩。在青岛玩了几天后,有的同学觉得不过瘾,提出乘船去对面的大连,但遭到了自行车旅行团里领导的反对。理由是:应该按照学校原来批准的计划。我们此行到青岛就是终点了。然后应该从青岛返回北京,现在要去大连显然是计划外的,故不能同意了。但有些同学依然坚持要去大连,于是便出现了此次自行车旅行团著名的静坐抗议集会。团领导焦宜民等老师召集大家在海洋大学的操场上。晚上坐在看台上,他说明不能组织同学去大连的原因和理由。尽管焦老师苦口婆心地反复规劝同学们不要去大连,因为计划里没有,经费及安全等不能保障,希望大家理解等。但无济于事,有的同学当场就反驳焦老师,提出机会难得应该去大连等理由,大家争吵了起来,这在民主风气盛行的北大校园司空见惯,不足为奇。争论的最后结果是:作为妥协条件,一部分同学志愿去大连旅游,与本次北大自行车旅行团活动无关,后果自负!即便如此,还是有一部分同学去了大连,使北大自行车旅行团分成了两路。没有去大连的同学继续在青岛的行程。当时有想去大连的同学也鼓励我去大连,其实我是沈阳人,却从未去过大连,从心底里也想去大连,但我是校学生会体育部的副部长,又是这次活动的组织者,尽管心里很想去,但也不敢去,况且焦宜民老师明确讲学生会干部必须服从组织命令。不仅不能擅自行动,还应劝阻个别同学的额外计划。我当然不能去了,有的同学对我的态度还很不理解,甚至恶语相加,我还是坚持了原则,没有随他们去大连,虽然心里很遗憾没有去成我很想去的地方,但却维护了整个北大自行车旅行团的组织纪律性,心里还是很安慰的。在青岛期间,时间已近八一建军节,经过与当地驻军联系,我们没有去大连的同学组织了去海军基地及舰艇上与海军官兵们联欢,联欢的具体内容和参加的人数已经记不清楚了。没去参加的人员也没浪费时间,我们在海军的船上吃到了大餐,并喝到了纯正的青岛啤酒,这些事我至今无法忘怀,就像昨天发生的一样,记忆犹新,历历在目。

我们从北京出发到青岛全程共骑行了一千多公里,锻炼了身体、丰富了知识、增进了友谊,完成了计划的任务。准备开始返程,我们从青岛出发,沿海岸线到烟台后,从烟台坐船到天津,然后从天津塘沽一直骑回到北大校园。圆满地完成了这次前无古人、后无来者的自行车旅行壮举。

此次自行车旅行团活动非常有意义。

第一，锻炼了身体。

由于在出发前我们进行了选拔，这次去的同学身体素质都是不错的，加上一个多月的骑行成功。虽然条件艰苦，吃住不好，但是大家都坚持了下来，经过磨炼，大家的身体变得更加健康和强壮，为以后的学习和工作提供了很好的基础条件。经过这次旅行，大家增强了信心，扩大了运动的兴趣，使很多同学以此为契机养成了终身锻炼的好习惯，比如高尔夫、网球、滑雪等，不能不说这是这次自行车旅行的良好结果和影响。

第二，扩大了北大的影响。

无论在沿途，还是在以后的若干年中，提及北大同学的这次活动，无不影响至深。当时就有人说：也就是北大，也就是北大的同学能完成此次如此有深远意义的活动。它是北大民主的象征、它是北大自强不息的标志、它是北大超越一般的举动，它是北大人超越平庸的动作。在一千多公里的齐鲁文化故里的地方，在孔孟之乡，传达了北大的信息和气场，使北大英名流传甚广，深入人心，鼓舞人们，使北大精神声名远扬！

第三，增长了同学们的知识和视野。

我相信对我们50多位同学来说，每个人能有这样的经历很值得我们回味、记忆。不是每个人都有如此机会去参加如此的活动。在我们的人生经历中，这次活动尽管不是很长，甚至是很短，但它对我们留下来的宝贵财富和珍贵记忆是不能用时间长短来衡量的。越是时间长久，这次暂短的经历越发显得珍贵，它使我们学到了从书本上不能学到的东西。它使我们作为一名学生打开了无法打开的视野。甚至它使我们吃到了无法想象的艰苦，但这都是财富，我们是幸运的，我们亲历了它！

第四，建立了友谊和信任。

经过这次活动，我们之间建立了紧密的友谊关系。在北大读书期间，认识的绝大部分是同班、同级、同系的同学，但这次活动使我们来自不同系别、年级的同学融为一体，成为一个大家庭。它使我们建立了不寻常的友谊，尤其是在特定艰苦条件下同甘共苦建立的友谊和信任。这种友谊和信任将陪伴我们一生，是这次的活动给了我们最大的收获和满足。

第五，创造了北大学生活动的历史。

这么多人有组织的去了很多地方，骑行了一千多公里，这不仅在当时，四十多年前，就是说在现在也绝对是个壮举！不是亲身经历，不会有人相信它是事实，直到今天每每想起此次活动，局外人都很怀疑它的真实性和客观性。是的，不可想象的事情，难以完成的事情，我们完成了，而且完成得很好！不管现在北大学生的活动如何，我们四十多年前的这次活动将永远铭刻在北大学生活动的历史当中，也将永远铭记在我们1981年北大学生自行车旅行团中每个同学的心中！

我的大学同学诗人海子

自北大毕业至今已经快四十年了，因为工作的关系和社会交往的原因，我经常参加社会上的各种活动，在很多场合，我经常遇到海子迷，有人在各种场所朗读海子的诗，也有人是海子的粉丝，当我提起海子的时候，甚至有人怀疑我不是海子的同学，每碰到这种情况回来后，我做的第一件事就是要写一篇回忆文章，说说海子，说说我所知道的海子。

海子走了三十多年了，时间飞逝，对他的记忆就像他的瘦小身躯一样越来越微弱。海子现在也算一个名人了，前几天北大法律系的一位同学去安徽出差顺便看望了海子的父母，她回来跟我说海子的家乡县里出了两个名人：一个是中国共产党创始人之一的陈独秀，另外一个就是海子了。但坦率地说，在当下时代海子比陈独秀有名多了，尤其是在青年人的世界里，海子太有名了，他就是诗圣，他就是大师。我见过太多的人一提起海子就马上肃然起敬，我也见过对海子的诗如数家珍、崇拜得五体投地的人。在有的场合在海子粉丝面前提起我是他的同学，顿时我也被高看了几眼。听说他的家乡要建海子纪念公园，各种关于海子的活动层出不穷，各种出版物花样翻新，我也读过很多关于海子的书籍和文章，我认为很多内容都是强拉硬扯，甚至是编造的，作为海子的大学同学我一直想写点东西纪念他，也想告诉大家真实的海子是什么样，他在我们眼里是什么样的人。

海子大名查海生，安徽人，15岁时考入北京大学法律系。我19岁时也考入北京大学法律系，我们同一年进入北大法律系，那一年是1979年。1983年，查海生，19岁从北大法律系毕业被分配到中国政法大学当老师，同年我23岁考入中国政法大学读硕士研究生，北大4年、法大3年，共7年时间，查海生从15岁到22岁，我从19岁到26岁，他1989年3月26日离开人世，我们相识九年半，在海子这九年半的人生最后岁月里，有7年时间我们生活学习在一起，不能说每日形影不离，但作为同学和同事，朝夕相处的日子太多了，互相谈心的次数也太多了，彼此了解的程度也是很深的。

我们当年北大法律系同学们一入学，老师介绍同学们的情况时就说明，1979级同学们的构成是最复杂的，在1979级以前的1977级和1978级，学生基本上都是"文化大革命"前的老三届毕业生，年龄偏大，而1979级这届不仅有年龄大的，也有年龄小的，从这一年开始有了高中应届毕业生，也就十几岁考入了大学，所以说1979级学生是年龄相差最大的一届学生，最大与最小的年龄有十几岁之差，查海生就是我们年级189人当中年龄最小的同学。当老师介绍每位同学时都要站起来给大家露个脸，当介绍到海子时，我们大家都记住了关于他的两件事：一是最小的同学只有15岁，二是他的名字叫查海生。

我与大学同学海子的合影

当时我第一眼看到他时，我对他的印象直到今天都记得十分清楚：他看起来就是一个孩子（海子），个头很小，明显是在发育期，还在长身体，说话时脸就红，眼睛很大，但是羞答答的感觉，见人很胆怯，很敏感，总是对人报以微笑。

我们住在北大38楼，这个楼住过曾任北大党委书记的朱善璐同学，我们住5层，我住在531，他住在519，就隔几个门而已，他们宿舍的几位同学分别是：罗建平、冯金山、程海涛、项为理、韩沐新、杨学成、查海生。因为每天低头不见抬头见，从见面那天开始，我们自觉都跟他很熟，原因是他太小了，无论是年龄还是个头，没人把他当成同学，都把他当成孩子，一个稚气未脱的小孩。我每次见到他都用手摸摸他的脑袋，他总是躲来躲去，他越是不让摸我就越摸，有时他还会生气，我就说摸摸怎么了小朋友。一来二去我每次见到他都叫他小朋友，他也不反对，这个称呼我一直叫到从法大毕业后被分配到最高人民检察院工作。小朋友，这个称呼只是我对海子的个人叫法，它是只属于我俩之间的我对他的称呼，他也从来没有反对过，我从来没有叫他过大名，特别在私下的时候，只有我俩的时候，我一直叫他小朋友。

关于海子这个名称是后来这几年才叫起来的，他在大学期间从来没听到谁叫他海子，都叫他查海生，至于同学们私下叫他什么那是每个人自己的事情了，在同学眼里，他就是还没有长大成人的查海生，那个小孩，小查，所以后来他用海子这个笔名一是跟他大名叫查海生有关；二是与他在同学当中被当作孩子有关。在那个时候他已经开始写诗，但大家都没当回事，尤其没把他当回事，北大写诗的人多了，谁把他们当回事？况且小查还是小孩。我记得临近毕业的时候，小查还把他写的诗自己油印成诗集送给大家看，我印象当中好像没人认真看过，都觉得是小孩在玩耍，甚至有的同学看完诗后问他：春暖花开，怎么会面朝大海呢？这不合逻辑呀，这不是瞎写吗？总之，他在当时的北大法律系1979级同学面前就是一个小孩，谁也没把他当作成人，没人把他当成什么诗人，更没想到他会成为今天这么伟大的诗人。

当年的北大精英荟萃大腕云集，很多同学都是本地的状元，15岁的查海生显得太渺小了，谁会注意到他呢？我对他的另一个印象是：他不喜欢法学，也不喜欢学法律，他报考的也不是北大法律系，而是报的别的系，因为法律系扩大招生才把他招进来学法学，这种情况在当时的法律系很普遍。法律系在我们之前的1977级和1978级每年只招一个班学生，是全校最小的系，从我们年级开始一下子就招了四个班，法律系成为全校最大的系，所以很多人并没有报法律系这个志愿但因为法律系扩招就被招到法律系来了，查海生就是其中一个。正因为如此，他对学习法学没兴趣，对哲学等学科很有兴趣，课余看的书很多很杂，但法学的书不多。我记得有一两门法学专业课他考试不及格，后来还参加过补考。我多次在北大图书馆看到他借一大堆书刊，在一个角落里目无旁人地在看，我有时路过时也顺手翻翻他看的书，基本上没有法学的。有时他也在纸上写什么，我想看看他不让，越是不让看就越想看，有时想动手抢他的东西看看，他就会很急的样子，满脸通红，就是不让你看，这时候我也就作罢，不看了。现在想起来他那是在写诗内心表白，他不让我们看，一是他怕我们看不懂，二是他怕我们嘲讽他。

我觉得他在北大一直生活在巨大的力量包围之中，因为年龄太小，跟那些老大哥老大姐比起来显得太幼稚和无知了，像现任国务院总理、1977级的李克强等同学都曾跟我们一起上过课。

我当时也是这种感受，他们年龄大的同学在社会上已经混了多年，具有丰富的社会经验和人生经验，而我们是应届高中毕业生，从校门到校门，无任何社会经验，被人家瞧不起是很正常的事情，我虽说比查海生大几岁但也是应届高中毕业生，跟查海生一样身同感受，总觉得很压抑抬不起头来，觉得跟人家比，我们真是什么都不是，什么都不行，自卑感很强，如果拿现在的话来说就是轻度抑郁症的表现，这一点也可以解释为什么海子会走向不归路，其实我非常理解他的行为。因为在北大的时候我也有过轻生的念头，那是在北大刚入学不久，赶上国庆节放假，很多同学回家过节，那时候的经济条件也不允许我回家，我就在北大校园里待着。刚来北大，谁也不认识，同学也不熟，远离家乡和家庭，又没有熟人，很孤独，又见了那么多的状元，真是觉得自己什么都不行，很无助，很无聊，坐在未名湖边的石头上胡思乱想，真想一头扎下去也就解脱了苦恼了，这个想法当时很真实也很危险，就连我这么一个俗人当时都有这种想法，况且海子这么敏感的人，所以后来海子选择了一条别人不理解但很真实的路，我是很理解的。

快毕业的时候，查海生长个了，比上大学那年长高了不少，像一个成人了，还长出了胡须，我还叫他小朋友，但他已经不让人们摸他的脑袋了，还因为他长高了以后再摸脑袋也不太容易了。

1983年，我考上中国政法大学研究生院，查海生也分配到法大工作，我记不清他被分配在什么单位，只记得跟校报有关，他总在校报上写文章，开始用海子的笔名，他也约我写过文章发表在校报上，从北大来法大是一批同学但两种身份：有人是本科毕业后来工作的，有人是来上研究生的，查海生是前一种，我是后一种，因为都是同学，来法大后见面很频繁，再加上经济条件改善不少，一起吃喝的事多了起来，这时我感到小朋友长大了，不仅长出了胡须还留起了胡子，我也不敢像以前那样把他当小孩看待了，更何况他的身份是老师，而我是学生。从法大开始他写诗更加疯狂了，好像没人管他了，也没有作业了，他放松了很多，我曾经去过他在法大昌平校区的宿舍多次，发现很多诗稿，甚至是写在卫生纸上的诗。但我也同时发现：他在昌平那个山沟里太孤独了，如果说他在北大时孤独是精神上的孤独，因为没人把他当回事，没人能够理解他，那么他在法大的孤独既是精神上的孤独也是空间上的孤独，因为在那么一个荒郊野外，在那么一个狭小的空间，一般人都会感觉到很孤独、很压抑，何况异常敏感的海子。

当时的法大刚由北京政法学院改名而来，各种事业百废待兴，人际关系错综复杂，海子就是在这种环境中来到法大的，而且是被迫住在北京的远郊，这对本来就很内向、不善交际的他来说更增加了孤独感。

他为什么写诗？我认为他是一种表达，如果不写诗，他无法表达他内心的感觉，就算表达了也没人听，写了诗最低限度还可以向自己倾诉，内心独白。他的内心世界是非常丰富的，但现实又是很简陋的，他的想象力非常发达，有一次他问我：你是从东北来的，那里很荒凉吗？能看到老虎吗？可见他非常有想象力，但残酷的现实又无法使他的想象力得以成真，在这种巨大的心理落差下，写诗表达情绪就是很自然的人文表达方式了。

我个人认为无论在北大还是在法大，海子的内心一直都是压抑的，他虽然年龄小，不被周围的人重视，甚至是忽视，但他的内心却比一般人更广阔，小小的海子拥有一个巨大的内心，这就会产生纠结，恐怕这是年龄小但又很成熟的一类人的共同问题。加上不善于交际，倾诉和宣泄情绪都有问题，不像我们不高兴可以骂人，甚至打人，我在北大时就没少干这些事，以致在北大时连入党都没有可能，我还经常跟几个人喝酒喝到不醒人事，而海子没有。

在法大期间，我见到的海子比在北大时成熟了许多，也老练了很多，有时候还会跟我开起玩笑，要知道在北大时我总看到他听别人说，很少见到他说什么，就是他说了别人也不会注意，但是在法大不同了，他有了很大的自信。有一次一起吃饭，他把女朋友带来了，我看那个女孩长得白白净净，也很丰满，我问他从那里找来的？他说家是内蒙古的，正在法大上本科，吃饭后他问我感觉怎么样？我说不错，配你很合适，你要好好把握，他听了很高兴，我也看出来他对那个女孩也很满意，因为吃饭期间言听必从，但后来听说那个内蒙古女孩跟海子吹了，又平添了海子很多痛苦……

在法大3年研究生的生活很快就过去了，毕业后我被分配到最高人民检察院工作，离校前又跟查海生见了一面，他说你们多好，又换地方了，不像我们就在昌平呆下去了，我说你也可以换，他说哪有那么容易，多保持联系，我说你进城时可以去找我，尤其到王府井买书时来找我，我单位就在王府井附近的东华门，因为那个时候海子经常去王府井书店……

我到高检工作后就很忙了，与他的联系就少了，不到3年时间传来了他自己走了的消息，说实话，我虽然感到很悲伤，但以我对他的了解我并不感到很意外……

海子走了30多年了，每当我们同学聚会都会提起海子，我们万万没有想到，当年那么一个小家伙会成为诗人，而且还这么有名，作为大学同学，我们怀念他，也引他为骄傲和自豪，我们要好好活着，要像他的诗所憧憬的那样：面朝大海，春暖花开……

三、我是法大人

考上法大研究生

北大本科四年很快就过去了，1983年5月本科毕业时，我并不满足自己当时的知识水平，我还想继续深造，我本来想报考的是母校北京大学法律系的研究生，为了避免与同班同学进行残酷的考本校研究生的竞争，我接受了老师的建议和安排，报考了中国政法大学的研究生。如果说读本科时懵懵懂懂就混过来的话，决定读研究生是经过深思熟虑的决定。我大学本科毕业23岁，与那些年龄比较大的同学相比，我还比较年轻，没有马上找工作养家糊口的压力。另外，从来没有在社会上工作过，阅历和经历尚浅，还想在学校历练几年再出去找工作也不迟。后来在读研的岁月里，我也一直在思考一个问题，那就是什么样的事业才是最值得奉献人的一生的？我适合做什么职业的工作？

当时中国政法大学刚刚从北京政法学院更名过来，研究生院正在筹备，我不仅成为中国政法大学研究生院的第一批1983级研究生，而且还是第一个来报到的从校外考来的研究生。我们虽说是9月开学开始上课，实际上当年的5月，我就提前报到了，有一天我接到一个通知，让我提前去学校一下，老师有事找我。我也记不清哪个老师通知我了，到了以后，当时研究生院教务处的处长李铁老师在等我，他说看我的档案，在北大学生会是干部，到了法大也可以发挥特长，在学生会为同学服务，到法大也可以帮忙干事，他说法大成立不久，邓小平同志刚刚给中国政法大学题写了校名，百废待兴，很多事情的人手也不足，5月刚挂牌就一大堆事情，老师实在忙不过来，希望我提前到学校来帮帮忙，实际我还没有报到入校，我问帮什么忙？李老师说，当务之急是学校研究生院要购进一批图书，建立一个法律图书馆，原来学校图书太少，要采购一些书，但是采购哪些书不太清楚，所以想派我到吉林大学去一趟。因为当时吉林大学的法律系和北大一样没有被破坏很严重，也没有停止招生，法律图书很丰富。

中国政法大学研究生院 1983 级 2 班毕业留念

法大研究生院还在草创阶段，图书馆还没有来得及购买图书资料，李铁老师就让我到吉林大学的法律系去看书找书，参考他们的法律图书以便为法大购买书籍。我去具体的任务就是把吉林大学法律系、图书馆所有的法律图书目录抄一遍，抄完以后呢，按照吉林大学图书馆的目录，建立法大的图书馆。我记得我到了吉林大学以后，拿着中国政法大学的介绍信。吉林大学接待人员对我非常热情，我把来意大致说了一下，我就被安排住在吉林大学宿舍里，去抄图书馆的目录，我抄了差不多有一个多月的时间，把每一本图书馆的图书都抄完了，回到北京向李老师交了工，这才结束在吉林大学的抄目录的工作，然后回家过暑假，等待法大9月研究生新学期的开学。

因为开学之前我帮学校做了点工作，所以在开学时，中国政法大学要成立研究生院学生会，鉴于我的表现和在北大学生会曾经当过学生会干部的经历，我就被选为中国政法大学研究生会第一届的文体部部长。

在中国政法大学读研究生阶段，高铭暄、王作富、余叔通、苏惠渔等教授都给1983级研究生上过课，日常授课的还有曹子丹老师、何秉松老师、梁华仁老师、邵名正老师、周忠海教授、李铁老师、张春来老师、王飞老师等。当时的研究生院院长是张晋藩先生，后来还成为我的博士学位导师，但那已经是多年以后的事情了。

我们二班（经济法、民法、刑法三个实体法专业）学生开学的时候当时住在中国政法大学6号楼，后来不久搬到3号楼。6号楼是一个典型的筒子楼，与1982年调入法大的应松年教授是邻居，应松年老师在楼里算是长者，许多留校或刚调入的年轻教师也住在6号楼，有田文昌、斐广川、吴雪松等，大多都已成家，在走廊里起火做饭，放置了一些做菜用的料酒及大葱等。我们研究生们那时实在太穷了，没钱，买不起酒，但又时常想喝酒，于是，趁夜深人静时，“借”他们的“料酒”及大葱“会餐”，十分得意，偶尔也遭老师们训斥，“穷疯了？料酒也能喝？不怕喝出毛病？”我们在6号楼里面没有居住多久就搬到了3号楼3层，我们班还算幸运的，有的班的同学因为校园里没有宿舍就住到了大钟寺旅馆里面，一住就是3年，直到研究生毕业。

1984年国庆节，在天安门广场组织中华人民共和国成立35周年庆祝典礼和阅兵式，我在学校的组织下以研究生的身份参加阅兵式后的游行，跳集体舞，忙得不亦乐乎。在那次典礼活动中，母校北京大学学生举起了“小平你好”的横幅标语，当时发生的场景就在我们游行队伍前面不远的地方，成为令人印象深刻的历史瞬间。活动结束后不久，我就由党支部书记张晓辉同学（曾任云南大学法学院院长、博士生导师）介绍，加入了中国共产党。

在研究生即将毕业时，和郭军、郑勇、张志杰、倪寿明等及我的5位同学每个人拿到了400元的实习调查费，我们到全国各地实习调查，去了西安、九寨沟、三峡等地旅游参观，开始还是一起走的，走着走着就分散了，我孤身一人走到长沙，鞋都走坏了，身上的钱也花光了，不知道怎么才能回到北京。好在联系到在长沙国防科技大学读书的一位中学同学，得到了资助，才回到了北京。这一路我们深入了解了中国社会的方方面面，也饱览了祖国的大好河山，当时的十大国内名胜风景区去了九个，只差台湾的日月潭没去了。这是一次时间长路程也长的旅游，对各个旅游景点的印象都十分深刻。后来曾有多次去九寨沟旅游的机会，我都放弃了，就是不想破坏当年对九寨沟的美好印象。

我的硕士生导师王作富教授

我1983年在北京大学法律系毕业以后，到中国政法大学攻读刑法专业的硕士学位。考刑法专业有以下几个原因：第一个原因是在当时大部分法律都没有出台，但刑事法律是比较完备的，我对刑法了解得比较多一些。第二个原因是在大学期间，本科毕业论文写的是刑法方面的论文，记得当时本科生刑法论文的指导老师是郭自力教授，是当时在北大很年轻的刑法学老师。第三个原因是刑法课在北大比较发达昌盛，当时北大的刑法有著名的“三杨”，杨春洗，杨敦先，杨殿生老师，所以学得也比较好，也比较感兴趣。因此在硕士的时候就选择了刑法专业。到中国政法大学上学以后，在1983年5月学校由北京政法学院更名为中国政法大学，我们则是中国政法大学成立以来第一届研究生。上课期间，因为中国政法大学师资不够，学生也很多，于是中国政法大学开始聘用校外的导师，所以我们有幸听到许多刑法大家的课，像高铭暄老师讲的刑法总则，我的导师王作富老师讲的是刑法分则，还有余叔通老师、欧阳春老师、杨敦先老师等，当时的刑法大家上的课我们都聆听一遍，使我们大开眼界，这是我们比较幸运的事情。

因为我们是第一届研究生，所以招的人数比较多，有400多人，实际上，中国政法大学要把研究生大多作为师资力量培养，准备让我们留校当老师，当时刑法专业招了十几位同学，在分配硕士毕业论文指导导师的时候，当时学生多、老师少，到了毕业阶段，导师名额不够用，于是就把招来的研究生分配给各个学校的老师指导论文，像是北京大学、中国人民大学、社会科学院等学校的老师指导论文，即校外导师，那么我就被分配到了中国人民大学法学院的王作富老师名下，由他来指导我的硕士论文。

我与王作富老师（右）

那时候我经常跑中国人民大学的静园，因为王作富老师住在静园，就论文的题目选择和内容的写作请教了很多次王老师。王老师是唐山人，和我算半个河北老乡，因为我妈是河北昌黎人，那个时候昌黎归属唐山市管辖，后来昌黎才划归秦皇岛市管辖。王作富教授无论是做学问还是为人处世都是非常高尚的人，而且也非常认真，我论文上的标点符号，王老师都会改好几遍。在论文选题上，因为王老师一直是研究刑法分则，所以他希望我选刑法分则方面的问题进行研究。其实就分则和总则我倒是没有太多的想法，但是对于分则，一开始我是想写一些时髦的罪名，像职务犯罪等刚刚新兴的一些犯罪行为，于是我把这个想法向王老师做了汇报，王老师说刑法是一个古老的学科，刑法研究的现象也是人类比较普遍的现象，所以还是建议我写比较大众化的、日常发生的、被广泛接受的罪名领域，王老师建议把这个硕士论文定为盗窃罪的构成，我当时觉得盗窃罪没有什么研究价值，王作富老师却说：“可不要小看盗窃罪，盗窃罪研究明白了，刑法就学通了。”王作富老师对刑法的高深造诣及严谨的治学精神，尤其是对刑法分则的精湛研究，使我获益匪浅，硕士毕业论文题目就定为盗窃罪。当这个题目定下来以后，我找了些资料，我发现盗窃罪这个罪名太普通、普遍了，因为当时的这个刑法的判例，绝大部分都是财产刑当中的盗窃罪，所以这个盗窃罪既好写也不好写，好写是因为盗窃罪案例特别多，相关论文也特别多，不好写是很多人对盗窃罪已经研究得非常透彻了，因为这是人类最古老的犯罪，也是刑罚比较成熟的犯罪，所以我又有点儿犹豫，觉得这个题目不好写，于是我又去跟王老师商量，王老师说这个盗窃罪确实写好也不容易，但正因为它是人类当中最普遍的一种犯罪的行为，所以它更应该受到我们的重视，如果把盗窃罪名、刑罚研究清楚了，其他罪名和刑罚也不在话下，王老师最后还是建议我写盗窃罪这个硕士论文，所以我就开始把盗窃罪作为我硕士毕业的论文开始撰写。

在王老师的指导和帮助下，我很快完成了关于盗窃罪的论文写作。在论文答辩顺利通过以后，老师还给了我很高的一个评价，说我的盗窃罪论文把盗窃罪说得比较明白，说得也比较深刻，对盗窃罪的研究也是很有贡献的。毕业多年以后，王老师还专门儿给我打过电话，说你把你这个硕士论文发给我，我要编一本书。

这本书就是王作富先生所指导的毕业的刑法专业硕士论文集合编，后来我就把我的论文发给了王老师，我记得具体编辑的是张智辉师兄，张智辉师兄应该也是王老师指导的学生，当时在最高人民检察院工作，我的论文能被收录到这个论文集，是比较荣幸的，王老师毕竟是刑法大家，我真是有幸受教，能在王老师指导下学习，无论是从学问还是做人，确实学到了不少东西，我也是三生有幸。

为什么选择中国律师制度起源作为博士学位论文选题方向

2000年，在硕士毕业14年之后，我又在母校取得了博士学位。在博士学习期间，我得以聆听张晋藩先生的孜孜教诲，受益无穷。怀效锋老师、朱勇老师、郭成伟老师、王宏治老师、刘广安老师、出版社的宋军老师等都给了我受益终身的帮助和教导。

当时我已经从最高人民检察院离职做了十几年律师，虽小有成就但也遇到了各种执业中的困难，对律师的执业状态和行业中存在的问题有较深的体会。于是有了回学校继续念博士的念头，这个契机其实也很简单，因为当时既然想念博士，博士学位是要分专业的，选择专业的时我就有很多想法，因为我硕士学的是刑法，我要学一个刑法专业的博士最容易，找我的硕士老师王作富老师读刑法的博士学位，我就想如果刑法我学了之后多一个博士学位，我所学习的刑法知识，本科硕士两个论文都是写的刑法题目，刑法知识应该掌握得差不多了，刑法这个专业是非常古老的专业，我的创新东西并不是很多，已经几百年上千年历史的学问，我觉得再学一个博士学位，学这个刑法专业对我来讲，好像是意义不大，我就想不学我原来硕士学位的专业，把这个抛开了，那学一个什么新的专业呢？我觉得我做了那么多年的律师，应该学一个与律师有关的专业，在律师实务当中，没有什么法学理论问题能拦住我，拦住我的不是理论问题，法学基本理论在办案中应用的时候不多，在分析案件时因为法学理论不行，搞不懂案件的来龙去脉的情况很少发生，我几乎没有遇到过因为自己的法学理论水平不行而无法处理案件的情形，遇到的都是理论以外的东西，就是律师的体制和相关的现实问题，我觉得法学理论对我来讲，是一个方向的问题，不是一个深入的问题。就是要取舍从哪个方向研究法学理论问题，才能对自己的律师职业有所帮助，在这种情形之下，选择什么专业读博士学位确实困扰了我很长时间，后来我去找我念硕士时的研究生院的院长张晋藩先生，把我自己困惑的问题向张老师做了汇报，并请教张老师给我指导，张老师建议我研究一下中国律师制度的起源问题，张老师说在这个问题上，学术界的研究几乎是空白，再加上你是律师身份，研究这个题目很适合你，也很有意义。律师技能实务化方面你已经是很好的，你们做律师的最需要从历史上研究律师制度的产生和起源，才能加深对现有律师制度的理解，很多人对中国律师制度不了解，中国律师制度历史起源就在清朝末期和民国的初期，也就是实际上是民国律师制度的起源，是很值得研究的，对解决现实中律师的种种问题有借鉴作用。在张晋藩老师给我专业方向的建议后，我回去消化思考了一下，找了很多资料，看了许多本书，基本上厘清了思路。我就想我做律师这一辈子，需要研究一下律师的问题，这个律师制度什么时候来到中国的？这个中国律师制度是怎么来的？很需要自己对这个行业研究研究，正如张晋藩老师所指导的那样，你要干这个行业，对行业总体的了解，对你具体的决策是有非常宝贵价值的，你只有了解了，你才能干好，因为你需要这种情怀和想法。比如你从事新闻工作，你是做记者出身，你这一辈子将来可能不会做别的。一辈子你会对记者感兴趣，有一天假如你不干记者了，你干别的去了，但你一辈子会记住记者这个岗位，这就是职业的情怀。对自己所从事的职业总体上要了解，你才能干好一个具体的行业，你总体都不知道，你怎么干具体的？比如我从检察院出来以后，就原来的检察院出了什么事啊，有什么新闻，我还关心，这就是一种情怀，所以说我既然干了一辈子这个事情，就把这个历史搞清楚，因为历史使人明智，所有的现实问题都是历史中反映出来的，那我就去学这个中国法制史。在张先生的指导下，经过几年的博士学习，最后我的法学博士毕业学位论文题目定为《民国律师制度源流研究》，实际上就是中国律师源流研究，毕业以后把博士论文还修改为专著公开出版了。自己虽说是从本科到硕士连续7年在学校学习，自以为学到了很多东西，但是当了若干年检察官和律师以后才发现自己的知识储备是远远不足的，这就是我1986年硕士毕业以后的十几年，又重新回学校读博士学位研究生的初衷。

对这个律师制度研究以后，我才发现中国律师制度的产生是非常曲折的，因为它本身不是从中国制度产生出来的，而是从外面引进来的，一开始就注定水土不服，从这点来看中国律师后来遇到的很多困难，和现有体制的矛盾，甚至互相抵制，这是非常可以理解的。所以这个题目的研究，对我对律师制的理解有非常大的帮助，也理解了为什么现在律师会出现各种各样的问题。

张晋藩先生是中国法制史学界的泰斗，我有幸成为他的学生，在张先生的指导下，我学以致用，以史为鉴，通过对中国律师制源流加以剖析，能更好地认识和理解当代得律师制度。其实我的正规论文写的内容是研究中国律师制度是怎么来的。在张老师的不厌其烦的精心指导下，我的法学博士学位论文不仅填补了我国律师制度史研究方面的空白（博士学位论文答辩组评语），更大的收获是通过博士课程的学习和博士论文的撰写，使我对现时的律师制度有了深刻完整的认识，对自己执业中所遇到的问题能更加理智和平和地处理，使自己更加强了执业的决心和信心，对律师整体情况的把握达到了高屋建瓴的水平。比如，目前，律师执业中遇到的不公正待遇和社会非议，以及律师社会地位不高，甚至遭受迫害，等等，都与中国两千多年的皇权统治和专制思想有关，传统观念不允许律师与“朝廷”对抗，历朝历代对律师都是打击压制的，历史进化到今天，中国律师的先天不足和后天受排挤形成了中国律师独特的群体。中国律师怎么起源的？到现在它为什么是这样的状况，从事律师职业的人很难讲得这么清楚，我说我能大致讲清楚，没有学过中国律师制度史的人怎么能够知道那一段历史呢？我博士学位学了律师制度史，就研究这个东西，在我博士学位论文的基础上，我又写了两本书，一本是《中华民国律师制度研究》，另外一本是《中国律师制度史》。这两本书到现在都很有影响，就这么简单，这两本书到现在也是这个领域的必读书之一，在以后的学术界，没有人写过类似这两本书的学术著作，哈佛大学、牛津大学等世界著名学术机构全都收藏这本书，现在国内学者都找我要这本书，我说这两本书已经绝版了，不太好找了。通过这两本书，一看就知道中国律师制度是怎么回事了，所以司法部有时候开会讨论我们现在的律师制度，如果有我发言的机会，我说律师制度你一定要知道作为中国律师制度起源的民国时期我国律师制度和作为律师事业发展顶峰的美国的律师制度。当时那几个管律师的领导都知道我熟知律师制度，对历史和现实特别清楚，因此经常被邀请参加各种讨论律师制度的会议。我认为中华民国那段历史能折射出现代中国律师所有的先进的和落后的方面，这些都是历史决定的。我举个例子，中国律师制度，它不是中国自己制度产生的，它是西方移植过来的。假如说这个心不是我的，是别人的心，这是会有排异的，跟土生土长是不一样的。所以排斥这些东西也是很正常的，我一句话就给你说清楚了。另外，中国律师制度的移植是被迫的，不是主动长出来的。当时西方列强在中国有租界地，租界地的司法权叫领事裁判权，租界地的司法权在外国人手里，中国人进不去，租界是中国的法外之地，租界是独立的外国法域，领事是最高的官，他们要审判、抓人，审判就要开庭，是西方人开庭，西方开庭方式就要有律师参与。中国没律师，怎么办？第一批在中国执业的律师是外国人，但是老是外国人飘洋过海也不现实，所以后来中国成立了东吴大学、朝阳大学、圣约翰大学，外国人开始培养中国本土的律师，这就是中国律师的启蒙和开端。从历史上看，中国法治社会是被迫出现中国律师的，是社会的支流。我相信很多青年律师可能对这个问题很感兴趣，我们做律师，把这个职业当成终身的事业，我们一定要对我们律师职业的历史进程及出现的前因后果要了解清楚。我觉得现在很多律师，其实不了解，很多青年律师是缺乏这方面的知识的，我们律师中的大部分人从事律师职业就是一门心思想做业务，怎么提高业务，怎么挣钱，对我们自己的历史并不了解，所以全国律协成立了青年律师训练营，培训青年律师，包括中国律师历史起源及发展阶段的培训内容，我去讲了几次课，现在在全国范围内影响挺大的，算是最近两年培训里边全国律协搞的比较成功的。

历史使人明智，我们作为律师必须了解自己的历史，理解中国律师制度起源的阐释。对中国律师发展状况进行理论性思考、历史性思考的人并不太多，大多数人不考虑这个问题，考虑它干嘛？跟我有啥关系？也不挣钱，对不对？但是我觉得对于行业来说是一个很好的、很重要的、很宝贵的东西，历史让我们理解了在现实中不好理解或难以理解的许多现象，给了我们很多启发。

我的博士生导师张晋藩教授

做了5年律师以后，我觉得做律师的感觉很好，因为这最初的5年是隆安快速发展的时期，也是我个人做检察官到律师转型的5年。但是做到5年以后，就觉得所学的知识很有限，想回去学校深造，这样就找到我的硕士时期的老师，当时的中国政法大学研究生院院长兼副校长张晋藩先生。张晋藩先生建议我研究中国律师制度的起源，在张先生的指导下，我顺利毕业获得法学博士学位，成为他老人家指导的无数个博士学生之一。我与张老师结缘始于1983年我到中国政法大学上硕士研究生期间，因为中国政法大学是1983年由北京政法学院改名而来，所以就规模来讲马上扩大了不少，在原来的基础上调来了很多新的老师，包括校长。在当年成立的研究生院的院长就是张晋藩教授。张晋藩教授是中国法制史的领军人物，是中国法制史研究领域公认的大家，他从中国人民大学调到中国政法大学，出任副校长兼研究生院院长，也是中国政法大学研究生院首届院长，而我们有幸成为他的第一批学生，我虽说在中国政法大学研究生院学的是刑法，但跟张老师接触很多，跟法制史学科也接触很多，中国法制史学科是中国政法大学最强的学科，直至今天。我的前后很多同学都是张老师的硕士研究生，并且我们入学1年以后，1984年张老师招收了第一批法学博士研究生住在我们隔壁，这3位法学博士学生应该是新中国成立以来第一批法学博士研究生，他们是郑秦师兄、怀效锋师兄还有朱勇师兄，我有幸跟他们一同学习，还同住在三号楼三层楼两年时间，我是1983年入学，他们1984年入学，我们1986年毕业，他们1987年毕业，我们宿舍对面住的是比我们高一届的研究生赵旭东师兄、顾永忠师兄、阮齐林师兄等。在若干年以后，等我回到中国政法大学再读博士的时候，怀效锋师兄、朱勇师兄已经是我的老师了，而郑秦师兄已驾鹤西去。

我与张晋藩老师（前排右）及其夫人

在博士学习期间，得到了张晋藩教授的悉心的指导，后来张晋藩先生跟中国政法大学的江平教授和陈光中教授，被评为中国政法大学的第一批终身教授，这三位老先生还都生于1930年，曾经校方还给三位老先生共同过过生日，三位同时出席生日宴会，在当时是一大胜景。当然我们私下给张晋藩教授过生日的机会就更多了，参加过很多次张晋藩教授的生日，张晋藩先生可能是中国指导博士研究生最多的教授，并且张晋藩教授的夫人林教授也是著名的法学家，我有幸向两位法学教授学了很多人生哲理和专业知识。

四、当过最高人民检察院检察官

我是如何分配到最高检的

在我们毕业的那个年代，大学本科生都是天之骄子，更何况是硕士研究生呢？当时国家急需法律人才，选择进国家机关做公务员，即去做“官”是那个年代绝大多数法律院系毕业生的自然归宿。我记得1986年硕士毕业时联系的接受单位几乎都异口同声地说：“你来吧！越快越好！”我曾试着去过中共中央办公厅、国务院办公厅、中央纪律检查委员会、中共中央政法委员会、全国人大、最高法、最高检、公安部、司法部等中央国家机关，都没有遇到阻力，最后，我自己却犯难了，眼花缭乱了，我应该去哪个单位工作？当时最高检人事部门的一位领导找我深谈了一次，他说：“你不要再联系其他单位了，就来最高检吧！”我说为什么？他说：“最高检除了与其他中央机关基本一样以外，还有需要你来的一个重要原因：最高检机关人员的学历在整个中央机关都是比较低的，每次中组部考评干部都要求我们进一些高学历的人才，你是硕士毕业生，我们需要你。最高检是新恢复的机关，人才十分缺乏，硕士生只有几个，你来了会派上大用场，最高检机关复员转业军人比例在中央机关是最高的，我们也需要你这样的人来当教员，让他们迅速学习法律专业知识以便适应执法的新岗位，你来就是最高检的宝贝，是顶尖人才，前途无量。再有就是你是学刑法的名校名师，最高检的主要工作内容都涉及刑法知识，你来最高检是专业对口，不荒废专业，如果你去最高法，刑事审判只是他们的一部分工作不是全部，不如最高检受重视。还有我们到学校调过你的档案，你是学生党员，在北大、法大都担任过学生会干部，政治上过得硬，是符合我们最高司法机关用人标准的，你来吧。”他最后说：你来最高检会比其他单位更受重视，也会有更多的机会让你发挥作用。说实话，当时与这位领导谈话时是上午，下午我还要去最高法回话，最高法让我明确表示要不要去那里，但最高检领导的这番话确实让我心动了。我自己也在思考：我是学刑法专业的，我的硕士生导师王作富教授曾多次对我讲，不要轻易扔掉所学的刑法知识，于是，26岁的我顺理成章地来到了最高人民检察院，开始从事我人生有史以来的第一份工作。

我在最高检的收获

在最高检工作，使我了解了最高司法机关的运作程序和内容。作为法律监督机关，最高人民检察院肩负对全国检察机关的指导工作和对其他司法机关的监督职能；肩负着司法解释和对争议疑难案件的协调处理职能；肩负着对法律执行贯彻的督促和促进。以上诸多宏观上的法律决策不在其中的人是很难体验的。后来与许多在机关工作过的朋友说起机关工作的经历，大家都一致认为受益匪浅，机关工作对人是个锻炼和塑造，尤其是中央机关，其视野更是一般单位所不能比拟的。

后来其实很多人问我在最高检的几年有什么收获？我觉得我的收获就是我站的视角不一样，我在最高检察机关，虽然我的级别很低，但我接触的事情没有低级的事情，接触到的事情每一件都不是小事，都是大事。最高人民检察院管辖的是副部级干部以上的犯罪案件，就行政级别而言，副部级以上干部的职务犯罪，所涉及案件都是全国有影响的重大案件，此外最高检察机关承接了对全国30多个省、市、自治区检察院的法律解释解答工作，我的主要任务，实际上是解答各省、市、自治区检察院请示的在执法当中遇到的问题，理论上解答，法律上解释，我的具体工作就是在最高人民检察院研究法律问题，检察工作中遇到的法律问题，给领导写材料解答，负责具体方案的起草，重大案件办理的思路和种种策略，那时候频繁跟着领导去中南海、人民大会堂去汇报案件，经常接触党和国家领导人，接受最高层面的决策和指示，尤其经常去中央法律单位，如中央纪律检查委员会、中央政法委、最高人民法院、公安部等，全是大机关大单位，应该说在最高检的工作很开拓我的视野和眼界。

通过在最高检的工作，知道上层是怎么决策案件的定性和办理。律师办理的都是很基层非常具体的案件，很多律师没有在上层机关工作的经历，所以不知道这些程序，中国这种上层和基层的差别很大，上层的一个决策到了下层具体操作还是很不一样的。所谓山高皇帝远，这话说得很好，所以我有过在最高检工作的经历，就会建立一种从高处看问题的观察方式，从宏观到微观的思维逻辑，人的一生就是由你的经历组成的，你的思维方式则是由你的经历所决定的，这是我在最高检工作的最大收获。

在最高检时的办案途中

与此同时我也去基层工作调研，也深刻体会了基层司法机关的艰苦条件和干警的艰辛工作。当时我出差去基层检察院办案，在一个县级检察院连一台警车都没有，去看守所提讯犯人时只好乘一辆卡车去，然后将犯人用绳子五花大绑将其绑在汽车上拉回来，其状态真是原始的令人不敢相信，但却是我亲眼所见亲自经历的事情，所以后来在思考如何进行法制建设时，往往会有不能脱离中国实际的思想准备。

通过在最高检的工作锻炼，我也学会了从不同角度思考和解决问题。在下基层锻炼期间，我相当长一段时间是在起诉处工作，几乎每天都去法庭参加庭审支持公诉，每天都要与律师辩论，把律师驳得哑口无言是当时的最大乐趣，曾有1人对付16名律师的经历。作为检察官的我站在公诉人的角度可以说曾经是百折不挠，决不让律师钻任何空子，决不比律师在法庭上少说一句话。可是在后来当我作为律师后角色完全颠倒了，坐在了律师辩护席上，与检察官对抗起来，刚当上律师时有很长一段时间不适应，后来慢慢地就适应了，而且还深深地体会出从不同角度看问题和解决问题的思想节点。从法律职业共同体角色转换来讲，没有任何两个角色像检察官和律师那样是相反互换的，因为检察官的对立面是律师，而律师的对立面就是检察官，所以这两个角度的互换所引起的心灵震荡是巨大的。在自己的律师工作中，尤其是在接手刑事辩护案件时，除了自己要尽全力准备辩护词外，还经常会从检察官的角度去思考一下本案的关键问题，反过来会对自己抓住本案的要点有很大帮助，这也算是当过检察官的收获吧。

因为当过检察官，无形中也提高了自己的律师地位。当律师后我没有想到的是，因为自己是检察官出身，无形中身上多了一道光环，有好几次在法院刑庭出庭辩护时，遇到检察院的前同事，大家虽然各司其职，但显然都很客气，不会刀光剑影，休庭后还会热情的互相打招呼。因为自己是前检察官的缘故，在某些场合会引起一定的尊重，这是当过检察官的另一种收获。在与一些司法机关的人员打交道时，因为干过检察官的经历，他们不会太难为我，许多当事人也许是冲着我曾在最高检当过检察官的原因才找我办理一些案件的。不管怎么说，从司法机关下海出来的律师肯定是沾了这些机关的一点光，也就是这类律师的优势。在很多大学讲座时，同学往往提这样的问题：我是直接去做律师还是在司法机关工作一段时间然后再去做？我的回答往往是：去司法机关工作一段时间，积累经验，然后再去做律师，这样总比直接去做律师要好一些。在司法机关工作的经历是你做律师以后永远的一笔财富。律师可以做一辈子，在司法机关工作的机遇并不是很多，况且在我国现有国情下，司法机关的经验对律师工作的好处是显而易见的。

最高检对我的重视

最高检对我是否重视呢？非常重视，一件事可以说明。我来到最高检报到后接到通知：按最高检的要求，所有毕业学生来机关后都要马上被派往基层检察院锻炼实习1~2年，我当时被安排去河南省的一个县检察院锻炼实习。得到这个消息后，我马上找到了与我谈话的那位领导，我说，我正在谈恋爱，你们把我派往河南1~2年，对象吹了怎么办？我说我不同意离开北京。领导说：这是组织上的安排，目前还没有任何人提出异议，你怎么就这么特殊呢？我说：听说其他司法单位没有下去锻炼的安排，那好，你就把我退回学校我去其他单位好啦，反正每个单位都要我。领导一听有点吃惊，但却跟我说：你别着急，看看我们是否能研究一下。

几天后领导正式通知我：你可以去北京市检察院分院锻炼实习。据说我们这一年分配到最高检的所有毕业学生的锻炼实习都安排在北京而不是外地。一位跟我一同分配至最高检现已是最高检领导的同事曾跟我说：当年要不是你的坚持，我们怎能留在北京实习锻炼？肯定要去比较偏远的地方去实习锻炼，这是后话。

回想起来当时我们分到最高检的这一批人，现在除了像我一样的个别人离开以外，其他跟我们一块儿去的，基本都当了领导，不是一两个人，而是一批人，只要留在最高检的人，都当了相当层次的领导，不同的只在于级别，可见当时最高检对我们这批学生还是比较重视的，特别是因为我们是硕士研究生而且是学刑法的，很符合最高检的业务需求，所以他们留在最高检的人后面的路走得很顺。当年我提出要离开的时候，最高检领导就是不让走，这都是善意的，希望我们这些年轻人在这个环境成长起来，为检察事业作出贡献，于是挽留我们不让走，对我们就是采取一种只要你不走，什么要求都可以尽量满足的态度，几个领导找我谈话，说你是不是认为你级别太低，如果是的话，因为你表现、能力、历史都没问题，我们可以向干部部门反映，尽快解决级别问题，我说不是级别的问题，我认为我还是不适合做这个工作，领导说你怎么知道不适合，你做着做着就适合了，现在说你不适合做这个工作为时尚早。又问是不是房子问题没有解决，领导说你们20多岁面临着成家立业、结婚生子的问题，如果是房子问题，可以向房管部门、后勤部门的主管分房的领导反映这些情况，在这个的问题上，可以给你们关照和优惠。因为当时我刚进去机关的时候，最高检几次分房子，但分房的人员名单我都是排在最后，我曾经也问过领导我为什么排在最后，他说我26岁参加工作，但最高检许多同志，尤其是从部队复员转业的同志，十五六岁就参加工作，在机关里工作经历和年限是分房的重要指标，级别也是分房的重要指标，我上学期间不是工作经历，也没有工作年限，其他学历学位什么的都不算分房的指标，所以在分房子上我分数很低，排名靠后。当然谈到最后的时候，领导说这个问题不是问题，只要你不走，我们可以反映一下，把你分房这个特殊需求往上调一调，争取尽快解决住房问题，使你扫除后顾之忧，踏踏实实的在最高检工作下去。

我说房子有没有无所谓，暂时凑合着也可以。他说那是不是对工作岗位不满意，你想去哪里都可以调整。实际上我那时候一心想出国，一直在补习英文还偷着考过几次托福，但是也没敢跟领导说，于是我说我想去外事局，那时候最高人民检察院外事局才刚刚成立，我就去了外事局帮忙，其实去外事局的目的也主要是想和外国人接触学英文。

在外事局期间接触了很多外文资料，也有很多接待外国人的机会，我就趁机把英文大大地学习了一番，这期间我翻译了很多外国的资料，其中我们的检察长出访波兰后带回来的波兰检察官法英文版让我翻译过来，我很认真的翻译过来，经过校对以后在人民检察杂志还发表了。在最高检外事局工作这几个月还是很愉快的，但还是想要离开最高检。

我在北京检察院分院锻炼两年

1986年7月，我从中国政法大学研究生院毕业，拿着有关毕业分配手续到最高人民检察院报到，报到以后人事部门就通知我说你是“三门儿学生”，所谓三门儿学生就是中学、大学、研究生都是学生，从来没有过工作经历，需要下基层锻炼实习，原来是到河南或者河北的基层检察院。但我当时说我不想去外地，想在北京待着，后来争取到最高人民检察院人事处同意，去了北京市检察院分院，我可能是第一个允许留在北京基层检察院锻炼的学生吧。

到了基层检察院锻炼实习近两年以后，才能回到最高人民检察院工作。我觉得这个制度很合理，也可以接受。所以我在最高人民检察院办完了入职手续，进行了简单的岗前培训以后，就带着最高人民检察院的介绍信到北京市检察院分院锻炼实习报到了，跟我一起去的还有一位北大毕业的女学生。

当时的北京市检察院分院位于天安门广场东侧的东交民巷39号，我们现在有一个微信群，就叫东交民巷39号，里面是北京市检察院分院所有退休的老同志，我也在这个群里面，地址就在从天安门广场东侧路一上台阶不到20米北侧，北京市检察院分院是一个二层小楼的院子，这个地方原来可能是法国大使馆还是法国军营又或是法国的医院，具体是什么不清楚，但是非常漂亮，我就在一进门一楼那个大房间里面办公，到检察院分院报到以后，北京检察院分院非常重视我，检察长，处长找我谈话，说你是到我们检察院分院的第一个最高检派来的实习生，又是第一个法学硕士，我们以前从来没见过你这么高的学历，也没见过从最高检派来的人员。按照最高人民检察院的安排，我们应该将批捕、起诉、自侦、监所等所有的科室轮一遍，熟悉检察院的所有工作程序，然后再回到最高人民检察院工作。

所以我一开始就被安排去了起诉处，可能因为起诉处事比较多，人手也比较少，另外最主要原因我是学刑法的，我那个时候对刑法是倒背如流，对刑法和刑事诉讼法的理解，应该说还是比较深刻的，所以在起诉处就开始了锻炼，参与了很多的案件，后来我才知道起诉处是检察院分院最主要的业务部门，因为直到现在检察院它最主要的职能还是起诉，即代表国家提起公诉。

当时我们处的副处长叫方工，后来成为北京市检察院的副检察长，当时他家是在部队大院的，我那时上下班还经常跟他一块儿走。我的师傅叫王化军，也是部队干部从38军转业回来的，他的父亲原来是公安部的领导。我发现这个检察院有一个现象，就是绝大部分人员都是转业军人，这些转业军人的素质非常高，尤其政治背景过硬，父辈都是公检法的领导，这是当时北京市检察院常见的一个人员景象。

在起诉处处理了很多大案，其中有一些工作我终身难忘，在起诉处起诉以后，法院判决死刑的案子，还需要检察院派员到死刑执行的现场进行死刑监督执行，那时最高人民法院还没有收回死刑复核权，都是在各高级人民法院核准执行。我那个时候20多岁也是单身，平时没事正好住在检察院，如果不出差没什么重要事要办，去刑场比较方便，所以说很多执行死刑的案子，领导都安排我去临场监督死刑执行。

因为到刑场执行枪决的时候，都是凌晨三四点钟出发，他们有个规矩天亮之前一定要去看守所提人，看守所的位置叫半步桥，当时的北京刑场叫漫水桥，到漫水桥以后，先是法院的法警队都已经准备就绪，我们到了以后，就开始去执行枪决，我们当时就站在旁边监督并作为书记员记录，法医还要拍照，最后在刑事案件最后一页签上临场监督检察官的名字，当时这是我的一个主要工作，因为我那时候年轻，别的检察官都要回家，我是助理又是单身不需要回家，经常住在检察院的办公室里面，所以我监督了很多起死刑执行。

我记得非常清楚第一次去刑场的场景，去了漫水桥执行完也就是10点多钟，我师傅说：别走，石景山检察院中午要请吃饭。我说：哎呀，我看完以后恶心想吐，吃不了饭。他说：第一次都这样，去吧，以后去的次数多了就习惯了。我们去了以后，发现实际上大家心情都不是很好，因为死刑场面是很血腥的，所以说他们要喝酒，实际上喝酒就是宣泄化解一下紧张的情绪而已。

离开最高检不容易

我是背着检察院去参加的律师资格考试，当年的考试还不叫司法考试或法律职业资格考试，叫律师资格考试。检察院系统明确下了一个文件，不允许所有在职的检察院工作人员参加律师资格考试，说谁要背着检察院参加律师考试，要受处分，而且当时考试还要介绍信，那我们没办法，所以就想办法从别的单位要了一份介绍信参加律师考试，还不敢把这个参加律师考试的消息透露出去，之后我请了半个月的假，在家复习。

当时检察院不允许检察机关的人员考试，主要是为了稳定检察机关人员的心理。我是1988年参加的考试，因为处于改革开放的初期，检察院的待遇也比较低，刚分配来的大学生、研究生都蠢蠢欲动，不想在检察院干，想从事律师行业，所以检察院在这方面管的比较严，不希望像我这种刚毕业的学生离开检察院。所以明文规定不允许参加律师考试。这类情况现在听起来不可思议，但当时历史就是这样的。我在最高检提出辞职当律师，到我手续办完出来，耗费了将近两年的时间。在最高检干了几年后觉得没劲，想调工作出最高检。这一下子可惹了大祸了，领导说：“你是我们千挑万挑挑来的高学历人才，你怎么能走呢？你是不是有什么要求没有满足，你尽管提：级别、待遇、住房，只要我们有条件都可以满足你。”我说：“我什么都不要。我就不想在检察院干了，想离开机关干点别的。”领导说：“那不可能，你想都别想。还没有说自己想离开就离开的，只有我们把某人开除的情况，也就是说，你走不了，也不让你走。”我心想：完了！走不成了。于是，开始软磨硬泡，甚至跑到领导家里请求同意让我走人。领导说：“机关的人有两种：一种是我们天天都盼着他们离开走人，但这种人从来都不走；另一种是我们天天担心他们提出要走，结果是天天有人提出要走。”我说那就让我走了不就完啦，领导说：“不行，你是我们无论如何都要留的人，只要你不走，什么条件都可以谈。”就这样，僵持了半年时间。这期间我成了最高检的“名人”，机关的人都知道我要走，机关就是不让我走，每天在“拉锯”战。时常有不认识的人敲我办公室的门进来问：谁是徐家力？我说我就是，我会问你有什么事情吗？来者往往回答：没有，没有，只是来看看。我知道，就是因为我要走，而他们不允许我走，我已经成了异类，很多人好奇地要看看我是什么样？仅此而已。

当时我提出不做检察官当律师的请求，一下就被报到了主管检察长那里，主管检察长把我叫去以后，狠狠把我批了一顿，他说，我认为你离开检察院是道德品质不好，人品有问题。我说，为什么这么说呢？他说，因为你不热爱检察事业，刚到检察院没几年你就要走。我也不置可否，最后谈的不欢而散，而且检察长最后还说，这是有组织的地方，不是你想走就能随便走的。

我看主管检察长这个态度就知道没戏了，后来我就找到我们当时的人事厅厅长，人事厅的厅长跟我说，你根本走不了，第一是领导不会同意，第二我们就怕这种情况发生，你学历这么高，又这么年轻，你在检察院会起到很大的作用，你就干脆放弃这个想法算了，你看人家其他年轻人也有提出要走的，但是经过我们做工作都不走了。我说，领导，我已经打定主意，我在检察院不想再干了。他说，那是你自己的事儿，组织上不会批准的。他那时候骑个自行车回家，我也骑着，跟到他家去，到了他家以后，他说，你不要老跟着我，我说，你不让我走，我怎么办呢？我也没有别的想法，没有别的坏主意，当律师也不是干什么坏事儿，为什么不让我走呢？他说，你这个事儿不是我能决定的，检察长都不让你走，我怎么让你走呢？你就回去等消息吧，不过我劝你还是改变主意最好，皆大欢喜，否则很难办。所以我从提出走到真正离开最高检，几乎两年时间，检察院是种种借口卡着我，所以，我当时成了最高检的名人，谁都知道有我这么个人要从检察院离开。

最初最高检的工作令我感到新鲜而有意思，最高检为了培养我们这些从学校分配来的学生，安排我们下基层锻炼，我被安排到北京市检察院分院，在两年多的时间里我在分院的各个处室轮流工作了一遍。但是，在北京市检察院分院锻炼两年之后，我认为自己的性格不适合再呆在机关。虽然当时还看不清律师的前途，我还是毅然提出了辞职。这是最高检第一位提出辞职的研究生，因此，我一时成为最高检的新闻人物。当时最高检的各级领导告诉我，“想走，想都别想”。父亲听到我辞职的消息，急得连夜坐火车从沈阳赶到北京劝阻我不要离开，但也被固执的我劝回了老家。

最终在我的坚持下，经过我接二连三地找领导谈，可能是感动了领导，也可能领导认为我是一个铁了心要走的人，这回领导的话儿松动了：“好吧，律师服务也是法制建设的一部分，我们再研究一下吧！”最高检允许我辞职，但条件是保留组织关系。

我走出了检察院的大门，兴奋的是我要去律师事务所上班啦。

我为什么离开最高检

我研究生毕业的时候是党员，当时我是检察院第一批学习刑法的硕士研究生，检察院对我非常重视。我干了几年以后，觉得这个工作不适合我，虽然检察院的工作对我的个人前途很好，如果我不离开最高检，也许能当上一官半职，比较一下和我一起去的几个人现在已经是副部级了。不过我觉得那里的环境不适合我发挥。举个例子，当时过党的组织生活，大家互相提意见，有同事说我的缺点是电话特别多，影响工作，因为我们三个人一个房间就一部电话，我打他们就打不了了。我不明白他们这话什么意思，我说是我打的电话多，他们说不是，是找你的电话多，三个人80%的电话是找你的。当时我年轻，说话很直，我说找我的电话多不是我的缺点，那是打电话人的缺点，他电话找我，电话铃声响了我不能不接啊！后来我就发现我的很多缺点是做律师的优点，比如我善于学习、容易沟通、敢于创新等。后来我要走，领导说你不能走，检察院大部分同志没有学过法律，有的甚至连大学文凭都没有，你来了，我们往上面一报，我们还有研究生，你走了，我们的学历就显得太低了。你就是不能走，干什么都行，留着给我们做个摆设都行。领导开始的时候是劝导我不要走，后来看劝不行，强行阻止我不让走，最后就是不理解我为什么要走，怀疑我有其他什么原因，他们说从来没有见过像我这样一门心思要离开最高检的人，我说我就是觉得不适合，没有别的原因，我就不喜欢这个工作。

因为那个年代，因为我的家庭出身，因为我成长的地域环境，在毕业时我有着强烈的进体制内当干部的欲望，自己在心里已经设计好了锦绣前程。这是我们那个时代年轻人的理想和人生观，在机关工作几年后为什么想不干了另辟人生之路呢？原因有几个：

其一，在机关大院里待了一段时间后才发现自己并不喜欢机关的工作，那种按部就班、那种人际关系等，我都觉得没有兴趣。

其二，有特点的人在机关里是最容易犯错误的人，机关里最适合没有棱角的人，不会轻易被人抓住短处，而特点鲜明的人在机关里就显得突出和另类，不容易被机关接受。而这些特点也许就是机关外其他工作正需要的。

其三，性格因素。律师工作的特点是自由、独立、自我实现机会多，机关里正好相反。基于以上种种考虑，我才决定放弃检察官的职位，下海去做律师。

后来我就下海当律师了，当时没有人赞成我的做法，包括亲戚朋友，都认为我疯了，他们认为当时整个社会经济形势都不好，公司很多都倒闭了，为什么还要下海？

但是有意思的是，当时反对我的人现在都下海了，我应该是从最高人民检察院分配去的学生中第一个出来下海当律师的，后来我们分配到国家最高政法机关的许多同学都先后辞职出来当律师，现在我们当时的同学百分之七八十都当律师了，甚至以前在最高检、最高法干了很多年的好多朋友都当了律师。我觉得我很幸运，我很早就从机关出来当了律师。现在律师行业一个重要的特点就是公、检、法出来做律师的人特别多，这种转型的人特别多，因为大家都是那个年代毕业进机关的，做官没有做成，或者自己觉得做官没有什么意思，现在知道律师吃香，所以都跑来做律师了，出来磨炼。很多人都是在机关里工作许多年以后才出来当律师的，我承认他们在学校或单位的时候本事比我大，能力都在我之上，但是说实话律师这个职业他们都错过了最初的发展时期，因为过了那么多年他们才下海，需要再花时间摸透律师行业的执业规律，其实大家的想法和做法差不多，只是时间差不一样，在一些方面我们没有差多少，我们刚开始都想当干部，最初都想在体制内，在国家机关里大干一番，后来觉得不合适，像我一样，脱离体制下海当律师。

现在年轻的孩子毕业以后都直接想做律师，我们那时候没有这个机会，国家机关急需法律人才，我们都去了机关工作，后来经过自己的努力，才有机会从机关下海当律师。我们有过共同经历的这种人心里的落差或感受是共同的，我和很多人都交流过。我们现在正在策划写本书，是一家出版社组织的，找了三个最典型的人写这本书，一个是公安部出来的，一个是最高人民法院出来的，一个是最高人民检察院出来的，我就是其中一个，写从司法官到律师的转换，每个人要求写10万字左右，以这种方式总结一下我们职业转换的体会。我们现在还有几个微信群，全国离职法官检察官群、全国离职检察官群、京津冀离职法官检察官群、北京离职法官检察官群等，在这些微信群里我们经常交流心得体会，大家都有相同或相似的经历，有很多共同语言和可以探讨的话题。

第二编

典型“九二派”的出现和发展

五、筹建创办隆安

为什么是1992年创办隆安

在北京亚运村汇园国际公寓的一套普通办公室里，有一个不普通的律师事务所，它就是全国首家全部由法学硕士组成的合作制律师事务所——北京市隆安律师事务所。隆安律师事务所成立于1992年12月29日并于当日正式开门营业。“促进经济繁荣，保障社会安定”是“隆安”名称的由来，也是隆安律师事务所的根本宗旨。

隆安这个年轻的集体里聚集了一批具有现代意识的法律人才，所有律师均有法学硕士学位，其中多人曾在欧美深造，目前仍有部分律师在国外研修。

作为一家大型综合性律师事务所，隆安在发挥人才整体优势的同时，还根据各位律师的专长，进行合理的专业分工，成立了金融法律事务部、计算机法律事务部、大众传播律师事务部、商标法律事务部等专业部门，涌现了一批证券、投资、房地产、金融、经济贸易、诉讼等方面的专家律师，提高了法律服务的质量，受到当事人的普遍欢迎。

隆安在加强自身竞争力的同时，注重与国内外律师界的交流与合作，该所主任徐家力律师表示：“我们欢迎有志投身于法律服务业中的各类人才加入隆安的行列。”

以上是当时《法制日报》在新闻版对隆安成立的一篇报道。

我特别喜欢的一首歌叫《春天的故事》，这首歌是这么唱的“1979年，那是一个春天”，那一年，邓小平同志第一次到南方视察。也就在那一年的秋天，我考上了北京大学，这是第一个春天。这首歌又唱道“1992年，又是一个春天”，邓小平同志第二次到南方视察，那一年我下海当了律师，创办了隆安，到现在整整30年。

打开历史的长卷，将目光聚焦在1992年这极不平凡的一年。于百废待兴的法律行业而言，和煦“春风”也能引起震荡，震荡出律师界的变革和崭新开端。1992年，受邓小平“南方谈话”的影响，改革开放的大潮汹涌来临，一大批在体制内工作的官员或知识分子纷纷“下海”创业。其中一部分人奏响了中国现代企业制度和经济发展的新乐章，成为市场经济空白领域的开拓者或行业佼佼者。这些企业家被称为“九二派”，成为一批时代的先行者。法律界一批人从机关大院里走出来，开创了律师制度改革的新篇章，从此中国律师界有了新的开端，这是律师界的“九二派”，开创了中国律师行业发展的先河，我是其中一员。1992年邓小平同志第二次到南方视察以后，中国改革开放的步伐加快了，从全国各个行业来看，形势一片大好，大家心潮澎湃，热血沸腾，都要干一番大事业。中央各部门为了落实邓小平的南方谈话精神，纷纷制定出本部门本行业的改革开放的具体政策文件。在中央政法委的指示下，最高人民检察院出台了一系列保障进一步改革开放的政策文件。同样，司法部纷纷出台文件，1992年开始律师制度的改革，原来的国有法律顾问处体制开始松动，随后司法部《关于深化律师工作改革的方案》的文件正式出台，标志着律师制度改革的开始。合作制律师事务所试点名额开放。随后的两三年间，许多敢于冒险、敢涉深河的有识之士抓住时机，一头扎进“办所”热潮，其中包括许多捧着金饭碗的公职人员。

隆安创建人、创始合伙人徐家力

隆安就是在这样的背景下创办的，和一众律所共同书写属于律界的辉煌开篇，无论律师事务所还是创始人都成为名副其实的“九二派”。中国的《律师法》1996年才出台施行，我们1992年就创办了律师事务所，律师事务所的组织形式是合作制，当时的依据就是《律师管理暂行条例》，隆安的成立早于《律师法》的诞生，我们真正创造了历史。在1996年《律师法》出台后，根据要求，我们将合作制律师事务所改制为合伙制律师事务所，隆安也是中国最早的合伙制律师事务所之一。

律所的审批过程

我们是在1992年上半年向北京市司法局提出申请的，当时我们是在听到确切消息后才向司法局提出申请的，确切的消息有两个：一个是司法局准备批几家合作制律师事务所，作为北京律师体制改革的试点；二是已经有人在1992年年初向司法局递交了申办合作制律师事务所的申请。我们在得知上述消息后，尽快准备了申报材料，在1992年上半年正式向北京市司法局提出申办隆安律师事务所的书面申请。北京市司法局对批准合作制律师事务所提出了相应的条件：(1)要有三人以上的执业律师；(2)具有一定的办公场所（好像是不少于80平方米）；(3)具有一定的办公设备（打印机、传真机、电话机、办公桌椅等）；(4)需要聘请会计、出纳和秘书等行政人员；(5)律师事务所要有名称等。同时，北京市司法局律师管理处，包括市司法局领导多次找我们谈话，了解创办律师事务所的想法和意图，因为在当时的条件下，审批非国办的律师事务所毕竟是一种新鲜事物，从上至下都比较谨慎，我也因此去了很多次北京市司法局，对当时位于南城大红门地区附近的北京市司法局印象十分深刻，至今记忆犹新。

几经周折1992年年底，隆安律师事务所经过北京司法局批准设立。在这一年北京司法局批了10家合作律师事务所，隆安就是其中一家。1992年12月29日，我到北京南城木樨园附近的司法局拿到批准证书，当时批准证书拿到之前，找我谈话的是贾午光副局长和吴文艳处长，他们首先祝贺我通过审查，符合设立条件，合作律师事务所被批准成立了，并督促我赶紧去最高人民检察院把人事手续办了，将我的人事关系档案转到北京人才交流中心或是全国人才交流中心，律师事务所尽快开业，开业之前需要通过北京司法局的检查验收，合格以后就可以营业了。

隆安名字的由来

我们申请创办律师事务所的人员软件条件都具备，硬件条件需要花钱，但当时我们3人都没有钱。大致算了一笔账：如果要满足司法局硬件条件的要求，大致需要5万元人民币，当时对我们来说这绝对是一个天文数字。我在最高检工作每月97元人民币，李京生也比我高不了多少，潘忠仁也是这个水平。3人要拿出5万元人民币，谈何容易。商量了一下，只有一个出路——借钱租房子、买设备、雇人。

于是我们四处打听，看谁能借给我们钱。经过几番周折，通过李京生的努力，北大的另外一位同学给我们联系了一家公司，我们马上跟对方联系。对方提出用什么担保借款？我们说，没有担保。对方又犹豫了很长时间，最后决定借给我们5万元人民币。同时又提出了借钱的一个条件，即将成立的律师事务所的名字必须叫他们公司的名字，以防备还不起钱时聊充为公司做做广告而已，而这家公司的名字就是“隆安”。

我们当时已经拟了几个名字，但都不甚满意，如“纵横”“天地”等，虽然觉得“隆安”商业气息浓了一点，但还不错，由于当时开办事务所需要资金，没有更多的选择余地，就勉强同意了。于是在向司法局申请设立时名称就用了“隆安”。后来对方承诺的借款迟迟没有全数到位，我们又从其他地方借到了钱，这时事务所已获司法局批准，名称已经确定，改也来不及了，索性就用这个名字吧。后来越来越感觉，“隆安”这个名字很好，再后来隆安的年轻人更是对隆安的名字含义进行了演绎，“同兴隆，共平安”。

这就是“隆安”名字的来历。不知道当年的那个隆安公司后来经营状况如何，现在是否还存在，而隆安律师事务所已经阔步走过了30个年头，从几个人到几百人、几千人，规模还在不断扩大，从北京走向了全国、全世界。这是我们当时没有想到也不敢想的事情。我们最初的想法其实很简单，只想证明自己辞掉公职创业是正确的选择，只想能尽早还上借来的钱，不能让人家追债。个人的命运由国家命运而决定，律师事务所的命运也由国家的命运而决定。真所谓国家兴，法律兴，律师兴，个人兴。

隆安LOGO的来历

律所有了名字，还缺LOGO。李京生想，一个律师事务所，应当有一个LOGO作为其形象标识。他请原来的同事，最高人民法院办公厅宣传处一位能写善画的张大侠来帮忙设计，张大侠欣然接受。没过几天，张大侠交来几份设计小样。李京生看了看，张大侠的设计思路主要是“隆安”两个字的汉语拼音和文字的各种字体的变形和不同组合，设计很有张力和时代感。但是李京生觉得风格上和内容上是都不太适合作为律师事务所的LOGO。律师事务所的LOGO，需要彰显法律的威严，应该稳重、大方，体现公平、正义、秩序、规范的理念。可是这些抽象的理念，怎么通过图形和文字的组合形象地表现出来呢？

隆安 LOGO

正纠结着，突然想到一句俗语，“没有规矩，不成方圆”。对就以“方”和“圆”两个元素来体现规则、规范、法律和秩序的律师的理念。方，代表刚毅、原则性；圆，代表柔和、灵活性。内圆外方，则代表刚性原则与柔性灵活相结合。这是律师工作的基本原则和思想方法。思路有了，表现在纸上就容易多了，李京生用尺子和圆规，一口气画了好几张草图。经比较，并征求身边同事的意见，选定了一个。

又请张大侠题写名称“隆安律师事务所”，两人都喜欢书法家刘炳森先生的方正派隶书，但要求得大师的一幅字何其难哉，而张大侠很有书法功底，模仿的刘炳森的隶书几乎可以乱真。他写了几幅，李京生挑选了一幅最满意的。

对应的英文名称，当时定为“Dragon Law Firm”，翻译成中文是“祥龙律师事务所”。但后来听美国律师说，在西方人眼里，龙是一种凶恶的怪兽，含有一定的贬义，于是将律所的英文名称改成“Long’ An Law Firm”，是李京生用电脑的字库中挑选的英文字母美术字组成的。

接着李京生将“内圆外方”图形、中文名称和英文名称组合在一起，使其成为错落有致的整体。然后，又到文印店，将设计稿扫描进电脑里润色完成，隆安律师事务所的LOGO就这样完成了。

1992年12月29日北京市司法局批准成立了隆安律师事务所，审批的效率还是很高的。当时隆安律师事务所是北京市司法局批准的仅有的几家合作制律师所之一。由于我、李京生、潘忠仁都是研究生，1993年1月1日《法制日报》报道：“我国第一家全部由法学硕士研究生组成的律师事务所经北京市司法局批准在北京成立。”这一年我32岁，迎来了我职业生涯真正开始腾飞的时刻，从那以后，每当听到《春天的故事》这首歌，我都深有感触，觉得自己赶上了好时机。

在创办隆安律师事务所不久，我们就很快很轻松地还上了借来的钱，但隆安这个名字却历史性地留了下来。很多次有人问我或李京生“隆安”这个名字的来历。也有很多人说这个名字起的真好！真有意义！肯定是花钱请人起的！而对我的回答和解释人们却不太相信。没有人想到这个名字的来历如此戏剧化。然而，真相就是真相，隆安的名字就是这么来的，不管我们现在怎么诠释它，它的由来就是一个机遇，一个偶然……

为何选址亚运村

我下海之后的职业道路可谓一路畅通，当时北京亚运会刚结束不久，隆安律师事务所的第一个办公地点，就选在了亚运村汇园国际公寓，这个国际公寓举办亚运会时是运动员的宿舍，亚运会结束后空出来了，业主出租，隆安律师事务所就进驻了。选择在亚运村，主要还是看中了这里是北京当时很繁华并且发展前景很大的地带，可以提升律所的形象和档次，也便于承揽更多的业务。

1992年律师事务所在被批准之前，我们一直在选地方，主要有三个标准，第一不能太贵，因为当时我们都是白手起家没有钱；第二地方不能特别差，否则吸引不了客户，司法局也不会同意，当时他们对办公条件是有硬件要求的；第三交通距离不能太远，因为当时大家都没有汽车，如果交通不方便客户也无法到达，所以地址还是比较慎重。我们自己或在别人的带领下看了很多地方，选来选去，我们最后选定亚运村汇园国际公寓，这是因为亚运村综合条件最好，也符合我们选址的想法和要求。在1990年北京亚运会开始之前和结束以后，国家和北京市政府花了很大的力气打造了一个环境优美的商务中心，给亚运会配套，建筑了很多写字楼、公寓，还有相应的公共设施，公寓又分国内公寓和国际公寓，所谓的国际公寓，就是条件比较好的。所以我们当时就到亚运村的汇园国际公寓，看中了一套两房一厅的房间，实际上是一个套房，也是当年参加亚运会的运动员居住的公寓。

从当时的条件来看，亚运村这个条件确实是比较好，因为那个时候国贸地区还没发展起来。从商务角度和自然环境来看，亚运村给人耳目一新的感觉，是北京最高档的地方，商贾云集，所以我们就比较满意，就找到亚运村的租赁部问价格，但价格还是比较高的，于是我们反复和他们谈判，最后确定了一个我们可以接受的价格，同时我们承诺给他们当法律顾问，免费提供法律服务，以换取在房租上的优惠和折扣。

从历史发展来看，选择亚运村是正确的，亚运会是新中国改革开放以后第一个举办的国际盛会，因为在亚运会开完不久，这些商业楼宇都出租给了相应的商业机构，可以说当时亚运村是繁华一时，商贾云集，人流如注，车水马龙，很多大型的公司还有国外的机构都入驻亚运村，我们当初的许多律师业务就来自于此，使我们在亚运村也有了立足之地。当时中国刚改革开放，百废待兴，生机勃勃，一片繁荣，各种商业活动也比较频繁，我们也是在这个背景下开业了，所以选择亚运村是当时很重要的也是正确的一个决策，真可谓天时地利人和，隆安能有今天，与良好的开端是有很大关系的，毕竟俗话说的好："好的开始是成功的一半。"

律所成立初期的艰难创业

新所刚刚成立为了承揽到业务，应该打广告。可我们没钱，只好打最廉价的广告，满楼里面塞小纸条。纸条上写隆安律师事务所，承揽哪些业务，欢迎前来咨询。复印纸上打印好后，裁成一条一条的小纸条，然后塞到人家的门缝里。比这样的广告价格高一点的，就是楼内的闭路电视系统，制作了一个关于隆安律所的小视频，给钱让物业在楼内的闭路电视系统播出来。

如此廉价的广告，居然招来络绎不绝的客户。我原本以为律所成立了，开始的几个月很可能冷冷清清，不会有什么业务。没有想到的是，司法局还没有正式批准，业务就找上门来了，而且是大量的。当时连桌椅板凳等家具都没有弄来，律所室内徒有四壁，但找上门来的客户已经排成了长队。

我们只好站着跟客户谈，谈完一位再谈下一位，排队的人越来越多。站得实在太累受不了了，就坐到地板上跟客户谈。真没想到亚运村一带当时是如此欠缺法律服务，碰到一个律师大家都恨不得将律师围起来谈谈案子。实际上，不仅仅是亚运村，社会上亦是如此。

就这样出乎意料地顺利，我们三位新律师都开始接案子忙碌起来。李京生第一笔诉讼代理费就挣了5万元，这在当时我们的心目中已经是天文数字了。以前在最高检、最高法上班，月工资还不到百元，现在第一笔诉讼代理费就是5万元。李京生没有将这5万元揣入囊中，他看到律所资金非常紧张，要购置的设备还很多，就把这5万元贡献出来，添置办公设备，成为了集体财产。

刚成立以后除了到处打小广告揽业务以外，还向其他已经当律师的同学和朋友学习怎么当律师，因为在这之前，我、李京生、潘忠仁3个人都没有当过律师，怎么发现案源，怎么找到当事人，并且怎么办这些案件，都是一个新的课题。虽然我们都是学法律的，在检察院、法院也干了几年，理论和实务都有所涉猎，但从检察官、法官转换成律师以后，怎么干心里真是没有数，所以向其他人学习就成了一个途径。

我曾经多次跑到已经当律师的同学、朋友的律师事务所学习，正因为如此，一件事情到如今记忆仍非常深刻。那个时候有一个律师事务所叫中国法律事务中心，这是司法部直属的一个正局级单位，里面有大量的律师，是当时中国官方最厉害的一家律师事务所，位于著名的六国饭店（后来改名叫华枫饭店）里面，在正义路上，它离我曾工作的最高人民检察院很近，最高检在北河沿大街147号，所以经常骑自行车从最高检跑到六国饭店找我认识的律师请教如何当律师，我也是想尽快的进入律师的状态。

有一次我到那儿去，我记不清楚我见的是肖薇还是张学兵，他们现在都成了君合、中伦的创始合伙人了，还是其他什么人，和他们谈完正事以后我就从六国饭店沿着正义路骑自行车回到最高人民检察院，然后我去机关食堂吃饭，我刚吃完饭，也就10分钟左右，传达室的武警就找我说大门口有北京市公安局的人找我，我说他们找我干嘛，工作上的事请他们到办公室等我，武警说不是工作的事，很急你赶紧去一趟。

我就到了大门口，我发现是消防局的警察找我。我说找我干嘛，他们说你是不是叫徐家力，我说是，你找我干嘛？他们说你是不是上午到六国饭店去过，我说去过，怎么了？他们说现在那个地方发生了火灾，他们通过访客登记本的记录找到的我，我能不能给做个笔录。我说可以啊，怎么发生火灾了，他们说我走后不久就发生了，现在火已经扑灭了，火势还是不小的，我们现在正在例行调查。我说这事跟我有什么关系呢？他们说对每个人都要摸底排查，排除跟这次火灾有没有关系，万一是纵火呢？我说我怎么可能纵火呢，他们说这是例行公事，我得配合他们，于是就给我做了个笔录，就在传达室非常憋屈的一个小房间，这事就过去了。后来我看报纸上说查明六国饭店火灾的原因是因为电线线路老化，好像是漏电引起的火灾，着了很大的大火，当时这把大火在北京还是很有影响的，因为都上了报纸、电视，我也被嫌疑了一把，就通过这件事也体现出我当时向人家请教的虚心精神，不厌其烦地跑中国法律事务中心向当律师的同学、朋友学习怎么当律师。

刚开始当律师还是很不容易的，并不是说从检察官到律师就顺风顺水，因为从检察官到律师这个职业转换，没人辅导、没人培训你，只能完全靠自己摸索，通过自己的私人渠道学习模仿，所以一开始还是很不容易的，好在时间不是很长，客户就来找我们，之后越来越多，甚至容不得我们多长时间的学习，只能边干边学，在干中学，在学中干，最后就是把律师业务越做越多，越做越顺了。1993年很快就过去了，到了1994年，隆安律师事务所同北京160法律台共同开办了综合法律信息服务电话台——北京160法律台服务分台，解答各种法律知识、法律新闻及案例追踪等服务，为法律知识的推广、增强法律意识起了很大作用。同时，扩大了隆安的知名度和法律服务领域，隆安发展的势头越来越猛。

六、隆安律师事务所创始合伙人

谁是创始合伙人

我作为隆安律师事务所的创始合伙人，无论在什么场合和地点，大家恐怕都知道，隆安律师事务所不是我个人的律师事务所，从开始的合作制到后来的合伙制，直到现在的特殊普通合伙制，隆安律师事务所自始至终都不是我一个人创立的，在每一个阶段，隆安都有创始合伙人，我只不过是最早提出最早筹办最早创立的人之一。当年，我在最高人民检察院工作时，不想再干下去了，准备离开最高检下海当律师，那时候还没有个人律师事务所，即使提出设立个人律师事务所估计也不可能批准，道理很简单，合作制律师事务所的审批都是试点工作，《律师法》尚未出台，只有《律师管理暂行条例》的存在。按照当时的规定，筹建律师事务所最低条件就是要3个人，我第一时间想到的人就是我的北大同学李京生。他是最合适的人选，好不容易说服他同意共同创办律师事务所以后还需要找一个人，这个人就是我当时的最高检同事潘忠仁，他是从吉林大学研究生毕业分配到最高检的，我俩当时并不在一个厅工作，他听说我要出去办律师事务所，沟通后一拍即合。同时最高检其他几位同学和同事也有与我出去办律师事务所的意愿。当我提出离开最高检时，谁都没有想到，最高检那么坚决的阻止我们离开，我简直成了敌人。在那种事态之下，大部分人打了退堂鼓，只有我和潘忠仁如愿以偿。在最高检之外，还有几位同学听说我要办律师事务所，纷纷表示一起筹办，但真当我们审批手续办下来以后，因为种种原因，这些人又改变了主意，不参加隆安的创办了。现在回想起来，若是当年我没有考入北京大学法律系，也许现在江湖意气、风华正茂的隆安，会变成另一种模样。在北大法律系，我与李京生是同届同学，他是二班的党支部书记，我是三班的学生，比较了解，尤其是1981年我们共同参加北大学生会组织的自行车旅行团以后就更加熟悉了。后来我在最高检工作期间，又认识了另一位最高检同事潘忠仁。当时的我们怎么也不会想到，交集不多、志向不尽相同的我们会在几年后成为并肩作战的"战友"，共同谱写出隆安的传奇"序章"。合作人有，我就在1992年五六月向北京市司法局提出申请，在随后审查的几个月里，司法局律管处的几个领导找过我们几个申办人谈话，详细询问了各自的情况和申办律师所的目的和动机及执业准备。同时，还审查了申办律所的资金情况，查看了准备做办公室的写字楼及办公设备，还约谈了准备聘为会计和行政秘书的人员。

隆安律师事务所刚开张了一年，潘忠仁因为某些原因离开了，当务之急就是要找新的合伙人。要成立合伙制律师事务所，至少需要3个合伙人，但现在只有2个人，所以急需一个人填充进来，哪怕这个人暂时不出资，只要是律师，能充当个人头就行。李大中就是在这样的危机的情形下进入隆安律师事务所的。所以我后来说，为什么李大中可以算是隆安律师事务所的创建人、创始人，因为人家是在那样危急的时刻来的，没有李大中，隆安律师事务所也许就要夭折了，从这个意义上讲，李大中是名副其实的隆安的创始人之一，至此隆安的三位"创始人"就集齐了，所以从历史真实情况来说，我与李京生在1992年创办了隆安，不久后，李大中加入进来，隆安创始人就是我们三个人。

李大中（左）、徐家力（中）、李京生（右）三位创始合伙人合影

比较幸运的是，隆安的创始合伙人还都在，我们还能回顾历史的来龙去脉。任何一家律师事务所的创始合伙人都代表着一段历史，主要是早期的历史。无

论律师事务所未来发展到什么程度、什么规模，由其创始合伙人创造的历史是律师事务所的根基，作为根基的一部分，创始合伙人永远是律师事务所历史的一部分。

李京生辞职当律师

李京生是我读本科时的北京大学同学，但我们两人在北大校园里并没有多少来往，我们两人年龄相差7岁，真正熟识起来还是我们共同参加了北大校方组织的暑假自行车旅游，期间朝夕相处了1个多月的时间。李京生毕业后分配到最高人民法院，担任过当时最高人民法院院长任建新的秘书，1992年时已经出任最高人民法院行政审判庭副厅长，是副厅级干部。他放弃铁饭碗下海当律师，无疑需要有比我更大的勇气。

隆安创建人、创始合伙人李京生

李京生祖上是山西大户人家，十分富有。1912年，其父亲考取了北京朝阳大学。北京朝阳大学与上海东吴大学，当时是国内两所最著名的法律大学，有“南有东吴，北有朝阳”之说。他父亲当时在朝阳大学法科学习，也就是今天的法律系。毕业后，他父亲在河北省石门市（今石家庄市）开了一家律师楼，办了几件有影响的案子，在当地小有名气。“七七”事变后，他父亲参加了八路军，任“平（平山）井（井陉）正（正定）获（获鹿）”游击司令部军法处处长。后来晋察冀边区建立了自己的法院，他父亲当了法官，当时叫“推事”。

1947年年底，石门市解放后，李京生父亲在新中国第一家人民法院石门市人民法院当法官。当时法官叫“审判员”，这个名称一直沿用至今。北京解放后，他调到北京市法院，先后任经济建设保护庭庭长和民庭庭长。1975年，78岁时去世。

李京生1953年生于北京，1969年到内蒙古自治区生产建设兵团当知识青年，非常幸运地第二年就当了兵，而且是人人羡慕的骑兵。服役4年多后，虽然对骑兵的浪漫生活恋恋不舍，但还是经不住城市生活的诱惑，加之母亲年迈无人照顾，1975年，他脱掉军装复员回到北京。

当时复员军人大都被分配到服务行业工作，在公共汽车上当司机，在商店当售货员，到国营企业当工人，都被认为是比较好的工作。李京生本来被分派到了一家大型国有企业，武装部长告诉他，这个工作别人打破脑袋都得不到，新工人要到德国去培训，掌握新进口的设备，放弃这次工作机会，以后会后悔的。李京生却不知道为什么，认准了要去法院工作。可是法院并没有进人的指标，李京生就决定在家等。他向父亲提出要去法院工作，给的理由也很让父亲动心，“子承父业”。父亲在他的请求下，决定走一次“后门”，给自己的老同事、当时的朝阳区法院院长来世昌写了封信，希望他能帮助自己的儿子去法院工作。

来世昌院长是与李京生父亲一起在北京市法院工作多年的老搭档，父亲是民庭庭长的时候，来世昌是副庭长。接信之后，来世昌答应帮忙，但要看机会，让李京生耐心等待。没想到并没有等多久，3个月后，法院就有了进人的指标，李京生被顺利分配到法院。

到法院后没过多久，李京生就开始独立办案。当时全国的法律院系寥寥无几，培养的法律专业工农兵大学生凤毛麟角。法院审判人员的主要来源就是复转军人，李京生当时才20出头，就开始办案。刑事案件主要是危害治安的抢劫、盗窃、强奸、伤害等犯罪案件，没有现在的经济犯罪案件；民事案件主要是离婚、继承、析产和农村宅基地纠纷案件，合同、公司、投资、房地产案件都没听说过，知识产权案件更是根本没有。他办案效率颇高，创造了月结案30件的全院最高结案记录，也得到了领导的信任和同事们的认可。

1976年“文化大革命”结束，1977年，在时任最高人民法院院长江华的领导下，全国法院系统开始全面复查平反冤假错案工作。院长把这个工作交给了李京生。李京生认为，平反冤假错案的过程就是不断解放思想的过程。每次院党组会他都要拿出几个建议平反的冤假错案来讨论，一次没有通过，就下次提出来继续讨论，让院领导一步一步不断解放思想。好在最高人民法院当时公布了一批又一批的平反冤假错案的案例，使人们的思想逐渐放开。李京生把朝阳法院判处的100多件反革命案一一平反了。

1978年修改的宪法恢复了“被告人有权获得辩护”的规定，一些在反右斗争以前当过律师后来受到运动冲击而不得不改行的人，又回到了律师队伍。为了使法院的审判人员适应律师的辩护，在北京市高级法院搞了一次有辩护人为被告人辩护的示范庭审，组织各个区法院的审判人员去旁听，李京生参加了。

他第一次亲眼看到法庭上律师为被告人辩护，并记住了辩护人的名字叫江浩。江浩律师的声音非常洪亮，在法庭上为被告人极力“开脱”，让李京生觉得很新奇。在他的印象中，律师是电影《风暴》里施洋大律师“铁肩担道义”的形象，而现在不是旧社会了，是无产阶级专政的社会主义社会，被告大部分是有罪的，替他们辩护不就是替坏人辩护吗？

但是回想起自己平反过的100多件冤假错案，如果当时能有律师替这些被告人辩护，其中明显不构成反革命罪的被告人，还会被判有罪吗？从这方面讲，李京生又很佩服江浩律师，觉得他们这些老一辈律师敢为天下先的勇气和为律师事业执着的精神很令人敬仰。

1977年恢复了高考，李京生当即下了决心，一定要考上大学。第一年知道高考的时间很晚，没有时间复习应考，考试的时候一点感觉都没找到，自然也没有考上。到了1978年，李京生就用一年多的业余时间把初中、高中6年的课程都学习了一遍，当时他想自己要吃一辈子法律饭，如果不进入大学系统地学习法律知识和技能，迟早要被淘汰。但最后考下来，功亏一篑，离录取线只差了5分。

这时江浩律师为了壮大律师队伍来招兵买马，动员李京生辞职去当律师。但李京生觉得，无论当法官还是当律师，一定要有丰富的法律知识才行，所以仍然一门心思在高考上，婉拒了江浩律师的邀请。但他给江浩律师留了个口子，如果再考不上，就有可能辞职去跟着江浩干律师。

1979年，李京生如愿以偿地考上了大学，高考成绩超过录取分数线60分，相当优秀，上了北京大学法律系，成为我的同学，虽然在4年大学阶段两人并不十分熟悉。我北大本科毕业继续读研，李京生则被分配到最高人民法院，进入了自己梦寐以求的最高法律殿堂。最高人民法院固然是李京生非常想去的单位，但当时如果有律师的分配名额，李京生也可能会考虑。只是那一年没有律师名额，一名都没有。当时律师还是新生职业，而在法律人才奇缺的1983年，北京大学培养的法学人才，国家大机关都想要，抢都抢不过来，谁还会安排他们去当律师呢？

进入最高人民法院以后，李京生一开始被分配到当时最高人民法院院长郑天翔身边当秘书，后来，由于新上任的副院长任建新手下缺人手，又被分配到了任建新手下，给任建新当秘书。没想到，后来任新建成为下一届最高人民法院院长，这样一来，李京生其实是给最高人民法院两任院长都当过秘书，只是给郑天翔当秘书的时间很短。

在任建新手下李京生一干就是4年，与任建新院长朝夕相伴，他从老领导身上学到了敬业、谨慎、奉献精神，终生受益。4年之后，李京生开始不安心，感觉自己老在领导身边，远离审判业务，荒废了法律知识；离官场太近，总感觉不太舒服，有点压抑。他向任建新院长提出去考研学习，但任院长用他用得很顺手，自然不太愿意。李京生老去说这个事儿，有一回把任院长说急了："连你都留不住！"但经过李京生的一再恳求，最终任建新还是同意了他报考高级法官培训中心的研究生。

经过半年多的英语强化培训和应考复习，李京生又一次如愿以偿，再次进入北京大学，成为当时的北大副校长、行政法学教授罗豪才的学生。罗豪才教授后来担任了致公党主席、全国侨联副主席、最高人民法院副院长、全国政协副主席等职务，他豁达的胸怀和严谨的治学态度，对李京生的人生产生了很大影响。

研究生期间李京生受美国福特基金会的资助，到美国首都华盛顿的乔治城大学法学院做了一年多的访问学者，回国后完成了硕士毕业论文，毕业后回到最高人民法院工作。回来之后李京生被调入新成立的行政庭并担任副庭长。当时才30岁刚出头，李京生就已经是最高人民法院副厅局级干部。如果他在最高人民法院继续呆下去，前途其实非常光明。但时至今日对于辞职改行当律师，李京生也从来没有后悔过。

一开始我去劝李京生下海当律师的时候，李京生还是有些犹豫，毕竟在最高人民法院继续干下去，美好的前程是看得见的，而下海去当律师，将来到底怎么样，谁也不知道。我当时见劝说不成，就邀请李京生去江浙等地，看一看这些地方合作制律师事务所发展的情况，实地感受一下律师事业的美好未来。李京生趁着出差办事的机会，接受我的邀请对江浙一带的合作制律师事务所进行了考察。考察回来之后，李京生意识到中国律师事业前途光明，而最现实的是，做律师收入确实比做法官高得多，挣到更多的钱，可以好好改善一下家庭的经济状况。我则一路陪同，谈了做律师的种种好处，终于说动了李京生。

等回到最高人民法院，李京生更加觉得大机关并不适合自己，尤其是最高人民法院的法官，自己可以做主的机会非常非常少，无法自由发挥个性和能力，而“自由”二字突然变得尤其重要。李京生反思，在最高人民法院呆了几年，领导和同事们对自己都非常好，自己也一帆风顺，30岁出头就已经是副庭长，可为什么自己并不觉得发自内心地快乐？而在草原上当骑兵的时候，尽管生活条件要艰苦多少倍，但为什么自己每天都很快乐？还是因为自己是个非常热爱自由的人，与大机关的刻板僵硬、等级森严的氛围格格不入。如果不快乐，即便再美好的前程，又有什么值得留恋的呢？而在江浙等地的考察，让他感觉到律师职业是个自由职业，自由度比做法官要大得多，如果当律师能够自由和快乐，放弃眼下的仕途又算得了什么呢？

当李京生把打算离开最高人民法院辞职下海当律师的想法告诉朋友和同事时，几乎所有的人都表示反对。很多人认为李京生这是一时糊涂，如果不劝阻住他，他会铸成人生大错。朋友们都劝他，你不要认为当律师有多大的前途，中国离法治还十万八千里呢，律师哪能跟法官比，地位高不了没前途。同事们说，你在最高人民法院已经打下了这么好的基础，多少人做梦都不敢想，只要踏踏实实地干，将来高升也不是没可能，放弃这一切从头再来，实在太可惜了。领导说：你出国回来时间不长，又刚刚获得硕士学位，前途无量，但不要操之过急，日后必会得到重用。还有的唱黑脸说，送你出国学习培养，组织花了几万块钱，你要是辞职去做律师，这笔培养费你拿得出来吗？但李京生已经铁了心要当律师，不管红脸黑脸，谁劝都没用。

李京生离开最高人民法院，还是颇费了一番周折。他先与庭长谈、与部门领导谈，好不容易说通了部门领导。但领导们说：你是院长秘书下来的，还要征求院领导的意见。部门领导去征求院领导的意见回来，脸色很不好，对李京生说，这事儿先别提了，我去跟院领导说了，碰了一鼻子灰。就这样拖来拖去一波三折，有道是人去不中留，最终李京生还是离开了最高人民法院，还东挪西凑借了几万块钱，偿还了研究生和出国留学期间的培养费。1993年，几万块钱可不是一个小数目，可能是有的家庭几十年的积累。

第一个加盟隆安的合伙人律师李大中

1994年摆在我、李京生面前的当务之急是，潘忠仁要走了，新的合伙人在哪里？要成立合伙制律师事务所，至少需要3个合伙人，但现在只有2个人，急需一个人填充进来，哪怕他暂时不出资，只要是律师就行，司法局的要求在那明摆着，能来一个人头就解决了问题。

李大中就是在这样的背景下来到隆安律师事务所的。后来知道隆安历史的很多人问，为什么李大中可以算是隆安律师事务所的创始合伙人，我的回答是李大中是在我们那样需要帮忙的关键时候来到隆安的，我们不能忘本，更不能忘记在历史上帮助过隆安的每一个人，否则，没有每一个隆安人的共同努力，就不可能有今天的隆安，更不会有未来的隆安，隆安是大家的隆安，不是我徐家力一个人的隆安，隆安就是一个大家庭，这个家庭从无到有，从小到大，从大到强，每一个隆安人都是这个大家庭的成员。

隆安创始合伙人李大中

李大中的父母是甘肃人，后来调入北京大学教书，1960年秋，李大中出生于北京大学。同我、李京生等考到北大来读书的人不太一样，李大中生在北大长在北大，从幼儿园、小学、中学、大学一直都在北大，所以他对北大的感觉跟一般人不一样，就是没什么感觉，北大就是自己家门口，自己家院子。北大里头那些大学问家、知名教授，对他来说就是小时候的张叔叔王阿姨，长大成人后到了社会上，才知道他们是人们敬仰的大师，小时候在北大校园里并不知道。这些大学者不会跟你交流学识，聊的都是日常生活琐事。

1966年“文化大革命”后，李大中的母亲去了江西鄱阳湖干校，在那里围湖造田种稻子，父亲由于之前已经从北大调到地质部下面的科研所工作了，所以暂时还留在北京，李大中也因此能继续留下。北大将教职工留下的孩子集中在一个楼里过寄宿生活，李大中每周回一趟家，平时就和小伙伴们在这个楼里一起生活一起玩。后来，父亲也下放到江西峡江县水边公社曙光大队，李大中只好也来到江西，跟农村孩子一起上课半年。当地农村孩子“老三篇”才背到第3篇第4自然段，而李大中早在幼儿园就把“老三篇”背得滚瓜烂熟了，所以在江西农村小学实在学不到什么新知识，后来就进了母亲所在的北大干校小学。北大子弟在“文化大革命”中得到的最大福利就是，学业虽然受到冲击，但一直没有断绝。

在干校，李大中能天天看到陆平、彭佩云等北大前领导人。陆平自己拿着剃头刀给自己剃头，平时的工作是养猪、养鸭、养鸡。对彭佩云的印象是，在一次群众批斗大会上，她女儿说要跟她划清界限：“我要革命了，跟你划清界限。”后来才知道，当时彭佩云为了保全女儿，私下劝女儿赶紧跟自己划清界限，这样才能保护女儿不受歧视。长大之后，李大中才了解到他们的成就和对北大的贡献。

好在只过了半年北大师生都回到北京，李大中也回到北大附小继续学习。他们这一届刚好赶上教育体制改革，小学从六年改为五年，他们五年级之后就去附中读初一，和原来读完六年的上一年级同学分在了一起，称为“甲乙组”，甲组的孩子比他们乙组大一岁。

李大中与我虽然都是1960年出生，但我的生日在9月之前的6月11日，1979年就考上了北大，而李大中出生在9月之后，生日是11月15日，也就是北京市每年开始供应暖气的那一天，这样一来，他就拖到了1980年才上大学。李大中不是考上的，当时他们高考落榜，司法部和北大要集中社会力量办学，就在北大联合办班，招收的是北大教师的子弟和司法部工作人员的子弟，都是1980年的落榜生，北大负责教学，司法部负责他们学成之后安排工作。

当时办了三个班，外语、无线电、法律。李大中当时不知道外语有什么用，不像今天觉得外语用处很大，到哪儿都能派上用场，对任何工作都有帮助，当时没这种感觉。学无线电技术，学好了可以修电视，修收音机。但是李大中也觉得没意思。这样剩下的就只有法律了，于是李大中上了法律班。当时教他们的老师全是从小就认识的叔叔阿姨，像刘家兴、罗豪才，从小都很熟悉。在大学四年，李大中一直是校足球队的成员，但不认识我和李京生，而与隆安律师事务所后来的另一位高级合伙人丁朋是同班同学。丁朋也是北大教师子弟，但他的学习相对比较优异，李大中属于成绩平平的，所以也不在一起玩。

1978年高考制度恢复之后，北大教师子弟中学习成绩优良的，后来碰到出国潮，大部分都出国定居国外了，而像李大中等剩下的一帮，很多人都上了这个班。他们都出生在北大校园里，从幼儿园、小学、中学都在一起十几年了，结下了非常深厚的友谊，北京人讲话叫发小。现在李大中到美国出差或旅游度假，到处都有人，抢着迎接他，直接就安排住到家里。他们长期在国外生活，国内来了个人就感觉特别亲，一定要请到家里去住。好在美国人的房子都很大，住在家里也还方便，要是在国内就不行了。而如果有国外同学回国省亲，国内同学也立即发动起来，一块聚一聚。从国外回来的同学很感动，“没想到我一回来你们召集这么多人过来，这么热情地欢迎我”，李大中就解释，平时大家都忙没机会聚，其实是你给我们创造了一个机会，给了我们一个聚在一块的理由，应该是我们感谢你才对。

在这些北大的发小中，也不乏后来从事律师工作的人。李大中北大毕业后当了律师不久，有一次接到了北大发小段海海的邀请，让他去君合律师事务所一趟。君合律师事务所当时在北京科学会堂租了房间办公，段海海当时在君合律师事务所做法务，正在处理一些涉外业务。那个时代大部分律师都在做诉讼，靠打官司挣钱，涉外非诉讼业务没有多少人做，而君合所已经涉足这部分业务。段海海接待的国外客户遇到了诉讼，让君合所代理，而君合所当时没有诉讼经验，段海海就请来了李大中，请他介绍一下应该怎么做诉讼业务。李大中去了之后就给介绍，应该怎么跟法院交涉，怎么出庭。

当时君合律师事务所只是几十人的小所，段海海不久之后就出国定居了，一直在美国发展。当时无人能预见到君合律师事务所后来能成为国内首屈一指的大所，中国的涉外法律业务能如此蓬勃发展。如果能够预见，段海海也许就不出国而是留在君合发展了。

君合所的这次接触，后来派上了用场。李大中到了隆安律师事务所以后，有一次隆安所的外国顾问爱德华·雷门想拿美国通用公司在中国的法律服务合作，美国通用公司说，我们得考察一下，其中一个考察内容是要见一下你们在中国的合作伙伴，也就是要见隆安律师事务所的人。我、李京生、李大中一听，这是好事儿啊，美国通用公司是世界500强企业，雷门拿下这个单子，世界500强公司不就在我们这儿落户了嘛。我们三人跟着雷门去了，双方一见面李大中发现美国通用公司的法务代表之一是在君合所起家的合伙人储贺军，进来了往那儿一坐，雷门就介绍，这是徐家力，这是李京生……然后储贺军就说，这位不用介绍了，李大中律师。后来雷门顺利拿下了这一大单，他对李大中说，李律师你太牛了，通用公司的人都认识你。李大中笑笑，其实这是北大发小带来的福利。

1984年李大中大学毕业，当时的选择也很多，公检法都来北大要人。记得当时的北京市中级人民法院来北大“面试”招收毕业生——当时还没有“面试”这个词，但实际上就是面试。毕业生需要先申请，愿不愿意上我们这儿来，报个名，人家过来，坐在这儿聊聊，得看看这个人怎么样，看你表达能力如何。李大中去了，法院来的人少，一个一个谈，李大中就在那儿等着。当时人也多，李大中不着急，在北大未名湖上先滑了会儿冰，然后再去人还是很多。他们那儿出来了一个处长，李大中就在那儿跟这位处长聊天，问这位处长，你们单位有没有足球队。处长说有，李大中说那挺好的。问什么时候踢球、训练，说是好像每周六下班以后踢一会儿。问平常有没有训练，说平常没有。李大中一听，那是属于自发的球队，不是官方组织的球队，没有正规训练时间。李大中就没有这个兴趣了，他溜达一会儿就走了。如果当时北京中院有正规的足球队，李大中也许就当法官了。

李大中不想当法官、检察官，更大的原因，是那年法官、检察官都穿上了制服，戴上了大檐帽，李大中觉得，穿上制服纪律性强，太受拘束，恐怕不适合自己。这样一来，做律师就成了不错的选项。

1984年8月，大学毕业的李大中被北京市司法局录用，分派至北京市法律顾问处工作，开始执业生涯，先是书记员，后是实习律师。1986年上半年，国家开始全国统一的律师资格考试，李大中顺利考试通过，于1987年3月获得正式的律师执业资格。

当时跟李大中一起分配到北京市法律顾问处的，有5个同学，分别进了不同的组。当时北京市法律顾问处下设5个组，刑事组、民事组、经济组、侨务组和咨询组。最实惠的是经济组，接待的都是企业客户，在给企业办业务的过程中，可以得到一些关照，企业安排吃饭、送点礼物等，这些别的组没有。再就是侨务组能接触到有海外关系背景的客户也还不错。李大中不是一个会挑肥拣瘦的人，喜欢随遇而安，觉得民事组也不错，就去了民事组。后来也成为隆安律师事务所高级合伙人的陈旭，被分在咨询组，主要的工作就是接待前来咨询的人民群众。民事组在三楼，咨询组顾名思义，在一楼外大门口的传达室直接接待老百姓，所以李大中当时在自己的办公室里走到窗口，老能看到陈旭律师正在大门口接待前来咨询的老百姓。

到了1985年司法体制改革，法律顾问处都改成律师事务所，北京市法律顾问处原来的5个组，改称“第一（原刑事组）律师事务所”“第二（原民事组）律师事务所”“第三（原经济组）律师事务所”“第四（原侨务组）律师事务所”，原咨询组撤销，人员打散到四个律师事务所，陈旭就来到了第二律师事务所，与李大中成为一个所的同事。这些律师事务所已经不像原来的组那样被限定只能办理刑事或民事等某一类案子，而是什么案子都能接，但原来的影响是去不掉的，如第二律师事务所就是以民事业务为主。

1991年年底中关村的一家全国著名的计算机应用技术先锋企业北京市四通新兴产业开发公司，向全社会公开招聘兼职法律顾问。李大中觉得这是检验社会对自己能力评判的一个机会，就报名参加了应聘。也是在那次应聘的时候，他碰到了我，但实际上因为时间比较暂短，我们两人并没有交流。后来，李大中和我都接到了四通公司的聘请确认。但是由于随后国家限制社会兼职的政策变化，在尚未完成全部聘请程序的情况下，四通公司不能再继续聘请他们担任兼职法律顾问了。为此，四通公司专门请几位受聘者到四川饭店聚餐告别，我和李大中也就坐到了一张餐桌上。当时我还有检察官的身份，还没有办理辞职手续，这些细节李大中也未必知道，两人当然不可能预见到未来还有机会合作，也就没有互留联系方式，只当是在生命中握了一次手而已。

1992年年底李大中知道我从最高检下海辞职当了律师，还成立了隆安律师事务所，他对我的勇气和能力都很佩服。当时北京的律师不过四五百人，圈子很小，有新所成立，全市的律师都很容易知道。

在一些北京市律师协会组织的活动中，我与李大中有了较多见面交流的机会，李大中为崔健等文艺名人当法律顾问的事情，以及办理的很多案件，我当然知道，也很佩服李大中的业务能力，就向李大中多次发出了加盟隆安律师事务所的邀请。对于李大中来说，这意味着要离开国有律师事务所，加盟到合作制律师事务所，其实也是“下海”了。“下海”之后，收入肯定会大幅增加，但也就脱离体制内了。李大中告诉我，自己是教师家庭出身家教很严，养成了比较本分的性格，现在只想在公职单位好好干，不想有其他的发展。

李大中（台上前排最左）与崔健（台上前排左二）合影

1993年年底李大中收到了好朋友杨海转达的我的邀请，请他去参加隆安所的年会。在与客户结束了商务聚餐后，李大中来到了裕龙大酒店，参加了隆安律师事务所的所庆联欢。杨海在隆安律师事务所创办了隆安社会调查部，并任调查部主任。在那次所庆联欢活动中，我开门见山地，直截了当问：“怎么样？你现在有想法了吗？”

1993年下半年李大中所在的北京市第二律师事务所已经被确定作为全市公办律师事务所的改革试点，正在准备全所改制为合作制律师事务所，“下海”已经成为大势所趋。对于李大中来说，再安分守己也得被迫下海了。

自从第二律师事务所被确定改制后，整个所的氛围就变了，人与人之间的结合与关系处理都发生了微妙的变化。以前都听领导的，让干什么就干什么，现在不是了，要转制了一开会就说，以后咱们都是合伙人了，不是谁领导谁了，律师事务所的领导也是大家选举了，不能再像过去你说怎么着就怎么着。一开会就有人掐起来，掐的过程中又分成了好几派，讨论会就成了吵架会。会本身无所谓，但天天这么吵，以后日子还好过吗，事务所里老这么吵，还能干什么事儿呢，这样一来李大中就萌生了去意。

所以当我再次问他的时候，李大中没有再次一口拒绝，两人相约第二天到西苑饭店再谈。毕竟，如果真来隆安，这也是人生的一次重大转折，李大中不想在人多的场合随随便便地谈。

第二天两人在西苑饭店见了面，李大中向我表示：由于律所改制已经是大势所趋，早晚也得下海，所以，去哪儿都一样。但是我到隆安，绝不是要做一个经营事务所的投资者，不会对隆安的设立予以出资的。

对于我来说，眼看与潘忠仁的矛盾越来越激烈，潘忠仁迟早会走，隆安律师事务所迟早也要改制为合伙制律师事务所。改成合伙制，至少需要三个合伙人，现在当务之急是要凑够人头，出资不出资并不急。我当时对创收已经很有信心，相信自己挣的钱足够维持运营，不急需他人出资。同时，李大中只要来到隆安，成为合伙人，他出资那是早晚的事情，跑不掉。

所以我立马就答："你明天拎着包来，你就是隆安的合伙人。"

听了这句话，李大中没有什么好说的，下定了到隆安所入伙的决心。

1994年1月3日李大中向北京市第二律师事务所写了封言辞恳切的《辞职报告》，表达了自己对"二所"的深厚情感，表示即使离开了"二所"，今后也将为曾是"二所"律师而自豪、庆幸。当时的北京市第二律师事务所主任杨月臣看完辞职报告，当即签署"同意"，惋惜不能再与李大中同事。李大中顺利地办理完相关手续，1月底，就到隆安执业了。

到了1996年9月20日，经北京市司法局批复，隆安律师事务所获准转制为合伙制律师事务所。我、李京生、李大中，作为隆安所的合伙人，各自出资人民币10万元，登记注册隆安所为合伙制律师事务所。从合作制到合伙制，是历史发展的必然，也为隆安所下一步的发展壮大打下了坚实的基础。至此，隆安3位创始合伙人聚齐了。

七、隆安初期的发展和壮大

由合作制改为合伙制

隆安律师事务所刚开张了一年，潘忠仁与我的矛盾变得越来越尖锐，最后没法在一起共事了。我作为当事人不愿再谈这段往事，也不想再公开这段不愉快的事情。隆安所其他律师，有的也听说过我们两人矛盾的梗概，其实矛盾的核心无非是律师事务所的收益和分配问题，而在当时的合作制律师事务所里，这样的矛盾是普遍存在的，只是有的激烈冲突导致律所分裂，有的顾全大局相忍为所，最后和平转型到合伙制律师事务所。

合作制律师事务所在理论上到底是什么性质的，直到现在都有争论，它不是国有所，也不是私有所，实际上有点集体所有的味道。集体所有的弊端是，每一个参与到合作制律师事务所的律师都是合作人，吸收一个律师，律师事务所的资产就要被摊薄一次，那还有谁愿意扩大律所规模招收更多的律师呢？律师的创收能力有强有弱，如果在所内平均分配，实际上成了律师事务所内部的大锅饭，无法奖优罚劣。所以，合作制律师事务所注定是个过渡产物，很快就得向合伙制律师事务所过渡。

我与潘忠仁的矛盾，本质上是合作制律师事务所的内在固有弊端引起的。一旦律师的能力、专业差异和创收业绩相差过于悬殊，不寻求改变是不可能的。而这次改变的结果是潘忠仁离开了隆安律师事务所，我出面请来了李大中加入隆安。

合伙制律师事务所的基本原理是，合伙人自愿组合，财产归全部合伙人所有，合伙人对律师事务所的债务承担无限连带责任。正是基于合伙的这种特性，从本质上要求合伙人之间互相信任，在法律意义上要求合伙人享有同等的权利和承担同样的义务。合伙所的管理体系与公司的管理有其相似之处，当然也有很大不同。公司属于资合组织，股东投入的是资金；合伙制律师事务所属于人合组织，合伙人投入的是人力资源和“专业知识”。

与以前的合作所不同，合伙所的资产由合伙人共同出资，收益也归合伙人所有，债务也由合伙人共同承担。不是合伙人的律师，即使加入了律师事务所，既不用出资，也不享受收益，也不承担债务，只需要向律所缴纳一定的管理经费，一般是在其收入的律师代理费中提成，这样的律师就被称为“挂单律师”，隆安律师事务所的管理合伙人觉得“挂单”有点难听，改称“独立律师”。有了合伙制的投入收益结构，“挂单律师”就可以大量进入律师事务所，律所的规模就可以扩大了，不会因规模扩大直接影响合伙人的根本利益，合伙人反而可以在规模扩大的过程中享受收益，当然也要承担相应的风险。

到了1996年9月20日经北京市司法局批复，隆安律师事务所获准转制为合伙制律师事务所。我、李京生和李大中，作为隆安所的合伙人，各自出资人民币10万元，登记注册隆安所为合伙制律师事务所。从合作制到合伙制，是历史发展的必然，也为隆安所下一步的发展壮大打下了坚实的基础。

1995 年隆安 3 周年合影，也是现存隆安所庆“宴会”最早的图像记录

隆安由合作制改为合伙制律师事务所，这是一次重大的改变，也是脱胎换骨的改制，现在我们对合伙制律师事务所大多耳熟能详，对当时的合作制律师

事务所并不十分了解，很多问题就出现在这个合作制体制上，包括隆安当时出现的合伙人之间的矛盾，都与这个合作制有关，所以，我们了解一下合作制便于理解各种现象和问题。对隆安的历史会有更加深刻的认识。

合作律师事务所是由3名以上专职律师自愿组合，共同参与，财产由合作人共有的律师事务所。1996年《律师法》第17条规定：“律师可以设立合作律师事务所，以该律师事务所的全部资产对其债务承担责任。”

设立合作律师事务所应具备以下条件：（1）有自己的名称、住所和章程；（2）有10万元以上人民币的资产；（3）有3名以上的发起人。发起人必须是具有3年以上的执业经历，且在申请设立律师事务所之3年未受过停止执业以上的处罚，能够专职从事律师职业的人员。

合作律师事务所的特征是：

（1）合作制律师事务所不占国家编制，由3名以上专职律师自愿组合设立，在性质上属于民办事业法人。

（2）合作律师事务所实行独立核算、自负盈亏。全部经费均是合作人集资筹集，无需国家拨给经费。

（3）律师事务所内部以合作人会议实行民主管理，律师事务所主任由律师选举产生，实行主任负责制。

（4）在分配上实行律师收入与社会效益、经济效益直接挂钩，按照按劳分配原则，实行效益浮动工资制。

（5）律师事务所的财产由合作人共有。

合作律师事务所建立合作人会议制度，实行民主管理。合作人会议行使下列职权：

（1）决定律师事务所的发展规划；

（2）批准律师事务所主任提出的年度预决算方案；

（3）选举、罢免律师事务所主任，决定吸收、开除合作人；

（4）决定律师事务所大型资产的购置和处分；

（5）修改律师事务所章程，制定律师事务所的规章制度；

（6）决定律师事务所的合并、分立、解散；

（7）其他由合作人会议决定的事宜。

合作律师事务所的主任依律师事务所章程产生，报司法行政机关备案，对外代表律师事务所，行使下列职权：

（1）召集合作人会议；

（2）组织执行合作人会议决议；

（3）主持律师事务所的日常工作；

（4）合作人会议授予的其他职权。

合作律师事务所有下列情形之一的，应当解散：

（1）律师事务所的律师不足3人，且在3个月内未能补齐的；

（2）律师事务所的财产不足10万元，且在3个月内未能补足的；

（3）合作人会议决定解散的；

（4）法律、法规规定应当解散的其他情形。

合作律师事务所解散或被吊销执业证书时，应当对律师事务所的财产进行清算；清算债务后有剩余财产的，由合作人依照章程的规定分割。这是1997年施行的《律师法》关于合作制律师事务所的相关规定内容，我们创办隆安律师事务所是在1992年，历史上发生的事情必然会有历史上的前因后果。

成立隆安社会调查部

作为一项创举隆安还成立了社会事务调查部。该调查部接受当事人委托搜集法律允许的合法证据，当事人把我们称为“中国的福尔摩斯”和“私家侦探”。

这个调查部主要从事的是搜集证据，代办资信调查、寻亲访友等多项业务，填补了服务行业的一大空白。

律师取证难是行业公认的执业难题，为了解决这个问题，隆安当年第一家成立社会调查部，主要解决律师取证难的问题，不仅为隆安所，也为社会各界提供取证服务，当然，当年的主要客户还是律师同行比较多。成立调查部的另外一个契机就是当时所里来了一名优秀的警察杨海先生。杨海先生是刑警出身，有着丰富的司法实践经验，受“九二派”离开体制下海创业的影响，杨海先生毅然决然的辞去了警察的公职，来到隆安律所创办社会调查部。社会调查部开张不久就生意兴隆顾客盈门，在当时引起了不小的轰动效应。社会调查部办了一段时间，尽管当时的业务情况相当不错，但因为种种原因，主要是法律法规的规定不明确，在杨海先生的领导下，后来的隆安社会调查部集体转制为斯帝尔商务调查公司，专门从事企业商务安全合风险控制的专业服务机构，这个调查公司后来成为名闻遐迩的业界翘楚。在国内，凭借多年对调查行业所做的贡献，斯蒂尔已被北京市工商联合会，北京市商会吸收为直属会员。在国际上，斯蒂尔总裁杨海是CII（国际调查员协会）、WAD（世界调查员协会）等多家国际知名的调查协会在中国的会员，总裁杨海先生现任CII中国区主管。我们的调查工作可以获得各个国家和地区调查机构及调查员的全力协助。

当时新闻界经常有人问我：为什么有这么大的胆量办这个社会调查部？我当时的回答是我这样想：律师的产生和发展是社会文明程度的标志。尤其是在我国这一个市场经济建设初期和法制建设尚待完备的阶段，律师的作用更显重要。“国无法不治，民无法不立。”律师担负的历史角色不可谓不沉重。最沉重的事情之一就是律师取证难，面对着当事人无助的请求，由于律师社会地位的卑微，调查取证成为了律师界的难题。

但也正因其沉重才让我有志于上下求索，挑战自我，追求更高远的境界。我的话将不断在求索者和挑战者耳边回响：当一个好律师是不够的，领导一个好的律师事务所也是不够的。实现法律的公正和正义才是我一生的追求！我们能够把杨海先生这样的好警察揽到隆安名下运作社会调查部，解决了当时很多取证难的问题，我们收到了无数面感谢的锦旗，时至今日，还有当事人联系我们，寻求取证方面的帮助。隆安社会调查部曾经名噪一时，隆安能有今天的知名度，与当年社会调查部的影响是密不可分的。在那个什么事情都是开先河的年代，我们开了历史的先河，创造了业界的奇迹。

搬到长安街北京国际俱乐部

北京国际俱乐部隶属于外交部外交人员服务局，是新中国成立初期成立的专门为在北京的外交人员服务的机构，在改革开放之前，北京国际俱乐部是不允许中国人进入的。改革开放以后才对外开放，由于它的历史、设施、位置、功能等，往往给人一种很神秘的感觉，尤其在几十年前，听说在北京国际俱乐部办公，马上就觉得高大上。

北京国际俱乐部瑞吉酒店开业于1997年，国际俱乐部瑞吉酒店是北京第一家号称六星级的酒店，接待了许多政要，包括在世的历届美国总统每次访问中国，他们都要下榻在这个酒店。北京隆安律师事务所就是在这个豪华酒店开业当年入住进来的，能入住国际俱乐部，无疑是隆安所当年成功的一个标志。从1992年成立后的第一个10年里，隆安所在北京乃至全国律师界都很辉煌。在这10年的发展过程中，随着隆安律师事务所的人员不断增加，原来的房间已经无法装下那么多的律师，不得不换地方办公。从亚运村汇园公寓搬出来后，经过辗转，后来搬到了苏州街附近的一处部队大院的楼房里，但是仅仅也就呆了半年，楼房面临拆迁，不得不再次搬家。

搬到哪里去？外国顾问爱德华·雷门律师建议，搬到建国门附近的北京国际俱乐部。北京国际俱乐部位于建国门外大街21号，是首都CBD中心商务区，又在长安街的延长线上，距天安门广场仅10分钟车程，距北京火车站2公里，与赛特中心、友谊商店更是一步之遥，日坛公园、秀水街、外交公寓、国际大厦、多国使馆都在周边环绕。这么寸土寸金的地方，租金显然很贵，我、李京生、李大中还不敢想。爱德华·雷门提出如果搬到那里，自己只使用1/3的面积，但开业承担2/3的租金，而隆安律师事务所的律师可以使用2/3的面积，但只需要承担1/3的租金。当时爱德华·雷门的办公室也在隆安律师事务所内，只是他的律师业务和财务账与隆安所是完全分开的，隆安所并不清楚他做了些什么业务。但也感觉到，这几年爱德华·雷门的业务发展也很迅速，在为包括诺华制药（Novartis）、国际纸业（International Paper）、索尼公司（Sony）、哥伦比亚影业（Columbia Pictures）、海尔集团和美国通用汽车公司（General Motors）在内的众多世界顶级跨国集团提供法律服务，资金越来越雄厚了。既然他愿意出一半以上租金，另一半以下租金隆安所来解决，北京国际俱乐部也就住得起了。

雷门律师与我们共同讨论案件

就这样1997年隆安律师事务所搬入北京国际俱乐部，后来爱德华·雷门离开了隆安律师事务所，而隆安律师事务所没有再离开北京国际俱乐部，一直驻扎到了今天。

从1997年至今隆安律师事务所搬入北京国际俱乐部，这要感谢美国律师雷门，他说做涉外业务必须到CBD地区来，当时有个别的合伙人还不太同意来，即使雷门先生付了一部分租金，还是认为费用太高，现在看来，不来国际俱乐部就没有今天的隆安，所以说，律师事务所的地理位置是非常重要的，好的律师事务所就应该在好的地理位置办公。

陆续加盟合伙人

1998年1月拥有丰富的公司法务经验和证券法务经验的臧峻律师加入隆安律师事务所，成为第四位合伙人。1999年8月，我的同学黄永庆律师加入隆安律师事务所，成为新的合伙人。2000年，丁朋、张炳崑律师加入隆安律师事务所，成为合伙人。

丁朋、张炳崑都是改革开放后最早参与涉外法律事务的中国法律人，他们的加入，使隆安律师事务所的涉外法律业务有了一个巨大的飞跃。

1.臧峻加入隆安

1998年1月，臧峻律师加入隆安律师事务所，成为第四位合伙人。他1990年本科毕业于北京大学法学院，1995年在北京大学取得法学硕士学位。臧峻律师曾在驻外机构和新闻机构工作，熟悉了驻在国的经济、政治、宗教、文化等多领域的情况，掌握了丰富的知识，积累了大量的经验，受到相关单位的多次好评和嘉奖。曾协调驻在国的政府和财政部、交通部等机构，为中国大型海外工程公司的公路和桥梁建设及时结算做出了相当的贡献，受到奖励，曾被聘为多家法院和检察院的监督员。

臧峻律师的加盟，为隆安律师事务所的业务进一步向证券、金融、资本市场领域和涉外业务的拓展增添了生力军，使隆安所的业务类型日趋多样化。在隆安工作十几年后，臧峻于2014年离开了隆安律师事务所。

2.黄永庆加入隆安

1999年8月，黄永庆加入隆安律师事务所，成为新的合伙人。

上大学时黄永庆只有17岁，是班里年龄很小的一个。进入校园之后，给他们上课的都是各个法学领域里的泰斗级大师。如民法学的泰斗佟柔，就经常请同学们到他家去做客。佟柔老师抽着雪茄烟，盘腿往炕上一坐，与学生们海阔天空地随便聊天。在这样如沐春风的闲聊中，学生们能收获很多在课堂上无法学到的法学精髓和人生感悟。还有刑法学的高铭暄老师、民事诉讼法学的江伟老师、法制史的曾宪义老师、法理学的孙国华老师，都是后来几十年相关法学领域的国内第一人。这些泰斗级的法学家传授了一流的法学理念、法学知识，也言传身教了追求卓越、追求真理的法律精神，对刚入学的学生有很大的精神感召力，能够跟着这些法学大家学习，对于黄永庆和他的同学来说，真是空前绝后的历史机遇。

1983年从中国人民大学法律系本科毕业后，黄永庆又进入中国政法大学研究生院，师从著名民商法法学家江平教授，主攻外国民商法，他是江平带的第一批硕士研究生。在黄永庆的印象中，江平老师思维方式跳跃性很强，跳荡不羁，具有诗人气质。江平老师经常说："读书要早，著书要迟。"江平老师的学术论文和著作并不是很多，但他的法治思想也很深厚，观点深入人心。他的成就不光在法学领域，教书也只是他的一个方面，育人的影响力更大。江平老师教会学生的是，中国的法律人不仅要懂得法律知识，更是从政治、经济、人文等各方面切合中国的实际，去推动中国的法治建设。江平老师经常说，“功夫在诗外”，“一个合格的中学语文老师都懂韵文，但绝对写不出李白‘黄河之水天上来’的诗篇”。

黄永庆律师有较长时间在中央国家机关和大型国有企事业工作的经历，熟悉机关、企事业单位实务工作，富有开拓精神，善于协调各种工作关系，与公检法司各级政法机关、工商税务出版宣传等行政机关系统有广泛的工作交往，与在京政法、行政高校及科研部门有良好的交流合作关系。1998年，被中国政法大学聘为兼职研究员，同年被最高人民法院聘请为“全国优秀女法官”的院外评委。2003年，担任首届“全国女法官知识竞赛”评判。

3.丁朋加入隆安

2000年，丁朋、张炳崑律师加入隆安律师事务所，成为合伙人。

丁朋律师出生于1958年，比我还大两岁，1980年进入北京大学法律系学习，与李大中是大学同学，但上学期间两人的交往并不密切，用李大中的话说，当时丁朋是个好学生，而李大中属于头脑简单四肢发达的顽劣生，经常因为打抱不平而用拳脚解决问题，丁朋不爱跟他一起玩。丁朋进入隆安所，也主要是因为与我的认识和交往。但来到隆安所后，丁朋与李大中的关系日渐亲密，成了“好兄弟”。

1984年，丁朋从北大毕业，进入中国机械设备进出口总公司工作。当时热门的公检法、外交部、海关等单位，都想招收北大法律系的毕业生，中国机械设备进出口总公司并不热门。丁朋当时的考虑是，自己比较自由散漫，进入大机关未必能适应得了，还是进入企业可能好一点。那时外贸行业开始重视法律工作，纷纷设立法律顾问、法律处，丁朋的加入可谓正逢其时。整个的中国机械设备进出口总公司在全中国有33个分公司，在国际上有近40个代表处。这样的规模不要说当时，就是在今天也绝不是哪个律师事务所可以达到的。

直到1998年离开中国机械设备贸易进出口公司，丁朋在这里整整工作了15年，历任该公司法律处处长助理、副处长、处长，1993年曾任该公司在加拿大企业西麦克加拿大有限公司董事长，并创办了西迈克国际经济法律咨询公司，任总经理。在外贸企业15年，无疑是巨大的锻炼。

丁朋律师代理的仲裁案件很多，但他自己更看重的是担任中国经济贸易仲裁委员会的仲裁员，参与仲裁案件。他担任仲裁员基本都是首席，在仲裁的时候下的功夫非常大，往往超过了自己代理案件花费的精力。因为在他看来，仲裁员在短暂的时间里，了解两方当事人大概几年、10年甚至更长时间的结怨、法律问题、矛盾焦点，还要公正按法律对双方做一个判决或者评判，权力非常大，带来的压力也非常大，应该非常慎重。

作为诉讼代理人，丁朋代理过很多最高人民法院审判的案件，有的案件还入选了最高人民法院指导案例汇编。

4.张炳崑加入隆安

1998年，丁朋从中国机械设备贸易进出口公司调入中信律师事务所，当时中信律师事务所的主任是张炳崑。

中信律师事务所当年是中国国际信托投资公司下属的律师事务所，归司法部直接管理。当时司法部直接管理的律师事务所有8个，分属于一些部委和省部级企业，如司法部直接下属的中国法律事务中心，中国法学会下属的天平律师事务所，中国国际贸易促进会下属的环球律师事务所，对外经济贸易部下属的长城律师事务所，最早都称“法律顾问处”。司法部1985年开始向全国律师颁发律师证时，先给自己直接下属的8个法律顾问处颁发，排在最前面的是中信法律顾问处，张炳崑是其中的律师。结果，司法部把［（85）司律通字第001号］律师资格证书，颁发给了张炳崑。于是，张炳崑幸运地拿到了“001号”律师证。

1982年毕业后，进入中国国际信托投资公司法律顾问处（后更名为中信律师事务所）工作。能进入中国国际信托投资公司，与他的英文成绩好、还是国际经济法这门课的课代表有关。当年中国国际信托投资公司在北京只招收四个大学生，定了北大一个，人大一个，清华一个，北师大一个，人大就招收了张炳崑。

1993年前后，中国出现了合作制律师事务所，因为在收入和体制各方面都比原来的国有公办的律师事务所有优势，像中信律师事务所这样的国有公办律师事务所，律师一批批地走掉，张炳崑是第一个来到中信所的律师，也是在中信所坚持到最后一个才“下海”的。不是他不想下海，而是他比较念旧情，毕竟在中信所干了十几年，中信所给自己创造的工作条件和机会，是别的所给不了的，所里领导和同事和中信公司的领导都对自己这么好，念着这份恩情，没办法说走就走，能坚持就再坚持着吧。

到了2000年，中信律师事务所的律师已经走得差不多了，张炳崑和丁朋也开始寻找自己的去向。丁朋与我之前有很多来往，跟我一说，我当即表示，如果丁朋和张炳崑能来，隆安所求之不得。当时，张炳崑和丁朋都是在做证券和涉外业务方面律师界赫赫有名的人物，张炳崑作为中信律师事务所的主任，更是无人不知，当时做证券业务的律师不知道张炳崑，等于没入行。如果他们想去哪个所，谁会不欢迎呢？

丁朋、张炳崑不仅自己加入隆安所，也带来了原来中信所的一大批人。原来中信所的律师有的自己出去办所，有的加入了别的律师事务所，而张炳崑、丁朋带到隆安所的律师占了原来中信所的1/3。丁朋、张炳崑及其团队都是改革开放后最早参与涉外法律事务的中国法律人，他们的加入，使隆安律师事务所的涉外法律业务有了一个巨大的飞跃！隆安以上时期被称为“七匹狼”的辉煌时代。

隆安“非常6+1”组合的形成是隆安真正成为成熟律所的标志，
从左至右依次为：前排：臧峻、徐家力；二排：张炳崑、
丁朋；三排：黄永庆、李大中、李京生

八、隆安第一个十年发展历程

一九九二年至二〇〇二年

1992年12月29日，隆安律师事务所正式成立。隆安是中国最早成立的少数几家合作制律师事务所，是进一步改革开放的成果。当时，全国合作制律师事务所不超过10家，没有这10家改革开放的试验田就没有今天律师大发展的成果。所以说，隆安所代表了中国第一批脱离全民所有制体制的合作制律师事务所。

1992年至1997年，隆安所的规模和收入在北京律所中排名前五。1998年到2002年隆安所的规模和收入在北京律所中排名前十。曾当选过北京市合伙制律师所联谊会轮值主席，并成功主持全市合伙制律师事务所联谊活动。

1993年1月，徐家力经过选举当选为全国第三次律师代表大会代表，并作为代表参与盛会。

1993 年第三届全国律代会参会合影

1993年，经中国证监会及司法部批准，隆安所在全国第一批取得证券从业资格，经过证券业务培训后的律师被司法部认证为“证券律师”，隆安所也因此成为可以从事证券业务的少数律师事务所之一，并成功办理了多家公司上市业务。

1993年，隆安开始做当时非常热门的期货法律业务，是当时非常少数的几家从事期货法律业务的律师所，办理了大量案件，上至最高人民法院，外至美国芝加哥期货交易所，名震一时，并参与了期货条例等法规的起草工作。

1994年，李大中律师加入隆安所成为创始合伙人。李大中律师毕业于北京大学法律系，是中国改革开放最早从事律师职业的律师，因为他在隆安所由合作制改为合伙制之前加入隆安，也是在最关键的时刻加入隆安，因此，他也成为隆安所的创始合伙人。

1994年，经司法部批准，美国芝加哥执业律师爱德华·雷门先生正式成为隆安所执业律师，司法部批准的头衔是外国法律顾问。这是司法部正式批准的第一个在中国律师事务所执业的美国律师。此后雷门律师在隆安所工作近10年。

1995年，经北京市司法局及国台办批准，隆安所成为涉台的律所。可以从事涉及我国台湾地区法律事务，是当时两岸开放最早进入涉台业务的律师事务所之一，积累了大量涉及我国台湾地区法律事务的经验。

1995年，北京市律师运动会在北京交大体育馆举行，隆安所组队参加各项比赛，取得了较好的成绩，尤其是足球比赛，取得了前三名的好成绩。

1995年隆安足球队参加北京律协举办的第一届男子足球比赛

1995年5月，徐家力当选为首届全部由执业律师组成的北京律师协会常务理事。

1995年12月，由隆安所筹办的中国政法大学证券期货法律研究所在隆安成立。

1996年9月20日，隆安所由合作制改为合伙制。

1996年，在北京市司法局及北京青年报联合评选中，徐家力律师以得票第一名的成绩当选为首届“北京十佳律师”并在“十佳律师”表彰大会上代表当选的“十佳律师”讲话。

1997年，隆安所搬入北京国际俱乐部。隆安所成立时，把办公地址选在了亚运会刚刚结束不久的亚运村汇园国际公寓，此后又两次搬家，在1997年隆安搬进了北京CBD的中心区——北京国际俱乐部写字楼，从开始的几十平方米到今天的几千平方米。

1997年5月，隆安所被聘为“北京法制报报业理事会理事单位”。

1998年1月，臧峻加入隆安成为合伙人。臧峻律师毕业于著名的北京大学法学院，先后获得法学学士和硕士学位，拥有丰富的公司、证券法务经验。

1998年5月，隆安所获得北京大学法律学系赠“捐助教育、功德千秋”奖牌。

1998年6月，徐家力当选为北京市律师协会副会长。

1998 年徐家力作为北京律协副会长在安徽省北京律师希望小学开学典礼上向全校师生讲话

1998年6月，隆安律师事务所经司法部批准在上海设立“北京市隆安（上海）律师事务所”，隆安上海分所成立了。这是隆安第一家在北京以外的地区设立的分所。

1999年5月，隆安律师事务所经司法部批准在沈阳设立“北京市隆安（沈阳）律师事务所”，隆安沈阳分所批准成立。

1999年8月，黄永庆加入隆安所成为合伙人。黄永庆律师毕业于中国人民大学和中国政法大学，在加入隆安前，曾在国家工商总局工作，曾任金鹏期货公司副总裁，是期货业务领域领军人物之一。

2000年，徐家力获得北京市司法局授予的“人民满意的好律师”荣誉称号。

2000年，丁朋、张炳崑加入隆安所成为合伙人。丁朋律师为前中国机械设备进出口总公司法律部总经理，毕业于北大法律系，是国内外公认的法律专家，他的加入使隆安所实力更加强大。张炳崑律师毕业于中国人民大学法律系，是中国律师资格证书第一号持有人，也是中信律师事务所的最后一任主任。

2001年，隆安所被评为“中国国际商会向海外推荐的最佳律师事务所之一”。

2001年，隆安沈阳分所被沈阳市司法局评为“市级文明律师事务所”。

2001年12月6日，隆安作为北京第一家律师事务所通过ISO9002国际标准认证。

2002年，隆安所在“亚太法律500强”榜上有名。

2002年，隆安沈阳分所获得沈阳市首届律师辩论大赛最佳组织奖。

2002年，徐家力获得中国儿童少年基金会授予的“中国儿童慈善大使”荣誉称号。

2002年，隆安律师事务所被中国保护消费者基金会评为保护消费者权益服务信誉满意示范单位。

2002年12月29日，隆安举办“中国律师业面临的问题及对策”大型论坛，以庆祝隆安建所10周年及中国加入WTO，众多领导及著名学者参加论坛。

关于隆安发展第一个十年的总结

隆安律师事务所发展的前10年是第一个时期，从1992年到2002年，这10年主要是隆安的草创时期，期间隆安的发展是非常明显的，也就是从无到有，虽说艰苦，但还是在北京法律服务市场，乃至于全国闯出了自己的名声。

隆安是国内第一家全部由法学硕士研究生组成的律所，也是北京市司法局批准的少数几家合作制律所之一，当时在全国范围内，合作制律所不超过10家。隆安代表了中国第一批脱离国有制的合作制律所，也是中国律师业改革开放的先行者，对于中国律师业的发展意义非凡。

隆安也是中国第一批合伙制律师事务所，1996年我国第一部《律师法》出台，规定可以设立合伙制律师事务所，同年9月20日，隆安正式从合作制变更为合伙制，我、李京生和1994年加盟的李大中成为隆安的创始合伙人。

1992年至1997年，隆安所的规模和收入在北京律所中排名前五。1997年到2002年隆安所的规模和收入在北京律所中排名前十。

隆安是第一批取得证券资格和最早从事期货法律业务的律师事务所。

是在中国最早从事涉外业务的律师事务所之一。最早经司法部批准聘请外国律师作为外国法律顾问的律师事务所。

也是最早进入涉台业务的律师事务所之一。

隆安作为北京第一家律师事务所通过ISO9002国际标准认证。

可以说，在第一个10年里，隆安是一个领时代风气之先的律师事务所，他的表现可圈可点。

中国律师业面临的问题及对策研讨会在京举行

2002年12月28日，北京市隆安律师事务所迎来了建所10周年所庆的日子。在回顾历史总结经验、展望明天筹划未来之际，北京市隆安律师事务所在北京国际俱乐部举行了题为“中国律师业面临的问题及对策”的学术研究会。全国律协副秘书长冯秀梅出席了会议，北京市司法局副局长杨艺文、北京市律协会长张庆等在研讨会上做了发言。会议由北京市隆安律师事务所创始合伙人、管理委员会主任徐家力同志主持。与会代表围绕中国律师业面临的问题与对策主题，就入世后中国律师业面临的机遇与挑战、中国律师事务所的规模化发展与规范化管理、律师事务所及执业律师在执业过程中的利益冲突问题、律师的专业化分工及其发展趋势、如何创建律师事务所质量管理体系等当前律师业发展中的热点问题进行了热烈讨论。北京市隆安律师事务所在会上做了建所10周年历史回顾与未来发展思路的主题发言。北京市隆安律师事务所创立于1992年，是经北京市司法局批准设立的首批合伙制律师事务所之一，在中国的上海、沈阳、乌鲁木齐等地设有分支机构，与美国、加拿大、日本、澳大利亚、新加坡的多家律师事务所有紧密合作联盟关系，以为客户提供综合性专业化法律服务著称。2001年12月，北京市隆安律师事务所通过了ISO9002国际质量标准体系认证，成为北京市律师业首家获得该标准认证证书的律师事务所。新的质量体系的运行不仅保证了服务过程的规范和服务质量的稳定，同时也最大限度地减少了律师执业过程中的工作失误，有效地防范了在迅速发展时期的执业风险和经营隐患。经过10年的发展，北京市隆安律师事务所已成为能够为国内外客户提供全方位优质法律服务，以中、英文为工作语言的国内著名律师事务所。但面对当前激烈的竞争局面，隆安人进行了冷静的思考。经过对中国律师业若干问题的深入研究，他们得出了中国律师业已由粗放型建所、占地盘、松散合作阶段进入规模化发展、规范化经营阶段。这一时期的一个关键问题是借鉴公司制管理的有益经验，结合合伙制的基本特点，实现律师事务所的专业化、规范化管理，以管理促效益、创品牌、树形象。在此背景下，他们提出了形成现代化管理理念、构建符合规模化发展需要的管理机制、培养造就高素质的律师队伍、树立专业分工基础上综合性大型律师事务所的良好社会形象等具体发展思路。这一思路对于中国律师事务所的发展具有广泛的借鉴意义。

隆安所成立10周年时主持召开中国律师业面临的问题及对策研讨会

（本文为2002年新闻媒体对隆安律师事务所成立10周年的报道）

九、隆安第二个十年发展历程

二〇〇二年至二〇一二年

2003年5月，隆安律师事务所经司法部批准在深圳设立分所，为“北京市隆安（深圳）律师事务所”。

2004年，赵洪石加入隆安所成为合伙人。赵洪石毕业于国内知名法学院校，毕业后长期在中国政法大学、中央政法管理干部学院、中国劳动关系学院任职任教。代理了大量诉讼案件和国际仲裁案件，得到了众多客户的好评和肯定。

2004年，隆安沈阳分所被沈阳市司法局评为“AAA诚信律师事务所”。

2004年，徐家力获得中国儿童少年基金会授予的“中国儿童慈善家”荣誉称号。

2004年，徐家力当选为贵州师范大学法学院院长。

2005年3月，隆安深圳分所被聘为“深圳市WTO学会第一、二届理事会理事单位”。

2005年，陈旭、刘晓明加入隆安律师事务所成为合伙人。

陈旭自从事律师工作以来，先后承办过大量的刑事、民事、商事及涉外案件。20世纪80年代，陈旭律师还在全国律师界最先承担了刘晓庆、侯德建等知名人士的私人法律顾问，在全国各界及海外引起了较大反响。

刘晓明律师毕业于国内知名法学院，至今已从事专职律师工作10余年，曾代理大量诉讼和非诉案件。曾担任国内法学杂志《判例与研究》编委会委员，并主编《法律诉讼指引》一书。

2005年，隆安所被Copitrak 系统评选为“亚洲信息技术律师事务所”。

2006年1月，隆安深圳分所被聘为“深圳市世贸组织事务工作站”。

2006年3月，隆安深圳分所被评为“律师事务所规范化建设达标单位”。

2006年5月，隆安深圳分所被评为深圳国际商会“创始会员”单位。

2006年，徐家力获得中国儿童少年基金会授予的“功勋理事荣誉称号”。

2007年，徐家力被聘为中国政法大学知识产权研究中心主任、博士生导师。

2007年11月13日，隆安律师事务所被批准加入中国银行间市场交易商协会。

2007年12月11日，经国家知识产权局批准开办专利代理业务。

2007年，由隆安所筹办的中国政法大学知识产权研究中心在隆安成立。

2007年，隆安沈阳分所被评为“十佳律师事务所”。

2008年、2009年，《亚洲法律杂志》(*ALB*)发布的中国规模最大的20家律师事务所排行榜中，隆安均榜上有名。

2008年，隆安上海分所被评为“上海市徐汇区司法行政系统先进集体”。

2008年，隆安上海分所被评为“徐汇区法律援助先进集体”。

2008年，徐家力获得中华人民共和国司法部授予的“二等功臣”荣誉称号。

2008年，徐家力、李大中等律师获得北京奥运会、残奥会“个人贡献奖”。

2008年，隆安沈阳分所获得首届“律师摄影美术大赛组织奖”。

2008年，张曙光、王丹、江迎春成为隆安所合伙人。

张曙光律师是隆安律师事务所高级合伙人，矿业能源部主任，蒙古乌兰巴托分所主任。10多年的律师执业中，张曙光律师主要从事矿业能源、建筑工程、企业并购、境外投资、外商投资、知识产权等方面的法律业务。

王丹律师毕业于国内知名法学院，后赴英国进行法学深造。归国后从事律师行业，现在为隆安高级合伙人，拥有一支业务领域完整、紧密团结合作的律师团队。

江迎春律师至今已有20多年法律实践经历，拥有证券法律业务资格、企业登记注册代理资格、企业产权经纪资格、企业改制代理资格、独立董事资格等。对企业改制、公司治理、股权激励、产权重组、收购兼并、清算、合同审查、项目谈判、上市等公司法律业务具有丰富的实践经验。

2009年，隆安律师事务所经司法部批准在广州成立“北京市隆安(广州)律师事务所”。

2009年，崔焕富成为隆安所合伙人。崔焕富律师为中国人民大学法学院法学硕士，毕业后从事律师行业。从执业至今，曾担任多家律师事务所合伙人，2009年加入隆安律师事务所，成为隆安律师事务所一名高级合伙人，现拥有一支业务领域完整、紧密团结合作的律师团队。

2009年，徐家力获得北京市司法局授予的“杰出律师奖”。

2009年，隆安所被北京市司法局及北京市律师协会联合授予“行业先锋奖”。

2009年，隆安所被《亚洲法律杂志》(*ALB*)评选为年度知识产权律师事务所。

2009年，隆安上海分所被评为“上海市司法行政系统先进集体”。

2009年，隆安上海分所被评为“徐汇优秀律师事务所”。

2010年12月，隆安所被评为北京市律师队伍警示教育工作“秀律师事务所”。

2010年5月，隆安深圳分所被授予“深圳知识产权研究会理事单位”。

2010年，隆安上海分所被评为“上海市司法行政先进集体”。

2010年，徐家力获得《亚洲法律杂志》(*ALB*)评选的“年度最佳管理合伙人大奖”。

2010年，王亮、刘东方、权鲜枝、刘兴华、强磊加入隆安律师所成为合伙人。

王亮律师毕业于对外经济贸易大学，具有多年国家机关工作经历和丰富的法律实务工作经验，法律功底扎实，实务操作能力突出，善于分析、处理复杂问题。擅长办理涉及公司法、合同法、债权、股权等各类民商法律事务。

刘东方律师毕业于中国政法大学，从业10多年来，刘律师代理国内外客户进行了大量的医药生物领域的国内外专利、商标申请，并为客户完成了重大医药项目的国际知识产权布局。

权鲜枝律师为中外企业代理过1000多件专利、商标、著作权申请，参与代理过上百件专利无效、商标异议、专利商标诉讼、专利商标许可合同纠纷、域名纠纷、反不正当竞争、商业秘密、软件版权纠纷等知识产权案件。擅长为企业制定和实施企业知识产权战略和管理提供建议。

刘兴华律师毕业于中国人民大学，2003—2011年担任北京市君阳律师事务所合伙人，现任北京律师协会公司法专业委员会委员。

强磊律师毕业于中国政法大学，是我国恢复高考制度后第一批大学毕业生，20余年来一直辛勤耕耘在我国高等教学第一线，历经讲师、副教授、教授至享受国务院政府特殊津贴。并担任中国法制史博士生导师组成员，同时也是为杰出的律师。

2010年4月，隆安律师事务所经司法部批准在南京成立“北京市隆安（南京）律师事务所”。

2010年，隆安沈阳分所被沈阳市司法局授予“巾帼文明岗”称号。

2011年，隆安沈阳分所被评为沈阳市第二届“十佳律师事务所”。

2011年，徐家力获得全国律协授予的“全国优秀律师”称号。

2011年1月，隆安所被评为北京市朝阳区司法局授予社会公益法律服务工作“先进单位”。

2011年7月，隆安律师事务所经司法部批准在天津成立“北京市隆安（天津）律师事务所”。

2011年，徐阳、胡杰、王慧谦成为隆安所合伙人。

徐阳律师为本所合伙人，自2003年从事律师行业至今，承办了大量诉讼及非诉讼法律案件，有担任公司和机构常年法律顾问的丰富经验。

胡杰律师毕业于北京大学，律师执业期间办理过大量各类案件，有丰富的审判工作和仲裁工作经验，熟悉各类诉讼程序、仲裁程序和法律实体规定。

王慧谦律师毕业于北京大学，是隆安所合伙人之一。走着“警察—检察官—律师”的三部曲，31年的法律职业生涯积累了丰富的办案经验。工作认真负责，追求优质高效。承办了大量疑难、重大、复杂案件。

2011年11月，隆安律师事务所经司法部批准在苏州成立“北京市隆安（苏州）律师事务所”。

2011年，隆安上海分所被评为“徐汇区司法行政系统先进集体”。

2011年，隆安所被《亚洲法律杂志》（*ALB*）评为“全国律所规模二十强并位列第六名”。

2012年3月，隆安律师事务所经司法部批准在济南成立“北京市隆安（济南）律师事务所”。

2012年5月，隆安广州分所赵志明律师，被广州市律师协会评选为“广州市第八届律师代表”。

2012年9月，隆安律师事务所经司法部批准在南通成立“北京市隆安（南通）律师事务所”。

2012年10月，隆安深圳分所被授予“深圳商会理事单位”。

2012年，隆安所被钱伯斯亚太评选机构推荐为“知识产权优秀律师事务所”。

2012年，徐家力被聘为中国人民大学律师学院副院长。

2012年，辛雪松、尹富强、李高来、王海煜、王自豪加入成为合伙人。

辛雪松律师毕业于中国政法大学，专业方向为公司设立与改制和企业融资，具有丰富的经验和较强的协调能力；现担任中国工商银行北京分行、国家食品药品监督管理局、地坛医院等数10家单位的常年法律顾问。

尹富强律师有工学、管理学背景，中国政法大学研究生。主要业务领域为法律风险防范、刑事辩护等。认为法律风险防范应贯穿于企业管理始终，提出用管理的方法防范法律风险。其倡导律师应借助媒体发出“法治之声”，传播“法治之音”。近期代理的典型案件有“央视大火”案、“最牛公摊”案等。

李高来律师1990年大学毕业后，先后在中铁建和中建总公司系统工作10余年，并曾在大型房地产开发企业担任高级管理职位，参与办公楼、住宅、厂房、医院、立交桥、地铁、铁路等10余项内外资工程建设，积累了丰富的专业知识背景和实践经验。作为建筑专业律师，先后任职于建纬律师事务所、鑫诺律师事务所，现为隆安律师事务所合伙人律师，主要从事工程开发建设领域之非诉及诉讼仲裁专业法律服务。

王海煜律师自1995年开始从事知识产权法律工作，是中国最资深的商标业务专家之一。多年来成功代表了许多国内、国际知名公司处理了各种复杂的商标、域名和反不正当竞争案件，通过行政程序、诉讼及谈判等多种手段，本着为客户利益最大化的原则，成功地处理了大量复杂的商标侵权、网络侵权及不正当竞争的案件。

王自豪律师毕业于中国人民大学，并赴美国哥伦毕业大学留学。在江西九江中院及最高人民法院工作多年后，于2000年加入转入律师行业。于2012年成为北京市隆安律师事务所合伙人。王自豪律师主要从事项目融资、公司顾问及涉外贸易等非诉业务。

2012年，隆安沈阳分所被评为辽宁省“优秀律师事务所”。

2012年11月，《隆安学术及实务丛书》正式出版，这是迄今唯一由律师所出版的多册学术及业务图书，呈现了隆安丰富的学术及实务功底。

2012年12月29日，隆安迎来20周年大庆，现在的隆安在北京已有执业律师110人分所11个，北京及全国执业律师近500人。

关于隆安发展第二个十年的总结

隆安律师事务所的20年，是不平凡的20年，在外部客观上，我们赶上了好的时代，在内部主观上，我们全体隆安人共同努力，不断进取，团结一心，形成了良好的发展态势。如果把律师事务所的诞生和成长比作一个人的人生的话，隆安前10年是婴幼儿时期，隆安现在发展到了青少年时代，20岁正值风华正茂，意气风发，我们的筋骨已然形成。在20年的时间里，我们实现了从无到有，从小到大的历史性高速发展，我们取得了一系列成绩，获得了无数个荣誉称号，隆安在业界的地位和声誉有目共睹，这是值得我们欣慰的。与我们同时成立的律师事务所有的还在，有的已经不在了，其中还有比我们发展更好的，这是我们律师行业生存发展的规律，我们要学习总结借鉴。我们要仰视比我们发展更好的律师事务所，放下身段，认认真真向他们学习取经，同时，我们要俯视我们自己曾经走过的道路，特别是我们犯过的错误，改正错误，放下包袱，轻装上阵，在总结过去的时候，立足现实，展望我们即将创造的未来。中国律师制度的恢复官方的说法是1979年，在这之前，律师制度基本没有实际意义。也就是说中国律师制度不过恢复了30多年的时间，而我们隆安律师事务所就成功的办了20年，并且是大发展的20年，所以我们完全有理由庆祝我们20年的成功。与境外发达国家相比，我们的律师历史实在是太短了，他们的律师历史动辄一二百年，从纵向上比，在我们国内，隆安律师事务所是有着20年历史的大所，走过了中国律师现代历史的大部分时间，很值得骄傲和自豪；从横向上比，在世界范围内，隆安律师事务所还是一个新所、小所、弱所，我们必须有这个自知之明，我们走的路还不是很长，未来的路更长。我们在纪念隆安成立20周年的时候，我们更应该向前看，规划未来10年、20年、30年的隆安发展大计，隆安需要百年大计，依照我们20年的发展模式和路径，我们完全有信心办成百年大所。

春天的回顾——纪念中国律师制度改革　二十周年暨隆安律师事务所成立二十周年庆典的学术研究会在北京举行

最高人民法院副院长黄尔梅、最高人民检察院政治部副主任夏道虎、司法部律师公证工作指导司司长杜春、北京市律师协会会长张学兵等分别致辞，各界人士及隆安合伙人、律师近200人出席庆典。隆安律师事务所主任、中国政法大学知识产权研究中心主任徐家力教授主持会议，隆安律所高级 合伙人李京生、李大中为《隆安二十年丛书》剪彩。

据悉，北京市隆安律师事务所创立于1992年，是经北京市司法局批准设立的首批合伙制律师事务所之一，在上海、沈阳、香港等地设有分支机构，与美国、加拿大、日本、澳大利亚、新加坡等地的多家律师事务所有紧密合作联盟关系，以为客户提供综合性专业化法律服务著称。

（以上部分为2012年12月15日《法制日报》对隆安律师事务所举行20周年庆典的报道）

十、隆安第三个十年发展历程

二〇一二年至二〇二二年

2013年10月，隆安律师事务所经司法部批准在株洲设立分所，为“北京市隆安（株洲）律师事务所”。

2013年12月，隆安律师事务所经司法部批准在大连设立分所，为“北京市隆安（大连）律师事务所”。

2014年，方玲、冯涛、郑磊、曹现亮成为隆安所合伙人。

方玲为本所合伙人，湘潭大学法学学士，2014年加入隆安律师事务所，主要业务领域私募股权与投资基金、兼并与收购、公司法律事务。

冯涛为本所合伙人，北京大学高级工商管理硕士EMBA，北京市律师协会金融衍生品与互联网金融法律事务专业委员会委员，北京市朝阳区律师协会刑事委员会委员，中央电视台社会与法频道（CCTV-12频道）《法律讲堂》节目长期特聘主讲法律专家。主要业务领域房地产与建设工程、公司法律事务、刑事业务。

郑磊为本所合伙人，中国政法大学法学硕士，中国政法大学金融法研究中心副研究员，中国银行法学研究会货币法专业委员会委员，业务领域为银行与金融、公司法律事务、争议解决。

曹现亮为本所合伙人，北京大学（自考）法学学士，2011年加入隆安律师事务所，主要业务领域为公司法律事务、争议解决。

2014年4月，隆安律师事务所经司法部批准在香港设立分所，为“北京市隆安律师事务所有限法律责任合伙”。

2014年5月，隆安被北京市朝阳区律师协会党委评为“2014年度先进党支部”，隆安北京刘晓明律师被评为“2014年度优秀共产党员”。

2014年7月，隆安入选国际权威法律评级机构钱伯斯2014年度亚太地区顶尖级商务律师“公司/商事：东部沿海”榜单。

2014年9月，隆安被著名法律杂志*The Lawyer*评为“2014亚太地区律所150强”，位列第7位。

2014年10月，隆安律师事务所经司法部批准在太原设立分所，为“北京隆安（太原）律师事务所”。

2014年11月，隆安被《亚洲法律杂志》（*ALB*）评为“2014年亚太地区律师事务所50强”，位列第11位。入选中国国内律师事务所榜单，位列第9位。

2014年12月，隆安律师事务所经司法部批准在杭州设立分所，为“北京隆安（杭州）律师事务所”。

2014年12月，隆安被北京市朝阳区律师协会评为“2011—2013年度优秀律师事务所”。

2015年，赵彦雄、陈绍平成为隆安所高级合伙人。

赵彦雄为本所高级合伙人，是华南理工大学工学学士，中国人民大学法学硕士，美国肯特大学访问学者，中国知识产权研究会理事，中国政法大学兼职教授，曾荣获2020 ALB China十五佳知识产权律师，主要业务领域为知识产权、公司法律事务、争议解决。

陈绍平为本所高级合伙人，拥有中华人民共和国律师执业资格，美国加利福尼亚州律师执业资格，美国伊利诺伊州律师执业资格。曾担任2019年第六届强国知识产权论坛年度十佳商标律师、中国政法大学兼职教授、北京律师协会商标法律专业委员会委员、朝阳区律师协会知识产权委员会委员、中国国际贸易促进委员会湖州法律服务中心特聘律师、律商网担任专栏作者。主要业务领域为国际业务、公司法律事务、争议解决。

2015年1月，隆安深圳贾红卫律师被中国致公党深圳市委员会评为“参政议政工作先进个人”。

2015年1月，隆安北京陈旭律师被北京市司法局、北京市律师协会评为“北京市优秀公益法律服务律师”。

2015年2月，隆安株洲易露律师被湖南省律师协会评为“湖南省第二届优秀青年律师”。

2015年3月，吴国平成为隆安所合伙人。

吴国平为本所合伙人，中国人民大学法学硕士，2010年加入隆安律师事务所，业务领域为知识产权、信息技术、电信、传媒与娱乐、争议解决。

2015年3月，隆安上海被上海市司法局授予“2014年度上海市司法行政系统先进集体”荣誉称号。隆安上海杨坤律师被授予“徐汇区2015—2017年领军人才”荣誉称号。

2015年4月，隆安被中国科创企业投融资高峰论会务组、北京科创企业投融资联盟评为“2014年新三板最值得推荐律师事务所”。

2015年4月，隆安被北京市律师协会评为“2012—2014年度优秀律师事务所”荣誉称号。

2015年7月，隆安律师事务所经司法部批准在武汉设立分所，为“北京市隆安（武汉）律师事务所”。

2015年7月，隆安被著名法律杂志*The Lawyer*评为“亚太律所100强”。

2015年9月，隆安北京徐家力律师被中华全国律师协会信息网络与高新技术专业委员会授予2015年年度贡献奖。

2016年3月，隆安律师事务所经司法部批准在贵阳设立分所，为“北京隆安（贵阳）律师事务所”。

2016年4月，李维强、徐洋成为隆安所合伙人。

李维强为本所合伙人，2008年取得中国律师执业证书，2009年加入隆安律师事务所，业务领域为房地产与建设工程、公司法律事务、争议解决。

徐洋为本所合伙人，2010年取得中国律师执业证书，2011年加入隆安律师事务所，业务领域为公司法律事务、家事与私人财富规划传承、争议解决。

2016年4月，隆安被中国科创企业投融资高峰论坛组委会、北京科创企业投融资联盟评选为“2015年度新三板十大最值得推荐律师事务所”。

2016年5月，隆安北京陈旭律师被中央宣传部和司法部评为 2011—2015年全国法治宣传教育模范个人。

2016年7月，隆安律师事务所经司法部批准在成都设立分所，为“北京隆安（成都）律师事务所”。

2016年8月，隆安被著名法律杂志*The Lawyer* 评为“2016年度亚太地区100强律师事务所”，位列第14位。

2016年9月，隆安被著名法律杂志*The Lawyer*评为中国精英律所30强和中国精英律所收入增长前30强。

2016年9月，隆安被《亚洲法律杂志》(*ALB*）评为2016年中国十佳成长律所。

2016年11月，隆安被《亚洲法律杂志》(*ALB*)评为 2016“亚洲最大50家律所”，位列第9位。

2016年11月，隆安被《亚洲法律杂志》(*ALB*)评为2016年“中国30强律师事务所”，位列第9位。

2017年，万迎军、敬远、潘修平成为隆安所高级合伙人。

万迎军为本所高级合伙人，1994年取得中国律师执业证，1996年取得证券业从业资格，1998年取得律师从事国家基本建设大中型项目招投标法律业务考核合格证书，2014年取得上市公司独立董事资格，2016年获得英国皇家特许仲裁员协会会员资格，英国伦敦大学、中国司法部、英国大律师公会和英国律师协会的公派留学生，美国华盛顿大学法学院访问学者，主要业务领域为银行与金融、国际业务、争议解决。

敬远为本所高级合伙人，英国伦敦大学“英国大法官培训项目”学员，英国利兹大学法学硕士，北京市侨联法律顾问委员会委员、北京华商会监事、司法部“全国千名涉外律师人才库”库选律师、北京市侨联委员、北京市律协申请执业人员管理考核委员会委员；主要业务领域为银行与金融、国际业务、争议解决。

潘修平为本所高级合伙人，1995年取得中国律师执业证书杜克大学访问学者，中国政法大学法学博士，2022年1月，荣登钱伯斯(Chambers)“银行与金融”榜单，2021年6月，荣获《商法》“银行与金融”卓越大奖，中国法学会银行法学研究会秘书长，海南国际仲裁院仲裁员，英大泰和人寿保险股份有限公司独立董事，主要业务领域为银行与金融、资本市场／证券、兼并与收购、争议解决。

2017年，金汉来、李三军成为隆安所合伙人。

金汉来为本所合伙人，美国伊利诺伊理工学院（IIT）LLM，2014年加入隆安律师事务所，业务领域为知识产权、公司法律事务、家事与私人财富规划传承。

李三军为本所合伙人，兰州大学法律硕士，北京市律师协会第十届并购重组与不良资产处置法律事务专业委员会副秘书长，业务领域为资本市场／证券、私募股权与投资基金、银行与金融、兼并与收购、房地产与建设工程、国际业务、公司法律事务、破产重整与清算、劳动法、争议解决。

2017年2月，隆安所由普通合伙制改为特殊的普通合伙制。

2017年3月，隆安获得首届律界公益榜单“最佳公益普法奖”。

2017年4月，隆安获得“投融中国行科技金融扶贫论坛暨第三届新三板华山论剑”“2016年度新三板十大最值得推荐律师事务所”。

2017年5月，隆安律师事务所经司法部批准在湖州设立分所，为“北京隆安（湖州）律师事务所”。

2017年6月，隆安北京徐家力律师被2017强国知识产权论坛评为“年度最佳知识产权律师”。

2017年7月，隆安被著名法律杂志*The Lawyer*评为“2017年亚太地区律师事务所100强”，位列第9位。

2017年7月，隆安被著名法律杂志*The Lawyer*评为“亚太地区发展最快的十大律师事务所”，位列第4位。

2017年9月，隆安被《美国律师》杂志评为2017年Global 100律所，位列第67位。

2017年10月，隆安被著名法律杂志*The Lawyer*评为中国精英律所30强。

2017年11月，隆安获得《亚洲法律杂志》（*ALB*）2017“亚洲最大50家律所”，位列第11位。

2017年11月，隆安获得《亚洲法律杂志》（*ALB*）2017“中国最大30家律所”，位列第11位。

2017年12月，隆安律师事务所经司法部批准在昆明设立分所，为“北京市隆安（昆明）律师事务所”。

2017年12月，隆安沈阳徐驰律师当选沈阳市第十六届人大代表。

2017年12月，隆安北京李大中律师当选北京市第十五届人民代表大会代表。

2018年，刘东方、辛雪松、崔可、廉振保、李高来、邱琳成为隆安所高级合伙人。

刘东方为本所高级合伙人，最高人民法院知识产权案例指导研究（北京）基地第一批专家，中国专利保护协会知识产权纠纷调解委员会第一批调解员，北京律师协会会员，中华全国代理协会会员，中国高科技产业化研究会会员，中国生物工程协会终身会员，美中医药开发协会终身会员，主要业务领域为兼并与收购、知识产权、公司法律事务、医药与健康。

辛雪松为本所高级合伙人，毕业于中国政法大学，专业方向为公司设立与改制和企业融资，具有丰富的经验和较强的协调能力；现担任中国工商银行北京分行、国家食品药品监督管理局、地坛医院等数十家单位的常年法律顾问。

崔可为本所高级合伙人，2007年取得中国律师执业证书，北京联合大学法学学士，2012年加入隆安律师事务所，主要业务领域为知识产权、公司法律事务、破产重整与清算、争议解决。

廉振保为本所高级合伙人，北京市朝阳区律师协会人大代表与政协委员工作委员会（后更名为参政议政委员会）副主任，北京市朝阳区律师协会第三届行政与政府法律顾问业务研究会委员，中华全国律师协会会员，中华全国专利代理人协会会员，2011年加入隆安律师事务所，从事知识产权、公司法律事务、争议解决、刑事业务等领域。

李高来为本所高级合伙人，1990年大学毕业后，先后在中铁建和中建总公司系统工作10余年，并曾在大型房地产开发企业担任高级管理职位，参与办公楼、住宅、厂房、医院、立交桥、地铁、铁路等十余项内外资工程建设，积累了丰富的专业知识背景和实践经验。作为建筑专业律师，先后任职于建纬律师事务所、鑫诺律师事务所，现为隆安律师事务所合伙人律师，主要从事工程开发建设领域之非诉及诉讼仲裁专业法律服务。

邱琳为本所高级合伙人，中国国际贸易促进委员会/中国国际商会调解员；北京市朝阳区律师协会争议解决业务研究会副主任；北京市朝阳区律师协会国际业务研究会及金融证券业务研究会委员；中国政法大学联合培养导师；中国互联网法治研究院“互联网法院系统理论”课题组专家成员；汤森路透《亚洲法律杂志》（*ALB*）评选的2019年度十五佳诉讼律师；北京法院个人三等功；主要业务领域为私募股权与投资基金、银行与金融、兼并与收购、家事与私人财富规划传承、争议解决。

2018年，孙如兵、佟瑶、刘金燕成为隆安所合伙人。

孙如兵为本所合伙人，1994年取得律师执业资格，2018年加入隆安律师事务所，业务领域为兼并与收购、房地产与建设工程、争议解决。

佟瑶为本所合伙人，2008年取得法律职业资格，中国人民大学法学硕士，业务领域为兼并与收购、公司法律事务、破产重整与清算。

刘金燕为本所合伙人，2007年取得法律职业资格，现任第十届北京市律师协会国有资产专业委员会委员，北京市朝阳区公益委员会副主任，第九届北京市律师协会电信与邮政专业委员会副秘书长，第九届北京市律师协会女律师联谊会委员，北京市朝阳区律师协会知识产权研究会委员，北京市朝阳区律师协会女律师工作委员会宣传部部长。业务领域为知识产权、公司法律事务、争议解决。

2018年1月，隆安律师事务所经司法部批准在扬州设立分所，为“北京市隆安（扬州）律师事务所”。

2018年1月，隆安北京刘晓明律师被《商法》杂志评选为2017年度中国100名A-List精英律师。

2018年2月，隆安上海仇少明律师被上海市司法局、上海市人力资源和社会保障局评选为“上海市司法行政工作先进个人”荣誉称号。

2018年5月，隆安入选《亚洲法律杂志》（*ALB*）“2018年度知识产权排名”榜单，商标/著作权领域“第二级别”（Tier 2）榜单和专利领域“第三级别”（Tier 3）榜单。

2018年6月，隆安株洲胡杨律师获得“湖南省律师行业优秀党员律师”荣誉称号。

2018年7月，中共北京市隆安律师事务所党支部被北京市律师行业党委评为“2017—2018年度北京市律师行业先进党组织”；党支部书记王丹同志被评为“2017—2018年度北京市律师行业优秀共产党员”；隆安北京李大中律师被评为“2017—2018年度北京市律师行业党建之友”，隆安北京张科文同志被评为“2017—2018年度北京市律师行业优秀党务工作者”。

2018年7月，中共北京市隆安律师事务所党支部被北京市朝阳区律师行业党委评为“2018年度先进党组织”；隆安北京王丹、江迎春、陈昕、陈蕾、陈雯雯、王薇6名同志被评为“2018年度优秀共产党员”；隆安北京李大中律师被评为“2018年度党建之友”；隆安北京张科文同志被评为“2018年度优秀党务工作者”。

2018年7月，隆安北京王丹律师被《亚洲法律杂志》（*ALB*）评为2018年“中国十五佳律师新星”。

2018年8月，隆安律师事务所经司法部批准在郑州设立分所，为“北京市隆安（郑州）律师事务所”。

2018年9月，隆安被《亚洲法律杂志》（*ALB*）评为“2018年中国十佳成长律所”。

2018年9月，隆安被《美国律师》杂志评为“GLOBAL 100”（全球百强律所），位列第47位。

2018年10月，隆安被著名法律杂志*The Lawyer*评为“2018年亚太地区律师事务所100强”，位列第11位。

2018年11月，隆安上海罗洁律师被《亚洲法律杂志》（*ALB*）评为“2018年中国十五佳女律师”。

2018年11月，隆安获得《亚洲法律杂志》（*ALB*）“2018年亚洲最大50家律所”，位列第11位。

2018年11月，隆安获得《亚洲法律杂志》（*ALB*）“2018年中国最大30家律所”，位列第11位。

2018年11月，北京市隆安律师事务所党总支被中共北京市朝阳区律师行业党委批准正式成立。

2018年12月，隆安律师事务所经司法部批准在重庆设立分所，为“北京市隆安（重庆）律师事务所”。

2018年12月，隆安北京刘晓明律师、隆安深圳贾红卫律师被《商法》杂志评为“2018年A-List法律精英”。

2019年，陈蕾、魏云成为隆安所高级合伙人。

陈蕾为本所高级合伙人，北京大学法学硕士，西北政法大学法学学士，北京市朝阳区律师协会商事与经济研究会副主任，2014—2017年中国政法大学法学院六年制实验班联合培养导师，主要业务领域为公司法律事务、破产重整与清算、争议解决。

魏云为本所高级合伙人，郑州大学法学硕士，中山大学法学学士，主要业务领域为私募股权与投资基金、兼并与收购、公司法律事务。

2019年，杨晓波、付建军、陈晓斐、禹静、张华东成为隆安所合伙人。

杨晓波为本所合伙人，浙江大学兼职讲师，中国政法大学准律师协会讲师，北京大学EMBA讲师，清华大学EMBA讲师，中国政法大学司法公正研究中心研究员。业务领域为知识产权、房地产与建设工程、公司法律事务。

付建军为本所合伙人，全国千名涉外律师人才，中国科学技术法学会理事，最高人民法院知识产权案例指导研究（北京）基地专家，全国知识产权领军人才，国家知识产权局专家库专家。主要业务领域为知识产权。

陈晓斐为本所合伙人，德克萨斯大学阿灵顿分校高级管理人员工商管理硕士，北京大学法学学士，北京新城基业投资发展有限公司“2011年优秀管理者“2010—2012年通州区国资委系统创先争优“四优”共产党员，国资公司2016年“优秀共产党员”，2016年通州区国资委系统优秀共产党员。业务领域为兼并与收购、房地产与建设工程、公司法律事务、家事与私人财富规划传承。

禹静为本所合伙人，入选“北京市涉外律师人才库”，北京市律师协会会员，中华全国代理人协会会员，北京市朝阳区人民法院特邀调解员，北京市朝阳区律师协会知识产权委员会委员，北京市律师协会专利法委员会委员。业务领域为资本市场／证券、知识产权、争议解决。

张华东为本所合伙人，律师、企业法律顾问、人力资源管理师、高级国际财务管理师，民盟朝阳区法制委员会委员，北京企业法治与发展研究会企业诉讼研究中心副主任，北京市影视娱乐法学会理事，中国人力资源开发研究会企业人才分会理事。业务领域为知识产权、公司法律事务、争议解决。

2019年2月，隆安北京邱琳律师被《亚洲法律杂志》（*ALB*）评为2019年“中国十五佳诉讼律师”。

2019年2月，隆安湖州被浙江省律师协会评为“浙江著名律师事务所”。

2019年2月，隆安被2019年第六届强国知识产权论坛评为“年度十佳知识产权律所”。隆安北京徐家力律师被2019年第六届强国知识产权论坛评为“年度十佳版权律师”。隆安北京权鲜枝律师被2019年第六届强国知识产权论坛评为“年度十佳专利律师”。隆安北京陈绍平律师被2019年第六届强国知识产权论坛评为“年度十佳商标律师”。

2019年3月，隆安获得2019年《商法》“知识产权（专利）”领域卓越律师事务所大奖。

2019年3月，隆安上海罗洁律师获得“上海市优秀律师”荣誉称号。

2019年4月，隆安北京付建军律师被知产力和IPRdaily评为“中国优秀知识产权律师榜TOP50榜单”

2019年5月，隆安株洲易露律师获得2019“五四”湖南优秀青年海归人物荣誉称号。

2019年5月，隆安被北京市律师协会评为2015—2018年度北京市优秀律师事务所。

2019年7月，隆安律师事务所经司法部批准在佛山设立分所，为“北京市隆安（顺德）律师事务所”。

2019年8月，隆安律师事务所经司法部批准在芜湖设立分所，为“北京隆安（芜湖）律师事务所”。

2019年9月，隆安被《亚洲法律杂志》（*ALB*）评为“2019 ALB China 十佳成长律所”。

2019年10月，隆安北京总部搬入北京国际俱乐部大厦。隆安北京总部新办公室位于北京国际俱乐部大厦8层，办公面积为2200余平方米。

2019年11月，隆安入选《亚洲法律杂志》（*ALB*）2019年亚洲最大50家律所榜单，位列第11位。

2019年12月，隆安公司/商事：东部沿海（北京）领域和知识产权：诉讼领域荣登钱伯斯2020亚太榜单。

2020年，李长青、金作鹏、胡杰、彭啸成为隆安所高级合伙人。

李长青为本所高级合伙人，首届北京律师辩论大赛东城区代表队个人优秀辩手奖、北京青年律师辩论赛朝阳区代表队团体一等奖、个人十佳辩手奖、北京市朝阳区律师行业贡献奖、朝阳区律协刑事业务研究会副主任、中央电视台社会与法频道优秀公益律师。主要业务领域为银行与金融、知识产权、房地产与建设工程、公司法律事务、争议解决。

金作鹏为本所高级合伙人，北京市知识产权局专家库专家，北京市科委专家库专家，中关村科技园区管理委员会专家库专家，北京市法学会国有资产法治研究会会员。主要业务领域为银行与金融、知识产权、公司法律事务、信息技术、电信、传媒与娱乐、环境、能源与自然资源。

胡杰律师毕业于北京大学，律师执业期间办理过大量各类案件，有丰富的审判工作和仲裁工作经验，熟悉各类诉讼程序、仲裁程序和法律实体规定。

彭啸为本所高级合伙人，中欧国际工商学院 高级工商管理硕士（EMBA），中国人民公安大学工学学士、法学硕士。主要业务领域为信息技术、电信、传媒与娱乐、争议解决、刑事业务。

2020年，许翰、胡小顺、马玉珍、王善忠、高伟成为隆安所合伙人。

许翰为本所合伙人，2019年9月加入隆安律师事务所。

胡小顺为本所合伙人，中国政法大学民商法学硕士，中国农业大学MBA，2015—2018年北京朝阳优秀律师，业务领域为银行与金融、房地产与建设工程、公司法律事务。

马玉珍为本所合伙人，2005年取得法律职业资格证书，2009年取得中国律师执业证书，北京市朝阳区首届优秀青年律师。业务领域为公司法律事务、家事与私人财富规划传承、争议解决。

王善忠为本所合伙人，北京市朝阳区律师协会惩戒委员会委员，北京多元调解发展促进会调解员，北海仲裁委员会仲裁员，北海国际仲裁院仲裁员，沈阳工业大学法律事务咨询顾问，隆安律师事务所争议解决专业委员会秘书长。业务领域为资本市场／证券、争议解决、刑事业务。

高伟为本所合伙人，中国人民大学经济法硕士，业务领域为资本市场／证券、房地产与建设工程、公司法律事务、家事与私人财富规划传承。

2020年1月，隆安律师事务所经司法部批准在西安设立分所，为“北京市隆安（西安）律师事务所”。

2020年1月，隆安“破产重组”业务领域荣登2020年度TheLegal500亚太地区榜单。

2020年2月，隆安阳鹿高速公路破产重整项目荣登《商法》杂志2019年度杰出交易榜单。

2020年4月，隆安被《商法》杂志评为2020年度“知识产权（版权）”和“知识产权（专利）”两大领域“卓越律所大奖”。

2020年5月，隆安律师事务所经司法部批准在青岛设立分所，为“北京市隆安（青岛）律师事务所”。

2020年5月，隆安荣登“2020年度ALB CHINA知识产权”“专利”和“商标/著作权”两大业务领域排名榜单。

2020年7月，隆安律师事务所经司法部批准在海口设立分所，为“北京隆安（海口）律师事务所”。

2020年9月，隆安荣登《美国律师》杂志“2020全球百强律所”系列排名“2019年度全球律师人数”榜单位列第32位和“2019年度亚太地区律所律师人数”榜单位列第11位。

2020年11月，隆安被2020年强国知识产权论坛评为“年度十佳知识产权律所”。

2020年11月，隆安被《亚洲法律杂志》（*ALB*）评为“2020 CHINA中国最大30家律所”，位列第12位。

2020年12月，隆安知识产权（诉讼）业务领域荣登《2021年钱伯斯亚太法律指南》“杰出律所”榜单。

2021年，宋宇博、杨云成为隆安所高级合伙人。

宋宇博为本所高级合伙人，北方工业大学（金融法学）法学硕士学位、美国肯特法学院访问学者、北京市律师协会会员、北京市律师协会法律顾问委员会委员、中招国际招标有限公司专家库法律专家。主要业务领域为知识产权、国际业务、公司法律事务。

杨云为本所高级合伙人，哈尔滨工业大学高分子化学与物理硕士，中国政法大学知识产权法硕士，主要业务领域为知识产权。

2021年，王英光、王薇、王芳、徐建萍成为隆安所合伙人。

王英光为本所合伙人，中国人民大学硕士，业务领域为信息技术、电信、传媒与娱乐、医药与健康、刑事业务。

王薇为本所合伙人，2002年加入隆安律师事务所，北京市朝阳区律师协会刑事业务研究会副秘书长，北京市朝阳区律师协会规章委员会副秘书长，北京市朝阳区优秀共产党员。业务领域为知识产权、公司法律事务、家事与私人财富规划传承。

王芳为本所合伙人，2017年加入隆安律师事务所，北京市朝阳区优秀党员律师，北京市首届律师辩论大赛“最佳风采奖”，北京市东城区优秀党员律师。业务领域为房地产与建设工程、公司法律事务。

徐建萍为本所合伙人，毕业于中国人民大学法学院，2018年7月加入隆安律师事务所。

2021年1月，隆安律师事务所经司法部批准在呼和浩特设立分所，为“北京市隆安（呼和浩特）律师事务所”。

2021年1月，隆安荣登《钱伯斯亚太2021：大中华区公司/商事区域榜单》“东部沿海：北京”领域排名榜。

2021年1月，隆安深圳贾红卫律师、赖向东律师被《商法》杂志评为2020年“A-List法律精英”名录“100位中国业务优秀律师”。

2021年1月，隆安沈阳徐驰律师入选《钱伯斯亚太2021：大中华区公司/商事区域榜单》，荣获“中国东北部：辽宁：业界元老”称号。

2021年5月，隆安获得《商法》杂志2021年度银行及金融领域卓越律所大奖。

2021年5月，隆安获得《商法》杂志2021年度雇佣及劳动法领域卓越律所大奖。

2021年5月，隆安荣登《亚洲法律杂志》“2021 ALB China 知识产权业务排名”榜单专利及商标/著作权两大业务领域排名榜。

2021年6月，隆安北京王丹律师被北京市律师行业党委授予“2020—2021年度优秀共产党员”荣誉称号。隆安北京李大中律师被北京市律师行业党委授予“2020—2021年度党建之友”荣誉称号。隆安北京刘晓明、陈蕾、付建军、王薇被北京市朝阳区律师行业党委授予“优秀共产党员”荣誉称号。

2021年6月，隆安沈阳荣获《商法》杂志2021年度卓越综合实力律所区域奖项。

2021年7月，隆安律师事务所经司法部批准在石家庄设立分所，为“北京市隆安（石家庄）律师事务所”。

2021年7月，隆安郑州党支部被中共全国律师行业党委授予“全国律师行业先进基层党组织”荣誉称号。

2021年8月，隆安北京刘晓明律师获得“北京市城乡社区共建先进个人”荣誉称号。

2021年10月，隆安荣登《亚洲法律杂志》（*ALB*）“2021 ALB China 区域市场排名：长三角地区”榜单。

2021年11月，隆安被《亚洲法律杂志》（*ALB*）评为“2021 ALB CHINA中国最大30家律所”。

2021年11月，隆安获得《亚洲法律杂志》（*ALB*）2021沿海地区“年度沿海地区争议解决律师事务所大奖”“年度沿海地区劳动与就业律师事务所大奖”“年度北部沿海地区律师事务所大奖”“年度东部沿海地区律师事务所大奖”四项中国区域市场法律大奖。

2021年12月，隆安律师事务所经司法部批准在合肥设立分所，为“北京隆安（合肥）律师事务所”。

2021年12月，隆安被2021年强国知识产权论坛评为“Top 25中国本土知识产权律所”榜单，位列第2名。

2021年12月，隆安北京权鲜枝律师被2021年强国知识产权论坛评为“十佳知识产权大律师”。

2022年，赵天博、彭若愚成为隆安所合伙人。

赵天博为本所高级合伙人，英国诺丁汉大学国际商法学硕士、中国政法大学企业知识产权保护与管理研究中心研究员、亚钾国际投资（广州）股份有限公司独立董事、北京市朝阳区律师协会律管委副主任，主要业务领域为银行与金融、公司法律事务、争议解决。

彭若愚为本所高级合伙人，中山大学经济法硕士、工作经历，公安部经济犯罪侦查局（证券分局）、业务领域为资本市场／证券、刑事业务。

2022年，欧筱铭、赵建军成为隆安所合伙人。

欧筱铭为本所合伙人，北京市朝阳区律师行业党委“优秀党员”，北京市朝阳区律师行业党“优秀党务工作者”，最高人民法院诉讼服务专家志愿者，北京律师协会公益委员会律师成员，国家版权交易中心联盟法律服务工作委员会执委，广西壮族自治区驻北京机构妇女联合会执行委员。业务领域为房地产与建设工程、公司法律事务、争议解决。

赵建军为本所合伙人，毕业于中国社会科学院，2022年加入隆安律师事务所。

2022年，隆安律师事务所经司法部批准在厦门设立分所，为“北京市隆安律师事务所厦门分所”。

关于隆安发展第三个十年的总结

第三个时期就是隆安发展的第三个10年，从2012年到2022年，这10年是隆安的做大时期，所谓做大时期，就是在前两个阶段基础上规模越来越大。据近几年的国内外的权威机构的统计，隆安所在亚太地区应该排在第十一二名。论人数和分所数量及规模，隆安所在国内也是排前十名的。这就是这10年的发展成绩，在隆安分三个10年时期发展阶段，这10年是隆安律师事务所规模快速发展和制度创新建设的第三个阶段。而现在的隆安律师事务所在中国北京、上海、沈阳、深圳、广州、南京、天津、苏州、南通、株洲、大连、香港、太原、杭州、武汉、贵阳、成都、湖州、昆明、扬州、郑州、重庆、顺德、芜湖、西安、青岛、海口、呼和浩特、石家庄、合肥、厦门共31个城市设有办公机构，隆安正在进一步扩展，此外，隆安还与多家外国律师事务所建立了广泛的跨国合作关系，以便满足经济全球化发展的需要。目前，隆安合伙人300余人，执业律师2000余人，员工人数总计约2500人，是全国最有影响的本土律师事务所之一。

凡是过去，皆为序幕；新的时代来了！——写在隆安25周年庆之际

25载，岁月流长，积淀成智。

隆冬的北京，气温已至零下。12月16日，在东方君悦大酒店容纳400人座无虚席的会场里，温暖如春。

说起春天，总让人想到1992年，那个被称为中国“开放”真正象征的年份，那个被著名财经作家吴晓波称为“一想起来整一年都是春天”的年份。对于律师行业，1992年承载了太多意义。中伦、大成、竞天、天元、通商等目前在中国法律行业“如雷贯耳”的律所都在这一年成立。当然，也包括目前已经是千人大所的隆安律师事务所。

也是在隆冬，1992年12月29日，隆安律师事务所成立。历经25载，隆安见证并参与了每一次中国社会经济改革与司法进程的关键时期，在百年的四分之一节点上，她站在行业的高度，总结过去，迎接新时代的到来。

由隆安律师事务所创始合伙人徐家力律师亲自担任主持人的“新时代下的法律服务新机遇”研讨会作为隆安25周年庆的启幕，输出“荷枪实弹”的干货为法律行业献礼。徐家力介绍：“隆安见证了律师制度的改革，司法体制的改革，

参与了中国法制进程的每一个时间节点。在依法治国的今天，中国律师如何在新的时代，为未来中国法律服务市场添砖加瓦，这是本次主题所带来的意义。”论坛以一部记载隆安发展历程的视频开场，短短几分钟就将隆安如何在25年里从一家刚起步的合伙制律师事务所发展成为拥有800多名执业律师，1000多名员工，20多家分所的大型综合律师事务所生动展示。“同兴隆，共平安”这句成立伊始就成为隆安所名释义的标语在漫长的时间里早已融为隆安人文化和精神意识的一部分。

作为主持人发言的徐家力一上台就向所有到场的参会人员深鞠一躬，表达感谢。当然在这个喜庆的日子里，他也显得很松弛。

“隆安见证了律师制度的改革，司法体制的改革，参与了中国法治进程的每一个时间节点。还记得在隆安成立10周年的研讨会上，那年的主题是‘入世之后中国律师面临什么机遇’，在隆安成立20周年的研讨会上，那年的主题是‘20年后中国律师改革的现状’，20年后春天的故事究竟写得怎么样了？而在之后提出‘新时代’的概念下，在依法治国的今天，中国律师如何在新的时代，为未来中国法律服务市场添砖加瓦，这是本次主题所带来的意义。”徐家力说。

徐家力言词之间，透露出了隆安的一个传统，每到逢五迎十的“大庆”年份，隆安都会办一场具有时代意义的研讨会，它不仅仅关注业务本身，隆安自身发展，更面向律师行业整体的未来发展。

这样的立足点，自然吸引足够的大咖友人前来致辞。“全国律师看北京，北京律师看朝阳。”一个区超越万千城池。

朝阳区律师协会会长王清友律师前来致辞，低调的王会长在徐家力的调侃下赶紧强调自己并非领导，仅是基层律师协会，他表达了对于隆安25周年的祝福：“先有隆安，后有朝阳律协。优秀的律所是朝阳律协的骄傲。律所传承一直是律师行业的一大问题，而隆安目前的执行合伙人是由1979年（编者注：1978年）的王丹担任，说明隆安已经解决了律所的传承难题。”

北京师范大学法学院院长卢建平教授也来了，这位有着各法律职业经历的教授同样表达了对于隆安的祝福。祝福之后，具有冲击力的干货接踵而至。

中国法律圈知名媒体人、《民主与法制》杂志社总编辑刘桂明先生以幽默诙谐的语言分享了“新时代中国律师的初心与使命”，“《民主与法制》杂志社自1979年起已经有了八代负责人，《民主与法制》干得好，说明中国‘民主与法治’

干得好。”此言迎来热烈掌声，刘总编还强调新时代律师的初心和使命应该是为人民做了多少事儿，要理清为谁服务和怎么服务。

中国政法大学律师学院研究中心主任王进喜教授在“律师法修改：因应新时代”的演讲中分析了目前律师服务存在的问题，也指出在新时代高端辩诉人才和知识产权人才将会成为新的人才需求点。

来自广发银行的姚启建博士所演讲的“新时代商业银行法律服务新机遇”直击主题，从甲方角度为律师提供了相当实用的业务发展建议。他指出，“非诉律师对于经济和金融需要有一定的了解，目前银行业同样进入新时代，商业银行转型的九大方向，正是法律服务的新机会，分别是混业经营、小微金融、零售金融、网络金融、金融市场、资产管理、交易银行、投行业务、金融科技”。与此同时，银行业正在推进全面的风险管理，需要更多的法律服务，而银行不良资产率的升高，也正在彰显该领域诉讼业务日益重要的地位。

隆安律师事务所执行合伙人王丹律师分享了“法律大数据与律师事务所管理”，他指出，“大数据应用不等于法律人工智能。但大数据对于律所而言意义非凡，目前中国律所在大数据管理上仍面临难题，例如数据采集障碍；数据孤岛；数据应用领域狭窄。但无论如何，Data is the new oil。数据将会是律所的核心资产”。

点睛网创始人、CEO兼主编刘卫先生分享的“AI 与法律”，用90张PPT酷炫地向参会观众介绍了目前人工智能的发展业态，“互联网+已经谢幕，昨日已被颠覆，而AI正是明天。生产力改变生产者，未来将是机人生活的时代”。

此外，隆安律师事务所高级合伙人万迎军律师和权鲜枝律师分别从涉外法律服务与知识产权两个角度为大家分享了新时代下的机遇与挑战。法律社分社长、中律联盟秘书长戴伟先生从出版角度为大家分享了“人工智能时代的知识服务如何为律师赋能”。而旅美法律学者周大伟先生以“诉讼时代降临，我们准备好了吗？”做了主题分享。上午的研讨会在中国足协法律部主任朱合元律师的总结中圆满结束。

如果说上午的研讨会体现了一家律所立足行业的本心，那么下午隆安人自己的庆典会，更是一场对于隆安一年来发展的内部总结和深入剖析，在肯定成绩的同时，也直面问题坚定信心。

徐家力又一个深鞠躬，感谢来自隆安全国20余家分所的律师代表齐聚于此为隆安庆生。“从过去的隆安到现在的隆安，不仅存在而且发展了，证明了存在的价值，也创造了价值。隆安是大家的隆安，在座的每个人的隆安，未来的20年、30年、50年隆安会是什么样的，答案在你们手里。隆安的前景会越来越好，个人与国家命运匹配，与隆安命运匹配，你就知道隆安的未来在哪里。”

在王丹向全体隆安人的报告中，我们可以看到隆安这一年的成绩。在2017年又新增郑州、扬州、湖州、昆明四个办公室的隆安，现已有20余家分所。目前隆安合伙人约200名，全国隆安人数近1200名。隆安正在规模化的道路上稳步前行。

在创收业绩上，隆安以25%的增长率飞速发展，保持了良好的发展势头。在知识产权、金融证券等多个领域都有不俗成绩。而新版信息管理平台上线，培训机制的完善，风控内核体制的完善，利益冲突听证制度的建立，分所发展工作的程序化，第三届基金理事会包括专门委员会和专业委员会的改选完毕都是隆安在2017年管理方面的成就。

2017年，隆安分别在深圳、成都、湖州三地开办了高端专业论坛。12月2—3日由隆安律师事务所协办的中国（广东）法律服务论坛暨中国涉外律师领军人才年会在深圳福田香格里拉大酒店举行。10月21日由隆安成都分所承办的“法律保障国际研讨会”在成都棕榈泉费尔蒙酒店举行。2017年6月9日，北京隆安（湖州）律师事务所启动仪式之际，“沿着古老的丝绸之路踏上新的征程”暨法律服务湖州论坛隆重举行。

三地专业论坛的热烈反响也反应了隆安紧随政策和对于时代与市场的敏感性，隆安品牌得到了进一步提升。

而在未来一年，王丹透露，隆安博物馆，办公新址选立，律所大数据建设以及加快国际化进程将成为隆安发展的着力点。

在下午的庆典上，隆安颁发了诸多奖项来勉励隆安律师，有业务领域的，有分所的，亦有律师个人的。最让人感动的是隆安律师事务所25周年杰出贡献奖，徐家力、李京生、李大中、徐驰、杨坤、贾红卫、黄永庆、丁朋、张炳昆9名律师获得此奖项。正如黄永庆律师笑说，“以前都是给别人颁奖，今天第一次自己获奖”，这种意外不仅让隆安的前辈分外高兴，也让年轻律师颇受感染。有传承才有发展。与时俱进，继往开来，在每一个时代节点上发力，是所有隆安人的使命。

“合伙人就是我们的脊梁，合伙人都是用战功在战场上奠定功勋的人。所有的合伙人要担得起责任，管理好自己的团队，使整个隆安向前行。”隆安创始人之一李大中律师在闭幕致辞中说。

于25周年这个特殊的日子，各地办公室集体联动，用不同的方式纷纷为隆安送上生日的祝福。

在事务所的管理工作以及隆安品牌的推广方面，大家纷纷表达自己的建议，参会人员热烈讨论，共同出谋划策推动隆安未来的发展之路。

在隆安答谢客户和朋友们的晚宴上，业内的诸多大佬或亲临现场或为隆安发来祝贺视频。全国律师协会会长王俊峰律师，北京市律师协会会长高子程律师都亲临现场为隆安的25周年庆典祝贺。而在视频中，全国律师协会副会长、中伦律师事务所主任张学兵律师发来长达2分钟的祝福，天达共和律师事务所主任李大进律师、君合律师事务所主任肖微律师、北京德和衡律师事务所主席栾少湖律师，大成律师事务所主任彭雪峰律师，国浩律师事务所创始人李淳律师，金诺律师事务所创始人、首席合伙人李海波律师，上海市律师协会会长俞卫锋律师、天津市律师协会副会长才华律师、辽宁省律师协会会长杨兴权律师、广东省律师协会肖胜方会长、沈阳市律师协会会长孙长江律师、苏州仲裁委陆建军部长等都纷纷来祝贺隆安。让隆安人自豪的是，隆安不仅仅有客户和领导的认可，更有来自业内同行的认可。

采访中我问王丹，“相较去年的采访，今年包括您在内的所有隆安人明显比去年更为自信和坦然了，这种自信从何而来？”

今年隆安完成了从普通合伙制到“特殊的普通合伙制”的改制，与其他律所通过部分人牺牲实现平稳过渡方式不同的是，隆安选择了一种最难最麻烦的方式——一个个做沟通，得到全体合伙人的认同而改制。

但这种最难的方式，却最为顺利的推行了。“这次改制对我们隆安的意义特别大，尤其对于我本人，它是一个标志性事件。我想，无论对于管委会也好，基金会也好，更加自信的原因就在于此，在业内能完成一个大所从普通到特殊普通的改制，确实是很难，而改制的基础，正在于我们发展基金会的机制，促成了改制的完成。而改制的完成又推动了我们所有隆安人信心的增强，对于自己的选择，对于隆安机制的肯定，对于行业的信心都发散出来了，这是一个相辅相成、良性循环。”王丹说。

大事面前，方显“人和”之重，隆安的“人和”基因正如他们一以贯之的“同兴隆，共平安”的价值观那般，融在隆安人的血液里，一齐携手迈向新的征程。

“规模化、专业化、品牌化、国际化”四化最早事实上由徐家力提出，而更与时俱进的概念在徐家力看来应该是“云端，大数据，人工智能”等。隆安会在坚持四化的基础上不断升华，走在最前沿。一方面要有责任感，另一方面也要主动融入社会化、先进化发展的理念中去，我们应该反思，如何跟上时代的步伐，要学会珍惜今天来之不易的成果。

2017年是隆安成立25周年的日子，转眼隆安已走过了四分之一个世纪，从1000人大所到各类奖项排名，从北京到20多个城市，隆安人一步一步脚踏实地的走着属于自己的道路。

总所管理委员会与隆安发展基金会的“联动机制”已经将隆安总所和分所资源有效整合，并且极大地增强了凝聚力。隆安人的努力得到的是来自社会各界的认可，客户、同行、领导，这些认可不仅仅是对于过去的肯定，也是对于隆安未来的激励。下一个25年，隆安将用更细致的专业服务创造更辉煌的成绩！

齐心协力的隆安，下一个25年，更让所有人期待。

（本文为2017年12月28日智合法律新媒体对隆安律师事务所举行25周年庆典的报道，题为《隆安25周年庆典系列活动圆满落幕》，作者毛姗姗）

第三编

创办律师事务所的理念和思考

十一、在隆安律师事务所所庆年会典礼仪式上的发言

在隆安律师事务所成立5周年庆典上的讲话

1997年12月29日是隆安律师事务所成立5周年的日子，时间过得真快，5年前的这个日子隆安律师事务所诞生了，一晃5年时间过去了。当时我们隆安开业的时候，拿到司法局的批准证书就开始营业了，连个像样的仪式都没有，一是没有时间，开业即忙碌起来，无暇顾及；二是我们都没有这个意识和经验，也不懂应该搞什么样的活动；三是没什么钱，没有预算支付活动费。时间一下子就过去了5年，5年前的事情恍如昨天。这个5年对我们来讲是难忘的5年，首先我们从合作制律师事务所改为合伙制律师事务所，律师事务所到了新的体制改革后的发展阶段，为隆安以后的发展奠定了制度上的基础。因为在之前没有律师法，现在律师法已正式颁布实施，合作制律师事务所相关法律不是很明确，制约了律师事务所发展，也使个别的合伙人离开了隆安，这是很遗憾的事情，合伙制律师事务所是全世界范围内最古老、最普遍、最合理、最成熟、最成功的法律制度，现在我们由合作制改制为合伙制律师事务所体制，理顺了各种法律关系，建立了合理的制度，大家可以甩开膀子大干了，为律师事务所的发展添砖加瓦。更重要的是我们搬入了北京国际俱乐部写字楼，国际俱乐部是中国涉外的窗口，是专门儿为外国和国际驻华机构，主要是大使馆、领事馆服务的场所，它面临着100多个大使馆，是北京的第一使馆区，在雷门先生的倡导下，我们搬到了这个场所，为隆安律所涉外业务和其他高档业务提供了非常好的平台。

所以我们大家要珍惜这次入住国际俱乐部的机会，使出全身力气为事务所的发展献计献策。可以说，隆安律师事务所搬入国际俱乐部写字楼是我们一个

大的飞跃、质的飞跃，是一个全面提升的好机遇，我们现在办公的这个二层小楼是北京非常有名的历史建筑。当年周恩来总理身兼外交部长，会见外宾，处理很多跟外交部有关的事情，都是在二层小楼的办公室里，所以我们有幸在这个小楼里办公，也使我们的业务拓展到了一个新的境界。

国际俱乐部真是一个福地，西去一两公里就是天安门广场，东去一两公里就是国贸中央商务区，西去可以了解过去，东去可以了解未来，我们就站在现实的中心点上。这里历史上发生了很多重大事件，现在在这个楼里办公的也有很多的外国商社，我们要紧紧抓住这些外国商社，把他们发展成常年法律顾问单位，发展成我们的客户，当然我们也要为国际俱乐部和外交服务局提供好法律服务，他们既是我们的房东，也是我们的服务对象，现在我们已经为他们处理了一些法律法律事务，还要一如既往的为他们服务好、工作好，在他们心中取得良好的口碑，树立良好的形象，这样在我们租赁的费用上才能获得一些优惠，这一点是我们大家必须要注意的。

搬到国际俱乐部以后，我们的业务和客户也发生了很大的变化，在国际俱乐部里边大部分单位都是有涉外因素的，或者是有相关背景的公司入驻，所以我们想要扩大在北京国际俱乐部的业务影响，我们的一言一行，我们的工作态度，甚至仪表都应该注意，我历来主张我们男律师上班的时候一定要穿西装，要打领带，女律师要穿职业装。让我们每个人看上去像个律师，不能随随便便，因为律师是一种高档服务的提供者，是一种给人家提供奢侈服务的职业。从今天我们隆安律师事务所成立5周年这个庆典来看我们过去5年是非常成功的，我们的律师事务所的规模、律师人数、创收数量、业界影响等在北京的法律服务行业都是名列前茅的，但是需要告诫大家的是：我们没有时间去骄傲和自满，我们要不断的发展前进，要忘掉过去，展望未来，设立新的发展目标，我们就应该以此作为契机，作为起点，把我们的律师事务所办的越来越好，用我们自己的努力和奋斗迎来未来10年、20年、30年的辉煌。

在隆安律师事务所成立10周年庆典上的讲话

在我们隆安律师事务所成立10周年的日子，我们本来准备内部开一个10周年的庆祝会，因为我们每年都在成立的日子开年会，给自己定了个规矩叫“每年开年会，5年一小庆，10年一大庆”，但是今年成立10周年又赶上中国正好加入WTO，所以我们不能只是内部闭门开会，而要召开一个敞开大门面向全行业和全社会的会议。

今天来了这么多业界领导和关心我们发展的各界客户和朋友，所以说我们成立10周年，这不是我们一家律师事务所自己的事情，这是中国律师发展的一个重要的节点，我们今年年会的题目就是加入WTO中国律师业所面临的机遇和挑战。中国加入WTO（世贸组织）是从1995年开始谈判，到去年刚刚加入，经过了几年时间的艰苦准备工作，当然对此，各个专家、社会各界反应不一，我个人觉得这是一个很好的契机，是中国融入世界现代社会和建设法律制度的一个很好的机会。我们清楚WTO是由西方发达国家率先创立的，囊括了现在世界上主要的发达国家，所以加入这个俱乐部就等于加入了富人俱乐部。

我们在加入的同时，肯定要付出一些代价，中国目前社会经济法律制度跟WTO的要求还有一段的距离，正因为我们有这个距离，所以说机遇和挑战并存，我们要做好思想准备迎接机遇和挑战。纵观隆安律师事务所成立的这10年，当初1992年在我创立隆安的时候，北京才有几百个律师，律师事务所也寥寥几家，合伙制律师事务所更是没有。到10年后的今天，北京的律师已经超过1000名，律师事务所也已近百家，律师行业的发展速度是非常快的，现在我们国家又决定加入WTO，我想这是我们的律师的一个快车道，一个机遇。恰巧我去年在美国纽约大学法学院做访问学者一年，从美国刚刚回来，因为纽约是世界之都，集中了美国的大部分的律师和大型的著名律师事务所。在这一年多当中，我有幸到这些律师事务所参观学习，对美国的律师行业深有感触，我们跟美国的律师行业的发展水平和所处历史阶段是大不相同的，因为我们改革开放只有二三十年的时间，而美国的律师事务所已经有200多年的时间，就法律制度和律师行业来讲，加入WTO，我们会更容易的向以美国为代表的西方先进国家学习取经，这是一个很好的机遇。当然也有人会担心加入WTO以后，外国律师尤其是英美的律师会大肆涌入中国市场，与中国律师形成竞争关系，这是早晚的事情，全球化就是这个结果，这个我们也阻挡不了，反而恰恰是对我们的一个挑战，使我们能练足内功，更好地面对挑战。

我个人以为我们面临着三个挑战或是机遇。

第一，我们为了加入WTO，我们国家修改了很多法律，就我熟知的知识产权法，每一个部门法都应WTO，尤其是TRIPS协议的要求进行了相应的修改。因为我的博士后导师郑成思教授是这方面的专家，他作为中国政府的谈判顾问参加了谈判，所以我略知一些这方面的信息。我们作为律师对这些修改的法律应该重新学习，在新的法律框架下尽快搞清楚WTO下的法律事务是什么。我觉得对我们来，我们重新学习是挑战，但新的法律业务，新的领域、新的业态的到来是我们一个很好的机会，所以我们要认真的逐条的学习新法律，熟悉新带来的业务，接受并办理这些新的业务。

第二，外国律师要到中国来这个局面我们是无法阻止的，因为根据WTO的规定，中国答应了加入条件，虽然中国修改了国内法律，但也不能阻止外国的同行进入中国的法律服务市场，狼来了，我们就要防范，并且学会与狼共舞啊，这对我们律师事务所的管理，对律师业务的开拓是极大的好处。因为狼来了，说明狼是有先进之处，我们不仅学习狼的业务，而且要学习狼的管理，既然狼比我们厉害，我们在与狼玩的过程中学会狼的本事，让我们自己也成为狼。所以我觉得WTO会促使外国事务所把先进的管理经验输入中国，中国律师事务所是一个大好的学习机会。

第三，尽管中国的律师发展前景很可观，但如果不加入WTO，按照中国这个自然的发展步伐，速度还是太慢了，因为我们加入WTO以后，要与国际规则接轨，要参与国际事务，我们的竞争更激烈，市场要更开放，使我们处于一种压力之下，进而把压力变成动力，练好内功，强壮筋骨。这无论是从国家层面，从一个律师行业层面，个人层面，这种压力都在迫使我们不断的学习、不断的进步，使我们改变自己，快速的改变，跟随时代的潮流，跟随世界的步伐，我觉得这都是入世以后给我们带来的利好的结果。

现在一提到加入WTO，律师行业的很多人就感到很恐慌，认为外国律师的到来会抢了我们的饭碗，造成我们行业的损失，甚至很多人会失业，而我觉得大可不必这样想问题。因为中国是世界上最大的单一市场，中国的社会、经济、法治发展还有很长的路要走，还有非常大的空间给我们提供大展身手的机会。并且对外国律师来说，以美国律师为例，他们只做和美国法律有关系的业务，所以在中国这个土地上，中国市场上，中国律师是主战场的主力军，业务是抢不走的。其实道理很简单，如果在将来，就算中国的律师业再发达，有那么一天到美国也不能跟美国律师去竞争，况且这个法律主权都是有地域性的，所以大可不必担心。我个人是抱乐观、积极的态度来迎接WTO的到来，迎接崭新的时代的到来，我们这代人注定赶上了每一个中国历史的重要节点，这对于我们来说是一种幸运，而不是不幸。总体来讲，中国加入世界贸易组织，对我们中国律师行业是机遇与挑战并存，我们要抓住机遇，迎接挑战，创造属于我们自己时代的辉煌。

在隆安律师事务所成立15周年庆典上的讲话

我们每年都要搞律师事务所成立的庆典活动，遵循国家搞国庆的惯例，所谓的十年一大庆，五年一小庆，今年我们隆安成立15周年，按照惯例属于小庆，但每年在我们年会上我要讲讲话也是惯例，我们的所庆就是我们的年会，既有丰富多彩的活动安排，又有思想交流的机会。我们每次会议都是给大家互相学习，互相洗脑，互相启发的机会。作为一个职业律师，我们不仅要了解自己的职业历程，了解事务所的发展，更应该对整个行业应该有所了解。干什么吆喝什么，如果这个行当你不知道别人怎么吆喝的，你怎么能知道自己该怎么吆喝呢，大到律师行业，小到我们隆安律师事务所，我们都要知道这个世界出现了什么大事，我们所处的环境发生了什么变化，这主要是从宏观上说一些我个人的看法。

1.关于律师事务所的行业形态问题

现在律师事务所的发展呈超常规势态，以前传统的呈各自发展，现在君合、金杜、中伦等这种传统律师事务所，包括大成、盈科，形成航空母舰的同时，又冒出来京师律师事务所、瀛和律师机构、天同律师事务所，包括天津金诺律师事务所，都是超常规的发展。比如天同，构建了一个无讼的平台，它是完全借助互联网，互联网技术人员超过律师执业人员，借着互联网的翅膀超速发展，天同所很小，但不能不认为它所做的事情在互联网时代得到了很大的市场认可，为中国律师事务所的未来指明了发展方向。瀛和律师机构是盈科律师事务所十几家分所的主任全部出来，成立瀛和律师机构，目标发展500家律师事务所，现在已经发展了将近200家，非常快。包括京师律师事务所，拿到了风险投资，它的目标是发展到10000个律师。行业的形态都是这么发展的，总结的话，传统的大所在传统的路子上已经做成航空母舰，同时新型航空母舰又来了，就是刚刚说的新的形态，利用新技术产生的新航空母舰。我们得自己研究思考，我们应该走哪条道路。我们已经走了近20年发展历程，有如此历史的律师事务所在中国并不太多，我们的发展并不快，但我们的发展也不慢。所以在向人家学习的同时，要总结我们的经验。合伙人群中我们的同仁也经常议论，在议论的同时能不能制定几个规则，我们向人家学习正能量，而不是负能量，少发牢骚，多提建议。我们应该站在我们的角度学习该向人家学习的东西，而不是发脾气互相埋怨，这样不解决问题。我们哪有差距找出来，人家有什么先进的东西，我们要学。这是我们应该永远保持的向人家学习的心态，发牢骚什么问题也解决不了，要认真具体地向人家学习。要总结出我们律师事务所的发展模式。

2.关于互联网对我们行业影响的问题

现在什么行业都说“互联网+”。10年前有一个预言家说，再过若干年任何行业都进入互联网行业，这个时代已经到来了。“互联网+”就是互联网对我们事务所，对律师业务的影响，所以我在各种会议上一再强调，微信群的建设、IT建设、公众号的宣传，包括案件管理，会议上各专业委员会还要提及这个问题。互联网对律师业的冲击大家都有目共睹，身同感受，研究互联网对我们的行业，尤其是事务所怎么进行具体的业务操作，需要大家认真议一下。实际上在美国，“互联网+”已经过时了。比如典型的GOOGLE，已经从互联网的虚拟空间走向实体，互联网产品已经来到了我们中间，已经在生产工业产品，它在生产GOOGLE眼镜等实体产品。微软，典型的互联网行业，但是已经造实业产品，已经准备造无人驾驶汽车了，这些新的业态的事态告诉我们，其实我们“互联网+”，我们还没有搞清楚就已经落后了，我们现在“互联网+”还没加上呢，所以我们这是一个飞速发展的时代。前几年看过一部电影叫《黄金时代》，是说东北有名作家萧红的，萧红去世早，32岁就去世了，如果萧红不去世，中国女作家无人能出其左右。萧红在短短的32年的人生中，经历了非常大的苦难，民族苦难，国家苦难，个人苦难，生俩孩子都不幸去世，两个丈夫两任男友都先后背离她而去，按理说这么一个32岁的年轻女子去世，她应该对人生有很多悲伤的感觉，但是她说了一句话，“尽管我的人生很不幸，但我有我的黄金时代；尽管国家很不幸，我有我的黄金时代”。我想，我们作为律师，尽管我们的从业路上有很多艰难，走了很多曲折的道路，但是我们每一个人，每一个律师事务所都有我们自己的黄金时代。这个黄金时代我认为是互联网带来的。每个人能在互联网这个时代，抓住自己的黄金时代，插上了互联网快速的翅膀，创造新的辉煌业绩。

3.关于发展的问题

谈到我们律师事务所发展的情况，我在各种会议上，无论哪个时期，强调发展是永恒的主题，一定要发展。很多人问我们为什么要发展，我经常举这个例子，做任何一个事业，当然包括做律师，你就像站在悬崖上或是陡坡上，不发展就掉下去、不发展、他人在发展，别人在跑，在往上走，没办法，发展是一个常态，新常态。常态是往上走，常态不是停留，停留是被淘汰的前奏，所以发展是永恒的主题。无论是隆安的总所还是分所，还是我们个人的律师事业，乃至于整个律师行业，都在发展。现在发展这个层面上，律师的发展迎来了一个很好的机遇，现在从中央到地方都开始重视法治了，从律师具体的收入来看，去年一年全国的律师和北京律师收入基本上翻了一番，尽管律师人数增长得没那么快，但是律师整个的收入翻了一番，大家都感觉到律师从业的黄金时代到来了。在这个机遇下，律师事务所的发展是不言而喻的。每个事务所都要想一想，每个人都要想一想，在新的大环境大格局中，你作为一个个人，作为一名律师，作为一个事务所应该怎样发展，是我们应该思考和讨论的。

4.关于规划的问题

说到发展，隆安具体的规划，我们经过合伙人会议的讨论一定要把隆安的发展规划定下来，包括隆安总所及各个分所，未来5年、10年，甚至20年的发展规划。一个事务所，一个单位如果没有发展规划，怎么可以想象它往哪个方向发展呢，就像船在海里航行没有目标，那能航行到什么地方？所以要把隆安的发展规划制定下来。从分所的角度来讲，分所也要制定发展规划，每个分所都要，每个分所发展的时间长短也不一样，有的成立将近10年了，有的可能刚刚成立。隆安的总体规划，每个分所都要规划，应该同时同步进行，没规划不可想象，没规划发展不好。野蛮的自然的生长时代已经过时了，现在是互联网时代，没有规划盲目发展的状态不可能进行下去了，我也不相信能够进行下去。

5.关于互相学习的问题

我们各个律师事务所成立时间不尽相同，历史文化各有差异，所处地域遍布全国，发展水平也不一样。我们要互相学习，发展不好的应该向发展好的学习，成功的律师事务所把好的经验认真总结一下，向我们全国所有的律师事务所扩散，我们既然是一个大家庭，就要分享家庭成员中好的东西和好的经验，通过这种方式使我们共同成长，共同进步。我们都知道木桶效应，如果我们隆安大家庭所有的事务所中出现短板，我们很难说我们整体上是一个优秀的律师事务所。扬长避短，互相学习，不能让任何一家事务所落后于我们的大队伍，我们才能大踏步地前进，同时希望各个分所推荐在我们还没有分所的地方合作伙伴，尽快建立我们的分所，最终实现我们全国分所一盘棋的局面。

在隆安律师事务所成立20周年庆典上的讲话

2012年，隆安律师事务所已经迈入生存发展的第20年。在中国整体的市场环境之下，作为一家民营的合伙制律师事务所，能够如此长期生存下去，并不是一件容易的事情。尽管今天的隆安还存在着一些问题，距离实现“发展成为国内顶尖律师事务所”的目标仍有一段距离，但是它20年的成长与发展却是不容忽视的事实。这20年历史的沉淀，让我们能够更加客观地看待今天的隆安、更加理性地思考隆安的未来发展方向和目标。

隆安律师事务所在发展的初期阶段曾取得过辉煌的成绩，在北京乃至全国律所排名中都名列前位。而今天，我们却发现隆安的竞争力在减弱、排名在下降。究其原因，可以总结为如下两点：从宏观环境来看，律师服务市场在变化、竞争在加剧。今天的律师服务市场与20世纪90年代初的市场不可同日而语。使得今天的隆安已不见往日的光辉。从微观环境来看，隆安有自己的问题，比如干劲不足，没有科学的规划和战略，创业激情不再，管理水平落后等原因，这些宏观和微观的环境造成了隆安发展中的问题，所有这些现象让今天的每一个隆安人都要警醒：仅有20年的历史和积累还远远不够，我们必须要真正了解自己的落后之处，并及时予以改进。细数隆安20来的成长点滴，曾有一批隆安人为我们的今天留下了宝贵的经验与财富：首先，形成了较好的综合声誉与社会评价。律师业务的专业性与良好口碑提升了隆安的知名度，也为隆安更好地发展奠定了良好的基础。20年的发展历史不算长，但毕竟是我们一步一个脚印走过来的，我们创造了我们自己的历史。其次，强大的合伙人凝聚力。隆安律师事务所自设立以来，一直保持着自己团结而紧密的合伙人队伍。核心人物的团结使隆安一直保持着稳定而强劲的发展动力。

在市场竞争不断加剧的今天，发展是最重要的生产力。因此，不发展或发展不快将会成为我们面临的最大的危机与风险，这一点必须成为全体隆安同仁的共识。

同时，我们应该冷静的认识到我们所面临的问题。我认为在以下几个方面，未来我们要给予更多的重视、做出更大的努力：

第一，隆安必须要努力回到国内律师事务所的第一阵营。在律师数量和营业数额等多方面努力向前迈进。与此同时，我们也要注意发展的速度，避免快速发展带来的风险和问题。这要求每一个隆安人都能对隆安有一个明确发展的定位，

按照目标扎扎实实地付诸行式电商时代已经到来，人人都会成为电商，在这样的社会背景与市场条件下，隆安要率先成为移动互联网为先导的电商营销业务的典范，完善Cl设计。以微信、微博客户端、移动互联网为依托，让每一名律师都可以成为网上律师，电子商务律师。

第二，以香港分所为契机搭建管理现代化的桥梁，进而实现隆安国际化。要让隆安香港分所的建立成为隆安走向国际化的重要桥梁。

第三，大力发展合伙人。努力吸收创收能力强、市场影响大、业内有良好声誉的合伙人加入隆安。

第四，一手抓分所发展，一手控风险。对大型城市（重庆、西安等）或直辖市以外的分所设立，我们要适当放缓发展脚步。以形成完整的内控制度为前提，再考虑新分所的设立。

第五，完善管理体制。落实特殊普通合伙制律师事务所改制，切实减少合伙人、执业律师的风险，解除其后顾之忧。

第六，有规划的逐步达到部级文明所的申报条件，争取成为部级文明所，进而早日实现“全国优秀律师事务所”的挂牌。

第七，编制隆安未来发展详细可行的规划和蓝图。未来我们要发展成什么样的规模，如何发展，采取怎样的具体实施步骤，这里的每一项内容都需要隆安全体同仁一起做出明确的规划和更多的关注与投入。

第八，重视基金会管理与发展。我们要以基金会的形式创新律所管理模式，利用基金会的影响进一步来壮大隆安内部力量，最终实现公司化，并逐步完成隆安"全国一体化发展"的重要战略目标。

总结过去、规划未来，只有这样我们才能清醒且清楚地看清今天的隆安。牢记我们为何出发、又是如何一路走来，明确我们今天所处的发展阶段、承担的发展任务，才能让我们携手并肩，一起走向隆安更加灿烂、美好的未来。

回顾过去我们20年的创立和发展，我们从无到有，从小到大，特别从2002年到2012年，这10年是隆安的发展时期，也就是说，立住脚跟以后，打下了很好的基础，开始了快速发展，主要表现在创立了很多分所，大批的合伙人、律师加盟，隆安的业务覆盖面也进一步扩大。隆安律师事务所已经在北京乃至全国具有非常响的名声和重要的地位。

对于走过20年的律师事务所，要总结回顾过去的点点滴滴并不是件容易的事情，因为20年经历过的事情太多了，经历过的人也实在太多了。所以，我们只能进行归纳式的总结，概括一下隆安的过去20年。现在隆安的规模越来越大，律师人数越来越多，尤其年轻的律师越来越多，我到办公室来，发现越来越多的律师我都不认识了，大部分是陌生的面孔，同时，很多新来的律师也不知道我们是谁，当然更不知道隆安的历史，在我们庆祝走过20年历史的今天，我们不能忘记自己的历史，我们要怀念我们自己的历史，特别要怀念我们的创业史。

1992年春天，邓小平同志第二次南巡，掀起了中国改革开放的第二次浪潮。邓小平南方谈话后，各行各业都要按照南方谈话的精神制定出具体的方针政策以落实他的南方谈话。最高人民检察院传达了南方谈话的精神：进一步改革开放，更加搞活经济等，高检机关也很谨慎的鼓励青年人下海创业，在这个大背景下我决定走出机关大院，离开传统体制，自己创业开创律师事务所。邓小平3月南方谈话，五六月司法部出台关于可以申办合作制律师事务所的相关文件。随后，我联合我的几位同学，向北京市司法局递交了成立隆安律师事务所的申办文件。

当时相约有五六位同学从机关、大学里出来共同申办隆安律师所，但由于种种原因，最后真正出来的只有我和李京生同学，李京生在最高人民法院给任建新院长做秘书，临从最高法院出来时已官至厅局级。尽管司法局批准的是申请递材料的五六个人，但最后真到了隆安所来的只有我和李京生两个人。

从1992年五六月申请，到12月29日由北京市司法局批准成立只用了几个月的时间，审批的效率还是很高的。在审查的几个月里，司法局律管处的几个领导找过我们几个申办人谈过话，详细询问了各自的情况和申办律师所的目的、动机及执业准备。同时，还审查了申办律师所的资金情况，查看了准备做办公室的写字楼及办公设备，还约谈了准备聘为会计和行政秘书的人员，审批程序事无巨细，因为谁都没有经验，无先例开循。

万事俱备只欠东风，1992年12月29日，北京市司法局正式批准隆安律师事务所成立，这是北京市司法局批准的仅有的几家合作制律师所之一。1993年1月1日《法制日报》报道：我国第一家全部由法学硕士研究生组成的律师事务所经北京市司法局批准在北京成立。

今天回忆隆安走过的20年，我们值得骄傲和自豪的事情很多，我们也有失败和挫折的时候，但不管怎么说，在今天全国律师20多万之众，北京律师2万多之众，隆安走过了不平凡的20年，这20年是中国改革开放的20年，更是中国法制建设的20年，特别是中国律师制度从恢复到塑造辉煌的20年，隆安见证了中国法治的历史，隆安更是见证了中国律师逐步走向强大的脚步。1992年12月29日，北京市隆安律师事务所经北京市司法局正式批准成立。至今年的12月29日，隆安正好成立20周年。隆安从成立当时的几个人发展到今天的几百人，我们有理由热烈庆祝隆安的20岁生日，隆安人也为此骄傲和自豪。在上期期刊中，我曾对隆安的现状进行了分析，今天借此隆安20年大庆，我们有必要对隆安的过去进行一下回顾，也有必要对隆安的未来做一个展望。回忆过去是为了记住现在，回忆过去更是为了规划未来，所以，回忆与展望两者密不可分。

在隆安律师事务所成立25周年庆典上的讲话

不知不觉25年过去了，时间过的真快，如白驹过隙。在每年的庆典和年会上我们都要总结过去，展望未来。25年在历史的长河中只不过是一个瞬间，但对一个律师事务所来说不是瞬间，在过去的时间里，我们积累了大量的成功经验和失败的教训，关于成功的经验和取得的成果由律师事务所总结整理采用，我今天站在创始合伙人的角度，主要讲我们存在的问题，存在的缺点。知耻近乎勇，在隆安25周年的大喜的日子里，谈谈隆安现在的阶段所面临的问题，只谈问题，不谈成绩，以防止我们盲目自大，骄傲自满，止步不前，落后时代。可谓骄兵必败，哀兵必胜。

一、隆安的规模已落后其他的大所

回首25年发展的历史，隆安曾在前10年一直处于北京乃至全国前10名的律师事务所阵营里。这也是我们当时引以自豪的基本。但随着法律服务市场竞争的加剧，其我所发展的更快更猛，我们虽然也在发展，但速度比不上人家。综合实力连续下降。在综合实力方面，我们已经明显落后于“第一方阵”的律师事务所；我们现在应该排在第二方阵，甚至更后的方阵。所以，就落后了，我个人以为隆安要回到第一方阵，必须加速发展，才能迎头赶上。

二、隆安的管理水平滞后于发展速度

我们的最大问题是什么？正如律师全行业的问题一样，是管理水平的落后，尽管我们的规模与过去相比已不可同日而语，但我们的管理水平仍然是很原始和初级的，这是制约我们长久发展的瓶颈，管理落后。今天的隆安仍旧沿袭着传统的律师事务所管理模式，管理团队的律师既做业务又做管理，管理团队缺乏专业性、管理制度不够健全。

我们必须给予足够的认识。

三、隆安的律师专业化领域知名度参差不齐

我们过去的业务领域在有些方面、在业内还是有些知名度的，但总体来讲，并没有形成完善的律师专业分工团队和领域，只有少数的法律服务领域，比如知识产权业务，在全国范围内普遍享有盛誉，其他主打业务不突出。至今，隆安仍然没有一二项能够做到行业内垄断的业务，这使得我们在法律市场竞争中缺失了自己的核心竞争力；业务团队尚未形成。今天的隆安对外服务仍呈现“散兵游勇”式，团队作战较少，至今未能形成专业化的业务团队；尤其没有形成全国范围的业务团队。

在我们这么一个全国律师已近2000人的律师队伍里。必须有跨地域的，打破分配体制的专业性质分工制度，才能使万金油律师向专业化律师转化，实现全所的高度专业化。

四、隆安缺乏大量大腕律师

所谓大腕律师就是在行业内有相当地位和影响、收入高、专业性强，在某一领域是领军人物。能够带领一个团队占领相当大的市场份额。我们需要这样的大腕律师加入隆安。我们要有胸怀拥抱这样的大腕律师，只有大腕律师的加入，隆安才能越来越好，律师事务所最核心的竞争力是人才，有了人才能办事，大腕律师就是事务所办大事的人，没有大量大腕律师的事务所很难说是高大上的律师事务所。

五、隆安缺少品牌意识

我们已经走过了25年，这就是我们的资本。如果让隆安的名牌律师发扬光大，必须梳理牢固的品牌意识。所谓的品牌意识就是隆安的律师人人为隆安争光。事事想到隆安，对隆安有利的事多做，对隆安不利的事不做。就合伙人层面而言，在自己执业的同时，还要多想想如何管理事务所？如何使隆安的品牌更加响亮。这就是品牌意识，也就是我们需要增强的意识！同时，我们要有一套行之有效的品牌策划、管理、行销、维护的方式方法，让我们隆安人辛辛苦苦创造出来的品牌越来越有影响。

六、缺少规划和蓝图

我们既没有未来5年、10年的长远规划，也缺少对过去客观且深入的总结；发展目标不清楚，自由散漫式的发展。没有规划就是没有战略，没有战略的单位不会发展很好，我们已经发展了25年，现在强调规划和战略问题显得尤为重要。尽管我们有了基金会，但与我们期望的总所和分所之间的关系还差不小的距离。总所、分所结构松散不紧密，没有形成统一网络统一步调。从今天的发展态势来看，隆安总所和分所还是客观存在的两个独立体，没有显现出明显的关联性，或是全国一体化的统一管理的特征。

我们合伙人的问题，隆安老一辈合伙人创业激情下降。无论是个人，还是一个企业，若想取得成功，首先要有目标，其次要有行动，第三要勤奋。因此我们一定要明确目标、重拾激情，坚定地走向第二次创业的道路。

合伙人内部抱怨多、措施少。在隆安合伙人层面上，大家都对隆安的今天都有着各种各样的看法，却很少能够为之提出方案、做出改变、付诸实践。

合伙人的牺牲精神欠缺，隆安的合伙人大多是在忙着业务、顾着创收的同时，做着管理。尽管大家都知道管理的重要性，可到了真正需要花精力的时候，却往往都是事务所的管理给合伙人个人的业务让了路，无远虑，必近忧。因此，隆安未来发展之路是我们时时刻刻都要思考的问题，也是我们大家自己的问题，我们合伙人必须把这些问题想清楚，拿出我们的具体行动来把隆安的事情办好。

七、关于新老交替的问题

我们这个年龄的人，还在我们这个行业打拼，既喜又忧，喜的是我们这个年龄还能在这里坚持执业，努力工作，能够按照自己的理想、信念；忧的是“70后”“80后”，甚至是“90后”，应该在这个时代再往前走一走。从总所到分所，都有一个人才梯式的安排和接班的问题，所以下一步我们要多发展“70后”“80后”，甚至是“90后”，站在律师事务所管理者的舞台上。我们这些老的律师，在事务所的稳定、大方向上把把关；而具体的、和时代步伐相吻合的事情上尽量往后退。因为人的知识结构、精力、想法都随着年龄增长在退化，不是在往前走。所以每个事务所都要考虑把年轻人推到前台。包括北京的总所，应该有更多的年轻人被推到事务所发展管理的主战场，每个分所都应该有所考虑，这是隆安发展的必备条件之一。我本人怎么退出我也在考虑，也在征求各位合伙人的意见。在隆安，我们应该成立一个监事会，我们一直没有监事会，把老一辈的合伙人弄到监事会里，对事务所进行监督的间接的管理，直接的管委会由年轻人操办；资历老的作为旁观者和裁判员，不是作为运动员。律师事务所发展人才梯次方面，大家应该有所考虑。

在今天歌舞升平的大喜的时刻，我主要讲了我们存在的问题和不足，就是要提醒大家我们不要骄傲自满，无论是一个国家，还是一个组织，乃至一个个人，历史经验证明，骄兵必败，哀兵必胜，我们要敢于面对我们的不足，弥补和改进不足，我们还有很长的路要走，让我们全体隆安家人团结一心，砥砺前行，共同奔向美好的未来。

十二、关于分所的想法和做法

为什么倡导创办隆安分所

作为一个全国性的大型律师事务所，分所的多少，分所的规模，分所的布局，分所的发展是一家律师事务所发展的一个重要的规模化标志，律师事务所的规模化路径在本地总所就是不断扩大人数，扩大业务，扩大办公场所，达到扩大影响的效果。规模化在全国的路径就是不断扩大各地分所的布局，理论上，分所越多，说明规模化做的越好。中国是一个大国，幅员辽阔，地域宽广，各地社会经济文化发展不一，律师执业的环境和条件各不相同。发展分所可以占领当地的市场，对形成全国一盘棋的局面很有帮助。同时，各个所之间可以互相学习借鉴，共同进步。中国的政治中心在北京，京津冀地区是核心地区，我们要全力发展扩张。中国的经济中心区域从来都是在南方，现在形成的粤港澳大湾经济区，长三角经济区都是中国的经济发动机。从律师行业来看，这些地区的法律服务市场是最有潜力和活力的，我们必须去占领和开发。中国律师整体收入的大部分来自于上述地区，可见对于一个全国性律师事务所地区收入的比重是不一样的，可能差别较大。当初，我们成立隆安基金会的主要目的就是通过基金会统领全国分所的管理事务，这个基金会成立的时候就决定这是全国隆安各所的基金会，不是北京总所一家的基金会，所以管理也应由全国各所的人来管，不是总所一家来管。我甚至说过，隆安既然是全国的隆安，就应该从最有利于隆安发展壮大的角度考虑问题，谁最适合管理律师事务所就应该让谁管理，哪个所最适合管理全国律师事务所就应该让哪个所来管理，隆安现在总所在北京，这只是一个地理位置，未来如果出现更有利于全国隆安管理的地域或者分所，隆安管理的职能可以放在那里，我们为了隆安更好更快地发展，需要有这种胸怀和格局。我们要在办好总所的同时，把分所办得越多越好，规模办得越多越好。

当年办隆安分所的时候，因为所里律师比较少，按照司法部管理规定，要办分所必须从总所派驻律师到外地3年，一开始把像我这种创始合伙人也派驻到上海、深圳和沈阳当分所的律师，可见当时一个是人少，一个是办分所的决心之大。

我作为创始合伙人之所以能够去当分所律师，是因为我很看重分所的发展，这是我一直坚持的一个理念。我把自己当做分所律师派出去在很多人看来是不可思议的，但是为了分所的发展，为了整个律师事务所规模的扩大，牺牲自己的执业机会和办案机会也在所不辞，我认为为了事务所的发展这也是值得的，所以这对于我来说，是当初开始办理分所的一个难以磨灭的记忆。而现在全国的趋势是很多外地律所主动要当北京大型律师事务所的分所，因为北京作为全国的政治文化中心，只有跟北京的大律所挂上钩才形成全国的体系，才能做大做强。隆安也是一样，目前分所已经发展了30家，发展的速度也比较快，发展的过程也比较顺利，经过多年的发展我们已经积累了不少办分所的经验和教训，跟当年情况完全不一样，真是不可同日而语了，但是我们不能忘了当年办分所的艰苦，我亲自参与办理了隆安最早的几家分所，上海分所、沈阳分所、深圳分所、广州分所，以及后来的隆安香港分所等分所，可以说是殚精竭虑，个中酸甜苦辣感觉颇深。

筹办上海分所

1998年2月隆安上海分所成立。筹建上海分所是隆安重要的战略之一，在北京总所成立5年以后就开始付诸实施，上海是中国经济金融中心，上海又是长三角的核心地带，是中国的经济的发动机之一，上海作为国际大都市的意义是不必多说，所以上海分所是否成功，代表着隆安在全国布局是否成功，历史上，上海是中国现代律师制度创立的地方，当时上海律师业的辉煌代表了中国了律师业的天花板，今天，上海律师的发展状况也是中国律师的风向标。

最早筹办上海分所，我也把自己派到了上海分所当派驻律师，当时主要的创办人是费国平律师。与费国平的律师的相识也颇有戏剧性，费国平律师原来是新疆乌鲁木齐市的律师，一次我到新疆讲课与其结识，后来中央号召西部大开发，司法部的一个主管律师的领导跟我说，现在中央正在贯彻落实西部大开发政策，司法部也要有相应的安排和部署，你们律师事务所应该到新疆办一个分所，响应西部大开发的号召。后来我们就按照这位领导的意图，办了一个北京市隆安律师事务所新疆分所，而不是乌鲁木齐分所，办了时间不长，费国平律师就要到上海去执业，他说他的执业领域主要在于企业的兼并购和资产重组方面的法律服务，所以他要求到上海，想把新疆分所关闭，直接去上海创办隆安上海分所。我觉得这个主意也不错，虽然我们对新疆分所的关闭有些依依不舍，但到上海创业，正是我想干的事情，这也是一件很好的事情。

后来我们就在新疆关闭了新疆分所，支持费国平律师到上海创办隆安分所。尽管后来在上海分所的发展过程中，我们与费国平律师之后没有过更长时间的合作，但是我对这个人还是比较肯定的，试想一个人从偏远西部地区到繁华的大上海进行创业，这是多么不简单的一件事情，能做到这一点就难能可贵了。有一次他到北京找我有事，我正好不在，他说在北京等我几天，等我回京在酒店见到他时，只见房间里全是书，都是企业并购重组方面的书籍，他说等我这几天哪里都没去，认真的把这些书看了一下，学习劲头令人佩服，可见此人的厉害之处。

在上海分所初创时期，我们对上海也不是很熟悉，那个时期，我几乎每个月去趟上海，分所搬家也比较频繁，站住脚跟也不是很容易的，因为外地律所得到上海市场的认可是非常艰难的，所以前期的记忆是很苦涩的。我跟费国平律师就成天去找客户，陪着笑脸，多次在上海喝到酩酊大醉，这是上海分所初期的一种记忆。

后来费国平律师在隆安上海分所创办几年以后，想去国浩律师事务所执业，因为他的业务主要是资本市场，而国浩律师事务所是这个领域的领军的事务所，所以他要去国浩律所，我也没什么反对意见，因为我和国浩律师事务所渊源挺深的。首先张涌涛是国浩的创始人，而张涌涛、张学兵和我当年在北京律协曾经是铁三角的关系，我是主管的副会长，张涌涛，张学兵是我分管的两个常务理事，所以他创办的国浩律师集团当年在北京人民大会堂举行开业典礼，我也去参加了。

国浩律师集团成立的时候当时司法部不允许叫律师集团，而国浩成立的时候就直接叫律师集团，它是由深圳一家律师事务所，上海一家律师事务所和北京的一家律师事务所三家放弃了原来的品牌成立的，司法部不批准叫律师集团，国浩非得叫律师集团，作为主管司法行政部门就不太高兴，所以司法部不允许官方的人出席他们的开业典礼。我曾经接到过北京司法局的电话，说我是北京律协的副会长，不能参加国浩的开业典礼。但后来张涌涛打电话问我来不来？我说这副会长也不做一辈子，咱俩交情更重要，我会去参加在人民大会堂举办的国浩律师集团开业典礼。后来我顶着压力参加国浩非常隆重的开业典礼，到了人民大会堂现场，我发现司法部、全国律协、北京司法局等律师行业主管领导都没有人参加国浩律师集团的开业，只是一个司法部不是分管律师业务的副部长参加了国浩的开业典礼。

深圳律所合并之前的李淳，现在也是国浩的主要创始人之一，他跟我的渊源是除了东北老乡以外，他还在社科院工作过，我也在社科院工作过，最重要的是，他的表弟王伟是我的中小学同学，我跟王伟是发小，通过这一层层的关系，跟李淳非常熟。上海的国浩的掌门人吕红兵很早就在资本市场打拼出名，我当年跟黄永庆律师主要集中在期货案件的办理上，与吕红兵打过交道，所以跟他交往也很多，后来他到全国律协当副会长，经常在会议上见面，交往就更多了。至于国浩北京的王卫东大律师曾经在隆安执业过，尽管时间不长，但也很熟悉，所以说我跟国浩渊源还是比较深的。所以后来费国平提出要去国浩，我也不能反对，他就去了国浩律师事务所。

之后杨坤等各位大律师从费国平接手过来接着创办上海分所。费国平和我们交接的时候还发生点儿小的摩擦，我和丁朋律师代表隆安总所到上海与费国平律师办理手续，最后总算把问题解决了。在杨坤以前，上海分所只是一个草创维持阶段，到了杨坤等律师到来以后的时间，应该是大发展的一个阶段。

杨坤博士在上海也是有名的大律师，他虽说是出身于安徽，但是在上海也是打拼多年，在他的带领和领导之下，上海分所的各位大律师把上海分所越办越好，真正体现了沪上文化的实力和中国经济发动机的实力，以及长三角的实力，所以上海分所的好坏绝对是隆安未来发展的实力的代表之一，如果上海办不好，那就失去了半壁江山，上海分所是隆安创办分所计划当中最重要的一环。我当时参与了很多，也付了很多心血，但看到今天上海的发展和成绩，也感到很欣慰了。上海分所的开业及成功运营预示着隆安分所建设的开始，使在以后办分所的过程当中，可以利用上海分所的经验和上海分所的现成的机制进行分所的设立，所以上海分所的设立具有里程碑式的重要意义。

筹办沈阳分所

1999年5月隆安沈阳分所成立。在隆安律所成立几年多以后，尤其我们在上海成功办好分所后，我们就准备在沈阳办一个分所。之所以办沈阳的分所当时有几个原因，第一个原因，我是沈阳人有故乡情结。我是1960年在沈阳出生，1966年离开沈阳，1972年回到沈阳，1979年又离开沈阳，跑到北京来。我既然是沈阳出生的，我就是地道沈阳人，我就喜欢我的家乡，有着典型的乡愁。

隆安沈阳分所成立大会

好多人说东北的城市不好，但是我始终认为故乡情结和城市的客观评价标准，它不是一个评价体系。在我少年成长阶段，在我离开沈阳之前，除了直辖市以外，沈阳是中国第四大城市，那时候沈阳是跟现在的沈阳不可同语而语的，我是在那时候在沈阳长大的，我对沈阳的感情比较深，这就是所谓的故乡情结，我经常说我第一熟悉的城市是北京，第二熟悉的城市就是我的故乡沈阳，我第三熟悉的城市是美国的纽约，为什么熟悉美国纽约？因为我在那里待过，在纽约待过一年多，每天行走在纽约街头，我也多次去过纽约，应该不下几十次吧。所以我熟悉这三个城市，在沈阳办一个分所，就没有什么可多说的了。第二个原因，当时我跟我们合作的雷门律师，他家乡在美国的芝加哥，也就是ABA美国律师协会所在地的城市，当时芝加哥所在的伊犁诺伊州与辽宁省结为姐妹州省，芝加哥与沈阳结为了友好城市，签订了友好合作的协议，所以说雷门也特别期望在沈阳办一个分所，并且当时美国驻沈阳总领事馆也刚设立不久，他们也想对法律业务有所联系和了解，所以说雷门律师关于设立沈阳分所的建议也是一个主要原因。第三个原因，我毕竟是沈阳人，我有很多的资源，可以把这样的资源以分所的平台给利用、嫁接起来，很多的人脉都是从发小开始积累起来的，各式各样的都有，不把这些资源利用起来就太可惜了。

第四个原因就是办分所的事情我通过我的中学同学田新联系的，他当时是辽宁省检察院检察长的秘书，迅速联系到了我中学的另外一个校友，就是徐驰，徐驰跟田新是辽宁大学的同学，跟我是东北育才的校友，我们有很多的关系，都是相互交叉的，所以找到徐驰以后，这事儿很快就拍板儿定了。徐驰等律师都是业内的翘楚，当时是非常成功的律师。

第五个原因就是当时我们办理分所的目的非常明确，就像我讲的始终要走出北京，必须在全国布局，东北是中国最重要的区域之一，所以沈阳分所的创办是顺理成章的。沈阳是东北的最大城市，东北经济中心，集中了美国、日本，韩国、朝鲜、俄罗斯、德国、法国等国家的领事馆。我办理分所的态度之坚决，步伐之快都是前所未有的，没有律师可以派驻，我亲自上马，我当时是从北京总所派驻沈阳分所的当地的律师之一，徐驰等律师也从原来的所到了沈阳分所，筹建沈阳分所，所以这个所很快就成立了。

成立时仪式很隆重，我记得当年辽宁省政法委书记给隆安沈阳分所题词，来参加庆典的人也很多，美国驻沈阳总领事馆也来了很多的官员，电视台新闻记者也来采访，对我的采访内容当晚在辽宁电视台的新闻联播节目中播出，直到今天隆安沈阳分所，在徐驰、吴杰等大律师带领下，是沈阳乃至辽沈地区，甚至是东北地区顶尖的律师事务所之一。他们在各个领域，尤其在事务所管理上取得了令人瞩目的成就，也给隆安添砖加瓦，成为隆安众多分所上的一颗明珠，是我们隆安全国布局重要的一环。这就说明我们当年隆安律师事务所设立全国分所这个设想是正确的，也是成功的。看到现在我们的分所正在按照我当年的设想一步一个脚印走向全国，布局全国的理想正在一一实现，回想起来当年所遇到的种种困难也不值得一提了，也心安了。

筹办深圳分所

2004年12月隆安深圳分所成立。中国的一线城市就是北、上、广、深，深圳是中国改革开放以后迅猛发展的一个神话城市，在港澳的影响之下成为中国的一线城市，所以设立深圳分所，这也是隆安全国分所战略的重要布局。深圳分所的创立初期，我也是派驻律师之一，把我的律师执业关系由北京转为深圳分所。办理深圳办分所的主要渠道是通过贸仲华南分会的大学同班同学郭晓文介绍北大的校友来筹办。当时接手的就是贾红卫和赖向东大律师，他们也都毕业于北京大学法律系，比我晚了几届，在当地已经是功成名就的大律师，在一个叫海派律师事务所执业。这个海派律师事务所就是当年海归律师集中在深圳的一个律师事务所，主要承办涉外业务。所以关于我们筹办深圳分所的想法我们一沟通是一拍即合，在加上我的北大同学的介绍和力荐，所以筹办深圳分所的工作就很自然的开始了，并且也很快完成了审批。

因为深圳分所的贾红卫、赖向东律是我的校友、系友，观念、理念都很一致，所以合作起来就比较顺利，很容易就办分所的事宜达成合意，所以后来在贾红卫、赖向东大律师的带领下深圳分所越办越好，体现出了深圳作为中国一线城市应有的分量和影响，深圳分所也代表了深圳城市发展的风向标。

深圳这个地方是一个新兴的城市，它没有歧视外地的这种概念，因为大家都是外地人，区别只是来深圳的时间节点不同而已。所以深圳有一个现象，就是外地分所特别多，尤其在北京稍有规模的律所都在深圳开有分所，这也说明深圳法律服务市场的开放，也说明法律服务市场对外地律所的不歧视。所以深圳分所在这种条件下，应该会茁壮的成长起来。深圳作为中国的一线城市，它的法律服务市场的体量也是比较大的，尤其新兴行业的发展，也是未来中国主要发展的方向。正因为深圳法律服务市场的开放程度很高，所以深圳的律师竞争还是很激烈的，尽管如此，从一开始筹办分所到现在分所的发展也还是很顺利的，深圳分所成立以来，在这些大律师带领下的进步，大家可以看得出来分所在不断的发展和壮大。深圳集中了中国的各个高科技、高端制造业、证券金融、对外贸易等高端的律师业务，我也参与了一些部分的业务的发展和办理，例如华为公司、中兴公司、比亚迪公司等，深圳给我们也提供了新的发展模式，我们在与深圳同行交流过程当中，时常感觉到他们对新业务的追求，这是值得我们学习借鉴的，我们也找到了学习的榜样。

筹办广州分所

2009年6月隆安广州分所成立。在中国一线城市中，广州是中国的重要的法律服务市场所在地，从省份来讲的话，广东省的律师是排中国第一位的，律师人数第一，律师收入第一，广州又是珠三角的核心城市，同样也是中国的经济发动机之一，所以广州分所的好坏也是隆安分所阵营当中重要的一环。创立广州分所的时候，因为我们北京总所的律师人数比较多了，我本人就不需要亲自派驻到广州作为分所派驻律师了，我们已经可以选出3个人到广州进行分所的派驻和创办。

有了创办广州分所的想法和动机，当初我主要是说服大学同班同学沙渝晨大律师筹办这件事情。沙渝晨律师在北大的时候跟我是同班同学，1983年毕业以后就分配到广州市中级人民法院做法官，做了多年法官以后到律师事务所做律师，我们决定办广州分所以后我就动员他到我们隆安筹办广州分所。刚开始，他还很不情愿，因为他在当时的律所，无论是从高级合伙人的地位到收入都是很好的，不愿意到分所再重新过艰苦的日子，可是我所有的手段都用上了，甚至给他很大的压力，打击、讽刺、拉拢、诱骗等手段。

最后我觉得沙渝晨是给我个人的面子才勉强从原来的律所辞职到隆安广州分所里来，从我们隆安律师事务所全国布局来说，如果广州的法律服务市场不占领，那是说不过去的，所以我动员沙渝晨律师来，但对他来说到了广州分所是从零开始，是重新创业的问题，对我们全国分所来说，这不是简单的筹办一个广州律师事务所的问题，因为广州这个平台不是一个小的平台，广东省的经济总量排中国第一，已经超过俄罗斯，而且广州市历来是中国的商贸云集之地，是商品经济最发达的地区之一，广州法律服务办的不好，就说明你自己不努力，因为市场是非常好的，律师的业务是非常可观的，所以我每次见到沙渝晨大律师，我就给他施加压力，甚至我觉得有一段儿时间他都不愿意见我，我办事情的风格就是不遗余力，在隆安律师事务所的事务上也是全力以赴，动用个人的全部资源办好分所。当然现在在沙渝晨大律师的领导之下，广州的分所是越办越好，最近与几家其他律师事务所的合并及重组，迅速扩大了广州分所的规模，专业领域的执业能力越来越强，就像我想象一样广州分所成为隆安在珠三角一个核心的法律服务服务机构，使我们隆安全国的布局得以充分的发挥，相对来说，广州分所创办发展就没有前面分所那么艰苦，因为到这时候，隆安已经相当有规模，相当有经验，甚至相当有实力了，加上沙渝晨大律师在广州多年积累的资源和经验，所以是只要是能够大家尽心尽力搭上经济发展的快车，我相信会越办越好，而且从现在这几年发展势头来看，广州分所的无论是规模、品牌、实力、业务都发展的非常好，在未来，广州分所作为珠三角的核心分所，也应成为隆安全国分所中最重要的分所之一。

十三、关于隆安基本和重大问题的想法

成立基金会是隆安历史上的里程碑

我们经常开会，但今天的会议意义重大，隆安基金会终于成立了，我觉得这个会是隆安历史上里程碑意义的会，可以解决历史遗留下的很多问题。我也希望能够落实。我在这里要说的是基金会的重大意义和发展壮大问题，我们这么多人这么大气派开会并不仅仅是解决基金钱的来源和使用问题。我想这个基金会是未来隆安走向全国一体化的一个桥梁，实现隆安公司化运营的一个契机。隆安几十多年的历史发展阶段，各个分所加入的时间很不一样，历史遗留下来的问题也很多。隆安内部一下子走向公司制，所谓的休克疗法，我觉得很难，人家很多所一开始就是公司化，我们已经错过这个历史机遇了。殊途同归，最后我们走的路径可能跟其他公司制律师事务所不一样，我们可能就通过基金会这种方式将我们内部公司制的资源整合起来。基金会的规模，不要看现在小，将来发展大以后，通过基金的使用，使隆安全国一盘棋得以最终实现。基金会的意义要提到议事日程中来认真讨论一下，不是简单的基金使用问题，充分利用基金会的功能，把我们隆安全国的事情办好，闯出我们自己的一条新路来，要扩大基金会的影响，要利用基金会的影响进一步来壮大隆安内部力量，最终实现公司化。我多次提到，能不能增加基金会的数额，实际上，我们分所也好、个人也好，对用于基金的钱，我们会在乎吗？出钱是为了办事，既然大家觉得基金会是一个好事情，是一个有希望的事情，就不要太在乎钱的问题，我们不能说一套做一套。所以我在这建议，现在基金规模太小，数量太少，办不了什么大事情，应该把基金尽快搞大搞多，我们建立基金目的一方面是办事花钱；另一方面是筹集资金，在花不了的情况下使基金越滚越大，从而实现我们的最终目的，在一个锅里吃饭，基金的事情做好了，才能把大家的注意力都吸引过来。所以我建议能不能把这个基金会的基金数量大幅度提高，具体提高多少大家再讨论，怎么提高需要大家的集思广益，这是我的一个建议。

隆安基金设立的目的

我们为什么要成立基金呢，就希望隆安基金将来是一个平台，我们设立基金要干具体的事情，把事情和钱对应了，我们把钱准备好了，基金就要有钱，把要干的事情设计好，这两个意义一定对应好。但是有一个基本条件，就是基金要越滚越大，每个分所，每个人都要出资，收入少的当然吃亏，我们鼓励发展，鼓励创收，不保护落后。我想各个分所是要像大家庭一块儿发展，齐头并进，提倡鼓励先进，反对保护落后，我个人和总所的高级合伙人对这基金抱很大的希望，将来我们退休有可能就靠这个基金生活。假如说基金有三千万五千万，我们每个人那肯定不走，不会离开隆安，那得运作这个事务所，得靠这个基金。如果大家都不愿意出资建立基金，我也可以理解，那是还没有理解基金的意义，最起码是跟不上我的思维，我的思维就是要把隆安基金做大，有钱才能办事，有钱才能办大事。

隆安现在的分所已经不是当年的分所，不能外地的十个人五个人找我们就能办一个分所，所以我作为一个创始合伙人我有资格在这里说，隆安的分所应该是越办越大，越办越强才是正确的方向，全国32个省会级城市，我们最少要办32个分所，以后会越办越多，办分所的初期阶段是跑马占地，现在要提高质量，钱是小事儿，关键是思维。隆安的基金就是隆安的未来，隆安现在这种体制只能靠基金会这种创新制度来改变，在隆安原来历史形成的体制基础之上，基金会构建了一套先进的制度，是隆安的一种创新模式，我们设计另外加设一个平台，这个平台就是隆安的基金会，与现有管理机构是分离的，基金会加强了总所与分所之间的关系，连接了各个分所之间的关系，是革命性的，是用来办隆安大事的，这个基金是大家共同办事的基础，肯定是大家把基金越搞越大，我们要看到基金将来巨大的影响力，我们有可能别的都不存在，就是基金把我们做大做强了，基金会是我们成功的基础，是我们在律师事务所管理方面，特别是分所管理方面的特色，既然是先进的制度和创新模式，我们需要花大力气搞好，也要有遇到困难的思想准备，借全所之力克服各种困难，大家齐心协力支持基金，办好基金，基金会是大家的基金，大家要关心，大家的基金大家参与，这些内在的逻辑都说明隆安的基金意义很重大，是隆安美好未来的希望。

关于隆安内部资源的整合

我们内部期刊编辑出刊不同寻常，它是在整合了隆安内部资源后由隆安发展基金会主持，这是一个良好的开端，它标志着隆安已不是一个北京总所的隆安，而是大家的隆安，是全国每个分所都在内的大家庭，每个隆安大家庭里的成员都为它献计献策，尽心尽力，使它真正成为我们机构内的交流平台。

隆安基金会是我们独创的律师事务所管理组织形式，内部期刊的编辑是基金会许多工作的一部分。之所以成立基金会是基于隆安发展的历史和现状，隆安的历史就是中国改革开放以来律师发展的历史，具有30年历史的律师事务所，在中国不会超过10家，如何总结历史经验教训，这是我们面临的课题。隆安基金会的运作就是要打破只有总所在管理这个机构，其他分所只是旁观的局面，甚至只是服从总所管理的局面，或者是各自为战的局面。既然大家都在隆安机构内执业和发展，大家就要共同出力，共同努力把隆安自己的事情办好。我们说它独创，是因为这种体制在现有律师制度中并没有见到其他所这么做，这是由隆安的历史比较长，我们有机会思考和选择适合自己的模式的现状所决定的。

隆安一个重要历史积累是分所数量较大，隆安应该是北京律师事务所中分所较多的，这又是隆安的一个优势，人多力量大，人多好办事，我们要充分利用分所多的优势，广聚各地力量，办好隆安。我们办分所的目的有很多，但利用分所资源，分享分所经验，大家整合内部资源形成合力可能是一个最重要的目的。现在的律师事务所有的叫律师集团，有的叫联盟，有的叫连锁机构，无论何种叫法，虽然隆安目前只叫律师事务所，但隆安这个事务所实际上已经发展成具有一定规模和实力的法律服务集团。在规模化发展的过程中，我们的分所给我们带来了许许多多的宝贵财富，这种财富值得我们隆安内部的每个所分享，也就是把我们的内部资源整合好。

在当今的律师发展过程中，律师事务所的发展势态已呈多样化，各所有各所的历史和现状，各所选择的发展模式也各有所不同，对当前的隆安来说，发展到今天，整合我们内部足够的资源已成为当务之急。这个整合除了在律师业务上，案件办理上外，就是内部管理制度上的整合。整合的目标就是要使隆安形成一体化，总所与分所紧密无间，各个分所之间互相配合，协同作战，制度一致，标准一样，理念相同，共同打造隆安的企业文化根基。让隆安不管发展到什么规模，不管会有多少分所，都会像一个大家庭一样和谐共进。

除了总所分所之间的资源整合外，我们还要整合我们的专业团队的资源，把我们现有的优势业务团队发展壮大，打破地域性，在领军律师的带动下组建隆安全国专业团队，逐渐占领市场。对于比较弱的业务领域，我们要虚心向别人学习，培养我们自己的业内精英外，同时大力引进人才。说到底，律师所的竞争就是人的竞争，有了人就有了竞争力，我们专业队伍的建设其实就是人的资源的整合。我们律师所有很多业内精英，我们要把这些精英动员起来，共同组织专业团队，而不是放任精英自己单打独斗，应由一个精英或几各精英带领各个专业团队集团作战，在专业团队内形成梯队，让每个律师都发挥出自己的力量，从而使竞争力更强，以人为中心，一切从人出发，这就达到了整合人力资源的作用和目的。

我们有很多内部的资源可以整合，我们虽然在一个所里执业，但我们各自的很多资源并没有整合起来，甚至我们有很多资源我们自己都不很了解，更别说别人的资源了，这里边有所和所之间的，也有人和人之间的不同资源，还有历史的，社会上的等资源等待我们一一整合，然后一一利用，我们要知晓我们其实有非常多的内部资源可以整合，只是我们原来不重视，从现在开始我们就把资源整合这件事做起来，使我们的资源最大有效的利用。

我们在整合资源过程中要建立制度，而不是随意而为，更不能朝令夕改，目前我们建立的隆安基金会制度，我们全所合伙人定期轮换管理合伙人制度，分所的承诺制度，合伙人连带责任制度以及我们的信息化管理制度都是成功的，我们要在这些成功的制度基础上再建立更多的行之有效的律师事务所管理制度，充分整合及利用隆安内部资源，利用我们规模大、律师多、分所多、当然资源也多的优势，走出一条适合隆安自己发展的道路来。

前几年金杜与Mellson合并，大成又与Denton联合成为全球最大律师所，加上盈科模式、君合模式、中伦模式、天同模式、京师模式、瀛和模式、金诺模式等成功发展的律师事务所，都是我们学习的榜样，我们要研究人家成功的经验和原因，总结出我们自己的模式来。金杜之所以可以与Mellson合并，就是因为金杜内部有相当多的涉外业务资源，这种合并也是各自的资源互补，也就是说，我们首先要有自己的内部资源，把自己的内部资源整合好以后就可以用自己的资源去整合别人的资源。大成之所以可以跟Denton合并，是因为大成具有足够的规模资源。结合我们隆安所自己的状况，在我们的历史足够长，规模足够大，别人的经验足够学的前提下，整合好我们自己的内部资源，把隆安做大，做强，然后，在此基础上寻求更高的资源整合，过程就是从内部资源到外部资源整合，最后达到更高层次的整合，形成一体化的内部资源管理运用。

隆安通过ISO9002国际质量标准体系认证的理念

为什么要建立管理创新型律师事务所？这是针对中国律师事务所目前存在的问题而言的。我们中国律师事务所目前存在什么问题，主要就是管理极其落后，甚至是没有管理，没有管理或极其落后的原因是什么？大家可以分享，尽管我们发展了30年，但是我们这个业务仍然处于非常的初级的阶段，收入还处于一个初级阶段，我们的特征都与我们整个律师行业发展处于初级阶段有关，这是与国外的发达国家相比较得出的结论，与我们国家其他行业相比较得出的结论。

大家知道“质量管理”是从管理学上引来的一种对于管理体系的评价。但在实际上，律师事务所的管理要比一般的质量管理复杂得多，深奥得多，也困难得多，律师事务所如何进行管理？这是我们所有律师事务所面临的问题，隆安当然也例外。

隆安不但拥有一支在各个领域的法律服务顶尖人才队伍，而且在管理上也有着颇具特色的管理方略。

2001年12月6日隆安通过了ISO9002国际质量标准体系认证。隆安不仅是国内首家通过该质量体系认证的律师事务所，也是目前国内为数不多的获得该项认证的律师事务所。

隆安律师事务所通过 ISO9002 国际标准质量体系认证

律师服务质量是律师事务所赖以生存的基础与根本，也是律师事务所能够在竞争中立于不败之地的第一要素。法律服务的技术含量越高，法律服务的质量标准要求就越严格，对于高标准的质量管理体系的需求就越迫切。所以，建立一套科学、系统的质量管理标准和评价系统，并通过该质量系统的运行使事务所提供的服务质量不仅优质，而且具有长期稳定性，是事务所服务质量保证的必然要求。“参与1SO9002质量认证是隆安律师事务所对自身质量管理体系的一次检验，同时也是对完善自身质量管理制度的促进与提升。”这是我们当年下的决心。

正是基于这样的认识，按照认证机构的要求，我们做了大量的整改工作，反反复复，最后通过认证，隆安作为北京第一家通过ISO9002国际标准认证的律师事务所。这不仅是国内首家通过该质量体系认证的律师事务所，也是目前国内为数不多的获得该项认证的律师事务所。通过该项认证，是事务所秉持“服务质量至上”理念并因此建立科学规范的质量管理及监控体系的结果与客观评价。令客户满意的优质服务需要优秀的质量管理机制作为保证，因而，质量管理已日益成为律师事务所生存与发展的根本所在。我作为资深律师及隆安律师事务所质量管理体系的创建者与执行人是质量管理体系建立的主要主体。

依据认证标准，质量管理应采用分工合作的流程化管理体系。把分工合作、多层监控、流程化管理的原则置于质量管理过程中。

对于律师事务所而言，质量管理的重要性已不言而喻。使客户满意是律师服务的根本目的，只有使客户满意才能提升客户对事务所的忠诚度，也才能谈得上律师事务所的生存与发展。从此意义而言，律师服务质量就是律师事务所赖以生存的基础与根本，也是律师事务所能够在竞争中立于不败之地的第一要素。特别是现在，一个法律服务项目可能涵盖多个法律领域，可能涉及工程技术、自然科学、人文科学等多门学科。优质法律服务的提供已经不是一个、两个或三个律师精英所能做到，律师必须组成团队、分工合作，这就使律师事务所质量管理体系的建立显得日益重要。当然，这并不是说，质量管理体制只有在法律体系因发展而复杂到一定程度、律师数量达到一定规模时才能存在或者才有存在的必要。只是，法律服务的技术含量越高，法律服务质量标准要求越严格，对于高标准的质量管理体系的需求就越迫切。所以，建立一套科学系统的质量管理标准和评价系统，并通过该质量系统的运行来保证并提升服务质量，使事务所提供的服务质量不仅优质，而且具有长期稳定性，也就是事务所服务质量保证的必然要求。

隆安律师事务所自建所之日起，其管理者便将提升并保证优质法律服务的提供作为事务所管理的头等重要的事情来对待。在长期的业务实践中，本着科学规范、实际可行及严谨缜密的原则建立了一套符合自身实际情况的质量管理体制并在实践中不断地进行完善。可以说，隆安律师事务所建立质量管理体系的目的是为客户提供优质的法律服务、为律师提供良好的执业环境并提升其自身的业务素质与能力，而不只是为了通过ISO9002的质量认证，参与ISO9002质量认证只是隆安律师事务所对自身质量管理体制的一次检验，同时也是对完善自身质量管理制度的促进与提升。当然，通过该质量认证是对隆安律师事务所长期坚持质量第一服务理念的客观肯定。

我个人在隆安所通过国际标准认证后，基于在律师服务质量管理过程中的体会谈几点心得。

一、持之以恒是质量管理得以发挥铸造品牌功效的前提

设立一套质量管理与评价制度其实并不难，难的是能够以愈久弥恒的信念去坚持贯彻及实施。律师事务所在质量管理上存在的差异，其区别可能并不是有没有建立质量管理体系，或者说，其质量管理体系的设计是否更严密或规则更多，而是有没有持之以恒地将自己辛苦设计的质量管理制度长期坚持下去，

并且能够根据客观情况的变化进行适时的调整以使其能够符合时势的需要，这一点，其实是十分重要的，因为，客观情况及自身的发展是在不断变化的，因而，质量管理体系也必须依据时势的要求而应随之作相应的调整，而这，当然也需要长期坚持的理念。

品牌的铸就需要时间，罗马不是一天建成的。客户不会因为律师事务所在某一件事或某一个时点的优秀表现来赋予其长久的信任，况且，经历长久时间所建立的声誉也可能会因为一时的疏忽而受到损害。卓著的声誉与优秀的品牌来自于十年、数十年甚至上百年如一日高效优质的服务的提供，不被持之以恒的理念支撑的质量管理体系，无论多么科学或多么优秀，也是形同虚设。所以，只有将建立的质量管理体系长期如一日的坚持并且在实践过程中不断去体会、去完善以使其日臻成熟，这样的质量管理体系才能发挥铸就事务所品牌与声誉的作用和功效。一时的激情和空洞的口号是没有什么长期功效的。

二、培训是质量管理的品质源泉

事情最终是要人来做，法律服务也是由律师来提供的。所以，如果只有高标准的质量管理流程，但如果没有素质合格的律师，那么，优质服务的提供就是无米之炊，再好的质量管理流程也没有太大用处。因而，在有了持之以恒的理念之后，应该做的第一件事就是建立律师的培训流程。培训出素质合格的律师。

培训制度的建立目的是要将置身于其中的每一位律师培养成为训练有素的律师，因而，我们有必要了解每一位合格的律师应该具备的素质。每一位合格的执业律师应该具备如下素养：

1.专业技能。包括对法律的理解、法律实务的处理能力、语言能力（包括文字与口语表达能力），其中：法律实务的处理能力是不可忽视的，单纯对法律条文的含义具有深刻理解，对于律师而言，是远远不够的。律师必须有能力将法律规定与社会现实及客户意图相结合，从而提出实际可行的法律操作方案，这种能力对于律师而言才是至关重要的。

2.沟通能力。包括与客户、上司、同事及相关人员的沟通协调能力。需要注意的则是与客户的沟通能力和团队合作意识与责任感的培养。与客户的沟通能力是律师最重要的能力之一。有时，优质的法律服务可能也不能让客户满意，原因多种多样，其中不可忽视的可能是与客户的沟通出了问题。因为沟通的不顺畅或不适当，致使律师没有完全领悟客户的意图，或者没有使客户意识到律师所做的工作，等等。这些沟通上存在的不顺畅与障碍都可能会导致客户满意度的下降或招致客户的抱怨。而与客户能够顺畅的沟通，就能够准确掌握事实背景、客户的交易目的和心理预期，同时，同样重要的，可以通过沟通来调整客户的心理预期或交易目的，如果律师能够做到这一点，那么，客户对律师提供的服务不满意就是几乎不可能出现的事情。可以说，律师能否做到与客户之间的顺畅沟通，将会对客户满意度造成直接影响，所以说，一个不知道如何与客户沟通的律师就不能成为一个令客户满意的律师。

3.律师的合作意识和责任感。责任感在任何情况下都是重要的，而合作意识对于相对简单或不需要合作也能完成的业务也不是十分重要。但问题在于，目前律师法律业务分工日益细致，尤其对于高端业务，更需要律师团队紧密配合、团队作战。同时，从另一个角度而言，尽管存在可以由单个律师独自完成的业务，但任何一个律师都不可能永远单枪匹马。因而，培养律师的合作意识也是时势发展的必然要求。合作意识与责任感的培养不是一朝一夕的事情，同时也不是简单的道德说教所能解决的，它取决于律师能否对事务所产生安全感、归属感，能够具有一个适于工作的人文氛围，这需要整个事务所管理分配体制及文化氛围培育的支持与配合，比如，建立公平客观的考核与分配制度、相对简单的工作关系，使律师能够处于分工合作的一种工作常态，等等，这样才能使律师对事务所具有安全感与归属感，在此基础上生成的合作意思与责任感才会牢固。

4.培训方式。培训方式一般有两种模式：第一种是批量培训型。这种培训方式是指：(1)在确定的时间以研讨会的方式进行，内容可以是：法律规定的立法动态、重点法条的研读；案例分析与研讨；法庭实战模拟；办案技巧；等等。(2)将员工派到国内或国外优秀先进律师事务所、高等院校或大公司学习培训。这种方式的特点是：信息量大、接受培训的人员多。第二种是口传心授型。这种培训方式指的是师傅亲身带徒弟，一招一式、口传心授，其特点是：律师职业技能的传授是点点滴滴、日月累积的，并且，师徒双方在业务处理过程中能够随时进行沟通与交流，加之律师服务本身所具有的高智力与个性化的特点，使得这种培训方式成为最有效的培训方式。两种方式（批量培训型与师傅带徒弟型）互有所长，因而应结合其长处而使其能够相得益彰。

三、质量管理应采用分工合作的流程化管理体系

质量管理的建立应基于分工合作、多层监控、流程化管理的原则。以律师事务所常见的法律意见书的出具为例，其制作流程可以考虑如下方式：(1)部门主管下发指令，交待交易背景及客户意图等信息。(2)主办律师承办并执笔。(3)律师助理接受部门主管直接指令进行法律检索、案例调研与初步分析，并将初步成果提交主办律师，其初步成果需满足主办律师要求，具体工作接受主办律师指导。(4)主办律师根据项目情况，判断该项目将会涉及的专业领域，如有其不熟悉的领域，则上报部门主管，由部门主管(或主管合伙人)调动事务所相关领域最好的律师协同配合，将各自研究成果汇总至主办律师处，基本原则是法律意见书中涉及的各个法律领域均出自事务所于该领域最优秀律师的分析与建议。也就是说，每一个意见书或法律文件的任何部分均代表该事务所最高水准。(5)主办律师完成法律意见书的撰写制作，交部门主管审核后签发。如果较为重要，还应上报主管合伙人。涉及事务所重大利益的，交由事务所合伙人会议通过。其中，主办律师的职责是保证法律意见的准确性，部门主管及主管合伙人的职责是确保法律意见书符合客户的需要与意图。(6)案件办理完毕，所有案卷材料及主办律师撰写的结案报告交专人存档管理。(7)已结案存档的意见书可能会被随时调出以复核其是否存在问题。(8)非常重要的是，在法律文件制作的过程中，部门主管、主办律师、律师助理、其他参与律师应保持时时沟通状态。

四、正确看待并处理客户投诉

一个客户如果肯花时间投诉的话，那么，可能至少表明他还希望能够通过某种途径解决存在的问题。从某种意义而言，糟糕的可能不是客户的投诉，而是客户连投诉的时间都不想花——转身就走。所以，对于客户的投诉应该以平和的心态冷静的去处理，对于客户的抱怨，要进行耐心的听取与解释。

因为，客户的投诉可能是律师与客户最后一次沟通机会，客户可能会因对服务的不满而失去(当然，在某种情况下，失去也未必是坏事)，也可能会因为处理的正确、误会的化解而使客户加深了对事务所及律师行业的理解，甚至会成为长期的合作伙伴。同时，客户投诉最重要的作用就是评价作用，也就是说，客户对律师事务所的服务表示赞赏，对于事务所的质量管理体系是一种评价。那么，同样的，客户的投诉或抱怨也是一种评价，表面上虽然是消极的评价，但

是对于律师事务所质量管理体系的建设而言，其实却是积极作用远大于消极作用。因为，客户的投诉会使我们的头脑变得冷静，从而能够静下心来考虑，客户为什么不满意？其原因是什么？是律师没有责任心、是业务素质欠缺还是没有掌握沟通技巧、抑或是其他原因。那么，因为在质量管理体系中存在的什么问题致使这些问题的出现，如何去改进。从此可见，客户投诉实际是事务所质量管理体系的一面镜子，可以知道存在的真正的问题所在。肯于花时间投诉的客户如果能够消除误会，完全可能会成为事务所的忠诚客户和朋友，有鉴于此，似乎没有理由把客户投诉的处理看成是一件令人头疼的事儿。同时，应该注意的是：要把客户投诉看成是找寻质量管理问题的机会，最重要的是要查清原因并对质量管理进行完善。所以永远不要抱着惩罚的心态去处理，不要认为按照客户的要求惩罚了律师就能留住客户，从某种意义上讲，一个不能客观处理问题的事务所也很难让客户相信有能力提供优质的法律服务。

基于我对律师事务所管理的理解，也因为在我的坚持和努力下，隆安是第一家通过质量认证的中国律师事务所，在形成自己的管理方式方法方面做了有益的尝试，当年，我被亚洲法律杂志（*ALB*）评为年度最佳管理合伙人，这块牌子至今还挂在我办公室的墙上，时刻提醒自己在律师事务所管理方面的责任和义务。

关于隆安走出去失败的教训

我们曾经在海外设立的两个分所——蒙古国的乌兰巴托分所和美国的亚特兰大分所都撤销了，我给大家做一个关于走出去失败教训的分享。我在北京律协当副会长时，国家正从律师资格考试恢复司法考试。我有幸和当时的全国律协的会长任继圣老师、司法部的几个司长去日韩考察日本和韩国的律师制度，当时我们发现两个现象，一个现象是日本和韩国的国际化大的律师事务所非常少，与他们当时在世界的经济地位特别不相符合，这让我很纳闷。1992年中韩建交，我是第17个拿到韩国签证的中国人。当时到了首尔，感觉北京比首尔落后二三十年；20年后有机会又到了一次首尔，我觉得北京比它先进15年到20年。当时的韩国日本，经济这么发达，为什么没有大型律师事务所，为什么不像欧美，日韩大部分律师事务所人比较少，都是几个人十几个人的规模。后来我了解到，尽管日韩经济很发达，但外向经济当中需要法律服务这块业务非常有限，不是像欧美等案例法国家那样涉外法律业务特别多，所以它就相应地没有那么大的国际化的律师事务所，这就提出一个问题，中国涉外律师业务是与欧美接轨还是与日韩接轨？

中国现在的律师业务现状，大家心平气和地想一想，涉外律师业务在中国律师业务中占了多大比例，像以涉外业务为主的这样的大型律师事务所需要多少？这个问题大家需要想一想，不能一哄而上。

我有幸在2000年到纽约大学法学院做了一年多的访问学者，那时有幸接触到一些美国大型律师事务所。我发现，美国律所来中国设立办事处、设立分所，一定因为在中国与中国的客户有业务来往，有业务来了美国律师跟着业务走，跟着客户走，律师是很实在的，假如在北京，外国的律所跟我们不是竞争中国的业务，是竞争外国业务。如果律师事务所有在海外设立分所的计划，我们在纽约或者在伦敦等地方为什么要设立分所？首先要想明白我们在这些地方有没有律师业务？我们在乌兰巴托业务基本没有，还要支出，在亚特兰大，尽管有很多华人，但也没什么业务，没有业务律师事务所是撑不下去的，只是为设立律师事务所而设立是无法生存的，所以在海外设立律师事务所一定要考虑好了，否则难以为继。

外国律师事务所来到中国设立分所，一定是跟着业务来的，跟着客户来的。具体到中国，律师事务所是否有自己的业务和客户是决定在外设立机构的关键因素。关于与设立分所有关的问题我提两个建议：第一个建议是我们在“一带一路”沿线国家设立分所，是很重要的。但是目前更实际的操作是在“一带一路”沿线国家中国大使馆里面设立法律参赞的职位，法律参赞从全国律师中选拔。这是日韩经验，日韩驻华大使馆都有法律参赞。这些参赞由检察官组成，也有个别是律师出任的。如果在“一带一路”沿线国家大使馆设立法律参赞，从全国几十万律师中选拔，这比较符合实际情况。中企、国企出国投资遇到法律纠纷都找大使馆、找法律参赞，这符合中国国情，也符合中国国企治理结构。设立一个机制，比如说，法律参赞3年到5年的任期，国家提供基本费用，不提供工资。我参加过一场关于巴基斯坦法律问题的国际会议，在会议现场有20多名中国涉外律师，我问谁愿意去当我建议的法律参赞？至少有几个年轻律师说愿意到巴基斯坦工作3年，当外交官。我觉得这个比较实际。

那回头看这个问题，律所走出去干什么？这是很实际的问题，“一带一路”倡议很伟大，非常必要，但律所的法律服务也要讲求实在。有没有法律服务，法律服务是什么内容，都需要律所思考，所以我觉得对于走出去，我们要冷静地思考，对于没有多少涉外业务的律师事务所，对于海外律师事务所高昂成本的付出，仅是为设立而设立，需要三思而后行。

第二个建议就是在中国企业投资比较多的国家设立律师事务所的分所，这是国家主导的政策，需要主管机关，比如国资委、司法部的协调，通过政策安排，“走出去”的中国律师主要为中国企业服务，通过中国律师与当地的律师建立联系，帮助中国当事人解决遇到的法律问题。这样做，设立分所的国内律师事务所可能亏损，甚至赔钱，所以需要政府的政策扶持，比如说如果在这些国家设立了分所，为我们的企业提供了法律服务，在国内的总所可以享受一部分税收的优惠政策，以鼓励在国外设立分所，这些制度和政策需要各个主管机构的共同努力才能制定和出台，确保中国律师走出去有的放矢，切合实际，而不是盲目设立分所，为设立而设立，最后因为没有业务或业务不足而不得不收场。在走出去这个层面上，国家不能仅仅是积极倡导，还要有相应的配套制度和政策，以保障走出去的落地实现。

隆安律师事务所的十个特点

第一个特点就是规模大。

隆安律师事务所从1992年成立到今年30周年，已经发展到了具有30多家律师事务所的比较大的体系，总收入已经超过10亿元，律师总数已经将近2000人，这在全国是排前几位的，能到这个规模的律师事务所并不是太多。每年办理的案件也比较多，各种评的奖项也比较多，办公场所的面积也很大，位于北京国际俱乐部面临着长安街这么一个地方，面积还在不断的扩大，加入的合伙人和加盟的律师也越来越多，当初我在律师行业提出来的规模化，首先在隆安所得以实现。

规模化对一个律师事务所来讲是非常重要的，现在中国的律师的发展相对于国外西方发达的律师业而言，还处于跑马占地阶段，没有形成垄断，还是在初创时期，所以规模化是一切话的前提，没有规模化，三五个人、十几个人，这个所是没有发展前途的。做大做强，没有做大做不了强，大是一切的开始，大了以后才有解决其他问题的基础，大了以后才有往前继续发展的本钱，没有大，一切都无从谈起，所以规模化非常重要。隆安已经实现了规模化。

第二个特点就是历史久远。

从1992年到2022年这30年，中国的律师制度建立只有40年，隆安所就成立了30年。隆安所走过的30年的历史，从无到有到今天的快速发展，代表了中国现代律师制度的发展历史，尤其是北京律师制度的发展历史，它是一个典型的历史制度改革的产物，这在全国来说都很不多见。历史决定了现实，现实决定了未来。如果一个律师事务所没有厚重的历史，就没有发展的基础，它就形成不了发展的规律，尤其形成不了发展的文化。只有历史比较长远的律师事务所，通过历史的积淀，通过积累的成功的经验和失败的教训，不断修正自己的发展方向，才有可能发展到今天，才有一个美好的未来。

无论是一家律师事务所，还是一个组织，乃至一个国家，它都是有历史的，中国为什么要文化自信，因为我们有5000年的历史，我们有源源不断的中国优秀的文化的输出，文化是我们自信的基础，尤其我们的文化还没有中断，所谓四大文明古国，其中三个已经中断或者消失，现在就剩一个中国的文化还在延续。所以就一个律师事务所，就一个组织、就一个国家来讲，历史是我们发展的基础，文化是在历史的基础之上应运而生的，最后的发展方向是由文化决定的。

第三个特点就是隆安分所比较多。

隆安律师事务所经过30年发展，现有隆安总所，还有30家分所，30年正好设立了30家隆安律师事务所的分所。隆安分所之所以多，是因为从创立之初就非常重视分所的发展，就像我作为创始合伙人也曾经派驻过无数个分所。作为外派律师到分所，虽然牺牲了个人的收入和执业机会，但是为分所的创立创造提供了很大的力量，所以在这种精神这种感召之下，我们不断在全国各地创立分所，现在隆安的分所已经在全国基本形成网络。隆安业务的布局形成了一个全国一盘棋的局面，可以为客户提供全国性的全方位服务。

现在大企业和大的经济机构都有全国性的布局，隆安所如果说没有全国性的机构为客户服务，就有会有很多的缺憾，客户可能就觉得服务有问题，因为中国幅员辽阔，各地文化不一样，法治状况发展不一样，律师业务发展也不一样。分所的建立，既为客户带来了全国服务的网络，同时为各分所之间交流，促进互相协同发展也提供了机会，没有先进和落后之分，只有地域区差异之分。所以我一直认为分所之间的交流，地域方面的交流，除了文化以外，法律服务的方式和内容的交流，对一个律师事务所的成长也是非常有帮助的。北京作为中国的政治、文化、科技和国际交往的中心，它的辐射作用是很明显的，所以与北京作为总部和外地作为分所的架构的联合，这种一个机制就形成了律师事务所在中国发展最优化的机制，北京是龙头各地分所是分支，使北京的四个中心的功能发挥到极致，分所也利用各地当地的资源与北京的资源整合，这是分所发展的非常好的一种模式，也是隆安的成功经验之一。

当然隆安分所的发展步伐并没有停下来，我的设想是，隆安在全国至少有100~200个分所的规模，才能体现出全部覆盖，因为全国有32个省、市、自治区，大部分省、市、自治区都有10个左右的地级城市，如果我们在每个省份成立10个分所，那就是300家分所，按照隆安安现在在发展的速度和进程是完全有可能的。

第四个特点是隆安的发展比较稳定。

所谓稳定就是隆安从创立到现在30年，没有大起大落，没有分裂，没有大批的合伙人离开。稳定对一个律师事务所很重要，有的律师事务所分分合合，合合分分，不断地在整合当中消耗了很多的精力。隆安所始终没有出现这种大合大分的局面，所以稳定是很重要的。对国家来讲，稳定压倒一切，这句话对律师事务所也很重要，如果一个律所老是出现分歧，甚至出现斗争，那是无法发展下去的。

在很多律师事务所，这种情况是时有发生的，甚至有的律师事务所之间都闹到了提起诉讼的地步。律师事务所的管理的理念的不同，抢夺律师事务所的管理权的问题，甚至抢夺律师事务所的品牌商标的问题，或是分所和总所之间的矛盾，我们时有耳闻，但是在隆安从来没有发生这种情况。隆安的稳定，跟我们当初设立的原则是有关系的，即为不搞阴谋，只搞阳谋，我们团结在一块为了整个事务所的利益，并不是某个人、某几个人的利益，隆安这个平台是为了大家利益谋福利，不是为个人谋福利，隆安不是一个获取私利的场所。

只有在稳定的大前提之下，隆安的管理层也好，全体合伙人也好，隆安律师也好，才心平气和地集中全力发展隆安律师的业务上，以律师事务所的整体的发展壮大为先导，快速发展，所以稳定是一个所的重要的基石和标志，如果说隆安有什么经验，有什么成功的经验，我觉得稳定是一个我们不得不提的一个经验，一个很重要的经验。

第五个特点是隆安律师事务所是一个综合性的大型律师事务所。

所谓的综合性大型律所，是指各种业务门类齐全，不是专业所，也不是精品所。隆安的业务是覆盖了律师服务的全部领域，也就是说，客户所要求律师提供的任何法律服务，隆安律师事务所全部能够提供。

作为大型的综合性律师事务所，尽管我们专业领域发展的参差不齐的，有的好一些，有的差一些，有的时间长，有的时间短，但是综合律师事务所的好处就是客户来了以后，没有不能解决的问题，我们具备各种专业的律师，有无数个专业委员会可以提供全方位的法律服务，这种特点是非常明显的。当事人来到隆安可以解决所有的法律问题，我们的法律服务是多元的，全方位的，所谓的“一站式”法律服务提供者。

第六个特点就是隆安的专业服务。

隆安的有些专业是王牌专业，在整个业界是属于出类拔萃的。比如说隆安的知识产权专业，一提到隆安，大家都知道知识产权是最强的，一直处于全国律师行业的第一阵营，是知识产权业务的领军律师事务所。隆安的知识产权经过各位同仁业绩的积累，已经在在业内、在当事人当中已经形成了非常大的影响和非常好的口碑。只要提到隆安，都会提到知识产权，无论是从业绩方面，还是从获奖方面，还是从成功案例方面，还是从研究成果方面，隆安的知识产权都应该说是在全国领先的。这一点是毫无疑问的，也是非常令同行羡慕的，这是当然是经过我们许多年许多人努力的结果。

隆安另外一个专业服务特色，就是以诉讼为主，最近的排名隆安的诉讼业绩在全国列为前几位，因为当初的隆安的创始合伙人都是从公检法出来的，所以一开始就侧重于诉讼，很多律师不愿意做诉讼业务，这是一个误解。实际上从全世界范围来看，诉讼律师是最成功的律师，诉讼律师也是收入最高的律师。诉讼律师也是要求素质最高的律师，诉讼做好了别的业务也不在话下，隆安是以诉讼为起家的律所，做到今天隆安的诉讼也是非常之强大的，积累了非常多的案例，有着非常好的业绩。所谓争议解决，现在在中国也是包括诉讼或仲裁，而且现在中国随着仲裁机构越来越多，大家选择仲裁作为解决争议的方式越来越多，所以隆安的仲裁比较强，或者说隆安争议解决的专业比较发达，除了诉讼以外还有个仲裁，因为隆安很多合伙人就任全国各地的仲裁机构的仲裁员，隆安的争议解决的团队是非常强的，这几年隆安的非诉讼业务，比如说IPO业务、上市公司业务、银行业务、企业法律顾问业务、破产清算业务、投融资业务等等，也是隆安逐渐加强的一些特色。我相信在隆安传统律师业务无人可以撼动的情况下，这些新业务会很快的发展壮大起来。

第七个特点就是隆安管理的特色。

所谓隆安管理的特色就是隆安没有形成现在所流行的公司制制度，但是隆安的管理的模式也不断的在创新，不断的摸索，比如说隆安的全国性的基金会，其建立为隆安一体化提供了很好的发展的路径，隆安在过去30年中寻找出了一个适合自己发展的管理模式，这就是隆安自己的管理特色。初见成效的隆安发展基金，把各个分所比较松散的关系变成一种紧密的关系，在全国布局实现了律所规模化。在隆安基金会的统一领导下，对全国的隆安品牌进行维护、组织、培训等等。在倡导隆安基金会成立的时候，就是把对分所的所谓的管理权要下放给分所，也就是说，总所和分所的关系，不是管理和被管理的关系，而是互相支持，共同发展的关系，使大家都关心这个品牌，一起建设隆安。所以隆安基金会是很大一个特色，通过基金会把全国的一体化进程提高到了相当高的一个层次。

专业委员会突出了整个事务所专业的优势，实现了律所专业化的问题，隆安目前已经形成了几十个专业委员会，这几十个专业委员会涵盖了类似的所有的业务，各专业委员会不断地开展业务的拓展，不断地进行培训，不断地进行成功案例的分享，不断地与客户交流，所以隆安的专业委员会的形成也是隆安一个很重要的一个特色，在隆安发展历史上，这个专业委员会起到了相当大的作用。如果问律师的专业化是怎么实现的，实际上是在专业委员会的基础上实现的。没有专业委员会，专业化就是一句空话。

除此之外，隆安也形成了自己的分配制度，这种分配制度使得隆安律所内部不会形成竞争，只能形成协协同发展的这种态势，不同专业委员会利用各自的专长为当事人提供法律服务，分配体制上的灵活多样性，鼓励合伙人多创收。这主要是依赖于分配制度形成，大家在这个分配制度基础之上，进行协调作战，来完成客户的委托，来快来完成律师之间协作，实际上，同行对你的介绍和推荐是很重要的，有了同行的认可，你才能在客户面前更能够得到认可。所以说要建立这种内部协调分配机制，这也是隆安的一个重要特色。

第八个特点就是隆安律师事务所在业界及客户内形成了一定的口碑。

如果可以到法律服务界到律师界，到主管部门或者到客户当中，可以做一个盲评看看隆安律师事务所在业界内是什么样的影响，什么样的地位，什么样的名声。经过隆安30年的发展，经过隆安同仁的不断努力，在业内和当事人当被公认为是一个老牌律师事务所，是一个时间比较长的律师事务所，是一个对客户认真负责的律师事务所，是没有其什么负面影响的事务所，这是很不容易的。

一家律师事务所在社会上形成口碑，尤其在业界和当事人中形成口碑，这是需要时间的积累，也需要案件办理的影响，就不是一时能够形成的。所以说我们经常说各种奖杯不如人的口碑，获奖再多，拿的奖项再丰富，也不如业界或者是同仁对你的评价，这是非常不容易的肯定和认可。隆安在过去的发展当中，不断地得到业界和同行的认可，这也是我们所取得的口碑的价值，是比任何奖杯都值钱的，所以我们也希望业界和当事人对隆安的口碑还要继续传承下去。所以，每一个隆安人都应该珍惜自己办理的每一个案件，也就是要珍惜自己的羽毛，为隆安的口碑团添砖加瓦。

第九个特点是隆安律师整体学术理论水平比较高。

所谓整体学术理论水平比较高，一开始创办隆安的就是硕士以上学历的人，这在当年是很不容易的。相对于现在在博士、硕士满街跑的情况下，当时硕士以上的人创办律师事务所，就给隆安就是抹上了一层厚重的神秘的学术色彩。从那时候开始，隆安在学术理论方面不断地前进，不断地努力。在隆安许多的执业律师当中，有硕士和博士学位的并不在少数，甚至有些合伙人和律师在大学里就是教授，本身就是学者出身，还有博士生导师，有各种全国一级学科的一级学会的负责人或者是秘书长等。所以从创立到现在，整个律所的学术水平是相当高的，这也是得到认可的一个重要的原因。因为对法律原理的理解，对案件洞察，这都需要学术水平和理论水平，这一点是隆安是得天独厚的。同时，隆安律师通过办案积累了大量的学术成果，出版了众多的书籍，发表了包括众多的核心期刊的文章，其影响力不仅在律师界，甚至在法学界都是名声在外的。

第十个特点就是隆安积累了大量的成功案例。

隆安成立30年以来，在隆安律师事务所执业的律师办理了成千上万的案件，在最近的一次权威统计排名中，隆安的诉讼案件排名在全国处于前十位，在全国几万家律师事务所中，这个排名足以说明隆安的律师办理了大量的案件，在这些案件当中，无论是是中国第一案，还是行业内最有影响的案件，还是到最高人民法院每年评选的十大案件当中，隆安几乎每年都榜上有名，隆安办理的案件不但在北京，在全国甚至在国外都产生了一定的影响。经过30年的发展，隆安积累了大量的成功案例，是隆安得以骄傲的资本。

这些成功的案例，在律师事务所是知识管理的基础，在分析成功案例当中总结出规律，尤其是在遵循先例的原则，同案同类同判的原则上，通过案例的知识管理，向客户提供我们以前成功的办理同类案件的经验，这一点是非常有帮助的。

如果说一个律师的成功靠什么？就靠大量的案件的办理，律师就像那个临床医生，每办理一件案件就像处理一个病例，时间久了，你就会成为成功的医生。成功的案件和业内影响的案件是律师事务所软实力的具体体现，这才是一个律师事务所所需要的。我们积累了大量的案例，尤其是知名的案例。我们的律师办了不少案件，社会上各种数据平台把这些案例统计起来，在我们办理过的案件中，知名案件越来越多，比如全国性有影响的重大案件或是在专业领域很有知名的案件。

在当事人询问一家律师所的竞争力时，如果拿出这些成功的案例，那这个律师事务所竞争力就不言而喻了。所以说隆安律师事务所经过这么多年的发展，有了大批成功的案例，这是很大的资本，这也是每一个隆安人辛勤劳动的结晶，当然这些成果呢，每一个隆安人，无论是北京的还是各个分所的，无论是老律师和年轻律师，无论是合伙人还是普通律师，大家都可以分享，在这种分享之下，希望大家共同努力，把隆安的成功案例积累得更好、更多，以便为当事人提供更加优质的法律服务。

隆安的未来

隆安的未来依仗中国法治的未来，中国已经成为世界第二大经济体，中国将成为世界强国，中华民族的伟大复兴是势不可挡的。无论是过去还是未来，中国的发展都离不开法治建设。法治是中国发展的必需品，这就是隆安未来的社会背景和根基。我设想的隆安未来应该是这样的：

（一）跻身于中国一流大所的行列

经过30年的发展，我们曾经辉煌过，现在虽然也在发展进步，但步伐却没有别人的快，所以就被别人超过去了，我们要有前途和未来，首先要有我们自己的理想和目标。如果没有目标，就谈不上未来，或未来很渺茫。成为中国一流大所就是我们的未来和目标，在中国律师事务所第一方阵中有隆安的位置，是比较靠前的位置，只有心怀梦想，才能有朝一日实现心中梦想。

（二）隆安要有一定的规模，这个规模在北京总所具体表现在：律师从业人数，在2年至3年内应达到300人左右，5年到10年内应达到1000人左右。办公面积应达到5000平方米左右。总收入应进入北京律师所的前10名。国内分所在未来的10年内再建20个左右总计分所应该在50个左右，涵盖中国所有重要城市。国外分所应达到5家左右，覆盖五大洲。

（三）建立先进的管理制度

逐步由原始式的松散型管理向先进的紧密型管理过渡，最后形成公司制管理制度，实现律师所的现代企业管理模式。统一总所与分所的财务运营系统，组建专门的行政管理机构和任命专门的管理合伙人，集中精力专任管理，使全所真正实现一体化管理运营。

（四）组建专业团队、打造专业服务品牌

在做大做强的的同时，要细化律师的专业分工，集中专业律师从事专业服务，打破地域，分配机制，以专业为龙头，建立特色律师团队。应建立起知识产权、资本市场、金融服务、房地产业务、国际业务、诉讼与仲裁等各种特色的专业律师服务团队，力争每个团队在法律服务领域都获得相应的认可。

（五）建立完善的信息网络电子商务服务模式

中国的信息化在中国的工业化尚未完成的时候来临了，在这一点上，中国很幸运，也跟西方发达国家站在同一起跑线上，这是挑战，也是机遇。我们应该充分利用信息网络给我们律师带来的便利，建立健全律师电子商务服务模式，利用现代化手段为开拓律师新业务闯出一条路来，使我们的网络法律服务走在前列。在建立强大的传统服务的同时，建立强大的虚拟空间服务，再领律师法律服务之先。

（六）总结概括发扬隆安企业文化，强化隆安的凝聚力

隆安经过30年的发展，既有成绩也有失败，但无论如何经过30年的历程，隆安形成了自己的文化，我们善于总结概括出我们文化的精髓，贯彻到我们每一位员工的实际行动中，在此基础上，还要在未来的发展中不断发扬光大隆安的企业文化，只有文化的组织才能走得更远。

（七）隆安要有一个长远的规划

我们要学习我们国家的发展规划编制经验，制订我们自己的发展规划，不仅要有3年、5年，还要有10年、20年以及30年的规划，我们不敢言百年老店，但在我们有生之年，一定要把隆安规划好，筹划好，培养年轻人在隆安茁壮成长，以实现隆安的各项规划目标。

（八）加速国际化、在全球律师法律服务中占一席之地

隆安所是最早的国际化律师所之一，也是最早与外国律师合作的事务所之一。随着全球一体化的进程，法律服务也呈跨国趋势，隆安应该加大力度引进学成的海归，加强与外国律师的联盟和合作，使国际化程度更高，服务地域更加广泛，服务声誉日益加强。

十四、创始合伙人的理念

创始合伙人的想法

隆安所发展到今天30年有三个阶段，第一阶段也就是前10年，应该说叫草创阶段，第二阶段就是发展阶段，现在第三阶段应该是由大变强的阶段。前10年从无到有，在1992年成立的事务所持续发展到今天的，在中国没有几家，而隆安就是其中的一家。第二个10年发展比较快，属于大力发展阶段。第三个10年规模已经相当大了，2021年的收入已经超过了10亿元，有30家分所，执业律师超过2000人，而怎么整合我们内部已经很充足的资源，更加突出专业化，实现一体化，朝一个更有前景的方向发展是我们现在所要思考的。这30年这个不同的阶段的发展的目标和战略是不一样的，也能看出三个阶段的明显的区别，每个阶段都有我自己的这个特点。

律师事务所发展到今天，它所具备的特色、管理模式完全由律师事务所自己决定，但是不管现在出现什么样的种类律师事务所，适合你自己就是最好的，不要去过分地模仿其他人。我觉得隆安的成功经验在于我们找到了一个适合自己的管理方法和发展模式，隆安所自己创造的一些管理模式还是值得总结和借鉴的，它不是最先进的，也不是最落后的，但却是最适合我的。

如果说律师事务所发展到今天有什么成功的经验？从我个人来讲的话，有这么几条：

第一点，我从创立隆安到现在是律师执业30周年，一直秉行着我个人的一些做事做人的规则，当初成立律师事务所寻找合伙人或者是合伙人加盟的时候，就是树立人品第一的理念，所谓人品呢，就是说作为合伙人，不能斤斤计较，不能只着眼于当下的利益，而且要在大是大非面前不能含糊，在一些问题面前也要互相妥协，相互帮助。

我认为合伙人之间要敞开心扉，合伙人之间不能有私心杂念，大家是因为隆安律师务所才走到一块儿的，是在一个公共平台上的合作，所以合伙人不能有私怨，不要搞小团体拉帮结派，搞这一套不利于合伙人之间的团结，更不利用律师事务所的公共利益谋取私利。大家不能在律师事务所这个平台上捞个人的好处，中饱私囊。这种事情在隆安律师事应该坚决予以杜绝，如果出现这种事情，绝不心慈手软，我们也采取过一系列的行动。所以大家要有一颗公心，而不是一颗私心。还有就是事务所越搞越大，可能会出现各种不愉快的事情，甚至纠纷，甚至诉讼，如果大家给事务所引起什么麻烦的话，作为创始合伙人也好，作为高级合伙人也好，作为普通合伙人也好，都有责任把这个麻烦减到最低限度，尽量不要把个人引起的麻烦引到事务所来。但如果涉及事务所，大家也要齐心合力，帮助遇到麻烦的合伙人解决问题，而不是把扩大事端、袖手旁观，甚至是火上浇油。这也都是经过律师事务所30年的发展，经历了千锤百炼所取得的经验。

第二点，就是从事务所成立到现在，我说过在律师事务所里面，大家要搞阳谋不搞阴谋，把所有的问题都摆在桌面儿上，背后不要议论他人，有什么话要在公开场合说，在合伙人会议上说，不要私下议论某事某人，来说是非者，必是是非人。我也曾经在合伙人会议上对个别合伙人发过飙，当面争得面红耳赤可以，背后绝不要说别人的坏话，如果说别人坏话就是人品问题了。我觉得我个人已经做到了这点，我也希望其他合伙人做到这一点，这样大家心理上没有隔阂，才有利于事务所的发展。合伙人之间的不团结都是从互相背后说坏话开始的，对一个团体或者一个单位，任何搞阴谋诡计的活动都是不利于发展的事情，况且在律师事务所这种性质的单位，人和是决定的因素，如果人不和，这个单位分裂的日子也就不远了。我们在过去30年的历史发展中，合伙人越来越多，执业律师数量越来越庞大，除了个别合伙人离开隆安，没有发生大规模的人员变故，这也是我们时常津津乐道的成功经验。

第三点，我们事务所从成立的时候，我当了第一届主任和法人代表，在我以后呢，每3年一届就换一个高级合伙人出任法人代表和管理合伙人，我们立下这个规矩就是要表明当执行合伙人也好，管理合伙人好，主任也好，都是一种服务，不拿报酬，完全是义务、责任，隆安律师事务所务所自成立之日起，这个规矩延续至今。管理律师事务所既然是大家的共同利益，就应该大家轮流尽这个责任。我始终认为管理事务所是一种奉献，是一种付出，而不是一种权利，更不能拿这种权力谋利，因为事务所的发展靠的是大家辛辛苦苦努力的结果，是团结产生的力量，而不是某个人的带领。所以说我当时定的原则就是从我本人做起，每人只做3年的法人代表和3年的主任，这个传统持续到后来我们出现了管委会，现在这个制度改为选举制，但也是有任期的3年一届，有积极性的合伙人自愿参加选举，希望大家都能参加事务所的管理，尽一份责任，律所既然是大家的，而且大家都是平等的，那么每个人都要尽这个责任和义务，共同做大做强，大家才有更好的收获和成果，既然我们是一个大家庭，我们互相称之为家人，一个家庭的事情就需要每个人都要关心这个家庭，尽自己之力把大家庭的事情办好。

第四点，就是在律师事务所的发展进程中，要紧跟时代的步伐，把律师事务所的发展和业务跟整个时代相吻合。隆安所成立了30周年，而中国的律师事业在“文化大革命”结束以后也就发展了40年左右，隆安所已经存在了很长的时间，我们做到了每一个时间段都要把握自己的历史发展的脉搏、整个社会发展的脉搏。在1992年的时候，国家要开放律师服务市场，要打破律师公有制单一体制，所以我们抓住了脉搏，在前10年跑马占地，这是一个时代脉搏，中间10年，不断地扩大规模，不断地占地盘，这也是当时时代的脉搏。到了第三个10年，要突出专业性、网络化，人工智能甚至元宇宙，这些都可能是未来30年发展的方向。互联网的技术使我们的律师事务所插上时代的翅膀腾飞，也就是说，要跟着时代走，不能落后于时代。落后于时代就可能被市场所淘汰，被业界所淘汰。这也是我们一个成功的经验，紧跟时代的步伐，朝着正确的方向，不断地跟着历史的潮流一步一步地向前。

第五点，创始合伙人在律师事务所的地位和作用。创始合伙人是律师行业的特殊群体，对于任何一家律师事务所来说，没有创始人就没有律师事务所，无论现在发展到什么程度，当初的创办是一切的基础，现在很多人并不认可这一点，甚至不了解创始人与律师事务所之间的关系和历史。我作为创始合伙人，并不十分在意这些事情，毕竟一代人做一代人的事情，问题是如果我们不承认历史，或者否认历史，我们就没有历史了，没有历史的律师事务所能走向未来吗？现在的人不应该忘掉过去的人，未来的人才会不忘记现在的人，律师事务所所谓的历史就是由当时的人传承过来的，没有了人哪有历史？对于律师事务所未来可能出现的种种现象，我是有充分思想准备的。创始人的灵魂就是律师事务所的精神，创始人的格局就是律师事务所的状况，创始人的眼光就是律师事务所的未来。创始人在创办律师事务所的过程中，除了历史上的功绩外，最主要是精神的构建，发展模式的确立，企业文化的树建。创始人在律师事务所的创建中有历史作用，但创始人不应该把律师事务所看成自己的律师事务所，私人的领地，随着律师事务所越来越大，历史越来越长，创始人也面临着如何处理与律师事务所之间的关系问题。我个人的体会就是要不断地学习，向年轻人学习，向新业务学习，向一切可以学习的东西学习，摆正自己的位置，敞开心扉，拥抱新事物，只要是对于律师事务所发展有利的人和事就全力拥护和支持，有求必应，随叫随到，与自己创建的律师事务所共同成长，共同进步，同赴未来。

一个好律师是怎样炼成的

在很多场合，我主要谈的都是创办隆安律师事务所的经历和体会，有人对我说你讲了那么多的关于律师事务所的事情，但很多年轻的律师还是很关心如何成为一名好律师？尤其在隆安内部讨论时，常常会有人提出这个问题，实际上，隆安与其他所有的律师事务所一样，可以称为是一所律师培训学校，培训出来的律师有的还在隆安执业，有的已经转到别的律师所执业，无论如何，我们每个律师都应该成为一名好律师，那么一个好律师是怎样炼成的？我始终认为，人格的力量很重要，律师必须是由具有相当智慧的人来做的，要求高素质的人才能做律师。我在法学院给学生讲课时曾说过当律师要具备15个条件，同学们说要那么多吗？我说这是基本的条件，要当一个好律师这15个条件根本就不够，做律师容易，做好律师不容易。这15个条件是：

1.热爱工作。热爱是最重要的条件，无论做什么工作都必须首先热爱自己的工作，这句看似老生常谈却非常重要。

2.良好的社会交际能力。没有良好的社交能力直接体现为认识人少，认识人少就意味着案例来源少，这是当律师的硬伤，特别是刚从事律师工作青年人的软肋。律师职业的要求就是要善于与各种人打交道，在很多场合，与人沟通是律师工作的方式方法。

3.良好的语言表达能力。当律师必须能说，光心里有不行，一定要说出来，没有交流不可能产生解决问题的办法。无论多么复杂的案子，当律师的必须具备两个10分种的能力：一个是在10分钟内听懂当时人的陈述，二是在10分钟内讲出解决问题的初步方案。

4.良好的外语水平。现在是全球一体化，我们的律师业务直接与国际接轨，必然会有许多涉外的案子，况且律师这个行业本来就是引进的，是从国外传进来的，它的祖宗在国外，如果你不掌握外语不掌握它的历史，连起码的语言关都过不了，你怎么能做一个好律师？尤其是涉外律师？

5.较强的专业技能。做为一个律师，仅仅精通业务知识是远远不够的，你必须具备较强的律师业务操作能力同时还要具备一定的办案技巧。

6.写作能力。有许多的文案都要亲力亲为。这方面我特别有体会，做律师的这些年我写了很多的东西，我是律师里写作比较多的人，而我本人则受益匪浅。可以说如果你有比别人强的写作能力，就有可能具有别人不具有的解决问题的能力。

7.组织管理能力。律师应当有较强的团结协作精神，因为一个人的力量是有限的，而团结协作就要加强管理，谁具有管理能力，谁就可以领先一步建立特别能战斗的专业团队。

8.学习能力和方法。中国现在每十几天就有一部新的法律出台，所以作为一个律师必须有较强的学习能力，但是，再强的学习能力也不可能全部记住这些法律条文，所以还必须有良好的学习方法，方法对了头可以达到事半功倍的效果。

9.坚强的意志和体魄。案件是形形色色的，有很多案件不仅是对律师业务能力的考验也是对律师心态的考验。而且做为一个律师必须有良好的身体素质，法庭辩论有时候一进行就可能是几天，没有好的身体根本就不能承受如此之大的工作量。

10.分析和解决问题的能力。遇到案件分析时，不能只告诉自己怎么办，还要告诉你的当事人怎么办，在合理分析以后，解决的路径是什么？具体的方案是什么？这些要求律师不仅要具备分析问题的能力，还要具备和解决问题的能力。

11.广博的知识和好奇心。作为一个律师，要有广博的知识，仅仅悉法律条文是不够的。我曾经接过一个关于热水器的案子，为了这个案子，我几乎弄明白了所有热水器的构造、功能、隐患等。当律师要有好奇心，对于你不懂的没有接触过的问题应该有去弄懂它的兴趣。

12.心理医生的素质。中国人遇到问题时心理承受力往往很差，因为我们社会的习惯心理是有事自己扛着，不会去心理医生解决，久而久之，我们的心理问题越积越多，存在心理问题的人口比例很大。所以，律师首先要做的往往不是分析案子本身，而是先稳住当事人的情绪和心理，这样才能更快地了解案情。

13.做事要有正义感。要明是非，不能见钱眼开。在处理案情时要以事实为依据，以法律为准绳。工作中不排除有些人提出只要能够如何如何，我一定如何如何这样的事情，律师在这样的问题上一定不能失去基本的职业准则。

14.与客户保持关系的能力。为什么有些律师的当事人可能成为永远的朋友和长期的客户？而有些律师与当事人之间则就是一锤子买卖？这就看你的与客户保持关系的能力，也叫作维持客户关系的能力。

15.数字时代网络知识和操作能力。现在是信息社会，如果不具备掌握先进网络技术工作方式的能力，就会被时代抛弃，被技术淘汰，最后被行业驱除。

我从不认为个人的力量可以大过团队，我自己也是靠许多人的帮助才有今天的，我跟我的合伙人一直是完全平等的关系。正因为我是从零开始的，是改革开放后律师行业恢复后成长起来的律师，我走过的是新时期中国律师的历史，但我也不是孤军奋斗，在我刚从事律师行业的时候，我以前在检察院工作时的同事们都给了我很多帮助。人是不可能离开社会而存在的，一个人再有能量也是不够的，尤其是律师这个行业，接触的案件错综复杂，而每个人不仅能力有限，特点也不同，如果没有良好的团队意识，良好的团结协作精神，势必事倍功半，也根本谈不上事业的发展。

我们现在就在隆安内部搞专业化细分，根据每个人的特长，分为知识产权、资本市场、银行、证券、破产、诉讼、仲裁等几十个专业委员会，另外，为了准备涉外业务和国际竞争，我们还聘请了许多国外的律师加盟隆安，隆安也是国内最早引入国外律师的事务所，随着国际经济一体化进程的加快，跨国经济纠纷会越来越多，我们的洋律师在事务所中的作用也越来越大。

律师法律服务是一个奢侈的消费，只有当人们的生活水平达到一定高度时才会产生律师消费。就目前中国的经济水平来看，大部分人还没有这个能力将律师消费做为一种日常消费来承受，比如在全世界只有中国的当事人跟律师讲价，并不把律师的法律服务看成是一种奢侈消费，以为是可以讨价还价的廉价消费。

我认为在中国做律师比在任何一个国家做律师的难度要更大一些，因为在国外律师是一项很受人们尊重的职业，对于相当多的人来说我生活中根本离不开律师，很多事情都要与律师一起商量。可是在中国就不同了，中国人只有发生了自己实在不能解决的纠纷的时候才会想到律师，他们在有了问题的时候将律师当作医生，要求律师包治百病而且还不能失手，不允许失败，对律师的期望值往往过高，在很多情况下并不现实，逼着律师违心的承诺，逼着律师拍胸脯。可是在平时，如果没有法律问题，人们普遍根本不感觉律师存在的必要，社会上对律师的行为和工作状态都是不了解的。所以中国的律师与当事人的关系是很微妙的，对于很多不太出名的律师事务所和律师来讲，你解决问题的能力必须特别强才行，因为当事人不会给你机会，你可能没有下一次，没有纠正缺点的机会了。所以我说中国的律师特别需要先做人后做事，做人做事要相辅相成，按照我们社会的评价标准，只有当事人信任你了，信任你的律师事务所了，才有可能委托你为他们提供法律服务。

经常有人问我对中国律师行业的前景怎么看？我不盲目地看好中国未来的律师行业，总体上来讲，我觉得这个行业的前景是喜忧参半。喜的是，随着我国法律制度的健全，律师在人们生活中的作用会越来越大，律师的地位也会越越来高；忧的是这个行业正在走向一种泛滥，几十年前中国只有几万名律师，而现在已经有50多万名律师了。当然，从人口上来讲，中国律师的相对数量并不是很多，但是关键是数量，现在，我们的国家和社会究竟需要多少律师？根据是什么？有没有科学数据？如果只是拍胸脯得出来的结论和数据，律师法律服务市场有可能走向混乱。我现在经常给我们的同行敲敲警钟：面临着越来越激烈的行业竞争，我们要做好被我们的行业淘汰的思想准备，当然，我们也要主动安排自己的退出机制。时代在前进，新人在成长，这是自然规律也是历史规律，谁也改变不了，一个时代的人就是要做一个时代的事情，人类发展历史仅此而已。依照我个人的人生规划我现在给自己定的目标是做个学者，过几年，我会去大学里做教授，我希望自己在被律师行业淘汰之前，主动安排自己的职业生涯，尽快进入人生的下一场，所以过几年我会将律师业务当作副业，自己专心做一个学者，将自己的实践经验和业务思考转化为学术成果，实现人生的理想。

创业隆安，启迪人生

人生的终点不是最终会到来，而是随时会到来，所以我们要活好每一天，甚至每一时。活好每一时的资本有健康的身体，良好积极的心态，基本的生活条件。人生就像一列火车，你坐在车上，心情好或坏，列车都在行驶，索性保持好心情。命运不好的人因为种种原因会提前下车。命运对人生而言不信不行，人生矛盾之点在于相信命运又要人生奋斗。

所谓成功就是失败的堆积。有人说从来没有失败过，这句话的意思是他从来就没有成功过，或别人不知道他的失败。

在对人对事上不要轻易生气或发火，一伤自己，二伤他人，三伤事情。情绪坏做出的决定都是坏决定，实在控制不住情绪，可以用转移法和位置调换法。这个世界不会因为你愤怒就会变好，这个世界大部分情况不如你想象和期望的好，同时你无力改变这个世界。

你要在无能为力的世界中掌控自己的人生，你要清楚你想要什么？什么对你最重要，并且立即开始行动争取。千万不要以为人生很长，有大把时间和机会等着你，人生要比你希望的长度短不少。不仅时间过得非常快，机会失去的也不会再来。人生当中后悔和遗憾的事情不是做错了，而是没有去做，从人生全部阶段来看，做错一两件事情对整个人生的影响不值一提，如果没有去做一件应该做的事情，会终生遗憾。

有些痛苦的产生是因为点对点、面对面近距离的感受。如果从大空间和长距离再感受，痛苦就没有那么强烈，所以对痛苦不必在当时一时痛不欲生，空间和时间会抹平一切，只要活着，其他都不是大事。

在奋斗的路上在保持身体健康的同时，心理健康十分重要，对自己对外界要有正确的心理意识，当官不比皇帝，发财不比首富，在自己的世界里活着舒服至关重要，自己当自己的皇帝，自己当自己的首富。每个人都要重视心理健康问题。

律师这一辈子确实很累，负担太重了，这个压力是无形的。我们经常开玩笑说，当我们律师与当事人签订合同以后，你当事人就没把你当人，律师就不是人了，你就是当事人奴隶了，这是中国社会对律师的看法。所以这样就是造成了社会对于律师压力很大，在这种情况下，你怎么能够来释放压力，把这个压力变成动力，把握好自己的人生，这其实也是执业律师应该想的和如何面对的问题。

中国有关数据表明，中国人的压力非常大，无论什么年龄和职业，压力普遍存在，最近出现频繁的恶性案件，什么原因？就是人的压力太大，恶性压力太大，抑郁症，焦虑症，强迫症各种这种心理上的疾病，中国人是不说的，从但实际上这种隐形的东西都可能会造成我们的职业甚至人生当中的障碍甚至污点，很多律师没法释放压力，如果我们在这个问题之前把心理解决了，那可能就不出现的问题。所以我们作为一个律师，你要想到压力很大，你要自己要注意释放这些压力。

国家检察官学院，国家法官学院都有职业心理教研室，为法官检察官来进行心理上的辅导。我前年去常州律协讲课，课后晚上没事我在那儿散步，我看见有一个医院，叫全军心理治疗中心，我就很好奇跟医生聊天，我说全军心理治疗中心是干什么呢？医生说是给解放军解决心理问题的。而我们律师并没有这种机构，这种设施，或者是这种干预机构。

我们必须认识到律师就是一个职业，是世界无数种职业的一种，我们要全力以赴，兢兢业业，我们要尽善尽美，尽我们全能把律师工作做好，律师职业的特点会使我们产生种种心理问题和需求，我们要重视和解决心理问题和需求，不能因为不良职业心理伤害了身体，在保护好你的身体，锻炼好自己的身体的同时，同时建立良好的心理健康机制，防止不良情绪和非正常心理问题的出现是我们律师职业必须要做到的，心理健康才是现代意义上的真正的健康。

金钱物质固然十分重要，给人带来的快感和愉悦比较有限和暂短。精神富有更加有价值，人要活在精神世界里，精神的追求和享受具有无限乐趣。没有哪个时代的首富能够流芳百世，还可能遗臭万年，但人类伟大的思想家精神导师给我们留下的精神财富会薪火相传，永不灭失。

人生需要一点阿Q精神

人生短暂，转瞬即逝。几乎所有的人都会感慨时间过的太快，在很多时情况下，我们还没有认真地想想怎么度过一生时，我们的一生就已经快过去了。人在年轻的时候总觉得人生很长，时间过的很慢，但人活到一定年龄才发现：人生没有你自己想象得那么长，时间也没有你自己感觉得那么慢。既然我们已了解人生的有限，就应该在有限的时间里活出无限的生命来。在我们的生命中，我们如何过好自己的一生，绝大部分人在绝大部分时间里都是无意识的，很少的人去思考这个问题，当然也有很多的人无能力去思考这个问题，作为人我们又不能不思考这个问题，因为所谓人生幸福，就是按照你自己的想法度过了你自己的一生，你满足了你自己的愿望，实现了自己的理想，应该是幸福的一生，富足的一生，如果是善终，那就是完美的一生。会有人说：我干嘛要想这些？活一天算一天，人算不如天算，何必自寻烦恼，到头来谁都不免一死，朝朝暮暮的活着有什么不好？问题是，人作为高级动物与其他动物相比较，人是可以有意识的主观的去活着，一般动物往往是无意识的客观的活着，一般动物活着的主要动机一是为了食物，二是为了交配权，人活着的动机远比这两项复杂得多。按照马斯洛的学说人活着有几个满足，最高层次的满足是精神的满足，按照佛教的说法，人的内心喜悦是真正的喜悦，这种内心的喜悦才是人生最高的精神富足。

那问题就来了，我们是否每个人都可以感受到人生中的内心喜悦？我们如何做到时常会感受到内心的喜悦？不幸的事实是，我们不太容易感受到内心的喜悦，包括很多所谓的成功人士，各路名人都抱怨人生的无奈和痛楚。人生成功与否没有绝对的标准，人生成功未必就是人生幸福，我们在追求人生成功的同时，更要追求人生的幸福，人生的幸福才是真正的幸福，而人生的幸福离不开内心的喜悦，我们需要让我们自己的内心喜悦起来。让我们的内心喜悦起来，我个人以为要解决几个层次的问题：

首先，我们要知道身外的客观存在。

我们每个人在出生的时候这个世界就已经客观存在了，也就是说我们个人是在客观世界存在基础上而产生的，客观世界不是因为任何一个人而存在的，任何一个人都因为客观世界存在而产生。所以我们要理解我们自己与客观存在的关系，谁在先谁在后，谁能左右谁，谁能支配谁，我们人类自己有意识的主观存在之外就是我们身外客观世界的存在，主观与客观的关系十分重要。

其次，我们如何认知客观存在。

从心理学上讲，人们对客观事物的认知决定了你自己的结论，结论决定了你自己的行为。所以说，行为的正确与否决定于你的认知，你的认知错了，结论当然会错了，依照错误的结论采取的行为自然会错的。就人生而言，我们如果正面认知客观存在，我们的人生可能就是正面的，如果我们负面认知客观存在，那我们的人生可能就是负面的，所以我们的人生是否幸福，内心是否可以充满喜悦，在某种程度上取决与我们对客观存在的认知，或是取决与我们自己的认知能力。

再次，我们大多痛苦来自于要改变客观存在人类大部分痛苦来自于对客观世界的不认可和要改变这个世界，秦始皇统一中国，客观上讲他是中国历史上很伟大的皇帝之一，他应该是很幸福的皇帝，但历史事实证明他并不是一个很幸福的皇帝，原因之一就是他为了江山社稷还想再活几百年，于是他在晚年投入了很多精力研制长生不老的仙丹，最后不但他本人没有长生不老，他的秦王朝也是昙花一现。我想，秦始皇在企图改变自己长生不老的过程中是不会幸福的，更不会有喜悦之情。

最后，内心的喜悦是有条件的。

最高层次的内心的喜悦是无条件的，是发自内心的莫名的喜悦。但做到无条件的内心喜悦对一般人而言是十分困难的，需要一辈子的修行和磨炼。对芸芸众生来说，我们追求内心的喜悦需要我们放下很多东西，承认这个世界的客观存在，有的时候我们自己是无能力改变的，那改变的只有我们自己，放弃征服整个世界，甚至认可自己的失败，都可能是自己内心喜悦的开始，我们很多痛苦来自于不承认客观存在，我们给自己太多的要求，追求完美，可是，这个世界没有完美的事物和人生，我们非要给自己设定完美的人生，我们的痛苦油然而来，我们如果与不完美共生，我们的内心喜悦就会源源不断地产生。

结论是我们并不是碌碌无为，我们要探索这个世界，并努力去改变世界，如果改变不了就要适应这个世界，而不是与这个世界为敌，当我们的主观认知承认客观存在时，我们就会得出符合逻辑的结论，我们就会知道我们下一步该怎么做，往往当我们不认知客观存在或不意愿认知客观存在时，我们就会得出不符合逻辑的结论，从而产生内心的纠结，我们主观想象是一回事，而客观事实是另外一回事，这种内心纠结的扩大就是不喜悦，不喜悦的扩大就是悲观和抑郁，久而久之，喜悦离我们越来越远，更奢谈幸福。作为人的我们应该有一点阿Q精神，想想客观上我们已经得到的东西，对不能得到的东西我们主观上要忽略，活在当下把握现实，让自己内心充满喜悦。

在大空间和长距离再感受痛苦，痛苦就没有那么强烈，所以对痛苦不必在特定的环境中一时痛不欲生，空间和时间会抹平一切，只要人还活着，其他都不是大事。

如何活着？如何活好？是大事，给自己设立清单：最低限度不能自杀，要保持心情好，忘记不高兴的事情，为自己的人生目标努力奋斗，一步一个脚印，心无旁骛，不拿别人评价作为标准，相信自己内心的标准，最终会实现自己的人生理想。

人生后悔的事情不是失败，而是没有去做，按照自己的意愿，尽快行动起来。你干的事情多了，久而久之就会有人说闲话，我觉得你干你的，别人说别人的，比如别人说我就是有点特立独行，不太合群，我不太听这些话，我为什么要跟别人随波逐流，比如说我从检察院下海的时候，我作为最高检第一个具有法学硕士学位下海的干部，周围人都觉得我疯了，别人认为这么好的前途，最高人民检察院的高大上的工作都不干，我有我自己的思考，我有我自己的判断，我就觉得检察院不适合我，而律师挺适合我了，我就这么想，这就是的意愿，我就按照我自己的意愿去做了。

内心有想法，行动要迅速，有了自己的意愿，行动要体现出来，很多人有了意愿，行动不起来，行动不起来等于没有意愿，很多人行动起来了，但行动的速度很慢，拖延症的后果就是意愿很难实现。我这人的特点可能是行动比较快的人，当律师后我想读个法学博士学位，我的很多同行说你这个律师干的这么好还去念博士有什么用？你不是有毛病吗？我自己的意愿不但读博士还要读个博士后，我一直对学术很感兴趣，我很快就行动起来，我就不再听别人说什么，我按照我内心的意愿去做就是了。既然是这样的，就是我追求的东西，就没有觉得它有什么负担，或者是什么一个艰苦的付出，反倒是一种乐趣。比如说好多人抱怨经常出差的烦恼，说当律师很辛苦，要经常出差。我就觉得，出差我就高兴，去哪都行，到哪里都有不同的人文景观，都会体验到不同的感受。这是一种想法，可能客观没变，人想法变了，感觉就不一样。出差的时候还能够到各地看一看，玩一玩，办完了事情以后放松放松，无论到哪里转一圈都会有收获，就会有个好心情，所以我从来没觉得到外地出差是一个负担，就你看怎么想了，很多时候律师觉得很辛苦，长年出差疲奔，我说疲奔是什么坏事吗，对不对，我认为出差挺好，所以每个人想法不一样，你喜欢的事情就自然而然的也就做到了，没有什么难度，就这样，任何一个什么伟大的计划，什么宏伟的理想，我觉得都应该在喜悦的心情下，尽快地一步一步的去完成去实现，人生固然很漫长，但要做的事情也很多，所以行动要快，没有行动所有美好的想法都是空的。三思而后行固然很重要，我觉得有了想法行动更重要，我其实行动可能比较快，我想好了我就做，再想那么多没用，所以其实我是一个很简单的人，我的想法也特别简单，我喜欢的就去做。过去说一个人头脑简单，四肢发达是贬义，如果现在如此评价一个人，我个人觉得不是什么贬义。现在的人头脑太复杂了，机会也太多了，行动起来往往犹犹豫豫，四肢越来越不发达了。

我的律师执业心得

就像过去这么多年一样，我对自己的人生职业生涯做出了几次的选择，对未来我也有了自己的设计，我这种对自己人生的设计是建立在对职业的思考和对人生的感悟上，任何人都需要思考自己的人生规划，选择比勤奋更重要，选择对了，一路畅通，选择错了，一路难行，再努力可能都会付之东流，人在不同的人生阶段有不同的选择。我觉得自己已经到了一个可以回头看的时候了。就像爬山，我用自己以前的时间一口气爬了上来，差不多已经到了山顶，不用再一路狂奔了，可以歇口气想想下一步怎么走，是在此休整一下还是找一条平坦的路转转。因为我觉得我在这个时候已经到了人生的高处，前面已经很开阔，平视俯视都可以，没有一点儿失落感，如果再来一次，我可能不会让自己跑得这么快，这么辛苦，我会一边爬山一边看风景。因为最美的景观往往不只在上面，而是在路途上，在攀登的过程中，可惜我当年爬得太快了，没有好好观景享受，所以我感到人生如果一直低着头跑，其实是很可惜的，我要放慢脚步，控制节奏，体验过程，抱着一种平和淡定的态度来面对以后的路了，不是赶路，是努力欣赏路边的风景，加上回味自己走过的路，爬过的山，遇到过的人，处理过的事。

作为一个律师，我接触了太多的人，体会了许多人生的况味，办理了那么多的案件，看那些商海中起起落落，官海中浮浮沉沉，直接或间接地了解了许多人生的悲欢离合。

你经历过失败吗？你怎样对待失败？尽管我的人生还算顺利，但也有许多挫折和失败，这是每个人都不可避免的。但在对待挫折和失败的态度上，这些年来我有了很大的改变。在我刚当律师的那些年，如果有经过我和当事人的努力却仍然无法挽回的失败时，我会很沮丧，有时候，明明有理却打不赢这场官司，那种无奈和失落是无法形容的，也会产生愤世嫉俗的思想，会觉得很灰暗，很在乎，觉得对自己对客户都是一种很大的打击。但是随着时间的推移，个人阅历的增加，尤其是在不停地经历和体验之后，这种感觉慢慢地消失，取代它的是一种淡然，尤其是我度过六十岁生日以后，该读的书也读了不少，该走的路也走了不少，人生感悟豁然开朗，我可以用享受来形容接受失败，因为失败是一生阅历的一种，我不是说在失败时我没有无奈和沮丧，还是有，但是从思想上我可以把它理解成生活的一部分。没有谷底何来顶峰，对于失败不仅应该能够承受它，还要学会享受它，因为失败在很多情况下是无法改变的，或者是不可避免的，你竭尽全力最后可能还是失败，我们要学会接受它，世界上任何人都会失败，无人可以超越失败。我们所要做的是尽量少点失败，或不要在同一个问题上第二次失败。

如果人生能够再重新来一次的话，你还会选择当律师吗？经常会有人这么问。我还会选择当律师，因为我爱这个职业，我对自己有信心，我觉得我对社会对人生对职业的把握都很准确，这是我的幸运也是命运，就律师执业而言，我仍然觉得我还是处在人生的最好时期，现在我正在享受成功的经验，也少有了年轻人的莽撞，而且还拥有一种年轻人努力向上的激情。我已经到了花甲之年，我到今天还有我的职业理想。

我常对人们说：能否成为一个好律师首先是否有这个想法？关键在于你是否将律师这个职业当作终生的事业？如果你把律师职业当成终身的事业你就会有长远的规划和打算，你就不会有短期行为，你就会舍得投资，否则，你如果把律师职业仅仅当作短时间的一个经历而已，你就很难把律师的工作做好。因为律师职业需要长时间的积累和全心全意地投入，没有这两方面的准备是很难成功的。

我喜欢律师这个职业，我适合做律师，律师职业尽管千辛万苦，我还是从中得到了巨大的乐趣和回报，我不会轻易放弃律师职业，到目前为止，还没有任何一个行业比我做律师更得心应手。我有丰富的实践经验，在今后的日子里我将这些经验上升为理论，为年轻人提供一些参考和借鉴。

我也知道面对未来的激烈竞争，从业的压力会越来越大。但我已经做好了准备，实现自己的第二次创业，从万金油律师到专业律师的转换。我将逐步进入学术领域，将自己的研究领域与执业领域紧密地结合起来，充分将学者与律师两个角色贯穿起来。

没有哪两种职业像学者与律师这样可以相辅相成地互为促进。我原来的理想是：就像做医生一样，首先是一名出色的医学院的教授，同时又是医院的名医。在未来，我希望我是脚踩两只船的人：一脚在学界，另一脚在律师界。通过学界尽快促进律师的专业化，通过律师执业为理论研究提供现实性的素材。我最想听到的评价是：我是一名出色的教授，因为我有实践；我是一名好的律师，因为我有理论。

人都有两面性，有阳光灿烂的一面，也有非常阴暗的一面，人在自己的生存发展中，应该用阳光灿烂的一面，不断地把自己照亮，把所有阴暗的地方都照亮起来，让我透明和纯粹。

我现在非常理解“舍得”这个词的含义，有“舍”才有得。人生也是这样，得失之间关键看你如何取舍，如何把握。

我们每天与各式各样的人打交道，我们所处的环境异常复杂，这其中的压力和危险，困惑和痛苦并不是外人可以理解的。在不断的舍得之间释放压力和痛苦，重新获得动力和勇气，在舍得之后再出发，这就是人生，当然也是律师人生。

如同谁都不愿意得病，有病就会想到吃药一样，谁都不愿意打官司，但有了纠纷又不能自行解决时，请律师维护权益便成为当今不少企业或者个人的选择。

我在开展律师工作中，对自己所承办的每一起委托事项或案件，从接案、研究案情，到制作法律文书、出庭参加诉讼，都以严肃认真的态度及时办理，从不拖拉，收到了较好的效果。

从开始接触律师工作，我至今已办理过涉及国内外当事人的各种案件近千件，从律师执业以来我一直严格遵守律师纪律和职业道德，不收礼，不额外收受好处，枉法的事坚决不干。用我自己的话说就是："吃了原告又吃被告的事情是大大的没有。"有的委托人为了表示谢意，要"表示一下"，我都予以坚辞。再用我自己的话说："我如果这样做了，别的律师也会这样做，隆安所不但不会兴隆，反而会垮台。"有许多次，委托人来所里共同研究案情，到中午要请我到饭店吃饭，都被我婉言拒绝；有的委托人还被留在所里就餐，接受我的"吃请"。

在我代理的案件中，个别委托人为获得更大利益，有时提出不合理的要求，并言明事成之后给我多少好处，且走关系、托人情等。对这种事，我稍利用几次，腰包也鼓了，但职业良心也就丢了。遇到这种情况，我都耐心地向委托人讲明律师的职责和纪律规定，说服其放弃自己的非法要求，对个别坚持要求的人，决不迁就，宁可放弃代理，也不做那种违背自己良心和损害律师职业威望的事情。

对年轻律师的期望

很多年轻人问我梦想、理想有什么用。我说没有梦想，没有理想，那你走不远。万一梦想要实现了呢？梦想可能是浪漫的。理想就是理性的，我想梦想更适合你的人生，理想更适合你的事业，你要问问自己你的理想是什么？

每个人能走到今天，首先你每个人都要问问自己，你有没有理想。我觉得是人生规划，你有没有梦想。你想干什么？这一辈子达到你达到一个什么目标，做一个什么样的人，是吧？

这个作为年轻人的话，只有理想和梦想结合起来，你人生才能丰富，才能幸福，才能走的很远，人生规划呢才能够得以得以实现，你说你都没有想法，你怎么会实现呢？你没有目标怎么实现目标，作为律师选择了这个职业就要对自己的职业都应该有一个清醒的认知。

第一，要成为师，而不是匠。

中国有个词儿叫科技，科技的词在世界上只有中国有，科技就是是科学和技术，律师就是技术，没有科学，或者科学不足。你多读书，就是要学科学，多多实践，就是掌握技术，律师的科技就是法学理论和执业技巧，律师就应该是师，而不要仅仅成为作为工匠，律师最大的成功应该是成为大师。

第二，人生要有规划。

我当年上北大读法律系，是我父亲逼着我去的，但是从最高人民检察院出来是我自己规划的，我觉得我不适合做检察官，我适合做律师，要规划自己的职业，人生一定要规划，职业要有规划。

第三，要干专业的事情。

律师一定要自己走专业化的道路，坚持专业化终会带来好处和回报。因为专业会使你痴迷于此，会使你流连忘返，专业会给你的人生带来更多的乐趣和成功。

第四，律师只是一份职业。

你没有必要为律师这份职业去赴汤蹈火，去牺牲生命，律师还有很丰富的人生，除了执业外，人生精彩还很多，不要为职业这事儿而牺牲自己，职业很重要，生命更可贵。

第五，要形成自己的思想体系和灵魂。

律师如果没有思想体系和灵魂可能干不下去了，每天遇到的案件有很大的负能量，构建自己内心强大的精神力量，克服所有不能克服的艰难险阻，执业才会成功。

第六，要想成功要活的足够长，时间长，你才能取得成就。

当我们说到江平老师，当我们说到非常长寿大师的时候，他们取得了人生伟大的成就，但最大的成就之一是活的长，无论男女老少，活的长是律师成功之道。

律师明天需要吃什么样的早餐？其实这个问题不只是问青年律师的，应该是问所有律师的，明天的早餐在哪里？因为我也是青年律师，按照联合国最新公布的数据，我刚进入青年，我10年之后才进入中年，这是问我自己的。这个问题的答案很简单，世界上有两种职业最古老、最保守也最成熟，一个是医生，另一个是律师，对我们来说，只要干好自己的职业，就能有早餐吃。问题是我们吃什么样的早餐？医学证明我们的早餐特别重要，有一句顺口溜“早上吃得像皇帝，中午吃得像将军，晚上吃得像乞丐”。早餐要吃好，因为早餐决定了一天的精神状态，一天的能量。我们所谓的吃好早餐，就是我们对年轻律师的期望。

第一，年轻人要想成功不是一天两天的事情，谁都要经历，需要时间，没有时间积累是不可能的，必须有一个时间积累才能成功，不要急于成功。第二，找到好师傅，好老师，多跟比你自己强的人学习，研究别人成功的经验和路径，拿着他人的教科书，走适合自己的路，不怕困难，不畏险阻，实现自己的目标。第三，要培养自己的职业兴趣，对己选择的工作要有兴趣，有了兴趣工作起来就不会累和苦。如果对自己所从事的工作始终没有兴趣，可能选错了职业，所谓女怕嫁错郎，男怕入错行。第四，就是我经常和年轻人说的，你做什么并不是能马上确定，但是你无论做什么你都要做好，做好了每一件事情，人生就是圆满的，不积跬步无法达千里。第五，如果有条件，年轻人一定要出国，开阔眼界和视野，你不到那个地方体验书本上是学不来真经的，所谓的读万卷书，行万里路，就是这个道理。

第四编

我在隆安律师事务所执业的 30 年

十五、当选北京律师协会领导

当选首届由执业律师组成的律协领导

我从1992年年底开始从事律师行业，到1995年这3年时间无论是从律师事务所还是个人来说，感觉都非常良好。因为当时在那个社会条件下，大部分律师事务所都是公办的，类似于法律顾问处，新批准的合作律师事务所较少。这就造成了市场对这个合作律师事务所的青睐，因此很多客户都到新的合作律师事务所来寻求法律帮助，使得我们业务增长的非常快，名声的也积累的非常快。到了1995年，当时有一个合作律师事务所主任联席会，每家轮流组织，每个月在不同的律师事务所举行一次会议，共同商讨在办所过程中遇到的各种问题及其解决方案。记得在1993年之前也就一共十几家律所，我也做过轮值主任。这些律师事务所的出现为北京法律服务界掀起了一阵新风，由机关里出来的，或者大学教授，或者是各个岗位出来的人组成了新的律师事务所，为当时法律服务之先河、先锋。像我这样有法学硕士学位，有最高检工作经历的人当律师是非常罕见的。到了1995年，北京第一次组成了全部由执业律师组成的律师协会，而在1995年之前，北京律师协会会长是由北京司法局行政领导担任的，律师协会的组成人员也是由司法局派来的。从1995年开始试点律师制度改革，我有幸被选为首届全部由执业律师组成的律师协会的常务理事。因为副会长很少，只有一两个人，不像现在，北京律协有十几个副会长，当年律师协会的事情并不少，这届开始选举产生的常务理事会相当于现在的会长办公会，所以当时的常务理事就相当于副会长，因为当时的北京律师协会常务理事也就几个人，每个人手中有很大的权力，管的事情不少。我1995年当选北京律师协会常务理事，分管两个工作，一个是律师的执业培训方面，第二个就是专业委员会方面，这就开始了我在北京律师协会工作的一个时期。

负责北京律师培训

在1995年到1998年3年的常务理事任期届中，我工作也比较卖力气，北京的律师的培训工作也搞得有声有色，培训规模非常之大，影响非常深远，我们的培训老师也是从全国人大、最高检、最高法和公安部等部门挑选的，因此在当时的北京律协的小会议室根本不够用，甚至在全市找培训的会议室成了我们一个主要的任务，因为培训搞的好，听者一来就几十上百人，甚至上千人，并且参加培训的不仅有律师，还有检察官、法官，甚至警察，当然也有中央国家机关、北京市机关的搞法律的人借机旁听，所以当时我还感到这个培训是非常有有意义的。我引以为自豪的就是在北京律师协会这些年来，我主管培训工作取得的成绩。也就是在这个期间，我结识了很多全国人大、最高检、最高法、公安部、司法部、北京市高级人民法院、北京人民检察院等司法部门的许多领导和同志。当然，我跟郑成思老师的熟悉也在我在组织北京律师培训的时候，因此培训工作是我的一份骄傲也是当时是北京律师协会的一个亮点，得到了全市律师的肯定和司法行政机关的认可。律师培训大多安排在周末举行，我作为主管培训的常务理事，几乎每场都要到时主持并介绍主讲老师，在这几年中，我的周末时间都是在组织培训活动中度过的。

我在北京律协另一个成绩就是专业委员会的工作，我们1995年成立北京第一届由执业律师组成的律师协会的时候，基本没什么专业委员会，当时在发展专业委会这个问题上，律师协会内部存在很多的争议，包括领导也有很多疑问，很多人提出发展那么多专业委员会有什么用？我主张随着律师业务的扩大，专业委员会这个律师业务的平台，必须逐步的发展，针对当时专业委员会发展的步伐比较慢的情况，我们下的决心是比较大的，我认为专业委员会能拓宽律师法律服务领域，对律师业务始终是有好处的。当时的专业委员会从无到有，从小到大，为后来的北京律师专业委员会发展壮大提供了良好的根基，这也是我们当时律师协会主要工作方向。我记得在律师协会年初的常务理事会上，我因为要的预算比较多，或者说绝大部分钱都使用在我主管的培训和专业委员会的工作上，所以，当时的常务理事会的一些人对我有些意见，他们说，咱们律师协会，本来钱就不多，全被你徐家力给花了别人怎么办。我说，我是正当的用途，这两项业务的钱不能省。因为这事儿没少在律协的常务理事会上和别人上争得面红耳赤。现在看来当年的经费花的是很有价值和意义的。

当选北京市律协副会长

1998年北京市律师代表大会在北京稻香湖国际会议中心召开，经过北京律师代表大会的代表民主选举，我当选北京律师协会副会长，我是得票较多的副会长之一。为什么能被选为北京律协副会长，我自己以为，主要基于以下几个原因。

第一个原因是，在这之前我已经当了3年的常务理事，主要负责北京律师协会的培训和专业委员会的建设，这两项工作在北京律师协会过去的3年当中，应该是成绩最优异的工作，得到了律协、司法局以及全市律师的认可，有了3年的积累，成绩斐然，我想这是一个主要的原因。

第二个原因就是在律协工作这3年真是竭尽全力，几乎每个周末都在培训的现场，没有休息的时间，越到周末越忙，因为律师都是用周末时间来进行学习，所以几乎把所有的周末都搭进去了，把律协的工作放在第一位，工作的成果和态度大家都有目共睹，这也是得票高的原因。

第三个原因就是牺牲了自己的业务，这3年中，我的律师业务做的越来越少，因为几年以后，在我卸任副会长以后我的律师业务量突然上升，前后有着非常明显的对比。

第四个原因就是隆安律师事务所在北京法律服务市场前10年的时候，可以说是领先的律师事务所，尤其前5年的时候，大概是排在前几名的。律师事务所的声望也给我个人带来了很大的声誉，使我在当副会长的平台上得到了很多的加持，所以隆安律师事务所的地位影响和支持了我，也是一个主要原因。

第五个原因，是因为我在1998年已经开始读博士，并且选择了律师制度史的研究，在这期间也陆续写了一些文章，有关于律师制度的，关于律师管理的，关于律师业务的，也在业内产生了一定的影响。

当选北京市律师协会副会长

在当选北京律协副会长以后，在会长办公会议职责分工以后，会议上决定仍然由我来主管这两项工作，也就是全市律师的培训和律协的专业委员会的工作，因为我们经过3年的工作和发展，已经对律师的培训和专委会的工作已经有了很成功的经验。当时培训除了大课培训即几百人的培训以外，还有各种小班培训、专业的培训，再结合专业委员会牵头的培训，所以培训和专业委员的工作会成为北京律师协会当时最突出的工作之一，根据律师协会安排分工的原则，律协还有两个常务理事协助我的工作，一位是张涌涛，另一位是张学兵，分别负责培训和专业委员会，他们两位律师对这两项工作做出了突出贡献和无私的奉献。

因为我主管北京律师的培训工作，使我有机会到上海、海南、云南、山西等地的律师协会，介绍北京的律师协会培训和专委会的经验。当然北京律师协会的经验不可复制，因为北京律师协会的发展基于北京这个政治文化中心，甚至法治中心的位置，请到的培训的老师都是外地无法企及的，以及律北京律师协会的队伍将近当时有将近1/3的人有硕士学位，将近10%的人有博士学位，所以这样造成了北京律师协会培训和专业委员会业绩发展的突出。这种情况得到了北京以外律协的青睐和羡慕。

在1995年的时候，我作为北京律师代表团的成员参加第三次全国律师代表代表大会，见到了很多公检法领导，甚至国家领导人。其间有一个小插曲，我到京西宾馆报到的时候，拿了房卡到了房间，哎，我发现房间已经有一个人，有点意外，有一个老先生坐在那里的，他就问我，你也是这个房间的？我说是，我就问他，您贵姓啊？他说他姓柳，我说，咱们是两个人一个房间吗？他说，是啊！我想，这么大年龄的老者了，和我挤一个房间不太合适吧，后来我就跑到前台，跟前台说，我房间有年龄很大的老者姓柳，这个年龄的人应该住单间，柳老这个级别，是不是搞错了，前台一查，会议代表都是两个人一房间，这是规定，但后来又跟我说，搞错了，说确实，柳老应该安排单间。在会议上，我知道柳老叫柳谷书，是中国专利制度创始人之一，也就是后来联想董事长柳传志的父亲，但是当时有幸认识柳老，还聊了半天，就是我参加全国第三次律师代表大会的一些有趣情况。前些日子参观中国律师博物馆，在新中国律师历史展区，看到了我当年参加全国第三次律师代表大会的一张合影，在前排就坐的人当中几乎包括了当时的中央和国家政法机关所有的主要领导。

组织北京律师培训的几点体会

开展业务培训与业务交流，是北京市律协的一项重要工作，这项工作开展的如何，直接影响着全市律师的业务水平。随着北京市律师工作改革的深入，律师事务所和律师人员成倍增长，特别是合伙制律师事务所的大规模建立，使律师的积极性大大提高，形成了相互竞争、不甘落后、奋发向上的良好局面。在这种形势下，如何开展业务培训，成为律师协会面临的当务之急。本届律师协会领导班子上任后，在制定任期目标时，就决定把培训工作当做一场重头戏来抓。常务理事会决定由主管副会长及两名常务理事主抓培训工作，结合北京律师行业的现状和特点，确定了把培训工作做为律协最重要的工作来抓的指导原则。3年时间很快过去了，培训工作取得了显著的成绩，全市律师对律协的工作给予了充分的肯定，具体体会如下：

第一，把握时代脉搏，迎合律师需求。

现在是知识经济的时代，谁掌握的知识多，谁学习的速度快，谁就站在时代的前列。律师是以其法律专业知识为社会提供法律服务的，谁掌握的法律知识广泛谁就提供法律服务的领域就广阔，谁掌握的法律知识稳固、扎实，谁就能提供高质量的法律服务。所以，律师职业而言，就是一个靠知识吃饭的行业，而获取知识的最有效的途径就是接受各种形式的培训，正是基于这种客观内在的职业需求，本届律协至始至终把培训作为首要的任务和根本工作来抓，通过培训律师获取执业中最需要的各种知识，以达到提高法律服务质量的目的。

第二，培训是律师开拓新领域，提高执业水平的重要途径。

对于参加培训，律师有客观的需求，我们要做的工作是提供律师需要的培训内容和方式，变不积极、被动的培训为积极主动的学习，使培训成为律师执业中重要部分，从而提高律师的素质。在过去的20年里，我国经济体制改革以及对外开放取得了令人瞩目的成就，就是在这20年期间，我国律师制度得到恢复和发展，一大批优秀的人才进入律师队伍。在这20年的发展中我国法制建设也取得了巨大成就和突破性进展，绝大多数律师在大学所学知识已跟不上时代的发展，确定终生教育制度是保证工作质量和自身素质的重要途径。尤其近几年来房地产、证券期货、金融、保险、知识产权、企业兼并重组等新业务的发展迫使律师必须重视学习、更新知识。从培训的安排上，对新取得律师资格的律师不仅要实习1年，同时马上就要接受律师的培训，使律师认识到考取律师资格开始执业不是学习的结束，而是终生学习的开始，即执业学习的开始。实践证明，哪个律师通过培训拥有了新的知识哪个律师就有可能在这个领域占有一席之地。哪家事务所集中了拥有新知识的律师哪家事务所就会在这个领域大有可为，从而形成了律师自觉自愿学习的良好风气。律协就是在引导律师学习方面下功夫，加上合理科学的课时安排，使北京律协的培训工作有声有色，备受律师们的欢迎。

第三，发挥首都优势，把培训水平提高到最高层次。

因为我们地处北京，我们在确定培训内容后，聘请最高层次的立法、司法及科研院校的专家、领导、学者给我们授课，我们及时掌握最新最高水平的法律知识，这一点是北京以外地区所不能比拟的，这也解释了为什么北京律师在全国执业水平较高的原因。因为我们可以常年吃“小灶”，经常得到“真传”。本届律协充分利用各种人际关系网络，使培训工作借助北京地利达到一个新层次。我们的培训不仅受到律师的赞赏，而且引来了首都司法界的一致好评，我们每次的大课培训都有公、检、法的同志，甚至政法院校的教师“混进来”旁听，体现出我们培训的吸引力。现在已有多家司法机关请求把他们对干警的培训纳入到我们律协的培训之中去，也让他们分享我们的培训成果。

第四，变单一的被动式学习为立体化的主动学习所谓培训的立体化不是单一的讲课式培训，而是多种形式并存多种方式并用。

1.既有大型的授课时培训学习、又有小型研讨会、座谈会、午餐会式的互动式培训。

2.以法律知识为主，又辅以各方面知识，比如律师事务所的管理，借以提高律师的综合素质和执业水平。

3.既有普通的知识的学习，又有学历教育，甚至是与外国大学共同举办的学历教育。既要请进来讲课，也要派出去学习，主要是派到国外去学习。

4.培训具体形式既可以参加听课，又可以撰写论文，甚至在网上参加培训学习。既当学生又当先生，不仅聘请各界人士讲课，也邀请优秀的律师担当培训的教师。

第五，培训与专业委员会的关系。

专业委员会的发展是律师执业水平的标志，是律师执业专业化的必然趋势。通过专业委员会，律师可以交流执业经验，取长补短、互相学习，从而提高律师的整体水平和素质。培训与专业委员会的关系如下：

1.以专业委员会为龙头开展业务培训。要想使培训有特色，有水平，吸引广大律师，只靠协会机关工作人员显然是不行的，因此，律协领导确定了以各专业委员会为龙头开展业务培训的指导思想。律协目前有11个专业委员会：刑事、金融、证券期货、知识产权、房地产、民商、劳动法、税法、公司业务、国际业务、婚姻家庭专业委员会。各委员会有近15~20名委员，他们大都是有较高理论水平和较丰富实践经验并且在本专业领域中有一定知名度的执业律师，发挥他们的优势，在律协统一领导和安排下开展业务培训和业务交流，以点带面，可以提高北京律师的整体执业水平。从1996年开始，我们要求每个专业委员会一年至少组织一至两次讲座。专业委员会于年初上报培训题目，律协统一安排出全年的培训计划。按照这个计划，律协每个月至少有一至两次大规模的业务培训。这种由专业委员会出面聘请授课老师，确定授课内容的培训方式，使培训更符合律师的口味，更适合律师的业务需要，所以每次前来参加培训的律师多达千人，改变了以往培训人数廖廖无几的现象。

2.培训的内容安排主要来自于专业委员会。各专业委员会以专业活动来安排培训内容，使专业委员会的活动成果扩大到全部律师。

3.培训的组织工作主要由专业委员会来落实和实施，诸如讲课教师聘请、课程内容及人数的安排都由专业委员会安排。

4.组织小型研讨会是专业委员会的活动形式也是培训的一种形式，两者紧密联系，密不可分。

5.专业委员会的工作成果是培训深度的保证。没有专业委员会的深入研究成果很难达到培训的高水平和高质量，比如没有专业律师提问就不可能有高水平的回答。把培训做为提高律师整体素质的核心工作来抓，律师业的竞争是高素质人才的竞争，高素质的人才是一个律师事务所立于不败之地的基础。

第六，高度重视、具体落实是培训成功的重要经验。

高度重视是指本届律协把培训做为重中之重的工作来抓，强调培训在律师工作中的特殊重要性。具体落实是指在人员配备上安排了最强的阵容，从主管会长、常务理事、理事及秘书长和业务部的工作人员都倾心于培训，从选题到选人，都是经过层层把关，并征求律师的意见，从一开始就把培训工作立足点提高，任务计划形成后，建立监督机制，落实到人负责，尤其是律协的工作人员，经常牺牲休息时间加班加点工作，使培训工作落到实处，见到实效。如果没有律协各层领导的高度重视和工作人员的辛勤努力，培训工作是不可能取得这样的成效的。

第七，培训的制度化。

所谓培训的制度化是指将培训工作做为律协工作的一项重要制度固定下来，这个制度不仅有硬性的规定指标，同时还有如何完成的具体措施，使培训工作成为一项高效运转的系统工程制度。改变过去培训无计划，盲目选题，随意安排时间的做法。按照司法部和全国律协有关文件规定，每名执业律师每年必须接受不少于40课时的培训学习，没有完成规定课时学习的，律师管理部门不予年度注册。市律协已正式、及时地转发了该规定。对律师参加司法部和全国律协举办的培训班、硕士博士班及其他正式学习的，我们也视为完成学习课时，予以按时注册。绝大部分律师为了不断充实自己，积极参加各种培训和研讨，每年年检注册时，98%的律师都能完成培训任务。同时，我们也鼓励律师积极参加有关部、委、办、局举办的涉及法律或专业知识的学习以及学历学位学习。

第八，计划性和灵活性相结合。

所谓计划性是指在时间安排上，加强培训工作的计划性。我们改变了过去随时安排、临时通知的做法。年初由协会召集各专业委员会主任联席会，在总结过去一年培训工作的经验及存在问题的基础上，广泛讨论，协调统一，最终确定新一年的培训工作重点和全年培训计划，并在人手一册的《北京律师》杂志上提前公布本年度历次培训时间、地点、题目和绝大部分主讲人，以便于各位律师根据自己的专业特长、兴趣和时间提前安排。为了体现“服务第一”的精神，律协在每次培训前，还另行发通知到每个事务所，做到了提前一年“通知”，提前一周“提醒”。鉴于广大律师希望并愿意“再学习、再提高”，但又苦于大部分工作时间被律师事务占用的实际情况，律师协会原则上把培训安排在休息日进行，几年来基本上做到了每个月都有两个周六安排培训，为律师们提供了一个在双休日提高自身素质的机会和场所。

所谓灵活性是指结合实际开展培训，不受培训计划的限制。在按照培训计划举办业务培训的同时，我们还根据开拓新业务的需要和新法规的出台，及时增加培训内容以满足律师的要求。按照司法部未参加刑事诉讼法培训的律师不能承办刑事辩护业务的规定，我们从1996年年底就开始陆续举办刑事诉讼法培训班。培训班聘请公、检、法机关工作人员和刑事业务资深律师分别从不同角度谈律师参与刑事诉讼应该注意的问题。每期培训班结束时都要进行刑诉法考试，合格者准予承办刑事案件，在其执业证上加盖“通过刑诉法培训”专用章。现已陆续办了17期培训，共有2500余名律师通过了刑事诉讼法培训，为我市律师顺利开展刑辩业务创造了有利条件。1997年《刑法》颁布后，我们及时请来参与立法的全国人大法工委刑法专家，利用四个半天，为全市律师串讲刑法，使律师们及时掌握了新刑法的立法精神和内容。1999年3月全国人大通过了宪法修正案和合同法，为了帮助律师及时掌握新法，我们于同年3月底、4月初连续举办了新宪法讲座和合同法系列讲座，主讲老师都是全国人大法工委的立法专家。对这些新法讲座，由于切合律师办案需要，律师们反映较好。

十六、获得的个人荣誉

当选北京首届十佳律师

1995年北京市司法局、北京青年报发起北京首届十佳律师的评选，当年的评选方式是由北京青年报公布候选人，而在候选之前进行广泛地、拉网式地采访、摸底，发表候选人的律师事迹和业绩，在这之后公布确定的候选人名单，接着在报纸上公布名单，让大家投票，也就是北京市范围全社会投票，记得当时采访我的一个记者现在也已经成为大律师了。全社会投票结束以后，报社负责把有几十名的投票靠前的律师名单交到司法局，司法局又组成专家委员会，再经过几轮评选，来评出十佳律师，评选的程序相当复杂。在1996年我有幸当选为北京首届十佳律师，并且司法局指定我在首届十佳律师颁奖大会上代表十佳律师讲话，当时我很纳闷，我想为什么让我代表十佳律师讲话呢？后来《北京青年报》的总编辑找我去谈话，他告诉我说，根据《北京青年报》的统计，在报纸上群众海选投票的票数我排第一，所以我们就与司法局商量计划安排谁排第一，谁就代表这个十佳律师讲话，所以我就代表了十佳律师在北京首届十佳律师评选颁奖典礼仪式上讲了话，我讲的大致内容就是我们被评为十佳律师，在感受到荣誉的时候，更多的是压力，北京这么多律师，只有我们10个人被评为十佳律师，这个称号是沉甸甸的，我们一定不辜负这个称号，历史已经过去，未来我们要努力奋斗，以此为起点，为我们的律师行业添砖加瓦，为我们的事业再立新功。而那个安排我发言的当时北青报的总编辑现在已经成为在中国国家监察委员会工作的部级干部。

首届北京市十佳律师颁奖大会

我为什么能够当选北京市首届十佳律师？我现在回想起来，那时侯，我真是以一种拼命的精神做律师，废寝忘食，夜以继日，无论是个人代理的案件，还是律师事务所的管理事务，或是律师协会的工作，全力以赴，不辞辛苦，尽心尽力，开足马力，做了我一个年轻律师应该做的一些事务。

代理一个个案件，一次次胜诉，使我的业务迅速扩展到知识产权、刑事辩护、国际贸易、诉讼与仲裁等领域，使我在北京律师行业渐渐的积累了一些名声和业绩，为北京市司法局对律师的评比奠定了一定的基础。同时，全面开展了我的涉外律师业务，我当律师不久，就把目光投向了国际舞台，要在国际法律服务的舞台上走出华丽的舞步，一展中国大律师的魅力和风采，把中国法治建设的成果和中国律师行业的进步展现在世人面前。我开始代理涉外案件，与美国律师紧密合作，频繁出国办理案件，凭借我严谨的工作作风、认真的工作态度和丰富的法律知识，每件纠纷案件都得到了圆满的解决，在国内外赢得了高度赞誉。

回首这段难忘的岁月，我们赶上了中国律师业发展的好时代，我们是改革开放后的第一批律师，紧随改革开放的步伐，所以很容易把自己的业务做起来。回想起来，我觉得我们很幸运。

我追逐着梦想，一路走来，目标清晰而明朗，步伐坚定而从容。在我那古朴典雅的小公室里，一座座奖杯和一份份荣誉证书，仿佛在诉说着我这位追梦人在律师界的辉煌往事。与此同时，我在律师事务所发展的事情上，投入了大量时间和精力，竭尽全力推动律师事务所前进，在我们几位合伙人的共同努力下，隆安不断发展壮大，隆安自成立以来，在律师服务领域进行常规的诉讼、非诉讼法律服务的同时，一直关注律师专业化问题，在专业化方面进行了不懈的努力和探索。

在日益激烈的竞争中，律师事务所办出自己的专业特色是一条重要的出路。用“探索”二字描述我引领隆安在律师专业化的道路上艰难跋涉和精准定位比较贴切。因为隆安的发展史也是律师行业在专业化道路上的探索史，每一页上写满了我的敏锐、睿智，果敢、勇为，更有我挥洒的汗水和付出的心血。

不负众望，不辱使命，旗开得胜，隆安由此走上了快速发展的道路。1995年隆安在上海开设了第一家分所，1996年由合作制改为合伙制，1997年迁至现在的北京国际俱乐部写字楼办公，从此以后更是迈入了成熟、专业的发展阶段，屡获业界好评，声誉日隆。这一切为我当选为北京首届十佳律师奠定了基础。

被评为一级律师

1998年我当律师不到10年，北京司法局开始评选一级律师，根据北京市高级评委会的要求，我申报了我的办案业绩成果和发表的文章，当年就被评为一级律师。

第一个环节，当时评选还是很严格的，首先要看你办的案件业绩，每人要提供10个案件，通过高级评委会进行审查、打分，进行书面评价，评判你的办案情况和你在其中的水平作用等。

第二个环节就是看发表的文章和一些学术上的成果，或者是办案的总结文章。这个高级评委会全称叫北京市高级职称评定委员会，他们的标准是要考核你的研科研能力和学术水平，只做一个工匠还不行，还必须在具体办案当中有总结的能力，有学术研究的能力，因为这是高级学术职称评定，这是第二个标准。

第三个环节是高级职称的英语考试，这是全国统考，其实我觉得最难的是英语考试，很多人进考场不到10分钟就出去了，英语考试相对与每天忙于办案的律师比较难，所以很多律师可能办案和发表文章都没问题，但是被英语被卡住了，既然是高级职称，考试外语当然是必经的程序，按照一级律师的评审条件，在那个年龄和资历的要求之下，能够通过外语考试的人并不是很多，因为外语考试通不过，律师业务做的再好，一级律师的职称也是拿不到的，这是硬指标，这些人因为是自己的原因拿不到一级律师的职称，就说这个职称的评审不好，甚至说一级律师职称没有什么好处和用途，这就有点小儿科了，我认为这是吃葡萄吃不到反而说葡萄酸的心态。

有人问：一级律师有什么用呢？第一个用途，评上一级律师以后呢，实际上是对你的律师职业的一个检验和评判，当了这么多年的律师，究竟什么水平自己无法评判，这个职称就是有一个客观的评判，也是对自己业务的一个总结。第二个对我以后在学术界的发展起了很大作用。在2003年评教授的时候，我的一级律师职称发挥了效用，因为一级律师相当于学术界的正高职称，所以在学术委员会讨论我教授职称的时候，我很顺利地被评定为教授，在接下来的中国政法大学博士生导师遴选过程中，我的一级律师职称也起到了不小的作用。第三个是对你的职业生涯有很大帮助，毕竟一级律师是评出来的，不是我自己挂在嘴边说出来的，你是一级律师，你的当事人，你的客户对你有更大的认可，给律师带来更好的声誉，我觉得这就是评一级律师给我带来的好处。律师职业是一个需要终身学习的职业，学习的目的就是要更好的执业，在另外一个意义上讲，律师其实就是一个学者，而不是一个工匠，律师职称的评定是促进律师不断学习的一个手段和制度，它对提高律师的执业水平是大有益处的，特别有益于我们律师的专业化。

通过律师高级职称的评定，我们培养出了更多更好的学者型律师。

荣立司法部二等功

我曾荣立过司法部二等功，在将近20年之前，有一次全国律师协会的领导打电话让我去全国律协一趟，我就去了。去了以后呢，当时全国律协的主要的领导，会长、副会长都在，说现在中央政法委及司法部交下了一个任务，以中华全国律师协会法庭之友的名义到国外法庭作证，为中华人民共和国国家豁免争取权利，经过司法部的挑选，你们三位律师将去国外出庭作证。

我们三位律师是指我、高宗泽老师、还有上海一位黄律师，我说具体的任务是什么？具体的任务就是让我们做好准备到国外的高等法院或者是最高法院出庭，来为国家豁免做出我们律师的专业意见。当然我们的身份是代表中华全国律师协会，法庭之上我们既不是代理律师，也不是案件的当事人，我们只以法庭之友的名义作出类似专家证人的证证言就可以了，但是这个要求还是比较高的，要求熟悉英美法系国家法庭的规则，最关键的要熟悉案件本身，还要熟悉中国的法律，尤其还要熟悉中华全国律师协会的情况和运作方式，因为我们代表的是中华全国律师协会。法庭之友是英美法系国家法庭的一个制度，相当于专家出庭作证制度，针对某一个法律问题听取当事人之外的陈诉和意见。

我问，为什么选上了我？当时律协领导给我答复是，选这次代表国家到国外法庭出庭的标准有几个。第一个是要是党员，政治背景上要过硬，你是党员，又是前检察官，符合这个要求。第二个标准，就是英文要很流利，因为需要出庭在法庭上用英文沟通，尤其当事人是外国人，我们国家豁免案件的代理人也是外国律师，需要跟外国律师交流。我那个时候刚在美国做访问学者待了1年，刚回来不久，所以英文尤其是法律专业英文还是不错的。我就符合了第二个条件。第三个条件，是熟悉中国的律师体系，尤其熟悉全国律协和各地律协的运作功能、性质和作用。因为国外的法庭或当事人的外国律师可能会问一些问题，比如全国律师协会是什么一个性质、与司法部是什么关系等问题，你在全国律协多年当专委会的主任，又当过北京律师协会的副会长，你可以回答出来，所以你符合这个条件。第四个条件就是在国内是办案比较多、比较成熟、比较有经验的律师，诉讼律师，在国外法庭上，要进行交叉询问，需要熟悉法庭的诉讼程序。第五个条件是需要经常出国的人，对所去的国家无论是从是法律体系、诉讼程序，还是到社会状况比较了解的人。因为这些条件我更符合，我经常出国，尤其是经常去欧美国家，既有公事，又有私事，也和一些当地的律师、学者的紧密联系。所以基于以上五点，我被选中，让我做好准备，随时可能出国参与这个案件，那么我就开始看材料，开始熟悉这个案件。接下这个案件不久，代理此案的外国律师来到中国，在几天的时间里，向我们详细介绍了案件的情况和背景，我们之间讨论了我们的工作和任务，研究了如何配合法庭等细节。这个案件对我的英文水平是一个很大的提高，对我的办案能力是一个很好的考验，通过这个案件，我对案例法国家的诉讼程序有了比较深的了解，学习到了很多东西，收获不小。后来，我们一起去了国外，参加了法庭审理，作为法庭之友，代表中华全国律师协会，阐述了我们关于国家豁免的依据和理由。

这个案件在高宗泽老师，我，还有黄律师的努力下，当然也包括我们聘请外国律师的努力下，最后外国最高法院裁判我们以中华全国律师协会法庭之友的出庭的意见被采纳，我们国家作为当事人享受国家豁免的国际法的权利，法庭把国家的法律义务免除，从这一点来讲是全面胜诉，所以基于此，司法部授予我、高宗泽老师还有黄律师司法部个人二等功的荣誉称号。

被评选为北京首届十佳知识产权律师

北京律师协会在原来司法局评选十佳律师的基础之上，改为评选优秀律师，我也被评为北京优秀律师，全国律师协会由评选十佳律师改为评选全国优秀律师，我在这之前已经被评为全国优秀律师。后来，根据律师的专业化要求，北京律协又开始评选各个专业的十佳律师，就如知识产权专业十佳律师。

在首次知识产权专业十佳律师评选当中，我有幸被评为北京十佳知识产权律师，当时评选程序还是挺复杂的，要经过答辩，还要提供办理知识产权案件的业绩，再由北京律师协会组成的专家评委会和群众投票，经过了层层选拔和评比，最后被评为了北京首届十佳知识产权律师，我想这是对我这些年来知识产权实务和理论一些工作的肯定，并且律师评选由一般的十佳律师、优秀律师改为专业的十佳律师这也是一个领域专业化的体现，说明了与时俱进。

这些年来，主要精力放在了办理知识产权案件上面了，不但办理了许多案件，也写了不少文章发表，在知识产权实务界和知识产权学术界有一定的影响，例如，除了北京首届知识产权十佳律师的称号，还被评为过其他称号，年度最佳知识产权律师、年度最佳商标律师、年度最佳专利律师、年度最佳著作权律师、年度最佳竞争法律师、年度最佳互联网律师等。在知识产权学术界，获得了好几篇优秀论文奖。在北京文化创意产业知识产权保护研究的项目中，得到了北京市委领导的批示。其他的几个科研项目也得到了有关机关的关注和相关领导的批示。如果郑成思老师九泉之下有知，我作为他的学生，没有辜负他的希望，在知识产权领域取得了一点点小成绩，这是令人欣慰的。这些年来，由于集中办理知识产权案件，与全国各地的律师同行交往不少，通过交流，我有机会到了很多省份讲课，学习江平老师的一个理想，就是争取到中国的每一个省份都去讲讲课，开阔眼界，互相学习，互相提高。路漫漫其修远兮。

当选全国优秀律师

我在10年前左右当选为全国优秀律师，当时我正在美国因公务出差，突然接到北京律师协会秘书处的一个电话，说徐律师你能不能回来，两天以后，北京律协组织要召开一个陈述会。我说陈述什么呀，他说北京律协推荐你为全国律师优秀律师人选，你要出席，当面陈述你的自己的一些业绩和情况，我说我十分抱歉，陈述不了，我说我在美国呢，回不去，他说这个按照要求必须参加，我说我参加不了，算了吧。后来我就没把这事当回事儿。过了几天又给我打电话，说你这个陈述会开完了，你没有参加，这个很遗憾，但是呢，经过北京律师协会领导决定，还是推荐你代表北京候选全国全国优秀律师，我说为什么要推荐我呢？他说北京律师协会认为我能代表北京律师，这样到全国律协可能会当选，否则可能会浪费名额。我说谢谢北京律师协会对我的认可。所以当选全国优秀律师，我感到很意外。之后我还是真很顺利当上了全国优秀律师，对我来讲是一个意外惊喜。这次当选跟以前不一样，以前是经过各种程序，我都参加经过了，但这次我基本什么评选活动也没参加，最后到全国律师协会去领奖，我都没有在，因为我在一直在国外出差，后来全国律协就把全国优秀律师的奖牌和全国优秀律师绶带寄给我了，这个过程我没有很好的参加，心里面一直是很大的遗憾。有一次开会遇到全国律协的领导调侃我，他说，徐律师，好多人觉得当选全国优律师是很荣耀的事情，会很努力地去配合我们，你连一次评选活动来都不来，你真可以呀！其实我是很冤枉的，我真的是分身乏术，办案时间早就安排好了很难更改。这些年以来，我一直坚持在第一线办案，处理案件占用了我大量时间和精力。我得到北京律师协会和全国律协的肯定，我心中是暗暗高兴的，说明我这些年来，无论是在律师行业还是在律师协会的这个岗位上都兢兢业业做了一些工作。他们没有忘记我。据说全国优秀律师称号是从全国十佳律师转化而来的，现在全国律协不再评选全国十佳律师，改为评选全国优秀律师，所以全国优秀律师的称号含金量还是很高的。

当选北京律师法学研究会会长

北京律师法学研究会的宗旨是主要组织全市的律师研究律师行业发展当前所遇到的问题、瓶颈，对行业的发展起到一个辅助的作用。这个研究会要在北京律师协会、北京司法局、北京法学会的领导之下开展对律师法学的学术研究活动。大家很关心这个研究会的诞生，成立大会开的很隆重，来自各界的领导和嘉宾共同见证北京律师法学研究会成立，在成立典礼仪式上，我想到了很多也讲了很多。

回忆起当时筹划成立这个研究会，也是机缘巧合。后来经历很多困难、矛盾、挫折、纠结，北京律师法学研究会终于成立了。

我的心情是怎样的呢？就好像当年19岁考入北大法律系的心情一样，我作为一个大学新生，我要在一个叫作“北京律师法学研究会”的大学里认真刻苦的学习，我要充满活力地积极地去学习有关律师法学的各种知识，作为会长把研究会的工作搞好。

首先，研究会迈出的第一步——就是编写一部《律师法学》教材，深入研究“律师法学”的内涵和外延。

其次，在过去的数十年中，北京律师行业的发展在中国法治进程的指引下逐步加快，发生了很多大事，涌现了很多人才。我们将加速整合首都的律师资源，总结首都律师的业绩和经验，以研究会为平台发表出来。

第三，将北京律师法学研究会的影响拓展到全国，举办全国性年会，从不同地域、不同角度对行业进行理论研究，并设立科研项目，成为学术界、实务界相互交流、相互学习的高效平台。

北京是中国法学教育最发达的高地，作为研究会会长，也作为一个博士生导师，我要和研究会一起出成果，比如出版物、研究项目、科研成果等。

另外，我们今天的成立大会就是在中国律师博物馆召开的，我想利用律师博物馆这个平台，与我们北京律师法学研究会结合起来，把律师理论和实务真正提到更高层面，并通过参与建设“中国律师博物馆”，打造和擦亮“中国律师”的新名牌！

律师法学是在诉讼法学下的一个分支，是在中国的诉讼制度当中一个很重要的一个环节。到2021年的时候，北京律师制度从恢复建立到发展壮大已经40多年，有太多的东西需要总结和研究分析，所以有关方面决定成立北京律师法学研究会。当下全国律师已经超过50万，几万家律师事务所，北京现在已经有5万多名律师，几千家律师事务所，在这么一个庞大的律师队伍之中，尤其是北京律师一直在全国有一个引领的作用。所以要总结北京律师40年发展的成功的经验和成果，上升到理论高度，总结出北京律师发展的规律，向全国提供北京成功的经验，同时向全国其他各省市学习先进发展的经验。在这种大背景下，北京决定成立律师法学研究会，北京律师法学研究会的会长的人选经过了多次的研究之后，司法局决定让我出任这个会长。律师法学研究会在全国有十几家，每一家都是司法厅厅长、司法厅副厅长，或者是有一定级别的公检法的领导出任律师法学研究会会长，但是北京司法局认为这是一个学术机构，还是由学术背景的律师出任比较好，最后决定由我来出任北京律师法学研究会的会长。我个人认为这是我对我律师从业30年来的一个肯定和和认可。

在过去30年当中，我在执业的同时也写了大量的文章阐述律师发展的规律，我的博士学位论文就写的是民国律师源流研究，也就是中国的律师制度是怎么在清末民初建立起来的。我的博士学位研究的就是西方律师怎么到中国来的，中国律师制度怎么在西方的领事裁判权下来产生的。后来这篇文章成功的扩为两本书，一本是民国律师制度研究，还有一本是中国律师制度史。这两本书都是在我的博士论文基础上整理，最后经过出版社出版的。其实在我从业10年以后，我写了一本书叫《律师实务》，这本书经过法律出版社八版的再版，在前些年律师培训，尤其是实习律师实习考核的时候是必读物，所以说全国很多实习律师，那些律师并没见过我本人，但他们知道这本书《律师实务》是我写的。这本书在法律出版社应该是发行量比较大的之一的律师实务类图书，这本书是我对律师行业本身的基础性研究的成果，在我担任北京律师协会的副会长期间，我还写了《知识产权律师实务》，这本书主要是为有志于从事知识产权方面理论和实务的律师准备的。以两本书是我对律师行业和专业化的总结和归纳。成立北京律师法学研究会就是要把以前的律师法学方面的学术活动衔接起来，为未来北京律师行业的发展献计献策。

为什么要成立北京律师法学研究会？为什么要研究律师法学？

我认为律师法学是一门以律师法及其相关问题为研究对象的法律学科。

学者普遍认为，律师法学是研究律师制度与律师实务的科学。中国律师法学是以马列主义、毛泽东思想、邓小平理论、“三个代表”重要思想、科学发展观和习近平新时代中国特色社会主义思想为指导的，具有中国特色的社会主义律师学。它是随着律师制度和律师实务的不断发展而逐步建立起来的一个独立部门法学，具有很强的法律性和实践性。律师法学是我国法学体系中的一个重要学科。

“律师法学”是在我国《律师法》制定和颁布后才正式提出的概念，并在1997年律师法颁布实施后第一次首先使用。在此之前，法学界一直使用“律师学”这一概念。应当承认“律师法学”是在律师学的基础上发展起来的，两者都研究律师问题，但又有一定的区别。顾名思义，“律师学”无疑是一项重要的法学研究成果，但在国家正式颁布《律师法》以后仍沿用“律师学”的概念则是值得商榷的。这是因为：

第一，“律师学”以律师和律师职业为研究对象，因此是一个非常大的概念。要研究律师职业，除了研究律师的概念、特征、职能、业务、权利义务和法律责任等问题以外，还必须研究律师进行业务活动的依据、手段、技能等问题，即还应当研究刑法、民法、行政法、经济法等实体法和刑事诉讼法、民事诉讼法、行政诉讼法、仲裁法等程序法，而这显然是“律师学”所无法解决的。正是基于律师职业的这一特点，目前由的政法院校开设了“律师学”专业或专业方向。这也说明，“律师学”与“会计学”一样，更适合于作为一个专业，而不适合于作为一门课程或是一门学科。

第二，《律师法》颁布后编写《律师学》，大多也以律师法为主要研究对象。既然如此，那么应当说，“律师法学”的概念比“律师学”更为妥贴、准确和名副其实。

律师法学的任务应当包括以下7项：(1)研究律师法的立法宗旨和具体规定；(2)研究我国律师制度的历史沿革；(3)研究律师进行业务活动的程序和技

巧;(4)研究律师法实施的环境和条件;(5)研究有关律师制度方面的法律规范;(6)研究律师行业中的重大理论问题;(7)研究外国的律师制度和律师实务。

经过分析比较已有的“律师学”或“律师法学”方面的研究成果,我们认为:

第一,即使以“律师学”命名的教材,也是将“律师法学”视为法学学科加以研究论述;两者在学科性质上毫无疑问定位于法学学科。

第二,将学者们的干点比较后发现两者在研究对象、研究内容、研究方法、学科体系方面并无本质意义,其涵盖的内容也大同小异,基本包含基础理论、律师、律师业、律师制度、律师实务等方面的内容。从这个意义上讲,使用“律师学”,还是“律师法学”并无本质差异。律师法学更加容易与其他法学学科衔接。

第三,法律的发展反映着法律所调整的社会关系的发展变化,我国《律师法》颁布后进行了两次修改,每次修改都直接影响着律师在社会中的定位、影响着律师业的发展、影响着律师制度的健全和完善。从律师法律法规对律师、律师业、律师制度的关系而言,“律师法学”的概念更能全面涵盖本学科的研究对象。所以律师法学是比较科学的名称,我们研究会因此取名北京律师法学研究会。

律师法学是法学的一门分支学科,它研究的对象是律师法及其相关问题,即律师法学不仅研究律师法的产生和发展规律,研究律师制度、律师实务等有关问题,还研究律师制度和其他法律制度之间的关系,律师法学研究以律师为核心的一些法律问题。

十七、代表北京律协参加的活动

为中国司法考试制度设立访问日本考察取经

20世纪90年代国家决定由律师资格考试升级为司法考试。也就是说，原来的律师职业资格考试要提升为整个法官、检察官和律师的统一的司法考试，要怎么设立呢，我们在这之前开了很多次会，后来发现尽管欧美的律师职业资格的取得管也需要考试，也有参考价值，但更适合中国的还是日本和韩国的模式，所以我们决定到日本、韩国考察两国的司法考试情况，为中国的司法考试设立而做好准备。

1998年由全国律师协会会长任继圣律师带领的中国律师代表团访问日本，我们代表团当中除了全国律师协会的领导，还有北京、上海等地的律师协会的领导和司法部的领导，我们在日本重点考察日本的律师行业、律师的司法考试制度，我们拜访了日本辩护士联合会（以下简称日辩联），拜访了东京、大阪等地的地方辩护士协会，也会见了日本日辩联的会长。同时也会见了日本法务省的省长，就相当于中国的司法部部长，并拜会了日本最高裁判所，相当于我们的最高人民法院，也参观了很多相关场所，比如司法考试院，也了解了日本的司法考试的制度和考试之后的培训制度，以及法官、检察官和律师的产生的程序。我们在日本考察的时间比较长，看得也比较仔细，回来形成了由我主笔的访日见闻和考察报告。

后来我们又访问大韩民国，在韩期间拜会了大韩民国律师协会、首尔地方律师协会，并拜会了大韩民国最高法院首席大法官，拜回了大韩民国检察院等单位，重点考察了韩国司法考试院、韩国司法考试的程序和内容，以及司法考试后这个法官、检察官和律师的挑选和培训的程序，最后总结成访韩报告，向中央报告了我们的考察内容和我们的见闻以及建议。

通过对日本和韩国的司法制度的考察，我们提供了很多有意义的建议。在后来由最高人民检察院、最高人民法院、司法部召开的司法考试设立的会议当中，我作为当时北京律师协会的负责人，向这些单位详细的介绍了日本和韩国的司法考试设立的情况，当时的很多建议都后来都成为司法考试的重要内容。

这也是我作为律师比较光彩的一页，也是很引以为豪的一页。我作为职业律师，有幸能够代表国家出国访问考察，并为国家带来这些国家司法考试的先进的经验和可借鉴的模式，尤其是看到了后来司法考试成功设立，我感到非常的欣慰。在并且司法考试设立的前几年我也有幸成为出题的老师，把这个我看到和学到的东西运用在题目当中，这也非常值得我骄傲。1997年12月3日至12日，本人随中国律师代表团对日本国进行了访问，所到之处感触颇深。这次访问的主要城市有东京、横滨、仙台、京都、大阪和神户。

因这次中国律师代表团是首次由中华全国律师协会会长带团访日，所以受到日方高度重视，接待的标准和规格比较高。

日本法务省法务大臣接见中国律师代表团

首先，以任继圣先生为团长的代表团全体成员拜会了日本法务省，法务大臣下稻叶耕吉先生亲切会见了代表团。日本法务大臣是日本内阁成员，在日本政界是举足轻重的人物。在会见期间，法务大臣与中国代表团进行了亲切交流，高度评价了中日法律专家之间的友好交流，与代表团合影并赠送了礼品，体现了日方对此次访问的重视。

其次，前辩联会长，现日中法律家交流协会会长阿部三朗亲自陪同以任继圣为团长的代表团前往他的家乡仙台访问。因日本律师社会地位比较高，在整个陪同访问过程中，阿部三朗会长有国家配备的贴身警卫一同前往，这一点给我留下了深刻的印象。

再次，拜会了日本律师界主要领袖及众多律师。从日辩联会长到地方的辩护士会，出现接待的都是会长或前任会长、各位常务理事和各部门领导，见到的日本律师不下200人。代表团与他们就中日两国律师业务进行了广泛的交流。

最后，交流的广泛性。这次访日不仅与日方律师进行了业务方面的交流，而且还与日本检察机关、法院系统、法律援助组织，甚至宗教组织进行了接触和交流，使代表团成员对日本法制情况有了较全面的了解。

此次访日的几点收获和感想：

1.律师社会地位高。

律师在日本法制系统中乃至全社会中地位较高，这从几个方面体现出来：

（1）律师收入较高。业务最好的律师每年收入可达200万~300万美元。一般的律师收入也有每年三四十万美元。高收入是商品社会身份的象征。

（2）律师自律组织——日辩联有很大的权力。日辩联会会长地位与法务省大臣相等。日辩联会长随时可以与法务省大臣进行联系与沟通，日本国会通过立法议案时，日辩联有一票否决权。日辩联办公大楼就座落于政府街——其附近集中了法务省、最高裁判所、检察厅、警写厅等多家司法机构。日辩联的大楼与这些机构的办公条件相比略胜一筹。

（3）律师普遍受到社会各界的尊重。从法务大臣到普通百姓，言及律师都流露出溢美之辞。在法制社会的日本，律师在社会生活中所起作用是不可估量的。

2.律师管理工作井井有条。

日本律师管理机构是日辩联及各地方辩护士会。每一位执业律师都要参加各级的辩护士会，享有各项权利并承担义务。

从律师业务培训、交流、纪律处分、权利维护、法律援助，到律师的执业保险、医疗、福利等，日辩联均纳入管理内容。日辩联及各级辩护士会均由执业律师经选举产生，负责律师的各项管理工作。可以讲，所有涉及律师管理的各个层面在日辩联及各级辩护士会的工作中都有所体现。对每一位律师来讲，从开始律师工作的第一天起就被纳入了严格的规范管理体系之中。严格管理的成效是日本律师整体素质和纪律确有较高的水平，使律师群体中的个别害群之马无隙可乘。但庞大的管理体系的运转需要很高的费用，这些费用无疑来自律师自己的腰包，从而使日本律师在重税之下又增加了更多的负担。

3.职业研修制度具有特色。

在日本，要想当法官、检察官或律师，都要进行统一的“司法”考试，考试通过后，还要到政府举办的“司法研修所”进行2年的研修。主要目的是进行从事法律工作的岗前培训，研修结束后还要通过考试，考试通过后方能选择职业。选择法官还是检察官或是律师全凭本人自愿。但值得一提的是，通过"司法”考试后选择职业的人大部分会选择当律师而不是法官和检察官，这主要是由律师的社会地位及收入所决定的。与欧美国家不同，日本的法官和检察官很少是由律师转行而来的，法官和检察官的终身制度使部分人通过考试后即选择做了法官和检察官，不多的法官和检察官从职位上退下来后从事律师职业的。

研修制度使律师在执业上岗前即对其所从事的工作有所了解和体会，使其在工作后能够很快进入角色。

在研修期间，选择法官、检察官职业的，可以到律师事务所去实习以熟悉律师业务运作规律；选择律师职业的也可以到法院、检察院去实习而熟悉法、检两家的办案程序。这种交流为法官和检察官与律师之间的相互理解和配合提供了机会和条件，从而保证司法程序的顺利进行和办案质量的提高。

4.日本律师的几个特点。

（1）各地发展不平衡。大部分律师都集中在东京都及大阪一神户（阪神地区）。尤其是业务较好的、国际性的律师都集中在经济发达地区。

（2）律师事务所大的少，小的多。80%以上律师事务所都是由一两个人或几个人组成的律师事务所。达到一定规模的律师事务所只占少数，基本上都是从事涉外律师业务的事务所。管理上各具特色，井井有条。

作为北京律协团长访问大韩民国

2001年7月8日至12日，北京市律师协会派出了徐家力副会长（团长）、庞正中常务理事、黄鹰律师、李家琳处长、韩大有处长、徐波、洪海律师（翻译）组成的访韩代表团。这是自1992年以来北京律协与汉城地方辩护士协会（以下简称“汉城律协”）的第十届交流活动（以下简称第十届交流会）。通过访问和交流，加深了两国律师的了解和友谊，并看到了许多可借鉴的经验和做法。现将交流访问的体会总结如下。

北京律协与汉城地方辩护士协会第 10 届交流会议

一、概况

汉城律协成立于1906年，由3名律师注册登记，1907年得到认可，1948年大韩民国独立后变更名称为汉城律师协会，1960年设立汉城第一律师协会，1980年将两会合并后设立汉城统合律师会，1983年因律师法修改而改名为汉城地方律师会。现有个人会员2963名，法务法人116家，合同事务所41家。汉城律协原在光华门办公，拥有一栋地上12层、地下4层的办公楼，现已出租。1996年，随着法院、检察院大楼的搬迁，建成地上5层、地下2层、建筑面积为9000平方米的新办公楼，产权归汉城律协和大韩辩护士协会（以下简称“大韩律协”），含土地和建筑共花费120亿韩币，全是从会费和积累中来的，没有政府一分钱拨款。这里的建筑限高很快解禁，将来可加盖成10层大楼。

汉城共有3364名律师。汉城的律师每月会费为7万韩币，另外，每一案件交会费1.2万韩币，每位律师每年交会费100万韩币左右（折合人民币7000元左右），有的律师达到300万韩币。

大韩律协共有13个地方律师会，由各道的地方律协、各直辖市的地方律协组成，负责全国律师的注册和惩戒；共有5113名律师，律师每年交3万韩币会费，由地方会在收取的会费中转交。现任会长郑在宪原为汉城律协的会长。

二、第十届交流会实况

汉城律协的理事会每2年换届一次，本届刚上任不久，对第十届交流会非常重视，先是禹晶权第一副会长率人到距汉城几十公里的仁川机场迎接，三次重要活动全体常任理事和部分理事都参加了交流，涉外理事朴灿运律师、事务局长车柱暎、调查课长朴东洵及李万守律师等几乎全程陪同，后有朴在承会长亲赴仁川机场送行，而且都是西装革履、热情隆重。

第十届交流会由欢迎会、业务交流会、座谈会、欢送会几个部分组成。主要交流了以下内容：

（一）关于两国律师的关系

朴在承会长和韩方律师认为，自从1992年双方迈出第一步以来，北京和汉城的律师关系越来越紧密，为中韩两国法律文化的发展做出了贡献。韩国在经济振兴、民主斗争、法制建设、渡过金融危机、举办奥运会等方面有很多经验和教训，中国经济发展取得了举世瞩目的成就并且在高速前进，两国律师的交流与合作会像长青树那样不断壮大。希望北京与汉城两个律师协会的纽带更加紧密，祝愿北京律协无限发展。

我代表访问团表示，10年仿佛一瞬间，但10年亦是一座丰碑，两国首都律协的这种合作交流，将在21世纪显出其重要性。环太平洋经济圈的形成，中国经济的快速发展，亚洲四小龙的经验，都使我们有理由相信，两国律师的合作交流有实质的和长远的意义，机会多多，潜力无限。中国的法制建设有了很大进步，律师业呈蓬勃向上之势，但在法制的细化完善、律师质量的提高、律师在社会上的地位和形象的提升、律师介入社会经济生活各领域提供法律服务并发挥积极作用等方面，仍然任重而道远。通过访问，感受到了韩国法律制度的发展，感受到了韩国律师的敬业精神和高素养的能力水平，感受到了韩国律师享有的受人尊敬的社会地位和良好形象。贵会有96年历史，而我们只有20年历史，我们应当很好学习。通过学习和交流，使律师解决办案中遇到的困难等具体问题得到好好的沟通。希望两国律师象走亲戚一样进行频繁和多样化的交流，促进投资贸易向更加广阔、深入和健康的方向发展。

（二）关于业务研讨

业务研讨会上，韩方黄浩东律师作了《韩国资产流动法律制度的前世今生》的主题演讲，中方黄鹰律师作了《中国外商投资企业法与公司法的冲突的解决》的主题发言。

在交流中，中方律师问：在资产流动化过程中律师可提供哪些法律服务？黄浩东律师回答，可分为两项：一是在资产所有权与流动化公司之间购买资产的买卖；二是在签约后，流动化公司破产后，律师可以向他们提出一系列的法律意见。中方律师问：东南亚金融危机，对律师业的冲击？黄浩东律师回答：1997年金融危机后，律师业务有变化，企业合并重组，企业买卖，资金出让，流动化资产转让，业务增加了很多。韩方律师问：将债券和不动产包括在流动化资产中，资产减少，怎么看？黄律师回答：债权人的取消权，如果评价企业化，债权人在行使取消权时会有安排，但尚无案例。中方律师问：美欧经济发展缓慢，中国经济改革成功，年增长率在7%~8%，中国加入WTO在即，中国金融改革成立资产管理公司处理呆死账，试问对中国律师的建议？韩方律师回答：按韩国律师的经历，金融危机前后，韩国律师业务有很大变化。首先就传统律师业务范畴来讲，以诉讼和为企业进行顾问咨询为主，之后的变化就是产业方面的咨询在增加，从外国引进技术、管理在法律上会出现不健全的因素，如刚才主题所讲资产流动化制度在西方很发达，将其制度引进韩国，与韩国法律相结合，这与律师业务不可分离。中国加入WTO，也会引过外国先进的东西，与中国实际相结合，会在法律上产生很多问题，需要律师做大量的工作。在韩国也一样，涉外律师在增加，团体在壮大，我想韩国律师的专业越来越分化。我想中国也一样，以前的律师以诉讼为主，以后这类律师也有很多，但这些律师不仅要会做诉讼，还要作其他业务准备，律师协会应当提供帮助。

黄鹰律师的演讲受到韩方高度评价。黄律师在准备的论文之外又加了一个题目，并且精心准备，朴会长对这种敬业精神表示钦佩。

（三）关于今后交流的建议

这次访问团中没有女律师参加，韩方表示是个缺憾。北京的女律师占到28%，比韩国不到5%的比例高得多。加强女律师的交流非常重要。

这次交流会确定了两个主题，议题相对不够集中。希望下次确定一个能够深入研讨的共同话题，并且尽早沟通落实，让更多的律师准备发言，这样气氛会更热烈，研讨会更深入。

三、汉城律协的职能介绍

访问团对汉城律协和大韩律协的职能进行了较为详细的询问，发现他们的许多做法值得我们借鉴。

（一）组织结构

汉城律协的常任理事会共有9名常任理事，会长是专职的，设第1副会长和第2副会长两名副会长，设总务理事、财务理事、事业理事、涉外理事、法制理事、会员理事和几名监事（大韩律协还设人权理事）。理事会的中英文简介上印有该理事的职务、姓名、出生年月日、资格取得时间、所在事务所、电话、传真、E-mail、主要经历和照片。汉城律协的事务局设专职局长，共有45名职员，分总务科、企划科、法制科、广告宣传科、会员科、财务科、电算科，另外在法院也有职员派守。

（二）公众服务体系

汉城律协大楼的一层辟出250平方米作为综合法律中心的办公地点，有7名职员。其职能是为市民提供无偿法律服务。这是从1963年法律界最初设置的人权咨询所演变而来的，旨在拥护国民基本人权，实现社会正义，实施全国民为对象的法律免费咨询。汉城有300名律师在册，每天5位律师轮流值班，上午2名，下午3名，每天接待50人。同时开通ONE-STOP法律服务网。市民来咨询时有等候区，电视上播放律协介绍等内容，复印等都是免费的。值班律师由律协给予适当补贴。

综合法律中心还负责落实以下法律援助制度：（1）律师值班制度。1993年5月开设，以律师会为主体，为帮助因调查机关的非法逮捕和拷问行为受人身侵害或调查阶段需要律师协助的人，也为了为国民服务、伸张人权，每天安排有5名律师在其本所等候值班。（2）警察署轮回值班接见制度。2001年4月23日开始实行，由一名律师在一个警察署值班最少2小时，以便接见被逮捕、拘禁的嫌疑人，实施刑事免费咨询活动。（3）中小企业顾问律师团法律咨询所。1996年6月开设，为中小企业提供法律服务和法律咨询，预防法律纠纷的发生，并进一步谋求中小企业的发展和竞争力。（4）外国籍工人免费法律咨询所。1994年12月开设，为保护各种人权侵害的外国籍工人，实施各种咨询和法律援助。（5）女性法律咨询所。为伸张女性人权和权益保障，由专门女律师实施咨询和法律援助。（6）律师介绍制度。1998年4月开始实行，为一般市民遇到法律问题需要律师帮助时引介律师、聘请律师提供方便的同时，杜绝非法中介或隐性介绍案件的现象。（7）指定律师制度。为因贫困不能聘请律师的被告人提供指定律师的待遇，由会员中自愿申请并被指定的律师在大法院、宪法裁判所、汉城高等法院、汉城地方法院和各分院进行指定辩护活动。

（三）图书馆和网络

大楼的一层的另一边是200平米的书店，专门向会员及市民出售法律全书、法规集、判例集、律师和法官等撰写的实用法律书籍等。该书店承包给他人经营，但限定其经营方向。

大楼的二层面积在500平方米以上，是图书馆。迎面的一幅书法对联“仰不愧于天，俯不怍于地”特别醒目。图书馆拥有2.3万册法律书籍，订了包括《北京律师》在内的40多种专业杂志。但是随着信息时代的到来，越来越多的律师通过网络工作。汉城有大约1/3的律师有自己的主页，没有主页的也用E-mail，40%~50%的律师在用网络。网络联系已成为律师联系的重要方式，有一个专门软件可以查中国判例，现在还只有8个判例，但数量在增加，市民也可通过主页提出法律咨询，在中国如安装有简码就可上这个网。对于汉城律师来讲，大法院的法律法规判例库更为重要，它有4个CD盘包括了80年来所有的法律法规判例，而且在不断更新，看书的人少了，大法院开发的软件每个3万韩币配给律师事务所。现在大法院的网站开通后，可在网上查法规，CD用得也少了，而且可通过目录查到每个案件的法律程序进行到了什么阶段，这在亚洲只有韩国做成了，可惜目前只有韩文版。

（四）财务运作体系

汉城律协设立有专项公积金，积累至今已有270亿韩币，用于向退休律师发养老金，并为保证其稳定性和公开性，只投向一个基金运作，不做证券投资。律师保险由事务所给律师和职员投保，全国有统一保险制度，各行业有保险办法，律师投的是行业保险，律师执业保险不是普遍现象，有的律师已意识到了要投保。

汉城律协还专门成立了“信用协同组合”这么一个机构。该机构是独立法人，有金融权。它集合了900个律师会员，200亿韩币的资金。它可以向律师贷款，为律师处理预付款，帮律师联系汽车制造厂、百货公司等，利息高但税收优惠。

（五）会报会刊

汉城律协的刊物有：（1）《法曹春秋》。1964年发刊，现已到149号，记录汉城地方律师协会的活动事项。（2）《律师》。1969年发刊，总第31号，收集律协会员发表的学术性、实务性研究成果，是论文集。（3）《判例研究》。1987年发刊，总第14号，收录每周星期三由法律实务研究会主管进行的研究论文。（4）《汉城律师会报》。1989年6月发刊，总第289号，记载汉城律协业务进行状况。（5）《市民和律师》。1994年发刊，总第89号，为指导市民社会的法律意识，发展法治文化服务的月刊。

（六）各种教育活动

为研究和开发法律实务，改善和发展律师实务，提高会员的素质，实行法律服务的多面化和专门化，对会员实施专门法律实务和传达最新情报为主的进修教育。

（七）提供立法建议

接受政策机关的邀请，对各种制定改定的法律议案提供意见，研究和分析有问题的法律，制定意见书，向有关机关提出建议。

（八）国际交流

通过每年与中国、美国、日本等外国律师团体的联系，进行相互交流访问和召开研讨会，发展法律文化，增进友好。

（九）会员的公益活动

会员要在社会各方面进行20小时以上的公益活动，担任指定辩护，进行免费法律咨询，为各种团体提供法律服务。

（十）其他事业

（1）人权活动。调查和发表国家机关滥用职权、不公正的非法执法行为、侵害人权及涉及侵害的公务员的问题，并要求纠正滥用。（2）市民人权奖。1993

年开始，从拥护人权和实现社会正义有贡献的个人或团体中选定一人，发市民人权奖。(3)实施“法之日”纪念活动。每年5月1日“法之日”前后，进行巡回免费法律咨询，并在会员的律师事务所对国民进行免费法律咨询。(4)实施世界人权宣言纪念活动。每年12月“世界人权宣言纪念日”前后，进行巡回免费法律咨询，并在会员的律师事务所对国民进行免费法律咨询。(5)支援市民社会团体及环境团体。和国内市民社会团体和消费者团体及环境团体进行各种研讨会等，听取上述团体的意见并积极协助他们进行各种活动。

四、参观大韩律协、大法院、汉城地方检察院和律师事务所

访问团拜会大韩律协，受到隆重欢迎。郑在宪会长曾在1993年至1997年担任汉城律协会长，与北京律协进行过两次交流。他希望向武晓骥会长转达问候，并祝愿两国律师协会巩固兄弟般的友谊基础。

访问团参观了最高法院，受到行政次长接见。韩国有5个高等法院，12个地方法院，还有家庭法院。审判庭一般也由3名法官组成合议庭，3.9万美元以下的案件可由1名法官独任审判，现在还发展到远程审判。最高法院有14名大法官，现在是第12任院长，任期3年。最高法院新大楼1995年盖好，被评为1996年的最佳建筑。

徐家力（左）拜会韩国最高法院首席大法官

访问团还拜会了汉城地方检察院，受到金大雄检察长的热情接待。

访问团参观了位于汉江南岸繁华商业区ASEM TOWER大楼里的“和白律师事务所”。“和白所”是法务法人，1993年8月由6位中坚律师组成。“和白”是

1500年前的一种会议制度，即新罗时代“全体同意才能实行”的意思，英文名用了比较现代的Rom & Yang，共有37名律师，2名顾问律师，2名美国律师，58名职员，秘书19名。各部门由6~7人组成，设部门长，如公证教育、贸易保险、企业、特许、保险、仲裁、证券、税收行政等。顾问律师中的一位是前大法院院长。合伙律师19名，另18名为无经营责任的雇佣律师。律师数居全国第5位，其中有6~7名曾当过法官、检察官，该所在诉讼业务方面有很高的水准，担任公司顾问160多家，但不满足，希望开拓涉外业务。“和白所”租用的办公面积为2000平方米，月租金6万~7万美元（含水电和物业管理费）。它有两名代表律师，代表律师主要参与经营、管理，但也参与一些重大案件，在办公室接待业务等。

五、结语

访问团出国时，李冰如副秘书长等专程送行，回京时受到季丽枝秘书长和刘焰等同志迎接，大家深感温暖。访问团及时总结了访问成果，并对今后律师组团出国提出了建议。

这是我作为北京律协团长访问大韩民国的当时记忆和记录。

随北京律协代表团赴我国台湾地区考察访问

应台中律师公会的邀请，北京市律师协会代表团一行10人于2003年9月17日至26日对我国台湾地区进行了考察访问。我作为代表团成员随团参加了访问。在为期10天的访问考察中，代表团拜访了台中律师公会、高雄律师公会、台北律师公会，参观了理律法律事务所，同时代表团在台北律师的陪同下参观了台北市地方法院。此次考察访问，是我市首次由律师独立组团以执业律师身份前往台湾，不仅为增进两岸律师交流进行了有益探索，也为今后两岸律师进一步加强合作做出了积极的努力。此次考察访问达到了预期的目的，取得了圆满的成功。

一、考察概况

1.9月18日下午，代表团拜访了此次行程的邀请者——台中律师公会。台中律师公会理事长蒋志明、秘书长涂芳田等律师接待了代表团。蒋理事长介绍了台中律师公会的发展及现状、组织管理工作、会员情况等。双方就相互关心的律师执业等内容进行了广泛的交流。台中律师就北京律师协会在律师注册管理、执业保险、维权惩戒、会员服务等方面进行了提问。李大进副会长及随行律师就台中律师关心的问题做了全面精彩的介绍。座谈中，台中律师表现出对今后海峡两岸律师业务合作的热切关注，双方就律师业务合作的范围、方式进行了有益的探索交流。时任全台律师公会联合会理事长的郭林勇律师参加了座谈会。

2.9月22日上午，代表团拜访了高雄律师公会。高雄律师公会理事长周耀门，前任理事长薛西全等接待了代表团，双方进行了交流座谈，相互介绍律师协会工作开展情况。薛西全曾在中国政法大学读研究生，去过大陆许多地方，对北京的情况也有相当的了解，他希望与北京律师有更多的合作机会。资深律师程高雄参加过2000年律师大会，和多位北京律师相识，因此，双方的交流显得轻松愉快。

3.9月23日下午，代表团参观访问了我国台湾地区规模最大的律师事务所——理律法律事务所。理律所主要合伙人李念祖（台北律师公会现任理事长）接待了代表团。他向代表团介绍了理律所的人员情况及业务状况，双方进行了座谈交流后，李念祖陪同代表团参观了理律法律事务所。随后，代表团前往台北律师公会。

4.9月23日下午，代表团拜访了台北律师公会。台北律师公会常务理事顾立雄（候任律师公会理事长）、薛钦峰、张训嘉律师等接待了代表团。顾立雄律师向代表团致欢迎词，介绍了台北律师公会的情况，李大进副会长向台北律师公会致答词并介绍了北京律师协会的情况。双方就律师协会的管理与服务职能、专业委员会工作的开展、律师权益保障等方面的问题进行了交流。

代表团2003年9月26日圆满地完成了访问任务回到北京。此次考察访问，了解到的台湾律师执业的现状和他们的律师管理经验，对北京律师业的发展具有一定的参考和借鉴意义。

二、我国台湾地区律师公会的设置及工作状况

1.台中律师公会

台中律师公会设在台北市自由路一段台中地方法院内（在台湾的16个公会中，大部分公会设在法院内），注册会员有950多人，公会设理事15名，常务理事

5名，从常务理事中选出理事长、副理事长各1名。另设监事5名，其中1人为常务监事。理事、监事3年一届，选举产生。

台中律师公会设14个专业专门委员会，分别是：法令研究委员会、司法实务研究委员会、论理风纪委员会、会晤通讯编辑委员会、律师在职进修委员会、司法改革委员会、平民法律服务委员会、公共事务委员会、律师权益委员会、法制教育委员会、会员代表选务委员会、会员联谊委员会、大陆法令研究委员会、人权保护委员会。

台中律师公会比较注重“平民法律服务”，近年来，经常组织会员到乡镇做义务法律咨询，积极参与社会公益活动，颇受好评。此外，在公会里设“平民法律服务处”，每月由值班律师受理15人次“法律疑义解答”或修改“自拟书状”，这种服务是免费的。

2.台北律师公会

（1）台北律师公会会员及办公场所

台北律师公会，拥有会员3900多人，我国台湾地区共有会员7000多名，台北律师公会的会员占了一半以上。在我国台湾地区16个律师公会中，台北律师公会是最大的，也是少数自己购买办公楼的律师公会之一。1996年1月，律师公会以12000万新台币在台北市罗斯福路裕民大楼买下一层近3000平方米的办公会馆。会馆设计体现“会员是主人”的基本理念。会馆设有门厅、图书馆、会议区、多功能拱廊、咖啡厅、理事长办公室、秘书行政区、会员服务区等，装修典雅大方，布局紧凑合理。

（2）台北律师公会的组成

台北律师公会由会员大会选举产生理事会和监事会。3年一届，每届选出理事211人，监事7人，由理事会选出常务理事7人，监事会选出常务监事2人，理事会下设秘书处，设秘书长1人，副秘书长3人，均由理事会从会员中聘任，负责执行日常行政事务。

（3）台北律师公会专业、专门委员会

台北律师公会在理事会下设40个专业、专门委员会与北京律师协会极为相似。不过，其所设委员会没有专业专门之分。

双方律师就维权、会员文体福利及女律师3个委员会的工作开展进行了热烈广泛的交流。在律师维权方面，台北律师也遇到执业中受到不公正待遇的情况，律师公会得知后，派员出面交涉，促成问题的圆满解决。台北律师公会开展较为丰富的会员活动，组织看电影、举办摄影入门艺术品欣赏讲座、举办书画展、组建太极班、乒乓球队等，这些活动增进律师身心健康，陶冶律师情操。台北律师公会的女律师委员会，经常组织女律师讨论一些大家感兴趣的话题，如由两岸联姻产生的婚姻问题、家庭问题、维权难问题，女律师身心健康问题等。

三、理律法律事务所

理律法律事务所，已有50多年的历史。现有律师570多人，设7个专业部门：公司投资部、金融资本市场部、专利科技部、商标著作权部、智财管理执行部、诉讼部、政府契约公共工程部。理律法律事务所在台中、高雄、新竹都设有事务所，在上海设有管理事务公司。理律事务所于20世纪80年代后在徐小波律师、陈长文律师领导下发展迅速，目前已是亚洲最具规模的律师事务所之一。通过座谈交流，初步探寻其成功的原因，应有以下几点：

1.打造整体品牌，倡导团队精神

理律所有一套顺畅的管理运行机制。执行合伙人下设4个委员会，分别负责行政管理、财务管理、业务推展、理论研讨。参加到管理层的有40几位律师。决策机制靠制定“规则”保障，在解决新问题中，不断修正补充“规则”，重视提倡全所同仁一律平等的理念，尽量降低由于资历和收入带来的差别，增强个人对团队的归属感。

2.注重建立国际合作关系

理律所半数以上的业务是国际业务。在国外分别与美洲、欧洲、非洲及亚太等地区的外国法律事务所建立合作关系。理律还拥有一批取得外国律师资格的律师，具备外国会计师资格的专业会计师、工程师等国际专业人才。这些机构和人员促进了该所的国际业务发展，使得理律在国际上也具有较高的知名度。

3.创建“理律”文化

在理律所简介的扉页上用隶书写有八个大字：“无为不争归朴自然。”这成为理律所的一种追求，一种理念。理律将这八个字解释为：“无为与不争”是要运用专业法律知识防范争执与排解纠纷；“归朴与自然”则是讲求以简明科学的方法处理法律事务，实事求是。理律倡导向社会提供义务性协助与服务，树立社会形象，这也是创建“理律文化”的重要组成部分。

四、其他

此次北京律协代表团在赴台考察访问期间，全体团员严格遵守纪律，团结互助，协调一致，除了宣传、介绍大陆的法制环境、律师制度、投资环境和研讨专业问题外，没有发生一例不利于两岸相互关系的言行和事件，顺利圆满地完成了考察访问任务，为北京律师今后赴台考察访问奠定了良好的基础。

建议设立“律师节”

参加北京律师协会台湾访问团回来后，对我国台湾地区的律师情况大致有些了解，在我国台湾地区，律师职业是一个非常受人尊敬的行业，不仅社会公众对律师工作认知程度高，而且律师本身对自己的职业也非常有自豪感。律师节就是律师自己的节日，在律师节律师可以充分表达抒发自己职业的自豪感，通过组织各种庆祝律师节的活动更加提高了律师在社会中的地位，所以，律师节是我国台湾地区律师生活中很有意义的一页。

我国台湾地区的律师节设在每年的9月9日，每年的这一天，是我国台湾地区律师最隆重的节日。从全台湾律师联合会到各地方的律师公会都会组织各种各样的节日活动，有时台湾当局还会派人参加律师节的庆祝活动。社会各界人士、名流，尤其是专业人士都以能参加律师节的活动而引以为豪。律师公会届时会向社会公众介绍律师的发展状况和新鲜事物，表彰青年律师和优秀律师，为年事已高的老律师颁发执业成就奖，并就律师共同关心的话题进行行业内探讨，同时各种各样的学术研讨会在节日里也在各地举行。

通过考察，我认为设立律师节对律师事业的发展无疑是非常有意义的，其中意义至少有下面几项：

1.律师节是律师社会地位的体现。公众节日是社会生活中重要的日子，能够在节日中选定一日为律师节，其地位之高可见一斑。

2.是律师集中展示自己形象和风采的最佳机会，因为律师节是有关律师主题的节日自然会吸引社会公众对律师群体的关注，律师可以利用这样的时机大肆宣传自己，扩大律师的影响。

3.是依法治国，完善法治的重要措施。市场经济就是法治经济，律师无疑是法治经济中最重要和最活跃的一环。以律师节凸显法治的重要性是社会文明进步的证明。

4.增加律师的荣誉感和成就感。在律师节律师是主角，通过律师演唱这个主角的过程使律师更加看重自己的职业，对加强律师行业的自律和规范有着内在驱动的作用。

5.律师的职业特点决定了其与广大群众的密切接触和联系，通过律师节可以达到普及法律知识的作用，使律师节成为普法节，在这个节日里律师可以免费向社会提供法律咨询和解答，使律师节不仅成为律师自己的节日也成为老百姓的节日。

6.律师节也是律师间相互交流与提高的节日。在律师节律师相会可以就执业体会和经验及学术问题等同行感兴趣的话题进行讨论和商榷，使节日成为一个提高业务水平的一个平台。

因此，我郑重建议在中国大陆设立“律师节”。具体日期应选定对律师事业有特殊意义的日子，比如《律师法》的颁布实施日等。

担任团长参加第35届国际青年律师代表大会

1997年7月，第35届国际青年律师代表大会在意大利名城佛罗伦萨召开。

本次大会由国际青年律师协会（AIJA）主办，以国际合作与青年律师交流为主题，吸引了来自全世50多个国家的500多名律师参加。会议议题涉及国际贸易投资，国际纠纷争议解决等等法律事务的多个领域，为从事国际法律业务的律师提供了良好的交流机会和平台。

中国青年律师代表团律师代表中国律师参加本次大会，与各国青年律师进行了广泛的交流，取得了丰硕的会议成果。

国际青年律师协会（AIJA）是一个根据卢森堡公国法律建立的非赢利性社会团体，以英语和法语为工作语言。该协会现有会员约3000名，分别来自世界60多个国家和地区，均为45岁以下的青年律师。国际青年律师协会通过举办各种形式的会议、研讨会、法律教育课程和辩论，促进世界青年律师间的专业合作和友谊。

中国律师受邀组成代表团前往意大利佛罗伦萨参加了这次盛会。我因为当时在北京律师协会工作，担任北京律协的常务理事，被有幸委任为团长带领30多位来自于全国各地的律师前往意大利佛罗伦萨参加世界青年律师代表大会。这次大会使我们开阔了眼界，尤其在大会上见到了世界各地的青年律师，我们进行了广泛和深入的交流，了解了世界上其他发达国家的律师概况和律师业务情况，结识了许多新老朋友，收获颇多，印象很深。当时我37岁，也可算为青年律师吧。

特别高兴地在大会上见到了我的美国的老朋友律师老麦，一位典型的美国律师，我之前访美的时候认识的，后来又跟我们合作了很多年，在1997年的这个世界青年律师代表大会上遇见老朋友，比较滑稽的场面是他拄着双拐参加青年律师代表大会，我问他为什么拄上双拐了？他说，开快车，在美国出了车祸，腿受伤了，但是他不会错过这个青年律师代表大会。我突然想起在一年之前，在美国洛杉矶，在他律师所附近吃完饭后，他酒后开着跑车送我回酒店，他把跑车开得飞快，我当时还劝诫他说酒后开车还开这么快，让他小心一点。不料被我言中，最后还是出了车祸，但是在意大利见到他我很高兴，老麦为人很豪爽，在美国接触时我们很快就成为了好朋友，无话不说。

参加世界青年律师代表大会巧遇美国律师代表

大会结束以后，我们代表团又游历了西欧很多国家。特别值得一提的是，

1997年8月31日，我们在巴黎的当天穿过塞纳河旁边的隧道，不久回到酒店。导游就拉着我们到饭店大堂，让我们赶紧看电视，说刚才我们下午穿过的隧道出了大事儿。我们赶紧打开电视看到，当天晚上，英国戴安娜王妃就是在我们下午穿过的隧道遇难，时间是1997年8月31日，事情就是这么凑巧。

1997年8月，我们参加第35届国际青年律师代表大会后，通过律师协会的安排，我们参观了走访了一家德国的律师事务所，并与这家德国律师事务所进行了座谈。到那以后，我第一个印象就是会议室的自动化程度非常高，进门以后那个窗帘儿就随着阳光变化自动开启，这在1997年的中国是没有见过的，所以我第一印象就是这个德国律师事务所的办公硬件就非常厉害。

同时，德国律师通过多媒体演示了德国的法律情况，也演示了德国这家律师事务所的业务情况和整个律师事务所的发展历程。当然我们得到的最大的收获还是德国律师介绍的德国律师的发展的情况。德国因为属于典型的大陆法系、成文法系，他们所从事的业务和的方式跟中国特别的相像，不像英美法系是有很多判例法，所以说我们跟德国律师的会面有相见恨晚，一见如故的感觉。

当然我们也看到了差距，主要的差距就是当时德国律师的人数，德国律师从事的业务，德国律师的收入以及德国律师在德国社会当中的地位，例如德国的相当数量的政府高官，很多大企业的领导人、德联邦政府国会议员中相当一部分人是律师出身，好像是法律人主宰德国的运转，并且我们也注意到德国的律师当时的收入无论是人均还是整体的收入，都是中国律师的若干倍。当然我们也了解了德国律师与欧盟律师执业的关系，欧盟执业律师跟各个欧盟成员国的关系，法律管辖权等等一系列的问题。

我们本意是参加国际青年律师代表大会，但是既然到了欧洲，我们就顺访了这家德国律师事务所，加上这次到此德国访问当地的律师事务所，我已经去过了全世界主要国家的律师事务所，像北美、欧洲、当然也包括亚洲，和律师同行进行了广泛的交流，使我们大开了眼界，使我们知道在中国执业的律师应该如何向人家学习？他们的什么东西是我们值得学习的？这是我们出国考察的主要的收获。

在这次活动当中，我们这些国内的律师互相认识，互相帮助，大家都很融洽。后来有很多人因为这次参加代表团的活动，组成、加盟了不同的律师务所，现在已经成为佳话。因为这次青年律师代表大会，我们不仅见识了世界各国律师的风采，同时也促成了国内一大批优秀律师事务所的诞生和重新组合，这是意外之喜，后来我又出国无数次，通过旅行，结识了不少朋友，实际上这也是走出去看看的好处。

邀请美国最佳刑事辩护律师艾伦·德肖维茨访问北京

艾伦·德肖维茨（Alan M.Dershowitz）律师，他是哈佛大学法学院名誉教授。艾伦·德肖维茨成功代理过许多重大案件，包括辛普森案、泰森案、五角大楼秘密文件案、克林顿弹劾案和美国总统大选案等著名案件。

2021年2月，据报道，美国哈佛大学法学院的名誉教授艾伦·德肖维茨提名特朗普的女婿贾里德·库什纳及其助手伯库维茨为2021年诺贝尔和平奖的候选人。

艾伦·德肖维茨律师的主要经历有；

曾为美国备受争议的辛普森杀妻案的凶嫌辛普森辩护，并成功为其脱罪。

还曾为美国臭名昭著的恋童癖富豪爱泼斯坦辩护过。

2020年1月，身陷弹劾危机的美国总统特朗普宣布，艾伦·德肖维茨将为他辩护。至此，从克林顿开始，近30年来历任美国总统均成为艾伦·德肖维茨的客户。

艾伦·德肖维茨律师的主要作品有《你的权利从哪里来？》《致年轻律师的信》《一辩到底：我的法律人生》。

1999年哈佛大学教授，也是美国最有名的刑事辩护律师艾伦·德肖维茨到访北京。我作为北京律师协会的副会长，主持了他与北京律师的交流。在这之前，中国有很多单位邀请艾伦·德肖维茨律师到中国访问，我得到了消息以后，我说北京律师协会能不能作为邀请单位之一，邀请单位同意了。

当时邀请他的有中华全国律师协会、北京市高级人民法院、北京市人民检察院，还有其他的司法机关，但是艾伦·德肖维茨作为哈佛大学的教授，行程比较紧凑，所以在中国停留时间也很有限，主要是在北京停留了几天，我就抓住这机会和德肖维茨律师建立了联系，并且在北京的长城饭店组织了一场规模庞大的交流会，我作为邀请单位的副会长代表北京律师协会，王明副院长代表北京高级人民法院，我们两个主持人共同主持了与艾伦·德肖维茨的交流会。

我与美国律师艾伦·德肖维茨（左）

当时在北京长城饭店有近1000多人参加交流会，长城饭店的大宴会厅座无虚席，我作为主持人直到今天记忆犹新，因为艾伦·德肖维茨名气太大了，他身为哈佛大学的教授，也是最著名的美国律师，到现在他也是美国总统的辩护律师，也是最著名的前橄榄球明星辛普森的辩护人，成功的为他脱罪，所以说他在美国是名红极一时的律师，在跟他交流过程当中，除了在北京律协公开的主题演讲以外，他和我也私下了也交流了很长时间，在与他交流的过程中，我大有收获，茅塞顿开，有醍醐灌顶的感觉。总结起来，我有几点体会，第一，他说世界上最成功的律师，或者说最值得崇敬的律师是刑事辩护律师，刑辩律师的工作关系到人的生命健康和财产，其他律师只是涉及人生的一部分，主要是财产部分，而刑辩是涉及人生最重要的部分，所以刑辩律师应该是世界上最伟大的律师，最有价值的律师，这是他亲自跟我说的。第二，他说刑辩律师在美国是收费最高的律师，因为刑事案件既复杂时间又长，美国律师是按小时收费的，在中国这个现象正好相反，刑辩律师在中国的收费是不尽人意的，所以这一点可以看出，中国的刑辩律师是很有前途的，如果一个社会，尤其一个法治社会发展到一定程度，刑辩律师的收费的水平就会有很大的提高。第三，就是做刑辩律师最能考验人的能力，你得使出浑身的解数，拼你全部的力量为当事人争取最大的权益，刑辩律师也要做好思想准备，要承受当事人的压力，你个人的压力，社会的压力，舆论的压力。这一点刑辩律师跟其他律师不一样，当事人身全部家性命全都寄托你辩护律师身上，所以这压力是可想而知的。如果想做一个刑辩律师，必须有这方面的心理准备，身体也要好。第四，实际上他一直是哈佛大学的教授，是专职教授，做律师是兼职的。我问他怎么能够很好的把教授和律师职业结合起来，找到平衡点，他说这不矛盾，他的想法跟我是不谋而合，甚至举的例子都跟我是一样的。他说就像医学院，医学院的教授如果没有临床的经验是教不好学生的。同时，一个临床医生，如果不在大学的校园里钻研医学的这种理论的基础，就会变成一个工匠。他说恰恰刑辩律师的师就指大师而不是工匠，所以必须在法学造诣上必须有相当高的程度，才成为很好的大师，即理论与实践的结合。教授是研究理论的，律师是从事实践的，二者的结合就是完美的结合。第五，他一看我对刑事辩护这么感兴趣，并且告诉我，我是他在中国遇到的英文讲的最好的刑辩律师，他对我说徐律师，我们有一个全美刑事辩护律师协会，你是中国律师，你不能当我们的正式会员，但是我建议他们给你们一个荣誉会员的待遇。后来果然不久，不到一年时间，全美刑事辩护律师协会会长访华，访问中国要举行一些活动，在北京点名要在王府饭店举行一个party，让我挑选中国的律师参加，我就将北京比较有名的刑事辩护律师，都请到了王府饭店跟全美刑辩律师的协会的会长交流，就中美两国刑辩律师共同关心的专业问题进行了探讨和磋商，会后他给我们每人发了一个荣誉会员的证书，就是全美刑事辩护律师协会荣誉会员。

主持中美刑事审判实务高级研讨会

全美刑事辩护律师协会荣誉会员是对我们中国刑辩律师的一个认可。直到今天，我的全美刑事辩护律师协会的荣誉会员的证书还挂在我的办公室的墙上。通过跟艾伦·德肖维茨的教授和律师的交流，更加坚定了我走学术和律师两条道路。学术是大师的前提，做律师又是学以致用的前提，两者是一个很好地结合，这两者并不是矛盾的，所以我觉得特别不理解，有的大学法学院不鼓励教授当律师甚至规定禁止教授当律师，我觉得是多么愚蠢又可笑的规定。

1996 年徐家力（左）与美国律协会长（右）在全国律协的合影

十八、执业插曲

与美国律师的合作和交往

我一直有一个愿望，就是写一本书，书名为我与美国律师爱德华·雷门的故事，因为种种原因这本书到现在也没有写成，书中的情节篇章已经构思好了，先在这里描述一下。隆安律师事务所在亚运村汇园国际公寓开业不久，在这之后的某一天上午，有人敲门，我开门一看，是一对老外夫妇。男的中文不灵，但他的犹太籍妻子中文不错。好在我和李京生英语都不错，交流没有多少障碍。一交流，老外是美国人，名字翻译成中文叫“爱德华·雷门”，再细聊下去才知道，爱德华·雷门与我同岁，来中国之前已经在美国做了多年的职业律师。1994年，经司法部批准，美国芝加哥执业律师爱德华·雷门先生正式成为我们隆安所执业律师，司法部批准的头衔是外国法律顾问。这是司法部正式批准的第一个在中国律师事务所执业的美国律师，此后雷门律师在隆安所工作近10年。

在前边的篇幅当中，我曾经提到过与美国律师爱德华·雷门先生的交往，我们当时在北京亚运村办公楼相遇、相识然后成为了朋友，之后向司法部申请了爱德华雷门作为隆安律师事务所的外国法律顾问，如果没有记错的话，这个应该是改革开放以后第一个美国律师在中国作为外国法律顾问，之后与爱德华雷门先生合作了将近10年时间。我作为外国法律顾问，在中国办理相关的外国法律事务，为我们律师事务所提供了广阔的涉外领域的服务空间，在这个期间，隆安律师事务所的涉外业务突飞猛进，我们为世界500强很多大的企业提供了法律服务，这多亏了爱德华·雷门律师带来的帮助。

之后我们从亚运村搬到国际俱乐部，也是雷门先生的建议。我说，我们要从事涉外法律服务，必须从亚运村这样相对偏僻的地方搬到北京的核心地区——建国门，具体地点就是搬到北京国际俱乐部，北京国际俱乐部地处北京外交圈里边，是一个数十家外国大使馆环绕的办公楼，搬到这儿才能更好地从事涉外法律服务，接触更高端的客户，这样才能提升我们的律师事务所的国际水准。这是1997年的事情，也就是成立后第5年我们就搬到了北京国际俱乐部直到今天还在这里。也就是说，如果没有雷门先生的建议，隆安律师事务所就不会有今天。

这10年，我们与爱德华·雷门先生有很多法律业务的合作。期间，我还受雷门先生邀请到我的家乡美国芝加哥访问，雷门律师家庭在美国是律师世家，他的父亲也是芝加哥当地很有名的律师，我见到他的父亲和他的家里人，同时也访问了位于芝加哥的美国律师协会，也就是ABA的总部，也了解了美国的律师的职业情况，大开眼界。所以说和美国律师的合作，能使我们在涉外领域的业务迈上了一个大的台阶。

我与雷门律师（左）在芝加哥办案后顺访美国律师协会

我本人英文还算可以，特别是口语，就是在跟雷门先生合作的10年当中磨练出来的，因为雷门先生的汉语不好，他也不愿意讲汉语，但我们经常还要一块儿要探讨案件，我就不得不学好英语。我们从刚开始的磕磕绊绊，到后来能流畅沟通，这使得我的口语得到很大锻炼，乃至我在美国做访问学者的时候，那些老师很吃惊，说你这个口语怎么这么流利。我说感谢当时雷门律师与我合作，给我提供了这个练习英语的机会。所以语言这东西就是活学活用，你学的再多，没有应用场合也不可能有很大的提高。雷门先生每次跟我讨论案件的时候，我都学了很多的东西，使我能看到未来中国的律师事务所要想在涉外业务上有所发展与外国律师和外国律师事务所的合作是非常重要。

合作10年以后，雷门先生自己做的很大，离开了我们律师事务所，成立了雷曼律师事务所，但是基于跟我们的合作，这个律师事务所的英文还保留了LEHMAN，LEE & XU，LEHMAN就是雷门先生，LEE就是我们隆安的创始人之一，也是我的大学同学李京生，XU当然就是我。尤其是在外国律师事务所当中，一提到LEHMAN，LEE&XU这个名字，大家都知道这是美国律师和中国律师共同创办的律师事务所，这个名字一直保留到今天，在中国的涉外服务领域它还是很响亮的，后来我多次去美国办案，与他合作了很多年，令人欣慰的是，我与雷门先生的个人友谊一直保持至今，时常联系，互致问候。

回检察院重当检察官？

大约在我当律师10年左右的时候，法学博士毕业不久，有一天接到北京市检察院副检察长的电话，我让我到检察院来一趟，我以为是有什么会要开，或者什么业务要谈，因为我是北京市检察院聘请的首届监督员，经常去检察院开会，然后我就去了，这位副检察长是常务副检察长，姓冯，冯检察长跟我说，小徐有个事儿要跟你谈，我说，什么事儿？冯检，他说我们检察院想让你回来工作，征求你的意见，你有什么想法？

我说，检察院具体想法是什么呀，检察长说，检察院想从学者当中或者律师当中遴选一位检察官作为北京市检察院副检察长人选，充实检察队伍，加强学术方面和法律实务方面工作的比重，你有没有兴趣？我说，这事儿我得考虑考虑，因为我从检察院出来再回检察院，这个事情对我来说太突然，我没有什么思想准备，现在还真不能答应您，得再回去考虑考虑，检察长跟我说，希望你认真考虑考虑，我们这边已经开过会了，已经决定了，你决定以后尽快告诉我，时间不要太长。

回来以后我认真想了一下，如果要是回检察院，那就是又回到我原来的工作和生活状态，如果回检察院，我自己最大的心理障碍就是那当初我干嘛要从检察院离职，我心理上这道坎儿老是过不去，还是徘徊，这种不适感时常在我心头涌现，除了心理障碍以外，还考虑到就是我现在做律师做的也挺好，顺风顺水，创办的隆安所当时在北京也排前几名，自己也已经取得了博士学位，下一步就是博士后，走学者道路也是很宽敞的一条道路，所以说老实话还是不太想回检察院。

过了些日子，我就给冯检察长打了个电话，我说，冯检察长，实在抱歉，我个人觉得我还是不适合回检察院。冯检当时说，有什么不适合呢？你在检察机关工作过，这一点背景很重要，而且我们都很了解你呀，还是希望你回来。最重要的是我们市检察院向北京市的政法委、北京市的组织部都打了报告，政法委、组织部也都批回来了，同意你任副检察长，我当时说，冯检我很感谢市检察院及组织上对我的信任和关怀，我还是觉得我就不回去了，我觉得我现在的生活状态和工作状态我已经习惯了，回去也不一定适合检察院的工作，非常遗憾，也非常抱歉。

冯检跟我说，实际上现在很多的学者或者律师想到检察院来工作，别说当副检察长了，就是入检察院的门儿都很难，我们都没看上，看上你了，你又不来。我说，冯检，人生就是这样，想起当年我从最高检离职时，领导也跟我是这么说，好不容易觉得你是个不错的苗子，你非要走，现在和当年情况也一样，就不想麻烦了。冯检说，你这是个人选择我们也没办法，但是你能不能推荐一个人到我们检察院来，跟你的学历和经历差不多的，来顶替你工作。后来我还真推荐了一位最高检的同事到了北京市检察院任副检察长，这是后话了。

最高法招聘法官没有报名

记得是在2000年以后，肖扬时任最高人民法院院长实行司法改革，改革的举措其中之一项有收回死刑复核权，另一项改革就是从学者和律师当中招聘法官，尤其是要从律师当中招聘法官，这是当时最高人民法院一个很重要的司法改革的举措，因为在西方，法官基本都来自律师，都是功成名就的律师选择做法官，而且是终身制法官，这个制度在西方是惯例，很盛行，所以当时肖扬院长的改革还是挺超前的，肖扬院长之前当过最高检的副检察长，当过司法部部长，现在又是最高人民法院院长，肖扬院长是一位真正懂行又具有改革精神的司法界领导，他希望从律师当中选聘一些人才到最高人民法院，直接任最高人民法院的法官，法官的级别给的也很高，听说有处级的、厅级的，希望通过招聘律师这个举措，以促进中国的司法改革的步伐和法官体系的建立。

我看到这个消息以后其实是有些犹豫，想来想去，但是后来也没有参加报名，这期间呢，我咨询了几位同学，特别询问了我在最高人民法院当法官的同学的意见，我们跟我说，你这个性格不适合来，再说你从最高检出来，你到最高法干嘛呢？当年从最高检调到最高法，那也不是困难的事情，何必现在才来最高法？我也觉得我也不适合，就没有去报名参加最高人民法院的招聘。后来我还接到最高人民法院的电话，打电话这位同志我记得是政治部的，说，徐律师，最高人民法院招聘法官这事儿你知道吗？我说，我知道，他说，你为什么没有报名呢？我说，现在最高人民法院招聘的法官级别待遇和我们律师想象的差距比较大，关键是我们律师回去以后也不适应过法官的这种生活了，所以就放弃了去最高人民法院当法官的这么个机会，从律师当中选择法官这条路看来不太好走。这是西方国家法治建设的成功经验，也是大多数国家采取的制度，这个制度到了中国有些水土不服，很难实现。很多法官检察官从原单位辞职去做律师，律师鲜见去法院和检察院去任职的，这是现状。

《律师实务》一书再版八次

我一边当律师一边搞学术，办的案子越来越多，结合案子写的东西也越来越多。我所写的《律师实务》这本书被再版了八次，并先后在将近10年时间里成为了各级律师岗前培训的教材。律师实务从一开始由全国律协组织策划，我作为主编撰写，这本书最早是因为考上司法考试或律师资格考试以后这些并已经取得律师资格的人，在实习期间没有一个统编的教材，也就是大概说明描述了如何当律师，律师这个业务大致的分工，从哪儿做起，应该了解什么方面业务，全国律协当时授意我写这本儿书，当时全国律师协会的会长于宁律师还写了序，这本书是法律出版社出版的，谁都没有想到，这本书问世以后销量非常好，满足了律师培训的要求，可以说是一书难求，好多人打电话问我要这本书，我说我也没有。而且我比较后悔的是，当时没跟法律出版社签一个版税分成协议，只是把书交给他们出版了，我自己只拿到了少量稿费，我想法律出版社八次再版，一定收益不错。

这本书在出版了第一版以后，第二版、第三版等开始不断地修改，把律师新的诉求和其他新的内容也加了进去。我经常到北京之外的很多地方去讲课，尤其是给律师讲课的时候，他们拿这本书让我签名，我才知道这本书的发行量如此之高，传播如此之广，也有很多人给我写信说这本书，他们学完以后有很好的体会。而我到许多地方去以后，就是很多人跟我说，徐老师我认识你，我看过你写这本书，看了很多遍，我的很多朋友都喜欢这本书，这是我们当律师的敲门砖。

再后来法律出版社一直再版了八版，印了多少册没人知道，我当然更不知道，市场上看，发行量是相当大的，根据与法律出版社的协议，我只是拿到了很少的稿费，出版发行不管多大的数量与我也无关，真是悔之晚矣，当时也没有预期到会受到律师们这么热烈的追捧。

当然这本书主要是为有志于从事律师职业的初学者服务的，它不是一个成熟的律师或者专业律师所需要的，它只是一个基本技能的培训，但是律师的基本技能的培训确实是很重要的。因为尽管你是学法律的人，满脑子都是法理和法律条文，如果没有经过律师的基础培训，做律师业务还是很困难的，所以这本书解决了这个问题，无论是学法律出身的还是非学法律出身的，都可以通过这本书了解到律师的基本业务有哪些，应该怎么开展这些业务，这也是这本书写作出版的初衷和用途。

它不是一个深奥的专业的书籍，所以在这本书以后呢，我又出版了《律师知识产权实务》，使律师更加专业化。出版《知识产权律师实务》的时候，当时最高人民法院的知识产权庭庭长蒋志培博士还专门写了个序，蒋庭长说，你虽是律师，我虽是法官，但是你这本书我们很多法官也需要看，需要学习。《律师知识产权实务》也是为了弥补《律师实务》这儿书非专业化的一个“短板”，在它出版以后也有不错的反应，所以又再版这本书，有两个版本，一个是人民法院出版社的版本，还有一个是上海交通大学出版社的版本，这也受到了知识产权领域专业律师的欢迎。这本书主要是从知识产权律师实务角度来论述应该怎么开拓业务，业务领域是哪些，基本的技巧和窍门是哪些，并且律师知识产权实务与律师实务这两本书是可以交相辉映，互为影响，可以交替使用的。以下是法律出版社出版《律师实务》这本书的不同时间：2002年6月第1版，2005年4月第2版，2007年6月第3版，2009年3月第4版，2011年9月第5版，2013年1月第6版，2014年8月第7版，2015年8月第8版。

第五编

我办理的案件

十九、万案开头难

我是早期万金油律师

我历来主张律师要专业化，律师与医生职业非常相似，好医生一定是专科医生。全科医生看看小病可以，遇到大病或是疑难杂症，一定要找专科医生，要挂专家门诊的号。我早期刚当律师的时候，就像当年的赤脚医生一样，十八般武艺都可以招呼，那个时代，法律问题比较简单，律师业务也比较简单，我本人就是典型的万金油律师，什么业务都可以做。随着时代的进步，法律越来越多，法律条文越来越细，法律问题越来越复杂。伴随着社会的发展，律师个人在不断的学习和进步，律师事务所也在一步一步的发展壮大。律师已不再是赤脚医生，律师事务所也不是简单的门诊部了。律师成了专科医生，律师事务所成了大型综合医院。在这种情况下，律师必须专业化。我常讲律师专业化是被逼出来的，不是自己没事找事装出来的。万金油律师需要专业化，只有专业化了，律师才有竞争力。专业化律师是从万金油律师过渡而来的，很少有律师从一开始当律师就是专业化律师，如果有这种情况，这部分律师是十分幸运的。在律师专业化问题上，我更加倾向于从万金油律师向专业化的转变，只有做过万金油律师才知道什么是真正的专业化律师，做过万金油律师才知道自己应该怎样做专业化律师，或者是朝着哪个方向去做专业化律师。万金油律师是专业化律师的基础，做过万金油律师可能在专业化律师的道路上走的更远。所谓的万金油律师和专业化律师都是相对而言的，有的律师承办的大部分案件都是普通的万金油案件，但在某一种领域可能造诣很深，有的律师在某一个领域是公认的专家，但时常也会做万金油的普通案件。我们强调律师的专业化，要搞清楚万金油与专业化的关系，也要安排好我们自己专业化的路径。就我个人来说，30年过去了，从时间先后顺序上，我做律师的30年可以分为几个阶段，第一个阶段就是万金油律师阶段，什么案子都接，什么案子都办；第二个阶段是集中精力办理刑事案件，同时也兼顾办理其他案件；第三个阶段是主要办理知识产权类案件，有可能的情况下再兼顾其他案件。刚当律师的那几年，不仅代理了当时名噪一时的大案要案，也参与了众多法律服务项目的办理，比如，香港美食城（总店）的建设，担任法律顾问，起草合同，出具法律意见书；担任首都机场高速公路合资项目的法律顾问；参与起草美国摩托罗拉公司在天津开发区70年土地使用权转让合同的起草工作；担任中共中央办公厅诉北京城建开发集团成片开发住宅小区纠纷案诉讼代理人，并参与双方调解；代理大连物资公司诉中国珠宝进出口公司期货纠纷案；代理北辰集团、新兴公司等期货纠纷案；代理中国华诚财务公司诉北京富臣发展总公司融资协议纠纷案；代理“四通公司”侵权案；歌星韦唯版权侵权案；中国首起著作权人诉美国出版公司案；香港CM中国贸易公司与北京美电子技术开发公司纠纷案；等等。隆安律师事务所还创办了全国第一家专门为律师服务的机构——社会调查事务部，在收集证据、代办资信调查等方面做了大量工作，被人们称为“中国的福尔摩斯”以及“私家侦探”，不但为众多的当事人提供了优质的法律服务，还成为北京市公安局刑事科学技术研究所的常年法律顾问，其社会影响不能不让人刮目相看。

此外一些大型的涉外案件对我也有很深刻的的印象。我及隆安律师事务所其他律师参与了北京天平大厦（后改为凯莱大酒店五星级的项目）的全部建设过程，出具法律意见书，起草合同，并曾赴香港与当地律师谈判；特别是在凯莱大酒店与香港利园饭店合资的谈判中，为了在未来的饭店保留一个面积为500平方米的法学家俱乐部，在香港，这个当时对我来说还非常陌生的地方，同港商打了三天的法律和心理仗，最终，合同按中方的愿望签订了。

在同加拿大开采公司签订金矿开采的协议书过程中，为了我国的利益不受损害，我查阅了大量的法律文件，反复推敲每一句话，最后精确到每一个单词上。当协议签订时，加拿大公司的负责人对着我竖起大姆指，赞不绝口地说：“中国律师的服务质量、效率真不可小视，未来可期！”

我当律师办的第一个案子

“喂，我是协和医院的某某某，美籍华人刘某患急症死亡，他的妻子为财产及企业的事务请求律师帮助。”我的一个医生朋友打电话给我，

我在电话里回答道：“好，我马上就去！”到了协和医院我见到一位少妇，正在轻轻地啜泣着。她是影视圈里的名演员，对瞬间发生的巨变，她几乎失去了自制力。孩子弱小，孤儿寡母，以后的路一如何走，少妇呜呜咽咽，处理后事的人来来往往，断断续续地对我说：最急迫的问题还不在这里，合资企业的管理怎么办，刚刚去世的当总经理的丈夫所在的公司不承认她的继承权，而她本人从来没有参与过合资公司的管理事务。

这是我从最高检辞职下海当律师后办理的第一件案子，至今记忆犹新。这个女演员当事人因为主演电影《高山下的花环》，当时红极一时，她当年嫁给了一个美籍华人，这个美籍华人在中国投资搞了很多合资企业，而我接手的这个“大案”是巨额遗产继承纠纷案，处理合资公司的外方遗产继承及管理问题。当时，这名当红女演员的美籍华人丈夫突发急病在国内死亡时，没有任何遗嘱，协和医院的外宾急诊室是我办理这个案件的起点，接的这个案很有挑战性，这个事情很麻烦，我也从来没有办过此类案件，这个美籍华人是外方投资人，在中国投资了很多企业，他去世了，那些中方外方的股东和管理人员都没有思想准备，双方人员已经在病房外面吵起来了，因为财产继承和股权转让的问题，在这种场面下我接受了女演员的委托，为她处理比较紧急也比较棘手的法律事务，见面谈的时候，当时女演员哭得很伤心，我记得她还有个小孩才两三岁。女演员的丈夫除了美国有巨额资产外，其中在国内有一家合资公司，他是外方大股东，位于北京朝阳区，这是第一个要解决的涉及继承和股权问题的公司，这家合资公司的中方负责人不承认这位女演员的继承权，也避而不见作为女演员的委托代理人的我。

律师必须保护她的合法权益。我接受女演员的委托后，拿着委托手续找到了合资公司的主管中方总经理，想直截了当地与他谈谈女演员在合资公司的合法权益及股权转让手续，不料对方的态度令我很吃惊：“你是律师？律师管不着这里，再说什么权益的话我就下逐客令。”这位总经理威胁我说。

我当然很是恼火，心理一下子失去平衡，我感到了这种落差，在过去，我当

检察官时从未听谁这样说话。可我的火并没有发作，硬梆梆地甩出去一句话："侵犯他人权益，要负法律责任！""咣"的一声，我关上门，面带愠色地离去。当时女演员委托我以后，合资公司中方主管经理根本不懂法律相关规定，因为对女演员极度不信任，所以不和我谈关于女演员继承公司财产的事情，并称律师解决不了问题，我们使出浑身解数，借助一切可以动用的社会关系，希望让合资公司中方负责人坐下来谈判。我当时与合资公司中方股东说，你们什么意思？我说我是代表外方股东啊，为什么不和我谈呢？他们说，这是公司内部的事情，管理层都很排斥律师，就是不想让律师掺和这件事情，在现在看来这件事情很可笑，但是在当时是很正常的。我当时刚离开检察院不久，我想到了找检察院的同事帮忙协调，先解决与中方见面谈判的事情，否则连面都见不上怎么能谈判，后来我找到一个检察院的朋友联系到了这个区的检察长，检察长找的中方经理，因为中方是一个国营企业，检察长跟他们说徐律师原来是我们高检院的同事，你们对徐律师客气一点，有话好好说。

"徐律师，对不起，是我以前失言。"我回到事务所就接到了那总经理的电话，他表示了既往不咎，静听对方下边的话：您马上到公司来，我们欢迎您代表外方谈判。后来我代表少妇所在的合资公司的外方坐下来与合资公司的中方一项一项谈，我做了各方面很多的工作，花费了很长时间，最后把股权转让给这位当红女演员了，少妇在合资企业中的合法权益得到确认，外方希望女演员代替她丈夫出任外方总经理，而总经理一职她自己表示可做不了，她让我想办法依法妥善处理好这事。这个案子用了一年半时间通过谈判的方式，解决了双方有争议的问题，并且办理了相关的转让和登记注册法律手续，最后双方对我所做的工作都很认可。

正在谈判期间，合资公司有一批货扣在天津港，因中外双方股东产生纠纷，都不肯在提货单上面签字，这批货在天津港压了半年，一天就罚款一百多美金，我当时很着急，我就说服他们先把货提回来，以避免更大的损失，不管哪方经营合资公司，企业都要正常运转，否则合资双方都要受损，双方当事人都赞同徐家力的观点。

于是我被授权，急急火火地赶到天津提回了货。原来律师还有运筹企业的能力，有分歧意见的合资公司双方统一了看法，"徐律师，他的前妻之子说我是非法婚姻……"此时，又冒出来一个女演员丈夫在美国的前妻，带着儿子前来争夺遗产。这时候这位少妇已回美国处理此事，她从美国打来长途，抽抽搭搭地哭着说，她请我给他解决问题。我不迭地撂下电话，又拨出电话。还好，我从有关部门查到了少妇有关婚姻关系的证明，快件越过太平洋到达北美大陆。

关于继承的法律问题，我冷静地运用所掌握的法律知识，根据我国《继承法》的有关规定，以普法的形式，详细地给各方讲解阐述了各自所处的法律地位和应有的权利、义务，使各方心悦诚服，圆满地解决了问题。

这个案子办理差不多快结束的时候，一次决定企业命运的总经理选举正在公司会议室里紧张进行。选举的结果颇具戏剧性，公司里的人无记名投票选我为中外合资公司的总经理。因为合资公司外方的总经理突然离世，合资公司合资期限尚未到期，合资公司还要继续经营下去，所以董事会要在中外双方董事当中选一个总经理，我是外方董事代表，9个人作为公司董事不记名选举，其中8个人选我当总经理，原因在于，这个案子结束后，合资公司双方都对我作为律师所作的工作表现非常满意，想聘请我做合资公司的总经理，认为我很合适担任合资公司的总经理，但是我婉言谢绝了他们的好意，我的志向不是做一个什么合资公司的总经理，我想在律师领域折腾一番，在商讨之后双方一致决定聘请我作为中外合资公司的法律顾问。

我当时就很奇怪，为什么让我当呢？中方就说，我们开始排斥你到后来认可你，第一你懂法律，第二你不是中方的人也不是外方公司里的人，第三你办事能力强，我们觉得你当这个企业的总经理最合适。我说我不当，我喜欢当律师，我对企业管理不懂，但是中方很认真，多次找我，还通过司法局找我，希望我去担任总经理，到最后我还是没有去。这个案子是我的第一个案子，我投入了很大的精力和心血，我付出了那么多也得到了当事人的认可。我觉得我做这个案子对后来我的律师业务也有很大的指导和影响作用。我当时的心里想法就是当律师太难了，需要殚精竭虑，使出浑身解数，这是一个很大的触动。像这样通过一个案子的解决，当事人双方或一方聘请作为律师的我为法律顾问的例子，在我的律师执业生涯中比比皆是。这个案子是我从检察官到律师后接到的第一个案子，所以印象非常深刻。

这个案子使我完成了从检察官到律师的转变，深深体会到检察官与律师职业的不同，当一名检察官很骨感，当一名律师很现实，律师工作能做到什么程度全靠自己的本事，从这个第一案子中我发现我适合做律师，所谓性格决定命运，我就是典型的律师性格，我的性格就是，一旦当事人把事情交给我办，我比当事人还着急，我比当事人想的还周到，我比当事人还当事人，所以很多跟我非常近的朋友，要好的朋友都知道我的性格，要么不干，干就一定要干好，有些案子我不感兴趣我就直接回复我不干。这个案子对我的启发就是律师对当事人很重要，现在很多当事人都说，没有我就没有他们的今天。“天高任鸟飞，海阔凭鱼跃。”我不断变换视角，我想在改革的大潮中施展才华，我要在法律服务的天地里，再创佳绩。通过这个案件，让我真正的进入了律师行业，体会到了律师的酸甜苦辣，所谓的找到了当律师的感觉。很快，我和其他几个年轻律师在律师行业就干的风起云涌起来，共同谱写属于我们自己的律师篇章。

办理期货法律纠纷案件

在成立起初几年隆安开拓的是期货法律事务领域，包括我本人办理了很多期货法律案件，这主要归功于我的研究生的同班同学黄永庆的指导和加盟，黄永庆在加盟隆安律师事务所之前，已经在金鹏国际期货公司任副总裁，并且主管法律事务，无论是我本人，还是隆安律师事务所，在期货法律业务的开拓上和办理中都得益于黄永庆的无私奉献。这个全新的领域，隆安承办的期货法律业务是比较早的，我们重点参与了数家国际期货经纪公司的筹建工作，从公司章程的起草，到股东协议的订立以及各种合约的确立，隆安都全方位地参与其中。

从1994年开始隆安便大量受理期货纠纷案件，如燕兴宏福期货纠纷案、建行北京信托投资公司期货纠纷案、中国珠宝公司大连分公司期货纠纷案等。隆安还与期货公司共同投资，创办了由隆安主办的金鹏期货法律事务中心。它是全国第一家专门从事期货法律服务的机构。同时创办了中国政法大学期货证券法律研究所。

当时震惊中外轰动一时的一起期货法律纠纷案就是我代理的。外资在京的S公司董事长向专家咨询，请他们推荐一位顶尖水平的金融期货专家，为他的公司打一场复杂的官司。律师界哪位律师合适呢？当事人找了很多人，经过其他人推荐，最后找到了我，我心里很清楚，我的头衔起着标牌的作用：中国政法大学证券期货法律研究所副所长，金鹏期货法律事务中心副主任。

S公司的高层领导要求尽快与我见面沟通案件情况，在我们不大的律师事务所的接待室里，我见到了彬彬有礼、措辞讲究的S公司董事长，他难以掩饰忿忿之态："L公司骗了我们。期货交易？欺货！"我细听原委。S公司1994年年底共投入保证金2000多万美元；1995年累计投入保证金1262多万美元，1996年投入保证金3875万美元。S公司与L公司达成7000多万美元的期货交易投资结算协议，但S公司怀疑所谓的期货外汇指数交易事实不是真实的，S公司已向高级人民法院起诉，尽管L公司的背景非同一般。

S公司已被卷进期货投资纠纷的旋涡里，S公司董事长谈完，我也已厘清了其中复杂的法律关系及法律问题。这桩纠纷案涉及金额巨大，代表了期货案件可能遇到的所有法律点：违规操作，责任划分，结算的法律效力，等等。

"公司的生存希望就寄托在您身上了！"S公司董事长的声音有点儿颤抖，他祈求律师拯救他那濒临倒闭的公司。

我会尽力的！我告诉当事人，董事长转身离开了律师事务所，消失在华灯闪烁下的车流里，此时的我在心里感叹道：律师的责任啊，多么重大！

这是一起高难度的案件，几重法律关系构成了该案的主线。而法律问题呢？又穿插在法律关系中，决定着法律关系是否成立。

期货公司是非银行金融机构，审批和监管都很严格，要涉及的法律问题是：双方签订的结算协议是否合法有效，确定这一点又要查清所谓的期货交易是否真实，倘若查清了交易真实还会引出一系列的法律问题。我沿着扯出的主线钻进那诸多点线构成的法律网，统观全案，所有的，都将终结在新的金融领域无法可依的探讨上。我做好了思想准备，拟好了计划，决定打好一场场攻坚战。

我首先去了工商局查询L公司的营业范围和期货经营许可证，工商局查询电脑鼠标上的点击键在推拉进退中发出轻微的回响，不断地调整着搜索方向："好！目标被抓住了。"设在工商管理局的计算机屏幕上，显示出一行行端正规范的汉字，L公司的经营范围横排列出，操作计算机的小姐一字一板地读着，仍不见外汇期货、外汇期权、外汇期货指数的字样。可以断定L公司不具备从事国际期货交易方面条的資格！营业范围没有国际期货交易这一项，我们可以得出结论，L公司是违法经营，所签的协议是无效的，进一步推断很可能这笔纠纷的期货根本就没有在国际期货交易市场内交易过。

至此我仍无轻松之感，因为制约这层法律关系的另一点是，结算的前提是否为真实交易结果的反映需要有证据证明，如果期货公司有交易证明，那可能就是市场的正常盈亏，除非我们自己通过取证证明所谓的期货是子虚乌有。

所以是否存在期货的真实交易是本案的关键，经与当事人协商，S公司的董事长决定亲自去美国芝加哥期货交易所查找期货交易的是否真实的证据，为了办理好这起期货国际交易的案件，我们一致认为需要取得在芝加哥期货交易所实际发生交易的证据是决定本案胜败的前题。在美国律师爱德华雷门的带领下，我和当事人即S公司的董事长，三个人一起到芝加哥期货交易所查询有关国际外汇的交易证据，这个案件是国际期货的交易也就是国际外汇指数的交易，当时我们代理当事人在中国法院起诉了被告，我们强烈怀疑被告没有到芝加哥期货交易所交易，是一种作假行为。

为了证明被告的期货公司没有所通过芝加哥交易所去交易，我们就到了芝加哥交易所查找证据。芝加哥国际期货交易所是世界上最大的期货交易所，和华尔街的国际股票交易所一样，在美国资本市场有举足轻重的地位。芝加哥期货交易所除了这种金融类的产品，还有现货交易，比如说谷物和金属矿产品等，但是它最早起家是通过粮食谷物交易发展起来的，后来演变成一种全面的期货服务类的交易所。到了芝加哥以后，通过雷们律师的联系和沟通，我们直接找到了芝加哥期货交易所的法律团队，我们说想查一笔中国一个期货国际期货交易公司发生这儿的是否交易以及何时交易的证据，他们听懂并记录下来后，让我们等着查询的消息，然后我们就在芝加哥等着结果，过了几天以后，他们却告诉我们他们没有查到中国这家期货交易公司在芝加哥交易所的记录，并且把当时此类的交易记录给我们看了，确实没有中国这家公司的交易记录，说明这笔交易没有在芝加哥期货交易所进行，在雷门律师的帮助下，我们让交易所给我们出了份证明，然后我们拿着这份证明去中国驻芝加哥总领事馆做了公证认证，取到了这份重要的证据。

这个交易记录很重要，期货公司替客户下单以后，通常情况下是通过国际交易所进行期货交易。在当时的条件下，很多国内的期货公司都是以代客户买卖期货为名，实际上却根本就没有到国际期货交易所交易，而是在国内虚拟交易，因为这种交易一般客户是无法查知的，所以期货公司就以期货亏损为名，侵占了很多客户的钱，我们这案子也是这样，我们到了芝加哥期货交易所拿到这个证据以后，证实了这个期货交易根本就没有真正实行，这是一种欺诈行为。

取得证据以后回到了国内，我们立即把证据提交给了法院，在法庭上我提请法官注意：结算的前提掩盖了事实真相，L公司拒不提供爆仓损失的任何入市交易清单，说明这些所谓的期货交易都是子乌虚有，本案的所有期货交易根本就没有发生过，这本身就构成了违法，况且我们还提供了芝加哥期货交易所的证据，被告无法抵赖和狡辩。我巧妙地迫使L公司不攻自破地承认己方的欺诈行为。

认定期货结算协议无效及期货交易没有发生的两层障碍被攻破了，代表公正的法官令L公司出证，提供全部入市交易的证据！被告没有也无法提供真正国际期货交易的证据。第一回合，我们赢了，而执著、毅力、品质的竞赛还在后一段漫长的诉讼道路上，L公司要在每一笔交易所证据取证上周旋。提取交易单，公证员公证、美国州务卿、中国驻外领事馆的认证——我们前面的攻坚战一场比一场艰难，我们的远见似乎超过了乐观，本案论争的高潮在终点。人们关注着高级法院目前这一最大的期货案，波澜迭起的发展……法院也就按照我们原告的起诉案由判了被告的败诉，即期货公司没有进行交易，是一种欺诈行为，返还赔偿全部客户的交易保证金和损失，所以说这个案件也圆满结束，它也是当时我做众多期货案件当中很成功的一个案件。

在期货法律方面，我有较多的发言权，早在1993年我就办理了全国第一起期货纠纷案，尽管那是简单了许多的案件，但我还是查阅和研究了许多国外和地区的法规，如美国的证券期货管理条例、芝加哥期货交易规则、菲律宾马尼拉操作规则，等等。在当时我国无任何法律依据、法律条文的情况下，哪位法官敢轻易断案！尽管我代理的上述期货案件证据确凿，事实清楚，但是这个案件时间还是拖了三年，令人欣慰的是，我们作为原告最后还是赢了案子，获得了被告可观的赔偿。

去美国为301医院讨回欠款案

大致在20多年前我在美国纽约大学做访问学者归来，中国人民解放军301医院的有关领导找到我，说你刚美国回来，对美国的情况比较了解吧？我说还可以，他们介绍说这儿有一个案件，大致的情况是，在那个年代中国的绝大部分医院订购的医疗设备大部分是美国的，有一手的，也有二手的。301医院跟一个美籍华人做这种生意已经很多年了，先付款然后再交付医疗设备，但是在最后一次付款以后，这个人就失联了。我看了他们之间签那个协议，这个美籍华人是美国GE公司，即美国通用公司的经销商，他经销美国通用公司在中国销售医疗设备，但是这位美籍华人收到货款后并没有交付医疗设备，于是我代理301医院就把通用公司设备的经销商告到了法院，当然从中国法律关系来讲，GE公司，也就是美国通用公司作为第三人。我们要求经销商赔偿301医院的医疗设备款，这案子在法院一审二审都胜诉了，可是在执行阶段就发现经销公司的实际控制人不见踪影，根本就不在国内，所有可供执行的财产线索都集中在他个人身上，法院说首先要找到这个人否则执行问题没法解决，另外，这个案子有点儿像诈骗，是一种刑事案子，建议你们应该到公安机关报案，这样我们又走刑事程序，到公安机关报了案，公安机关当时很快就立案了，经过查询，发现这个人在美国，就把这案件中止了。

找到这个人是当前最主要的事情，找不到这个人一切都是死结。301医院领导问我能不能到美国去找这个人，他们知道这个人在美国确切的住址，在亚特兰大，后来我说我可以，就接受了301医院的委托，于是我跟301医院的另外一位同事就到了美国，按照提供的地址找到了这个人的住址。结果一问，才知道这个人早就不在这里住了，已经搬家了，这就比较麻烦了，在一个庞然大国，几亿人口的美国找到一位华人真是大海里捞针，当时跟我去一块儿的这位同事就比较悲观，就想马上回去交差，我说既然到美国来了，咱们再想想办法吧。后来我就发现这个人虽然搬家了，但是他公司还在，我就按照他公司的地址去找，结果到那一问，才知道公司现在也搬走了，现在看来就是这个人是为了逃避301医院的追讨债务，是把自己的痕迹抹得是一干二净，有意地隐瞒自己的行踪去处。

后来我想这个人在美国的踪迹难道就一点儿也查不到吗？我询问了我在美国当律师的同学一些找人的方法，他们告诉我可以委托当地的律师或者私人侦探等等，但是发现价格比较高，另外我们也没那么长的时间。那怎么办呢？我就突然想到一个办法，我说既然这个人是生活在乔治亚州的亚特兰大，那肯定有他的痕迹，我就问301医院的这个同事，我说你见过这个人吗？他说他见过，这个人姓张，能辨认出来。我说辨认出来就好，在当地中国人并不多。

后来我就在那儿的租车公司租了一台汽车，在他原来居住的地方和公司开着车反复地寻找，也到有华人地方的问，终于有一天在他公司附近问到一个人，说这个人前几天还在这附近出现过，大致在什么地方儿，发现他没离开乔治亚州，也没离开亚特兰大。我们大喜过望，我们就按照这个线索去找。又过了几天，我们逐渐的知道这个人大致住在什么地方，但是在美国，你随便到别人家里是不行的，是非法的，又待了好几天，反复地问，反复地找，终于锁定这个人住在亚特兰大郊区的一个住宅区里。这个住宅区是一个比较高档的住宅区，大部分住户是美国的白人，少部分是华人，几乎见不到黑人，这在黑人人口居多的亚特兰大市是不多见的，说明这位美籍华人很有钱，当然也包括骗了我的当事人301医院的钱，我确切知道地址以后，开车去了他们家，敲门以后他不开，后来我在他家门外大声和他说，我是中国的律师，代表301医院来的，你要是不开门的话，我准备报警，我现在有国内的判决书和你骗走我们医疗设备款所有证据，我们要通过中国和美国法律程序要追究你的法律责任，你如果不开门与我们接触，请你考虑法律后果，我们一定能找出办法追回欠款，除非你永远不回中国。过了一会儿，一个40多岁中年中国人开了门，301医院同事马上说，就是他张先生。

他的第一个反应第一句话就问我，说我是怎么能找到这儿来的，我说这不重要，重要的是你怎么解决这个问题。这个债务人说，我现在可以马上报警，把你赶出我的家门，我说你现在可以报警，等警察到了，我可以跟警察解释，我到你家找你来干什么？我是律师，我带了全套的法律手续，我要追讨你所欠的款项，我又不是无理到你家来胡闹，况且你住的这个区域一看就是有钱人的住宅区，让美国警察来看看你是怎么在中国骗钱然后在这里买豪宅的，你不怕，我们更不怕，我也不是第一次与美国警察打交道，我们来找你谈判还钱的事情没有任何问题，后来他又犹豫了一下，几分钟后，我说，给你两个选择，一是你现在报警，我去跟美国警察解释，我们并没有硬闯你家门，也留下了报警记录，这是我们主张权利的记录。二是我们达成一个解决的方案，把你欠我们的债务解决，否则这事不会就这么了结了，你自己考虑一下。

他又迟疑了几分钟，然后说说你们进来吧，我们就进了他的家门，进来以后我就把前因后果说了一下，我说你怎么考虑，我们已经在国内已经把程序走完了，也准备也给刑事立案了，在美国我们也准备采取行动，至于采取什么行动，那我不能告诉你，反正这事必须有一个了结，我也知道虽然你已加入美国国籍，但大部分生意都在在国内，你不大可能就因为这笔欠款放弃国内的所有生意，我们既然能够找到这里，说明我们的决心和能力，必须把这件事情解决了。后来他解释了一下情况，我又反复重申了利害关系，最后他觉得这事理亏认账，于是我们马上给301医院的领导通电话，大家一起研究具体的解决方案。

后来在我们的坚持下，与这个人达成一个协议，按照这个协议执行，内容是法院判决的部分，分成两部分执行：一部分是把设备运到中国，另一部分就是如果设备到不了，就把设备钱分期还上，当场我们就让他把协议签上字，签好字以后我们得到301医院领导的确认以后，完成工作任务后就回到了国内，把这个东西交给了法院，基本上按照双方达成的协议把钱还给了301医院，尽管拖了几年，最后的欠款债权全部实现了。

像这种到美国去找人谈判的事情，我经历了很多次，去了很多次美国以后，我就发现一个规律，就是在改革开放的初期，很多美籍华人骗子骗了国内很多的钱，躲在美国不回来，于是需要找到他们，晓之以理，动之以情，我到美国去过很多次找人谈判、要钱。这种事情在加拿大、澳大利亚也有，是一个非常重要的一个社会现象，但后来随着法治的健全，这种情况少了很多。

我在中国第一家互联网公司担任常年法律顾问

大约在1995年的时候，我在中国第一家互联网公司担任常年法律顾问，中关村那个时候有一个著名的广告，广告的内容是：中国离互联网还有多远，还有1500米，这是当时从中关村332路公共汽车站步行到瀛海威公司的距离。瀛海威公司是中国第一家互联网公司，这是英文Information High Way的中文音译，创办于20世纪90年代。我刚当律师不久，就有幸为这家公司担任常年法律顾问。

公司董事长为张树新女士，现在被尊称为“中国互联网之母”。张树新女士毕业于中国科技大学，是当年中国科技大学的学生会主席。她毕业以后分配到中国科学院下边儿的中国科学报当记者，是当时的风云人物，之后就借助于中国互联网大潮的来临之机创办了瀛海威互联网公司，无论公司还是她本人，都是典型的“九二派”，我有幸成为互联网公司常年的法律顾问，在这个公司初创时期，百事待兴，生机勃勃，因为那个时候大家对互联网的概念还是很陌生的，所以这个公司他们做了很多的事情，我也参与了很多的事情。这是中国互联网启蒙的开始，也是我个人互联网法律业务的开端。

首先是普及互联网知识，什么叫互联网？就是信息高速公路，从Information High Way这儿翻译过来的，当时信息高速路正处于这个互联网的初期，尼葛洛庞帝教授写的叫《数字化生存》这本书那时候风靡全中国，很多人都按照这个思路去创办互联网公司，当时我要没记错的话，瀛海威公司是邀请比尔·盖茨访问中国的一家企业，当然还有其他企业也参加了邀请活动。

比尔·盖茨到中国来，当时主要推销他的一本儿书叫《未来之路》，比尔·盖茨在北京的香格里拉大饭店演讲，我也去听了，他上了演讲台就说五年之前我就定了今天这个日子到中国来，因为中国是互联网未来的蓝海，有大好的机会。当时比尔·盖茨第一句话就把在场的中国企业家震惊了，中国的社会变化太大太快，企业家处于不稳定状态，哪个企业家谁敢决定五年之后的哪个具体的日子干什么事情呢？在这次演讲中，比尔·盖茨讲了微软创业的经历，软件的应用场景，互联网未来之路的憧憬，改变世界的方式方法，以及对中国市场的期待等内容。

在公司当常年法律顾问期间，我还主持召开了全国第一次信息网络法律研讨会，为什么当时要开个研讨会，因为涉及互联网的什么法律也没有，怎么搞这个信息网络公司和业务，法律依据是什么？谁也不清楚。我以一个法律人的角度建议公司领导需要把法律问题搞清楚再做业务也不晚，否则出事了不好解决。公司领导听取了我的建议，所以他们决定以互联网公司的名义召开一次法律研讨会。我就联系这些参会的单位，结果来的人级别非常高，有全国人大、最高人民法院、最高人民检察院、公安部和当时的国务院的其他好多机构的领导，我和张树新女士共同主持了这次意义非凡的研讨会，我们组织的这个研讨会应该是说中国探讨信息网络法律的第一次研讨会，开创了历史，引导了先河。在这个研讨会上，我们认真的讨论了互联网与法律的关系，未来互联网对法律的冲击和挑战，立法和司法部门应该尽快出台相关法律和司法解释等等问题，有些问题直到今天还有现实意义，有些问题直到今天仍然没有得到解决。

主持中国最早的网络法律研讨会

因为这是在20世纪90年代，通过我给中国第一家互联网公司当法律顾问，就早早的接触和了解了互联网，在那个时候互联网的到来对人类的影响有什么深刻的影响？憧憬很多，说法很多，感触很深，尤其是聆听了比尔·盖茨在北京的演讲以后，并且读了他写的《未来之路》这本书以后，热血澎湃，茅塞顿开，醍醐灌顶，激动的不得了，同时《数字化生存》《学习的革命》等这些书这都传到了中国，讲的都是第三次浪潮和信息化，这些书籍的启蒙不亚于当年上大学时读卢梭、洛克、孟德斯鸠等名著的收获。

所以从那个时候开始，我骨子里就深深地埋下了对互联网学习了解的念头，因为互联网在将来会革人类的命，那么我首先要自己革自己的命，所以不断学习互联网，这与在互联网公司当法律顾问所受到的启蒙是不无关系的，所以律师是一个终身学习的行业，就像前几天我遇到一个退休的医生，我问他退休以后还去医院吗，他说不去了，也不想去了，我问为什么？他说当医生要不断的学习新的医学知识，我不想学了，学习太累了，我也就落后了，就无法再给病人看病了。作为医生他说的很有道理，律师也是一样的，你要想从事你的律师业务，就要了解新技术、新知识、新法律的发展，如果不了解，不学习就落后。所以在从业当中，你要向你的客户学习，向你的同行学习，向社会学习，向外界学习，向你的学生学习，向一切可以学习的人和事物学习，这就是律师职业的特点。通过给这家公司当常年法律顾问，普及了互联网知识，激起了我对互联网的热情，办理了许多涉及信息网络的案件，曾经当了近20年的全国律师协会信息网络专业委员会的副主任，我现在的研究也在转向网络信息法学方向，写了一些文章，主持了一些课题，当上了中国法学会信息网络法学研究会的副会长。现在看来，很幸运遇到了历史机会，我是中国最早接触和接受互联网的一批人。

二十、我是刑事辩护专业律师

我对刑辩的认识

现在有一类律师叫作刑事辩护律师，简称为刑辩律师，这是律师专业化的表现，这类律师深耕于刑事辩护领域多年，逐步积累出刑事辩护经验，在刑事辩护的专业化道路上走的越来越远。对律师行业来说，这是非常可喜的现象，在中国从事刑事辩护业务是比较困难的律师业务。收费低，辩护效果差，危险性大，工作量多等不利因素的存在，影响了很多律师对刑事辩护业务的选择。甚至有人说，最好别当律师，当了律师别做诉讼业务，做了诉讼业务别做刑事诉讼业务。相当多的律师对刑事辩护业务望而却步，这是由于我们国家刑事法律立法执法现状所决定的。综观世界各国，尤其在发达国家，刑事辩护律师最有能力的一部分人，因为刑事案件涉及人的生命健康和财产，找到好的刑事辩护律师就是对这些的保障，这种环境和理念造就了非常出色的刑事辩护律师。我个人觉得，我们国家正在逐渐的发展到了这一步。刑事辩护律师的价值正在不断提高，做过刑事案件的辩护，再做其他案件的代理就简单多了，经过刑事案件锻炼过的律师，是思维很缜密的律师。我一直认为刑事辩护律师是律师群体中的佼佼者，是各方面能力都很强的一群人，个人素质比较高。我一直很喜欢做刑事案件的辩护人。我是学刑法出身的，不仅在北大本科毕业时毕业论文写的就是刑法方向的，在中国政法大学三年全日制硕士研究生期间，学习的专业就是刑法。当年不仅对刑法和刑事诉讼法倒背如流，还能结合具体案件分析得头头是道，如果总结当年自己什么学科学得最好，当然是刑事法律，在中国政法大学上刑法专业研究生期间，四处讲课，对刑法知识耳熟能详，张口就来。分配到最高人民高检院工作后，工作内容还是刑法方面的，尤其在北京市检察院分院工作的近2年的时间里，大部分精力都放在了公诉案件的办理上了，从起诉角度理解和认识了刑事法律的理论和实践要点，这对于我后来做律师从辩护人角度理解和认识刑事案件大有帮助。在刑事法律圈，我有很多同学、同事或故旧。在当律师后我顺水推舟，自然而然地办理了大量的刑事案件，直到今日，我对办理刑事案件还是情有独钟，非常有兴趣，现在律师都讲专业化，其中专业化中一类律师叫做刑事辩护专业律师，我宁愿有人叫我为刑辩专业律师。现在不断的有人找我代理刑事辩护案件，我都是乐此不疲，我个人爱好刑事辩护律师业务，这是对律师执业具有挑战意义的领域，值得重视并努力做好。

为当事人的利益罢辩刑事法庭

1998年的春节期间，山西朔州笼罩在黑色的祭奠里，因为假酒导致数十人中毒死亡！老妪丧子呜咽，妇孺失亲泪涟涟，失去亲人的哭泣悲痛欲绝，整个社会的民众非常愤慨。正值春节两会期间，沸沸扬扬的山西假酒案引起轩然大波。

特急电讯传到中南海，中央领导震惊了，旋即发出指示：人命关天，迅速查办，山西几级政府，山西司法机关忙得颠倒了个儿！

当时山西的农民为牟取非法利益，把工业酒精买回家后，掺水兑成白酒出售，结果引起了32人死亡、140人中毒住院的惨剧。这件事情很快引起了中南海的重视，江泽民同志曾亲自三次打电话过问，指示一定要严查严办，当地司法机关在破案过程中，曾逮捕了多名嫌疑人。由于假酒案民愤极大，当地律师均不敢接此案。他们派人火速赶赴北京，请我作为此案律师出庭辩护。

我作为刑事辩护律师和我的律师团队接手了这个案件，在山西开庭时，全体律师团成员罢辩，引起不小的轰动，我们当年参与这个案件律师回忆道：尽管这个案子以前有许多人已经写过，但他们并没有完全了解我们罢辩的原因和过程。

当时作为化工原料工业酒精的生产企业，山西太原化肥厂成为假酒案的被告，聘请我做我们的辩护律师。

这突如其来的事件，也使得山西的司法机关乱了方寸，显然是扩大了打击面，竟一下子逮捕了太原化肥厂15人，从厂长到普通营销员无一幸免。霎时间，恐慌直袭太原城。太原化肥厂是一家40多年的国营企业，为国家做出过巨大的贡献，现在眼看着损失越来越严重。1998年 3月底。太原市中级人民法院公开审理太原化肥厂涉嫌非法经营罪的15人，整个太原哗然。法庭设在化肥厂的大礼堂，人山人海，庭外警察戒备森严，庭内旁听席上塞满了普通百姓。狭窄的通道上被簇拥着的人群竖起了一道屏障，管你是谁，甭想进得去法庭！离开庭审理只有5分钟了，作为本案辩护人的我竟然挤不进去法庭，我正在十分焦急地踮起脚尖张望。“请稍等，我也进不去。”不知何时站在我身后的法院院长安慰说。“请警察开路！”不知是谁提了醒，我跟着法院院长在警察的保护下被举进了法庭辩护席。

15名被告30名律师，检察官席法官席全无空座。这样的浩势在当时的中国审判史上少有先例！

第一轮答辩平稳进行。公诉人陈述：太原化肥厂非法经营甲醇，厂长陈某应负刑事责任……一个罪名何以了得！答辩就此展开。“不错，1987年的《化学物品安全管理条例》规定的要求，当时化肥厂严格按条例执行了。1990年以后，随着计划经济向市场经济转轨，原条例已不适应经济发展的要求。”我信心十足地辩护这个罪名不成立。

在来山西之前，我晓得搅动北京和山西的每一事件的每一个细节。就在第一次开庭的前两天，3月2日国家经贸委收到山西经贸委急文，请求该委协调有关部门对《化学物品安全管理条例》的有关规定，作出符合市场经济体制要求的解释。国家经贸委急转报国务院法制局，国务院法制局以最快的速度函复：《条例》的一些规定已不再适应实际情况的需要，有必要根据新的情况对其加以修改。我手中有了权威性的宝剑！

法律法规是维护经济建设发展的产物，我们不应无视情况变化，抓着《条例》不放。我继续表明观点。

检察官依法办案，律师据实客观，双方言辞犀利辩论激烈。第一轮法庭辩论从上午8点至午夜12点，进行了一天，以后天天如此，总共用了7天。律师们忍受着饥饿和疲劳，迎着法庭的挑战。第二轮答辩重点集中在分歧比较大的问题上，即化肥厂究竟应承担什么责任。开庭时间越来越显漫长，我跳出就案说案的圈子，作了一个比喻：一个人从不知情的加油站买了一瓶汽油喝完死掉了，请问检察官是否问罪加油站？此言一出语惊四座。化肥厂并不知道买者去勾兑成假酒啊！旁听席爆发出掌声，但这是法庭不允许的。维持秩序的警察拖走了两个“违规者”，法庭下的气氛骤显紧张，法庭的开庭情况通过有关渠道已经有文字报告这种紧张！

2月20日山西太化集团公司陈情告急：太原化肥厂群众情绪难稳定，对“高温高压半自动化生产安全运行极为不利”，事故随时都有可能发生。

3月6日中共太化党委上书最高人民法院：自化肥厂负责营销的领导和骨干被捕后，2月的销售收入锐减，由于不能支付电费，13条电源被供电部门拉停8条，原料库存只能维持几天。企业面临全面停产的威胁！

我作为被告厂方的辩护律师忧心如焚，工厂停产一天就要损失上百万人民币，为国家实现利税6个亿的大型企业就要毁于一旦。我在法庭上大声疾呼：以公正的原则办案挽救国企，释放无辜者！

法庭开庭进行到第三轮，时间已经用了7个昼夜，整个法庭的忍耐力快到了极限。控方的法庭语言不大讲究了，个别地方走了板。我以平时练就的语言能力，足以反击，遣词造句带了点火药味，法官截住了我的话头，我被噎了回去，我的其他辩友形容当时的我：平日温文的脸变得怒气布满。

当时我们准备好了充分的辩护理由，并在前两轮的辩护中得到了旁听席上的大声喝彩，没想到在第三轮答辩时，控方充分陈述后，法官竟不给我们说话的权利。声称：开庭7天有点累，就此休庭。我一再地重申庭审的规定，我们作为律师还有权利进行第三轮辩护，以回应检察官的公诉论点，法官生硬地拒绝了我们的合法要求，并说我们已经知道了，不愿意再听下去了“法官有权利这样做！”主审法官如此说道，我并不否认这一点，其实往下的论战只是争的律师的尊严。“律师也有权利拒绝辩护！”我对本案的北京30名辩护律师说，我这样强调后，他们同意我的意见，况且我的身份不仅仅是一名普通律师，我是京城来的本案律师团的团长，我的话在一定意义上有代表性。作为律师，自己的辩护权被无理剥夺，引起了在场律师的一致抵制，于是，上演了一出全体律师集体维权的壮举。既然法官可以藐视法律规定，律师也有权拒绝辩护。我决定罢辩，我要离开辩护席，在我的提议下，当我们所有的律师一齐站起来，集体离开辩护席，在我的带领下拒绝继续辩护走出法庭时，维护秩序的几名警察立即走了上来，好像想对我们动武，我说：录像机在记录着，你们的领导也都在看着审理案件，再说还有这么多旁听百姓在看着我们，如果你们想抓我，就抓吧。法庭上的录像机无声地摄下了这一场面，没有谁敢轻举妄动！在他们完全没有反应过来时，我与参加庭审的北京律师一同迅速离开了法庭。我们甚至不敢再在当地停留，立刻赶回了北京。不过后来听说晚上就有警察出动到我们住的地方找我们要谈谈。

本案辩论激烈，罢辩成功。这虽是小小的插曲，却反映了法庭审理的真实情况，也道出了该案控辩双方论辩激烈的程度，由于这个案件牵扯的人员比较多，再加上特定的时期，因而在庭审的过程中，旁听的人特别多（假如不是法庭规定，可能会更多，大部分听众为化肥厂的家属），当时我们的罢辩举动轰动一时。更令人惊讶的消息是，就在我们罢辩离开太原后第二天，就传来太原化肥厂被捕的干部职工全部被释放的喜讯。

几天后在我的律师事务所办公楼前面，我被眼前的景象惊呆了，几十名被告家属、职工在我面前一字排开跪下："您救了我们全家，您救了我们厂。"感激之言淹没在唏嘘声里，眼泪扑簌簌地落下。他们难忘60多个被羁押的日子，不眠的夜晚，迷惘、焦急、期盼……

我的眼圈润湿了，我也是一个普通职工的儿子，我想起了这些被告人白发的老母，辛苦劳作的兄弟……终于又传来好消息，太原中院以休庭的方式中止了本案的审理，暂不再追究被告的刑事责任。

我在办案上专啃硬骨头，对于每一个案件充分表现出了我的努力和付出。刚回到北京时间不久，我就接到主管单位打来的电话。早在我们离开法庭后，就有人将我们在山西"大闹法庭"的情况报给北京主管部门和主管领导了，一个个电话接踵而来，我个人也受到了来自多方的压力和挑战。当我将集体罢辩的来龙去脉意义讲明后，事情也到此结束，不久我们所代理的化工厂被抓的人放了回去。一年后，撤销了对这些涉案人员的起诉。这个案件让我深深地体会到，律师工作的艰辛和危险。我也期待着随着社会的不断进步，人们法治意识增强，特别是执法者法律意识的增强，还社会一个良性的法律环境，还律师一个公正、合法的权益。

大家想想当律师的权益受到侵害时，假如我们做律师的连自己的权益都不能得到维护，我们还有能力谈维护我们的当事人吗？假如我们不是来自北京的律师，又会是什么样子？法庭之上，公诉人、辩护人是地位平等的，有罪无罪主要靠证据说话。但我们的制度设计却让公诉人既当运动员，又当裁判员，一方可以对另一方实施法律追究，这就让律师无所适从，检察官给法庭带来了压力。法庭给了检察官机会，却没有给我们机会发表我们还没有发表的辩护词，原因就在其中。

这一切表明在中国的法治进程中，还有很漫长的路要走，律师职业也是个高风险的职业，与公检法部门相比，律师属于非主流社会成员，属于社会的弱势群体，是受排斥的对象。这也体现在对律师职业的规定上。近年来不断有律师在办理刑事案件中被捕的事件发生，这在其他国家是少有的，而在中国却是一个普遍的现象。尤其是《刑法》第306条，律师界谈虎色变的律师伪证罪，让更多的律师不愿意，也不想接手刑事案件。一位资深律师曾说："如果你要搞法律，千万别当律师；如果你要当律师，千万别办刑事案件；如果你要办刑事案件，千万别取证；如果你要取证，千万别取证人证言。如果这一切你都做不到，你就自己到看守所报到吧。"这位老律师的话虽然偏激，但却是实话。这种现象必须引起我们的立法机关的重视。一个民主社会法律健全的标志，就是有法可依有法必依，人人都会知道法律的力量。

拒绝为慕马大案辩护

2001年正在美国做访问学者的我通过国内新闻和朋友的消息得知："沈阳市原市委副书记、市长慕绥新和原市委常委、常务副市长马向东分别被依法判处死缓、死刑。经最高人民法院核准马向东在江苏省南京市伏法。"早在1999年，马向东的家属通过我的一位朋友找到了我，想让我做马向东的辩护律师。由于当时案件还处在侦查阶段，律师只能是为犯罪嫌疑人提供法律帮助和咨询，还谈不上真正的辩护。经过协商与沟通，双方签订了三个阶段的委托代理协议：分侦查阶段，起诉阶段，审判阶段。当时家属就问我："徐律师，你认为向东的案子会到起诉和审判阶段吗？"我说："不好说。也许会，也许不会。"

接受委托的我开始了工作，通过了解主要是马向东、李经方、宁现杰三人私分招商引资的提成款12万美元。关于他们的行为该如何定性，应考虑到沈阳市政府的招商引资的特殊奖励政策。对他们行为性质如何定论也没有完全明朗化，我觉得该案即使到了起诉阶段，律师辩护的空间也很大。于是我把自己的想法和对案子的预期告诉了马向东的家属。

但他们却不这样认为，他们认为马向东太冤枉了，他们动用一切关系向有关部门反映马向东的“政绩”，并要求解除对马向东的指控，认为马向东的行为不是犯罪行为。同时，他们自信“只要关系找到，用足金钱，就一定能摆平（马向东）案子”，为此不惜花巨资行贿送礼，找关系、通路子，甚至还向我提出了很多不合理更不合法的要求。

在金钱面前有的人为其出谋划策，有的人为其打探案情，传递材料，策划替马向东翻案。他们还四处递送材料，向各级部门和领导反映案情，企图为马向东鸣冤叫屈。所有的这些做法让我作为律师深深地感受到了面临的压力，作为一名律师为当事人辩护，在法律的框架内维护当事人的权益这是我应尽的职责。但面对超越律师职业范畴的不合理的违法要求，面对自己的良心和职业道德，我坚决地婉拒，并多次与他们发生了严重的分歧。我能体会作为家属当时的心情，律师的职责是替犯罪嫌疑人做无罪或罪轻的辩护，这一点上，我们双方的立场和目标是一致的，心情也是相似的。但律师不同于当事人家属的是，律师是专业的法律工作者，更多地还是从事实和法律上理性地对待案件，判断事情会更客观合理一些。就在我努力准备该案件进入起诉阶段后辩护工作的时候，美国纽约大学法学院批准我作为高级访问学者到美国学习的通知到了，作为律师的我坦言承认，当时自己内心也很矛盾：一方面是千载难逢的学习机会，另一方面是当事人的委托（后来演变成了惊天动地的慕马大案），我接手此案时，他们三人共涉案12万美元，从数额上讲，在当时还不算什么大案，我与办案检察官联系，他们正在把案子交给市检察院和区检察院之间研究，谁知道这个案子后来成为了轰动一时的“慕马大案”。经过一番思想斗争，我把自己犹豫的心情告诉了马向东的家属，并通过与他们的沟通，最终我选择去了美国学习。主动地选择放弃这个案件的代理，这在当时的确是需要很大的勇气。因为这个案件在当时不光是有危险的挑战性，更多的是金钱名利的诱惑。最终律师的职业道德和正义感让我终于战胜了自己，没有做违反原则的事情。

这个案件后来发生了很大的变故，与我最初接触的时候案情已经不可同日而语了，个中曲折是非社会上的议论也很多，以我所了解的情况我办理此案有几点体会：

第一，作为律师，一定为当事人之所急和为当事人之所想，应当理解当事人家属的心情和心态。但另一方面，律师在面对复杂案情和巨大压力的情况下，头脑一定清醒，不能与当事人家属一样感情用事。律师不但要用自己专业的法律知识为当事人排忧解难，律师更要保持独立的人格，才能更好地为当事人提供法律服务。

第二，做刑事案件，一定要学会保护自己，知道哪些是高压线、地雷阵。如果一个律师连自己都不能保护好还谈什么保护当事人的权益。保护好自己是为当事人更好服务的前提和基础，如果在案件中先把律师自己毁了，那么当事人的权益也就无从谈起了。在实践中，出事的律师往往是违法乱纪的律师，这样的律师最后不仅害己而且害人。一个行事正派，奉公守法，刚正不阿的律师是会给当事人争取更大更多的权益的。

第三，在接手大案要案时要保持头脑清醒，不畏压力；要相信法律和自己的独立判断；要及时向自己的主管机关和律师协会汇报，取得他们的支持、理解并帮助；要与同事多做沟通，以便集思广益利用集体的智慧和经验；更应向专家学者请教，必要时请我们出具专家论证的咨询意见，加深对案件的理解和消化。

第四，加强技能的训练和提高。法律知识和技能水平同样重要。在刑事案件办理中，技能比法律更重要。如何会见犯罪嫌疑人？怎样提供法律帮助和咨询？如何与办案机关及办案人员打交道？怎样取证？阅卷的要点是什么？在实践中具体的办案技能非常重要。就刑事案件而言，大部分案件性质由司法机关指控，要行使辩护权，除了法律知识外，大部分靠的是律师办案的技能。

第五，不要放弃办理刑事案件。办理刑事案件虽然较难，但也很锻炼人和考验人，对律师优秀品质的形成具有很大的帮助。同时，通过办理刑事案件使律师产生对刑事案件的敏感度，在错综复杂的法律关系中，可以运用刑事法律手段解决纠纷，让律师在法律实践中又多了一项技能。没有刑事案件办理经验的律师很难运用刑法手段保护当事人的合法权益。在我自己办理众多的刑事案件中很多都是当初由民事或经济纠纷案件转化而来的。

第六，律师需加强权益保护。现在中国律师保护权益情况很差。在整个法治社会下，律师业发达不发达是表现一个国家文明的程度，法律是综合国力的一个重要标志。在中国有很多不尽如人意的，还有一个306条关于中国律师伪证罪的一个特殊规定，律师因为一些执业犯罪，每年全国都有好几个被抓。总体来讲律师在中国法律上的处于弱势地位需要保护。律师保护不好，国家就不会有好的法治。律师起的作用越大，法治建设越健全，律师起的作用越大，国家稳定程度越高，老百姓得到的法律保护越好。现在的律师制度不是中国自己的肌体长出来的，而是从别人那里移植过来再培养的，中国最早的律师是从租界地，因为那里有领事裁判权，那里需要辩护人，第一批中国律师是外国人，后来中国人才开始学习，所以一开始生长就不是一个肌体长出来的，所以一定有排斥。要提倡保护律师，要号召政府及公检法部门保护律师。

为商业秘密罪的被告人无罪辩护成功

手握金刚钻，揽下瓷器活。谈及感触最深的刑事辩护案例时，我想到了上海世博会时负责清洁能源车辆研制的上海某公司与其所聘请专家王某的侵犯商业秘密权、专利权案件。

在这起案件当中原告某公司认为，他们所聘人员王某侵犯了该公司商业秘密权和专利权。作为被告代理人的我发现，王某这批专家多因公司承诺的优厚待遇而从外地聘至上海，随之将技术带到了该公司，与该公司产生纠纷的实质是利益之争。案件审理过程中，我主张应当首先厘清全部技术归属和专利权、商业秘密权归属，还被告一个清白。最终，我帮助王某成功洗脱了侵犯商业秘密的罪名，并获得了某公司的倒赔。

商业秘密的案件现在国内都适用刑事和民事两套法律诉讼程序，也叫刑事和民事程序双轨制。关于刑事法律程序，首先如果商业秘密侵权造成被害人损失达到立案标准，那么就报案，由公安机关接受，然后检察院起诉，法院判刑，这就是所谓的双轨制的第一个轨，这两年对刑事案件的打击力度还是比较大的，通过刑事程序来取得民事案件的证据以后，这样在民事索赔的时候举证难的问题就迎刃而解了，这就是民事程序的另外一轨，而商业秘密在民事诉讼过程中，最主要的问题就是侵权人的侵权的证据很难找，尤其在索赔时，很难确定侵权人所造成权利人的损失，侵权人的获利也不提供，也很难获取。所以在商业秘密案件中经常使用通过刑事手段取得的证据来用于民事案件，即刑事和民事的双轨制并用。

在我所代理的这个商业秘密案件当中，我的当事人是被告方，而原告采取了双轨制，首先在公安机关报案，控告我的当事人侵犯了他的商业秘密，于是公安机关采取了刑事措施立案侦查，并把当事人羁押，通过检察院的起诉，经过起诉阶段，到了法院既是刑事案子，又是民事案子，原告通过刑事案件程序取得证据，进行了民事诉讼申请民事赔偿，所以这个案件当中，我既作为被告人的刑事辩护人，也作为民事案件被告人的代理人，我认为本案的争议焦点就是商业秘密的权属问题。我在本案中认为原告不享有商业秘密权利，刑事追究是错误的，因为这个商业秘密不是原告自己创造的，反而是由被告通过自己的创造输送给了原告单位，原告为了配合上级单位的指示，在上海世博会期间生产出自己的清洁能源车辆，但原告没有能力在短时间内研发出此技术，就从其他省引进这种技术，同时也引进技术权利人到上海落户，在这个背景之下，被告全家移居上海，被告将全部技术无任何保留的交给了原告，在技术开发完成之后，根据双方协议在分配利润及权益的时候，双方产生了纠纷，于是原告将被告举报到公安机关，同时起诉到法院，问题是这个技术就是被告带来的，否则原告也不可能将被告引进到上海来。这是我代理的案件的一个突破点，既然权属不明确是原告的，怎么能追究被告的法律责任呢？

所以这个案子法院判决被告人无罪，民事案件自然也就判决被告不承担所谓的赔偿责任。我们还在这期间进行反诉，认为原告的商业秘密包括专利的权利都是由被告通过引进方式带来的，并且原告法院也支持了我们反诉的请求，所以这案子是非常成功的，一方面驳回了原告的起诉，同时又确认了被告的反诉成功，使在被告由被动变为主动，由被告变成原告，由被追偿赔偿损失变为申请合法权利受到保护，最终得到了相应的知识产权赔偿。

这是我职业生涯中为数不多的商业秘密案件“胜诉”案例。商业秘密案件是知识产权领域越来越重要的案件，根据有关法院提供的数据，商业秘密案件中原告败诉率高达87%；我职业生涯中作为原告代理人的商业秘密案件，绝大部分也都是败诉的。这与商业秘密案件的特点有关。商业秘密权利人在诉讼中主张权利时，由于法院关于商业秘密权利主张的标准和条件较为严苛，所以往往遭到法院驳回。“这次是好不容易做了一次被告，胜诉了”，我笑称。

案件胜诉了，我笑了。我们看到的是隆安团队的实力、隆安人的执着、隆安人的精神业精于勤，行成于思。这句名言也是隆安发展的真实写照。

二十一、我办理的知识产权案件

转型做知识产权律师

当历史的车轮迈入新千年的大门后，隆安也迎来了发展的蓬勃春天，律师的专业化进入到了一个崭新的领域，知识产权业务从萌芽状态进入到茁壮成长阶段。若干年以来，隆安的知识产权业务经历了一次蜕变，逐渐走上正轨，进入有序发展的新时期。此前未成体系的知识产权业务日渐成为隆安一个重要的业务领域。隆安的转型与当时的社会背景以及自己的研究经历有着莫大的关系。

2001年中国加入世界贸易组织（WTO）。为了适应国际环境，符合世贸组织的要求，同时也为了实现法治目标，我国对《商标法》《专利法》《著作权法》等法律、法规进行了一系列的修改。“司法审查行政权力”的要求，促使商评委、专利复审委员会的案件数量骤然增加。加之中国企业面临的外国企业知识产权诉讼挑战日益严峻，隆安的知识产权业务量也大幅度增长。这促使隆安律师事务所开始重视知识产权这一新兴的业务领域。

为开阔视野掌握系统的知识产权理论，21世纪初的3年里，我进入中国社会科学院，追随中国知识产权学科创始人郑成思先生，潜心做博士后研究。在3年的博士后生涯中，知识产权理论水平有了系统的提高，而且在跟随郑成思先生参与到WTO中美谈判和修法的过程中，不但系统地学习了知识产权理论，还使我接触到了大量知识产权案件，大大增强了我的知识产权素养。经历了知识产权理论、实践能力“破茧成蝶”的我，把隆安的专业领域重中之重的定位在了知识产权领域。我把中国第一个知识产权博士后的理论很好地运用到了隆安律师事务所的知识产权实务当中。海纳百川，聚溪流为大海。一批又一批知识产权专业贤才汇集在隆安的麾下，组建了隆安知识产权专业团队。在这个团队中，不仅有学术精英，而且还有诉讼能手，更有专事专利和商标代理的人才、著作权专家等。

盖有非常之功，必待非常之人。人才是优秀知识产权律师事务所发展不可多得的关键因素，而优秀的律师事务所也为知识产权人才提供了快速成长的土壤。为使隆安这首航船顺利起航，驶向知识产权的大海，隆安对知识产权人才的培养煞费心机，我们知识产权专业团队的建设这样几点经验：一是发掘知识产权专业优秀实习生潜力，发现潜在高水平人才；二是设立奖学金，吸引知识产权专业优秀毕业生；三是重视内部培训，涵盖内部及外请专家案例讲解，辅以知识产权专业委员会内部微信直播作为专业经验交流平台；四是支持员工攻读更高层次学位，提升自身专业水平。

如今隆安的知识产权团队蔚为壮观，以隆安知识产权专业委员会为核心，隆安的法律业务涵盖了知识产权诉讼、知识产权代理、知识产权咨询等各类细分领域。其中分布在各地负责知识产权诉讼的律师就有几百位，我们年均代理知识产权诉讼案件达数千件，而专利和商标代理、知识产权顾问和咨询等方面的业务需求更是十分旺盛。

没有比人更高的山，没有比脚更长的路。我们的知识产权团队闯过激流险滩，欣赏着美不胜收的风景，一步一个脚印，向着知识产权领域的高峰跋涉、知识产权成为隆安最具实力的法律服务领域之一，我和我的队员们挚爱着这个领域，辛勤耕耘，精耕细作，收获了累累硕果。

近年来，我代理的知识产权案件有多件入选最高人民法院评选的“年度十大知识产权案件”，有多件入选最高人民法院公布的司法保护典型案件中，数量位居全国律师事务所之前列。自2009年以来，隆安律师事务所连续多年获得ALB的“中国律师事务所知识产权奖”。2013年，我被北京市律师协会授予“北京市十佳知识产权律师”荣誉称号；2014年至2015年，隆安律师事务所被中国知识产权局认定为中国知识产权研究会团体会员；2014年至2017年，隆安律师事务所被北京市朝阳区知识产权局定为“专利诉讼维权能力突出的法律服务机构”；2017年，隆安律师事务所荣登中国知识产权诉讼实务大数据观察榜，成为中国知识产权诉讼代理机构和中国专利行政诉讼代理机构；隆安律师事务所还成为中华商标协会第四届理事会理事单位。

成功的花儿，人们只惊羡它现时的美丽。当初它的芽儿浸透了奋斗的泪水，洒遍了牺牲的血雨。我们代理了无数个有影响的知识产权案件，让当事人感受到了我们的知识产权情怀、深厚的法律功底和娴熟的专业技巧，体会到了我的辛勤努力和风雨兼程。我们国家已经进入了知识产权诉讼的高峰阶段，我们已经产生的大量的知识产权案件需要大量的律师进行操作，中国知识产权各级法院要加大知识产权侵权的赔偿力度，和我们有直接关系的就是只要证明有律师费的，法院一律支持，这些都是知识产权业务的重要部分，也是隆安知识产权义务蓬勃发展的重要因素。

律师如何开拓知识产权业务

参加律师协会组织的培训是律师应尽的义务，我经常收到各地律师协会的邀请去给律师培训讲课，当然，讲的最多的题目是律师的知识产权实务，讲完课后，很多律师就会结合自己的实际情况提问，提问最多的问题就是律师如何开拓知识产权业务。开拓新业务的每个律师应该思考的一个问题，相当于传统律师业务来说，知识产权律师业务无疑是新的业务，新的业务就有新的开拓方法。

所谓新业务就是相对于旧业务而言。新业务主要是指知识产权、证券、期货、公司、房地产、金融信托、高新技术、电子网络等与传统律师业务有别的近几年才出现的律师业务。这些新业务的特点要求律师素质比较高，比如你不能讲外文就很难与外商打交道。

不懂知识产权专业知识就不容易为客户提供好的法律意见；如果没有团队作战帮公司IPO过，就很难取得客户的信赖，并把业务交给你做。知识产权案件作为新业务之一，更要求律师具有较高的业务水平和相当的专业知识。否则很难让客户信任你。如何办理知识产权案件？是有待于开拓新业务的每个律师应该思考的一个问题。

那么什么是知识产权业务呢？按知识产权的内涵和外延来分，主要是指下面几项：

1.专利案件：专利的申请，宣告无效的申请及行政诉讼。侵权的诉讼、专利转让、授权的法律顾问，专利评估及确权等涉及专利的所有案件。

2.商标案件：商标申请代理，异议的申请及代理，商标撤销的行政诉讼，商标侵权的诉讼及非诉讼代理。商标转让许可的法律顾问、商标保护等涉及商标的案件。

3.著作权案件：著作权的登记、转让、许可。著作权的侵权诉讼、著作权投资的评估和集体管理等涉及著作权的所有案件。

4.反不正当竞争案件：主要是指侵犯商业秘密的案件和其他的不正当手段和方法竞争而侵权的案件。如侵犯商誉的案件。

5.信息网络侵权的案件：因网络传输所引发的与互联网有关的所有案件，比如，mp3下载，未经著作权人许可擅自上网传输等案件。

6.各类打击假冒伪劣商品案件，如代理客户向海关提出按海关程序对侵犯知识产权的假冒伪劣商品扣押处理。

7.技术转让及技术贸易，在进出口贸易中为技术出让方或受让方担任法律顾问。

8.知识产权的刑事保护和制裁。以上只是粗略列举了所谓的知识产权业务的范围，在具体的律师业务中远远不止这个范围，知识产权本身就是一个动态的概念，知识产权的外延还要随着它本身的不断变化而逐步扩展。所以知识产权案件也是一个动态发展的空间。随着时间的推移，时常会出现新的知识产权案件。面对如此众多的知识产权案件，律师应该如何办理呢？根据本人的体会，主要有下面的经验：

（1）首先要学习知识产权专业知识，使自己成为一个知识产权专家。一般不熟悉知识产权专业的人经常讲知识产权很简单，没有什么奥妙，可是，一旦进入这个领域的人都会发现：知识产权的内容太丰富了，所涉及的问题既深刻又前卫。即便是知识产权专业人士都不可能将所有的知识产权问题搞清楚。只是在知识产权中的一两个领域具有深入的研究。对所有知识产权了解得很透彻几乎是不可能的。基于这些，想要开拓知识产权业务的律师，首先要学习知识产权知识，让自己成为知识产权专家，至少是某领域的专家，否则就容易说错话，或根本满足不了客户对你的法律需求。在实践中，涉及知识产权法律问题时，客户往往都是这个领域的专家。如果你作为律师不懂或懂得不比他多。客户很难把这个业务交给你做。唯一的办法就是尽快尽全地掌握知识产权专业知识。尤其是对常见的专利、商标、著作权的基本知识、原理、基本法律原则应该做到成竹在胸、随口而来。客户认为你是专家了，是业内人士，其次才考虑你是律师，这时你拿下这个案件的机会就大多了。

（2）要善于总结知识产权案件的规律和特点，并将其上升为自己的办案规则。因为，知识产权专业性强，涉及知识产权的案件典型性也突出，规律性很强，比如，在申请专利时对专利权利要求书写的不明确就容易产生纠纷，写得过宽保护起来有困难，写得过窄会丧失一部分权利，写的不明确会引起争议等情况，这些引发了专利纠纷案件是有规律可循的，无论出现多少案件，其内在规律性是一致的。善于把这些规律性的东西总结起来并运用到下一个案件中是律师操作知识产权案件的一个重要的成功秘诀。在整理总结这些规律时，就会形成自己的办案规则，接到一个知识产权案件，根据案件本身的规律，确定自己的办案思路和做法。比如，怎样向客户解释案件的要点和法律规定，取证的范围和方法，侵权责任的确定、救济的方法，法律意见书的起草，法院的选择等都要形成办案流程和规则。案件不同，办案规则相同，是知识产权律师熟练办理案件的重要技能。在这里需要特殊提醒的是一定要将办过的案件档案整理好、保管好、利用好。这个案件的法律意见就有可能是下一个案件的代理词，因为知识产权案件共性很多，不要忘记这个特征并加以利用。我们有的律师，不把自己办过的案件资料收集好、管理好，在办理下一个案件时又从头开始准备办案材料，既浪费精力又很难在原来的基础上积累提高办案水平。除了自己的案件外，要密切注意知识产权大要案的情况，学习他人的办案风格和技巧，注意研究法院的判决或知识产权主管部门的法律文书，将其中有利用价值的东西运用到自己办案过程之中去。

（3）学会宣传自己的知识产权业务特点，让社会公众了解你的业务专长。现在的客户寻找合适的律师和律师所总是货比三家，对知识产权案件，特别是比较大或有影响的案件，客户不会不做调查就很轻率地将案件委托某一律师所的律师，最后决定的因素往往是这个律师所的声誉和业务专业。声誉靠长期积累获得，业务专长除了具有金刚钻之外，还需要宣传，现代社会好东西也怕巷子深。宣传业务专长不是弄虚作假或海夸胡造，业务专长的宣传只是将你做过的业务业绩让社会公众知道，让人们知道你是这方面的专家和专业律师。否则，客户因为不知道你的专业造诣就很难找到你。这一点，大家做律师的都可能知道，你只要在某一领域有知名度，就会有人主动找上门来，这时候委托你办理业务的可能性就比较大；反之，如果你主动找上门去，主动要求办理某种业务，成功的可能性就比较小，为什么？知名度，前者因为你的知名度，客户有求助于你的心理愿望，就像看病找医生一样，谁都希望自己能找到一位专业水平高的知名医生，而能否知名，业务专长加上宣传才能有社会认知度。在另外一种情况下，当你有病时，有的医生会主动找上门来推销他的医术和药方，你就会很怀疑医生的水平和动机，往往不会去找这样的医生，你宁愿去大医院找知名医生，哪怕他们的号不好挂，你也要等。需要我们律师注意的是，在我们国情下，律师做保健医生很难，客户没有法律事务就不重视律师的意见，你保证他不得病他一般都不会听取你的意见；他一旦得病就很着急，这时你就是外科手术大夫了，非动刀切除不可了，这个时候，客户往往是有病乱投医，你的"医"知名度十分重要。当然，业务专长知名度不是一处而蹴的，它是长期日积月累的结果，但在平常，要注意各种场合和条件利用一切可以利用的机会宣传突出自己的业务专长，久而久之，社会公众就会形成一个口碑，一提知识产权律师你就会榜上有名。

（4）对知识产权律师业务要有合理的预期，不要过于悲观，也不要过于乐观。有的律师认为自己大部分案件都是传统业务，对知产案件的办理有畏难情绪，没有自信心。其实，中国的律师制度恢复和建立尽管20多年，知识产权业务更是近几年才兴起的新鲜事情，所以说，对所有律师来讲，大家几乎都站在同一起跑线上，谁也不比谁好多少，同时，谁也不比谁坏多少，关键在于每个所每个人自己的拓展步伐和速度。应该说，作为新业务的知识产权案件对每个所每个律师都提供了机遇，问题在于你如何去面临这个挑战。你比别人快走几步，抓住了机遇就可能成功，你犹豫不决或步履徘徊，机会就转眼即逝。还有一部分律师认为知识产权案件都是比较难以办理的案件，所以，律师收入应当相当可观。实际上，在目前情况下，办理知识产权案件的收入是非常一般的，比起金融、证券、期货、公司上市、并购等业务，知识产权案件收入是比较低的。在办理这类知识产权案件时，律师们一定要有一个合理的心理预期，不要希望值太高，否则对办理知识产权案件的收入会大失所望；另外一方面，对知识产权案件也不要太悲观，我个人预测：在未来的三五年内，尤其是在10年左右内，知识产权案件将会成为热点和焦点，大幅度的收费上升也是在意料之中的，因为原因很简单：①中国正在逐步成为经济大国，从低附加值产业向高附加值产业过渡，从低级产品向高新技术产品过渡是经济发展的必然规律，也就是从"中国制造"

到“中国创造”的过程。在这个大背景下，所引发的知识产权法律业务是不言而喻的。②中国是一个知识产权保护相对比较差的国家，以美国为主的发达国家总是谴责中国的知识产权保护水平低，打击侵权力度弱，不可回避的事实是，现代所有知识产权制度都是以美国为首的西方发达国家建立起来的，就像加入WTO一样，我们如果要融入国际大家庭就必须遵守他们已经建立起来的规则。在知识产权问题就要遵守他们制定的原则和规则，而现在要达到他们的水平，我们有很长的路要走。在这段要走的路程中随着我们知识产权水平的提高，同时就会带来知识产权各类案件，这是不容怀疑的历史机遇。问题是等到知识产权案件大批来的时候我们是否已有准备，如果我们现在不去准备办理知识产权案件的技能，我们就无法迎接挑战。有理由相信，三五年之后在知识产权领域叱咤风云的律师一定是现在就开始准备的同仁。

（5）做一个办理知产案件的全才，提高自己的综合素质和能力。在执业律师中，诉讼和非诉讼是两大集团，做诉讼业务的非诉业务做的很少，而做非诉业务的几乎从来没有做过诉讼。在律师目前普遍存在的现象在知识产权领域却是合二为一的状况。因为知识产权本身是一个非常专业和鲜明的领域，它可能会出现在纠纷案之中，也可能会成为投资的工具，在有些场合它只是精神的象征，所以，知识产权业务的特点是因为知识产权本身的专业性要求它可以无处不在，无时不有，所以就要求律师全程去追踪处理，它可能是诉讼的，也可能是非诉的；它可能是仲裁的，也可能是调解的；它可能是长期的，也可能是短期的；它可能只是一个专利或商标，也可能涉及全部知识产权；等等。诸上现象，使知识产权律师不得不在这个领域成为全才，即要求具有综合素质和能力，比如，在其他领域，非诉律师只专注案头工作，法律意见书的斟酌，而全然不考虑不知道法庭的诉讼程序和规则；诉讼律师对怎样打官司烂熟于胸，几乎成为“诉棍”，但对非诉业务却一无所知，甚至从来没有接触过。这种情况在知识产权领域不行，对知识产权律师而言，你有时是在帮助客户制定知识产权的保护策略；有时是代理客户去法院民事起诉侵权者要求赔偿；有时你是一家高科技公司的法律顾问；有时你是客户代理人要求行政诉讼撤销某商标；有时你是对某一知识产权是否遭受侵权评判的专家；有时你是因知产入股纠纷仲裁庭的一方代理人。总之，做知识产权律师要能文能武。非诉业务能力要强，案头工作要熟练，法律意见书内容和格式要了解，同时，还要对法庭程序、规则，仲裁程序、规则及各种民、刑、行政案件性质了如指掌，可谓上得“庭”堂，下得“厨”房，需要集诉讼和非诉的全才律师，需要智商和情商，要求具有综合素质和能力。

（6）参加各种社会活动扩大自己的业务知名度。随着社会分工越来越细，律师也必然会越来越出现专业分工的局面，现在各种以专业领域为背景的社会圈子和活动也随之而来。要想成为知名度比较高的知识产权律师就要在知识产权这个领域内多参加各种有益的社会活动，具体有下列几项：①加入各种专业协会和组织。这些协会将知识产权各界人士组织起来提供一个平台进行交流活动。律师加入这些组织不仅是学习提高的一个机会，也是提高自己业务知名度的大好时机，不应错过并尽量多加入几个。②积极参加各种专业研讨会和学术讨论会。这些会议往往集中了专业各种学术观点和成果，是了解掌握本专业动态的最好的机会。在参加这些会议的时候，积极主动地争取发言机会，与学术权威或业内精英进行交流，会提高律师在专业领域内的知名度。③办讲座去讲授专业知识，目前主要的讲座多为企业和大学办的，在这些讲座上要争取主讲的地位，这是宣传自己，普及知识产权知识，取得客户的绝妙的机会，千万不要放过。④发表文章，出版专著。知识产权的专业性要求从事这个行业的人员具有较深的专业知识，否则就不能很好地解决专业问题。比如，在法院系统，大家公认行使知识产权审判工作的法官专业知识都比较好，学历也比较高，作风也比较正派。深厚的理论水平和专业知识能体现在他们的审判水平和理论文章作品上。许多知识产权法官发表了很多专业论著，其理论水平绝不在某些教授之下。作为律师，因为没有法官的社会地位和权力后盾，要想在这个专业领域立足脚跟没有专业文章和专著是很难实现的。许多律师认为，我又不是学者，我能办案就行了，没有必要去咬文嚼字进行理论研究。错！办案谁都会，但理论水平不见得谁都有，而理论水平的表现形式就是文章发表和专著出版。这是知识产权律师的特征，这类律师有别于“万金油”律师，之所以这类律师专业就因为本身就是权威。⑤参加各种立法意见咨询会和案例讨论会。现在立法机关往往会把重要的和要修改的各类法律法规放到基层征求意见。律师是最好的征求意见的对象，律师要有公益心，在提出自己意见的同时也是对自己水平的提高，要力争参加并提出具体意见。案件讨论会也是一种发表专业意见的好形式也要积极争取参加。

（7）阅读外文资料，向外国同行学习，了解世界最新知识产权动态。知识产权制度来源于西方发达国家，为了更好地掌握专业动态，最好的办法就是直接了解外国的专业发展状况，而更直接的方法就是通过网络进行学习和交流。从这个意义上来讲，要想成为成功的知识产权律师，外文水平是一个关键的因素。既然知识产权产生于外国，既然我们的知识产权处理原则和法律规定源于外国，直接查找外国相关资料对我们执业显得十分重要。毫无疑问的是外文是从事知识产权专业的前提、必需、工具和方法。如果不能直接阅读外文资料你所得到的信息都是经过别人转译过来的，是间接的和二手的，所领会的意义不一定十分准确，甚至是错误的。所以，攻克外文直接获取第一手外国资料是使你成为业内精英的一道关键门槛，值得花大力气，花大功夫实现之。

知识产权法律的特征是国际法优于国内法，许多案件的处理可以直接引用国际条约或双边条约，比如中美知识产权谅解备忘录等，所以，对外国知识产权法，尤其是对国际知识产权法律、条约的了解就显得十分重要。我国的知识产权保护工作不过几个年头，知识产权立法也就有十几年的历史。这些情况注定我们必须向外国学习，学习的直接途径就是查阅外国资料引为我用，应该说，不懂外文的律师是从事知识产权最大的缺憾，懂外文的律师可能成为最好的知识产权律师。

（8）加入律师专业组织，扩大在律师中的专业知名度进而拓展案源。近几年来，各级律师协会都按律师的专业领域组织了很多专业团体，知识产权律师应该积极投身于这些团体之中去，具体的作用如下：①这些团体聚集了律师中非常优秀的同行，参加这些组织就有机会向这些同行学习提高自己的专业水平和执业水准。②这些组织往往是外界了解律师的窗口，一般的社会公众并不十分知道律师的专业特长和知名度，会通过律师专业机构去了解律师的情况，通过这些窗口给律师提供了扩展业务的舞台。③因为参加共同的活动使律师互相得以相识、相知，在具体案件中就有产生合作的机会和可能。因为地域的缘故和案件的缘故，律师间互相委托或转委托案件是完全可能的，这是国外律师同行之间很普遍的现象。谁也不是全能的律师，在客户要求律师推荐更好更专业的律师的时候，你就有可能被你的同行所推荐，所以，千万不要忽视律师之间的交流活动。我们有的律师视同行为敌人，与律师老死不相往来，其实这是小农作坊式的想法，在日益发展的现代社会，同行也是重要的信息来源，在竞争的同时也会产生机会，这是矛盾的两个方面所决定的。④专业性的律师组织也会为政府机构、大型项目、跨国集团，行业协会等机构提供整体性的法律服务。在这种情况下，专业性服务会以律师专业组织的形式出现，所以参加专业性的律师组织就有机会参与此番服务，增加了律师的拓展业务的机会。⑤律师专业组织也会与知识产权的审判机关、学术研究机构、知识产权的行政主管部门等专业性机构和组织进行横向的交流和联系，这也是律师增强业务水平和促进专业化的绝好时机。

（9）在律师事务所的业务管理和团队作业中拓展知识产权业务。在律师所的管理中，业务管理是相当重要的一环，业务管理就是建立团队业务模式，不能单打独斗，建立健全业务管理流程和制度，这样律师就会有分工，不同的律师做不同的业务，不同的团队干不同的工作，但可以互相交叉。在上述管理原则上，事务所的业务管理制度是拓展业务的前提，在此前提下，建立知识产权专业队伍，配合整个律师所的工作，是全部律师所业务的一个部分，要求所有业务都要专业分工，当然，知识产权也不例外。当遇到知识产权业务时，不管是谁接的业务都应由知识产权专业律师办理，而知识产权律师遇到非知识产权业务时，应交给其他律师处理。在一个律师所要形成这种专业分工的制度。对于大所来讲，不仅在总所内要实行这样的分工，在其分所内也要服从总所的统一安排，至少应该向总所汇报所承办的业务以便总所总体统筹安排业务和共享办案资源及能力。专业分工是律师所发展的趋势和客观必需，任何一个大所都要有如此分工，当然，所谓的分工和专业化都是指在大中律师所内进行的，小所是无所谓严格分工的，如果一个小所只做一项专业性业务，既不能维系又可能被大所兼并，所以，根据外国的经验，所谓专业化是指在大所内分出一部分人组成一个部门专门或主要从事某种业务，不同的业务组成大所的综合性业务。记住，任何一项业务都是在一个或几个人形成的专业人士团队手中完成的，再大的所完成具体工作都是具体的人，所以，强化专业化是大所发展的必由之路，也是律师拓展业务的客观之路。

在某种程度上讲，选择专业化律师比选择律师所重要的多，尤其在大所体制下，哪一位律师或哪几个律师的专业化技能的高低是决定案件质量的主要因素，而不只是律师所的所谓名声。在选择专业化背景的律师时，选择律师比选择律师所更重要，这是外国所重要的成功定律，在与客户交洽业务时应该将这一定律告诉客户，使客户更加相信与之接触交谈的专业化律师而不是徒有虚名的所谓名声。这就要求律师必须尽快尽好地强化自己的专业背景和技能，以便为客户提供更优质的服务。

（10）为了更好地与客户取得联系，定期编辑专业信息并向客户发送。将知识产权领域的各种信息编辑整理成newsletter定期向你的客户发送，让客户了解你的动态和对本领域的研究成果。客户很难或没有时间自己收集与管理相关的资料，作为本行业的律师应该通过这种信息的整理表现为专家和权威。如果对客户一对一的拜访既浪费时间和精力，有时也没有可能，但定期编辑信息并向客户发送是完全有能力做到的，你发送的信息就像老朋友一样经常去拜访他，时间长了客户就会记住你，在需要找律师的时候在第一时间就会想到你，使你拓展业务大有可为。具体怎么编辑信息或每期内容如何要根据知识产权界的大背景和大环境而定，并没有一个定式，完全依照需要而定，但目的是通过这种形式与客户建立起联系和沟通渠道。

总之，做为知识产权专业律师，拓展业务的方法和手段会很多，这里只是列举了其中的几种，可能还会有更加行之有效的好办法。随着社会的进步和法制建设的发展，拓展业务的方式也会更加进步和千变万化。

随着中国加入WTO，中国的经济贸易活动及其他社会活动越来越国际化和规范化。尤其是在知识产权问题上，中国政府不仅提出了知识产权的国家保护战略，而且还把打击侵害知识产权的重视提高到了空前的高度。人们越来越明白，在21世纪要想保持强劲的竞争力，必须具备两个条件：一是高科技，二是好品牌。而无论高科技或好品牌其背后支撑的力量就是知识产权的法律保护体系，于是，就企业而言，如何建立健全的知识产权保护的法律体系是企业能否立足于市场竞争之林的根本。做为知识产权专业律师，在未来的发展中，业务空间十分可观，业务内容也十分具有挑战性，如何迎接这些挑战？如何抓住机遇？我们大家都面临着思考和巨大的压力。

“贵州醇”品牌之争

一个健康理性的社会离不开律师。一个有远见的企业更离不开法律顾问，法律意识是企业家经营当中最重要的。随着社会经济的发展，人们的品牌意识也在不断增强。众多几经商场拼杀的企业家逐渐认识到品牌的重要性。知识产权保护，无形资产的保护，成为企业的生命力。企业家除了自己要有一定的法律意识外，最重要的还是要保护好企业无形资产——知识产权，也就是企业赖以生存的技术和品牌。有的企业忽略了对自己企业知识产权的保护，最终造成不可估量的损失，引起法律纠纷。当然，市场秩序的不合理和不健全，也会让许多企业背上沉重的诉讼包袱。贵州茅台酒厂与“贵州醇”酒厂的商标侵权案就是很好的例子。

我作为贵州茅台酒厂的代理律师，参加了茅台酒厂与“贵州醇”酒厂注册商标纠纷案的诉讼、谈判、调解工作。这个案件历时15年，后来被列为中国商标侵权案中十大最有影响的案件之一。案例全况如下。

（一）案情简介

1981年贵州茅台酒厂注册了“贵州”牌商标，图样是由“贵州大曲”的汉字、拼音，“中国贵州茅台酒厂出品”的汉字、拼音及双重方框图形组成的瓶贴，核定使用的商品是第36类大曲，注册证号为第101902号；1992年经贵州省轻纺工业厅颁布生产许可证后，贵州茅台酒开始生产“贵州”牌贵州醇；1993年该商标在续展注册时，商标局直接核准了“贵州”这一文字商标，核定使用的商品为第36类大曲、酒。

自1983年年底贵州醇酒厂开始生产名为“贵州醇”的白酒，但其注册的商标为“南盘江”。

1993年2月贵州醇酒厂以贵州茅台酒厂仿冒其生产的“贵州醇”酒瓶外观设计和包装装潢为由，向广州市中级人民法院提起诉讼。贵州茅台酒厂接到起诉书后，反诉贵州醇酒厂侵犯其商标权。

1993年5月10日，贵州醇酒厂又以贵州茅台酒厂注册并使用的“贵州”商标违反商标法的规定，属注册不当商标向国家工商局商标评审委员会提起要求撤销“贵州”商标的申请。商标评审委员会于7月28日受理了此申请。

（二）争议的焦点

贵州醇酒厂认为，国家工商局商标评审委员会应撤销贵州茅台酒厂注册并使用的“贵州”商标，他们的理由是：

1.贵州茅台酒厂于1981年注册了包含有“贵州大曲”汉字、“GUI ZHOU

DAQU”汉语拼音以及双重方框图形在内的文字图形组合商标，注册号为第101902号。但是1993年核准续展注册的第101902号商标却改变为单一的“贵州”文字商标。贵州茅台酒厂的续展注册行为显然与《商标法》第14条“注册商标要改变文字、图形的，应当重新提出注册申请”以及《商标法》第30条“自行改变注册商标的文字、图形或其组合的，由商标局责令限期改正或者撤销其注册商标”等规定不符，属续展注册不当，应予以撤销。

2.贵州茅台酒厂注册商标中的“贵州”不仅是地理名称，并且是省级行政区划名称。这不符合商标法“注册商标应当有显著特征，便于识别”和“县级以上（含县级）行政区划名称和公众知晓的外国地名不得作为商标”的规定。并且，准予贵州茅台酒厂在贵州原产地众多酒类商品并存情况下在酒类商品上独家享有“贵州”注册商标专用权不合情理，也不利于贵州省内外酒类商品市场的繁荣和稳定。

3.“贵州醇”酒是贵州醇酒厂独创研制的、品质优异的名酒，贵州茅台酒厂自1992年开始以“贵州”注册商标名义，生产伪劣贵州醇酒，毁坏了贵州醇酒厂努力建立起来的市场信誉，而且严重损害了消费者利益。根据《商标法》和《商标法实施细则》的规定，也应当撤销“贵州”注册商标。

贵州茅台酒厂答辩称：“贵州”商标是国家工商行政管理总局1979年经过清理、整顿予以保留，并于1981年核准茅台酒厂注册的酒类商品专用商标。茅台酒厂享有该商标的专用权，依法受保护。茅台酒厂生产“贵州醇”的行为是合法的，并且投产至今也从未发现“贵州醇”有任何质量问题。“贵州”茅台酒作为享誉国内外的名酒，其商标“贵州”驰名国内外，具有“显著特征，便于识别”。故请求评委会驳回贵州醇酒厂的申请，维持“贵州”商标。这个案件争议的焦点是“贵州”商标的注册和续展是否合法。

（三）律师意见

我接受贵州茅台酒厂的委托后，在详细了解案情的基础上，查阅了大量关于商标方面的书籍，并请教了这方面的专家，针对双方争议的焦点提出了以下代理意见：

1.贵州茅台酒厂1981年5月1日注册的“贵州”商标，完全合法，其依法享有商标专用权。

（1）贵州茅台酒厂以省级行政区划名称“贵州”作为注册商标是合法的。

贵州茅台酒厂早在20世纪70年代初就使用了“贵州”牌商标，后经国家工商总局商标局核定为保留商标。1981年5月，国家工商总局依据1963年公布施行的《商标管理条例》向茅台厂核发了“贵州”牌商标注册证，注册证号为101902号。由于《商标管理条例》中并无地名不得作为商标的禁止性规定，因此“贵州”作为注册商标不违反法律规定；1993年，经过重新修订的《中华人民共和国商标法》也规定“已经注册的使用地名的商标继续有效”。所以，“贵州”商标作为1981年就注册的商标，是完全合法的，应受法律保护。

《商标法》第7条规定，商标应当有显著特征，便于识别。贵州茅台酒厂是我国白酒行业唯一的一家国家一级企业，茅台酒是世界三大名酒之一，被誉为“国酒”，正因为如此，“贵州”商标驰名国内外，成为妇孺皆知的著名商标。而且，“贵州”商标与其他任何酒类商标，无任何相同或相类似之处，所以“贵州”商标不仅具有“显著特征，便于识别”，而且也绝不可能与任何一个相同或相类似产品的任何一个商标产生混淆，但仿冒、假借“贵州”商标者则另当别论。

（2）“贵州”商标的使用问题。“贵州”商标一经贵州茅台酒厂注册，便享有商标专用权，这是法律赋予商标权利人的权利。贵州醇酒厂不应忽略这样一个事实；正是因为贵州茅台酒厂的“贵州”商标和“茅台酒”，才带动了贵州省酒类市场的发展，贵州醇酒厂在厂名、酒名上一定要用“贵州”二字的原因也正在于此。若因贵州是生产酒类的大省就允许全省酒类企业无视商标法的规定，利益均沾，则市场秩序何以维护，法律尊严何在？因此只有保护“贵州”商标的专用权，才能保证贵州省酒类商品市场的繁荣与稳定。

2.“贵州”商标的续展也是合法的。

1981年注册的“贵州”商标不是如贵州醇酒厂所称，包括“贵州大曲”汉字、拼音及双重方框图形组合商标，而是单一的“贵州”汉字商标。第101902号商标证上，商标是“贵州”，而图样是由“贵州大曲”的汉字、拼音、“中国贵州茅台酒厂出品”的汉字、拼音及双重方框图形组成的瓶贴。后1992年国家工商行政管理局商标局在《商标续展注册指南》中指出：“商标图样中不得带有商品名称、规格、企业名称、优质标记、装潢及其他与商标无关的文字和图形。如原注册证上的商标图样带有与商标无关的文字和图形的，提供商标图样时，应将非专用部分删除，由商标局更换注册证。”据此，商标局在1993年“贵州”商标续展注册时，删除了原注册证商标图样中与“贵州”商标无关的有关商品名称企业名称和装潢的文字、图形、拼音等，并更换了新的商标注册证。因此，“贵州”商标没有从组合商标变为单一文字商标之说，也不存在自行改变注册商标的文字、图形或其组合的问题，其续展注册是完全合法的，应予以保护。可见，“贵州”商标的注册、续展都是依法进行的，不存在违反商标法的禁用条款、采用欺骗手段或其他不正当手段获得注册的“注册不当”行为。

（四）案件的结果及意义

这个案件由于涉及当时我国白酒行业唯一一家国家一级企业——贵州茅台酒厂和其生产的被誉为“国酒”的茅台酒，在社会上引起了强烈的反响，有关中央领导也进行了批示。由于案件中的商标注册和续展经历的时间跨度较大，而在此期间我国又不断出台了涉及此方面的法律、法规，使得这个案件案看似“复杂”。但事实并非如此。确切地说，这个案件的关键在于“贵州”商标的注册和续展是否符合当时的有关法律规定。1981年贵州茅台酒厂的“贵州”商标注册证上显示注册的商标为“贵州”，商标图样是贵州大曲酒的全瓶贴。由于当时商标工作刚刚恢复，许多做法不够规范，类似地将商标和瓶贴一起作为注册商标粘贴在商标注册证上的情况很多，但这并不等于说瓶贴就是商标。所以，1981年贵州茅台酒厂的注册商标就是“贵州”二字，其注册是完全合法的；随着我国商标注册、续展工作的不断完善，1993年，“贵州”商标在续展注册时，商标局依据1992年颁布的《商标续展注册指南》中的有关规定，将“贵州大曲”瓶贴删去，仅保留“贵州”二字。并且1993年修订的《商标法》规定注册的使用地名的商标继续有效。可见，“贵州”商标的续展并没有改变商标的文字、图形，其续展完全符合当时的法律规定。商标立法有一个逐步健全、完善的过程，商标的管理工作也是如此。“贵州”商标的注册、续展正好体现了商标规范化的进程。在司法实践中，只有充分认清这一事实、恪守相关法律法规的规定才能在尊重他人合法权益的基础上，更好地维护自己的权利。这也许是这个案件带给我们最大的启示。

这个案件历时15年，最终由高层出面，二位正国级领导做了批示进行调解，由受理的人民法院出具了调解书，原告和被告达成全面和解协议，双方都达到了一个满意的结果，但它蕴含的深意和现实的意义却是无穷的。它既为以后的很多的企业提出了警醒，商品中的品牌的建立、品牌的价值以及如何保护自有的品牌等；同时也为中国的行政部门在制定相关的法律法规中，一定要尽量地做到公平公正和公开提出了更高更新的要求。案件拖垮企业的个案早就该引起企业重视。企业的前瞻性，防范于未然的自我保护这比任何的事发后的结果都好。我作为代理律师来说，在代理茅台酒厂与“贵州醇”酒厂注册商标纠纷案中，这个案件给了我很大的启发，对商标和专利的理解，对企业的技术与品牌价值的保护，对中国法律制度存在的缺陷，这个案件引导我更快地迈进了中国知识产权的保护领域。同时也为我从事知识产权的理论研究提供了充分的实践经验。随着知识经济时代的来临，我认为，未来的商标和专利及其他知识产权纠纷案件会越来越多，企业知识产权保护意义深远，知识产权律师任重而道远。我作为茅台酒厂的代理人，经过数年的工作，保证了“贵州”茅台酒商标的合法有效，为后来茅台酒的大发展提供了法律保障，这个案件是我最早代理的商标纠纷案，通过这个案件的办理，使我在代理商标纠纷案件中越来越有经验，越来越多的积累了大量成功案例。酒类商标是商标纠纷高发类别，同时，外观设计和包装装潢纠纷往往也混夹其中。

七名知识产权学者打赢一场知识产权官司

2004年春节刚过，我接到恩师郑成思教授电话，问我能否到他办公室商量一些事宜。答应过老师后我迅速来到了中国社会科学院法学研究所郑老师不大的办公室，在场除了郑老师，还有周林教授和唐广良教授等，显然他们已经等候我多时。

随后，老师们告诉我：他们在互联网上发现，北京书生数字技术有限公司在其“书生之家数字图书馆”上，未经授权使用了《知识产权法》、《WTO知识产权协议逐条讲解》(郑成思著)、《中国版权史研究文献》、《艺术法实用手册》(周林著)、《期货交易法律理论与实务》、《律师实务》(徐家力著)、《商业秘密法》、《互联网上知识产权》(张玉瑞著)、《知识产权价值评估中的法律问题》、《中国民事与社会权利现状》(李顺德著)、《“特别301条款”与中美知识产权争端》(李明德著)、《知识产权的国际保护》(唐广良著)等多部作品。该数字图书馆在未与著作权人签订著作权许可使用合同，也未取得著作权人许可的前提下，甚至在著作权人毫不知情的情况下，擅自使用了以上作者的作品，将这些著述直接数字化处理，上传至数字图书馆供会员阅读，而成为会员要交一笔不菲的费用，这实际上构成了以营利为目的的著作权侵权。

郑老师找我来的目的是，我们这些知识产权学者要以自己为原告，打一场维权官司。我作为学者和律师，除了作为原告以外还是我们自己的代理人，因为此案涉及著作权侵权，代理人还有著作权专家周林教授。郑成思老师特别强调，我们这些人都是学者，平时研究多停留在理论阶段，通过这个案件要把我们研究的理论应用到实践中去，我们作为知识产权学者，更应该以身作则，遇到侵权行为要挺身而出维护我们的权益；同时，就这个案件我们也可以检测一下我国知识产权司法保护的水平，看看什么是先进的东西，哪些地方还需要改进。因此，郑老师要求我对这个案件要格外重视。

2004年6月24日，中国社会科学院知识产权中心郑成思等7名国内知名知识产权专家（这7名专家是中国社会科学院知识产权中心研究员郑成思、李顺德、李明德、张玉瑞、唐广良、周林和作为中国社会科学院知识产权中心特聘教授的我）向北京市海淀区人民法院提起诉讼，要求北京书生数字技术有限公司停止侵权，在指定报刊及网络上刊载道歉声明，并赔偿经济损失19万余元。

2004年10月21日上午9时，郑成思等7名知识产权保护领域的专家状告北京书生数字技术有限公司侵犯其著作权案，在北京市海淀区人民法院开庭。我与周林教授作为代理人参加了庭审。一审法院于2004年12月20日作出（2004）海民初字第12509号民事判决，认定侵权成立，判决北京书生数字技术有限公司停止使用原告的作品，并在《法制日报》上刊登致歉声明，同时赔偿原告的经济损失及合理支出56500元。

二审法院于2005年6月10日作出（2005）一中民终字第3463号民事判决，判决驳回上诉，维持原判。

北京一中院认为：郑成思等7名学者作为涉案图书的署名作者或主编，依法享有涉案作品的著作权，该著作权包括复制权、发行权和信息网络传播权等权利。除法律另有规定外，任何单位或个人未经著作权人许可，复制、发行或通过信息网络向公众传播其作品，依法应承担停止侵害、消除影响、赔礼道歉、赔偿损失等民事责任。

这场官司以郑成思等7名知识产权学者一审、二审完胜而告终，法院的判决支持了我们的理论及诉讼请求，在侵权行为的认定、版权授权方式、赔偿的原则及赔偿数额的计算等方面都做了很好的法律分析，是著作权侵权案获赔的经典案件，更是知识产权学者自己拿起法律武器维权的典型案件，它在北京知识产权司法保护史上也是留下了浓墨重彩的一笔。

知识产权著名五教授诉飞利浦公司DVD专利无效案

2006年，中国很多厂家生产DVD播放机，但是赚钱的很少，因为外国的企业向中国的生产厂家收取高昂的专利费，并且到了垄断的地步。最典型的是飞利浦公司，他们收取中国公司专利费的行为几乎到了疯狂的地步。他们的这种行为激怒了关注着中国知识产权保护的五位教授，张平、陶鑫良、朱雪忠、唐广良和我，我们觉得应该为国家知识产权保护做点事情，就以公益诉讼的形式，把飞利浦公司告到了中国专利复审委员会，要求中国专利复审委员会宣告这个专利无效，并且不能向中国生产厂家收取专利费，因为它违反了《专利法》。之后飞利浦公司也觉得理亏，就找到了代理这个无效专利宣告知识产权案件的我方律师，他们表示：飞利浦公司可以与5位教授谈判解决此案，我们5位教授明确告诉飞利浦公司："你们不能向中国的厂家收取高额的专利费，这个行为违反了《专利法》，况且你的专利本身是有问题的。"于是，飞利浦公司就提出与我们和解，可以考虑我们的请求，这样就达到了我们请求的目的，就可以取消他们对中国DVD生产厂家收取的高额的不合法、不合理的专利费。最后，他们同意我们的全部请求，我们与他们就把这个案子和解了，他们随后撤销了对中国公司专利费使用的条件。这是很成功的一次知识产权专家维权案件，也应该是一个公益案件，知识产权学者以专业知识为民族产业做了点贡献。

珠海炬力和美国Sigmatel公司的专利侵权案

珠海炬力公司和美国Sigmatel公司都是世界上一流的半导体芯片生产厂商。2005年国际消费电子展在美国拉斯维加斯开幕之日，这一行业曾经的"老大"——美国Sigmatel公司将炬力告到奥斯汀联邦法院，称炬力公司侵犯了他们用于MP3芯片的两项专利。两个月后，美国Sigmatel公司将炬力公司告上了美国国际贸易委员会（ITC），要求ITC利用337条款对炬力进行“制裁”，美国Sigmatel公司在美国本土对珠海炬力公司发起了全面法律攻势。

珠海炬力公司决定捍卫自主知识产权，证明自己的清白，先后向ITC提交了近10公斤的研发笔记作为证据，还聘请了3名专家证人，派遣5名员工出庭作证。这时，珠海炬力公司找到了我，希望我作为他们的代理律师。接到这个案子以后，我认真研究了珠海炬力公司与Sigmatel公司有关官司的情况，我认为他们两家公司因为同处于一个行业，生产芯片产品的专利你中有我，我中有你，双方很多专利有交叉，共处专利池状态。所以我就建议珠海炬力公司反诉Sigmatel公司，专利诉讼的战场由美国回到中国来进行，中国作为全球最大的市场，跨国公司的世界级的专利诉讼纷纷来到中国，中国已经成为全球专利之争的主战场。在我的策划下，珠海炬力公司在西安市中级人民法院提起了对美国Sigmatel公司的诉讼，要求他们停止专利侵权，同时向法院申请了诉前禁令，法院根据法律规定要求我们提供担保，我们提供了担保，法院采取了诉前禁令的措施（诉前禁令是当时中国刚刚修改专利法发布的，是对审判之前的一种行政处罚）。诉前禁令对美国Sigmatel公司影响很大，他们感到很有压力，他们一接到诉前禁令，就立即跑到中国与珠海炬力公司谈和解。这时，我们就提出了全球和解，我们的要求是，既然美国Sigmatel公司在中国这个案子当中可能会败诉，那么你们就在全球撤诉对珠海炬力公司的诉讼，包括但不限于在美国的针对珠海矩力公司的专利诉讼案件。双方经过多轮谈判，最后达成全球和解协议，互相撤销所有针对对方的专利诉讼。后来珠海炬力公司就跟他们谈专利转让、谈专利许可、谈合作、双方不再打官司。知识产权案件的一个特点就是最后双方当事人往往以和解的方式结案，因为知识产权之争，毕竟不是杀父之仇，也不是夺妻之恨，和解以后还可能成为合作的伙伴，所以即便是双方打官司都会留有余地。当年，这个案件被评为中国知识产权十大案件，审判此案的姚法官也成为当年的中国知识产权十大法官，现在已经成长为中级人民法院的领导。这个案件的影响力很大，其意义在于，我们国内的公司开始用法律武器捍卫自己的权利，阻止了外国公司对知识产权滥用的这种情况，国内的企业运用知识产权越来越娴熟。

大连北方互感器公司与厦门华电施耐德电气商标纠纷案

这是一个行政案件，法国施耐德电器公司认为大连北方互感器公司侵犯了它的商标权，到辽宁省工商局举报，工商局以行政执法的名义，罚款大连北方互感器公司300多万元人民币，同时认定商标侵权。我作为代理律师后，仔细研究了案情，根据商标法的规定，结合商标的理论，认为这个不构成商标侵权，原因是这个商标是一个通用名称，已经失去它的显着性和识别性，不应该受到法律保护，所以侵权也不存在，就向辽宁省人民政府的法制办提起行政复议，我们认为辽宁省工商局的这种处罚决定，认定商标侵权是错误的。省法制办召开了听证会，我充分论证了商标的不侵权的理由和法律依据，最后，辽宁省人民政府的法制办认为我们提出这个复议的意见是成立的，此案不构成侵权，撤销了省工商局对大连北方互感器公司的商标侵权认定和300多万元处罚的行政决定。后来辽宁省工商局到法院诉讼败诉，大连北方互感器公司胜诉，保住了自己经营多年的商标，这是行政执法保护商标权的一个案件。

著名的王老吉和加多宝之间纠纷案

这个案件涉及商标权及其商品的外观包装装潢权。我不仅作为知识产权专业律师还作为知识产权专业的学者，参加了无数次加多宝公司组织的专家论证会，我既不是加多宝的代理律师，也不是加多宝公司的法律顾问。但是我作为这个案件的专家，提出了王老吉和加多宝争夺商标过程中，关于加多宝的外观装潢包装权问题，外观装潢包装是一个独立的权利，不是一个商标权，独立于商标权以外，这个权利是加多宝创造的，跟王老吉没有什么关系。

加多宝是在王老吉商标授权结束以后，加多宝没办法创造一个加多宝的商标，商标和外观包装装潢是两回事，是两种权利，在这之前关于商标的案子加多宝打官司全打输了，我认为王老吉商标这个专用权按照中国商标法是不可动摇的，商标专用权是最固定的一个无形财产权，加多宝挑战王老吉商标是不可能的，那只有抛开商标，创造一个新的知识产权，就外观装潢包装权，外观包装权的红罐。最后我们的法律意见基本被最高人民法院判决书吸收，最高人民法院认定王老吉商标归王老吉，但是加多宝的红罐包装装潢权归加多宝公司所有，基本原理是知识产权的智力创造和工业标识归属权利人所有。谁创造了红罐的加多宝？加多宝公司。王老吉公司无权利限制加多宝创立这个现在加多宝的红罐的包装装潢，知识产权不能滥用，知识产权当中的权利是指王老吉商标权，而加多宝创造的是类似于世界第一名的饮料可口可乐的一个红罐包装。王老吉是有商标权，这个商标权仅限于王老吉的方盒的绿色纸包装，而加多宝经过多年的市场培育，创造了一个红色的易拉罐包装，这个外观装潢权是一个独立的权利，应该受到法律保护。加多宝在案件诉讼中采用了我作为专家的观点。从此在法院判决中，尤其是在最高人民法院判决中，认定了外观装潢包装权是一个独立的权利。加多宝公司保住了红罐这个产品，也维护了自己的外观包装装潢权，消费者也品尝到了王老吉和加多宝两个产品，让消费者有更多的选择，而不是保护一个消灭一个，达到了商标法保护消费者权益的目的。

第六编

我对律师行业的体会和感悟

二十二、中外法律职业共同体的异同及互换

如何度过从检察官到律师这种角色转型

坦率地说，在刚开始从检察官到律师的转换过程中确实有许多不适应，但后来做律师时间长了也就慢慢地适应了，这主要有下面几点体会：

第一，时时提醒自己你是律师，你已经不是检察官了，刚开始做律师时，不论是与当事人接触还是与法官联络，都自觉或不自觉地还认为自己是检察官，比如，从心理上讲，看谁都像坏人，接人待物对谁都像审讯犯人，说话粗鲁，爱发脾气，总有高高在上，有高人一等的心态，以检察官的角度俯视他人，这是典型的大檐帽穿制服的人职业心理。有这种心态但实际上身份已不是检察官了，难免在工作中碰到挫折。在这种情况下就暗中告诫自己：放下架子，你现在是律师，是普通老百姓，已经没有了“官”职，对人一定要有平等心态。

第二，向其他律师学习，钻研律师业务，使自己尽快进入律师的角色。刚开始离开检察院做律师时对律师工作完全陌生，也不知道如何下手去做，在检察院的工作经验又用不上，所以，这也是心理不适应的一个原因。为了克服这个不适应，唯一的方法就是熟练掌握律师的工作技巧和技能，使自己成为一名律师才能以律师的心态考虑问题。往往是有些法官，检察官因为不能很快地成为一名好律师才停留在从前的思维层面上，一旦成为一名合格的律师就不用从前的“官”职而自居，律师身份就是可以成为自豪的资本，官场有官场的规则，律师行业有律师行业的门道。

第三，多向亲朋好友介绍你已经不做检察官而改行做律师了，让大家了解你，要让大家把你当成律师而不是检察官。因为法律知识是专门的知识，许多人都会碰到法律问题，在这种情况下他们可能就在找律师，你要让周围的人知

道你已经转换了检察官身份，现在是以律师身份让大家知道你的改行，尽快接受律师业务的委托，尽量多办案件，以促使你尽快实现从检察官到律师的转变。

第四，广交朋友，扩大社会圈子。从前因为有检察官纪律的约束，作为检察官交往的人十分有限，现在没有约束了要尽可能地扩大交往范围，因为律师就是为老百姓服务的，就要放下架子，以前有所顾忌的东西已经没有了，从一名平民百姓的角度出发，尽量多交朋友，真正完成从“官”到民的转变。

中国社会变革太快了，机会是稍纵即逝的，邓小平同志到南方视察的时候中国的经济又一个大的飞跃，那时候我已经做好做律师的准备了。我1992年创办的隆安律师事务所是中国最早的合作制律师事务所之一，我对社会脉搏抓得比较紧，那个时候90%都是国办律师事务所。这是我从检察官到律师的一个转型，当初刚当律师时出庭的时候我还会觉得自己是检察官，当年我在北京市检察院挂职锻炼，在那里转了一圈，最高检要求所有学生出身的人必须从基层培养干起，我作为基层检察官，有段时间几乎天天去法院出庭，那个时候我作为检察官和律师是对着干的，我当律师以后有时老是转不过来，我老是以检察官的语气说话，需要一定的时间去实现角色的转换。那时候我在检察院工作的时候去外地出差，那真是什么都已经安排好了，现在当律师就不一样了，会遇到很多冷眼甚至迫害，遇到被训斥的机会，这样会对每一个从机关里出来当律师的人会有一种压力，到哪里去取证什么的，就不一样了，落差很大，很多人受不了，到最后放弃了，那种落差我认为是人生当中的一段很重要的经历。中国这种以官为本的社会体制和律师这种自由职业靠自己的技能来维持生计的职业差距太大了，现在好一些，社会越来越公平了，党和国家都提出了一些有利于律师执业的方针政策，律师人数大发展起来，全国律师已经超过50万人，越来越多的法律人选择了律师职业。

对希望从公检法改行做律师的人的忠告

首先，要对自己进行正确评估。

所谓对自己进行评估，就是要自己问自己适应不适应做律师？因为做司法官与做律师是完全不同的职业，所以要问自己从事律师的原因是什么？我想，律师行业的从业人员的初期要求主要有：①性格因素：律师需要与人打交道，需要有自己的客户，所以，广泛的人际关系及外向的性格非常重要。不是说内向性格的人就做不好律师，而是说外向性格的人做律师更容易。善于与人交往可能客户就多，客户多案源就多，案源是律师的底气。②自己的专长是什么？包括专业，人脉关系、出身、社会基础等，要充分扬长避短，将自己的所有专长都转化为律师从业的资源。③面临压力的承受能力。律师的压力来自各个方面，司法官因为有“组织”“单位”托着，压力并不大，律师的压力与司法官相比要大得多，你要预估你面临压力的能力。

其次，充分了解律师行业的概况和特点。

①找已从事律师职业的朋友和亲戚同学了解律师职业的各种情况。值得注意的是：要找不同类型的律师去了解：成功的和不成功的；年老的和年少的；诉讼的和非诉讼的；涉外的和不涉外的；专职的和兼职的；发达地区和欠发达地区的；受过科班教育的和没有受过科班教育的；从业时间长的和时间短的；做过司法官的和从来没有干过别的；等等。②找从事律师管理工作的司法行政机关和律师协会的有关人员去了解。他们会更加客观全面理性地告诉你律师行业的全貌和诸多问题以及供你参考的各种有价值的数据和资料。③找非法律专业的一般社会公众去了解对律师的评价和判断，这个群体的人观点将是律师行业走向的重要依据，也是律师行业市场化的来源和终点。④阅读各种书刊报纸及各式媒体的报道全方位了解律师的情况，尤其是媒体对律师的评论也会使你更加了解律师。

只要有以上各种可能的了解，你又非常喜欢律师工作，就不要再犹豫了，赶紧下海成为我们中的一员吧！您对自己的未来有何寄望尽快来实现吧！

律师与法官职业的异同点

不同点：

第一，律师是市场经济的产物和最活跃者，是靠自己的专业法律知识为当事人提供法律服务而生存的；法官是国家权力的一部分，是司法权力的执行者，是法律赋予是非曲直的裁判者。

第二，律师收入相对较高，法官收入相对较低；律师的社会地位低，法官的社会地位高；律师中去做法官的少，法官中去做律师的多；律师学历普遍较高，法官学历参差不齐。

第三，律师是相对的自由职业者，其工作方式和执业方法基本上由律师本人控制的多，工作时间也多由律师本人掌握，就各种职业比较而言，律师是比较自由的行业。而法官则不同，法官的工作方式完全是条条框框所约束的，法官基本上没有工作方式的自主权，更没法支配自己的工作时间。

第四，做律师要求有综合素质，所谓综合素质是指做一个好律师需要全面的条件，而不能是单一的条件。因为律师直接面对市场的压力，市场要求律师要更具有竞争力，从而强迫律师做一个“完人”，甚至是一个“强人”，否则就会被市场所淘汰。做法官只要为人正直，刚正不阿，公正清廉，秉公执法就大致会成为好法官。

第五，做律师难，做法官易。律师没有任何体制的力量可以凭借，有的只是法律知识和执业技能。在律师没有收入的时候，律师的经济来源和生存都会成为问题。而法官则旱涝保收，有强大的法院系统支撑。尽管说工作上竞争压力不小，但总体上讲职业生涯还是四平八稳的，生活上也衣食无忧，就是将来退休也会有稳定的退休金收入。

第六，律师行业具有挑战性，法官职业则具有稳定性。喜欢挑战、冒险、创新的人去做律师；喜欢稳定、安逸、舒适的人去做法官。律师因为每天接触的案件和当事人不同，遇到的问题也是日新月异，这逼着律师去学习，去创新，去迎接挑战，所以，律师终生都会很忙碌也会很辛苦。法官则不同，完成自己分内的工作其余可以不问不管，尤其长期在一个庭工作审一类案件可以做到轻车驾熟，过一个舒心安定的生活。

第七，律师能最大可能发挥自己的聪明才智，体现自己的人生价值。法官在处理案件时自己的作用发挥有限，因为受体制的制约，法官不能像律师那样充分张扬自己的个性，自己的才智往往受到压抑。

第八，从长期发展来看，律师发展的空间大。因为随着市场经济的发展和对外开放的深入，市场经济就是法治经济，律师是法治经济中不可或缺的角色，就会需要更多的律师，律师会有更加广阔的市场舞台。法官从世界范围来看应是走精英之路：即法官越来越少但质量应越来越高，市场并不需要众多的法官，而是需要“真正”的法官，所以，今后法官数量并不会增多太大。以上为律师与法官的不同点。

但是，律师与法官还有许多共同点：比如：①两者都是经过国家司法考试取得资格的法律职业共同体；②两者所从事的都是法律工作，都是以法律为工具的从业者；③两者有互换的可能性，就一个人而言律师和法官只是不同阶段的工作经历而已；④两者工作的目的都是要实现司法正义，社会的公正，从而实现法律在社会生活中的意义；⑤两者一般都是法律专门院校培养出来的专门法学人才。

中国与美国律师事务所有较大差异的原因

第一，法治和经济状况方面。美国是经济高度发达的国家，它给了律师事务所一个良好的发展空间。几百亿甚至是上千亿美元的交易，在美国是很正常的，而这些交易往往都需要律师的介人。如果上千亿美元的交易，律师事务所按小时收费每小时要收几百美元，这是多么大的业务量啊！但中国的经济总量规模只有美国的2/3，我们的市场经济不如美国发达，我们的律师服务体量在短时间内与美国相比还有相对大的差距。这个客观的市场情况决定了中国现在不可能有像美国那么大规模的律师事务所的大量出现。

第二，律师制度的历史方面。美国的历史虽说很短，但它的律师史并不短，有200年的历史。美国在200多年的时间里建立起了十分完备的律师体系，我国的律师史只有几十年，我们尽管发展得很快，尽管已经取得了长足的进步，但与美国的律师历史相比较，我们毕竟还有相当的一段距离，历史需要积淀，我们所犯的错误也许就是历史短的错误，我们所要取得的成就也许需要历史的长度。

第三，文化背景方面。美国律师事务所进了一个新人，这个新人很快就会成为很好的干事的人。我们的律师事务所培养了一个好律师，很快这个律师就要离开事务所，他又会成立一个新的律师事务所，他不再愿意给你干了，中国人有这种“宁为鸡头不为凤尾”的文化背景，正面讲就是我们都有人人创业的文化意愿。我曾经和美国教授和律师很深人的探讨过文化背景的问题，我们都知道，东方人都愿意自己干，人人都想当老板，不想给别人打工，西方人愿意在一个团队里共同合作。美国律师事务所的律师之间合作非常有乐趣，磨合成本比较低，因为他们有趋同的社会秩序和基本的框架，每个人只要做好自己的事情就足够了。而中国律师行业没有这个基本的框架和秩序，中国人的合作就非常困难，要花很大的精力去磨合才行。

第四，地理社会环境方面。在中国社会，人们对在公共场所的拥挤习以为常，坐车挤车位，开车挤车道，不习惯遵守秩序，等等，由于中国人口众多，生存空间有限，造成中国社会人和人之间没有界限，人和人之间缺乏互相尊重。在美国社会，由于人们的生存空间比较大，竞争程度有限，人们之间的关系比较松散，甚至冷漠，从利益上讲，人与人之间的人身关系和财产关系不能侵犯。从客观上来讲，人和人的关系都比较有距离感，所有的人都不会把个人的空间让别人侵犯，大家都知道界限是不能逾越的。

第五，传统方面。中国历史经历了几千年的封建专制统治，形成了重人治轻法治的传统思维方式，关联到律师行业的时候就出现了律师执业的种种困境。在中国的近现代历史上，由于是半封建半殖民地时期，社会和政府出现这样或那样的失策和错误，我们很少从历史和全球的视野和远见去决策，大都是井底之蛙，闭门造车。美国不是封闭的国家，没有历史传统包袱，甚至没有什么统一的传统，权利由人们约定而来，自由人人争取，在这个过程中，律师的作用显得十分重要，可以说在美国社会人人需要律师，离开律师寸步难行。

“站得高，才能看得远”，开阔的视野可以帮助人们辨别是非，做出正确的选择。比较是有意义的，让我们知道哪里是短处和不足，哪里是我们前进的目标和方向，我们的目的就是奋起直追，做我们应该做的事情，不负时代，不负青春，不负行业。

中外法律职业共同体运行模式

第一，中国与西方国家是完全不同的社会制度，没有比拟性。我们很多学者往往抛开中国与西方国家根本不同的政治体制和意识形态，只在司法制度层面上与外国相比，这是无法比较的，因为司法制度是政治体制中的一部分，政治体制不同，怎能单纯比较司法制度呢？

第二，在西方国家，司法职业共同体成员职业互换就有一定的基础和平台，至于具体从事司法职业中的哪一个职业纯粹是个人的爱好，司法职业的互换很普遍，很正常。在我国，司法官和律师互相转换职业、法官和检察官的互换都不是非常容易。

第三，在我国目前是从司法官到律师转换的多，从律师到司法官的少，甚至没有。在西方国家，法官是律师职业终极的目标，律师最高尚的归属就是去做法官。

二十三、网络环境下的律师法律服务

律师事务所应该向互联网企业学习

互联网对律师业务的影响是非常巨大的，它能影响到什么程度现在不清楚，不好定论，也不是定论的时候，但是互联网对律师业务的影响是毋庸置疑的，我希望大家认真地去学习学习网络安全法，这个网络安全法的框架就基本跟中国的宪法差不多，就是互联网时代的宪法，一定要把这个法律学习好，当然还有最近几年陆续出台的网络法治方面的法律法规，也要认真学习领会。在未来会出现一个新的业务，叫互联网法律业务，这次我被评为年度互联网律师，评奖专家告诉我会出现一个新的律师业务领域，叫互联网业务领域，我之所以被评为年度互联网律师，实际上我就是做了几个案子，比如互联网安全的案子、互联网取证的案子、侵犯计算机系统犯罪的案子以及互联网商业秘密侵权几个案件，互联网本身会成为一种业务，做资本市场的、做银行的、做知识产权的，都离不开互联网业务，这是一种以互联网为平台的融合律师业务，原来还分互联网公司和非互联网公司，现在任何行业都与互联网有关，不需要分互联网公司和非互联网公司了。

在提供法律服务方面，律师事务所应该向互联网企业学习，以它们的服务方式为榜样，改变我们律师事务所传统的法律服务方式。主要体现在下面几个方面：

第一是产品至上。

互联网领域有用户和客户的区别，客户是潜在的，用户是体验了服务以后才有的。比如淘宝网面对任何人，但只有买过以后才能成为用户。我们法律服务行业从来没有提过产品这个概念，互联网行业是提产品的，我们就没有这种思维，但实际上我们就是在卖法律服务产品，这个思维需要我们行业学习转变，这样的思维才能包装好产品，提高产品质量。换句话说，互联网行业首先考虑市场，但我们律师第一考虑的是生产产品，而不是考虑市场，我们律师行业整个处于没有生产状态的环境。所以我们要把产品打包包装卖出去，把潜在的客户变为用户。华为为什么找我？华为是中国最伟大的公司，我的专利数量在全球公司排第三名，我发现华为在通信行业的标准必要专利和三星、高通、苹果公司都有一争，所以我就把这个问题研究的很透。所谓标准必要专利，拿这个录音机来说，小小的录音机可能需要十个专利，其中可能有三个标准必要专利，剩下七个可以替换，但没有这三个标准必要专利就生产不出来录音机。现在华为、三星、苹果公司在争通信行业的老大，在老大之上还有个老大，就是高通，几乎通讯的所有必要专利都在高通，高通是远远在上的老大。所以这四家公司的案子就很有意思了，我研究了以下之后，我就给华为主管领导发了个Email，他回我邮件说他还从来没有见到过这么主动联系他的律师，我也是对这个问题研究最透彻的律师。其实我就是受互联网的影响，我得把我研究出来的产品推销给我，所以现在华为和其他大公司的官司我都有参与。总之呢，我们要研究这些公司的需求。

第二就是体验为王。

我们律师从来没有考虑过邀请客户体验我们的服务，这是互联网思维，不体验怎么知道律师的服务有用有价值呢？这个值得我们每个人考虑考虑。比如蒋勇律师在世的时候组织的天同开放日，就是让大家去体验他们的无讼产品和服务，体验以后就可能会成为他们的客户，这是法律界向互联网企业学习的结果。我们要学习互联网的方法。比如说客户至上，我们原来的律师服务都是高高在上的，等着人家来找我们。互联网是一种体验式的，客户至上，甚至免费产品，互联网式的工作方法值得学习，尤其是对于律师和医生这种靠自己从业经验吃饭的专业人士，它可以让我们借着时代的快车走得更远更高。

第三就是颠覆式创新。

所谓颠覆式创新就是重新审视传统的观点。我常说要向年轻人学习，要以非常规的方法来形成思维来从事律师领域。互联网我们之所以不了解是因为我们没有学习，学习之后就会颠覆认知，互联网创造了一个新的世界，改变了一切，我们原来的经验都过时了，我们要在新时代创新。“互联网+”这种模式它颠覆了律师整个行业存在的方式方法，互联网颠覆了律师事务所运营的模式，对律师个人来讲也是颠覆式的革了律师传统服务的命。

第四就是免费服务。

互联网的很多项目是免费的，免费的目的是吸引客户。比如说我免费做你的法律顾问，诉讼免费，第一年表现很好，第二年你可能就不会免费了。同时还可以免费做法律培训，比如给几个汽车公司作培训，之后可能就有汽车公司来花钱请你。所以说免费是手段，最终目的还是为了舍小取大。

律师应该了解的网络时代新业务

我当律师不久，就到了全国律师协会专业委员会工作，这一干就是30年。我曾经在全国律协民事专业委员会、外事委员会、证券期货委员会待过，后来又担任全国律协经济委员会的副主任，最后又担任全国律协新成立的信息网络专业委员会的副主任，在这个专业委员会当副主任一做就将近20年，主要的工作是参与了全国律师办理信息网络案件的指导意见的起草，还参与了全国律师关于电子证据的收集、取证、使用规则的起草，并且每年组织一次专委会论坛，提交、修改、撰写信息网络法律方面的论文，从此对信息网络的法律有了一个新的认识。在过去20多年当中，我把兴趣由知识产权方面转为信息网络高新技术方面，因为学法律的学者和律师大部分是文科背景出身，对信息网络高新技术都很陌生，所以更要补上这个短板，在做了大量的工作之后，在前几年，有幸在中国法学会成立信息网络法学研究会的时候当选了副会长。

之所以能当上中国法学会信息网络法学研究会的副会长，就是跟过去的20年间参与领导全国律协信息网络委员会专业委员会有关，这个专业委员会是非常活跃的一个群体，无论是学术研究还是实务办理，在全国信息网络法律领域做了很多的事情，为立法司法仲裁等都提供了很多的专业的意见。后来我因为对信息网络这个研究的关注，也成为中国政法大学电子证据研究中心的执行主任，还有多所大学当中的信息网络方面的客座教授。同时自己呢，也参与了很多信息网络的案件的办理，像利用互联网为手段的网络犯罪案件，像信息网络传播权的侵权案件，也都撰写了很多这方面的文章，也通过在全国律协这个平台结识了很多在这方面很优秀的律师，向同行们也学习了很多的知识，所以律师是一个终身学习的职业，无论年龄多大，只要当律师，就要终身学习，我就属于年龄比较大的律师，但是正是因为年龄比较大，更需要学习，互联网时代就是信息网络平台的时代，我们要借助互联网平台模式，不断地学习进取，努力地跟随时代的步伐进步。

随着信息网络大数据、诸如人工智能、区块链等新技术的到来和出现，对法律方面的影响显而易见，律师业务很快就会涉及这些内容。

如今中国是世界上最大的网络国家，网络经济在中国总GDP中占比已超过12%。按照联合国教科文组织的标准，超过1%~2%即可视为支柱经济，而中国经济如今10%以上来自于网络经济，可窥网络对中国社会、政治、经济影响空前。如果说中国在几十年之前，还是一个农业国家，没有赶上工业化，那么在过去的几十年，中国直接赶上了信息化。在信息化方面，中国实际上和西方其他国家走在同一队伍里，处于同一个起跑线上，而这一点是中国过去多年发展中对法律影响的一个基本基础要素。

全国律协信息网络专业委员会成立于20多年前，成立信息网络专业委员会就是考虑到在信息技术时代来临以后技术对法律的冲击，以及律师面对新技术该如何利用信息技术增强服务水平。比如说，区块链和AI运用在中国律师界已不再仅是热门话题，而是已经进入了实质阶段。据我所知，中国有的律师事务所已经开始使用机器人，使用人工智能在律师事务所开始执业，法律界也在探讨作为人工智能的机器人在执业中所产生的法律服务的性质及其后果。又比如说，区块链，无论是律师协会还是律师都已经把区块链运用于律师协会或者律师事务所的管理中了，用最先进的技术管理律师事务所，现在已不是纸上谈兵，已不是理论探讨，而是已经运用到律师的实际行业当中。现在生活的数字化与网络化，在中国的律师界都已得到具体的体现。

大数据环境下网络隐私权的保护

第一，隐私权的边界在哪里？

大数据是网络时代谁也离不开的东西，你每天都在产生数据，你每天也在运用数据，但是随着互联网大数据时代的到来，网络隐私权侵犯情况时有发生，因而在大数据网络时代来临之日，网络隐私权的保护是中国法学界，尤其是中国律师面临的不可回避的一个问题。给大家举个例子，就在前不久发生这样一个案件，有一个中国男士和女朋友分手了，很记恨女朋友，但又因女朋友搬家而找不到女朋友，这时他通过一个人认识了当地的一个警察，给了警察一些钱，警察很容易就在公安系统把他的前女友找到了，这个男士就根据警察提供的地址找到前女友家，当场将其前女友杀掉。这个案子中的这位男士判了死刑，因为他的前女友被他杀掉了，这个警察被判了三年缓刑。律师界都在议论这个事情，因为这是非常典型的利用公权力侵犯个人隐私的案件，也是利用网络侵犯隐私案件，因为通过公安系统网络就能够很容易的查到被害女士的地址，因而我们律师便在网上议论，网络隐私权的保护边界是什么？这是我们要探讨的问题，在实务中会遇到这些问题，就是如何保护隐私权。

我们常说在网络时代，在大数据的时代，我们都是透明的，为什么这么说？第一，网购，大家应该是经常网购，尤其是女士经常往家买东西，很容易把你的数据、把你的住址留给了网络公司。第二，证券交易，大家都知道中国现在的数字化程度非常高，现在所有的股票交易都不需要现金来支付完全是网络支付，在大规模证券交易的情况下，你的巨额资产都会暴露给第三方。第三，医疗数据，现在远程医疗也好，数据date也好，大家数据挂号，医院马上就能获取，这个也很容易被泄露。所以说，在中国这类案件已经发生了无数起，比如说2016年7月，发生了一起严重的医疗泄密事件，超过30个省至少有275份艾滋病患者的个人信息遭到泄露，这是很严重的医疗事故，而且是通过网络泄露出去的，所以说医疗数据也是很容易被泄露的。第四，社交数据，facebook等其他社交媒体数据很容易暴露你的个人隐私，你的种族、性别、教育背景，甚至性倾向、财务状况等等，这些东西都非常容易被大数据所暴露。

第二，隐私信息的划分。

哪些是隐私？哪些是能够暴露的，哪一些又是不能够暴露的。从传统中国法律规定的隐私权的角度来说，隐私权分两部分，一是普通身份信息，比如说个人姓名、肖像、年龄、民族、受教育程度、通信地址、身份证号码等，这些是非常容易暴露的。比如我开车进来清华大学，可能就把我的信息暴露了，一刷卡车牌号码就知道了，车是我的，通过我的车就知道我的个人身份，甚至住哪都能知道。这是一种普通信息。二是私密信息，比如说财产状况、手机号码、健康状况、婚姻状况、犯罪记录等，这类信息也可能通过一定的渠道收集到，所以我们说普通身份信息和私密信息都能够收集到。同时在大数据不断发展的情况下，网络隐私权也在不断地扩大。大数据迅猛发展，隐私权也在发展，隐私权随着大数据在产生新的内容和范围，例如说我们从信息来源角度可以分为网络原始数据和网络挖掘数据，网络挖掘数据便是通过一个原始数据获取以后继续挖掘，通过一个第三方把你的数据继续挖掘出来，这个在中国现有案件中，在律师经手的司法实务中也并不少见。

第三，隐私信息的属性。

从法律上讲网络隐私权的属性是什么？这个问题在中国法学界有争论。隐私权或者说隐私信息的属性究竟是什么？它属于什么性质？但基本倾向于网络隐私信息属于人格权的一部分，它是人格属性，尽管它具备财产属性，比如说我把别人的信息卖掉可以赚钱，但是从基本特征或者说从法律根本实质来讲，它具有人格属性，它属于特定的人，它的法律意义也属于特定的人。因而，从法律上，我们要规制私自侵犯个人信息的这种行为，首先要弄清楚性质是什么？侵权行为的基本性是什么？我们认为，侵犯隐私权是对人格权的侵权。

第四，隐私信息的不合理收集侵权方式。

个人隐私的不合理收集，侵权的方式在司法实践当中主要有以下几种方式，第一个是过度收集，所谓过度收集即本来不需要的，非得需要收集，比如说，我买一个电饭锅，一个电饭锅不需要其他什么信息，商场非得让我填表，非得要我留下手机号码，有什么意义呢？这是过度收集，收取不需要的信息。第二个，非法收集，通过不正当手段，比如非法软件，私人侦探非法收集的信息，可能在欧洲或其他西方国家私人侦探是合法的，但在中国这是明令禁止的，中国是不能通过私人侦探这种形式进行非法收集的。第三个，录取我个人的视频，通过私人社交网络，比如说通过百度、微信、人人网等等，经常需要所谓的人脸识别，大量采集个人录像视频进行侵犯，这些从技术上来讲都可能出现对个人隐私权的侵犯，在司法实践当中已经有多起案件发生。

电子证据问题

电子证据问题是律师不能回避的一个问题，互联网法律问题的一个核心问题就是电子证据的取证。在美国，已经出现了电子取证律师，他们的客户就是律师，专门为律师服务的。大家可能知道希拉里在竞选总统前是美国纽约州的参议员，她在竞选美国纽约州参议员之前，她的对手是纽约市市长，朱利安尼是美国共和党的大佬，希拉里在此之前虽贵为美国第一夫人，但她几乎根本没有在纽约州居住过，后来只是在克林顿总统任职到期后陪着前总统来纽约州居住，她想参选由当地选民选出的参议员谈何容易？当时民主党和共和党为了争夺纽约州参议员的席位打得不可开交，因为纽约州的参议员席位对于总统的选举极其重要，代表民主党的希拉里在参选参议员之前一点儿优势也没有，谈何容易？最后，希拉里就寄希望于电子取证，民主党首先找到了一群专门为党团服务的律师，探讨是否能取得对对方参选人不利的证据。这些人就找了几个美国很有名的私人侦探，24小时跟着朱利安尼，3个月后，私人侦探和美国律师给民主党提供了一份详细的关于朱利安尼的报告，通过电子取证发现，朱利安尼作为纽约市市长跟纽约市的黑社会头目有密切联系，有涉黑嫌疑；其次，作为纽约市市长，朱利安尼除家之外还有其他固定的住所，3个月只回家2次，后来才发现他早已经得了前列腺癌，但是没人知道，他和负责照顾他的护士同居了。这些证据据说价值几千万美元。民主党人就拿着这些证据找到了朱利安尼本人谈判，要求朱利安尼退出美国国会参议员的选举，否则的话，就把这些收集到的丑闻证据公布于众，让其身败名裂，朱利安尼被迫无奈只好退出选举，希拉里顺利当选纽约州参议员。为她下一步竞选美国总统铺平了道路。电子取证在中国也是比比皆是，我们回家、上班都要刷卡，电子监控形成天网，住酒店也需要网络登记，电子证据几乎把人人都封锁了，全覆盖。现在民诉法、刑诉法、行政诉讼法三大法已经确认了电子证据的法律效力，法官们也正在培训关于电子证据的内容，现在北京知识产权法院和北京互联网法院已经可以实现无纸化审判，完全可以不用纸就可以完成整个诉讼活动。从律师行业来看，律师电子取证会变成一种职业的技能，电子取证的市场的需求是很大的，作为律师要开拓这块业务。

区块链的法律问题

最近大家知道区块链比较火，基于互联网技术发展起来的区块链这个概念，这个学科以及研究领域非常时髦，区块链就是新的互联网时代一种各领域的应用，区块链技术是一种按照时间顺序将数据区块以顺序相连的方式组合成的一种链式数据结构，并以密码学的方式保证的不可篡改和不可伪造的分布式账本，也就是分账式的记录，比如说互联网点对点的布局，现在我们在场的登入互联网的每个人的IP地址都在互联网上自动识别，而且永远消除不了。以律师事务所的管理为例，分布式的我们全国三十几个律师事务所的分所，大家属于平等地位，通过区块链连接起来，管理起来，合作起来，达到共赢的目的，管理律师事务所本来是件很麻烦的事情，通过区块链的技术变得十分容易和轻松，变成大家公共的平台。这是新的互联网技术。区块链的到来，会给我们社会管理、律师事务所的法律服务带来很大的冲击，我举个例子，我们去注册商标、注册专利，以前我们往国家专利局、商标局跑，如果应用区块技术的话，就不需要跑了，它有利于解决知识产权的确权问题，即在先权，谁在先谁在线注册权利就是谁的，以往证明谁在先注册很麻烦，有了区块链技术就好办了，只要有记载就无法篡改，这样的话，商标局、专利局等等关于注册的功能都可以取消了，不需要人为的审查了。谁先注册谁后注册，谁侵犯谁权利的证据问题都解决了。比如申请专利，我就打开专利局的网站，点进我要申请的专利，专利局就会收到我的材料了，然后材料被拿去审批，审批之后就完事了，就不需要亲自去了，这都是标准化，人为的因素很少，如果说没收到，那不可能，区块链的技术能保障计算机记录的信息永远不会消除。申请商标的注册程序与申请注册专利的程序大同小异，可能会更简单一些。比如说我有一个商业秘密侵权案件，假设我是侵权人，我以非法的手段破译了可口可乐的配方，我为了盈利赚钱，我通过区块链的技术发给有关当事人，并且我把配方做了详细描述。当可口可乐公司追究我的法律责任的时候，我不承认干过这事，但是区块链技术，自动生成，电子数据记录了，当事人哪年哪月收到我发过来的一个方案，就我知道别人都不知道，区块链不可篡改证明就是你跑不了，证据确凿，无法狡辩。这些东西对于知识产权的侵权、知识产权的产生、知识产权的运用会产生巨大的影响，这些东西都是在互联网上操作的。区块链的到来，会对知识产权和互联网的融合起到促进作用，最后都分不清谁是互联网，谁是知识产权了，所有都可以在区块链解决，区块链是一个技术性的应用场景，给我们带来了便利和安全，甚至办理法律事务，我们不需要见面，我不需要去商标局、专利局，甚至法院都见不到法官，会有电子法院，不用见法官，通过区块链技术，电子生成法律文书。大量的涉及技术类及知识产权纠纷案件的解决可能从司法诉讼中独立出来，建立区块链解决平台，变成民间调解，找个仲裁员给调解一下就可以解决，这个东西对律师的影响是非常大的，尤其技术性的东西会对律师业务产生冲击，政府和社会方面可能比较抵触，接受起来没有那么快，也没有那么容易，但是律师不一样，律师对新鲜事物的接受应该是很容易的，我们要赶上时代发展的步伐，尽快利用新技术拓展我们的法律服务领域。

再有就是3D打印，理论上3D打印飞机都可以打印出来，打印出来以后问题就来了，是否涉及专利？是否涉及版权？是否涉及商标权？因为打印出来的产品都是有原图的，原图与这些产品是什么关系？涉及哪些法律问题？在新技术应用的过程中，会产生大量的法律问题，律师行业的人要站出来解决这些法律问题，而不是袖手旁观。

大数据的法律问题

现在最时髦的词：数字化、大数据。我们学法律的对技术、数理化为基础的新技术是陌生的，大数据是指无法在一定时间范围内用常规软件工具进行捕捉、管理和处理的数据集合，它是无法用一个电脑完成，大数据是有专门收集的系统，大数据有什么特点呢？第一个是量大，一个人一天可以产生很多的大数据，一个企业、一个国家产生的数据是海量的；第二个是高速，随时可以数字化，形成各种技术的集合；第三个是多样的，大数据是非常多样化的，律师事务所只是数据之一，可以说人类世界有什么，大数据就有什么数据，比如我们登陆火星，产生的生物样本、空气、空间数据都是十分多样的；第四个是具有真实性，大数据不是虚拟的，它是实实在在存在于我们的现实世界之中的；第五个是有高度价值，它能产生巨大的价值，我们才研究大数据。以上是我们要知道大数据的基本概念和特征。

大数据是数字化的基础，我们还会提到数字化，比如律师事务所管理数字化，数字化指什么呢，数字化是把许多复杂多变的信息，转变为可以度量的数据。以前事务所案卷多如山，现在一个U盘就可以存上解决。我们可以建立数字化模型，把数据转化为二进位的代码，进入计算机内统一处理、储存。大到国家小到个人都可以数字化，我们现在早上一起床就看手机，一直到睡觉，手机其实就是数字化的一个机器，数字化承载的机器，所有的东西都在你的手机里，谁也离不开手机、离不开数据化。所以数据化就是把曾经需要用纸张的、用人工的，变成一个移动的、用电脑手机、移动互联网这种形式的。中国现在有将近9亿人上网，其中8亿人是用移动互联网，也就是说，你要是与14亿人中的9亿人联系，你得通过互联网、手机。当然我们14亿人有共同的习惯、说一种语言、消费习惯一样，文化习惯一样，全世界除了我们没有一个这么大规模的人类群体，这也是我们制度自信，我们敢和其他国家叫板的基础，也是数字化的基础。庞大的海量的东西进入数字化，这是非常重要的一个基础。

知识产权从工业革命时代产生到现在已经有200多年，最近学者从知识产权的研究转为对大数据的研究，为什么呢，因为知识产权是动态的，它不断在扩展自己，所谓的无形产权是没有边界的，知识产权就是没有边界的，知识产权扩大到什么程度，它把大数据集合起来，民法典本想把数据权纳入知识产权，但是有学者提出，知识产权的专利和著作权的独创性是大数据所不具备的，大数据没有独创性，所以后来放弃了。但是，从另一个角度，知识产权中的信息权，显然已经纳入知识产权。什么最值钱，信息最值钱，假如能提前掌握大量的信息，这是相当值钱的，这是有价值的。大数据给知识产权带来的冲击是很值得思考的。我们往往将知识产权与大数据相混，但这两者不太一样。数据和知识产权都具有财产性，都有价值，但是大数据的独创性比较差，知识产权的独创性比较强。从数据安全、数据应用、个人隐私保护这三种关系来看，界限在于数据安全、能不能应用、个人保护界限是什么，这是它的三个数据界限。而知识产权的界限是个人权利不能侵犯的界限，界限和数据是不一样的。从理论上来讲，数据权主要是安全的、合法的、可以海量地用，知识产权不是，知识产权只能通过知识产权权利人或者通过转让、许可他人才可以使用。所以这两者是不一样的。知识产权与数据权有什么关系，有什么法理上的渗透或者叠加，这也是我们一直探讨的话题。

数字化面前必须有律师应用的场景。如果空泛地强调数字化，没有律师管理、律师业务应用的场景，只是在赶时髦。必须强调生产力和生产关系，只有技术和应用的场景吻合时，数字化才有用。什么是应用场景？能够落实到每一个律师事务所的管理、业务当中，确实体会到它的价值，这就是有应用化的场景和模式。

接下来从法律角度谈数字化有哪些法律依据？《网络安全法》、《数据安全法》、《个人信息保护法》、贯穿于《民法典》中的个人信息权、隐私权的保护界限，三大法网构成数字化的法律应用场景。有了这三部法律体系，就可以在律师业务中推行。

从大数据本身来讲，我认为要解决几个问题。第一是解决收集问题，谁来收集，怎么收集。第二是利用，收集的目的是利用。第三是互联互通，数据不能形成孤岛。第四是分类。第五是界限，不要侵权、不要滥用、不要被侵权、不要泄露。这五大问题需要解决，大数据就可以广泛应用了。

还有一个心得，在法律圈，一提到技术就会感到头疼，技术人员一提到法律会觉得太专业。法律人要克服技术弱，技术人要克服法律弱，两者都不能偏废，两者进行最佳结合，才能使中国法律和律师的数字化应用达到一定的深度与广度。

新技术的法律问题

在互联网大环境下，大家都知道共享单车、滴滴打车，对于很多共享单车都需要存押金，这些都存在一系列法律问题。对于基因工程，现在人类对于基因工程的研究有三个层面：一是基因排列，二是改变排列，三是利用基因片段治病。这里面就涉及法律、伦理问题。关于云计算，曾经一个计算机专家跟我讲，20年前他去过美国IBM公司，美国IBM公司号称计算机存储第一。然而，现在的一个U盘，就可以抵得上20年前IBM公司的所有内存，再过3年到5年，就一个一块钱硬币的大小的空间就可以储存你的所有信息。关于网络犯罪，前几天到公安部开会，网络安全保卫局的专家们说，一般的刑事犯罪在全国的数量都在下降，但是网络犯罪呈几何式增长，包括电信诈骗，有地域性、隐蔽性、境外作业等，包括黑客，我曾遇见过一个著名黑客，问他的技术能达到什么地步，他说你随便找个人，告诉他姓名就行，我就把我的姓名、电话和一封我发的邮件给了这名黑客，没几分钟，这名黑客就侵入了我的邮箱说中，他说国内目前只要不是特别加密的邮箱，告诉他基本信息他都能打开。公安部的人还告诉我一个例子，有个地区有一个惯偷，有一天我偷了一个钱包，发现里面有个公交卡，这小偷就用这公交卡去坐公交车，刚回家两小时公安就找到他了，因为公交卡把他的行程信息全部显示了出来，公安的人就可以顺藤摸瓜了，新技术给我们带来了太多的法律问题，我们要拭目以待，做好准备，迎接新时代的到来。

同时我们要了解网络安全法律的新领域。互联网时代具体会给我们的法律业务产生什么影响呢？我列举比如说网络安全问题，前几天美国败选的总统候选人希拉里出了本书，其中提到了她为什么败选，其中一个重要的原因就是邮件门事件，她用了自己的私人邮箱发了美国国务院的公函，共和党就利用这点来攻击她。私人邮件保密程度不够，很容易泄露国家机密，作为未来的总统，这么一点网络安全意识都没有，那肯定不是一个合格的总统。所以网络安全问题无论对于国家、集体还是个人都很重要。不知道大家注意到没有，中美两国首脑在会谈的时候没有一次不提到网络安全问题，为什么？因为从现在开始，我们如果攻击美国的网络，美国分分钟会瘫痪，这对于我国是个十分容易的事，同样，对于美国，攻击瘫痪我国网络也是十分容易的事，所以双方加强了网络安全合作，保证不互相攻击，保证相互安全。曾经有个研究通信技术的高级工程师告诉过我，中美两国之间有海底光缆，我国的光缆节点有美国的潜艇24小时停着，咱们的光缆无秘可保，我说那怎么办，我说一是加密，同时最重要的信息不能通过网络。我们都知道信使制度，重要的信一定要通过人亲自交给本人，为什么，就是因为网络不安全。网络安全的法律业务未来是律师业务的蓝海。

新业务与新业态

互联网和律师行业是相关的，譬如说媒体，律师业需要宣传，没有媒体的宣传，别人就不知道你律师是谁；互联网是律师的社交平台；还有就是产品，那么律师行业有什么产品呢？其实律师也有很多产品。我想问现在各位家族信托弄好了吗？我想问如果我们不在的时候，子女为财产打架的时候怎么办？国外的家族信托很发达，但是中国目前还没有大范围做起来。不过，在我国香港特别行政区有一定的发展，所以现在我国香港特别行政区很多人来中国内地做这个产品。我们律师作为法律服务的提供者，完全可以设计出这些产品来，然后律师则可以在网上卖家族信托法律服务这个产品，有几个孩子的家族企业，律师帮忙设计好，让子女不会为财产打架，还有家族的其他财产安排，譬如遗嘱、企业的日常法律顾问等产品，有的中小企业根本就不用请律师，因为律师费很贵，但是每天又有合同的签订，怎么办？那么就可以在网上定制这些律师提供的法律服务产品，让律师通过互联网处理这些法律事务，包括注册专利商标都可以在网上提供服务。所以我觉得律师这个行业也可以生产出产品来进行销售。互联网法律早就已经存在，就拿最近比较火的滴滴打车来说，当滴滴打车很火的时候，滴滴在人民法院被起诉了，说10年之前滴滴打车已经被注册商标了，那么就不能使用这个商标了。在中国，商标是注册在先制，譬如隆安律师事务所，1992年就已经申请为注册商标了，你在叫这个名字就不行了，这是法律的在先原则。审理的法院是怎么判的呢？法院认为两个滴滴不是一回事，这个滴滴是互联网的滴滴，原来的滴滴不是互联网行业，互不侵犯不能用原来的来约束互联网的发展，这个判决对所有的行业掀起轩然大波，是技术重要？还是法律重要？法官给的答案是技术给社会的影响超过法律。在技术面前，法律是落后的，在网络新技术时代，法律应该保护新技术的发展，而不是阻碍新技术的进步。同时，网络新技术领域也不是法外之地，需要法律规制网络及新技术创新活动和行为。在网络时代，互联网对每个行业都有很大影响，互联网平台是一个工具，谁利用好了都会展翅高飞。在律师行业原来都是口耳相传，亲戚朋友之间说这个律师口碑不错，专业性很强，但是现在互联网时代不一样，我现在的业务委托绝大部分都来自于互联网，经常有各种各样的老板找我，他说我是在互联网上搜索的，说我是北京十佳律师，全国十佳知识产权律师，这就是互联网网上宣传的效果。据相关可靠的统计数据，现在法律产品公司全国有300多家。那么什么是法律产品公司？譬如电子签合同，因为电子合同可以篡改，所以需要电子认证，这就是电子的法律产品。现在法院也非常先进，使用电子证据，USB插口一弄，法院就可以审查证据，审理案件，就可以出判决，全程电子化。现在的律师网上产品也很发达，如果你的企业是高科技，那就是知识产权，有的是投资，那就是金融证券，这是都可以电子操作，都可以是互联网的律师产品。

世界上两大古老的行业，一是医生，二是律师，这是两大保守的行业，但是现在也与互联网紧密相连。现在IBM开发的诊断人工智能，在美国已经应用临床了。怎么进行智能诊断？把血液放在仪器里，它很快告诉你是什么病？治疗方案都出来了，都不需要医生。医生在这里的作用就是陪着家属选择治疗方案，只是家属不懂医学名词医生来解释一下。互联网把医学也给颠覆了，律师行业也会被颠覆的，会出现新的业态和新的业务，作为律师的我们准备好了吗？

什么是律师的网络法律业务

随着网络时代的到来，人人都离不开网络了，中国已经成为世界上最多网民的国家。各行各业都面临着网络带来的挑战和机会，伴随着三网合一的步伐，微博、微信、QQ群、客户端、元宇宙等移动互联网的新型工具大量出现，使我们的工作真正进入了网络时代，也使我们的生活变成了网络生活。

大到法律服务业整体，小到每个律师事务所甚至每个律师，在网络时代究竟我们会有哪些新业务？我个人认为至少下面的业务是由网络带来的：

第一，网络公司上市业务。

在联网公司业务爆发的今天，各样不同形态提供互联网服务的公司竞相在海内外上市。因为互联网公司的业务模式依赖于网络本身的快捷和无限，所以此类公司的经营业绩很容易符合上市公司监管要求，特别是纳斯达克和中国新三板的上市标准，这样就会催生大量的网络公司在短时间内达到了上市的标准，快速的走进证券资本市场。在整个上市过程当中无疑需要律师的法律服务，为上市公司尤其是网络业务上市公司提供上市过程中的法律服务会成为律师的大量日常业务，问题是我们准备好了吗？除了我们要有上市公司证券业务方向的知识储备外，我们还要懂互联网技术，特别是移动互联网的新技术，这就是我们面临的新的挑战和机会。

第二，为网络公司提供法律服务。

能走到证券市场的公司毕竟是多如牛毛企业中的少数，大量的网络公司就是俗称的“电商”是以网络模式为公司业务的内容。这类公司在传统的法律层面上又会涉及很多网络时代的新的法律问题，有些问题法律已有规定或已经有定论，但大量的互联网带来的法律问题并无法律可依，换句话说，互联网及其新技术已经远远的走在了法律的前面，法律在互联网及其新技术面前显得落后了，甚至是无能为力了，在这种情况下我们如何为以网络模式为代表的新型经济形态提供法律服务是我们又需要回答的一个问题。

第三，传统公司的网络法律服务。

在商界，老板们都在关注一个问题：在将来是否每家企业都会成为电商？我个人认为这个答案是不言而喻的。每个企业在将来必然会成为电商。因为谁也离不开网络，离开了网络就无法生存。现在的问题是谁越早成为电商谁就越成功。在这个起跑线上，新的竞争标准已经越来越清晰了。在从传统公司到电商的过程中，存在的大量的法律问题急需解决，比如公司的网络域名、网络营销、局域网、域名与商标的注册及联动关系，邮箱的管理及商业秘密保护等诸多原来传统经营模式没有遇到的法律问题现在纷纷出现了，所以说即便是一个传统经营模式的公司，也离不开网络法律问题，因为我们定义传统与电商的差距只是时间问题，在从传统到电商的过程中法律服务的模式和内容是动态的，这就要求我们的法律服务的形式也是动态和多变的，才能跟上网络时代的步伐。

以上关于网络的法律业务只是略举一二，其实还有很多，很广。我们要彻底的改变观念和法律服务模式才能更好地为网络时代的客户提供专业法律服务。

律师事务所将成为网络平台，律师将成为“电商”

第一，网络改变了律师成名的速度。

过去的律师执业几十年，甚至一辈子才能混出一些名声来，成为“著名”或“知名”律师。现在不同了，由于网络的传输速度和广度，律师可以一夜成名，因一个案子成名，因为网络可以在瞬间传播海量信息，律师的知名度会在极短时间内使广大公众知晓，而不用几十年的日积月累，这是我们所处时代带来的好处。例如自媒体可以使一个律师一夜之间成名也可以一夜之间坏了名声。

比如王宝强离婚案件，大家知道，王宝强的代理律师，名为张起淮，这位律师是我的一位很好的朋友，但是他本身是做航空法的。他成了王宝强律师之后可能一夜之间就被人们以婚姻律师的身份熟知。

但同时网络也有消极的一面，如果哪位律师出了坏名，因为涉及某个案件败坏了名声，也会一夜之间使人人皆知。所以说，网络有好也有坏，利用好的知名度迅速飙升，利用不好，遗臭万年。所以网络时代还是要规矩做事，踏实做人，虚拟世界代替不了现实的真实，但却能使人们迅速知道现实世界的真相。

第二，利用自媒体宣传事务所和律师个人。

有了微博和微信，就相当于每个人都拥有了电视台、广播电台及报纸的营业执照。只要内容不反动不黄色，任何事务所和律师个人都可以利用自媒体宣传自己，这在传统无网络时代是不可想象的，律师可以不借助任何宣传机构和平台，只需微博和微信就可以把自己宣传得淋漓尽致、体无完肤，使社会公众知晓你、了解你。你也可以利用自媒体表现你的执业观点和法律理念，客户可以通过自媒体了解你的执业背景、执业水平、职业道德水平和业务能力等。万事不求人，天下全知你的时代已经到来了，谁能尽快尽好地利用自媒体谁就越有知名度，谁的业务就有可能越来越多。

第三，让律师事务所变成“LICP”。

大家都知道“ICP”是指网络内容提供商，专指提供网络内容服务的运营商。这类公司现在风起云涌，业务十分活跃、广告收入也相当可观，因为人们已经离不开我们所提供的网络服务内容了，现在谁出门不先上网查查出行线路，谁买机票或火车票不是网上操作？网上购物现在就更不要说了，就像马云对王建林说的那样：除了不能提供网上洗脚服务之外，网上可以提供任何的服务，就是洗脚网上也可以预定。“LICP”的含义就是法律网络服务商，把一个律师事务所变成“ICP”一样，网上提供全套的法律服务，网上能解决的法律问题没必要见律师了，实在需要律师出面的律师才出面，这就是“LICP”，网上法律服务提供商。

第四，每位律师都变成“电商”。

所谓“电商”是指用电子网络手段提出服务的商户，每位律师变成“电商”是指每位律师都要通过电子网络或主要通过电子网络为当事人提供法律服务。要求每位律师充分利用网络上的便利和方式，通过互联网，尤其是移动互联网为客户提供快捷全天候的法律服务。就是要求每位律师都要“触电”。电脑、手机等应是律师最主要的业务办理工具，把现实的法律问题通过网络虚拟化予以解决，使网络的功能充分发挥，实现法律服务电子化。

第五，法律控变技术控。

律师的专业背景大多是法律，是文科，先天对技术不敏感。在网络时代、由于网络是技术领先引导的，所以，我们必须变法律控为技术控，我们要把我们掌握的法律知识通过技术表达出来，让技术使我们的法律知识变得更加有用，有大用。在网络时代，没有法律知识可以学习，不会利用网络就会影响生存，利用网络学习法律知识，最后再利用网络使用法律知识，这才是我们的必由之路，在网络时代，只有法律知识没有网络运用，就会使法律知识成为无源之水，无本之木，无法进行流动和传播。如果把律师的专业知识和服务技能融入网络的技术之中就像燃烧的火焰浇筑了助燃的汽油，必将照亮整个世界。

第六，人工智能法律服务的出现。

我对互联网的理解是互联网的到来不仅限于律师提供法律服务模式的终结，有人预言在未来简单的法律服务可能会被机器提供，人工智能取代了人的功能。但是律师可以用这个技术提供我们原来提供不了的服务。原来我一个人讲可能台下有100人听，现在用互联网可能有10万人听。所以说互联网是“双刃剑”。

这种互联网快速传播无国界性、即时性和碎片化特点，无法代替法律服务，无论中外，法律服务都是高级而且奢侈的，在实践中，尤其是重大法律事项。没有人说通过互联网我们不见面就把法律问题解决了，这是不可能的，还需要传统的法律服务，人工智能替代律师传统的法律服务还需要相当长的时间，不是马上就可以实现的。据统计，互联网化现在在中国已经有点“过了”，中国现在有9亿网民，其中90.5%是通过手机终端上网的。包括互联网对中国经济的贡献高达12%，这些数据远远超过美国。但是说到底，互联网再发展也不能代替我们传统的法律服务，我们不能因为互联网来了就解决了所有的问题，互联网它毕竟是有限的。

二十四、怎样办好律师事务所

我们要向优秀先进律师事务所学习什么

我个人认为中国最好的最优秀的最先进的律师事务所，不是一个律师事务所，最好的一个律师事务所也不是永远是最好的。为什么这么讲呢？律师行业的变化是风起云涌，这些律师事务所从成立到现在也都30多年了，发展目标很明确，很稳健，做得非常好，但是其中每个事务所都有些改变，所以说最好的律师事务所在每个历史阶段都会出现，我们应该在我们自己发展的过程中，学习那些比我们自己的律师事务所先进的律师事务所，我们必须向先进的律师事务所学习，这是我们也要成为先进律师事务所的必由之路，学习他们成功的经验，研究他们成功的原因，当然他们成功的原因很多，其中主要的成功原因也就那么几点，我个人的想法是这样的。

第一个原因，学习从历史上如何改正错误。

优秀先进的律师事务所一般成立的时间长，该犯的错误都犯了，大家现在看到的优秀先进律师事务所跟他们当年哥几个吃不上穿不上时的草创时期的律师事务所是不一样的，那个阶段大家都没看到，可能出现过这样那样的问题，因为历史时间长，他们该克服的缺点也都克服了，怎么克服的缺点值得我们研究和学习，并运用到我们自己克服缺点的方法之中去，学习如何纠正错误十分重要。

第二个原因，学习实现国际化。

从小到大，从弱到强，律师事务所必须走国际化的道路。曾经有合伙人问我怎么实现国际化，我说："不讲英文能跟外国人沟通合作吗？怎么能实现国际化？"先进律师事务所从事国际业务的律师绝大部分人都是在欧美受过教育的，也有的在欧美执业当过律师，这些律师能讲一口流利的英文。律师事务所国际化是最难学的，因为国际化需要有国际化的人，能讲外语的人，在外国工作了解外国情况的人，有了能与外国客户沟通的人，国际化就不远了，学国际化可能不是一代人，甚至不是两代人的问题，而是一个长远的规划，要尽量通过人才来国际化，有了人才才有国际化的服务，有国际化的服务才有国际化的客户，有了国际化的客户才能反哺国际化的进程。

事务所的国际化首先是个人的国际化，个人如果不国际化，事务所怎么能国际化？所以优秀先进律师事务所国际化这一点在同行中做的最好，很多律师事务所国际化做不到，是因为人的国际化没有做到，是虚假的国际化。

第三个原因，学习民主化的决策机制。

要学习的就是优秀先进律师事务所的这种决策模式，比如说民主的模式，投票的模式，协商的模式。但是中国律师事务所时间都比较短，先进的模式基本上是从外国律师事务所复制过来的，谁复制得快，谁就可能建立更先进的民主管理机制。

事务所管理模式有两种：一种就是泛民主化，大家集体讨论决定事务，意见很难统一，结果是什么事也定不了；再有一种就是一个人说了算，我们现在很多所都是一个人说了算。像优秀先进的律师事务所这种非常民主，但最后又能统一意见的，就很不简单。在律师事务所大家都是大腕，甚至有的比决策合伙人的资格还要老，哈佛耶鲁毕业的都有。怎么实现在民主的框架下最后还有决策的话语权很重要，这两方面怎么融合到一块是一个不简单的事情，是很难做到的。中国律师事务所有好几万家，能有自己的内部治理体系并能达到民主决策这种高质量的律所不会有多少家，大部分都没有做到，中国的律师事务所缺乏的是真正的合伙制，真正的合伙人决策机制。大部分律师事务所都像是菜市场，里面卖什么东西的都有，管理模式也千姿百态。

第四个原因，学习优秀先进的律师事务所有先进专业的团队服务精神和经验。比如一个律师事务所之所以先进，是因为有一批专业的律师和专业的领域，在这个领域是独占鳌头，甚至垄断的。这种专业的团队和专业的业务就需要多年磨练才能实现，在这方面，优秀先进的律师事务所都下了大功夫，有很多好的经验值得我们认真学习体会。

第五个原因，学习优秀先进律师事务所设立了市场为先导的机制。

针对法律服务市场研究未来哪些可能会出现的服务蓝海，要提前研究，要做好准备，我们才可以提供更好的服务，像优秀先进的律师事务所在这方面就会有前瞻性，甚至还有专门的团队研究法律服务市场，为律师事务所的服务指明方向。

第六个原因，学习合伙人的格局和心态。

优秀先进律师事务所发展的好坏我觉得跟合伙人有关系，在一个大的律师事务所里面，人多了想法就多了，每个人的心态也不一样，有的人是什么心态呢？就是我什么事也不想管，我就是利用律师事务所这个平台挣大钱，吃亏的事别找我，很多律师都是这种心态。还有的人总想着利用律师事务所这个平台为自己谋点私利，处处从自己的利益角度出发考虑律师事务所的问题。真正从律师事务所的整体利益出发考虑问题是要有一颗公正的良心，合伙人能够站在律师事务所管理第一线做事是要有牺牲精神的。我可以说一句话：假如没有具备奉献精神的合伙人，尤其是创始合伙人，一个律师事务所不一定能走到今天，很可能你所在的律师事务所是另外一种面孔、另外一种结局。律师事务所的合伙制最本质的东西是人和：最大的成功因素还是在人，什么样的人在，所就是什么样，人的选择很重要。

第七个原因，学习建立真正的合伙人制度和具有业内大腕。

我觉得现在各种形式的律师事务所的出现，都是一种新生事物，这个我不排斥，都能接受。因为互联网时代来了，管理、理念和模式各个方面都是五花八门，就像讨论互联网与法律的关系一样，有人说互联网技术发展了，法律没有用，人家阿里巴巴就不用法律用的是自己的内部规则。但是你要知道互联网技术再发展，法律再落后，毕竟还是人类的互联网，而不是非人类的，也都跑不出法律的这个圈子，互联网也不是法外之地。关于律师事务所这方面也是，我觉得发展的再快、形态再怎么变化，也不能脱离律师事务所合伙制的这个基础，这是最基本的东西，真正优秀先进的律师事务所是建立了真正合伙人制度的律师事务所，问题在于我们相当多的律师事务所并不是真正意义上的合伙人制度的律师事务所。再牛的律师事务所，具体办案的还是律师个人，所以先进的律师事务所肯定有许多知名的大律师，就是我们常说的业内大腕。举例说明，我就相当于医院的院长，谁来找我看病，虽然我忙没空管不了，但我知道找哪一科主任，哪一科谁是第一把刀，谁能解决病人的问题。在律师事务所一样，不管多大的事多大的业务，具体办事的还是人，这个人就是办案的具体的律师。无论大所小所还是好所坏所，具体办事的都还是人。那个人怎么样就决定了这个事办的怎么样，这就是业内大腕。这是一个规律，律师事务所具体提供法律服务的律师优劣好坏你是骗不了当事人的。真正的合伙人制度和具有业内大腕是先进律师事务所的基石，有了这两个条件律师事务所就不会太差。

为什么要把律师事务所做大做强

第一，做大是做强的基础。

所谓做大就是把事务所做成规模化，也就是事务所要有相当的执业律师人数，比较宽敞的办公场所和数量可观的分支机构，伴随而来的是众多的客户群体和客观的业务收入。在中国法律服务市场发展的初级阶段，跑马占地是事务所做大的最大捷径，也只有做大了占有的资源多了，才能在大的基础上逐渐地强起来，成为强所！所以说做大是做强的基础，只有做大才能最后做强。就像世界上国家发展状况一样，首先是大国，然后是强国，小国是成不了强国的，小国只有被列强瓜分的惨剧发生。

第二，做大是形成竞争力的第一条件。

在当前法律服务业竞争日益激烈的形势下，要想形成一定的竞争力规模化是一个所的前提条件，因为规模大占有的资源就多，为客户提供法律服务的机会就多，律师人数多，法律服务类型就多种多样，从而形成综合竞争力，试想一个小所，就几个人的规模，是不可能形成比较强的竞争力的，在市场上就会被逐渐淘汰。所以说，做大是被逼出来的。没有人天生臆想盲目把事务所做大，要想立足于市场，就要遵循市场规律，市场规律就是大所才能生存。

第三，规模化是律师事务所“四化”当中最重要的一化，规模化，品牌化，专业化，国际化“四化”是一个好所的重要标志和评价标准，那么只有在规模化的基础上才能谈其他“三化”。所谓的品牌化就是名声大，信誉好，市场占有率高，而这些内容都依赖于规模化。所谓的专业化是指在规模化的律师事务所当中的专业分工，就是说到了规模化的一定程度，必须出现专业化。没有规模化，谈不上专业化。所谓的国际化就是规模化到了一定程度，能够提供国际化服务，并且把规模化发展到国际市场。由此可见，规模化是律师事务所最重要的

“一化”。

第四，实现管理现代化必须要有规模化。

在中国法律服务市场发展的现实阶段，管理落后是绝大多数律师事务所存在的问题。隆安所也不例外，实现管理现代化，即律师事务所的公司化管理是由律师事务所的发展的内在需要所决定的，这内在需要就是事务所发展到一定规模后小作坊式的管理，已经不能适应律师事务所所面临的问题，为了提高竞争力，管理好规模化的律师事务所，必须实行律师事务所的公司化管理，只有公司化的管理才能使规模化得以生存和稳定。所以说，规模化与管理现代化相辅相成，密不可分，互为需要。

第五，逆水行舟，不进则退。

很多同仁认为，只要保持现状，我们就很好了，事实上，律师事务所的竞争，就像一个人站在陡坡上，不往上走就可能滑下来，况且你周围左右的事务所都在往上走。经过改革开放30周年，无论在历史的哪个阶段，实践证明，不管是什么行业，不保持旺盛的竞争力，不把自己做大做强，是生存不了的。也就是说，为了生存下去，或者是说为了更好地生存下去，唯一的出路就是做大做强。可谓逆水行舟，不进则退。

实现律所做大做强的路径是什么呢？

我以为，有下面几点就是律师事务所做大做强的形态。

第一，律师数量多。

法律服务强调团队作战，但每一位律师的作用和地位是团队作战的前提和保证，每一位律师都很优秀，那么这个团队也应该很不错，如果单个的律师的素质不高，也很难形成高素质的团队。所以说律师个人的素质是律师业务中核心的竞争力。如果律师人数越多，在事务所内部形成的力量也就越大。每一位律师，都是法律服务力量的一部分，法律服务内容千差万别，律师个人也是形态各异，就律师之间，这个业务这位律师做不了，可以介绍给另外的同仁去做。有的时候，别的同仁也会介绍给你我们自己做不了的业务，互相介绍业务，这就是人多的好处。每个人都有每个人的资源，众多资源放在一起，就是大的资源。从而形成业务水平和资源互补，充分体现出律师人数多的优势。

第二，办公面积大。

律师事务所的硬件条件，是竞争力的体现，作为律师事务所除了提供优质的法律服务以外，能够展现律师事务所实力的窗口，就是办公场所的大小，好坏及地理位置。办公场所大，无疑是大所的表现，假如办公场所非常局促，办公条件非常有限，就会给当事人带来很坏的印象，要取得当事人的信任乃至委托并不是一件容易的事情。如果律师事务所的办公场面恢宏，气势壮观，就很容易给当事人一种信任感，当事人委托的可能性就比较大。实际上在中外律师界早就有一条铁律：律师在办公条件上是不能省钱的。

第三，分支机构多。

中国是一个大国，幅员辽阔，版图巨大，人口众多，任何一个机构如果想成为一个大的组织，大单位，在总部之外必须具备在全国形成网络的分支机构，才能体现这个机构的实力和影响。试想只有一个地区的机构即使再大也是孤立的，地方性的，只有形成全国性的连锁机构才能成其为大所，才能对应所服务的全国性的连锁机构，否则会逐渐地失去市场。

第四，服务的领域广。

具备了相当人数的律师，比较大的办公场所和门类齐全的各律师专业团队才能覆盖所有的法律服务领域，为当事人提供全方位的法律服务。任何小所只能提供一小部分的法律服务，这就是大所和小所的区别，法律服务的领域广，各个律师团队之间的业务相互交叉，使律师事务所的法律服务范围无空隙，从而满足大的客户尤其是大型集团客户的法律服务要求。

第五，市场占有率高。

由于大所律师人数众多，在法律服务市场各种场合出现的频率就高，形成的法律服务口碑就宽广和深远，律师事务所的竞争力也会随之提高，知名度进一步扩大，形成到处有人影，处处有声音的局面。使事务所的影响力不断加深，最终的目的就是提高律师事务所在法律服务市场的占有率。

律师事务所的“四化”建设

如果律所的“四化”口号有版权的话，我就是版权权利人。所谓“四化”，就是规模化、品牌化、国际化和专业化。“四化”是我在20年之前提出来的，是我的首创，我经常在很多场合讲起，因为当时的历史条件之下，律师事务所向哪个方向发展，每个律师事务所都在考虑，尤其是律师事务所的创始人和负责人，所以说在考虑这个时候，我提出来“四化”的概念。

规模化就是跑马圈地，发展的越大越好，对律师事务所的业务影响也就越大，涉及的领域也就越多，律师事务所就能够更快更好地发展；专业化就是律师事务所在发展的同时，要体现出专业特点，“万金油”时代的律师已经过去了，如果一个律师或律师事务所什么业务都能做那就意味着什么都不能做，或者什么都做不好，专业化就特别体现出律师的服务的特点和质量；品牌化就是律师事务所经过多年的发展，或经过法律服务市场的培育，使律师事务所的品牌越来越响亮，一提到这家事务所业界有名，客户认可，这就是品牌化；国际化就是有涉外的国际业务，有能够从事国际和涉外业务的专业律师。这些涉外业务的专业律师主要是表现为从国外受教育，在国外工作过，又回到律师事务所来从事这方面工作的。国际化是“四化”当中最难的，因为需要国际人才，国际人才需要在国外受教育，同时还需要有业绩，之所以难就是国际化或涉外业务的专业背景和专业技能不是短时间可以获得的，靠忽悠和宣传是不能获得讲外语的技能和从事涉外业务的技能的，所以国际化是“四化”当中最难的“一化”。

“四化”的提出在当时的历史条件之下是非常有意义的，也是对当时的律师事务所发展路径的总结，对律师事务所的发展起到一个很好的指引作用。很多律师事务所就是按照我所提出的“四化”发展到了今天，当然到了今天的“四化”可能有些落后，甚至过时了，但是当时的“四化”是有着非常积极的作用，也是律师事务所应该遵循的四项指标，达成了“四化”的律师事务所就是一个很好的律师事务所，达不到“四化”它的发展就可能受到很多限制。

第一个是规模化。

我们纵观全国形成规模化的律师事务所，一定是合伙人想把这个事务所做大，发展规模大的事务所都是首先要解决一个发展或是不发展，风险防范或不防范，如何防范的问题，也就是说思想上要有发展，思想不发展永远都不会有发展。我们回头看北京乃至于全国，形成规模的事务所都是有想发展的意愿和有发展规划的律师事务所。想发展的律师事务所在中国机会很大，我不认为中国的律师事务所竞争到今天已经白热化了，我认为中国的律师事务所建设刚刚开始。美国的情况大家可能了解一点，美国有100多万名律师，4亿人口；中国有50万名律师，14亿人口。如果要和美国比的话我们空间还很大。大家知道中国的现代律师制度产生于中华民国时期，中国的律师制度不是本土长出来的，就像一个人的器官，你自己长出来的很好，如果是移植来的，终生排异，永远是被身体所排斥。在最早的清朝末期民国初期，现代律师制度完全是从国外搬过来的，赶上封建王朝的灭亡，现代民主制度的产生，所以在民国时期律师制度大发展。发展的标志大家可以看历史，民国当时的国会议员2/3产生于律师。国会甚至通过一个法律规定如果没有律师资格的法律人当了国会议员，以后议员不干了自动取得律师资格，当然这个法律有其不合理处，这说明什么问题？当时中国的民主制度如果是有雏形的话，律师在其中起了很大的作用。曹锟是律师出身，冯世昌是律师，施洋大律师，史良大律师都出现在民国时期。从新中国成立后到现在，施洋大律师、史良大律师、冯世昌大律师这样的当时大家公认的律师名字，我们现在的律师同行并不知道很多，这些大律师在当时都是呼风唤雨式的人物。从我们自己律师的历史来看，我们现在律师的作用还不如当年的作用大，也没有产生那么大名气的律师，时代不同了，当然也很难产生那么大名气的律师。我们还有相当大发展空间，律师事务所的规模化就是迎合时代的要求。美国就更不必说，美国的总统有多少都是律师出身，概括地讲，美国的社会就是律师在推动着，说律师在掌控美国一点儿都不过分。我给大家捋一下线索，美国的法律教育没有本科，在美国上法学，上医学必须取得一个任何的本科的四年的学历，才能报考法学和医学，在你学法学的时候你就已经是一个本科生了。美国最典型的学历叫JD（Juris Doctor），JD是训练什么呢，是训练成熟的律师，是律师的养成记，一个训练律师思维方法的模具。美国是一个判例法国家，训练的就是思维方法，案例分析，三年JD毕业之后一般都会去考律师资格，考上以后跟法律有关的工作起点很多，有志于公益服务的去做检察官，最典型的是前总统克林顿，毕业以后成为州检察官，做到州长，做到总统；前总统奥巴马，毕业后回到老家芝加哥，做贫民窟的公益服务；还有一批律师，美国前国务卿希拉里，希拉里一毕业就到美国大律师事务所进行从业，她曾经当选过美国“百佳”律师；还有美国前第一夫人米歇尔，米歇尔也是在美国的律师事务所从业。无论是走哪个路径，当大官也好，挣大钱也好，都是从JD开始的。当律师、走进社会各个阶级，然后方能走上政坛，可见，美国律师的各个路径十分明显。所以你看到的美国社会基本都是律师在操纵的。所以我不认为中国律师现在已经竞争激烈甚至饱和，我认为律师的黄金时代还没开始。很多人说北京上海的律师现在已经收入不错了，国际化程度很高了。我告诉大家一个数据，全中国50多万律师，几万个事务所一年的收入相当于美国一个大事务所一年的收入。据我所知，美国的大律所的前五名每一家的收入都相当于我国律师全体一年的总收入，这是一个什么概念？我们要用大数据说话，相比较起来我们的成功是在30年以内很短的成功。在我们人生的百年之中，我们利用了这30年，所以感到既快又紧迫。我们不能活1000年，我们只有短暂的一百年，我们要在有限的生命里把自己的律师事业做好，这令我们感到急迫。同时我们赶上了好的时代，我们在有生之年赶上了改革开放，如果没有改革开放，中国是没有律师的。中国改革开放到了今天，需要大量的律师，更需要规模化的大型律师事务所，以满足日益增长的法律服务市场的需求。所以我说我们赶上了一个好的时代，但是直到今天，我依然认为时代的步伐不够快，律师事务所的规模化还有很长的路要走。

第二个国际化。

我在任何场合都说所谓的国际化首先是人的国际化，之后才是业务的国际化，君合律师事务所的创始人肖微在哥伦比亚大学学习的时候，我正在美国纽约大学作访问学者。有老师就动员我说你既然来了，就干脆学一个学位吧，选择LLM读一个学位。我就问肖微：我想弄一个学位。他就问我：弄学位有什么用？我说：LLM多好多容易，能骗骗外行，几个月就可以毕业。他说：你骗外行有什么用，内行你又骗不了，LLM这破玩意没用。听肖微这么一说，觉得他说的有道理，访问学者做完了我就没弄LLM学位。所以说客户是骗不了的，你也只能是骗骗你自己。客户是有着火眼金睛的，知道你这个人怎么样，在国外读的什么学位，在美国，JD是法律博士，三年时间，货真价实，在国外有哪些工作经历等等，你这个所怎么样，当事人也一清二楚。客户的信任，你三五年短的时间是建立不起来的。不管律师事务所再发展，在国际化问题上，律师在国外受的教育，工作的经历与律师事务所的国际业务发展历史仍然是不可替代的。

真正在中国能充分利用国际化占主要业务收入的律所不会超过几家，很多人问为什么这些律师事务所能成功发展到今天，对于中国青年律师来说国际化是必须的，国际化到什么程度都不过分。王俊峰在美国拿到了LLM学位以后又继续读了SJD学位，他是中国第一个律师在美国拿到SJD学位的人，一般中国人在美国的法学院拿到JD学位就不错了，他拿到了SJD学位，金杜能不国际化吗？如果不是王俊峰他们这些人拿到海外学位，金杜不会有今天。如果不是肖微在美国哥伦比亚大学拿到学位，先后又在英国学习法律等国际化经历，后来又来了许多常青藤名校毕业的律师，君合也不会有今天。所谓的国际化，首先是人的国际化，如果不能和外国人进行英文沟通，什么都是空谈。我个人的解读或答案是要看王俊峰、肖微这些行业的领军人物是如何首先实现自身国际化的，然后才是律师事务所的国际化。王俊峰首先把自己国际化了，进一步才吸引了所谓的国际人才到他的旗下工作。肖微是国际化以后才吸引了众多的国际化人才。我有一句话“如果连英文等外语都说不好的人，我不太相信律师本人和他的律所能够做到国际化。”国际化一定不能通过翻译，那不叫国际化，那是间接国际化，伪国际化。不是所有律师都需要国际化，不是每个律师事务所都需要国际化，国际化的律师业务在中国很有限，少数几家律师事务所国际化就可以满足市场需求了。是否国际化，要依照律师事务所的业务需求所定，空洞的国际化既不需要，也无必要。

第三个是品牌化。

我觉得你要形成了国际化和规模化，品牌化自然就来了。所谓的品牌化不是空的，你能否做国际业务，你的规模如何都被人看在眼里。不是说一个品牌每天做广告，每天自吹自擂我的品牌有多好。品牌化一定要用具体的切实的业务能力证明，是业界口碑。当我们评价某个律师事务所很有名气的时候，实际上是在说的它的品牌化。形成律师事务所真正品牌化价值来源于三个方面：一是当事人的认可，律师事务所服务过的客户如果认可你，他们就会向其他当事人推荐，久而久之，律师事务所的品牌化就会在当事人之间形成，流行，推广，扩大。二是律师同行的赞许，律师人数几十万，律师事务所千千万，谁好谁差，谁是谁非，其实律师同行都心知肚明。一个好名声很快就会在律师行业内传送出去，一个坏名声也是纸包不住火，同行很容易知道。三是主管机关和行业机构的背书，尽管我们对各种的评奖和排名有很多非议，在行业主管机关里面对行业内的律师事务所的情况是了解的，在他们眼里的褒和贬是很明显的，每年的奖励和处罚就是背书的清单。三个层次，三个渠道，最后汇总到一家律师事务所，随着时间的推移，品牌化逐步形成，以后会越来越强。就像罗马城不是一天建成的一样，一家律师事务所的品牌化也不是一天形成的，甚至不是在短时间内形成的。需要靠长时间的正面积累和努力。在业界经常有人跟我说品牌化是靠策划和宣传出来的，通过各种硬广告和软广告推进律师事务所的品牌化，这种方式可以解决一时之需，长久不了，律师法律服务是高档的精准服务，当事人很少靠广告选择律师或者律师事务所为自己服务，总是要通过某种渠道了解律师和推荐律师或者律师事务所，在这个时候，律师事务所的品牌化就起到了作用，当事人即便不认识你，有你的品牌化感召，无论如何都会找到你，这就是品牌化的魅力。不怕你没有能力，就怕你没有品牌，品牌化是律师事务所的生命线。

第四个是专业化。

为什么专业化，如果说现在有一个律师你问他做什么业务的，他说什么业务都做，这话什么意思呢，就是他什么业务都不能做，什么都做不好。专业化是今天我们律师必须面对和解决的问题。我们在10年之前，20年之前可以做“万金油”律师，现在不行了，因为客户专业化了，律师业务专业化了。客户在找你之前一定在网上或者其他渠道打听谁是这个专业或是领域的翘楚？我们面对的客户都是很专业化的行业客户，以我主要从事的知识产权案件代理的领域来看，碰到的法律问题几乎都是专业的知识产权问题。很多年轻律师问我怎么专业化，我常常说一句话“成为这个行业的专家”，专业化的道路每个人可能不尽相同，必须成为这个行业的专家是唯一的路径。我本人知识产权专业化所走的道路，别人可能复制不了，我是博士生导师，知识产权专业的，我是中国第一个知识产权博士后，中国第一个非注册商标认定为驰名商标的案件是我办的，我还办理了大量的知识产权重大和疑难案件，在知识产权方面的理论积蓄和实践方面的案件积累，这些都是专业化，现在在知识产权专业的博士生导师不超过几十个人，我是其中之一，当事人认可我是知识产权行业的人，所以说专业化你首先要成为专家，当然我个人的路径也未必是每个人都要复制的，我从小学一年级到博士后，又到纽约大学做了访问学者，我几乎把能上的学都上了，我觉得我的学上得太多了，专业化没必要上这么多学，每个律师的路径不同，但一定要专业化，否则怎么为客户提供服务？

现在客户不同团队来找我，提出的问题都是很尖锐的专业问题，例如美国最高法院的最近的某个知识产权案件判决你觉得合理不合理？我马上就回答他们，如果我不是专家我根本不知道他问的是什么，我告诉他哪个判的对哪个判的不对，哪个地方有争论，包括广东高院关于跨国公司的标准必要专利许可条件和原则的判决在全世界范围内引起的争议，涉及标准必要专利许可的费率问题，这些问题都非常专业，但既然是专业化你就要专业到底，你就在专业的顶端，客户就会来找你，因为当事人是专业的，他们要求专业律师，专业律师事务所，所以我们律师必须要专业化，才能生存，才能发展，这是大势所趋，行业之路。

以欧美国家律师的发展规律来观察，每一位律师都被要求有一个专业主攻方向，但并不排斥其他律师业务，所谓的专科医生是从全科医生来的，这人没有做过全科马上做专科不太可能。所谓的专业化是指在整个律师业务当中，专业性突出这些东西，强调这个东西，但并不排斥其他业务。

律师事务所发展的“新四化”

曾经我特别倡导的“四化”，“规模化”“国际化”“专业化”“品牌化”，是很有影响力的，这“四化”在20年前对律师事务所的管理是非常有意义的，这“四化”的提出是有其时代的背景和语境的，我个人认为，在中国目前，特别是在今天大数据面前，这个“四化”口号有点落伍了。现在我们来到了网络时代，以大数据为特征的新技术时代到了，我依据我自己在大数据时代对律师事务所所产生的影响的理解，提出了新时代的律师事务所建设的“新四化”，以适应我们所处的时代和环境，同时律师行业的发展和法律服务市场的变化启发了我，在过去提出“四化”的基础上，又提出了新的“四化”。这个新的“四化”，主要是指数字化、特色化、精品化和知识化。

第一数字化。

所谓的数字化就是利用数字技术，使律师事务所真正实现律师数字服务，律师提供的法律服务业务数字化，使律师事务所的管理数字化，成为数字化的律师事务所，所以说数字化是新时代当中的最重要的“一化”。

律师事务所规模化已经走得很远，是否接着往前走，可能会产生分歧，有的人就提出了不走规模化的老路，但数字化是没有争议的，是大家的共识。

我倡导成立了中国律师数字化五十人论坛，把有积极性、有能力、有热情的律师数字化当中的专业人士吸引来，律师和技术人员在一个平台上探讨数字化，数字化进程中没有老师，大家在一个开放的平台上共同讨论中国律师以数字化为核心的“新四化”的实现。

我们现在所处数字化时代，律师事务所面临网络新时代的管理。每个律师都面临着数字化的考验，尽管你的客户来源可能有你的亲戚朋友，有你的家庭成员，有你的老客户推荐有同学推荐。大部分律师事务所目前为止还是停留这种阶段。可是网络一天就能让你出名，任何一件事情的发生，一夜出名，有的时候虽然是不好的名，但是出名了是网络带来的。所以说我说的前一种，你把知识管理好了，就放在你这个律师执业智慧平台上，通过数字宣传，使用数字化，对律师和律师事务的最大的好处就是宣传的快捷。我们必须了解，法律服务方面的人工智能技术已经悄然到来，美国一家律师事务所，智能机器律师已经上岗了，已经把机器人摆到事务所里进行基本咨询，客户咨询找到机器人就可以进行了。这个技术我在国内律师事务所也看到了，看到了这个智能机器人、智能律师，主要功能是提供法律咨询服务，为了试试智能律师的功能，我问的很多问题，涉及法律的方方面面，确实全能回答得一清二楚，机器人甚至能听出我是东北人，能切换成东北话的口音回答我所提出的问题，中国各地的方言及标准的普通话都可以切换，智能口音都可以全方位的实现。还有就是人工智能的法律问题，据我所知，很多报纸都能靠机器人来写文章了。那问题就来了，机器人写的文章版权归谁？出事了谁负责？人工智能律师出具的法律文书效力如何？还有大数据的问题，大数据的收集合法性问题，涉及个人隐私，国家机密，大数据收集人的权利怎么保护？对于律师来说，这些法律问题都存在着机遇。大数据的作用巨大，大数据能为我们提供很多有益的指导，这些对于律师来说至关重要，无论是律师个人还是律师事务所利用大数据本身存在很大问题，这是我们在数字化过程中不能回避的问题，数字化解决了传统方法解决不了的难题，同时数字化中又出现新的难题。律师事务所从落后向先进的转变，从传统向现代的转变就是要利用好信息化，也就是数字化，因为数字化是智慧律师所又一个基础设施。网络时代最大的特点就是互联互通，智慧也是所谓的知识升级，就是我要知道全世界的知识，汇集别人的知识，经过分析研究，把知识给它升华了，才变成智慧，利用智慧，通过数字化，帮助当事人解决法律问题。所以要完成知识管理首先要完成数字化管理，建立数字化律师事务所。

第二知识化。

知识化就是律师事务所要重视知识的管理、运用。律师事务所为什么能够为当事人提供有效的法律服务，就是因为我们掌握相关的专业知识，专业实际上是以知识化为前提的，例如像有的律师，是学金融出身的，或是做金融这个行业出身的，所以只做金融律师业务，律师有金融知识才能做金融领域的业务，这就是知识化。

什么叫知识管理？我把它分成两部分：一个就是你的专业化的法律知识，就是所谓的我们的专业化。第二部分就你的办案经验，说再直白点，有具体案例，专业知识和案例就构成了律师的知识。当客户问你的时候，你是干什么的，你说我是干什么的？那一定说是我在这方面的专业知识，你说我是学法律的，即便你是博士生导师，学富五车，如果你一个案件都没有做过，客户不会找你。如果你说我是“万金油”律师，我什么案例都有，但我没专业化，客户也认为你这个律师的能力很可疑，难以信任，为什么？因为你不专业。所以专业化和你自己的案例，这就是知识，两方面的知识。无论是律师事务所还是个人，都要进行知识管理。什么叫知识管理？就是，不是把这些知识散放，而是要给它集中、加工、升华，比如说一个案例当中可以总结出什么规律，这个东西有几条，当客户来找你的时候，可能从案例中找出来的几个关键点，律师可以分析的头头是道，为什么能够做到，因为在你的以前的知识储备当中就包含了这些内容，可以顺手拈来。这就是所谓的知识管理。在互联网时代，最有价值的就是你的知识，你的办案经验和你对法律的理解和娴熟程度。说这个律师很有名，但是离互联网很远，没有知识的输出有什么用呢？没人知道你，你就没有案源，你就不是大律师。

律师事务所很有名，没有做到知识的输出也是不行的。我们讲到事务所管理，事务所管理是什么呢？从知识产权案件管理角度分析，最高法院每年都会评出十大知识产权案件，如果你的律师事务所每一年都有案件入选，这就是知识管理，是硬指标。

很多律师办过不少案件，但没有对所办案件分析总结点评，我说对你自己办过的案件进行点评就是一种知识管理，案例的点评就是整理知识，总结知识，宣传知识，这叫知识管理，不是光有知识就叫知识管理了。所以我们要强调律师事务所知识化，就是把知识管理好。而我们现在绝大部分律师事务所的知识管理这一步都没有做到，比如说“智慧”是人类最高层的知识，要产生智慧，首先要管理好知识，如果说智慧是高速公路，那知识管理就是路面和路基，先把这个基础设施做好，先把高速公路修好，完了之后再在高速公路跑车，就会产生越来越多的律师执业智慧，这叫知识管理，或者叫知识化。

换句话说，社会上为什么需要律师事务所，就是因为你储备了知识，可以运用的知识，所以知识化管理、知识化的运用，对当代的律师事务所是非常之重要。小到某个个人律师，大到律师事务所，都应该自己所掌握的专业知识，为当事人提供法律服务要依靠知识化管理，也成为当今律师事务所最重要的“化”之一吧，律师有什么倚仗的？知识是你唯一可以倚仗的、重要的。

这是未来无论是大律师事务所还是精品所无法回避的问题。人要知识化，这是客户来寻求服务的前提，不仅要有专业知识还要有经验。知识化利于数字化，知识化也基于数字化；就是要求我们这个知识化管理，你把你的知识传播出来，人家知道知道你有这个专业知识，做专业律师，所以说做这个专业律师也好，就是你知识管理也好，有助于你实现你的业务的升级和飞跃。

我觉得文化建设在企业当中已经开始重视了，律师事务所普遍重视不够。我认为对于律师事务所而言，你有什么文化就走什么路，有宏伟理想的人可能就大规模化；有海外留学的人可能就国际化；有靠自己专业技能、爱学习的可能就是专业化；大量有心把自己品牌建设好的律师事务所就走品牌化。所以文化建设和知识管理这两点是相辅相成的，应该是律师事务所追求的最重要的东西，换句话说文化建设也是律师事务所知识化的重要内容。

第三个特色化。

现在的律师事务所千篇一律，去参观大律所感觉都一样，参观三家后你都忘了去哪家，宏伟的大堂，漂亮的前台。那个性化在哪儿呢？你事务者有什么个性化？

特色化就是律师事务所在法律服务或者管理，乃至地域方面一定要有特色，不管是什么样的特色，一定要有与其他律师事务所不一样的东西，这就是特色化。目前中国有50多万律师，几万家律师事务所，大部分律师事务所都千篇一律，之所以特色化，就是这事务所一定有它自己的特色，不论是管理有特色，还是规模有特色，还是法律服务有特色，还是在地域上有特色，还是律师有特色，哪怕是在党建方面有特色，这也是律师事务所当中的一抹颜色。特色化是律师事务所在律师群体当中想要突出的一个很重要的要求，所以我们强调特色化。

特色化相对于规模化而言，不能盲目规模化，才出现特色化。比如有的律师事务所提出建设世界上最幸福的事务所，就非常有特色化；有的律师事务所提出建立当地最好的事务所，就有给人耳目一新的感觉；从专业角度讲，一家律师事务所专注于一个专业领域的服务，也是一种特色化。与律师事务所的专业化不同，专业化是指每个律师都要有自己的专业特产，作为律师事务所要把执业律师组成不同专业的团队，为当事人提供专业化的服务，在一家律师事务所有各种专业律师团队，特色化是指整个律师事务所只提供一种专业法律服务，如刑事辩护专业律师事务所，医疗纠纷专业律师事务所，交通法律服务专业律师事务所，税务专业律师事务所，海商海事专业律师事务所，知识产权专业律师事务所等专业律师事务所，全所只专注一个领域，形成特色化。

第四个精品化。

精品化是指律师事务所建设走精品化道路。律师事务所所提供的法律服务形成了精品，比如说在某一个领域占据了非常大的市场，提供了其他所不能提供的服务项目，属于冷门绝活这一类的法律服务，也出现了非常多富有精品服务的律师，一招鲜吃遍天的律师，比如说钱列阳大律师，他专攻金融领域的刑事辩护法律服务，他所在的紫华律师事务所是典型的精品所。陈波大律师领导的平商律师事务所也是精品律师事务所，主要办理高端民商事诉讼案件，已故蒋勇大律师领衔的天同律师事务所应该也是精品所。所以说律师事务所形成的精品化，无论是在哪个领域，只要形成精品，就有可能成为精品律师事务所。所谓的精品律师事务所是相对于粗放的、“万金油”似的律师事务所而言的，同时律师事务所的管理也要精细化，在管理上也出现当精品的倾向，所以我们称之为精品化律师事务所。所谓的精品，就意味着小而精，是相对于大型综合律师事务所而言的，在一定历史时期，尤其在特定历史阶段，律师事务所的规模化是发展的必然，行业的趋势，依据国外的律师发展经验，到了成熟阶段，律师事务所的规模会呈百花齐放的态势，顺应市场的规律，符合律师执业的需求，即便是在发达国家，最后的整体状态是中小律师事务所占多数，个人律师事务所比例相当高，在这种形势下，律师事务所的精品化就是唯一之路了，我们现在倡导律师事务所的精品化是恰逢其时，是律师行业发展成熟的标志和象征。精品化与规模化并不矛盾，相反是互为补充的关系，规模化发展到一定程度，一定会出现精品化，精品化是规模化的必然。规模化不是适合所有律师事务所的发展，或者发展到一定阶段的规模化分裂出来了精品化，精品化迎合了律师行业发展的需求，符合律师行业发展的规律，具有时代的价值。

人均创收是硬指标，精品化的律师事务所往往人均创收都比较高。

二十五、纽约归来话律师

管理合伙人

根据我在美国纽约大学法学院做访问学者早已计划好的安排，我访问了二十几家律师事务所，在纽约排前十位的律师事务所和一些很有特色的律师事务所。在纽约排前十位的律师事务所也是在美国排前十位的律师事务所，差不多也是在前全世界排前十位的。我仔细地考察了世达律师事务所（SKADDEN ARPS）（2000年排名纽约第一）和戴维斯律师事务所（DAVIS PORK）（2000年排名纽约第二）。首先说戴维斯律师事务所，它有600多个律师，在纽约以外的全美国的主要城市和亚洲、欧洲、南美洲都有它的分所，这所有150年的历史，有100多个合伙人。我去参观他们的办公室，在曼哈顿有两座大楼，全部都是他们的。领我参观的是他们的管理总经理，名片上是这样写的，这人叫汉斗（HANDEL），他原来也是律师，并且做了多年律师，也有律师执照，最后他做了律师事务所的经理，实际上应该是管理合伙人。我曾经问他，在中国一般的律师都不愿做管理，大家学了半天法律，又有律师执照，挣钱又很多，为什么要做管理工作呢？他回答，管理的工作非常重要，管理一个律师事务所比一个人做律师要重要的多，汉斗先生在律师事务所的收入和地位不次于合伙人，所以他也很满足。我曾经问他一个很敏感的问题，你不做律师了是不是觉得很可惜，他说没有觉得很可惜，律师事务所管理到这个程度也是他高兴之处，也是他自己的爱好，同时收入也不比合伙人低。所以我觉得让律师做管理工作，收入应该有一个保障，另外是他要有兴趣，比如说像戴维斯有一个有律师出身的人作为管理总经理，另外的律师事务所也有，但不是很多，一般情况都有MBA学管理的人来管理律师事务所。应该说在美国，大的律师事务所就像是个大的跨国公司一样，各个部门都很齐全，强调这个组织结构，非常复杂的组织结构，他们给我看结构图，强调律师事务所怎样管理，全世界各个分所和他们之间的关系，合伙人之间的关系，等等。这些看起来就像一个大的跨国公司，比如说在他们的部门当中，有后勤保障部门、有电脑、有档案部门、也有邮政部门、有交通部门。随你想象，在国内大公司看到的部门，他们都有，我到他们的计算机中心看，在国内起码是一个大部委的计算机中心的规模，光去年计算机及软件设备投资就花了近500万美元，所以他们的管理是非常好的，井井有条。实际上，律师事务所的经理很像一个跨国公司的首席执行官，待遇，地位，心态很不错，是实际意义上的领导。

合伙人及其他律师

美国的律师事务所内有这么几种人，一种叫合伙人（partner），合伙人是事务所的核心，合伙人当中又分管理合伙人和一般合伙人。由合伙人选出管理合伙人，组成合伙人管理委员会，来管理律师事务所，其他的合伙人就是一般的合伙人。

关于律师事务所合伙人的分配原则，一般来说，合伙人之间有两个原则：一个原则是基本分配原则，大家是平等的，根据每年的表现，主要是客户带来的情况，有一个幅度，有一个调整。基本原则和变动原则相统一的原则，并不是完全大锅饭，也不是完全按照个人收入。这一点是律师事务所的主要分配原则。也有的所就是一个大锅饭，合伙人完全一样。合伙人之间的分配是一种平均分配。比如说今年你成为合伙人了，我们的待遇就是一样的。所不同的是，不同年份升合伙人的收入是不同的，就是说在同一年是相同的，合伙人的收入是平均的，按照我们的说法就是大锅饭。无论你的业务做多少，收入是平分的。我曾经问到一个问题，这样的话，有的合伙人是不是不愿意多做事，他们的回答是，做的多的合伙人明白一个道理，事务所做得越大我就越好，那么律师事务所的总体就做得好，我的收入就高，所以他们不会有太大的意见。有些合伙人会不会有不积极的问题，既然分配是平均的，干嘛那么玩命地干活，他们回答是成为合伙人是很难的。稍有不慎，就有可能被开除合伙人。当然这种先例不多，大家心里都有一本账，不可能老是不干活，让别人有意见，这种主动奉献的精神是很重要的。律师事务所形成了一种内在的机制，激励大家去工作。

在美国就是这样，有很多法律，人们对法律的感觉还是一种软性的东西、无形的东西。很多东西大家都是积极的，不需要法律去规范。在公共场所你可以看到，无论多么紧张、慌乱的局面，大家都井井有条的排队，没有人夹塞的。很多律师事务所也形成一种内在的、积极的、向上的机制，大家都有一个共识，律师事务所搞好了，大家的饭就好吃了，如果搞砸了就都砸了。这一点在美国的律师事务所看得是非常明显的。像前几家大的律师事务所，律师事务所主要工作的不是去找客户，而是客户交给的事情完不成，还要把事情交给别的事务所，律师们不愁没有事情做，案源源源不断，律师事务所之所以形成这个局面，是经过150多年精心发展，经过多少代人的努力。直到现在对自己的名声非常的重视，他们经常进行培训，对新来的人要培训，按自己的规格培训他不会轻易让你上岗，上岗之前对新来的人要求非常的高，不是什么人都可以进来的，我看他们的花名册，基本上新来的、年轻的律师都是哈佛、哥伦比亚、纽约大学等名牌院校毕业，很少有一般学校的人能进这种律师事务所，进来以后还要经过各种培训，培训以后还不可独立工作，在工作中由合伙人带着。通过这一系列的工作，来保证律师事务所的声誉。很少见到来一个人就成为合伙人，他们要成为合伙人起码要干10年以上。你设想一下，在美国大学，拿到JD就得三年，四年本科，一共就得7年。在律师事务所再干10年，就是三四十岁成为合伙人就是最快的了。整个过程中，律师事务中还要考查你。总而言之，一个人要经过千锤百炼。无论从法律技巧，个人能力上还是个人品质上，律师事务所经过考查后，才能升为合伙人，不能说你一来就成为合伙人，这个是不太可能的。

事务所的管理

总体上讲，在经营管理律师事务所方面，他们大的事务所有点保守，比如，他们不愿意与其他律师事务所合并，他们认为合并以后律师之间不了解，他们认为主要的问题合伙人之间不了解，他们合伙人之间是经这么多年考察、多年磨合，大家认为多年的精诚合作，积极向上是最重要的。合并以后，大家在理念上不太了解，在经营、案子上就有不同的看法。所以大的律师事务所不愿意合并，同时也不愿意设立新的分所。有的事务所不在亚洲设新的分所，他们认为与其设立一个不好的分所，不如不设立，不如集中精力把自己的事情办好，很明显的，大家怕出事。因为把自己名声办好不容易。我曾经问过一个律师事务所的合伙人，我说律师有没有被投诉的，投诉以后怎么解决，他问我，投诉怎么理解。我跟他举例，比如干了黑活了，自己把钱拿走了。他说这个不可能。收费的单子是律师事务所出的，律师就是报自己工作了多少小时，具体收费是由律师事务所的财务部门来管理。我也参观过财务部门，大的律师事务有50多个人的财务部门。财务部门有这样几个功能，一个是整个律师事务的财务运作，主要收费系统、律师的分配、财务预算、财务结算等进行全面的管理。另外一个很重要的功能，许多大的律师事务所都是搞公司业务的，对公司的财务要进行技术性处理，配合律师的工作。财务部门的人员非常之多，有很多都是著名会计事务所出身的人，或有这种背景的人来担任财务人员，律师事务所的收费很少有经过律师本人的，都是由律师事务所来收费的，所以很少有律师私下收费。我的第二个问题是，律师做的工作，客户认为他没有做到，或者客户和律师所对律师所做的工作评价不一样。他说这种情况有，他就给我举一个例子。他说，同时有两个律师给一个客户做，客户就特别喜欢一个律师，特别讨厌另外一个律师，其实他们做的工作是差不多的。我问在这种情况怎么办呢？他说客户讨厌某个律师，那么我们就给他换一个律师，他就不会讨厌了，很少发现客户和律师争执的情况。有的话是技术的方面的争执，不是偷工减料，不给客户做事甚至私下拿钱的，这种情况很少。

法学教育与律师职业

我由此想到美国的法学教育制度。首先，一个人在很小的时候，就接受在社会上生存的教育，这种生存的能力包括自己和他人的关系以及在社会的关系。我们原来总说资本主义社会人人为自己，没有人为社会做事情，我在美国住了一段时间感受到，美国确实也没有人教育你必须为他人为社会怎么样，但是他有这种社会风气，每个人都有自己生活的权利，也不会去干涉别人，这在社会上就形成一个基本的做人标准，人们不会越过这个格，这个基本标准是社会认知的，你在社会上干坏事，违反这个标准，在社会上就没有立足之地。在社会实际中，在诚实、信誉的基础上，无论法律的建立还是社会信誉的建立，都是以个人诚实、个人做事不伤害他人为基础的，这是美国人从出生到工作中形成的。但是，在中国有很多人，是应该由他们父母教的事情，反而由律师来教他，父母并没有教他，或者说这个应该由社会教育来承担，社会教育也没承担这个责任。到一个具体工作岗位上由同事来教他，那么这个能教给他多少呢？到这个时候，他已经形成了自己了人生观、世界观。你这个时候再来教他重新改变、怎么做人，他的父母责任由你来完成，你能够完成多少呢？所以我对人的这种素质表示怀疑。其次，就是美国的法学教育是非常成功的。美国的律师一般都是由法律博士（JD）出身，JD要念三年的时间，在这之前还要有一个本科的学历。这三年有几个基本的功能，第一个功能就是训练你当律师，基本上人人都要出来当律师，可以这样讲，他们90%都要当律师，有些课程就是教怎么当律师的，让你怎么写律师意见书、法律意见书，怎么从律师角度考虑问题，整堂课都训练这些基本的技能，这点在中国是没有的，没有哪个法学院教你怎样做律师，就是教你一些堂而皇之的理论。第二个功能就是教授你美国法律的框架。他把框架讲述得很清楚，而且是从实用的角度来处理。因为美国是个以案例法为主的国家，属于英美法系。每一个法律的概念、理念都贯穿在一个具体的事件当中，或者说，在事件中去找概念，并不是说告诉你一个概念、原则是什么，而是告诉你一个案例怎么解决。怎么解决一个案例呢？就要靠你自己。怎么靠你自己呢，就是由你自己去找法律、理解法律来解决这个案例。因此每一堂都要讨论一个具体的案例，并不是在空谈。这样就形成了一种情况，法学院学生学到的东西非常实用，而且学生也很有理论水平。第三个功能是法学院教你怎么做人。教授把优秀的案例等分析得都很透彻。这种分析过程贯穿了教你怎么做一个优秀的人、优秀的律师、优秀法律工作者的思想精华。所以美国社会加上美国法学院的教育培养出来的律师，一到律师事务所就能着手工作而且做得很好，这点是和中国不同的。中国培养一个优秀的律师很不容易。一旦培养好了，在律师事务所呆一段时间他就走了。在美国不是这样。在律师所呆的律师很少走。离开的人的原因并不是想加入另一个律师事务所，或者自己另外成立一个小的律师事务所当领导。比如说我在纽约干烦了，我要去华盛顿，或者说我在华盛顿干烦了我去洛杉矶。这种地域性的流动是非常普遍的。离开原先的律师事务所去加入另一家律师事务所或者自己成立一家律师事务所是比较少见的。这点美国有他的特殊情况，美国的律师业有200年的历史，中国只有几十年的历史，这一点中国是没法比拟的。从美国律师业的情况能看出中美律师业的差距和我们应该学习的东西，这是我感触比较深的一方面。美国大的律师事务所组成人员除了合伙人，还有一种人叫council，这种人在中文可以翻译成高级律师。这种职位介于一般律师（associate）和合伙人之间的职位。因为在美国大的律师事务所干上10年就有可能成为合伙人，但并不是每个人都能成为合伙人，因为成为合伙人所经过的程序非常复杂。我曾经问过美国律师怎么才能成为合伙人。他们说几乎每个合伙人都同意接纳你才行。程序方面是你在律师事务所干了多少年大家对你有一定的了解，不仅是业务上了解的还有人品上的了解，那么合伙人才有可能吸纳你。没有什么特别的程序，就是合伙人能够认知你。做到合伙人能够认知你很不容易。没有一定的时间、没有一定程度的工作和一个别人了解你的过程，怎么才能让合伙人了解并接纳你呢？成为合伙人是很不容易的。这样就使得人们在成为合伙人的道路上历经艰苦，有些人永远成为不了合伙人，尽管他很努力，但合伙人仍不认知他。这样就在一般律师和合伙人之间出现了council，译成高级律师比较合适，他不是合伙人，但他的地位比一般律师要高。所以在一般律师事务所中表面上看他和合伙人差不多，但他实际上并不是合伙人，他还是打工的，是一个拿年薪的。他不参加分红。但是一个比较高级的律师。所以这是第二个层次。第三个层次就是一般的律师。一般就是从法学院毕业后拿到律师执照、在律师事务所开始实习做一般律师。像这种一般律师，在美国纽约大的律师事务所，一般每年要招100多个，并且不断训练，这些人是律师事务所最基层的工作人员，做具体案子的就是这些人。他们是将来成为合伙人的主要力量，也是事务所主要干活的人员。他们的工作形式是这样：一个合伙人带两三个一般律师，当然根据律师事务所的规模，一个合伙人带一个带四五个一般律师的情况都有。他们构成一个工作小组。一个案子来了以后，要组织一个工作小组来做这个案子。如果这些人手不够，合伙人就要找另外的有专长的合伙人、一般律师来做。几乎没有一个人来做一个案子的。

发达和成熟

要说明的是，在美国纽约大的律师事务所都是做公司业务的，他们叫corporate，指公司业务，比如说公司上市业务、兼并、合并、重组等业务，几乎无一例外都是做这些业务的。因为只有做这种业务才能形成大的律师事务所。因为做这种业务需要很多的律师的配合，需要有懂公司业务的、税务业务的、证券业务的，还需要有懂知识产权的、劳动法的等方面的专业人才，这样才能形成一个团队。这样在客观上就要求做公司业务的律师事务所必须有一个很大的规模，很多人形成一个团队并且具有团队精神，才能把大的业务做下来。因此公司业务是大的律师事务所的主要业务。就律师事务所的组成来看也是一种公司的性质的模式。是有限责任公司。原来也有无限责任的形式，就像现在中国律师事务所的情况，一旦被告，全部的生命财产都被牵涉。所以现在纽约的大部分的律师事务所都是有限责任，并且有高额的职业保险。一旦有风险由职业保险来承担这种风险而不是由律师事务所来承担。律师事务所内部组成各种委员会，一种层次是业务委员会，比如说证券的、税务的、知识产权的、劳动法的等，这些委员会按不同性质的律师组成不同的团队，由合伙人牵头来进行业务工作。另外一个层次就是管理性质的委员会，比如说人事的、客户的、财务的、宣传的等，这些委员会与业务委员会相互交叉，互为服务，从而在律师所内部形成一个结构，这种结构保证业务的正常发展。在美国大的律师事务所中，我还有一种感受，管理的细致程度和科学程度超过我们的想象。你能够想到的东西，他们都做到了。他们这个已经很成功了。甚至律师事务所的发展他们已经不过多考虑成本了。我曾经问到很多问题，唯独有两个问题他们没有回答我。当我问到，律师事务所一年能够收入多少钱，每一个合伙人能够收入多少钱，美国的律师就会非常婉转的回答，说这个问题是非常秘密的，是不好回答的。按照美国的律师杂志和美国报纸的估计，比较大的律师事务所，每个合伙人的收入最高的应该在四五百万美金，甚至在1000万美元，律师事务所的每年收入应该是几个亿甚至可能上10亿美元。因为在大的律师事务所里，每年的费用大概是总收入的35%~40%，假如是40%的话，每年有1亿的收入那费用就是有4000万元。比如说一个律师事务所，做计算机软件就做了400万，再加上其他的消费，那我估计，一个所他的收入会在5亿美元到10亿美元左右。有了5

亿~10亿美元，那他们要干点什么那就很容易了。有一个律师事务所经理跟我讲，楼上的律师都是前线的战士和将军，我们就把这个炮弹——后勤工作准备好，让他们很好的打仗。他说的没有错，律师的社会地位、作用及收入，在美国的社会都是顶尖的。他的律师事务所做到顶尖的程度，也是可以理解。很多退休的国务卿、退休的部长、纽约市的前市长，都在律师事务所当一个合伙人。这个很习以为常，律师事务所对他们来讲，既可以挣钱，也可以有一定的社会地位。有些大的律师事务所，部门分得非常详细。传真机部分，一个大的屋子里，几十台的传真，甚至是上百台的传真；计算机机房有整个一层楼，里面全是计算机；图书馆一层楼，专门有每天给邮信的人员，信件都是在楼内，就像我们在饭店送饭一样，自动电梯上下的，要发的信，放在办公室旁边，马上就会被收走；他的电脑系统，发达到什么程度，所有的电话、所有的传真、所有的Email只要进入律师事务，马上在电脑就会有显示，你可以在电脑上查找或打印；几乎所有东西都在电脑里，律师事务所的电脑培训投入非常大；在一个大的房子进行培训，进入到一个律师事务所不会使用电脑是不可以想象的，电脑是一个基本的条件；还有专门为诉讼律师准备的全部档案，管理的非常井井有条；有紧急、应急部门，比如说临时叫秘书来，我现在有一个急案件，你必须把所有的资料查出来，把所有的东西准备好，就能够很好的做到；他们的食堂，实际上可以说是餐厅，有管理人员和厨师，比外面的餐厅不小，可以随叫随到。大的律师事务所大大小小的会议室共有30多个，根据会议的需要你可以跟管理人员讲；在交通问题上，如果你想到什么地方去，可以给你安排车；要出差，他们会给你订机票、酒店；律师就能全身心的投入到自己的案子中，把案子做好。这是大的律师事务所管理的比较好的全面的一个网络，是一部高速运转的大机器。

律师事务所的分类

在纽约的律师事务所基本上可以分为五金类：第一类比较大的律师事务所，像全美前十名、二十名的，有三四百律师的律师事务所，甚至上千名律师，也是世界上领先的律师事务所。主要业务集中在华尔街金融证券。第二类中档律师事务所，在200人以下，几十人以上的中档律师事务所。它有它的特色，比如知识产权、诉讼等。第三类就是小的律师事务所，小的律师事务所，有3个人或10多个人。第四类，是个人开业的，就是说只有1个人。但这类律师事务所很少有一个人单独办公，而是好几个律师事务所集中在一起。我去一个很漂亮的办公楼，进去一看并不觉得是一个小的律师事务所，实际在这一层楼里有十几家律师事务所，有一个人的，有两三个人的。用同一个接待台，电话来了以后由接线小姐根据不同的系统转入不同的律师事务所。这个很有意思，比如说，有10个系统，可能有10个律师事务所，不同的系统是由自己安装的，在一起办公，但不是同一家律师事务所。这里的规模也是挺有意思的，有1个人的，有2个人的，还有4个人的，5个人的，都是在一个角落里。还有一类在纽约比较特殊的，在美国其他城市也有，就是第五类律师事务所。是专做华人业务的。每天在华人报纸上可以看到扑天盖地的广告，他们主要是为华人服务的，比如说移民、跌倒、摔伤、赔偿、离婚这些事情。这些华人律师事务所据说收入也不低，但是他的业务在美国律师看是个比较低级的业务，华人初到美国社会，对美国并不是很了解，利用这种机会跟你收钱，在美国做华人业务的律师事务所，虽说很挣钱，但美国的主流律师并不看好他们。在华人的律师事务所里工作的律师华人占绝大多数，我个人觉得这也是一个群体，不能用好坏来区分。这就是几类律师事务所的情况。

关于成败得失观

我以美国的职业转换谈美国人的成败得失观。在美国做律师、法官、检察官、商人是经常转换的，全凭个人的兴趣。有的律师一边做律师，一边做生意，先做律师后做法官，先做检察官后做律师，这种情况在美国是非常普遍的。应该说给个人提供的空间是很大的。也不会因为一时得失感到特别的失落。例如总统选举问题，戈尔宣布提出退出总统选举，他和布什的得票率是很接近的，就是差几十票，差点由副总统成为总统。在常人看来这是很可惜的事，但是他却表现出了乐观、诚实、客观的态度。大家认为，他的退出总统选举的演说将成为美国的一篇很成功的演说。由此看来美国人对待得失观，有的甚至因为得才故意失。比如说对戈尔的评价，戈尔之所以要做出这种表态，主要是看中四年以后，四年以后，要卷土重来。我要给人家一个好印象，重新铺垫起来，他可能要到哈佛大学当校长等诸如此类的工作。

以他们来讲，得与失是件很正常的事情。

中国人的价值观就是成者为侯，败者为寇。成功了，什么事情都是你的，失败了甚至就无法生存，这一点上，美国人的价值观和中国人的价值观是有区别的。美国人换一次工作，或者说这次工作进展的不行了，就换一个工作，是很心平气和的。纽约的市长朱利安尼曾经参选参议员，因为得了癌症和性丑闻，就不参选了，就当市长，做的也很好。中国人有的人一旦当了官，鸡犬升天全是他的。一旦失败就没有人理。社会的这种对成者的颂扬和对败者的鞭挞，在中国的传统文化中是很无情的。美国就无所谓，你愿意这样做就这样做，不愿意这样做就不做，对成败的得失观是文化的差异。中国人就很急功近利，为了得到，就会尽力的去维护自己的利益，这是一种价值观的问题。美国人就认为无所谓，不干这个还可以干别的。

律师执法

在美国，应该说法律很健全，法律很健全的标志就是有法可依，有法必依，人人都会知道法律的力量。

谁也不会拿法律开玩笑，也就是说执法力度比较大。执法力量分为两种：一种是公共执法力量，就是政府执法力量；再有一种私自执法力量或私人执法力量。公共执法力量很好理解，就是国家机器，比如警察、法院等各种执法机构。私自执法力量有两方面的内容，一个方面是老百姓对法律的监督，已形成一种社会风气。违反法律就会受到社会舆论的压力。迫使你不敢违法。这是一种法律的力量所造成的。另外一种很重要的力量就是律师执法。所谓律师执法，指律师实际上从商业目的出发，他们看到了有人违反法律了，或是法律漏洞，通过律师的调查工作，律师打官司会挣到钱，大量以商业为目的的执法的行为。比如说，最典型的是美国也有证监会，美国的这种证监会对上市公司管得很严，但是他的管法并不是中国的管法，主要是靠律师来盯着上市公司，盯着证券市场。一旦哪个上市公司有问题，有纰漏、有法律问题，律师会把问题研究的很透，免费打官司，按照美国的赔偿法赔偿大量的钱财后，律师得到很多的回报。这种情况造成整个律师在整个国家的执法力量。谁都怕律师，律师专门睁大眼睛看着法律漏洞，这一点上，美国律师在美国社会起了非常大的作用，这就是律师执法。这点是中国所没有的。如果把律师的积极性调动起来，律师的社会地位提高，让律师来监督整个国家的运转，对国家来讲，对社会民众来讲，对社会发展来讲都是很好的。

律师是自由职业，靠着他们的法律知识，靠着他们的社会经验，以及社会网络在社会法治中起作用。美国的律师事务所，很多的客户是国家，如小的国家在美国投资，大的国家在联合国的一些政策上的制定，由律师出面帮助他们。在美国国会游说国会议员的律师事务所，尤其是在华盛顿的律师事务所，很多的律师事务所是干这方面业务的。他们在美国政治中体现的作用非常之大，美国历史上很多总统都是律师出身。很多政治家、国会议员都是学法律的。可以说律师制度是一个国家文明发展和法治发展的标志。律师的社会地位标志着一个国家法治文明程度。律师地位不高，很难说是个发达国家。所以说律师在社会中的作用是非常重要的。

启发和思考

在美国的老百姓中，如果有子女，多希望他们学法律。学法律这个专业，无论是在社会地位还是收入方面都是很好的。律师是靠自己的能力和经验来谋生的。不靠歪门邪道，所以受到尊敬。同时因为律师的个人技巧，赚钱也较容易，个人能够很容易的维持自己的生活，比如说你是学经济的，你必须在一个公司中要维持一个赚钱的机器然后才能赚到钱。律师事务所尽管管理很复杂，但相对于一个公司来说，还是简单的。在法学院的人是比较骄傲的，他们认为自己还是比较聪明的，实际情况也是这样。法学院的学生不是本科生，都是大学毕业在这里念法学院的。如果能够考上名牌法学院也是很不容易的，而且学费也比较贵。在法学院中，出来打工的人很少，主要集中精力把功课学好。不像是有的学院的学生，一进学校就想着怎么挣钱，这一点在美国社会表现得很不一样的。说明律师在社会地位的重要性。中国律师事务所发展的方向，我认为也没有必要完全模仿美国。美国有200年历史，中国有几十年历史，我们只占1/10的时间，能发展成这样已经是很不错的了。我倒是觉得现在不一定办最大的律师事务所，根据市场的客观的情况，不能盲目的与美国比。要把律师事务所办得很好，要汲取美国的管理经验是好的，但并不宜盲目求大、求全，要把律师事务所办得很有特色，这是我们需要思考的问题和需要明确化的问题。看完美国的律师事务所以后，我觉得很悲观，反正在我这个年龄中，是赶不上美国的律师事务所了。但是我们就不发展了？这个也不行，我们有我们的优势和我们的特点。我们在我们的律师环境中要发展我们的律师事务所，我们要学习的东西还很多。在美国小的律师事务所也是占多数的，大事务所固然发展的很好，大部分还是中小型的，要是办大型的律师事务所要付出很大的代价。我曾经认识一个律师，这个律师原来是一个大律师事务所的一个主要律师，虽说不是合伙人，但他的收入、待遇也很高。突然就不干了，后来他自己办了个事务所，就一个人，出差办公室就没有人了。我问他，你在大律师事务所里，收入、待遇都很高，为什么就不干了？他说，没有自己的生活，整个就卖给事务所了，所有的时间都是由事务所支配，不可能安排自己的生活。我现在自己干，能干多少干多少，虽说收入少了一点，但是自由了。我曾经问过大事务所有的合伙人和律师，你们有没有压力，他们说谁没有压力，任何人，上至总统，下至百姓都有压力，谁没有压力，他们没有说具体什么样的压力。但是在美国的律师事务中做一个合伙人，压力是很大的。工作压力之大是可以想象的。虽说挣钱挣的很多，但压力很大，所以不要看表面现象。应该说世界还是公平的，不可能得到天上掉馅饼的结果。自己要成功，必须有自己的努力，即便是每个人都努力，不一定每人都成功，有个机遇的问题。世界是既平等，又不平等的，平等的是大家都一样的；而有能力的人没有机遇，那对他来说就是不平等的。所以，看美国律师事务所的发展要辩证地看。这是我对美国律师，主要是纽约律师走马观花后的粗浅认识。

第七编

我是非典型学者

二十六、学者经历

我为什么做学者

说来话长我爷爷在旧社会是当地名闻遐迩的私塾先生，熟读四书五经，不仅是教书先生，社会名望也很高。听老辈人讲当年国共双方地方的代表谈判的地点就在爷爷家里面，双方谈判前，手枪都交给爷爷保管，谈完后由爷爷再给他们，防止擦枪走火，读书是我们家的传统，我奶奶在民国时期就是高小毕业，我不太清楚当时的高小相当于我们现在的什么学历，但也算是有文化的人了，加上祖籍山东，孔孟之乡，我本人深受影响，对读书当学者有着强烈的内心追求和渴望。

我在我写的一本书后记当中曾经提到我是一个双栖作战的战士，所谓双栖就是说我在做律师的同时也做学术活动。双栖之一栖律师执业，从1992年成立到现在是30年，无论是我个人还是律师事务所，都经过了30年的发展，我个人案件做过几千件，律师事务所办理的案件已经超过几十万件，隆安律所从3个人到现在将近3000个律师，从刚开始借钱筹办律师事务所，到现在年收入超过10亿元，这发展的规模和速度都是有目共睹的。

同时双栖作战另外一栖就是我的法学学术的历程，我是1979年考上北大，1983年北大法律系毕业，之后成为中国政法大学成立后的第一届研究生，1986年硕士毕业，分配到最高人民检察院工作。1997年又回中国政法大学读博士，2000年博士毕业，成为中国社会科学院法学研究所博士后。同年到美国纽约大学做访问学者。2001年7月我回国，2003年我的博士后出站，2004年就担任贵州师范大学法学院的院长。2006年我就被遴选成中国政法大学的博士生导师，2007年以后又担任中国政法大学的知识产权研究中心主任，之后担任中国人民大学的律师学院的副院长，后来又担任北京社科院法学所所长，现在担任北京科技大学知识产权研究中心的主任。从学生到学者，从律师执业到学术活动，我有着比较完整的学术经历。

我在隆安发展的30年的过程当中，基本学术研究也没有断，如果从1992年开始当律师算，那么我的学术研究生涯也有将近30年，学士、硕士、博士、博士后、访问学者、博士生导师、法学院院长、研究中心主任、法学所所长等，都是在学术圈里头努力奋斗的结果，也带出了将近20多个博士，学术也出了一成果部分，我完成了从律师到学者的转型，我给我自己要当学者的梦想和理想交上了一份答卷，书写了一个学者必备的学术简历。

2000年的时候我法学博士毕业，正好赶上我的博士后导师郑成思先生招知识产权领域的博士后，我有幸进了中国社科院知识产权专业的博士后流动站。也就是说，我从2000年开始学知识产权，一直到2003年出站，这是我从事知识产权专业学术研究的开始，博士后是学术界的最高学术经历，也是学术研究的起点。

从贵州师范大学法学院院长任期回来以后，2007年，我作为中国政法大学新的政策下遴选的博士生导师，也就是校外的兼职博士生导师，开始在中国政法大学民商法学院招收知识产权专业的博士研究生，正式开始指导博士生。直到今天，我早期指导的博士研究生的学生，毕业以后都已经做当了教授并做了相关学院的院长。也是在同年，到中国政法大学组建中国政法大学知识产权研究中心，我找到学校领导写个报告请求校方批准知识产权研究中心，校方说必须有校外的机构参加才能批准成立研究中心，我就找到中国国家知识产权局所属的知识产权报社，我一直给我们做法律顾问，做了将近20年，于是他们作为校外单位参加并作为发起方，成立中国政法大学知识产权研究中心，同时，我个人出资10万块钱作为中国政法大学知识产权研究中心的学术基金，这个知识产权中心搞了不少学术活动，申请了很多科研项目，运作几年以后，我离开了中心，不再做主任，后来又到了人民大学律师学院担任副院长。

人民大学律师学院当时的创院院长是徐建会长，他也是深圳律协会的会长，他找到我，希望我当律师学院的副院长，做一些律师行业战略性的研究，参与律师学院的筹建工作，我当时说我可能没这个能力，但是他一再请求我当副院长帮助律师学院建设，在此情况下，我在人民大学律师学院做了副院长。后来因为创院院长徐建不愿意当院长了，他返回了深圳，我也就不当副院长了。

在当律师学院副院长期间，搞了很多培训，讲了很多课，为律师学院草创时期的规划发展做出了我自己的一点粗浅的贡献吧。

作为一名学者，我参加了很多学术活动和很多学术组织。比如参加过在北京举行的世界法律大会，随中国大陆（内地）法学家代表团出访过我国台湾地区和我国香港特别行政区等地，作为知识产权学者，每年参加各种频繁召开的知识产权学术会议。印象最深刻的是每年参加的知识产权最重要的三个论坛。第一个是中国知识产权法研究会的每年年会，这个年会每年都吸引许多知识产权各界的人士与会参加，我也基本每年都会参加。第二个是上地知识产权论坛，这个论坛由我博士后毕业的中国社会科学院知识产权中心与中国知识产权培训中心共同主办，每年一次，因为论坛永久设在位于北京海淀区的上地开发区，所以被命名为上地知识产权论坛。第三个是由吴汉东老师领衔的中南政法大学知识产权研究中心举办的南湖论坛，因为吴汉东老师的大名，也因为中南政法大学知识产权研究中心显赫学术地位，这个论坛加上以上二个论坛并称为中国知识产权三大论坛。

为了更好地向他人学习，我加入了不少学术组织。在20年前，由我的老师郑成思教授发起成立的中国知识产权法研究会诞生，在成立之初，我就当选为常务理事，直到今天我还是常务理事，尽管后来很多人都当了副会长，由于种种原因我始终还是常务理事，我曾经打听过有关人士，我为什么不能当副会长？人家告诉我，因为我的老师是郑成思，更多的意思人家不说我也理解了，有人与郑老师当年有过学术之争，对郑老师的私怨居然连累了我。学术圈也是江湖，有人的地方就有江湖，有的人搞了一辈子江湖，到了学术圈也不会停止，我只能是一声叹息。后来，我对信息网络法学越来越感兴趣，研究领域越来越偏向信息网络法学，很像当年，我从全国律协知识产权委员会退出到信息网络委员会当副主任，在中国法学会信息网络法学研究会成立的时候我当选为副会长。我在北京社会科学院法学研究所当所长的时候，我们社科院的院长是谭维克北大师兄，谭院长指示我：你的专业是知识产权，应该在北京社科院成立一个知识产权的学术组织，便于组织北京的知识产权的学术活动。于是，我们法学研究所开始筹备成立北京知识产权法研究会，经过北京市法学会的批准，我被推选为第一届副会长。

我从律师到学者的转换过程中，需要理论与实践相结合的原则指导，用所学的专业知识和研究的成果应用到所办的案件当中去，这样才能取得了良好的法律效果和社会影响。近年来，我通读了几乎所有出版的知识产权书籍，还翻译了大量的外文资料。有人问“你是哪里来的这么多充沛的精力来完成在许多人看来完不成的实务与理论的双重工作呢”？我的秘籍就是“别人在娱乐的时候我在工作，别人在休息的时候我在学习。我学习外语以为是下了功夫的，时至今日，阅读英文原版书籍也是我的爱好和习惯之一。郑成思教授当年也是非常肯定我的英语水平和能力。”有人开玩笑说，永远是板寸的发型的我，年纪轻轻就满头花白的头发，或许就是“不舍昼夜”学习最好的证明。善于学习不仅造就了我的律师和学者的双重身份，也改变了我的人生。

律师型学者的追求

我的人生职业规划三步曲：检察官，律师，学者。学术追求始终是我人生追求的一部分，相对于其他学者，我更认为我是律师型学者，因为我是律师出身，在学术追求的同时还当着律师，攀登学术研究的高峰是我当律师后的另外一个人生目标。我常常讲的一句话是：做律师和做学者应该是一个很好的结合，就像医院的临床医生和医学院的教授可以有机地结合起来一样。我及我所在的隆安律师事务所在过去的几十年里一直是律师界的佼佼者，在职业律师生涯中我能够两栖生存，由律师到学者，走出了一条专业化律师之路，也走出了实务型学者之路。而在律师与学者，实务与理论之间能够游刃有余是我不同于其他律师和学者之处。

在法学学术领域，我做过贵州师范大学的法学院院长，是清华、北大的法律硕士导师，中国政法大学的兼职教授、博士生导师，还是美国杜肯大学的兼职教授。我给自己的定位是学者型律师，在当学者的时候我是律师，在当律师的时候我是学者，律师这个行业现在越来越专业化了，在知识产权学界我可以说是比较知名的学者了，在学术领域有了一定的影响。做为专职律师的我，每天仍然十分忙碌。我在办理各种案件的同时还在参与和关心律师所的管理工作，我现在除了是隆安律师事务所的创始合伙人外，还是隆安律师事务所的合伙人会议主任，除了北京总所外，还关心着上海、沈阳、深圳等30多家分所的发展情况。

在理论与实践相结合的原则指导下，我在从律师到学者的转换过程中，用所学的专业知识和研究的成果应用到我所办的案件当中去，取得了良好的法律效果和社会影响。我代理数十起具有重大社会影响的案件，如郑成思等七位学者状告北京书生数字图书馆著作权侵权案，我等五博导宣告荷兰皇家菲利普公司DVD专利无效案、长城葡萄酒纠纷案，茅台与贵州醇商标纠纷案，五粮液与老作坊酒商标纠纷案，珠海矩力公司与美国公司专利纠纷案，等等。我曾被《中国知识产权报》评为年度“知识产权风云人物”。

我做律师的经历让我想得到的都得到了，首届北京十佳律师，首届北京十佳知识产权律师，北京优秀律师，北京杰出律师，全国优秀律师，等等。我见证了中国律师业的发展，因为中国律师1979年才开始恢复，律师的实践经验我积累了很多，我现在就是做学者来促进我做律师的发展。我觉得法律要解决实际问题，现在学术界和实务界往往隔离开来了，学术界的理论太抽象，实务界的学术水平太初级。我的任务就是怎么样把学术界和实务界结合起来，我下决心做一个典范。我的人生职业生涯策划和目标比较清晰，当了检察官以后做律师，做了徘师以后我还要做学者，我的定位是做律师做到30年到40年的时候，就要做一个全职的教授兼职的律师，我现在还是全职的律师兼职的教授，我在想等我做教授的时候我就把一生的经验都传授给年轻一代，同时我做教授的时候还要做律师，不会放弃律师执业。我对人生就是这样设计的，所以我现在对学术特别重视，越来越感兴趣，下决心全身心投入，争取多出一些成果。著作等身是新的理想追求。

几十年来，我国的知识产权事业是在国家以经济建设为中心，实行改革开放的形势下逐步建立和发展起来的。

知识产权这项事业取得了举世瞩目的成就，完成了许多国家包括发达国家在内的几十年甚至上百年才能完成的立法历程。目前，我国知识产权这项大事业正在健康发展，为国家的经济建设和社会发展做出了重要贡献。伴随着这项事业发展的历程，有关的学术研究活动也相当活跃，我很幸运，我赶上了知识产权发展的快车。

20多年前，我国还没有知识产权领域的博士、博士后。随着形势的发展和师资条件、人才培养环境的改善，迄今为止，我国已形成了知识产权人才培养体系。作为中国第一个知识产权博士后，我在知识产权领域也是最早的博士生导师之一，我一边代理大量的知名案件，一边致力于知识产权方面的学术研究，把自己多年从事律师执业的丰富实务经验，以及结合教学和科研形成的系统理论，撰写成专业论著、学术文章、论文，公开发表，给行业以启迪，给律师以引领。

知识产权人才要懂技术、懂法律、懂经济、懂外语、懂国际规则。于是，若干年以来，我的理论研究和实践活动相辅相成，探讨的问题涉及本学科的各个方面。我始终站在知识产权学术研究的高地，高屋建瓴，引领行业发展。我也因此被誉为“学者型”律师，在律师和学者之间，从我内心感觉，自己更喜欢学者这个身份，我更希望我是学者当中最有实践经验的教授，律师当中最有学术水平的律师。

在如此紧张繁忙之余，我辛勤耕耘，孜孜不倦，献身于学术，近年来已完成了50多部专业论著，在专著出版的同时，我发表了几百篇学术文章，在《中国法学》《知识产权》《政法论坛》等中文核心期刊发表的学术文章近百篇，在深圳召开的“全国高校知识产权研究会年会”上，我的一篇关于《限制知识产权滥用》的论文被大会专家评为优秀论文，以后又多次在各种论坛上论文获奖。主持参与的科研项目30多项，通过这些学术活动，我感知到了我在学术领域中潜心研究的辛劳和愉快。

我在一次接受专访时表示：争取当中国最好的教授，做一位快乐的学者，一直都是我的目标。办案件、做学问、教学生，我整日忙得不亦乐乎。

我认为，律师的工作本身就需要不断学习，不但学习法律专业知识，而且还要学习其他方面的知识。如今已进入互联网时代，如果不懂什么是互联网，就很难与当下最具价值的行业对话并提供服务；另外，当事人遇到案子时，其心情往往是非常烦躁的，律师除了给当事人提供专业的法律分析外，如果能通过自己丰富的生活经验和社会阅历，给当事人提供人生指导、心理帮助，则更有利于帮助当事人排忧解难，能让当事人感受到可靠、放心、安全。我还认为律师必须专业化。一名律师可以做很多领域的业务，但必须有一项或两项是自己拿手的。只有专业化的律师，才能在市场上站得住、站得稳。律师必须要有自己的主打业务，得有“拿手活儿”，因为最后拼的就是“拿手活儿”。这个拿手活就是专业化，如果说做专业律师有什么诀窍，潜心学术，做一名学者是最短的捷径。于是，我从学者生涯中学到东西，得到了乐趣。作为教授的我在教学方面有自己独特的经验。在回忆自己教学的经历时，有过很多趣事和令人难忘的事情发生。在担任贵州师范大学法学院院长时，我教学生法律英语课程，一个硕士班有十几个人，我对我们说，光听我一人讲没什么意思，你们一个人一讲。一堂课45分钟，我先找一个学生讲15分钟，然后大家再讨论10分钟，剩下的时间我再讲，作最后总结发言。

我记得第一次讲课的是一名女学生，她上去讲腿就哆嗦，满身大汗。为了缓解她的压力。我说：同学们不要嘲笑，谁都会有这样的经历，作为一名硕士生，讲课应该没问题的。这位女生讲完后，大家在下面七嘴八舌地用英文讨论，之后再由我来评判。一些学生对我说，为了讲15分钟课，他们准备了一个月。但这样的上课方式让我们一辈子也忘不掉。

我深有感触地体会到：给学生讲课确实是一件很享受的事。我把我的知识传授给学生，学生通过你的知识得到一些启蒙。我觉得做老师的这种优越感和满足感，是做律师时很难体会到的。为使法学毕业生在参加工作后能够很快地适应法律工作，我认识到，在法学教学中不能只是生硬地介绍法律条文，应该给同学们提供可以运用所学的法律知识去解决实际存在问题的机会，以提高我们办理实际案件的能力。于是，我采用模拟法庭教学的方式，通过学生亲身参与，将课堂中所学到的法学理论知识、司法基本技能等综合运用于实践，以达到理论和实践相统一的教学目的。

每一次模拟法庭，我都精心确定案例，一是具有一定的可辨性；二是体现专业性。传授专业法律知识.让学生通立真分析和思考，正确运用所学的法律专业知识解决所遇到的疑难问题，从而得出自己的结论。学生可以根据自己的意愿或者老师的安排在模拟法庭中担任不同的角色，当然不同的角色所着重锻炼的法律专业知识也是不一样的。比如说，审判长、审判员要很好地掌握诉讼程序，代理人要对案件设计的法律专业知识有清楚的理解和掌握，通过学生对具体角色的扮演可以让我们初步体验到作为一个法律职业人是一种什么样的感觉。学生们根据分派的角色准备材料，这个过程可以帮助学生对整个案件有一个更加清楚、全面的认识，明确案件的辩论焦点弄清楚庭审程序。准备的案件材料主要包括有关的法律法规、司法解释、相关的研究文献，准备相应的证据材料、起诉状、答辩状代理词等。

我在模拟法庭演练中，一边担任审判长，一边观看学生准备的庭审程序和双方辩论过程，细心观察学生的准备情况，发现存在的问题。我的感觉和想法是：模拟法庭教学有显著的特点，一是有利于培养高素质实用型法律人才。模拟法庭教学可以锻炼学生将所学的理论知识运用于案件的实践能力，培养我们在处理案件时的综合分析能力、独立工作能力、法律思维能力、应变能力、辩论能力。二是具有综合性。模拟法庭教学的案例一般都是真实的案例，在一个案例中涉及很多方面的问题，让学生多度、多方面地去思考问题，具有更强的综合性和实战性。三是有利于加深学生对法律的理解。无论本科生、硕士生、博士生都需要这方面的训练和指导。

模拟法庭教学可以推动学生对法学知识的理解，学生们亲身参加模拟法庭，可以促进知识、能力、素质、责任的有机结合，实现教育的价值，培养学生作为一个法律职业人的正义感和良好的心理素质。这种教学方式方法在律师事务所被广为应用，当真正移入大学课堂的时候，就会遭受到质疑和抵制，因为违反了大学里老师一人满堂灌的传统和习惯，当然很多人是没有上这种课的能力和勇气。我就受到过警告和批评：不能如此上课。要改变目前自以为是，闭门造车，脱离实际的现状，中国的法学教育还有相当长的路要走。

曾经有一个大师跟我说过这么一句话，“人类有三种传承，第一种是血缘传承；第二种是宗教传承；第三种就是老师和学生之间的知识传承。”我觉得说得很有道理，师生之间是一种很有价值的精神传承。在律师和学者之间，我更愿意做学者。我现在的心情是就律师职业而言，我觉得做到目前这个份儿上已经差不多了，投入的时间和精力再多，只是横向发展、办案数量增加而已。而在学术领域，我还有台阶要上，希望成为学术领域的权威者。在做学问的过程中，能获得更多的满足感和快乐。

在律师场合，我是学者，在学者面前，我是律师。这种角色的转换更有利于我做学问，因为法学是一个实践性非常强的学科，不能脱离实践，脱离了实践，便失去了意义。

师从郑成思老师，成为新中国第一个知识产权法博士后研究人员

2000年，我在中国政法大学顺利毕业，拿到法学博士学位。同年中国社科

院法学研究所和知识产权中心招收新中国成立以来第一批知识产权博士后，我正好就进了中国社会科学院法学博士后流动站，师从郑成思先生、李顺德先生，开始学习研究知识产权，所以我的求学经历本科和硕士是连着读的，一共7年，博士和博士后是连着读的，一共6年。

我与郑成思老师（右）探讨学术问题

我与郑老师相识是在20世纪90年代初，因为代理茅台酒厂的商标案，有幸与郑老师初识并向他请教有关知识产权的问题，在我做了北京律协的副会长后，经常请郑老师为律师讲课，而后又不断地在各种知识产权会议上见到郑老师。但真正的实质交往是从我成为老师第一个博士后开始的。

2000年，我博士毕业，有意继续进行博士后研究，我听说郑老师从那年开始招收博士后学生，就找到了郑老师。他对我说："我认识你，你的情况我是了解的，但知识产权研究需要借助大量外文资料，不知你的英文如何？"我说还行。老师讲，那好，你等着消息吧。就这样等了一段时间，始终没有消息。正在琢磨的时候，郑老师来电话让我第二天上午8点半去所里找他。第二天我准时来到了他的办公室，门锁着，却见一个美国学者站在门前，我就跟他聊了起来。不知不觉中，谈了近一个小时，这时候郑老师才来。见面后，老师问："你们谈得怎么样。"我说谈得很好，美国学者特意告诉郑老师说我的英文没问题。此时才明白这是老师特意给我安排的英文考试。

因为我是律师，代理了大量的知识产权纠纷案件。有时我对案件拿不准，就请教郑老师，或邀请郑老师参加专家论证会。这时，郑老师往往很严肃地告诉我："你是律师，你用你的知识产权知识服务于当事人，我是赞成的。但你让我为你代理的案件当事人说话，就会偏向你一方。不能因为你是我的学生，我就偏向你一方。我必须站在公正的立场，所以我不能为某一个案件某一方的当事人说话。”就这样，尽管我代理了许多大案，但没有一起是找郑老师替我的当事人说话的。有的当事人找到我，表示只要请郑老师说句话，付多少钱都行。他断然拒绝，这是不可能的，因为他是郑成思，而不是别人。

我出版了几本书，有幸请到郑老师写序。在当时流行的做法是：作者先写好序，然后再请写序的人修改一下就可以了。但我请郑老师写的几个序却都是郑老师亲自写出来的。我有一次对老师说不必亲自去写，让别人代笔不更省事吗？他说：写序就要自己写，否则怎么叫写序？那不是抄袭吗？郑老师写序的一贯做法是每个作者都知道的，就是每一篇书的序言都是郑老师自己一个字一个字写出来的。因为郑老师在知识产权学界的影响，请老师写序的人很多，仅此一项，就够郑老师辛劳的。但他就是这么个认真的人，从他身上我学到了很多。对照他，我自己也去掉了很多浮夸和虚荣，追忆郑老师就是把他当作自己做人行事的榜样。

从律师到学者，除了自身的努力外，“名师出高徒”，在此得到了有力的诠释，我一直以郑老师为榜样，尽心尽力在知识产权的道路上前行，绝不辜负郑老师的希望。是郑老师把我带进了知识产权的圣殿，如果自己在知识产权方面有一点贡献的话，那也是郑老师结下的无数硕果之一，正如吴汉东老师在郑成思老师的葬礼上所说的那样：郑老师在知识产权春天播下的种子在秋天应该收获了，但郑老师却走了。

担任贵州师范大学法学院院长

2003年法学博士后出站以后，我渐渐地找到了学术的感觉，我几乎全身心地投入到学术研究里面去了，2004年贵州师范大学在全国范围内招聘法学院院长，我有幸被招聘到那里做了3年的院长。

2004年，我受贵州师范大学的邀请，开始担任该校法学院院长，我真正开始了从律师到学者的职业转换，并全面主持学术机构的科研教学工作。在这之前，为了要我担任法学院院长，贵州师范大学的党委书记亲自来到北京，找我谈了很长时间，并表达了希望我尽快到学校任法学院院长，把工作全面开展起来的意思。

根据贵州师大法学院的具体办学情况，我上任伊始就确定法学院应把知识产权学科做为重点建设方向，尤其应把传统知识产权的研究作为重中之重。我之所以能够被贵州方面相中，源于我拥有中国第一位知识产权博士后的耀眼光环，又是我国知识产权创始人郑成思教授的得意门生，还有我曾经办理了大量的知识产权案件，从理论和实务两方面结合点上，当时作为院长的人选，无人能超过我的成果和条件。

我在贵州师范大学法学院担任院长

我担任院长3年来，贵州师范大学法学院名气越来越大，在传统知识产权领域的研究成果开始大量显现，已经成为公认的国内最有影响的学术机构之一。在我的主持策划下，召开了一系列学术研讨会，在国内外形成了良好的评价和声誉。比如，由贵州师范大学法学院与英国国际行动组织，2004年联合召开的“西南地传统知识、遗传资源及民间文学艺术案例收采研讨会”。首次借助国际组织的力量对西南地区的传统知识的收采和管理进行了梳理和分析，为该地区的传统知识的研究奠定了殷实的基础。又如，2005 年，由我主持，连续两次召开了全国性高水平传统知识保护的学术研讨会，出席会议的除了主办方之一的中国社科院知识产权中心的学者外，还吸引了我国大陆顶尖的学者，我国台湾地区多所大学和研究机构的专家学者也派出代表赴会。这两次会议被学界认为是讨论传统知识产权保护的峰会。借此机会，贵州师范大学法学院与台湾清华大学科技法律研究所建立了长期稳定的学术研究和交流项目。我同时帮助贵州师范大学与台湾清华大学、台湾交通大学、台湾科技大学签订了交流的协议，率团访问我国台湾地区学术同行，把他们在传统知识产权保护方面的先进经验和成果介绍到我国大陆来，同时使贵州师范大学的学术水平提高了许多。在我担任院长期间，贵州师范大学法学院召开了多次全国性的学术会议。

在我任法学院院长的3年时间里，我两次率团赴我国台湾地区进行了学术交活动。先后在台湾清华大学、东华大学、中山医科大学、台湾师范大学、台湾智慧产权局、台湾智慧产权法院等单位进行座谈和演讲，并拜访了台湾多个原住民社区，其中在台湾唯一的原住民学院东华大学原住民学院进行了深入的探讨和考察。我的两次台湾之行已与我国台湾地区学术界、实务界建立了广泛和长期的友好关系。

在贵州师范大学法学院当院长期间，我主持并召开了全国高校法学院（系）院长（主任）联席会议，包括港澳台地区的法学院院长来了几百人，这是贵州师范大学历史上最大的一次学术会议，2006年8月，全国高校法学院（系）院长（主任）联席会议在贵州师范大学法学院召开。来自全国包括境外在内的近230家法学院（系）院长（主任）参加了有史以来人数最多的同类会议。会议就法学教育的诸多问题进行了多层次的研讨，对法学教育存在的问题也进行了剖析。与会代表在贵州师范大学提供的讲台上尽情发表自己的高见，我作为贵州师范大学法学院院长主持了这次会议，这也成为我3年法学院院长生涯中的最闪亮的一幕。

主持召开全国高校法学院（系）院长（主任）联席会议

我刚担任法学院长不久，就倡议成立贵州师大知识产权中心，我亲自担任中心的主任。我在贵州师范大学那几年是贵州师范大学学术活动最频繁的时期，全国的会议都在那儿召开，贵州师范大学知识产权中心作为学术单位，以知识产权为专业建立学术平台。这个中心是贵州省内第一个知识产权研究中心。经过3年的发展和壮大，它已成为西南地区著名的、全国知名的学术研究机构。先后承担了国家社科基金项目，省级基金项目和省法制办及省知识产权局的各种科研项目。为西南地区知识产权保护写了很多论文，出版了很多书籍，开了很多的论坛，应该说是为贵州师范大学的学术平台做了一些具体的工作。由知识产权中心负责起草的《贵州省传统知识保护条例》目前已开始实施，它将是传统知识保护的最前沿和最负有实效的法规，它必将对指导我国、特别是贵州省的传统知识保护起到重大作用。

我本人有幸在贵州师范大学领导之下做了几年法学院院长，体会了做院长的酸甜苦辣的滋味儿。2017年贵州师范大学法学院院长到期以后，学校还希望我再去做下去，但是我实在是不想做下去了。我的人生的信条是有些东西经历过就行了，没有必要长期坚持坚守，人生苦短，还有很多没有经历过的东西需要去经历，所以我就辞去了法学院院长的职务。

因为在贵州师范大学法学院担任过法学院院长，在我辞去院长后，又有几家法学院来找我，希望我去他们那里担任法学院院长，这些大学包括北京的，外地的，包括“985”大学、“211”大学等，最多的是邀请我去大学担任知识产权学院院长或者是知识产权研究院院长，到目前为止，我还没有答应任何一所大学去担任院长职务。我虽然有学术背景，也有学术职务的经验，从个人角度去考虑，院长的责任和义务带来的压力都不小，在学术界，行政领导的位置既带来好处也来弊处，它是矛盾的焦点，复杂关系的交汇除，需要付出相当大的精力去应付每天遇到的问题，我本人对于当官从来就不感兴趣，在学院里当个院长就是一个小官，不厌其烦，事无巨细，身心俱疲，无心再战。

出任北京社会科学院法学所所长

在2012年的时候，北京社科院的一位领导突然给我打电话，让我到社科院去一趟。因为北京社科院我也比较熟悉，经常去开会，我也没多想什么，到了北京社会科院以后，这位领导跟我讲，说法学研究所希望外聘一位所长担任法学所的所长，来领导北京社科院的法学所的科研工作，他们正在物色人选，目前把我排在第一人选位置上，问我愿意不愿意去，因为我对北京社科院还是比较熟悉的，我当即表示，我可以来当所长。就这样北京社会科学院遴选我为法学所所长，北京社科院法学所所长也是3年聘期，在3年期间，为北京市各级单位提供了很多咨询意见，也参加了很多项目，组织了许多针对北京市的法学学术活动，从2012年到2015年，我出任了北京社会科学院法学研究所的所长，主持所里的各项科研工作。

北京市社科院是北京市委、北京市政府、北京市人大、北京市政协的智囊学术机构，是上述北京市决策机构的智库，所以北京社科院的法学所工作除了正常的科研任务以外，大量的工作是为上述机构提供咨询和研究成果，并对专题进行专门的研究。所以我这3年参与了北京许多专题项目的研究，也接触了北京市委、北京市政府、北京市政协、北京市人大等各个局委办的很多的部门的工作。为北京市地方的党委政府决策提供法律支持，同时为北京市人大的立法提供了立法的支持，为北京市政协解决国计民生提供了很多法律方面的具体的建议。

特别值得一提的是，每年参与北京年度法治报告的撰写，调研，编辑，出版，发行，这是一项很重要的工作。北京法治报告是北京社科院每年向社会推出的关于北京年度法治的综合性的报告。我除参加编辑初稿以外，重点工作是在知识产权部分，所以在这期间我有幸联系了北京所有的知识产权主管部门，像北京市产权局、北京各级法院的知识产权庭、市场监督局的执法处，还有北京市版权局，同时也有幸起草了北京市的版权发展报告，这都是在北京社科院法学所工作期间所取得的一些成果。

当所长的时候也参加了全国各地社会科学院的交流活动，主要是以法学所为主了解到各地的社会科学院的体质、功能，他们基本和北京社科院是一致的，都是为当地党委政府提供咨询服务，提供科研成果。3年时间尽管很快过去了，但是这给我提供一个很大的窗口，学习了很多东西，扩大了自己的视野，了解了科研部门、政府的科研机构如何当地的党委政府决策的，这个经历以前是所没有接触的。

在北京社科院法学所所长的3年任期内干了很多工作，基本分两类：一个是学术研究，另一个就是为北京市三套班子服务。在这个岗位上我才体会到各地的社会科学院，包括中国社会科学院的主要职能是为党和政府提供咨询意见，搭建学术平台，提供高端智库的服务，如果不在这个工作岗位上工作，还真不了解社科院作为领导机关决策学术平台所运作的规律。

社科院跟其他学术机构和各个大学、科研院所具有一致的地方，也有不一致的地方，一致的地方在于都是学术单位，但不一致的地方是社科院把为党政机关服务作为第一层面要求，它所有的学术都是围围绕这个进行的，而其他学术单位、大学、科研院所可能以学术为第一导向，所以在社科院里学术研究就显得比较有特色，政府需要什么，党委需要什么，人大需要什么就研究什么，有什么项目就跟着走。他们的需求就是你的专业方向，比如我多次去到北京郊区，调研农民征地拆迁的问题，因为农民拆迁的地方是城乡结合部，这是各级政府比较头疼，也是很需要法律支持的地方，所以去过很多次。还有因为上访问题，我也去过多次北京市委、北京市政府的上访部门进行调研立项，研究其中的法律问题。

在北京社科院法学所也是人生的一个经历。以前我在贵州师范大学做法学院的院长，院长要考虑全学院的管理，全学院的老师，全学院的课程，从本科生到研究生的各个方面工作，要站在全面的一种平台上，作为一个学院的一院之长，考虑的问题是整个学院的问题，这种法学院视角，跟社科院为机关服务好，为领导决策提供智库的视角，两种模式还是不太一样的。

在这之前我当了很多年的律师，也管理过律师事务所，当了律师事务所的创始人。律师事务所的管理又跟学术单位不完全一样，它有它的特点，比如律师的独立性，自由度比较大，是一种智慧和专业的集结，作为专业律师也有学术上的要求，但是这个学术是完全为律师业务服务的，为律师解决当事人重大疑难法律问题服务的，律师学术跟其他的学术又不太一样。所以说管理律师务所跟当法院长，当社科院所长也不一样。

在更早之前我从中学、大学、研究生一直到26岁之前没有进入过社会，到社会第一份工作是检察官，当检察官的经历跟后来当院长，当所长，当律师事务所创始人、主任又不一样，因为检察官他是国家司法机关的官员，他要求有执法的一颗公正的心和行为准则，就是说作为司法机关，权力非常之大，稍有不慎可能就会偏差，甚至出现冤假错案，所以作为职业检察官要求还是比较高的，尤其是对自己一言一行束缚还是比较多的。所以不同的岗位有不同的人生体验，这也是很难能可贵的。我是一个十分幸运的人，当过检察官，创办了律师事务所，当过律师协会的副会长，做过法学院的院长，当过社科院法学所的所长，现在又是法学研究会的会长，这些经历丰富了我的人生，开拓了我的视野，锻造了我的心智，磨练了我的意志，增强了我的幸福感，人生足矣。

我在中国政法大学做博士生导师

博士毕业后，我又师从中国社会科学院法学所郑成思老师和李顺德老师读博士后。博士后最后一年必须到国外学习一年，在那时了解了美国纽约大学法学院柯恩教授，于是去纽约拜访柯恩教授。柯恩教授说，中国政法大学的江平先生正在美国访问，如果能得到他推荐，你就可以入学。我于是找到了江平先生，江平先生进行了热情洋溢的推荐，之后就顺利到纽约大学法学院入学了，2001年7月，我结束了在纽约大学的访问学者的项目，回到北京。至此，我完成了从学士、硕士、博士、博士后到访问学者的全部学者要素，并获得了不少学术成果，可以以一个学者的身份去追求更高的学术目标了。

2006年我被遴选为中国政法大学的博士生导师，也是国内第一个律师行业的兼职博士生导师，从2007年开始在中国政法大学招收知识产权专业的博士研究生至今。

2007年我结束在贵州师范大学法学院长的任期以后，在中国政法大学当博士生导师并筹建中国政法大学知识产权研究中心。在这之前，中国政法大学恰逢迎来了一位新的校长，徐显明教授，徐校长是从山东大学副校长调到中国政法大学当校长。这是一位有开拓精神的校长，我记得徐校长来到中国政法大学以后，组织了一次校友会议，讲了很多慷慨激昂的话，憧憬了很好的未来。

我与中国政法大学原校长徐显明教授（右）

徐校长讲话很有水平也很有内容，当时有一句话我记得很清楚，他说中国政法大学的路标永远指向前方，不能指向后方，所以我们都要齐心协力往前走。他这句话给我印象很深，后来呢，他就实行改革，提升学校教学科研的改革，一项措施就是中国政法大学要打开校门，向校外遴选博士生导师，条件是跟校内的博士生导师的一样，甚至可能比对校内老师的要求更高一些。因此，我就按照要求提交了申请材料，把我这些年知识产权学术领域积累的一些成果和科研项目提供给中国政法大学专门组成的专家组，在近1年的时间里，他们主要是对兼职博士生导师也就是校外的申请博导资格的老师进行严格的评审考核，当然这期间也有好几次面试和约谈，校方要了解做兼职博士生导师的一些想法和培养博士生的计划。

经过中国政法大学的学术委员会、学位委员会以及校长办公会，学校党委常委会的讨论决定，最后申请中国政法大学兼职博士生导师的名单确定，其中有我的名字。从那个时候开始，我在中国政法大学招收知识产权方向的法学博士研究生，其中除了境内的博士生以外，还招收域外的海外的博士生，如澳大利亚的博士生等。而最近几年中国政法大学对兼职博导的招生进行了限制，兼职博导不能再招收海外和境外的博士生了。

徐显明校长因为在中国政法大学主政期间成绩突出，所以仕途也是步步高升。我觉得徐校长是一个有开拓精神的领导，在学术界和司法界都有自己很大的建树和贡献。

我在中国政法大学做博士生导师已经有十几年的时间了，带出了十几位法学博士生，其中几位博士生还是当年优秀博士生，或是优秀博士论文获得者，这些毕业的博士如今活跃在各自的岗位上，当然他们当中的大部分人是在大学或科研院所里工作，有的同学已经成长为院长或系主任了，每当听到他们进步的消息后我都非常欣慰，在每年的教师节，我都会收到来自于各地的问候之语，此时此刻，我感受到了做学者和教师的真正快乐，实现了做教授的美好理想，幸福之感由然而生。

二十七、学者的标配——访问学者

到美国纽约大学法学院做访问学者

2000年我博士毕业，按照当时的规定，博士毕业以后可以马上做博士后，于是我就成为中国社会科学院的法学博士后，师从郑成思先生和李顺德先生。同时，我接到了美国纽约大学让我去做访问学者的通知。在这之前，我曾经也向哈佛大学、耶鲁大学、哥伦比亚大学、斯坦福大学等学校提交过申请。这些大学给我的回复是，第一，不接受律师身份的人到美国法学院做访问学者；第二，即便是接受也要排队，所以说最后选定了纽约大学，但是也有偶然的因素。刚开始纽约大学也不接受律师，但后来我把我的学术背景和纽约大学阐述了一下，并且遇到了江平老师，因为江平老师的帮助，我才能顺利地进入纽约大学学习。关于我和江平老师的缘分，我在江平老师90岁生日的时候，应生日庆祝组委会的邀请，写了一篇文章，详细讲述了在申请纽约大学访问学者过程当中江老师对我的帮助。同时，在寿宴上，我作为代表发言祝福江老师90大寿。如果没有江平老师的帮助，我可能还要经历许多曲折，甚至不一定能成功。所以遇到江老师也是我莫大的机遇。

我在纽约大学法学院

我于2000年8月底到达纽约。在这之前，我在美国驻中国大使馆办了访问学者的这个签证，期限是2年，还可以带家属。按照美国的标准，访问学者是比较高级的学术活动。以学生身份去美国，就被认为是学习的，而访问学者就是交流的，所以签证种类不一样，待遇也不一样。到了纽约大学，专门有为外国学生和学者进行注册的办公室。在当时给我印象最深的是注册手续很复杂，但是都办完以后就只有一张卡——纽约大学的校园卡NYU卡，就类似于我们现在各个大学里通用的一卡通。卡上有一个火炬的符号，所有的信息都在卡中，选课、上课、去图书馆、吃饭，以及纽约大学所有的设施都可以用这张卡，比如说我经常去电影学院看全世界的电影，那个电影学院有一个庞大的电影库，而且都是单间，用电脑一点电影就自动投影到屏幕上，我当时就利用这个机会看了非常多的电影。

纽约大学简称NYU，即New York University，在国人心目当中，名字很一般，NYU这个三个字母也不是很响亮，中国人只知道哈佛、耶鲁、斯坦福、常青藤大学这样的名校，对纽大并不很了解。其实我去的时候也一样，结果到了纽大逐渐地了解了纽大，才知道纽大在美国人心中，尤其是在纽约人心中是什么地位。纽大是一所私立大学，成立的时间不是特别长，也就是100多年，由两个兄弟捐资成立的，后来这个兄弟家族成立了一个基金会来供养这所大学。到现在也是如此，这个基金会通过其他产业来给纽约大学提供办学经费。纽大在纽约是非常有名的，纽约人提及美国的大学，第一是哥伦比亚大学，第二就是纽约大学，因为哈佛、耶鲁、斯坦福离纽约很远，而且纽约人本来就自大，认为纽约是世界之都，所以他们认可的两所大学就是哥伦比亚大学和纽约大学。

在纽约驾校学开车

因为在美国要待1年多的时间，免不了要开车出去，第一件事，就是听学校的同学和老师的建议去学开车，考取纽约州驾照。于是我就报了一个驾校去学习纽约州的驾驶规则。经过几个月的书面学习和实车操练，准备开始考试。在上考场之前，教练和我说，你们中国人在纽约州，虽然经过驾校的培训，但是一次通过是比较困难的。我当时就问教练，为什么中国人在纽约通过驾校的培训，考试还不能顺利通过？教练说有几个原因，第一个原因，你们在中国国内都开车，自以为开车很熟练，而美国警察恰恰对于在中国开过车的人格外的警惕，美国的，尤其是纽约的交通规则跟中国的交通规则不一样，容易造成意外事件，所以他要着重让你了解美国的规则，尤其是纽约州的规则。所以对在中国有驾驶经验的人，反而应该严格要求，不会让你轻易拿到驾照。第二个原因是纽约州的交通规则跟其他州的交通规则都不太一样，尤其是纽约市的交通规则，比如说在美国，大部分的州在你遇到红灯都可以右拐，但是在纽约市不行，在右拐的时候，如果没有右拐的绿灯你右拐就是违规的。加上纽约这个大都市人口比较多，交通比较繁忙，交通信号也比较复杂，所以是不太容易考过去的。我们分析的第三个原因是驾校和美国警察是勾结的，因为报一次驾校至少需要几百美元，你失败以后还要重新报考，这样驾校就赚到更多的钱。所以教练说的非常明确，你们没有人能一次考过，你们就放心来第二次，甚至第三次，有的人还来过五六次，才把纽约州驾照考下来。所以我们当时有理由怀疑驾校和警察勾结，尤其是针对外国人少数族裔的人，包括中国人。所以考试当天，教练和我们说，你们到那儿去，就随便比划了一下就回来就行了，回来时候把警察的单子给我，我在这等你们。我考试比较晚，前面儿有几个驾校的同学确实都没考过，拿了一张红单子给那个教练。这时候轮到我教练就让我去考试，我就上了一个警察的警车，上车以后发现考试警察是一个黑人女警察，上来拿着一沓纸问了我几个问题，问完以后，她说开始，然后我说，警察女士，我想问你几个问题，行吗？她很惊讶地看着我，说你问我什么问题啊？现在是考试啊，我说，我就是问的和考试有关系的问题，她看了我一眼说，你问吧，我说，我听我驾校教练说，中国人在这儿考试从来没有一次通过的，或者通过率很低，对吗？我的第二个问题是问，为什么会是这个原因呢？我在中国已经开了很多年的车了，经验应该是很丰富的，尽管美国交通信号不一样，但是我们也通过学习都合格了，为什么不给我们通过呢？问完这两个问题，女警察显得非常惊愕，说你这个问题很严肃，涉及种族歧视问题。结果，这个女警察就让我开了不到10米，然后让我停到路边，我就停在路边了，我当时觉得没戏了。之后警察就拿起一沓纸，哗哗地写了半天，然后拿起一张，我记得好像是黄色的纸给我了，她说你可以走了，这时候教练正在那个路边抽烟，其他人就等着我回去然后一起去吃饭了。我就把这个单子给了教练，教练说你拿错单子了，我说怎么了，他说你pass，通过了。我说是吗？他说怎么你会通过呢？你怎么开的？我说，我就没开，他说，没开怎么让你通过呢？可能是警察搞错单子了。这时候他就要回去找这个警察，我说，你别回去找了，通过就通过了。他说，太不可思议了。我觉得这个考驾照通过的原因，就是因为我问了这几句话，因为在美国种族歧视是严重的犯罪行为，而且她身为警察对这句话比较警觉，所以她等于是没让我考试，就让我通过了。并且，这个警察最后走的时候问我说，你是干什么的，我说，我是纽约大学法学院的，那警察直愣愣地看了我一眼，我觉得纽约大学法学院这个地方，在当地人心中还是比较出名的。教练一再说他很少见到一次通过的，你怎么通过呢？我就把这个前因后果跟我说了一遍，他说你判断得很准确，这个警察可能怕涉嫌种族歧视，所以她害怕了，惹不起你，让你通过算了，省得惹麻烦。这教练又问我，你怎么胆儿这么大呢？我说，你说的反正一次通不过，就当玩儿呗，我也随便问她两句。教练说你这真是歪打正着，你本来无心地问了一句，但是警察当真了，把她给吓着了，所以才顺利拿到了驾照。

参加纽约大学的学术活动

在美国大学里，我选定了知识产权的课程，听了著作权法、专利法和商标法，以及商业秘密法的课程，刚开始听不懂，老师让买那个书都很厚，像砖头一样。而且老师在课堂上讲的都是书里有的，如果不看懂这个书，你无法听懂这个课程，并且答不上来老师的提问那这个这课也无法上。所以我开始了大量的阅读，从刚开始前三四个月几乎看不懂，也听不懂，到四五个月以后开始能够听懂了，也能够看懂了，这才发现美国大学的课程其奇妙无穷。首先我认为上一节课的时间可能要上几个小时，甚至10倍以上的时间阅读老师布置的材料。你如果不完成这些任务，在课堂上就会不知所云，而且不能参与老师的提问和讨论，所以说通读大量的在这课堂之前的材料、课程参考资料、课本、背景资料，这是美国课堂的很重要特点，这跟中国上课模式是完全不一样的。其次，我发现老师的来源也是不一样的，有的是纽大法学院的老师，有的根本不是。因为纽约大学把课程选定以后，就在全社会招标，看谁能讲这门课，如果你来应标，教授委员会，学术委员会等学校的机构来评估这个老师能不能讲这个课。所以这个老师可能完全不是纽大的人，甚至都不是大学教授，但是他有这样的能力，可能是公司的法务、前法官、前检察官等。这样的好处就是能够找到最合适的老师来讲这门课，因为要在全社会招标，学校经过遴选，老师的质量、水平很高。中国的大学也可以学习这样的模式，在中国有些本校老师的水平、资历的不适合讲课，但是老师是学校聘用的，学生也没有选择。这一点和美国大学完全不同，这使我感到很惊讶。再次，比较特殊的就是美国大学的诊所式教育，在所有的课堂上都是十几个二十几个同学，这样便于老师提问，而且每个人都会被提问。刚开始的前半年，有时候根本听不懂，答非所问，满脸通红。但是经过半年磨练，才发现美国这种的课程，不论你来自什么地方，不论你什么背景，课程都是相同的，所以每堂课的收获都是巨大的。同时法学院一周有两个中午给访问学者提供学术交流午餐，期间由一个学者或一个教授主讲一个话题，大家一边吃中餐，一边来进行学术分享。我也被安排讲了讲中国律师的过去、现在和未来，当时来了很多对中国法制和中国律师感兴趣的学者，也包括了很多其他学校的教授和学者。整个活动由柯恩教授主持，而柯恩老师呢，是法学院教授，也就是我在我做访问学者期间负责我的学术活动的老师。

与纽约大学柯恩教授的交往

杰罗姆·柯恩（Jerome A.Cohen）中文名字是孔杰荣，这位教授是非常传奇的人物，生于1930年，在1972年的时候随尼克松到中国访问。在35岁的时候立志要学中文，到现在完全可以讲一口流利的中文。他是美国著名的中国及东亚法律专家。他原来在哈佛大学任教，曾经担任哈佛大学法学院的副院长。后来因为他太太，一位著名的艺术家、收藏家，喜欢住在纽约，他就来到了纽约大学法学院任教，现任纽约大学法学院教授暨亚美法研究所共同主任，同时也是外交关系协会的兼任资深研究员，宝维斯律师事务所的著名律师资深顾问，也是著名的社会活动家，在国际外交界、国际法学界有相当的影响力。他是耶鲁大学法学博士，纽约大学法学院教授，美国亚美研究所主任，他的中文名字叫孔杰荣。他刚到中国时，全国上下都在进行"批孔运动"；为了避免不必要的麻烦，于是从那时候开始他在中国惯用的中文名为柯恩。

我与杰罗姆·柯恩教授（右）

柯恩于1930年出生在美国新泽西州，父亲是一个地方政府的检察官。1947年进入耶鲁大学就读。1951年以Phi Beta Kappa学生联谊社成员身份毕业后，他接受福布莱特计划的资助到法国研究国际关系。一年后，回到耶鲁大学继续攻读学位，并于1955年获得法学博士。在耶鲁期间，他曾担任《耶鲁法律杂志》的主编。1955年至1956年他先后在最高法院首席大法官厄尔·沃伦及大法官费利克斯·弗兰克福特的手下当书记官。

1959年柯恩到柏克莱加州大学法学院里任教。期间，洛克菲勒基金会请他代为征求一位能接受四年赞助，研究中国问题的学者。由于一直没有适合的候选人出现，于是孔决定毛遂自荐。他开始学习中文，但是在当时美国人不准进入中国内地的情况之下，他只好到香港，请教一些有关中国刑事诉讼程序的问题。后来他根据这些访问记录完成了他的第一本著作:《中华人民共和国刑事诉讼程序：1943—1963》。

1964年柯恩被聘为哈佛大学法学院教授，他在那里前后待了17年，创立了学校的东亚法律研究所。这段期间他不时主张与中国实现关系正常化。1972年柯恩以美国科学家联盟访问团团员的身份，终于进入中国内地，并见到了时任中国总理周恩来。1977年，他陪同参议员泰德·肯尼迪到北京，会见了邓小平同志。

1972年柯恩成为第一批访问朝鲜的美国学者之一。1973年8月他曾协助拯救被绑架的金大中。金大中后来在1997年成为大韩民国总统，并于2000年获得诺贝尔和平奖。

1979年中国改革开放之后，对外国投资者而言，柯恩稀有的中国法律专业使他成为抢手的人物。1980年他获得了一个前所未有的机会可让他在中国生活且发展所长，于是他向哈佛大学请了年假，到北京向商务官员教授美国的合同法。次年，当假期即将结束时，他决定留在中国并进入宝维斯律师事务所工作。柯恩很喜欢中国，他从1960年开始研究中国法，同时，努力推动中美之间的法律人士以及多方面的交往。

我这一辈子真是与1930年出生的大学者有缘分，我的博士生导师张晋藩先生出生于1930年，并且还是我的沈阳老乡，我毕业的中国政法大学的当时校长陈光中先生出生于1930年，我与陈光中校长的交往当然不止于校长和学生之间的交往，我们的私交也很好，还有一层关系，北京律师界的大腕，天达共和律师所的陈峰大律师，我的律师大哥，是陈光中校长的公子，可以说我与陈校长父子都有交往。江平老师，1930年出生，交往匪浅。以上三位，他们同龄，都是中国政法大学的终身教授。柯恩教授出生于1930年，有时候我看到江平老师和柯恩教授同时在一起时，我就有一种时空转换的感觉，他们两位同龄同时代，在不同的国度，经历了不同的人生，书写着各自的辉煌，在中美法学界产生了各自巨大的影响。

我当初去纽约大学做访问学者联系的就是柯恩教授，他是纽约大学中国项目的负责人，到了纽约大学后与他见面机会就多了起来。几乎到访纽约的中国法律届人士都要拜访柯恩教授，我就有了很多陪同的机会，同时，柯恩教授经常组织各种法学交流活动，我是常客，访问学者与拿学位的学生不一样，时间比较充裕。因为与柯恩教授频繁的交往，故而建立了很好的友谊关系，在后来几次的中国行中我在北京都他见了面并聚餐，可能是因为年事已高，最近几年柯恩教授再没有访问中国。在纽约的时候，经常去他们家开派对，杰罗姆·柯恩家就在中央公园旁边，一个豪宅，能够从窗户能看到中央公园，因为他太太是收藏家，所以他家有很多名画。他有应该有三个儿子，我见过其中两个儿子。他是典型的纽约的富豪，通过和他还有其他在纽约有身份地位的人接触，我发现这纽约富人生活方式基本上是在中央公园附近买套豪宅，或在维斯康星州，抑或是在纽约的郊区有套别墅，周末就去别墅，平时在曼哈顿的公寓待着，但是更有钱的人，就会在迈阿密，有一套公寓或者一套别墅，由于纽约的冬天比较冷，就会跑到迈阿密度假，并且美国的很多律师，除去考取纽约州的这种律师资格以外。还要考取佛罗里达州也就是迈阿密所在州的律师资格，在那儿冬天度假的时候也开一个律师事务所，度假和和执业两不耽误，这就是典型的美国纽约律师的生活。

访问学者与留学生不一样的生活

纽约大学除了学习以外，还有很多校内外的活动，因为纽约大学在纽约的地位很高，像是某个国家的国庆日，驻纽约总领事馆和驻这个联合国的代表处组织庆祝活动，就要联络纽约大学的人参加，甚至专制封建国家的皇帝诞辰，也要和纽约大学联络，再加上美国的节日非常之多，像感恩节、万圣节、元旦、新年、劳动节、退伍军人节、独立日等，几乎每个月都有节日。有一次我去哥伦比亚大学听讲座，有个哥伦比亚大学老师调侃纽约大学说，你看美国这么多节日，纽约大学一逢节日就放假。不像我们哥伦比亚大学是搞学术的地方，很多节日我们不放假，就算放假学生也不走。当然纽约大学的老师也经常开哥伦比亚大学的玩笑。纽约大学与哥伦比亚大学在纽约市有点像北大与清华在北京市的关系。纽约大学组织的几次活动中，有一次是和联合国一起组织的，就是各个国家驻联合国的大使和纽约的学生学者要进行联谊活动，到宾夕法尼亚州的美国家庭过一个周末。我见到了很多外国的大使，和咱们国家驻联合国的大使，其中有一个蒙古国驻联合国的大使就把我拉到一旁说，徐先生我很羡慕你们中国。我说，你羡慕什么呀？我说，中国是一个大国，在国际上都很有地位，外交官也很风光，不像我们这样的弱国，在联合国说话就没有什么底气，当中国人真是很自豪的一件事情，我很羡慕你。我当时就很感慨，并且发现像法国、英国、德国这些驻联合国大使，基本跟蒙古国的大使没有交谈，在整个活动当中趾高气扬。所以说国家实力就是一个外交的后盾，这一点呢，在外交场合看的非常清楚。通过参加这次活动呢，我也了解了联合国大使的一些情况，很有收获。还有一次活动令我记忆深刻的是纽约大学组织外国留学生、学者去西点军校参观，我们在哈伯逊河坐船，顺流而上到达西点。之后西点用隆重的礼仪来欢迎外国的学者和学生，当时我们观看的是海军和空军的橄榄球比赛，我才知道在美国这个军事院校中有这种传统，尽管橄榄球规则看不太懂，但是也被这个场上的气氛所吸引，随后也参观了西点军校。还有一次比较好的活动，是以色列组织的选各国代表到以色列去进行东西方学生学者的一个交流会，模拟联合国，阐述这个国家的一些外交政策。我也报了名，可惜没有被选中。后来我就好奇谁代表中国去以色列呢？后来发现是一个19岁化学学院的一个小女孩儿，我就联系到这小女孩儿，和那小女孩儿聊天，她问我为什么没被选中，是我英文不行吗？她说不是，这个是有同声翻译的。她说，那我学术背景这么好，为什么不能代表中国到以色列。后来我们分析，她说你可能经历太好了，主办方担心你在国际场合替中国说话，宣传中国政府的大政方针，他们反驳不了，所以他们选择了19岁女孩，啥也不懂，而且女孩又是本科学生身份，我觉得她分析的有道理，因为美国实际上对中国还是比较警惕的，并且这种情况在以后的场合当中时有发生。

很多领导人在后来写回忆录的时候，被问到你们这一辈子有什么后悔的事情，或者说什么事情值得做而没去做的事情，他们写道或许是没有在年轻的时候到国外生活过吧，德国的前总理施罗德就是如此。当时我还不很理解这句话，当我在纽约大学待了一年，这一年不是作为游客，不是在走马观花，而是每天住在美国人家里，每天坐地铁去学校听课，在学校吃饭，跟同学要交流，我觉得这段经历对我这一辈子影响都很大的，这让我看到了地球的另一面，看到了世界上另外一种人的生活状态，也看到了整个国家的运转的机制，当然一年的时间还是太短，对一个国家、对一个社会、对一个民族，尤其像对美国这么一个大国、强国的了解是非常必要的。

在千禧之年来临之际就是2000年的1月1日，在纽约的时代广场举行了盛大的千禧年大会，超过100万人在这里庆祝，拳王阿里最后一次的露面也在这里，进行千禧年的演讲。这100万人怎么能够在时代广场庆祝千禧年呢？时代广场比天安门广场小得多，我当时也在那里，当时警察用栏杆围成一个一个方块，从下午开始人只能出不能进，也就是说，要是想在1999年的12月31日的零点赶上千禧年的庆祝，你要前一天早晨在这个广场等着，否则你就进不来了。我们比较幸运的是中午之前找到一家位于时代广场的律师事务所，在这里吃的快餐，下午3点钟出来已经是人山人海，这时候时代广场，已经有六七十万人了，到晚上六七点钟天黑的时候有八九十万人了，到晚上十点的时候，人已经基本都满了，这个时候警察不允许任何人进来，因为每一个划定的方块人都是满的，而且只被允许在自己的方块里待着，不能离开。并且我对纽约当时公共设施也比较惊讶，100万人在公共场所这么长的时间一定要上洗手间，警察告诉我有两种洗手间可以选择，一种就附近的大楼里，洗手间全部开放。另一种就是临时搭建的洗手间，也就在离你不远。但是上洗手间要在衣服上贴一个标志，凭借这个标志去洗手间，然后可以回来，否则没有这个标志就进不来了。我估计当天晚上的100万人中的来源有100个国家以上，可能一些国家都没听说过，但他们千里迢迢到这儿来庆祝千禧年。纽约就是这么一个城市，生活丰富多彩，如果没有在纽约待过，没有深入了解，根本就不知道这个城市每天24小时在发生着什么，是什么样的生活状态，纽约可谓世界之都名不虚传。

在纽约的一年当中接触了很多教授和律师，教授在大学里边儿拿10万~20万美元的年薪，这在美国是标准的中产阶级并不是很有钱，但是教授的社会地位比较高，而且工作比较稳定，要是表现好的话，还可以混一个终身教授，可以说衣食无忧。但是教授根本不依赖工资生活，比如说像杰罗姆·柯恩，他是宝维斯的主要合伙人，宝维斯是在美国排前三名的大律师事务所，他参与很多案件，尤其参与跟中国和亚洲有关系的案件，还有其他的一些大学教授的收入是靠自己写书、发明和其他商业活动。当时美国的律师可能已经超过100万了，但纽约州就有二三十万，并且纽约市就有超过10万的律师。我结识了很多年收入过千万的律师，也到这些美国律师家里做客，了解他们的生活，也见到了很多大律师事务所，开了眼界，回来也写了好几篇介绍美国的律师事务所的文章。

这期间也接待了很多来自国内的代表团，像最高人民法院法官代表团、北京市高级人民法院代表团、北京律师协会代表、上海律师协会代表团等。在纽约一年当中也见到了很多在国内不容易见到的著名学者、领导，因为他们访问美国的时候必须去纽约，到纽约的一般都会到哥伦比亚大学和纽约大学搞讲座。当时搞讲座的组织者我也认识很多人，像是留美学生会等。而这些留美学生会当时的组织者、领导者，后来都陆续回国，在国内都担当大任，其中有几位已经当了部长级的干部，有几位已经成了大学者，有的做了大学校长和院长，还有很多成了著名的实业家。所以在纽约不仅要和美国人交往，还能认识到很多中国人，因为那个年代是中美关系的蜜月期，所以中美交流非常之频繁，去的人是非常多，几乎所有学者都会在纽约大学搞个讲座，这样就互相都认识了。这是做访问学者的意外收获。

二十八、我所理解的知识产权理论和实践的基本原理

关于商标混淆的理论

当年有一个很著名的案件，中国加入WTO后，修改了商标法，开始经司法程序认定驰名商标。这个著名的案例就是当年丰田汽车公司告吉利汽车公司。原告丰田告了被告吉利，诉讼请求认为吉利公司的商标与丰田公司的商标造成了混淆。原告丰田在法庭上说如果只看商标标识，吉利的商标虽然与丰田的商标不完全一样，但是很近似，被告吉利商标造成了与丰田商标的混淆，所以说吉利商标侵犯了丰田商标。同时，都是汽车商品，都属于商标第12类，从商品类别上看，尽管丰田与吉利汽车档次有所区别，但都是汽车，所以丰田与吉利是类似商品，构成二者的混淆，进而论证侵权成立。在商标混淆这个概念当中，关于商标混淆有两方面需要判断，一是商标标识的混淆，所谓的近似商标，另外是服务或商品的混淆，所谓的类似商品或类似服务。在本案中，除了判断商标是否近似，还要判断商品是否类似，判断商标是否侵权关键在于是否造成混淆。最后法院支持了原告的主张，依据的就是商标的混淆理论，混淆理论是判断一个商标是否侵权的重要标准。当然，除了混淆理论外，还有商标的淡化理论和商标丑化理论的问题。

本案当年之所以很有名，除了法院释法阐明了商标的混淆理论以外，最重要是原告通过商标侵权诉讼在中国司法程序上认定其为驰名商标，这是本案最有价值和意义的所在之处。

关于著作权(版权)权利人维权的困境

我们从国际上大环境说,在世界范围内,大家可能都比较喜欢看好莱坞的电影,好莱坞的成功有许多原因,其中,好莱坞电影在版权保护方面的成功是非常重要的因素。

好莱坞之所以成功,是把美国的梦、美国的思想变成了工业产品。这工业产品就是电影院里放的东西,你要去看,你要买票,好莱坞电影产业是什么人在控制?投资人、制片人、编剧、导演、演员、音乐制作人等,这是美国一个庞大的产业,大数据显示这些都与著作权有关,就是我们通常所说的版权产业。

知识产权中的著作权呈无限发展的事态。迄今为止,人类最大的进步是智力的进步,著作权就是智力劳动的成果。比如说,我们现在电影的繁荣,在10年之前,电影票房是律师收入的1/10,现在中国一年的电影票房已超过律师收入。现在坐北京地铁,看到的都是年轻人在玩网游手游,网游手游的产值早就超过律师的收入了,电影票房的收入的不断增长,说明出现了大量的著作权保护的作品,因为人类的智力劳动成果越来越多。就互联网来说,不知道大家关注没有,网络电影,网络电视剧纷纷出现,大量的电影剧本,音乐版权在交易。如果说之前著作权是高大上的名称,现在著作权是实实在在表现出来的产品,著作权的产品是动态的,边界是模糊的,而且著作权的边界不断扩大,谁也不知道著作权及其产业会发展到什么程度,我们只能说人类的智力劳动成果在著作权的保护下未来可期,会越来越好。

玛丽莲·梦露是20世纪50年代跟美国总统肯尼迪有过绯闻的一个演员,在她暂短的一生去世后留下了很多照片,比如一张裙子飞扬起来的经典照片,拍照片的人当时是美国不太知名,只是在电影圈里的一些摄影师。现在他们的商业公司每年拿多少版权费?千百万美元以上的版权费,他们现在还在拿这个版权费,商店里卖一张照片就得给人家多少钱,你说我不给版权费行不行?不行,可能要进监狱的,只要版权人发现你盗卖就是刑事犯罪。就算是版权保护到期了,在律师的安排下,权利人早已将版权转化成其他商业性权利了,照样获取高额的利润,这就是知识产权保护的魅力和效果。

比如我的大学学兄刘震云,他现在是知名作家和编剧,刘震云上大学的时候他是很穷的,他就读于北大中文系1978级,他尽管写了很多年小说,写了很多年长篇短篇，但是文字很不卖钱，自从文字作品改编为电影以后，版权价值就开始溢出了，现在刘震云先生我认为他应该很富有，至少是作家中比较富有的人，为什么？因为他的小说被改编成剧本，在剧本的基础上拍成电影。一地鸡毛，1942年，我不是潘金莲等大卖的电影或电视剧，这都是他写的剧本，一个电影票房，一个电影能卖几个亿，几十亿，他作为编剧在里边分成也好，分享也好，肯定是有很可观的收入，这些收入都是合法合理，是版权的收益，也都是版权产业发展的结果，所以，著作权问题非常重要。他还可以把他的作品授权改编为戏剧，舞蹈，音乐，游戏，动漫等等作品及其著作权的邻接权形式，使著作权发挥到极致。在著作权操作过程中，会有确权和侵权的问题，在一系列授权当中，难免发生纠纷，尤其是网络上的纠纷，新技术带来了著作权保护的新问题，这就产生了大量著作权案件，案件数字是海量的，据有关司法部门的统计，知识产权纠纷案件当中，著作权纠纷占比七成以上，在著作权纠纷当中，网络著作权纠纷又占比七成以上。著作权诉讼纠纷案件多，著作权权利人打起官司来很难，以我专业角度，我认为著作权案件有几难，当然，这些难处不仅存在于著作权案件中，在知识产权其他类型案件中也普遍存在。

第一，举证难。

中国的民诉法原则上规定就是谁主张谁举证。谁主张谁举证，你告别人了，侵权了，对不起，你要举证，这个举证，你说这有多难，证据都在侵权人手里，从侵权人手中取证相当于火中取栗，这怎么可能行得通？这是中国法律上的规定，所以举证难，这就很容易理解。权利人要从侵权人手中拿到对权利人有力的证据，这不是一个合理逻辑，但这是中国民诉法律上的规定。尽管现在有举证倒置的情况，但总体上，谁主张谁举证的原则没有变。

第二，索赔难。

美国是对侵权的案件进行惩罚性赔偿。有的人因为吸烟得了癌症，死者家属告烟草公司赔了几亿美金，法院认为你工厂造出的烟卷对人的身体健康造成了致命的损失，这个应该惩罚你，这叫惩罚性赔偿。中国知识产权审判赔偿的原则是填平原则，填平原则还是目前司法判定的主要原则。

填平原则赔偿的原理是什么？第一，别人侵你权了，别人获利多少？第二，你被侵权了，你损失多少，一个获利，一个损失，法官判决的原则，把对方获利，填平你的损失，这叫填平式原则赔偿。当然，现在惩罚性赔偿的法律条文规定在中国也开始有了，中国知识产权诉讼近年来也已开始适用惩罚性赔偿了，但是刚刚开始，远远不够，运用起来还不是很合情合理，不足以震慑和阻止哪些恶意侵犯知识产权的行为。

第三，周期长。

从一审到二审，再到再审，著作权侵权案件的审理时间很长，如果再加上执行的期限，那就更长了。现在的法院都是法官少，案件多，审理不过来，延期审理的现象非常普遍，知识产权案件又多在东部发达地区审理，这些地区的案件本来就多，侵权发生的也多，几个因素叠加，造成著作权侵权案件审理过长的状况，这是著作权案件不容回避的一个问题，有时候权利人望而却步，因周期太长而放弃维权诉讼，这需要我们重视。

第四，执行难。

首先是执行法官难，因为案多法官少，执行法官有多难，找到执行法官太难了，法官普遍找不到，因为他们太忙了，天天出去执行案件，在法院基本找不到他们，对于这种现象，在很多法院司空见惯。加上近年来离职的法官也越来越多，有时候好不容易在执行庭立上了一个案件，正准备去执行时法官就离职了，又要重新联系另外的法官继续执行。

查不到被执行人的财产，无财产可供执行，遇到了老赖，这是执行难的另外一个原因，非常普遍。

第五，维权成本高，侵权成本低。

即使侵权人的行为被判侵权，赔偿数额也很有限，侵权人大不了注销了原来的公司，再重新注册一家公司，可能侵权又来了。什么叫维权成本高？打官司你请律师得收集证据，不断的去跑法院，劳神劳力劳财。侵权成本很低，维权成本很高。

第六，刑事打击不力。

本来有些行为是侵犯知识产权的犯罪行为，因为刑事案件从立案到审判在司法实践中难以实现，很多本来是知识产权刑事案件变成民事案件了，所以侵权人才有恃无恐，没有刑事打击，永远打击不利，在几年之前，我看到美国一个消息，美国得克萨斯州一个单身的一个妇女，闲寂无聊，在网络上档了一些原创歌曲，然后分别发给她的几十位朋友，第二天警察就来敲门了，在外国知识产权的刑事打击是很严厉的，中国差得很远。

外国企业在中国专利诉讼的案由分析

专利大战是指跨国公司、专利巨头之间在标准必要专利当中等领域的厮杀，这么一个大战他们把主战场放到了中国，世界级最高级的知识产权诉讼来到了中国，他们的意图是什么？我想有下面几个。

第一个，这些公司想借助中国司法的力量，实现专利垄断的目的，专利垄断是一种合法的垄断，但这种垄断是有界限的。他们往往先下手为强，想通过专利诉讼的方式来继续垄断，维持其在中国收取高额专利费的优势地位。

第二个，这些跨国公司想利用中国的法院判决，防止中国行政执法机关对其调查和处罚。目前，我们国家知识产权保护执法是双轨制，即行政执法和司法保护。跨国公司还在持续不断的进行专利垄断，加上其他公司的专利垄断，中国行政机关是否是对其再进行反垄断调查？不得而知，但是他们如果是在中国法院提起了诉讼的话，就有可能以中国法院已经生效的法律判决来防止中国行政机关的调查和处罚。他们会说：你看法院已经判决了，法院认定我这个专利授权许可实施是合法的，法院认为我这个专利费率计算方法是有效的，行政机关就不能推翻这个司法机关的判决。因为按照中国加入WTO以后的承诺，按照有关协议的规定，中国的司法机关的裁决是对行政机关的最后决定，行政机关的裁决要服从于司法判决。这些公司如果抢先在中国法院提起了诉讼，就用司法机关的判决，防止了中国行政机关对他们专利垄断的调查和处罚。这是一个诉讼策略，知识产权大战常见的诉讼策略，这个意图我们看是显而易见。

第三个，他们想利用中国法院的判决，否决中国行政机关对其垄断的调查和处罚。他们想通过中国知识产权法院等一系列法院的判决，认定他们在中国对其他厂家专利许可费的标准，来否决中国国家发改委对他们的处罚。这有一个很明显的诉讼目的，挑起中国法院与中国行政机关之间的矛盾。为什么跨国公司不去起诉罚他们款的国家发改委？如果中国法院判决跟发改委决定观点一致，那还好办，如果不一样，中国的司法机关和行政机关就产生了矛盾，或发生了执法水平的不统一，就会造成行政执法和司法保护尺度不一的后果，对我们知识产权保护水平影响很大，这是外国公司在中国诉讼的一个技巧，甚至是一个阴谋，我们不能上这个当。

第四个，外国企业在中国法律诉讼的意图是利用诉讼扩大影响，站稳中国市场。大家看到这些诉讼的主体都是世界巨头，他们在中国已经有强大的市场占有率了，他们希望持续地站稳中国市场，利用诉讼来扩大宣传。“你看，我在中国有巨大的诉讼”大家都很关心知识产权诉讼，业界也好，业外也好，通过诉讼来积累品牌，这是一个很重要的宣传方式和渠道。知识产权诉讼所引发的人们的关注比任何形式的广告宣传都重要。一个专利广告打完能有多少人关注呢？但是，诉讼关注人就很多了，所以外国企业想通过这种策略，迅速来占领中国立场，把中国市场牢牢掌握住。

第五个，为国际诉讼提供案例和样本。专利大战从来都是全球的，专利布局也从来都是全球的，美国、欧盟和日韩，这些经济主体或者经济地区都是主要的专利布局区域。这些外国的世界巨头在中国法院提起诉讼，目的就想通过在中国的诉讼实现全球布局，不仅要掌握欧美市场、日韩市场，还要掌握中国市场，因为中国作为发展中国家，作为新兴国家，在世界的崛起之日已经不远了，在世界知识产权布局的地位也日益重要。所以他们也想拿到中国司法机关的裁决，到美国欧盟到日韩再接着诉讼，使他们这个专利在全球的地位更加巩固。这一点也说明中国的专利价值在全球日显重要。很多外国公司要求中国法院提供英文的判决的版本，意图是什么？显然是想拿到国外去，让中国司法机关的判决影响其他诉讼，或者是支持他们在全球专利的布局。以上五点是分析外国企业在中国专利诉讼或者是把专利大战带到中国来的具体意图，所谓的知识产权诉讼策略。

我理解的商业秘密案件

在商业秘密案件中，如果作为原告，到法院打官司法官都要问，你的秘密点在什么地方，你采取了什么样的保护措施，怎么证明这个商业秘密是你的。我在不同场合和法官交流的时候说，在对待商业秘密侵权案件上，法院现在给我这样一个印象，是要建立一种商业秘密的权利，像商标和专利一样，先把权利范围说清楚，权利要求说清楚。实际上法官在审案子的时候，是按照一种权利来要求原告和被告，对这种权利进行描述和界定。从理论上上讲，商业秘密是不是一种权利？或这种权利状况是什么样的？法律上的界定并不是很清楚。

商业秘密案件中原告和被告有什么不同。我不愿意代理原告，愿意代理被告，不愿代理原告是因为法官要求原告证明商业秘密的条件很苛刻，最后很可能证明不了，据法院统计的数据，商业秘密侵权案中，原告败诉率88%，因为原告很难证明自己的权利，很难证明到法官所要求的那种权利的界限、质量和标准。我主持了一个知识产权科研项目就是研究建立商业秘密的备案制度，备案制度实行后，商业秘密可以像版权、著作权、专利权一样，也有权利要求书，也有权利范围。备案的商业秘密被法官认可了，原告就好当了。比如我这商业秘密个权利三年之前就备案了，你侵犯我了，无需向法官证明。商业秘密的备案制度在中国的知识产权保护的语境下有它特殊的意义。

为什么要商业秘密保护，不用专利权来保护呢。用专利多好啊，权利稳定，还有国家行政执法的保护，作为企业经营的这个角度，在申请专利的同时要公布技术方案，技术方案在中国被别人知道，意味着什么？意味着复制、模仿、搭便车、抄袭蜂拥而至。又有人问，那我有法律制度保护啊，这里的现实是中国知识产权保护维权成本极高，侵权成本极低。在这种条件下，专利方案一旦公布，就被大量剽窃侵权，商业秘密保护是一个不错的方法。因为技术方案在公众不知晓的情况下，在没有内部内鬼的情况下，把这个技术方案攻破，并不是一件那么容易的事情。中国人创新能力很差，剽窃能力很强，商业秘密的保护方式是防止抄袭和剽窃。这是符合国情的。再告诉大家一个数据，在国外抢注中国驰名商标的都是中国人，天涯海角任何一个地方，美国西欧日本韩国，都是以外国公司名义出现，实际上都是中国人在操作和控制。这种情况下，商业秘密他人不知晓，但是商业秘密权利人已经把产品制造出来了，侵权人直接侵权有一定难度。比较而言，把明晃晃的专利技术方案公布，可能商业秘密的保护方式更有利于产品对市场的占领，有利于技术秘密的推广，有利于保护商业秘密，商业秘密有市场价值，更加适合中国的实际情况。

商业秘密保护的优势是，保护条件比较低，不需要注册申报，没有时间保护限制，没有地域性，具有秘密性不向外界公开；劣势是风险较大，权利状态不稳定（相对于专利权），独占性较差（你有别人也有），商业秘密侵权之后权利人被要求的举证存在一定的难度。

在中国要特别重视国家秘密和商业秘密的区别，中国有很多企业是国有企业，既有国家秘密又有商业秘密，比如中石油。泄露国家秘密首先是刑事犯罪，国家秘密和商业秘密区别：立法来源不同。商业秘密受反不正当竞争法保护，国家秘密是国家保密法。国家秘密保护的是国家安全和利益，商业秘密保护的是秘密所有人的经济利益。内容不同，义务也不同。级别保护不同，国家秘密分绝密机密秘密三级；商业秘密不分级。法律责任不同，商业秘密侵权是刑事犯罪也可能是民事赔偿，民事责任是主要责任，侵犯国家秘密主要是追求刑事责任。

“一带一路”的知识产权法律问题

现在的全球贸易战已经逐渐演变为技术壁垒和知识产权战争。我们业界的人都知道，如果是普通的经济贸易纠纷案，到了WTO机构解决各个国家都有自己的“利器”，诸如反补贴，增收关税等的各种手段和武器的使用很频繁。就像我的导师郑成思教授所说的，在国际贸易领域内“抓小偷”是发达国家一贯的策略，所谓的“抓小偷”就是打击惩罚侵犯知识产权成果的行为。从发达国家的角度来看，简单的贸易竞争正在转化为技术壁垒和知识产权壁垒，贸易战我们还可以打一打，偷人家东西，傍了人家名牌没什么可说的，作为小偷偷了一样东西还有什么可说的呢？“警察抓小偷”的游戏实在是太普遍了，知识产权在国际贸易上就是表现为侵权，也就是说在国际贸易纠纷中，知识产权侵权纠纷会越来越多，侵权或者是维权，不是一般的相互贸易报复纠纷方式，这是一个总的趋势。

我们要注意到，在我们“一带一路”战略中我们遇到的发达国家不多，发展中国家很多。从知识产权的角度来讲，我们遇到的国家发达程度比我们还低，可能会成为将来中国企业走出去的路上的一个阻碍，而非推进力量，这一点我们必须有清楚的认识，知识产权的保护在不同的国家表现出不同的发展阶段和保护程度，中国的知识产权保护已经过了初级阶段，在“一带一路”沿线国家，中国的知识产权权利人应该重视自身的权利保护。大家知道英国的著名作家，创作了《双城记》的狄更斯，他在19世纪的时候，受邀到美国纽约去参加讲演，刚一下船就发现在美国的港口读者们人手拿一本小说欢迎他，他问“我的书并未在海外授权发行过，你们是在哪儿弄到的我的小说？”读者回答我说，这是我们自己印刷的盗版，狄更斯当时就说你们是一个流氓的国家，是一个海盗国家。大家知道美国在20世纪80年代才加入《伯尔尼公约》，这是全球最著名的版权公约，早在100多年前《伯尔尼公约》就有了。为什么美国在20世纪80年代才加入，因为在此之前美国一直在窃取欧洲的东西，美国法律不保护国外的版权，一直在盗版国外的版权作品。20世纪80年代微软来了，微软的软件需要版权来保护，它借助了微软要加强版权保护，加入《伯尔尼公约》，是为了美国整体的利益，之后把整个著作权提升到了最高的保护程度。美国知识产权保护从低到高的过程给我们提供了借鉴，

我们学习美国的经验，在"一带一路"沿线国家知识产权保护方面，为我们已经取得的知识产权成果建章立制，依据"一带一路"沿线不同国家的具体情况制定不同的知识产权保护政策和措施，以促进和推动"一带一路"倡议的落地和实现。以保护我们的知识产权成果，防止知识产权被侵权。"一带一路"倡议中的知识产权保护有特殊意义。

知识产权保护从被动走向主动

在我们司法实践中我们经常发现，比如说经营了很多年的企业，没有自己的商标，等企业壮大以后突然发现自己经营了多年的商标在别人手里，然后要花很大的代价去抢回这个商标，这个时候这个商标可能已经价值连城了，如果抢回来还可以继续经营，如果抢不回来商标，企业不是面临破产就是改名经营，损失极其巨大，教训极其深刻，这种案件不胜枚举、比比皆是，企业处于被动的局面之中。

从知识产权保护到知识产权企业战略，是一个从被动到主动的过程。知识产权保护仅仅是保护好自己的知识产权。但是知识产权战略则是指企业不仅要保护好自己的知识产权，而且要把它当企业的重要资产来经营与利用。企业在知识产权中的战略安排是一个总体计划，比如说如何申请专利、商标、登记著作权，申请哪些，登记哪些，以及商业秘密怎么保护等。目前中国企业并不重视知识产权，一旦遭遇侵权就不知所措。

所以企业要把知识产权作为资产进行运作的话，就必须有一个完整的知识

产权战略，这样才能摆脱被动的地位。实际上，企业最有价值的资产就是知识产权，它是一种无形资产。中国企业要建立知识产权保护的详细战略，包括进攻战略与防御战略。总的路径就是企业在对待知识产权问题上，要从被动向主动方面转变，原来是因为侵权，被动挨打，现在是企业需要知识产权，要建立一整套知识产权的保护制度和体系，主动出击打击侵犯知识产权的行为。从全球一体化角度看，知识产权的被动是指中国企业在过去往往被国外企业指控为侵权者，知识产权的主动是指中国企业现在纷纷拿起知识产权保护的武器打击包括国外企业在内的侵权者，知识产权对企业生命攸关，这是知识产权从被动到主动的巨大转变。

二十九、学者学习的榜样和建议

我把江平老师当作榜样

我毕业于中国政法大学，在中国政法大学取得了硕士和博士学位，现在还担任中国政法大学的博士生导师，当然我也听过江老师的课，但是我从江老师的交往大多是来自在学校毕业以后，在各种学术会议上，于法庭、仲裁庭等社会活动的场所，甚至是在机场，经常见到他老人家匆匆的身影，简短的讲演。我想，像江老师这样的法学家，在中国太少了。如果我们法学家都能像江老师这样，不仅是在书斋里，为中国的法学建设而努力，而是走入社会，把高深的理论变为平常的实践，把深不可测的理论变为浅显的道理，那我们的法治建设会更上一层楼。我们经常提到江老师，他是我们学习的榜样，我们法学界需要像江老师这样伟大的践行者。

我与江平老师（左）合影

一提到江平老师有人会说是法学家、法学教育家，是仲裁员，是律师，但我更愿意说江平老师是伟大的法律践行者，纵观我们的法制社会，法学家层出不穷，但是能像江平老师这样集各种身份于一身的法学家并不多见，江平老师不知做过政法大学的校长，是中国最著名的法学家之一，他同时还是著名的律师和著名的仲裁员，也有人会说江平老师的专著和文章没有那么多，但是，我要说，江平老师的身影经常出现在法庭、仲裁庭，也许也有人会说，以江平老师的身份，他完全没有必要去亲自处理具体的案件。江平老师仅以一个布道者的身份就足以传播他的思想和影响力。但是正因为江平老师具有深远的法学思想力的影响下又不放弃法学的践行，这是江老师区别于一般学者的不同之处。在我们国家，人口众多，就业很难，所以很多人都是终生从事一种职业。如果再从事第二种职业，无论从机遇、才能及机会都是非常困难的。这就造成了我们国家理论和实践相脱节的社会条件。有的人从事一辈子的理论工作，很少有机会从事是实践工作，有的人从事了一辈子的实践工作，很少有理论提升的机会。像江老师这样既是思想家又是行动家的人，在中国确实不多见，进而显得难能可贵。法学是实践的科学，我们经常在实践中遇到法学问题，有的当事人问，这个问题你们有能力解决吗？我们的回答往往是就中国的法学问题没有特别解决不了的高深的疑难问题，很多时候，法学问题就是解决问题的实践性的问题。它能解决实践，社会当中存在的问题，这就是法学最成功之处，所以说，在中国，乃至社会，法学更多层面上是实践的问题，而不是一个理论问题。法学是人类最成熟的学问之一，它在几百年，几千年的发展过程中已经形成了人们可以普遍接受的规则，可以普遍接受的理论。但是在这些可以接受的理论规则下，如何把思想变成行动，如何把行动变为社会解决问题的钥匙，这确实是一件非常不容易的事情。所以，在我们国家很多情况下，我们的法学问题搞得神乎其神，搞得很抽象，甚至有些法学理论问题根本就不存在，完全是想象出来的。而众多的实践问题大量存在着却没有人去实践的处理，这是什么原因呢？在我们的法学界有一个很大的误区，认为搞实践低级，做具体工作层次不高，只有搞理论，只有搞虚无缥缈的理论体系才高雅，越难懂越显得高雅，而实践当中，这种高雅的理论问题并不多，而大量的实践并没有人解决，所以说，在我们这些法学家当中，能像江平老师这样挺身而出，把法学理论运用到实践当中，是非常难能可贵的。我们经常在一起议论，说江老师代理哪个案件，出席了哪个法庭，就说江老师都能作为代理人出庭，我们有什么不敢做的，有什么不能做的呢？我们也经常遇到江老师做仲裁员仲裁案件，我想无论从律师角度还是仲裁员角度，江老师都以法律践行者的身份来实现他的法学理论和法学理想。从法律教育家的角度来讲，江老师也不是单纯的纯理论研究者，也是伟大的践行者。大家知道，我们很多法学界的人士上过江老师的课，听过江老师的讲演，相对江老师的课和讲演，江老师的文字作品确实是少了些，但是每当你听过江老师的一次课或者一次讲演，你从中所受到的教育或是启迪，远远胜于读一本书或是一篇论文。这就是江老师带给我们的践行者的成果，江老师的一堂讲座或一堂课可以影响一个人的一生，这种践行者比任何所谓的理论文章都有力量，都有穿透力。所以说，践行是江老师最光辉的品行之一，也是我们社会最缺乏的思行合一的社会要素。在我们的国家，我想没有任何一个法学家能像江老师这么受到社会各界的欢迎，无论是法官论坛、律师论坛还是商学院，都留下了江老师的身影，那么这些实践部门为什么这么欢迎江老师呢？我想除了江老师完整的法学体系外，还有江老师具有践行者的真知灼见。就法官而言，江老师经常做仲裁员，还是北京仲裁委员会的主任，相当于法官的角色，在仲裁案件中，江老师是站在法官的角度来看问题，处理案件的，所以说，江老师了解法官的思维，理解法官的苦衷，也深知作为法官处理案件的难度等众多法官的问题。每次律师论坛或者是律师的活动，都以能请到江老师作为讲演嘉宾为荣。为什么江老师如此受到律师的欢迎？一方面，江老师的仗义执言，为律师伸张正义，作为弱势群体的律师能受到江老师这样大家的支持和扶助，是广大律师的福音。另一方面，请江老师参加律师的活动，因为江老师理解律师，江老师本身就是律师，他代理了很多知名的案件，从律师角度，江老师更懂得律师的思维，更懂得律师的艰苦，更懂得律师的不易。所以，江老师所讲的律师的问题，都是律师实践中真实存在的问题，都是具有针对性的问题，都是律师热盼能够解决的问题。所以，江老师受到律师的欢迎页就不言而喻了。那么江老师为什么又受到各种商学院的欢迎呢？曾经商学院毕业的学生和我讲，哦，你是搞法律的，我认识你们法学界的江老师。他们对江老师非常景仰，非常佩服。那么我又问他们：你们为什么那么佩服江老师呢？他们说："江老师讲的法律问题都是具体解决问题的问题。江老师如果不了解社会，不了解实践中的问题，不理解我们国家的经济，企业，不了解实践层面的问题，他怎么会给商学院讲课，又怎么能受到商学院的欢迎呢？所以说，作为一个法学家，江老师能够践行法学，为法学深入人心，为法学惠及社会，为法学能够解决问题，从他身上反映出一个伟大践行者的不凡之处。

在江平老师八十大寿的时候，我写了一篇纪念文章，祝贺老人家生日快乐，那篇文章的题目为：伟大的践行者。我当时认为，江平老师不仅是一位德高望重的法学家，同时还是一位勇于实践的法学实务大家。光阴似箭，人生如白驹过隙，一晃十年过去了，江平老师的九十华诞到来了。我自己也快到六十岁了，认真想了一下，九十岁的江平老师在我心目中究竟意味着什么？我想，江平老师是我的伟大精神导师。之所以称江平老师为精神导师，因为我本人不是学术语境下的江平老师指导的学生，但我自己深受江平老师思想及精神的影响，不知不觉在思想及精神层面把江平老师引以为导师。

伟大的践行者

在法学界和法律界行走的人大多知道江平老师的大名，有的是江平老师的学生，直接受教于江平老师，有的不是江平老师的学生，但也受益和受惠于江平老师。我看到很多纪念文章的作者都直接或间接的与江平老师产生过联系。江平老师作为一位人格很高尚的法学导师，帮助了太多太多的认识和不认识的法律学子和同仁，每一个接触江平老师的人都会被江平老师无私助人的热情所感动。没有接触过江平老师的人也听说过江平老师助人为乐的美丽故事。我仅以我个人的经历说说江平老师是如何帮助我的。

20世纪90年代，我当律师已经有几年时间，在中国政法大学刚刚取得了法学博士学位，也刚刚卸任北京律师协会副会长，在此期间，我有幸认识了美国纽约大学（NYU）法学院的柯恩教授，我很想去美国学习或者是去做访问学者，以圆年轻时的梦想，为此我曾经专门去了一趟美国纽约，到纽约大学法学院拜访柯恩教授，提出能否来纽约大学法学院学习或者做访问学者？柯恩教授在了解了我的情况后，告诉我：你已经在中国取得了法学博士学位，没有必要再来美国做学生，攻读学位，你这个情况来做访问学者比较合适，但是纽约大学法学院原则上不接受律师来做访问学者，你可以提出申请我们也可以研究，但需要满足两个条件，一是要有中国著名的法学学者推荐信，二是要通过英文水平的考试，如果你能满足这两个条件，我们可以考虑你来美国大学做访问学者。我说可以满足和两个条件，然后我就离开了纽约，飞到了洛杉矶，找到了我几个在当地当律师的同学，准备在洛杉矶停留几日，就在我在洛杉矶准备回国的时候，接到了柯恩教授从纽约打来的电话，他问我是否认识江平教授，因为柯恩教授看到我的简历当中有在中国政法大学硕士和博士学习的经历，我说我认识江平老师，不但认识而且很熟悉，柯恩教授说，那好现在有个机会，江平教授一行现在正在哈佛和耶鲁法学院访问，过几天江平老师将来纽约大学与柯恩教授一起见面，如果你能再来纽约一次，和江平老师我们共同见一面，讨论讨论你来做访问学者的事情，是否可以？我当即退掉从洛杉矶到北京的机票飞回纽约，几天后在纽约大学法学院见到江平老师等其他中国政法大学老师一行，柯恩教授举行宴会宴请江平老师及中国政法大学各位教授，柯恩教授特意安排我坐在江平老师和他的身边，我把我想到纽约大学做访问学者的情况向江平老师汇报了一番，也把柯恩教授提出的两个条件再次强调了一下，在饭桌上，江平老师当着我的面对柯恩教授说：我可以给徐家力写一封推荐信，至于英语水平考试，我看我们现在用英语聊的还是不错的，他来又不是来拿学位只是做访问学者，我看他的英文水平也应该没问题，柯恩教授听了江平老师的这番话后哈哈大笑，柯恩教授说：你说没问题我看问题也就不大了。就这样我的两个条件经过两位老师的面试，就算通过了。当年8月底我如愿来到了美国纽约大学法学院开始做访问学者。如果没有江平老师的推荐和帮助，我能不能来美国纽约大学法学院还是个未知数。在此之前我曾申请过哈佛、耶鲁、斯坦福、哥伦比亚等大学的法学院做访问学者，给我的答复都是需要等上几年或不接受律师做访问学者，像我这种受过江平老师帮助的人不计其数，在我身边我就经常听到类似的故事。我也曾经带着求教于江平老师的学者和律师去江平老师府上拜访，江平老师几乎没有拒绝过任何学者和律师的求教和求助。而我个人作为一个从十九岁开始学法律的法律人曾经有过多次被人拒绝的经历，直到今天我还是历历在目。

我认为江平老师的精神在于只向真理低头，从不屈服于权威和势力的迫害，无论在江平老师年轻时遭受残酷打击，还是在担任校长期间面临的压力，江平老师都表现出了不屈不饶的精神，只向真理低头的精神就是江平老师的精神，这是江平老师成为精神导师的核心精神。

江平老师伟大的精神在于敢说真话，敢说实事求是的话，不说假话，尤其不说奉承虚伪的话。对社会时弊从来都是敢说敢言，不回避，不隐瞒。对法律专业问题更是经常发表真知灼见，字字珠玑。有些人不爱听江平老师讲的真话，但这就是江平老师的风格，这就是江平老师讲真话的精神。

江平老师的精神在于勇于替弱势群体讲话。我们知道，在中国，律师群体就是法律职业共同体中的弱势群体，因为弱势，律师经常遭受不公正的待遇，甚至欺凌，往往在这个时候，江平老师就会出来替律师说话，呼吁保护及善待律师。律师强则国家强，律师兴则国家兴，这就是江平老师著名的金句，也是江平老师为弱势群体说话的体现。江平老师是律师群体的精神支柱，江平老师给律师群体莫大的精神安慰，在执业环境很不令人满意的状况下，律师的坚守很多来自于江平老师的精神鼓励和支持。

江平老师的精神还表现在提携及帮助青年人方面，被江平老师提携和帮助的青年人很多很多，大家都无不被江平老师无私的帮助所感动，可以这么讲，对青年人的求助，江平老师几乎是有求必应。这种精神不是每个法学大家都能做到的。在现在学术门派林立的情况下，江平老师大公无私的奉献是非常难能可贵的，是我们终身学习的榜样，是我们一辈子的精神导师。

法学院怎样才能培养出合格的律师

我曾经当过法学院的院长，现在还担任着中国政法大学的博士生导师，对法学院如何培养学生应该还有一点发言权，对法学院其他的培养目标不敢斗言，对如何培养合格的律师？我自以为有一知半解。我们现在是律师大发展的阶段，按照国家司法部的规划，律师要到100万，现在已经到了50多万，很快就到70多万，在这个大发展的前提之下，我们需要大批的合格的律师。问题是，我们现在发现法学院培养出来的学生到了律师事务所都有一个比较长的适应期，司法行政部门也要求比较长的实习期，我觉得这是有一定道理的，因为我们的法学院培养不出来合格的律师，我们法学院现在法学教育上教育的目标不明确，有的人说是职业教育，培养合格的律师、检察官、法官、司法职业的共同体；有的人说现在法学教育是素质教育，培养法理的意识、法律知识，至于这个法学院毕业的学生去干什么，是不是以法学职业为主导并不重要；还有的一种主张，就是法学院不应该明确是职业教育还是素质教育，只是培养法律的人才，至于这人才后边的选择，那是职业的选择，所以法学院不应该过早的明确这个培养的目标，最好没有培养目标，教育的目标是每个人自己选择的结果。这个三种观点在法学界呢，都有不同的人主张。

因为法学院的培养目标不明确，所以毕业的法学院的学生很难达到律师事务所、检察官、法官和其他实践部门所要求的条件和标准。主要问题我觉得出在法学院，目前我们的法学院因为目标不明确，所以培养方式也不统一，或者说培养的模式不实用，假如把法学学生作为产品的话，法学院就像一个工厂，只在工厂里生产产品，至于市场什么需求，产品能不能卖出去，现在法学院根本不关心。所以在这种情况下，法学院培养不出来合格的法学职业学生，这是可以理解的。

那么如何培养出出合格的律师或者是其他的执法官呢？我认为是有路径可走的，实际上我们现在的法律硕士是想学美国的JD，因为美国的JD叫法律博士，一个实用的法学的学位，还有LLM叫作法律硕士，但我认为没有学好，学的不完全，所以要培养出合格的律师，法学院还有很长路要走。首先要从法学院这个从源头儿开始，也就是法学院的改革成功以后，才能培养出合格的法学院的学生，法学院的人员组成教学方式，尤其是教学理念这些东西都要进行改革，或者说从市场角度，人才从需求角度来定法学院的培养目标，而不是自己一意孤行一厢情愿，只考虑学院现存体制和利益，不考虑用人单位和市场的需求，这肯定是不行的。所以，改革法学院，改革教学方式这是培养合格法学学生的主要的路径。

不客气地说，我认为中国的法律教育是失败的，我们法学院教出来的学生学习目的性根本就不明确，学了一大堆东西根本没有用也不会用，尤其可怕的是，我们对于学习如何做人做事的能力培养几乎没有，因为律师就是要跟人打交道，几乎没有哪个行业能像律师这样必须具备与人打交道的能力。在美国，法学院培养学生的目标就是当律师，所以在学院，我们就可以掌握全套的做律师的能力，学院的目标就是培养一流的律师。而我们法学院的教育目的往往很模糊，从老师到学生都不知道将来做什么。所以，无论是本科生还是硕士生，到了律师事务所后乎都要进行再培训，这个再培训不只是业务上的再培训，大部分还是心理上和做人方面的再培训。其实我们的毕业生的个体能力和个人的主观能动性并不是很差，关键是应用能力和团队精神的培养。在国外，法学院的学生就是为了当一个好律师在学习，而律师在国外是个很高尚的职业，我们自己就会对自己的一言一行严格要求；而我们的学生就没有这个意识，我们不认为我将来要从事一份很高尚的职业，所以我要从自己的行为规范上严格要求自己，检点自己的行为让自己成为一个与众不同的人。

从要培养合格的律师作为出发点，对现有的法学院要进行改革，怎么改，我认为至少下面几项：

第一点，我们要搞清楚我们法律硕士是什么。

美国法学院只有JD（法律博士）、SJD（法律科学博士）、LLM（法律硕士）三个法学学位。JD在美国法学院是教育基础，学了JD在美国能当总统，能当律师。而法律硕士在中国法学教育是什么呢，不清楚。但是要强调法律硕士的实践性。法律，我个人以为就是实践性的学科，例如，有人说这个医生很有名，医学权威，但没做过一个手术，没看过一个病人，这是权威吗？所以假如我们的法学大师从来接触过一个案件，没参与过任何一个具体案件的办理，我从来不相信这是权威。我认为江平老师就是大师，我十年之前经常在机场、在专家论证会的法庭上见到江平老师的身影，不仅做学问还参与实践，我认为是法学大师。

法学是实践性非常强的学问，你比不了经济学，你比不了历史学，你比不了哲学，你比不了心理学。

我们现在法学院的法律硕士学位本来是想学习美国的法律博士学位的，但我认为没有学好，只学习了皮毛，没有从本质上学到应该学习到的东西，就是法学的实践行和职业的应用性。

第二点，我们要了解社会上需要什么样的法科学生。

假如把法学院比做工厂的话，那么市场需要什么？我们需要什么产品，就要制造什么产品，而不是你造完以后再去推销。市场不需要你生产它干什么。

大学就是一道墙，内外完全不一样。我的学兄吴志攀教授说过，大学是我们计划经济最后一个堡垒，市场就是墙以外，工厂就是我们学校，是墙以内。

第三点，我们要把学生弄出去。

除了课堂学习以外，要到法院，到检察院，到律师事务所，到公司去学，不在这岗位上体验不了。你不去检察院走一圈儿，你怎么知道检察官做什么，想什么，怎么干？

你不参与，你怎么知道法官的裁判文书、公证书怎么写？所以要加强开门办学，走出大墙，走出课堂，到实践中去。

第四点，改变教学方法。

美国法学院全是诊所教育，我们也要学习这样的教学方法，增强模拟法庭啊，而不是老师把学生当幼儿园小孩儿对待，全堂灌输，要给学生留有自主学习的空间和时间，因为法律硕士可以自发性的学习。

第五点，改变教材。

我现在在编一本教材，理工科院校用的知识产权教材，因为我们的现在的知识产权教材都是我的老师郑成思教授和吴汉东老师等，文科法学背景的老师编著的，没有一本是理工科用的。像科技与法律、智能法律，作为理工科院校知识产权的学习跟法学院就是不一样的，要有针对性。所以法硕也要改变教材，增加实用性和应用性的内容。

第六点，改变教员。

在美国法学院的老师从来没有处理过案件的，没有参加过司法实践，是不可能的，学生也不买账。但是咱们的大学老师是这样吗？并且我们的老师知道你们学生是什么人吗？起码在网络信息方面，你们在学生面前是学生，你不是老师，在新技术领域，老师和学生位置是互换的，我们要向我们的学生学习，不能墨守成规，否则你无法教育出合格的学生。

我也是中国法学会信息网络研究会的副会长，所有的跟技术有关的、网络有关的学生都是我们老师。所以要彻底改变老师这种思维观念、办学思想、教学方法以及对待学生的态度。千万不要小视学生，我们现在的学生伴随着科技成长，都是我们的先生。就像我说的，作为全世界最古老的两个职业，律师和医生强调实践性，伟大的理论家一定在实践当中体现出你的伟大。最先进的医学理论要体现在治病救人的临床医疗上面，最深奥的法学理论要指导法律实践的行为，如果从这个角度出发，我们的法学院就可以培养出合格的法学学生。

第八编

人活得要有一点爱好和乐趣

三十、旅游爱好及游记

争取实现走完233的目标

人生应该有很多伟大的目标，同时也应该有无数个小目标，比如个人的各种兴趣爱好。我个人始终认为，一个人如果没有兴趣爱好，生活很枯燥，人生也很无聊，兴趣爱好是丰富人生的一个重要的部分，所谓幸福的人生应该是丰富的人生，而不是单一的人生，如果一个人一辈子的时间只有工作的部分没有生活的部分，这不是我所追求的目标，我历来主张工作和生活两不误，兴趣爱好是生活中的重要内容，旅游就是我的一个兴趣爱好。全世界有233个国家和地区，我的计划是走遍233个，现在去了应该超过150个，还有六七十个没有去，是疫情给耽误了。

至于国内的旅游，我在北大上本科的时候，就去过了当时国内的所谓的十大旅游景点，因为没有条件，台湾的日月潭没有机会去，后来几次去台湾也算补上了。目前去了国内绝大部分旅游景点，应该到过国内所有地市级以上的城市，最值得推荐的是自驾去西藏和新疆，我也去了几次，完成了比较难的西藏到新疆的丙察察阿里叶城大环线的自驾游。如果有精力和能力，自驾游还可以走东北到西北线，从北京出发，到大连丹东绕长白山到黑龙江，额尔古纳河到贺兰山，然后到新疆。沿海线，从北京出发，到山东，江苏，上海，浙江，福建，广东，广西，云南，西藏。现在开始热衷于专题游，比如中国世界遗产游，包括世界自然遗产和文化遗产两大部分，中国有近60个世界遗产的景点，还有少数几个没有完成。中国古代皇陵游，清陵、明陵基本上游的差不多了，游完这些皇陵对当时的朝代会有更加深刻和立体的认识。我是比较喜欢旅游的人，究其原因，可能因为我是中国旅游鼻祖徐霞客的后人。旅游的路每一步路都不是白走的，都是有价值的，人的一生就是一步一步走出来的。据说这是徐霞客当年说的，以后如果有机会，我也写一本书，书名为“徐家力游记”，这个游记由各个地方游记组成，比如走完233个世界上的大部分国家和地区后，从每一个地方旅游回来都写一篇游记，因为懒惰和时间问题，迟迟没有完成。在本次新冠肺炎疫情发生的早期，我正在西部非洲旅游，国内武汉由于疫情暴发，被迫从非洲回来，提前结束了西非的旅游，我2020年的2月19日，从西非经这个埃塞俄比亚首都亚的斯亚贝巴转机返回国内，回到北京后在家里隔离期间，写下了这篇游记。

如一般情况下，旅游回来写的东西应该叫游记，不应该叫历险记。但此次去西非旅游是非同一般的旅游，我们是在一个非常的时间去了一个非常之地，在旅游过程中又遇到了非常之人与非常之事，险相丛生，所以叫西非历险记比较恰如其分。

西非历险记

首先，我们是在中国暴发新冠肺炎疫情期间走完行程的，尽管在北京出发时疫情还没有那么严重，但刚到西非行第一站的毛里塔尼亚就传来了武汉封城的消息，令我们心中开始不安起来，所到之处也开始感受到对中国游客的另眼相看，随着行程的进行，国内的消息越来越不好，我们的境遇也越来越差，直至塞拉利昂禁止我们入境。可以讲，在整个行程中我们都是在提心吊胆中渡过的，后半程更是在心惊肉跳中度过的，这是在平常旅游中很少有的经历，所以叫作历险。

其次，在13个国家出入境时经常被穿着制服的人敲诈勒索，公开要钱甚至明抢。最夸张的一次是我们被带进小黑屋里，二个外国警察公开翻包抢钱，后经抗争，还是被抢去了几百美元，不给钱就是不让你走，这种经历偶尔遇到还行，但在我们行程中成了普遍现象，那就是历险了。

最后，我们知道去的地方是世界上最贫穷落后的地区，这些国家的人均GDP从几百美元到1000美元不等，但亲身到了实地考察观光以后，还是感到很震惊。直到今天人类居然还在如此恶劣的环境中生存，想到了毛主席说的一句话：我们要解放世界上2/3的受苦人。我已经去了100多个国家了，也去过南非，北非及东非了，但这次西非行不仅是行程中的历险也是心灵上的历险。

我们这次西非旅游从北京出发，时间为2020年1月19日至2020年2月18日，正好1个月的时间，因为赶上春节，同时因为这个地区的偏僻，本来去的游客就不多，所以我们这个西非团只有6个人，加上领队一共才有7个人。按照旅行社的安排，我们这次西非行有13个国家，根据行程的前后顺序，分别为：毛里塔尼亚，塞内加尔，冈比亚，几内亚比绍，几内亚，塞拉里昂，利比里亚，科特迪瓦，加纳，多哥，贝宁，布基纳法索，马里。在非洲大陆近60个国家中，这13个国家从地理位置上说是最典型的西非国家，也是世界上最贫穷最不发达的国家群体。这里不是旅游的热点地区，如果不是狂热的游客或是为完成环球旅游的必需，这里很少有游客，更不要说中国游客了。以下就是我们西非游的行程：

第一天，19日下午我们一行7人乘坐摩洛哥皇家航空公司的班机从大兴机场起飞，目的地为卡萨布兰卡，因为以前已经去过几次卡萨布兰卡，所以对我而言并没有多少兴奋心情，虽说卡萨布兰卡是一个风情万种的国际浪漫都市。我们在摩洛哥只是转机，经过10个左右小时的飞行到达卡萨布兰卡已经是当地时间的下午，我们直接入住酒店。

我坐飞机从来都喜欢靠窗口的座位，我喜欢从窗口往下看，特别是在起飞和降落的时候经常可以看到不错的风景。在国际航班上喜欢坐在窗口旁的乘客说明肾功能不错，因为十几个小时的飞行频繁穿过其他人的座位去上洗手间是很不方便的。在飞机盘旋的时候我往下边看是一望无际的沙漠，这才想起来，整个毛里塔尼亚国家领土大部分都位于非洲撒哈拉大沙漠的南部。在毛里塔尼亚一下飞机就遇到了麻烦，我们的一位团友在上飞机之前于免税店买了几瓶酒，在出关时被扣，这是伊斯兰国家，严禁带酒和喝酒，等了相当一段时间地陪才陪着客人出来。在此后的行程中受伊斯兰宗教因素的影响越来越深，比如，穆斯林很不喜欢被人拍照，据说被拍照的人的灵魂会被偷走，但游客又很喜欢拍他们，这就经常形成矛盾。

第二天，上午即转机飞往毛里塔尼亚的首都努瓦克肖特。早餐后前往机场，经过时间不长的飞行，抵达努瓦克肖特，参观努瓦克肖特市区游览鱼港、还有最受欢迎的市场，入住酒店。

第三天，努瓦克肖特—欣盖提，坐车7个小时，行程500多公路。早餐后乘车前往欣盖提，到达欣盖提古镇遗址（世界遗产），这是由联合国教科文组织授予的世界第七大伊斯兰圣地，整座城市笼罩着真实可触的历史氛围。晚餐后入住酒店休息。

第四天，欣盖提—Amogjar 通道—努瓦克肖特，早餐后，乘车返回努瓦克肖特，途径 Amogjar—— 一个漂亮的峡谷，抵达后前往努瓦克肖特市区游览参观工艺品市场，晚餐后入住酒店。

第五天，努瓦克肖特—圣路易（塞内加尔）早晨吃饭后乘车一路向南260多公里，开车3小时抵达塞内加尔河畔的城市Rosso，午餐后乘渡轮过塞内加尔河，抵达塞内加尔，办理入境手续，抵达后入住酒店休息。

第六天，圣路易早餐后前往朱贾鸟类保护区。朱贾国家鸟类保护区位于塞内加尔河流域三角洲地带，溪流、池塘和逆流环绕着湖泊，湿地面积达16000公顷，是 150万种鸟类的栖息之地。这些鸟中有珍稀的白塘鹅、紫苍鹭、非洲蓖鹭、白鹭和鸬鹚等。世界遗产塞内加尔圣路易岛（2000年入选）。

第七天，圣路易驱车180多公里到达图巴，又驱车180多公里到达图巴库塔（toubacoutta）。早餐后，简单市区游览。17世纪的圣路易岛是法国的一个殖民地点，19世纪中叶发展成为一座城市。从1872年到 1957年圣路易斯是塞内加尔的首都，在整个西非的文化和经济发展方面扮演着重要的角色。岛屿位于塞内加尔河入口处，其整齐的城市布局、有秩序的码头系统和殖民地风格的建筑赋 予塞内加尔独特的魅力。随后前往萨鲁姆地区，途径游览塞内加尔旅游胜地，伊斯兰教圣城——图巴，及图巴清真寺，建筑宏伟，布局严谨，装饰物包含黄金白银。继续行车至图巴库塔，夜宿酒店。

第八天，图巴库塔驱车七公里到达撒鲁姆三角洲—“与狮同行”—图巴库塔。酒店早餐后，前往萨鲁姆三角洲，船游萨鲁姆河参观受保护的自然生态地区萨鲁姆岛（自然文化遗产），看到种类繁多的鸟类、渔村和水中植被，然后去“与狮同行”。

第九天，图巴库塔—朱富雷村（冈比亚）—班珠尔。乘车前往探访冈比亚村落的乡村生活，以作品《根》闻名世界的美国黑人作家希利先生曾居住的朱富雷村（juffureh）以及欧洲在冈比亚第一个要塞城堡詹姆斯岛（kunta kinteh island）。前往班珠尔，晚餐，酒店休息。

第十天，班珠尔—比绍（几内亚比绍）。驱车300多公里，大约5小时，早餐之后前往比绍。抵达比绍后简单游览总统府、国民大会、阿米卡卡布拉尔广场，工艺品和艺术品市场。主要大街两旁，天主教堂、外国公司、银行、邮电局等建筑物林立。沿主要大街直达比绍码头，考察比绍殖民建筑。市郊多民族风格的圆顶茅草屋和低矮的清真寺，别有 一番景色。比绍市内热带森林葱茏茂密，河流纵横，湖泊棋布。散布在市区的葡萄牙统治时期修建的城堡和一座座炮台成为控诉殖民者罪行的铁证。近年来，比绍腰果的生产有显著的增加，现是全球第六大腰果生产国。

第十一天，比绍/达喀尔—戈雷岛—玫瑰湖—达喀尔。早乘机飞往达喀尔，抵达后乘车前往游览戈雷岛，该岛位于达喀尔东南方3公里。1978 年，即被列为世界文化遗产，欧洲人在西非最早开拓的殖民点之一。面积仅36公顷。自15世纪中叶相继被葡萄牙和法国占领。曾是大西洋上奴隶贸易据点。岛上风景优美，有博物馆和古城堡遗迹。之后前往自然奇景——玫瑰湖，并有机会看到农妇采盐景象。玫瑰湖是一个咸水湖，因阳光和水中微生物及矿物质产生化学反应，而使湖水呈现玫瑰花似的粉红色而得名。游览结束后晚餐，入住酒店。

第十二天，达喀尔/科纳克里（几内亚），早餐后，乘车前往机场，飞往几内亚首都科纳克里，之后入住酒店。科纳克里（法语：Conakry 或Konakry，Malinké人称为Kɔnakiri），位于大西洋沿岸，是几内亚的首都。全国最大城市。位于几内亚西南沿海，濒临大西洋东侧，由罗斯群岛、卡卢姆半岛和与半岛相连的沿海 陆地组成，是几内亚的最大海港，也是西非的最大海港之一。属热带雨林气候，1月盛行北风，7月为南风。年平均气温最高为34℃，每年5—11月为雨季，年均降雨量约3000毫米。

第十三天，科纳克里早餐后参观参观科纳克里市中心的国家博物馆，收藏着几内亚的珍贵艺术品，如象牙雕刻、金器、木器和陶器等。人民宫、纪念碑、科纳克里大学、孔子学院、“9·28”体育场等建筑物各呈风采，风格独具.之后参观大西洋落日下的科纳克里位于大西洋沿岸的卡卢姆半岛（Kaloum）顶端和通波岛（Tombo）上，其间有堤道和铁路桥连接。三面环海，白云、蓝天、金沙、鸥鸟，远处海与天相接成为一色，傍晚时分，晚霞把大海染成红色，诗情画意。

第十四天科纳克里—弗里敦（塞拉利昂）。早餐后，乘车前往弗里敦。抵达后简单游览弗里敦市区，晚餐后入住酒店休息。

第十五天弗里敦/蒙罗维亚（利比里亚），早餐后游览弗里敦市区，参观博物馆、户外文化展览馆、大榕树、政府机构（外观）、海滩。前往机场飞往蒙罗维亚，抵达后入住酒店。

第十六天蒙罗维亚。早餐后外观市政厅、国家博物馆，国会大厦（议会）、正义宫（禁止照相）、奴隶回归岛。

第十七天蒙罗维亚/弗里敦（经停）/阿比让（科特迪瓦）经停时间待定。早餐后简单城市游览前往机场，经停弗里敦抵达阿比让，入住酒店。

第十八天，阿比让—亚穆苏克罗—阿比让。早餐后前往亚穆苏克罗。亚穆苏克罗坐落于科特迪瓦中部，邦达马河东岸，为科特迪瓦的首都，第四大城市，也是政 治和文化中心。目前，市中心已建成的重要大型建筑有总统官邸、总统旅馆、博瓦尼基金大厦、市政府、大教堂和大清真寺等。以世界上最高的教堂“和平圣母大教堂”和富丽堂皇的博瓦尼基金会为代表的宏伟建筑显示了亚穆苏克罗这座政治首都的非凡气度，是必游之地。游览结束，返回阿比让，酒店休息。

第十九天，阿比让/阿克拉（加纳），早餐后，游览历史城镇大巴萨姆（世界文化遗产），历史城镇大巴萨姆是科特迪瓦的第一座首都，是19世纪末20世纪初殖民城镇规划的一个样板，分成专门的商业区、行政区以及欧洲人居住区与非洲人居住区。遗产地包括恩济马（N’zima）非洲渔村以及沿着渔村排开的以功能房屋及画廊、阳台和花园为特点的殖民时期建筑。返回阿比让前往机场。飞往加纳，机场接机后入住酒店，晚餐休息。

第二十天，阿克拉城市游。詹姆斯镇是阿克拉一个历史悠久的渔村码头小镇，每年会有街头艺术节 Chale Wote Street Art Festival。居民的住宅上有很多艺术家的涂鸦作品。独立广场，是加纳阿克拉市的一个重要的活动中心。旁边是阿克拉体育场和克瓦米·恩克鲁玛纪念公园（Kwame Nkrumah Memorial Park）。此广场于1961年竣工。每年3月1日加纳独立日的在这里举行庆祝游行，其他大型的国家集会和节日庆典也几乎都在这里召开和举办。广场能容纳大概3万名观众，主要包含两个纪念物，一个是黑星纪念碑，另一个是独立纪念拱门。

第二十一天，阿克拉—海岬海岸—埃尔米纳根据路况，乘车一百五十多公里，用时大概2.5—3小时早餐后我们从酒店办理离店手续。经过独立门到达克瓦米·恩克鲁玛（Kwame Nkrumah）纪念公园和墓地，本公墓是以加纳的创始人和第一个总统的名字命名的。我们继续前往国家博物馆，博物馆中有史前和考古上有价值的文物。之后乘车去中部地区，参观海岸角奴隶堡。晚餐后酒店休息。

第二十二天，埃尔米纳—阿克拉酒店早餐。我们前往参观卡昆国家公园游览。然后返回阿克拉我们参观离奇棺材的制造。游览结束后晚餐，酒店休息。棺材设计和雕刻是一门传统手工艺，不少部落地区都将这些匠人看作德高望重者。因为他们会根据死者生前的地位、职业和性格喜好等，做出不同样式的棺材。在这里棺材被制作成各种形状，在满足其基本功能同时，更成为一种文化的象征和精美的艺术品，吸引世界各地游客前来参观。

第二十三天，阿克拉—洛美（多哥）。早餐后我们从加纳的首都阿克拉出发去多哥的首都洛美。驱车时间大概3小时到达Aflao边境。前往洛美边境办理过境手续。办完过境手续就入住酒店。午餐后，我们将游览 VoodooFetish（伏都）市场，然后参观国家博物馆。晚餐，酒店休息。

第二十四天，洛美—Aneho—维达—科托努（贝宁）。早餐后办理酒店离店。我们驱车至Aneho，我们将会看到伏都仪式。我们在Aneho的餐馆用午餐。之后去位于边境的移民和海关办手续，前往科托努。在前往科托努之前，我们会游 览维达。我们的第一站将会到“不归之门”——奴隶所在的地方，之后继续前往Ouidah博物馆，里面有唯一剩余的奴隶贸易屋，之后我们继续前往神圣巨蟒之庙。维达的“奴隶之路”长4公里，起点在维达的历史博物馆，终点就是那著名的“不归门”。同时前往不归门附近的“回归门”纪碑、巨莽神殿。殿内的巨莽不是用来杀死的，而是被人们崇拜和崇敬。参观 Akodessewa的伏都教市场。伏都教（或物神）市场摆满了羚羊、斑马等各式各样的动物尸体，当地人常买来作举行宗教仪式之用。在市场上会发生很多无法解释的事情。午餐后，乘车返回科托努，酒店休息。

第二十五天，科托努—冈维埃—阿波美—波多诺伏—科托努。早餐后驱车至卡拉维港，在瑙固维湖上乘船去高跷上的冈维埃村，贝宁有30多个水上村，其中冈维埃水上村最大。该水上村坐落在科托努市北面与大西洋相连的天然泻湖诺库埃（NOKOUE）湖面上，距科市约25公里，其中陆路17公里（乘车约35分钟），水路8公里（乘机动船约15分钟），是目前非洲保存最完整的水上居民区，有“非洲威尼斯”之美称。随后前往伏都教的发源地维达。这里是非洲著名的“奴隶海岸”所在地，这里与科特迪瓦的“象牙海岸”、加纳的“黄金海岸”一起被称为西非著名的三大“奴隶海岸”。之后前往阿波美，西非的阿波美王国始建于公元1625年，自1695年至1900年，一共有12位国王统治这个国家，每一个国王都在位于首都的皇家园林内修建了自己的豪华的皇宫。1892年，为了抗拒法国人的占领，阿波美国王柏罕下令将许多皇宫在内的建筑烧毁。珍宝宫是其中一座幸免于火灾的皇宫，由于1984年的飓风的袭击，以及环境恶化引发的侵蚀，使阿波美皇宫遭到了前所未有的破坏，为了更好地保护阿波美皇宫，联合国教科文组织将其列入《世界遗产目录》和《世界濒危遗产目录》。驱车至波多诺伏：参观民族博物馆，参观来自贝宁的不同社会文化团体的传统乐器和艺术作品、他们的日常生活等；Toffa 国王以前的宫殿，他是达荷美共和国（现在的贝宁）殖民时期法国人的朋友；桑海中心，一个农业培训和促销中心。返回科托努，抵达后酒店入住。

第二十六天，科托努/瓦加杜古（布基纳法索），早餐后，在科托努市区观光游览。之后乘车前往机场，飞往瓦加杜古。抵达后入住酒店休息。

第二十七天，瓦加杜古/巴马科，早餐后，在瓦加杜古市区观光游览，午餐后乘机飞往巴马科，抵达后入住酒店。

第二十八天，巴马科—塞古。早餐后，前往科乌鲁巴山鸟瞰巴马科风光，参观科乌鲁巴（Koulouba）及其纪念碑；参观科乌鲁巴山坡上的动物园及附近的植物园。随后开车前往塞古，抵达后入住酒店。

第二十九天，塞古—杰内。早餐后驱车至杰内，参观被列为世界文化遗产的杰内清真寺（只开放一部分）、苏丹建筑古民居。游览后入住酒店。杰内古城（世遗）1988年被列入《世界遗产名录》。被世人美喻为“尼日尔河谷的宝石”，以独特的撒哈拉—苏丹建筑风格著称于世。

第三十天，杰内—巴马科。早餐后，乘车返回巴马科。巴马科城市游（国博、手工艺市场）。视情况安排：卡迪（Kati）及其市集；大教堂；非洲国家杯（ACN）广场；粉红色市场（Pink market），也叫作“大市场”；非洲统一组织（OAU）与和平纪念碑等。返回酒店休息。

第三十一天，巴马科/亚的斯亚贝巴（转机）中转停留五个小时左右，早餐后，乘车前往机场，经亚的斯亚贝巴转机，飞往北京。巴马科/亚的斯亚贝巴 中转停留。亚的斯亚贝巴/北京 ET604飞往北京。早上抵达返回温暖的家。

以上就是我们这次西非之旅的全部行程，尽管我去过很多地方，但很少写游记，特别是记账本式的游记。我总觉得去旅游写记账本式的游记没有什么意义，仅记录下来所到之处的行踪及所见所闻远远不能反映出旅游的本质，况且这种走马观花式的游记在网络里随时可以找到，没有什么价值，我觉得旅游除了观光以外最大的受益是感受，就是心灵的启迪和精神的激荡，游客作为主体观光以后对陌生人在陌生地的感觉就是观感，每次旅游后的观感应该是旅游的最大价值和收获所在，本次西非历险本人有以下观感：

1.非洲国家没有我们想象的那样对中国普遍友好。

非洲是中国外交成功最值得骄傲的地方，我们经常说非洲是我们的兄弟，我们在非洲投资了多少钱，我们接受了多少非洲留学生，我们进入联合国是非洲兄弟把我们抬进去的，等等。以我的观察，对中国友好的国家和人民确实存在，但大多从实用出发，都想挣中国人的钱，对中国国家没有什么具体的概念，这就解释了到很多西非国家的地方发现当地老百姓主动自愿的悬挂美国国旗，甚至加拿大，欧盟，英国等等国旗，很少老百姓挂中国国旗。在所接触的官员中特别是出入境管理官员不但不对中国友好反而只针对中国人公开要好处，我特意观察了一下，这些官员对西方国家的游客十分客气，最低限度没有强索强要钱财的。每每遇到这种情况我就在想：中国外交的成功为什么中国游客感受不到？所谓的我们非洲兄弟哪去了？我们的大量金钱援助为什么我们没有回报？我们作为中国的老百姓，中国的普通游客没有像中国媒体宣传的那样感受和体会甚至相反。

2.西非国家不仅都是殖民地还都是贩奴的起源地。

西非国家历史上都是西方国家的殖民地，几乎没有例外，所不同的是被殖民统治的时间的长短和殖民国家的差异。多数国家都被法国殖民统治过，所以法语成为西非主要的官方语言。因为这些原因，西非现有西非经济合作共同体，西非银行，西非法郎等等具有明显殖民地色彩的东西。在被法国殖民过程中，西方列强为了争夺地盘相互之间曾经发生过多次战争，英国，西班牙，葡萄牙，挪威，甚至德国都曾参与过殖民战争，所到之处，殖民的痕迹历历在目。西非另外一个历史地理的标志是人类大劫难贩奴的发源地。在17世纪及18世纪长达百年的时间里，西方国家利用殖民的机会，从西非贩卖成百上千的黑人奴隶到西方国家进行劳力剥削，西非大部分国家临海，只要有港口就有殖民者留下的贩奴遗迹，当年殖民者把黑奴从港口装上贩奴船跨越大西洋达到美洲大陆等地区。美国著名作家西利的《根》及同名电影就来源于冈比亚，美国前总统奥巴马夫人米切尔的祖先则来自于加纳，许多世界各地的黑人在西非都可以找到他们的祖先，贩奴是人类历史上最大规模的跨洲非法移民和贸易。我们这次都悉数到访。

3.关键时刻中国驻外使领馆没有战狼电影里的表现。

中国人在海外遇到困难一定找中国大使馆或领事馆帮助解决，在电影里起码是这样表演的，每当这个时候我们都看得热泪盈眶，痛哭流涕。这次我们离开几内亚到达塞拉里昂的边境时被告知拒绝入境，其实当时处于疫情的初期，非洲国家连一个病例都没有，况且我们早就从中国出发了已经过了传染期，我们的领队及地陪与出入境管事的官员反复交涉说明，均无效，就是不让入境。要知道我们是坐着一个老爷车颠簸了十几个小时才到达边境的，如果不让我们入境我们只能原路返回。于是我们想到了我们的大使馆。我们马上找来电话号码打给大使馆，还不错，有人接电话，我们把情况告诉了他们，希望大使馆能够与当地官员联系说明一下我们的情况以便让我们入境。大使馆的人当即就回绝了我们，说这是他们国家的规定没有办法，帮不上忙，我们随后又打了中国外交部公布的中国公民海外领保电话，电话里说你们需要与中国驻这个国家的大使馆联系解决，我们说联系过了解决不了，电话里说那就没有办法了。看来电影就是电影，战狼只有电影里才有。在我们最后一站马里共和国，因为疫情的加重当地的中餐厅不让我们进去吃饭，我们解释说一个月之前就从国内离开已经过了传染期，无奈如何解释，中餐厅老板就是不让进餐厅，正在此时，中国大使馆的人来了，餐厅老板立即满脸堆笑欢迎他们进入，看来中国大使馆的官员们对吃饭这项事业还是蛮关注和亲自支持的。

4.西非国家贫穷与落后。

西非无疑是世界上最贫穷的地区，穷到什么程度？以游客的目光所看到的镜像是没有解决吃饭穿衣等人类生存的基本问题。因为西非大部分国家处于亚热带或热带，农林条件好，各种水果比较丰富，加上大多国家临海，吃的东西可能不会没有，但吃的条件和环境确实很恶劣，处于原始状态，尘土飞扬，蚊蝇横飞，洗手间是稀缺资源，我本人从中国最困苦的六七十年代走过来，比起那时候的中国，西非现在还要落后很多。我们在毛里塔尼亚俄的几天时间里，我们的司机是一位老者，车开得非常好，尽管腿上有伤还缠着绑带，车开得又快又稳，我们作为游客，根据旅行社的安排到时间就开始吃饭，一日三餐从不间断，但给我们开车的这位老人我们没有见到他吃过一次饭，只见他从早就带来的一个布袋里拿出一个干瘪的面包吃上几口，我们见状尽量在餐厅打包给他带点吃的东西，他都感激不尽，在以后的国家中也会见到这种情形。他们在穿衣方面，街上到处都是二手衣成堆用于买卖，包括内衣，从当地人们的衣着看也就是能够掩体而已。在住的方面，农村普遍没有电是正常现象，一到夜里漆黑一片，没有电自然就没有路灯。行的方面，除了非常有限的一小段高速公路以外，西非的公路堪称颠簸之路，拥挤之路，混乱之路，危险之路和杂牌车之路，所谓的杂牌车是说几乎全世界的三手或四手的旧车可能都在西非，这些旧车绝对不是二手车，它们要比二手车破旧很多，破旧程度超乎想象，如果不是亲身所见，你难以想象这些破车居然还能在路上跑。

5.风景和风情的独特。

去非洲旅游最难的就是去西非，不仅路途遥远而且条件艰苦，但想游遍非洲西非非去不可，虽说去西非十分不容易，去了以后觉得值得一去。首先，西非有它独特的风景，比如广袤的西撒哈拉沙漠呈现出非常荒凉和原始的美丽，塞内加尔河的沿岸及入海口表现出当地人赖以生存土地的肥沃和地理资源的多样性，多彩的玫瑰花湖在阳光的照射下显现出来玫瑰的颜色，简直就是大自然的鬼斧神工，面临大西洋的一个个风景迤逦的岛屿谁能想到当年是贩卖奴隶的码头，透过波涛汹涌大西洋的浪花对面就是美洲新大陆，海天一色，万里长空，烟波浩渺，万鸟齐翔，好不壮观！其次，我们在常识知识中只知道黑人就是黑人，误以为所有黑人都是一样的，实际上在西非的各个国家中的黑人就有几十个不同的族群，他们的信仰及生活习惯各有不同，有的甚至差距巨大，比如说宗教，每个族群所信奉的宗教各不相同，当然在西非大部分族群信奉伊斯兰教，这就是说他们绝大部分人是穆斯林，无论从历史上还是从现实出发考察，伊斯兰教对人类的影响是难以想象的，对西非的影响非常深刻的，我们目睹了穆斯林的虔诚，不管多么贫穷，不管在什么地方，只要到了祷告时间，穆斯林立即跪下向着圣地麦加祷告。这种场面在中东阿拉伯国家常见，在西非也产生了非常庄严的效果和影响。还有其他族群拥有自己的宗教和风俗习惯，我们不仅看到了这些族群的盛大表演还参观了他们的村庄，在当地地陪的安排下甚至会晤了酋长。在博物馆里我们浏览了非常丰富的民俗展品，从各个国家不同的地陪口中学习了可贵的风土人情的知识和常识，可以这么说，在有的时候你遇到了好的当地地陪导游就是一种幸运，如果没有遇到就是一种损失。

6.中国在西非的影响非常有限。

与非洲其他地区不同，中国援建的工程项目在西非很难见到，这也许与西非的贫穷有关，西非大多数国家没有铁路，中国擅长的铁路修建等工程就难寻踪影了，加上西非的自然资源也不如非洲的其他地区丰富，中国公司的存在没有多少显现。在西非旅游能够见到在此工作或定居的中国人不是很多，在比较大的城市有一两家中餐厅就不错了，在其他城市基本上找不到中餐厅。中国的商品在西非也不如在其他地方的多，以汽车为例，在中国汽车是非常严重的过剩工业品，特别是中国的低档廉价汽车应该很适用西非地区，遗憾的是，这里很少能够见到马路上跑的中国汽车。旧车主要来自于欧洲和日本，新车主要来自于日本，在西非的十几个国家一个月的时间里除了见到几辆官方用的中国一汽生产的红旗轿车外，几乎没有见到中国制造的汽车。在西非整个行程走下来总的感觉是中国因素并不多，不像我们宣传的和想象的那样，相反，西方的影响，特别是法国的影响非常强大，无论是有形的还是无形的，中国在西非的影响非常有限。中国曾经是半殖民地半封建的落后国家，与非洲国家有很相似的历史，在感情上也同情和支持非洲国家，作为游客很有疑问：我们与非洲有那么多的交往和付出，但我们的影响哪里去了？

7.触目惊心的腐败。

我们这次西非行所遇到的执法官员的所作所为使我猜想他们的执法官员国家根本不发工资，或仅发很少的工资，其他收入全靠在执法过程中的勒索。在公路上行驶时时常碰到哨所警察查车，其实也没有什么可查的只不过是例行公事而已，但每当这个时候，我们的地陪都要下车跟警察说好话，并且要给好处，即小费，警察收取小费明目张胆，理所当然，最密集的路段几乎几公里就有一个检查站，我想设立这些检查站的目的与其说是为了执法倒不如说是为警察创造一个收取好处费的机会。在几乎所有西非国家进出境时穿着制服的警察都向我们要钱，好在我们的领队有经验随身带着美元，需要跟他们讨价还价，然后他们才能放行，他们要钱的方式各种各样，有的说我们还没有吃早饭，有的直接要钱，有的打手式要钱，有的把护照拿走，有的拦着不让通过，有的把我们带进黑屋里强制翻包抢钱。这些经历可以列为世界旅游奇观之一，或者叫中国游客旅游奇观之一。我时常在想：这些西非国家都是按照西方民主制度建立起来的，按理说应该有完善的国家治理制度，执法水平也应该不会太差，可是，这种先进制度并没有带来先进的社会管理，这个现象值得我们深思。

8.非洲的奇葩美国“殖民地”利比里亚。

经历了到塞拉昂被要求不隔离15天就拒绝入境并且拉车16个小时的身心疲惫，又在几内亚科纳克里海关出境时被索要贿赂，我们抱着忐忑的心情坐飞机来到利比里亚首都蒙罗维亚。刚一下飞机直觉就告诉我这是一个不错的西非国家，机场干净有秩序，有点像到了美国某些小城市的感觉。下了机场的扶梯有戴着口罩的工作人员给我们测体温而且还友好的把测量的度数给我们看，还有工作人员拿着消毒液让我们洗手，我说了句thank you，对方马上回了一句you are welcome。到了取行李的出口有工作人员仔细核对我们离开中国的时间确实已经超过14天了，做了快速的登记手续，就让我们顺利入境了，既廉洁又高效。我们要入住的皇家大酒店还在机场打了广告这令我们也很开心。我们出来后已经有人把我们的行李推过来并核对我们的行李票确认没错后把行李交给我们，例行公事的过了安检，没有两步就到了机场门口，酒店的车已经在等我们了，司机帮我们把行李拿上了车，车子很宽敞，虽然没有空调但窗外下着毛毛细雨，开点窗户也不觉得热，我们一路畅通，没有感觉到像其他西非国家一样的拥堵和赃乱，可能因为下雨的原因使这个国家的首都显得越发的干净。半路我们去了一家大连人开的中餐馆饱餐了一顿，就把这几天的身心疲惫抛之脑后了。我们入住酒店，经过了一晚的休整，第二天9点才出发比较符合我这个爱睡懒觉人的意，让我惊喜的是早餐还有我的最爱三文鱼。今天我们坐上了有空调的车，虽然有点儿挤但车况还不错。第一站我们来到了国家博物馆，里面虽然也没什么好东西拍照还要付小费所以干脆不拍了，但还是比其他一些西非国家的像样一些。导游说他们国家的议员要接见我们，尤其是在这样一个非常时期我们有点不相信自己的耳朵，我们来到了当地分管旅游的议员的办公室，我告诉他你们国家是我去过的几个西非国家里最好的一个，所以他跟我握手时显得格外开心。作为律师让我最感兴趣的是我们参观了利比亚的最高法院，我受到了大法官的接待，通过聊天知道他去过北京在北航学习过。这个大法官居然还让我穿着他的法官袍跟他在办公室合影。在法院门口还碰到了导游的妹妹，是个当地的女律师，看这个黑人女律师的气势真是了得，一个团友要跟她握手被她拒绝了，但听说我是中国律师她又拿出手机来让她刚拒绝握手的团友帮我们拍合影。下午利比里亚旅游部副部长也在办公室亲切的接见了我们，她表示她们会理智的对待中国入境的游客，还给我们看了她2018年参加的为期一个月的中国商务部援助项目的结业证书。

这个国家是由从美国回来的黑人奴隶建立起来的，从国旗到政治体制到政府机关的建筑物，所有一切全部效仿美国。奴隶回归岛是去利比里亚旅游必去的一个景点，因为这些从美国回到非洲的黑人最初就曾被关到这个岛上过，但这个岛今天没有开放，所以只能在路边的围栏留个影。我们今天最后的一个景点是利比里亚大学，这应该是这个国家最好的大学了，但单看硬件比咱们中国最差的大学还要差十万八千里。因为今天结束得比较早，所以我提议既然蒙罗维亚頻临大西洋我们为什么不去海边看一下呢？于是领队跟导游提出了建议，导游可能是想让我们有一个更好的感受，所以把车子开到了一个海滨酒店想让我们看酒店里的海滩，但刚好酒店没有开放，我们就到了公共海滩，我们看到了一群可爱的黑人男孩，一位有经验的人像摄影师团友给了他们一把糖，于是他们就高兴的在海滩上给我们表演翻跟头，海边还有许多光着脚踢球的小孩，个个动作灵活，身体健康，脸上洋溢着幸福。因为刚经过多年的内战所以这个国家百废待兴，但我相信在有这么好的政治体制的支撑下，在世界足球先生乔治维阿和这些这么开明的官员的领导下，这个小国家一定会成为西非乃至非洲的强国。

从233和327谈中国走马观花式旅游

国际上有一个旅游组织，统计世界现共有233个国家和地区，在这些国家和地区中共有327个非常值得到此一游的旅游景点，这样就出现了以233和327为目标的旅游行程。在此之前有过7加2，就是世界上超过海拔8千米的高峰共有7座，7就是攀登过这7座山峰，2是指地球的南极点和北极点，7加2就是攀登过7座高峰并到达过南北极点。除了7加2还有一个777，777是指在7天之内跑完7大洲的7个马拉松，对普通人而言，无论7加2还是777都比较困难完成，但完成233和327的目标是完全有可能的，于是乎，最近很多人加入了完成233和327目标的队伍。说起来容易做起来难，在有闲有钱有身体有想法各种条件齐备的前提下，才有可能完成233或327的目标，对绝大部分的人来讲只能是一个理想而已。去非洲，尤其去西非的游客大都怀有这个梦想，因为就世界旅游条件而言，没有什么地方比西非的条件更差了，西非都来了别的地方就不在话下了，233和327的目标就越来越近了，但这种旅游显然是走马观花和蜻蜓点水式的，所谓打卡式旅游，也叫作中国跟团式旅游。我们这次的西非行就是典型的这种旅游。只有用这种方式的旅游才有可能走完233或237，否则一个国家一个国家或者一个地方一个地方的深度游，时间上来不及，是不可能完成上述目标的，对于一些小国家，或是一辈子只去一次就足矣的国家和地区来说，这种旅游方式也许是最合适的方式。很多人说走马观花打卡式旅游没有什么意义，纯粹是为了凑数，实际每一个国家或者地区都有它的特色之处，旅游方式多种多样，旅游爱好千差万别，有的人喜欢周游世界，不留下任何空白点，有的人只喜欢没有去过的地方，再好的地方也没有兴趣去第二次。有的人喜欢待在一个地方，有的人对喜欢的地方百去不厌，有的人就是喜欢深度游，去一次就要把每个细节都看明白，对一个地方的深度游是旅游的一种重要方式，比如我对神秘国度不丹的深度游，号称最幸福的国家不丹，据说找到了幸福的密码。与去西非旅游方式不同，这次只去了一个国家，并写下了下面的游记。

幸福的密码是什么——不丹游记及观感

最近利用国庆长假去了趟神秘国度——不丹。几位旅游达人这次组团的团名是：幸福在天堂。单听这个名字就够兴奋的了！再看广告：不丹——这个由GNH（国民幸福总值）创造的乐土，曾经因梁朝伟和刘嘉玲在此举行婚礼而轰动一时，近年更是吸引了无数的旅人，每一个初次到来的人，都为这片安祥的土地震撼不已。不丹有什么特别之处，为什么被公认为高幸福指数的国家？当我们在不丹接触到松木下热情好客的村民、宗庙里身穿红袍的憎侣、大街上身着传统服饰（提拉和帼）的人们时，我们能否寻找到答案？幸福到底是什么？您寻找的幸福又在哪里？以我走了100多个国家的经验来看，广告做的越好的旅行项目越是不靠谱的旅游活动，对目的地希望值越是很高的旅行越是最失望的旅行。我抱着怀疑的态度踏上了不丹之旅。

在不丹的几天里，我们到了喜马拉雅观景台，尽赏到了壮美的雪山风光。在帕罗、廷布——不丹的门户，体会到了旺楚克国王在“宗”里为不丹人民规划的世界最高的“国民幸福指数”……在普纳卡——不丹的旧都，气势恢弘的城堡、纯粹的宗教、纯净的生态环境，一点一滴都让你感受到雷龙之国的与众不同。在毕卡（岗提）——古老的寺院和连绵起伏的山谷，即使不是在观赏黑颈鹤的季节来到这里也让人乐而忘返！我们有幸赶上戒楚节，看到莲花生大师加持护佑下的不丹百姓虔诚祈愿。

经过几天的不丹之旅，我对这个国家有了初步印象，也基本认可这是一个幸福指数很高的国家，那么他们的国民为什么比我们幸福呢？我个人认为有下面几个因素。

第一，这是一个宗教盛行的国家。

佛教在不丹非常盛行，佛教是国教，我不知道是否人人信教，但绝大多数的人都信教，这从寺庙的规模和憎侣的人数上大致可以推断，统计数据说明80%的人信佛教，其他人信印度教。佛教徒讲究非暴力、慈悲、平等和正念（当下意识）。教徒是按照教规和自己的心灵规范思考问题和行事的，在他们看来能够成为宗教的一员已经感到很幸福，因为宗教给予了他们幸福的基因，使他们时刻沐浴在精神的快乐之中，其他身外之物比起他们从宗教中得到的满足不值得一提。这种追求幸福，满足幸福正是宗教给信徒带来的巨大精神力量，这种强大的精神力量可以抵御任何人间痛苦和不幸，我们的肉体就是一个躯壳，他们这种从宗教中得到的已经超越肉体的快乐是内心的快乐。这就是我们看到的脸上总是充满笑容不丹人的内心快乐源泉分析。这次比较幸运的是领队先生就是一个佛教徒，他的丰富的佛教知识也使我们不丹之旅带来了宗教层面上的享受。

第二，这是一个适合人类生存的地方。

不丹地处喜马拉雅山的南麓，印度次大陆的北端，因为在印度洋形成的暖流北上时遇到喜马拉雅山的阻挡就形成了这样的温暖气候，冬无严寒，夏无酷暑，很适合人类居住。同时丰富的雨水资源又可以种植各种植物，吃饭问题很容易解决，吃饭问题能够解决其他问题就不会成为大问题。我们时常说穷山恶水出刁民是有道理的，这里的人民解决了温饱，在优美的环境中沉浸在宗教洗礼之下，他们有什么理由不幸福？我们坐在中巴车里，绕行在山青水秀之间，享受着60%的森林覆盖率带来的新鲜空气也感到很幸福。

第三，这是一个相对封闭的国度。

因为地理位置的原因，这里交通不便。世界上最高的山峰就在头顶，使这个小国比较封闭自满，也不方便跟其他国家做比较，就是做比较也没有可以参考的坐标，因为不丹的地理位置太特殊了，环境也是无法跟其他国家比较的，于是乎，干脆不跟别人比，自己生活在自己的世界里。我们中国有句俗话：人比人得死，货比货得扔。许多国人就是因为盲目攀比，自己已经很不错了还要跟别人比，并且一定要超过别人，永无休止，这能幸福吗？这里的人好像不是这样，当地的导游和司机与我们相处的很融洽，并没有因为我们来自世界第二大经济实体而羡慕我们，或者问我们中国的事情，相反，他们倒是很享受他们的工作也很敬业，每到一处都尽力讲解。作为老驴友我看得出来他们能从他们的工作中找到幸福。我们中国人的问题是干一行不爱一行，老觉得怀才不遇，甚至干了一辈子都没能从工作中找到乐趣，跟何况奢谈幸福？

第四，这里实行君主立宪制。

不丹政体是君主立宪制，这就给不同政治需求和社会需求的人提供了各种机会，喜欢国王的人可以拥护国王，怀旧的人可以在传统制度中找到自己的诉求，求新的人可以在内阁制中施展自己的抱负。这样就避免了革命和社会动乱，让人民有各自发表自己政治主张的制度保障，不必动枪动炮，从而建立和谐社会，让国民安居乐业，享受幸福生活。

在不丹你会看到各种年龄的人，总体来讲，人们都很友好，尤其是我这种喜欢拍照的人物，很少碰到拒绝的人，更不用说骂人或呵斥人的，在有些国家因为拍照我差点挨打。在不丹，人民都很祥和友好，这跟人民气顺有关，政府给你出气的渠道，你没有理由闹事，剩下的就是享受幸福生活了。

我们正好赶上他们类似于我们春节的节日——戒楚节，在军营里举行盛大民众联欢活动，人们欢天喜地，总理出席，任何人都可以接近，我作为一个普通游客都混到了总理房间里，可见政府和领导是没有什么可提防民众的，也没听到谁在说政府和领导的坏话。这种君主立宪政治制度在我看来是不丹人民幸福生活又一来源。

第五，这是一个主观积极追求幸福的地方。

从我们踏上不丹的土地起，就时刻感受到这里的人们在主动追求幸福。实际上当你还没有来不丹之前就已经让你闻到了幸福的气味。一到不丹，导游会说欢迎你来到世界上最幸福的国家，在这里我们有我们自己的幸福指数，希望你们感知幸福，同时你又处在一个神秘的未知中，你会很容易受到感染。这种主动宣传幸福并鼓励幸福的行为很快就在人群中扩散，让我们主观上接受幸福的感觉，是幸福成为不丹王国的流行的空气。深夜遥望不丹的天空，满天星斗，侧听着各种昆虫的鸣叫，观看着不远处点点星火，心里在说：这就是不丹的幸福，其实幸福很简单，你自己感觉到了幸福，幸福就来了。

第六，这是一个自给自足的农耕社会。

不丹没有工业，高山水力发电输送给印度占其经济收入的半壁江山，另外就是旅游业，因为有最低游客消费的限制，即每人在不丹每天最低消费不能低于250美元，所以旅游业是他们的另外一项主要收入。需要说明的是不丹并没有入境旅游人数的限制，只有最低消费的限制，这样就保证了旅游业的基本收入。正因为如此，在基本收入有保障的条件下，不丹人主要人口都是农民，从事农耕活动，自给自足，能够生活的优哉优哉，这种生活方式使人们很容易感到满足，也没有过多的奢望。这是一个与众不同、个性独特的国家，她有她自己的生活方式。在不丹，西式广告牌和塑料袋是被禁止使用的。直到今天，这个国家道路上没有红绿灯，特别明显的是耕牛在马路上随便行走，汽车甚至还要给它们让路，没方法，这是农耕社会，她有她的社会规则和习惯。

第七，这是一个全民享受高福利的国家。

不丹全国70多万人口，不分男女老少，全民享受免费教育和医疗。这在全世界都不多见，即便是在最发达的美国其医疗保健制度也不尽如人意，在不丹却做到了全民高福利，有点像瑞士，难怪一到不丹，当地导游就说不丹是东方的瑞士。不丹不但是世界上第一个在公共场所禁烟的国家，而且从根本上禁止烟草销售。不丹人平均寿命69岁，GDP人均1055美元，通货膨胀率8.45%。这些数据对一个只有几十万人口的国家是很重要的，因为这些数据是他们能够拥有幸福生活的逻辑分析和结论。教育和医疗是公民的两项最基本的权利也是赖以生存的可靠保障。人民有了国家给予的生存良好条件和基础，加上不愁吃不愁喝，还有一定的收入，有什么不高兴呢？需要补充的是，这里还是动物的乐园，你在森林里游玩时可能会碰上野生动物，我们就见过野猪、野猴等，最需要说明的是，这里是狗的天堂，几乎随处随时可见四腿朝天呼呼大睡的狗类。

第八，这是遵守礼仪和行为规则的地方。

不丹的奠基人夏宗·阿旺朗杰为寺院和政府官员建立了一套礼仪守则。经过几百年的演变，这套礼仪守则逐渐深入民间。它详细规定了在拜访宗堡时如何着装、向上司和政府官员致礼的方式，以及坐下、吃饭等行为的正确姿式等。政府从1989年开始推行这套礼仪和行为守则以保持不丹的传统。与礼仪体系密切相关的另一个概念是孝道，指孝顺父母、尊重长辈和社区其他成员的信念。与孝道有关还有礼节，是指强调优雅地完成日常工作以及关怀和照顾其他人的社会美德。这就使整个国家的人民变的彬彬有礼，人们之间的关系非常和谐和友好，与人相处会体会到乐趣和幸福，时间长了这种乐趣和幸福感就会互相传染。

第九，他们简单节约生活。

住在酒店里有一个细节：在洗手间里只有最简单的小块肥皂，即便如此，上一个客人没有用完的肥皂都会放在洗手间里让你继续使用。我们在整个行程中吃饭都比较简单，而且是按人配量，很少有浪费的现象和可能。陪我们的司机和导游就一套衣服，民族服装，既御寒又防热，很实用。整个国家也未见高楼大厦，首都很简朴，政府办公场所或者跟宗庙合署一起，或者很简单，一座二层小楼可能就是一个部委。老百姓的房子也简单，市场上商品不丰富，无论是生活用品还是生产资料，都很有限。因为没有工业，没有大量的工业产品，人们没有机会在过剩的物质堆里占有和消费，没有机会养成奢华的生活方式，使自己轻松很多。但是无论是在宗教场所还是在日常生活中人们都很高兴，笑容挂在脸上。这种简单的物质生活使他们心灵也变得简单，不必为身外之物操心，反倒腾出大量时间去享受精神神生活。不像国内有些人用大量的时间和精力去追求金钱和物质，反过来又被它们所累。铺张浪费的习惯掏空了内心，又需要买名牌奢侈品装饰自己以掩盖空虚的心灵。

最后，总结陈辞：不丹是一个小国，拥有丰富的自然资源和与之领土相匹配的可持续的人口数量，虽然周围是人口众多、经济发达的大国，但是不丹却保持了自己独特的传统生活方式。她是世界上绝无仅有的情感胜过资本，强调幸福感的国家。这种独特的方式归结于广受赞誉的“全民幸福指数”。即国民幸福指数。不丹是一个幸福的国家，不丹的人民是幸福的人民，因为他们找到了幸福的密码，那就是：重精神，轻物质，追求幸福，享受幸福。

三十一、其他业余兴趣

网协主席叫我“网球疯子”

我最理想的生活方式应该是每天打一场网球。因为各种原因，目前很难做到。但是因为业余时间非常喜欢打网球，通过网球不仅结识了很多好朋友，打出了法律与网球的关系，律师服务与网球运动的关系，诸如，我曾经担任过中国网球协会常务理事，中国网球协会开发委员会副主任，国家体育总局网管中心及中国网球协会首席法律顾问，等等。此外，我还参与过北京律协网球队的工作，领导过朝阳区律协网球队和隆安网球队。有一段时间特别痴迷于打网球，最强烈的时候曾经想调入中国网球协会去工作，我对网球是如此的投入。“徐家力是我见过的最狂热的网球疯子。”时任中国网球协会副会长，国家体育总局网管中心主任孙晋芳女士的话，是对我痴迷网球的最好诠释。我选择网球做锻炼身体的运动，主要有两点原因：第一个原因，我清晰地记得，第一副网球拍是1993年买的，也是从那时起我开始接触网球，但是那时打网球，都带有“玩票”性质，网球拍有时被束之高阁，利用不充分，造成资源浪费，心里不太舒服，时常想把买好的网球拍利用起来，恰好此时遇到一位网球“老师”，这位老师其实是我的大学同学，两人一起打球可以相互切磋球技，于是开始断断续续的打网球活动。第二个原因，1998年，我生了一场大病——典型性大叶肺炎，因感冒没在意拖延引起的，一直高烧不退，住了一个多月的医院，最后，在注射大量消炎药物之后才治好。

主治医生找到了我的病因：缺乏体育锻炼，体质较差，建议我病好后加强锻炼，增强体质。也正是因为这场突如其来的大病，让我改变了对生活的态度，甚至是我的世界观和人生观。

我开始认真反思：原本身体底子不错的我，为何体质变得如此差？中学期间，我上过业余体校。在校期间，我以长跑闻名，还获得过沈阳市长跑冠军的头衔。就读北京大学时，我还担任校学生会体育部副部长，在中国政法大学读研究生时，我是研究生会文体部长，各个时期，都曾经是体育运动的狂热分子。

我自己分析后认为，工作繁忙是主要原因，我以前将全部精力都投放到工作上，隆安律所事务所正是创办时期，事无巨细，百事待办，忽视了体育锻炼，甚至鲜有健身活动，所以造成大病缠身。病完全好了以后，在医生的建议下，我带着早就买好的球拍再次来到了网球场，这次选择拾起网球，我多少有些“无奈”的感觉，是被大病逼得，为此，我开始重新打起网球，打起来之后就发现我很喜欢网球，一旦喜欢上就觉得我与网球很有缘分，不曾想一发不可收拾，我就被这颗黄色的小球深深地迷住了，由此，我正式步入网球疯子的痴迷状态之中。

我开玩笑说，对于一贯热衷于各种体育活动的我，如此还可以践行“发展体育运动，增强人民体质。友谊第一，比赛第二”的号召。从大病初愈开始打网球完全是为了锻炼身体，到后来随着网球技术的不断提高，越来越多参加各种网球比赛，在比赛中，会遇到各种各样的对手，赛事情形千变万化，通过比赛加强了网球技术，平时以健身为目的的随便打打网球与有胜负的网球比赛大不一样，打网球是否会痴迷分水岭在于打不打比赛，随便打打是枯燥的，比赛是有趣的，随便打打是锻炼身体，比赛是精神享受。在参加过无数次的网球比赛中，难忘2007年那场在香港举行的比赛。

2007年香港回归10周年，也是香港律师公会成立100周年的纪念年份。香港律师公会邀请北京律协参加由其主办的律师网球比赛，我作为北京律协网球队的发起人之一当然名列其中。

2007年7月1日，正值酷暑，当时比赛是在香港中文大学的室外场地进行。我们代表的北京律协队的比赛时间是中午，对手是香港律师网球队，不用身临其境，也能感受炎热程度。到了场地，比赛还没有开始，我全身已经湿透了。淋漓的大汗像雨水一般，滴落在场地上。这时的阳光也是相当给力，明晃晃地当头照耀着我们。

用现在很多年轻人常说的流行语，就是我晕！是真实的头晕脑涨。虽如此，我们依然顽强地坚持打完比赛，并且取得了较好的成绩。当时是7月，非要安排我们中午一点钟比赛，比赛还没开始呢，浑身都湿透了，好多球员中暑退赛了……

我可不是轻言放弃的人，越是这样安排，我就越不服气，结果那次比赛，我获得了第三名。由于体能消耗巨大，比赛结束后到更衣室洗澡时，很多人就虚脱了。回到更衣室，我已经累得站不起来了，身上早已经湿透了，我是坐着洗的澡……

虽然参加过很多比赛，但是这次比赛对我来说最为难忘。北方人原本对南方气候就不适应，再加之室外比赛，着实有些吃不消。我们这些北方人心里都略带委屈，后来我们听说那天气温是40摄氏度左右。为了打击报复，我们参加这次比赛的北京律师后来打球碰到一起时常开玩笑——哪天我们也组织邀请香港律师来北京比赛。我们一定把比赛安排在1月1日，地点在密云水库冰面上，这对我们来说才算公平。还有一次，我和老搭档参加一个比赛，刚开始的时候，我俩的双打几乎全赢，后来碰到了两位都已年过七旬的组合，结果我们被打败了，两位老者还调侃我们：年轻人，不要瞧不起老年人，后来在比赛中，这种老球友的高招绝技还见识过不少次，所以网球永远都是天外有天，人外有人……

参加首届“交通杯”全国博士后网球大赛华北地区锦标赛

截至目前，我参加的网球比赛已有数十场，其中获奖亦不少。例如，中网名人公开赛第一赛季冠军；蓝精灵杯亚军；全国高校校长杯季军；别墅杯第四名；天天有网球季赛第三名；等等。

网坛之所以魅力无穷，网球如人生，打球中有很多哲理。我们球友在切磋球技时都知道网球的奥秘，有的人急于赢球，却经常输球；有的人慢性子，却总是赢球；有的人一味地抱怨自己的搭档，导致不团结，最后输球；有的人一再鼓励自己的搭档，团结一心，最后赢球；有的人看起来弱，打起来却很强；有的人看起来强，打起来却很弱；有的人用身体打球，有的人用心打球。比赛有输赢，平常心处之。这是在球场上的最大感悟。

从个人的体会来说，我认为体育运动最大的好处是精神上的放松，其次才是身体的锻炼。不管心情怎么不好，打场球后心情就会好很多；不管有多么紧张，打场球后就轻松不少；不管工作有多累，打场球后就不感觉累了。

我发现自己对打网球已经上了瘾，现在隔一段时间不打网球，我就感觉身体和心理都不舒服。甚至有时比赛时，常会出现这样的状况：赢球了不能走，对手还想赢自己；输球了也不想走，还想再赢回来。这也是网球的魅力所在，强健体魄的同时，更加愉悦心灵。

我年轻的时候是业余运动员出身，北大学生会体育部当过干部，从小就喜欢运动，在北大时也练过中长跑，跑过马拉松，所以体力一直很好，现在每天五六个小时的网球，甚至七八个小时，对我来说都没问题，回家睡一觉，第二天身体就恢复了。

我自己都对自己的身体状况感到吃惊，就像打了兴奋剂一样，我想这得益于我从小就练就的身体基础，我从来没有受到过疾病的困扰，很多人腰、膝、腕、肘、肩都有问题，我身体各项机能都非常好。网球虽然是个小球，但带给我的精神享受是大大的，我什么都可以放弃，但是不能不打网球，只要网球在，我就很高兴，打网球可以打到忘我的程度，打网球带来的快乐比金钱、名誉带来的快乐更快乐。

兴许是律师的工作性质使然，我对于新事物的好奇以及对细节的把握细致入微，每次坐飞机，我都喜欢坐在靠窗的位置，飞机起飞和降落的时候，正适合我欣赏外面城市的不同风景，之所以有这样的爱好，是因为每次我都能看到新鲜的东西，这会让我有一种满足感。在网球场上与不同的球友打球，网球比赛时刻出现的变化，网球特有的魅力深深的吸引着我，每一位球友都不同，每一场比赛都不一样，甚至每一个球场都不同，网球给你带来源源不断的新鲜感。

身为一名狂热的“网球分子”，我也很喜欢看球的时候观察球员的动作和表情，有些很有趣的细节可能稍纵即逝，而我总能捕捉到。有一年，我到上海观赏网球大师杯赛，对阵的双方是天王费德勒和已经小有名气的德约科维奇，我的位置正好在发球线附近，于是也就有了新发现，那场比赛很精彩，德约科维奇显示了非常强劲的挑战费德勒的势头。在关键局，我亲眼看到德约科维奇的手哆嗦了，而且抖得很厉害，以至于连续出现了三个发球失误，原来那么伟大的球员也会紧张，因为这场比赛是德约科维奇有史以来第一次战胜费德勒。

网球是智力跟体力的完美结合，最高境界是用心打球。运动员要没什么修养，打球也不会好看，你看费德勒和德约科维奇的比赛，很让人享受。

有了这次观赛经历之后，但凡在自己上场比赛时，我总会自我心理暗示，“大师们都会在紧张的时候丢分，何况自己这样的业余球员。不要紧张，紧张是没有用的，冷静地去处理球就好了”。这种心里暗示可以应用到工作和生活的各个方面。

我这位被别人称为“网球疯子”的业余时间全部献给了网球，全北京的网球场大都打过了，几乎是“打一枪换一个地方”，很多人拉我去打高尔夫，我都拒绝了，高尔夫运动量太小，也浪费时间。我精力非常旺盛，经常是赶着场子参加比赛，网球适合我，我太爱这项运动了。

网球让人如此热爱的原因，我自己总结了几点：改变心情，特别是压抑的时候到网球场出出汗，感觉很棒；交朋友，没什么商业目的，比较纯粹；锻炼身体。

如果说我有什么理想的话，就是天天能保持网球活动，可能的话走到全国各地，甚至全世界各地跟各类球友打打交流赛。等退休闲下来的时候再去看全球网球四大满贯比赛，看球赛，找朋友打球、旅游、摄影，这是我人生的最大爱好，我希望有朝一日能够实现理想。我已经去过美网的阿什球场，法网的罗兰加洛斯，温布尔登公开赛的乡村俱乐部，但都是在非赛季的时候去的，只有澳网的墨尔本体育公园是在现场看的比赛，亲眼目睹了李娜夺冠。事实上，很多人难以将网球运动坚持下来。例如，2011年，网球界发生一件令人扼腕叹息之事件，温网首轮让温布尔顿的“主人”费德勒出局，曾是世界排名第七的帅哥网球明星安西奇宣布退役，每年宣布退役的专业球员不计其数。专业网球选手尚且如此，业余网球爱好者坚持打网球更难。

国际网球联合会做过一个统计，第一个数据，就是说从买球拍，到打球的人，淘汰率是97%，100个人买球拍，只有3个人能坚持下来，97个人被淘汰了，为什么？因为网球很难，网球和乒乓球羽毛球不一样，不是什么人随便拿起球拍都能打起来的，技术要求非常高，动作很难，跑动很激烈，运动量大，如果这3个人坚持下来了就是终生的，就是终生坚持，一直打到死，这是一个统计。我可以颇为自豪地说，“很幸运，我就是那3个人之一”。

网球运动有其自身的特性，比如学习网球技术难，球技提高慢。特别是在前3年，网球手的球技提升没有明显突破，所以大部分人就没有了兴趣，而最终放弃。但是正所谓“宝剑锋从磨砺出，梅花香自苦寒来”，只有坚持下来，才能感受到网球的乐趣。

第二个数据，就是说网球是到目前为止发现的运动当中，是一项要求体力和智力高度完美结合的一项运动，网球要求很高的智力，很多二三十岁的人打不过七八十岁的人，这在其他运动项目中不可能也不现实，其他运动项目没有年轻的打不过年老的，网球经常发生这种情况，打网球需要体力更需要智力。网球场上，经常有一句话说，某某运动员不是用体力而是用心在打球，这要求高度的智力和体力结合，网球这个运动太吸引人了，所以很多人就是冲这一点着迷网球的，我说网球就是运动场的麻将，人们为什么喜欢麻将呢？人人不服对方，输了我不干我得赢回来，赢了对方也不干，还得再来，你来我往，很快上瘾，老想着赢球，老是这个焦灼状态，打网球能成为你的终身爱好，可以增加自身的幸福感，特别吸引人。当然打网球打到一定程度才有这种状态，没到这程度就不会有这种上瘾的状态。通常有人说打高尔夫更能认识有价值的朋友，在我们一群网球手看来：网球虽有网，但是却隔不开球友之情；高尔夫球虽没有网，但是球友的心却较远。人们常说打高尔夫球的人去打球的目的是想在球场上结识领导或者老板，因为去打高尔夫之前大家的目的性都很明确，所以真正打起球来大家反倒谨慎和警觉起来，心里都互相防范着，球越打越远，人心距离也越来越远。网球不一样，打网球呢，目的就是强身健体的，网球就是让你以球会友，球友没有什么其他目的和动机，通过打网球，球友之间越来越了解，关系越来越好，心的距离也越来越近了。网球的好处在于给你带来了另外的一个世界，通过打球，我结识了很多朋友。我们的一群球友们常说：网球球友的世界内，只有两种人，打球的和不打球的。任何人都有成为朋友的可能。我的很多朋友都是通过打球结缘的，而且一些客户也是通过打球认识的。

打网球的以球会友，哥们球友，关系好说，所以网球很吸引人，打网球完全出于兴趣和爱好，打网球的目的很单纯，就是把球打好，要打开心，网球球友什么人都有，从来不分什么级别和层次，球场上，没有地位或是职务之分，打得好的就是牛人，打得不好的在网球场就牛不起来，打来打去，很多球友通过网球真正成为了朋友，网球球友之间的关系越来越好，心离的越来越近。网球球友虽然中间隔着网球网，但心是相通的，高尔夫球友之间虽然关系很热络，但心却隔着千山万水。

为什么喜欢滑雪

滑雪是很刺激和紧张的冬季运动项目，在每次暂短时间的滑雪后实际上对我的工作状态调节的特别好，因为这项爱好，使我的工作效率特别高，爱好是会上瘾的，我也就一发不可收拾，非常喜欢滑雪。滑雪之所以成为冬季“顶流”运动，自身魅力不可小瞧。

时尚、高级、酷……滑雪的人设几乎很难让喜欢运动的人拒绝。无论男女，都对这项运动着迷。雪场上滑雪服和雪板五彩斑斓，不失为一道亮丽风景。但滑雪者上了陡峭的雪坡，就要真刀真枪亮“本事”了，变身不折不扣的实力派。

滑雪，是真的爽！很多人学会滑雪后都会发现：根本停不下来！

有研究发现，滑雪过程中大脑会分泌一种神经化学物质——多巴胺，让人产生愉悦感。

人体有一种奖励机制，滑雪这项运动可以带来愉悦体验，一次次反馈给大脑，大脑就会下达再次体验的命令。这就是滑雪让人“上瘾”的原因。

除了多巴胺外，滑雪时身体会分泌一种调节情绪的激素——内啡肽，它能调节神经和大脑系统。室外雪场建在山上，人置身优美的雪景里，感受一种宁静亲和又清纯的自然风光，会感到放松、愉快。

在一些情况下，滑雪的速度可以很快。熟练的滑手从山顶滑行下来，速度可达数十公里每小时（初学者可不要随意模仿！），这个过程会促进肾上腺素分泌，产生失重感和快感。

总结一句话：滑雪，不仅很爽很“上瘾”，还对健康有好处！

但是，不是所有人都适合滑雪，真正滑起来后，还是要根据自己的情况量力而为哦。

如果你是不会滑雪的人，也许还没有体验过滑雪的这些好处，就先听说了不少人滑雪受伤的消息。

有人甚至半开玩笑地说，滑雪场的尽头是医院骨科。

确实，有一定规模的雪场里，几乎每天都能看到轮椅和担架。就算是顶尖专业运动员，因为滑雪发生骨折的也不在少数。我自己在滑雪中就有几次受伤的经历，有的是自己不小心摔伤的，有的是被别人撞伤的。有的发生在国内，有的发生在国外。滑雪时间长了，这种事情在所难免。

当滑雪成为更加日常化的习惯，一切就变了：一个人在雪上的独处时光——这恰恰是大部分人竭力要避免的——成了遁世的手段和生活的必需品。

如果滑雪只是为了玩乐，我发现自己会陷入沉思，为什么许多人——也包括我自己——会把它看待成如此重要的事呢？我的答案脱口而出：因为我们滑雪。我们滑雪，并不是因为它在存在感知或总体感知上重要，而是因为它有亲身体验到的意义。我们创建自己的人生，做自己喜欢做的事，将个人意图灌输其中，找到其重要的意义。滑雪有意义，因为它是个人的通路和运动；是为一亲户外芳泽播撒下的种子；探寻自由和自我表现；带来更加渴望的兴奋反应。滑雪是许多我们未曾抛出问题的终极答案。

我在万龙滑雪

不管你冬天是去白雪皑皑的大山里度假，或者住在靠近雪道的城区，你都可以在严寒的冬天用滑雪的方式进行一些锻炼。不管年龄大小、水平高低，都可以在一天的雪上时光中受益，滑雪对身心双方面都有好处。

新鲜空气。多花些时间待在户外可以预防疾病，加速恢复。你可以远离城市空气中漂浮的各种脏浊颗粒。根据哈佛大学科研工作者1993年在《六座城市》中的研究表明，在污染最严重的城市生活的人群，比在最清洁城市生活的人群的提前死亡率高26%。所以，给自己一点空间，远离拥堵的车流和污染的大气，呼吸一些新鲜、清新、充满活力的山地空气吧！

随着滑雪运动的广泛开展，滑雪的意义已经不只是停留在运动上，而是进一步成为一种健康、时尚的生活方式。作为一项户外运动，滑雪运动最大的魅力在于人们能够从运动中体验到回归自然的感觉。滑雪的好处与乐趣，在日常生活中，冬季是滑雪的最佳季节，很多人都会在冬季滑雪。对于真正热爱滑雪的人来说，喜欢的是速度与刺激、滑行中的美感。来看看滑雪的好处与乐趣有很多很多。

滑雪运动这项运动所带来得快乐，不亚于其他任何一项运动，滑雪作为一项体育运动来说对能够强身健体是肯定的，除了让人爽到飞起，滑雪对身体也有很多好处，比如改善心血管健康、睡眠、力量、敏捷性和协调性等。

除了增强心肺功能以外，很锻炼大腿和小腿的肌肉，大臂和腹肌也能得到锻炼。还有身体的平衡，是比较综合的锻炼，雪场湿润的环境对人肯定也有好处。所以说滑雪的好处太多了，滑雪除了具有体育运动的好处外，还有其他体育运动项目没有的诸多好处，总结说就是具有综合好处。我通过多年滑雪的经验，体会到滑雪至少有下面的好处：

1.在白雪皑皑的雪道上自由滑行，可以改善身体的感知能力。身体感知能力就是一个人感觉身体不同部位所处位置，以及运动它们的能力。滑雪时会强调掌握动作和协调身体，如果你想滑得好、不摔倒的话，你就必须能够察觉身体许多细小的运动和姿态。因为身体感知能力随着年龄的增长而衰退，因此你参与的身体感知类活动越多，它的衰减就会越少。改善本体感知能力。本体感知能力就是一个人感觉身体不同部位所处位置，以及运动它们的能力。换句话说，当你闭上眼睛时把手放在脸前面，就算你看不见，你依然知道手就在那里。滑雪涉及很多平衡和协调，如果你想滑得好、不摔倒的话，你就必须能够察觉身体许多细小的运动和姿态。本体感知能力随着年龄的增长而衰退，因此你参与的本体感知类活动越多，它的衰减就会越少。

2.在滑雪的过程中，可以调节情绪。比如说当你在室内模拟滑雪机上进行滑雪时，不管滑行时间的长短和频密，对着镜子，看着自己的身躯来回转弯，并可以随时按照自己的心情调动，那么内心也会分泌出多巴胺，让自己身心愉悦，增强整体的幸福和快乐感，有益于身心健康。

滑雪会让你的性格更加开朗。花一天时间在白雪皑皑的山上度过，四下都是自然的户外美景，你会忘记凡尘俗世的各种压力。你还能吸收很多维生素D，这能帮助你远离季节性情感障碍症，改善情绪。

常年在室内工作的人，比一般人更容易产生“冬季抑郁症”。改变低落情绪最基本的方法就是活动，冬季室外滑雪更是对症下药。

你是季节性情感障碍症患者吗？在英国，每50个人里就有1位深受季节性情感障碍症的影响。这是抑郁症的一种，通常发生在冬季日光变短的那几个月。你上下班的路上天还黑着，白天则窝在办公室里，血清素和大脑自然情绪的调节能力都会下降。季节性情感障碍症轻则表现为轻度的冬季忧郁症，如果不及时诊治的话，重则表现为冬季功能性失调。疗法也很简单，去大山里吧。在山坡上你也许会因为一杯啤酒的成本而沮丧，但那压根不是一类事。有的人到了冬天，就会变得沮丧、忧郁、注意力分散、易疲劳、工作效率下降等问题，专家称为“冬季抑郁症”。据有关资料表明，那些体质较差或极少参加体育锻炼的脑力劳动者，以及平时对寒冷较敏感者，比一般人更容易产生“冬季抑郁症”。改变低落情绪最基本的方法就是活动，滑雪是最好的选择之一。那些尝试了“滑雪解忧”的人每次滑完都感觉心里卸下了很多包袱，特别是快速滑下的时候，一种轻松感是无法用语言形容的。

3.长期的滑雪运动，可以帮助你养成健康的饮食习惯。促进健康的饮食习惯。当你早上醒来时，接下来的白天要滑一天的雪，你就不得不补充满能量。午餐时你需要补给，晚餐的时候需要吃恢复餐。你会很自然的更加关注自己的饮食：更多蛋白质、健康的脂肪摄入、更少的糖分、更多水果和蔬菜等。以保证每天滑雪时能量的供给。滑雪是一项消耗量相当大的运动项目，在滑雪期间的饮食是很讲究的，不能吃多，但要吃好。我一般早餐多吃蛋白质的东西，保证一天的能量，中午吃一些蔬菜和水果，提供维生素的需要，晚上不要吃的太饱。

另外咖啡要喝二次，早饭后一次，午饭休息后，上雪场前再喝一杯，咖啡不断地提神，使滑雪更加刺激。有时滑了一天雪，与几位雪友聚聚，喝点小酒，聊聊滑雪的趣事，然后安然入睡，乐哉乐哉。

4.滑雪运动可以提高身体的灵活性。长期的滑雪练习，可以让身体越来越灵活，因为滑雪是一套长期有规律的、针对核心肌肉群的日常拉伸练习，会增强腹肌、腹斜肌和臀部肌肉的力量。通过打造身体的灵活性，你可以避免肌肉劳损和扭伤。

增强下肢肌肉。因为滑雪的时候你要持续保持半蹲的姿势，可以激活大腿内侧和外侧的肌群、腘绳肌肌群、股四头肌和臀大肌。你会因为周围的美景或者关注眼前的斜坡而察觉不到腿部的状态，但是我打赌，第二天你绝对能感受到成果。滑雪主要靠腰腹和腿部发力，经常滑雪可以增强下肢肌肉、增强全身能力和核心力量。

5.在做滑雪运动的时候，可以增加身体心血管的抗压力。因为滑雪是一项有氧的耐力运动，可以帮助燃烧你的卡路里。一般的滑雪新手，不会坐滑雪缆车的，因为初次滑雪所带来的好奇心，和兴奋感，通常会走上斜坡的，那么此时，心肺的活动频率加大，可以锻炼心血管的活力。提高心血管耐力。作为一项有氧的耐力运动，滑雪可以帮助参与者燃脂减肥。初滑者通过走上斜坡（而不是乘坐滑雪缆车）可以锻炼心肺，从而获得良好的心血管训练。

高海拔。有利好消息吗？身处高海拔地带可以让你瘦身、健康、适意——至少前两个是真的。几年之前，奥地利中等海拔研究会成立了，体重超标的人和饱受高血压、高胆固醇困扰的人得到了在海拔1400—2000米之间散步的处方。结果如何呢？在高海拔地区的锻炼提高了心脏的功能和循环能力，血压降低了，热量消耗了，还增加了新生红血球细胞的数量。对于那些想减肥的人士来说，滑雪也是最佳选择。据测试，一个速度正常的滑雪者一小时消耗的热量为734卡，相当于在1小时内跑9.5公里的运动消耗量。在滑雪场的冷空气中运动，也是对身体氧气运输系统的考验，这也在无形中锻炼了心血管缩张的能力。

6.滑雪运动还可以加固骨骼和关节的韧性。在滑雪的时候，肯定是要转向和快速下坡的，这时膝盖就会承受张力和重力，长期这样可以强化骨骼和关节的韧性，从而预防膝盖损伤、骨质疏松等问题。加固骨骼和关节。你转向和快速下山的时候，膝盖就会承受张力和重力，因此滑雪的时候这些部位就能得到强化。除了增强膝盖以外，你的骨骼也会因为双腿承受的重量而变得更加强壮。所以，不止能馨享在斜坡上滑下的美好时光，你还可以预防膝盖损伤、骨质疏松症，增强自己的本体感知力。

7.促进深度睡眠。尝试一项新运动之后会感觉筋疲力尽，特别是全身都要调动起来的锻炼。在滑下斜坡之后，我们保证你就不会在上床前抱着手机不放手或者晚睡了，你会倒在枕头上睡一整晚好觉的。一次滑雪后，大脑里的褪黑素激增，保证你一夜好眠。我本来睡眠就不错，一旦进入滑雪状态，晚上我的睡眠情况可以用婴儿睡眠来形容。

8.提高学习能力，减少老年痴呆。学习对我们是有益的，你的父母会这样告诉你。他们是对的，但是他们和你还需要留心那条建议。在中年以后学习新技巧可以延缓老年痴呆的发生。尝试学习新外语这样的挑战——你可以在酒吧里练习——或者滑雪这样的新技巧，将会减少与衰老相关症状和疾病（如阿尔茨海默症）的风险。老年痴呆现在是老年社会里的多发病，常见病，医学还没有发现病理和有效的治疗方法，预防是主要措施，滑雪是一项。

9.增强平衡能力和核心力量。因为你滑雪的时候要不断做功并保持平衡，所以你的核心部位会一直处于积极的工作状态。此外，滑雪挑战你的平衡能力和灵活性，帮助你年老以后远离滑倒和摔跤。

滑雪是一项全身的运动，能够对神经系统进行全方位的锻炼和提高。在给你带来速度享受同时，也锻炼了你的平衡能力、协调能力和柔韧性。这种平衡能力的增强是无法从跑步、有氧操中得到的。与平衡能力密切相关的就是协调能力。只有在充分的协调好全身的每个部位，才能在滑行中取得最好的平衡效果。在滑雪的过程中，需要身体各个关节的配合才能达到。因此，滑雪对于人体的头、颈、手、腕、肘、臂、肩、腰、腿、膝、踝等部位，几乎是人体所有的关节，都能起到比较良好的锻炼作用，激活僵硬的身体，使得身体的柔韧性增强。

滑雪的实质就是掌握平衡的过程，在重心的断切换中找到平衡点，这样才能做出漂亮的动作。能够对神经系统进行全方位的锻炼和提高。在给你带来速度享受同时，也锻炼了你的平衡能力、柔韧性和协调能力。滑雪速度快、运动量大，能增强肺活量，并能让腿部肌肉得到充分地有氧锻炼，强身健体；而且滑雪是一种对平衡性要求极高的运动，还能提高人的心理素质和应变能力。

10.能够增强心肺功能。滑雪属于有氧运动，冬季滑雪，人在室外的冷空气中运动，对身体氧气运输系统的考验更大，更能在无形中锻炼心血管缩张的能力，能够增强心肺功能高速下落滑行中，人处于低氧状态，可以使肺和心脏更加努力地工作。滑雪和跑步、游泳一样属于有氧运动，能够增强心肺功能。特别是在快速甚至是疾速的运动中，对于心肺功能的锻炼更是显而易见的，在室外滑雪中这种锻炼的效果尤为突出。面对那些以千米来计算的滑道，只有强大的肺活量和良好的心血管系统的支持，才能保持较长时间的滑雪运动状态。此外，在滑雪场的冷空气中运动，也是对身体氧气运输系统的考验，这也在无形中锻炼了心血管缩张的能力。

无论从哪个角度讲，滑雪是体育运动中是最危险的项目之一，滑雪也是人类挑战身体极限运动排在前列的项目，即便是业余滑雪者，就是在滑雪的时候任何杂念都不能有，精神要特别集中，稍有杂念你就得摔倒，随时随地都会有危险，正因为如此，才特别刺激人们的神经，让人们流连忘返，一张一弛，很有有利于精神的放松。因为律师老是高速地脑力活动，造成精神上的压力。而滑雪，我整个的滑雪状态就是早上从雪场上去下午回来，滑完了，吃完饭以后就累得不行了，马上得睡觉，在雪场滑雪是很封闭的状态，白天很累，晚上睡觉感觉整个人彻底的被清洗过了一遍。滑雪这个时间单元，跟其他时间单元是完全不搭界的，就好像是从正常时间单元抽出来一样，好比把一块大蛋糕切开，滑雪就是独立的一块，滑雪是被切开的那种感觉，也就是整个滑雪生活状态与其他生活状态是完全不一样，滑雪使你回到了人的最原始的状态，在滑雪期间你也想不了别的，晚上太累，白天又不敢想，所以那种状态相对就是封闭的，放空自己了，就这种状态在日常生活中不容易达到，你要滑雪，你就得去高山，你要到达任何一个滑雪场，都有有很长的路要走，是那种非常寒冷艰苦的环境，雪场没有在室内的，都是深山老林，一定是很艰苦的地方，完全的自然界，其实高尔夫球场为什么选择要有草坪，高山雪地就相当于滑雪场的草坪，滑雪就是冬天的高尔夫，雪场一定是空气很好的地方，一定是那种，白雪皑皑的地方，所以这种对人的放松，和对人的这种精神的调剂，滑雪是任何其他体育运动代替不了的运动，滑雪场就像白色鸦片，只要沾上，就别想戒掉，就永远想那种滑雪状态，你不到滑雪场你没这状态，你假设去滑雪场假设不了，必须身临其境才有这种感觉，雪友们经常开玩笑的说这个世界只有两种人：一种是滑雪的，另外一种是不滑雪的。

在中国申办2022年冬季奥运会成功以后，国内的各大滑雪场为了配合申奥的成功，组建了一个2022年滑雪联盟，我作为一个资深滑雪业余爱好者有幸被联盟聘请为常年法律顾问，负责处理相关的法律事务，我也有机会滑过国内的大部分雪场。中国的滑雪场主要分布在东北地区，西北地区和华北地区，只要有时间，在雪季期间，我尽量赶到滑雪场去滑雪。

从世界范围来看，主要的滑雪场分布在欧洲，北美洲，大洋洲，南美洲，日本和韩国，在过去的20多年里我滑过了世界上的最主要的滑雪场，比如法国的三峡谷，小三峡谷，夏莫尼，瑞士的尕士塔，意大利的多乐美地，美国的维尔，阿什本，科灵顿，加拿大的威斯乐，新西兰的瓦纳卡，日本的北海道，长野等滑雪场。经常有人问我，中国的滑雪场与外国的滑雪场比如何？实话实说，中国的滑雪场与外国的滑雪场相比差距还是相当大的。首先外国的滑雪人比较多，以法国为例，法国有7000多万人口，经常滑雪的人口为10%左右，有六七百万，我们中国有14亿人口，据统计经常滑雪的人口300万左右。滑雪的人多就会形成消费市场，滑雪场就会发展起来。其次，气候条件。中国普遍的降雪量比较小，雪质一般，很多滑雪场要靠人工造雪才能维持，雪期也很有限，而这些条件在外国就很具备，所以滑雪场就很发达。再次，外国的滑雪场历史时间长，有的滑雪场已经经营了100多年了，具有丰富的管理经验和比较稳定的客户资源，中国的大部分滑雪场都是最近这几年才开业的，最长的时间也不过20余年，所以无法比较。中国要成为滑雪大国，或是成为大众滑雪之国，还有相当长的路要走。

爱好之杂

一、写作

我其实从小就喜欢写作。我记得我高考之后，我的高考作文范本还登在了当地的报纸上，所以写作，一直是我喜欢的东西，其实我的写作计划还没有开始，或者刚刚开始，我想在我以后年龄越来越大的情况下，尤其是退休以后，我要拿起笔，敲起键盘，把我的一生所见所闻，所思所想，慢慢地写出来。我今天写这本儿书呢，也是一个写作的开始，把我的人生的一些经验，把我的人生的感悟，把我的兴趣爱好当中的一些体会写出来，也不是为别人看，就是一种爱好，通过这种爱好得到了很多喜悦，把写作坚持下去，写作这件事对我来说就是一种喜欢的爱好，没有太多的目的和目标，我经常有写点东西的冲动，写起来也是凭感觉走，没有人逼着我写什么，有时写东西完全出自高兴心情，不写不行，写了很愉快，这种源自于内心的爱好我一定要坚持下去。

二、看电影

阅读是最好的娱乐和放松，也是成本付出最低的爱好，我特别喜欢经典作品和知名作家的作品，所以，世界名著也基本都看过，每天晚上我睡觉之前都要看一小时两小时书，起到像是吃安眠药的作用，所以我睡眠特别好。睡觉之前一定要看书，书都零星看看，你想我都62岁了，你说我从小到现在看多少书，比如说只要是点评比较好的书，都要看。近几年来，发现看电影是阅读的延长和延深，是另外一种形式下的阅读，一本书要看好几天，好的书要看更长的时间，但一部电影一两个小时即可看完，多看电影就等于多看书，现在世界上好的名著都会被改编成电影，一方面没有太多的时间看书，可以直接看电影了解名著；另外一方面，即使你以前看过名著，再看一遍电影，你会对你原来看过的东西产生新的理解和体会，从我知识产权的专业角度来讲，作品的改编权是著作权中的一个很重要的权利，改编是对原作品的一次再创作，会出生原作品没有的新东西，看电影就是要欣赏电影的创作内容和本质，每部电影都投入了那么多的金钱，编剧，导演，制片，演员等共同付出了智力、精力、心血，形成了电影作品，在电影作品里所包含的意义和价值就不言而喻了。难怪列宁当年曾经说过，电影是所有艺术作品中最重要的表现形式。多看电影，常看电影是一个好习惯，除了阅读书本之外，能够提高人的认知能力和学习能力的一种捷径就是看电影。所以我的爱好之一就是看电影，比较好的一些好莱坞的大片，国内的好的影片，其实我都看，没事回家后，比如说不想睡觉，就看电影，多看电影，看好电影。

三、阅读

我平时特别喜欢看书，在大学四年，就读了很多法律方面和政治方面的世界名著，比如说卢梭、孟德斯鸠、洛克等，当然在上大学之前在中学和高中时代我也读了很多世界名著，尽管那个时候看世界名著是不允许的但也偷看了很多，当然还看过许多手抄本。后来大学毕业以后在攻读硕士研究生，博士生研究生，博士后的时间里，主要看的专业书籍，刚开始只要看刑法，后来开始看知识产权，把知识产权的书籍基本上都看过了，所以现在我拿到知识产权的书，我翻几页就知道这本书说的是什么，有没有价值，这是看书多以后才能有这个经验。

我平时也买了很多书，我觉得我最喜欢的就是逛书店买书，去图书馆看书。除专业书籍以外，我就完全凭我兴趣看书，基本上能够想到的书，能够看到的书，都要买来读一读，尤其在疫情期间我在读书方面收获很多，很多人有一个很不好的习惯，就是买书太多读书太少，我也有这个坏习惯，趁着几年疫情期间，我把以前买的没读过的几百册书几乎全部看了一遍，无论是中国古代的国学，诸子百家，还有西方经济学、法学、政治学，乃至于人类学、地理学等，我都涉猎，这几百册书看完以后收获还是非常之大的，把我的认知水平提高到了另外一个层次。我也经常问年轻的同志和学生，你有没有看书的习惯？如果没有，最好养成的看书的习惯，读书无论是对你精神还是你气质都有很大的提升。

四、摄影

我还有一个爱好就是摄影，摄影是我很小的时候就喜欢的事情，那时候家里边穷根本买不起照相机，但喜欢的热情始终如一，直到今天。我觉得出去旅游的时候，如果不带照相机，只是走马观花式的浏览似乎缺了什么，带着照相机把所观光的景点记录下来，这才是完美的旅游。我从开始有照相机以来，拍下来大量的照片，主要以风光照片为主，估计总数已经超过10万张，不断的有人问，你拍那么多的照片有什么用？我的回答是我没有想用它们干什么，我只想留个纪念，等我走完233后，在我退休以后，我会自己仔细的欣赏这些照片，相当于把自己走过的地方又走了一班。在我走不动路的时候，任何物质的东西可能都会失去吸引力，唯有看着自己拍照的照片，回忆起过往的人生，看着照片上记录的曾经去过的地方，这也许是一种幸福的状态吧。在摄影这个爱好上我最大的遗憾是摄影技术水平一直提高得不快，原因有两个：一是没有足够的时间和耐心认真学习摄影技术，缺乏基本功和技巧的训练，所以尽管非常喜欢摄影，但摄影的水平一直很有限；二是所购的照相机的功能越来越好，几乎不需要什么高超的摄影技术就可以拍出很好的照片，唯一要做的是把照相机的各种功能一定要研究透，并且熟练掌握照相机的操作技巧。我喜欢摄影的另外一个原因是:通过你操作照相机可以把你的想法表现在照片上,这是一种愉快的体验,是其他爱好所不能实现的。我跟过专门的摄影团去过肯尼亚,云南,新疆等地,我感觉摄影这项爱好深不可测,无边无涯,山外有山,楼外有楼,大师太多,技术太高,我只保持一个低层次的业余爱好,自己自娱自乐足矣。

三十二、我是中国足球协会官员

我在中国足协纪律委员会工作13年

喜欢足球是从爱好开始的，在我青少年时代，在我的家乡沈阳，辽宁队曾经取得过全国足球十连冠的显赫战绩，我的母校就坐落在沈阳市体育场不远的地方，弄不到球票的时候，光是听听球场内的欢呼声就是一种快感，在那个时候看足球比赛是非常珍贵的享受，并不是想看就能看到的。上大学和上研究生期间，业余时间十分喜好踢足球，当然更喜欢赢球。无论在人生的哪个阶段，我都是标准的球迷。所以对我来说，在中国足协的工作就是一个球迷对足球爱好和兴趣的延深和加强。

2009年中国足协实行改革，组建新的纪律委员会，从那时候开始，我一直担任纪律委员会的副主任，原来的足协纪律委员会委员都由足协的官员担任，弊病多多，反腐以后，新的足协纪律委员会委员都是从社会上选聘的，都不是足协的官员，绝大数委员身份是律师，这就保证了在开展纪律处罚工作时候的专业性，也排除了纪律委员会委员与各个俱乐部及球员的关联性，体现了公正性。从那年至今，中国足协纪律委员会的工作得到了广泛的好评，我们处理了成百上千的违反中国足协纪律准则的案件，经历了中国足球很多的大事件，我本人作为法律专业人士，参与了足球的纪律处分工作后，形成了许多对足球的认识和思考。

与中国足协正在全面开展的“管办分离”改革不同，纪律委员会的自我革新早在2009年就开始了。从那一年开始，纪律委员会一改之前由足协内部任命委员的做法，改为聘请社会上律师担任委员，进行纪律委员会的正常履职工作，我正是那个时候开始担任纪律委员副主任的。在成为纪律委员副主任之前，我除了经营自己的律师事务所，还是中国网球协会和中国田径协会的法律顾问，其专业能力早在体育领域内受到认可。中国足协纪律委员会决定改革后，我自然而然被当成了候选人员，此后经过层层考核遴选，我顺利成为纪律委员会的一员。

对于纪律委员会当时的改革，我认为一方面是为了响应足协当时的一系列改革号召，更深层次的原因是自那年开始的那场举世震惊的足坛反赌打黑风暴，暴露了中国足球触目惊心的腐败问题，纪律委员会作为足协较为核心的部门，不可避免受到腐败侵蚀，已经到了不可不改的地步。

反腐的大幕一打开，暴露了中国足球的很多问题，面对当时的改革，就是我们大家都知道的背景，为什么不让足协的官员来担任纪律委员会的重要职位，这个和反腐是有关联的，因为纪律委员会可以说是足球协会的一个矛盾的交汇点，那时比赛中有很多问题，比如说黑哨什么的，这些比赛当中存在很多问题，身在其中的官员很难处理这些与利益关系的事情，出现问题的概率就比较大，改革以后，我们这些纪律委员会委员都是足球利益身外之人，处理纪律处罚问题比较客观，超脱，公正。

比如说当时有的球员罢赛，有踢黑球的问题，这些都是反腐当中发现的问题，这些问题为什么没有解决，没有得到杜绝，因为当时纪律委员会虽然属于足球协会，但是委员都是业内的官员，而各个俱乐部又与足球协会有千丝万缕的联系，足球协会又分了很多部门，很多官员在纪律委员会任职，于是有了很多暗箱操作的空间和机会，原来的纪律委员会裁决出现了许多令人匪夷所思的结果，一场比赛下来大家都收钱，存在很多黑幕，到了纪律委员会，这个情况就很难办，谁都管不了。中国足球的改革，中国足球的反腐的效果，从上至下，就是达成一致意见下决心要改变这种现象，必须从纪律委员会开始，于是有了现在的纪律委员会，现在的中国足协纪律委员会委员没有一个足协的官员，我们都是来自社会上的各个单位，人事关系上不受中国足协管辖，又都是专业人士，这样就比较好了和顺畅了，我们处理我们应该处理的各种各样的违规违纪行为，我们在行使处罚权力时只有一条规则：就是我们律师职业的专业的判断和专业的水准，我们自身的操守和自律就基本排除了那些暗箱操作和黑幕等，间接也避免了人力资源的浪费，也成功避免了这样那样的问题的出现。

足坛反腐暴露的黑哨、操纵足球、罢赛、踢黑球等问题为什么在萌芽阶段没有扼杀，非得等到司法介入强制扼杀？深层次的原因很多也很复杂。其中对足球比赛的赛风赛纪抓的不严，对比赛中出现的违规违纪行为处罚不当是重要原因。当遇到问题需要处罚的时候，打招呼、说情等暗箱操作的手段就都汇聚到了纪律委员会，这种环境下的纪律委员会做出的处罚，怎么能够公正？怎么能够没有腐败？所以明显该处罚的处罚不了，不该处罚的处罚了，以往足球领域的怪现象也就不能理解了。这就是中国足协原来的纪律委员会必须改革的原因。

而从社会上遴选律师作为委员会成员，则可以有效避免上述问题，同时因为律师是从事法律工作的，是为公众提供法律服务的，所以律师能够从更客观、更独立、社会公正的立场看问题。

从那年之后的几届纪律委员会委员既然不是足协的人，不受足协行政人事领导关系的约束，是一个相当独立的机构，在具体处罚工作中，足协领导也不会多说话，我们甚至有一条规则，领导来说情处罚可能更严重。同样，由于并不来自足球领域内，进入纪律委员会的律师一般本职工作做的都不错，不会有太大的经济压力，所以也避免了和各俱乐部产生利益交换的潜在因素，因此纪律委员会的工作完全可以按照律师职业的专业眼光来进行足球违法违纪的惩罚处理，处罚结果是由纪律委员会集体开会表决决定的，每一个案件都要充分讨论，每一个委员都要举手表决，少数服从多数，一切都按照程序进行，公开透明。

中国足协纪律委员会的工作

关于我们在中国足协纪律委员会的工作，在社会上出现了各种各样的声音，我历来的态度是：我们欢迎理性的质疑和对话，反对宣泄个人情绪式的谩骂，说说难听的脏话和丑话不解决任何问题，这对中国足球的发展没有好处。

改革以后组成的纪律委员会，开始时其中绝大多数成员都是北京的律师，因此有人质疑这样组成难免在具体处罚中会出现地域保护的现象，于是再次改革，如今，纪律委员会就改变了这种人员组成结构，现在的9名委员中，只有3名北京的，6名是外地的，分布在大连、沈阳、广东、上海、武汉、河南等地。

改革这是一个循序渐进的过程，因此有很多现实因素形成制约。比如纪律委员会的工作强度是很大的，在联赛进行期间，几乎每周全部委员都要坐到一起开会，讨论上一周联赛中发生的违法违纪问题，制订处罚方案，而中国足协纪律委员会的办公地址在北京，如果外地委员会过多，如此高密度的会议，很难保证每次会议人都能够到齐。再者，由于担任纪律委员会委员几乎是纯公益性的，待遇很少，只在开会的时候有一个很少的补贴，外地的律师来开会要由中国足协支付差旅费，大家都是抱着公益心来做这件事，如果外地律师过多，无形中会增加纪律委员会的负担，所以我们要在能够承受的范围内逐渐进行改革。

我作为法律专业人士认为，我们一直在呼吁足球改革应该有法治思维，要有法治保障，作为几乎由法律专业人士组成的纪律委员会，在这方面更加需要以身作则。比如对于被处罚对象的权利救济方面，在处罚过程中纪律委员会充分听取当事人及其所在俱乐部的陈述，当事人可以提出陈述、申述或者进行反面驳斥、辩护意见，如果被处罚对象对处罚结果不服，可以向中国足协仲裁委员会提出申诉，由仲裁委员会对我们纪律委员会的决定进行审查。足协的大门永远是敞开的。中国足协仲裁委员会的结果是最终的结果，二审终审制保证了纪律处罚的公正性。

而这些程序和结果，正是我们希望看到的：足球改革能够充分尊重法治、保障法治，公众对于不同意见和观点的表达能够更加理性和平和，足球是激烈的体育运动项目，但解决足球的问题不能用激烈的方式。相较于之前的纪律委员会，如今的纪律委员会不再是各种足球黑幕以及矛盾的聚集点，但却仍是舆论关注的聚焦点，以每年的赛季中超联赛为例，纪律委员会的几乎每一次处罚都会引发争议，甚至一些重磅罚单还会将纪律委员会拖入舆论漩涡。出现这种情况时，我们认为理性与沟通才是促进足球进步的良药。虽然我们呼吁各个俱乐部遵守规则、尊重纪律委员会的处罚，而经过多年职业化的发展，俱乐部也能理性对待纪律委员会的处罚，但这并不意味着纪律委员会的处罚不会遭受争议，尤其是广大足球爱好者的批判和球迷的批评。

作为在纪律委员会工作十几年的元老级人物，我对于这些处罚带来的争议早已经学会了泰然处之。就个人而言，因为这份工作而遭受谩骂的情况实在太多了，有的时候陌生电话打进来，刚一接听就是劈头盖脸的一顿谩骂，网上的谩骂更不必说，刚开始我还会和别人争论几句，但是时间久了心态也就是放平和了。这份工作本来就是招别人烦的工作，一个处罚哪怕再没有问题，也会损害一些人的利益，或者让一些不太理性的球迷心情不爽，因此遭受非议肯定在所难免。比如我是沈阳人，如果涉及辽宁队的处罚，如果被处罚了辽宁球迷就会说我忘本，而如果不被处罚，别的地方的球迷就又会说包庇家乡球队，但是实际上，我在北京工作生活已经四十多年了，我的身份证号码都是110开头的，大家给评评，我究竟应该算哪里的人呢？再说我在纪律委员会只有区区的一票投票权，我能决定了什么？

纪律委员会的其他成员，几乎也都有着同样的遭遇，这就是纪律委员会面临的舆论现状和社会压力。但同时我们也承认，有时候公众对纪律委员会的质疑并非是空穴来风：我们也都是人，正如审判工作审理的只是法律事实，只能依据认定的事实和相关法律进行判决一样，我们的工作也不可能保证每次处罚都一定是完美无缺的，而且足球一直处在不断发展变化中，纪律准则也不一定能够确保遇到的每个问题都可以找到明确处罚依据，我们在努力吸收以往的经验基础上努力提高自身的执纪水平，同时作为一项重要的工作，我们也在每年都修改纪律准则，把新发现的问题规定其中去，使其更加完善和专业，我们的工作也尽量做到尽善尽美，同时呼吁广大足球爱好者和球迷理解并支持我们的工作。

中国足协纪律委员会的成果和经验

现在我觉得我们足球协会纪律委员会十几年来的工作是卓有成效的，我们花很多心血起草的这个纪律准则是很好的法律规范，其条文基本都越来越细越来越规范，越来越专业化。原来我们可能觉得条款还是有很多足球工作业务上的空白，这些年我们修改了无数次，到赛季结束的时候，根据当年赛季出现的情况，马上召开总结会议，就是针对出现的问题比如这个原来的规则没有规定，通过修改规则把新内容补充上，有可能不规范的不准确得或者错了的要修正，我觉得中国足协的纪律准则越来越实用，越来越接近足球的现实，解决了很多问题，操作性越来越强。

纵观足球、篮球、排球三大球，还是说更加国际化的网球，都需要这方面的专业化，法治化，职业化的制度建设。我认为在中国体育界，中国足协纪律委员会的工作是足球领域最成功的经验和制度的建设，应该向其他体育项目领域推广。通过我们卓有成效的工作，我觉得能很好地净化体育比赛市场，通过专业律师组成的这种团队。我们现在的成员都是社会上的不同地方的人，比如说我们的成员基本上来自全国各地，基本这样就排除了很多与各个足球俱乐部徇私的空间，大家互不认识，更不熟悉，首先我们这些职业人员都是非常成熟的，口碑比较好的律师，其次并且对这个行业非常感兴趣的，如果不感兴趣那经常还做不到这个程度，基本都是球迷。第三个方面就是，这些人就是多年来跟足球界的负面事件没有太多关联，都基本上不是利益相关人，只是足球这个体育因素促成了我们与纪律委员会的关联。我们纪律委员会工作其实是挺辛苦的，每到赛季，每个周末以及这个联赛结束之前，都有比较频繁的处罚工作要完成。还有就是联赛基本上是都是在对抗的状态下，我们的任务就是在对抗的画面里找到违规违纪的片段和镜头，这个就是我们处罚的证据，除了这个赛场的视频，我们还有召开处罚相关当事人参加的听证会，面对面的听取各方当事人的申辩意见，这些面对面的证人证言的证据都是很重要的，这些比赛包括了很多参与人，广泛听取了各种意见后才能做出决定。另外重要的两个证据就是每场比赛的比赛监督的报告和裁判员的报告。只有这些证据东西都拿了以后才能去开会讨论，从各个角度出发的话，听到的和看到的证据都可能是用来处罚和惩戒的依据，可谓证据确凿。

担任中国足协纪律委员会副主任的体会和心得

我担任中国足球协会纪律委员会副主任已经有十几年时间，对于纪律委员会的发展和走向可谓了如指掌，也对这份工作有了更加深刻的认识。同时作为一名资深律师、北京隆安律师事务所创始合伙人、中国政法大学的博士生导师，我也在以一名法律人的视角和思维审视中国足球的发展历程，为正在进行的足球改革尤其是涉及纪律委员会的改革建言献策。

这份工作给我带来了很多的压力和精力与时间的付出，同时也收获了许多的宝贵经验和人生阅历，中国足协纪律委员会的工作既重要又神秘，我作为在这个工作岗位工作了十几年的资深足球法律人，非常有必要向社会披露我们的工作情况，以便能够让更多的人了解纪律委员会的那些人和事，而不是只通过一张张冰冷的罚单来揣测和审视纪律委员会的工作。我们呼吁每一个关心中国足球的人能够冷静对待纪律委员会的正常履职行为，也呼吁纪律委员能够加强与外界的沟通、及时回应舆论关切。一味地质疑和谩骂解决不了任何问题，理性思维才是真正对待中国足球负责任的态度。

很多人问我为什么这么喜欢足球？为什么这么多年参与足协纪律委员会的工作？因为我从小是个体育迷，我就喜欢所有跟体育有关的事情，我自己不仅是球迷，也很喜欢踢球，在上大学和研究生期间，踢足球是课余时间最主要的锻炼和娱乐，经常是踢的不亦乐乎，我在北大上学时是校学生会体育部副部长，是一个标准的体育迷。我具有法律专业知识，我是一个职业律师，我只是要用我的专业知识来帮足协解决专业的问题，我觉得是物有所值，乐在其中，并且我觉得我没浪费我的时间和精力，看到这十几年间纪律委员会越来越成熟，而且我预测将来随着中国体育法的修改和完善，中国体育会走引进法律程序来解决中国体育发生的问题这么一个路径，当然包括中国足球，这是非常非常欣喜的。

从我个人的参与纪律处罚的工作经历来说，遭到非议反倒是正常的事情，经常有人迁怒于我个人，因为处罚了相关的球员，很多球迷就不高兴，打电话经常有人对我发牢骚，甚至骂人。现在我们纪律委员会对全国所有比赛都可以管到，几乎每个球队的球员都在这个可能被处罚行列里，对于纪律委员会的处罚，从球迷的角度看，有人喜欢有人不喜欢，足球就是大众的体育项目，既然干了纪律委员会的工作，就应该有定力，不惧球迷的指责和辱骂，按照处罚规则行使处罚职能。既然我在中国足协纪律委员会做副主任，经常参与纪律处罚的工作，被处罚球员的所在球队球迷时常会骂我可以理解，我以前曾为此不高兴过，但是现在我觉得球迷对我有意见是好事，这说明大家关注我们纪律委员会关注足球，关注足球说明还是有希望的。大家关注不是坏事，大家关注来讨论就能把足球发展的更好，我现在觉得这个足球不仅球迷关注，其他人在关注，足协领导也看见我们的一些工作和奉献，在做工作当中也更加公平公正，领导也很重视我们的意见，这是让我们很欣喜的。律师通过自己的劳动能得到别人的尊重，我觉得是很有价值的，也是很有意义的。

中国足协纪律委员会的权力来源和处罚依据

足球涉法问题从大的方面讲所有足球活动是受一般的法规法律管辖，从小的方面讲主要受体育法的管辖。中国足球协会纪律委员会运作起来主要依据的是足球方面的法律和条例，体育法，国家体育局的行政规章，具体表现就是所有参加中国足协组织的足球活动应该在中国足协制定的规则管辖之下，比如说各地的足球协会，各个俱乐部，运动员，教练员，裁判员等相关人员在足球界参加足球活动，就要按中国足球协会所涉及的法律法规条例来，也就是说，你参与到这个游戏中来，你就要按照这个游戏规则来玩，比如说中超、中甲、中乙，这几个联赛的球队，各种足球比赛、各种足球杯，业余的比赛，中国主要的足球比赛、中国足球协会主办的比赛都应该适用这些法律法规。你参与的时候就要签订这些文件，比如说书面的文件，文件所约定的规则就是相对于内部的规则。比如说我们中国足球协会内部的纪律准则规定，比如说如果是在球场上，有违规违纪的，只能由我们足球协会纪律委员会来处罚，其他机构是不予受理这些足球内部的纪律处罚的，这是一个内部治理的规则，全世界基本都是这样的，由内部来进行处罚的，人民法院基本也是不审理这些足球专业法律事务的。

按照中国足协章程的相关规定，足协的性质是一个社会团体法人，它是否能行使行政职能一直以来就争论很大，法院也多次将状告足协的行政诉讼案件以诉讼主体性质不明确为由而不予立案。如果足协是这样性质的组织，那么纪律委员会作为足协的下设机构，是否具有合法性，以及正当的行政处罚权？《行政处罚法》第12条规定没有赋予行业协会以行政处罚权，那么中国足协纪律委员会的处罚权的权力来源是什么？

中国足协纪律委员会的处罚权的权力来源于《中国足球协会纪律准则》，这个准则规定中国足协纪律委员会按照具体的规定和工作步骤来进行处罚，这个规则在我们成立新的纪律委员会以前就有了，它是中国足球活动能够顺利进行的保障。实际上包括我们一些律师也提出这个规则有一些问题，但是规则已经制定了，已经有效力地实施了许多年了。所以我们只能够按照这个规则来办事，在这个规则具有法律效力前提下，我们作为纪律委员会只能不断完善这个规则，每年进行修改。我们只能解决我们能够解决的问题，我们只能够按照这个规则展开工作。

通过立法来解决这些问题的希望依旧渺茫，但另一面，我们纪律委员会的委员也一直在利用法律从业者的身份，积极呼吁进行相关立法工作，同时积极完善《中国足球协会纪律准则》，使其越来越细、越来越规范、越来越专业，以弥补先天不足。

这个准则是依据国际足联颁布的《足球竞赛规则》《国际足联纪律准则》《亚足联纪律准则》《中国足球协会章程》等制订的，目的是促进足球运动的健康发展，维护足球比赛良好秩序，创造公平竞赛的环境，预防并处罚违背体育道德行为和球场暴力行为，保障运动员、官员、比赛官员、观众、足球从业人员、赛区委员会、各级足球主管单位及其会员协会、俱乐部的合法权益，保护运动员的身体健康，促进足球比赛技战术水平的提高，使足球比赛更具观赏性。近些年，通过每年对准则进行的修正和补充，针对每个赛季出现的问题，对准则之前没有规定进行重新规定，规定的不充分不全面的进行完善规定，出现错误的进行及时改正，如今这个准则越来越细，越来越被广大足球参与人的接受和认可。

中国足球纪律委员会的处罚规则、怎么处罚的问题等都是现在参加联赛的俱乐部充分讨论、参与制定的。既然俱乐部作为一个会员，参与了规则的制定，接受和承认了规则，就不可能不去遵守这个规则，这个规则是对大家都有约束力的。这是在没有明确立法确定权力来源的情况下，保证纪律委员会做出处罚具有正当性、合理性的前提，因此各个俱乐部都应该遵守这个准则，这是职业化足球的一部分，是足球的国际惯例。

中国足球存在的问题及解决方法

从1993年启动足球职业化改革以来，中国足球的整体水平不升反降，在前几年发生的中国足球腐败现象虽然到现在已经遭到根本遏制，但在过去的若干年中，由于赌球带来的诸如假球、黑哨等负面影响，严重打击了球迷的积极性，更为严重的是职业化无法进行下去。违规违纪事件频发。假赌黑、非法操作比赛、非法牟利、暴力事件等违法违纪行为已经渗透足球领域的各个方面。比如原来足球运动员年龄造假现象都成一条龙服务了，当地的体育局、教练员、派出所，暗中力量勾结在一起，造假修改年龄，我觉得这是很严重的问题，这种问题我觉得就是，有些权势稍大的社会团体对于国家的足球运动，基本上就是联合起来进行一些操纵，导致了一些不好的反应和暴力行为，有些事情严重化就变成了攻击谩骂，辱骂主持比赛的官员。试想，在这样一个假赌黑盛行、违法乱纪猖獗的领域，谈何提高足球水平，谈何为国争光？

过去历史问题的成因是有很多方面的，但总结起来，中国足球沦落至此，最为重要的是体制问题。中国足球行政体制改革滞后，尤其在管理体制方面，随着足球资源市场化和社会化的配置、足球联赛市场化和产业化的发展及职业足球俱乐部企业化的进程，却不愿与时俱进地转换行政管理的职能，实行与之相适应的法制化、制度化和民主化的真正的协会制管理，固执地坚持以行政意识、政绩功利和强制手段实施行政管理。

在欧美一些足球运动发达的国家，足球协会完全是民间组织，协会的组成、章程的制定、领导层的选举组成都应该由参与的俱乐部平等协商组建，与国家体育部门毫无关系。然而，我国国家体育总局对足协身份的认定一直含糊不清，将总局下属的“足球管理中心”改扮成“足球协会”，强加在俱乐部之上，而且是以主宰者的身份高居于所有足球组织与足球人之上。试想长期以来，扮演“双重身份”的中国足协一方面是权力机构；另一方面又是具体的市场行为主体，权力与金钱的关系如此直接而密切，公平公正如何保障？腐败如何避免？如何建立官员们的监督机制？这已严重阻碍了中国足球的发展，尤其是男足职业化进程受到了严重影响。假球等事件，让我们更清楚地看到，中国足球的问题根本还在体制，不能市场化，就没法监督。

没法监管最根本在于没有完善的法治。目前，还没有一部完善的规定足球行业与足球运动的法律，使得许多问题无法可依，导致了混乱局面。

关于青少年球员培养的事情，相对于国外情况比较，我们的足球普及和青少年球员的培养还差很多，我们还有相当长的路要走，中国家庭许多只有一个孩子，谁会愿意让自己的孩子去走踢球这条比较窄的路呢？况且在学校校园里踢球学校负有孩子踢伤的赔偿责任，这样一来，足球的大众普及和青少年球员的培养的不足就成为了中国足球球员来源不好的主要原因，所谓14亿人选不出来11名球员来，这既是事实也是足球界的无奈。我在巴西和阿根廷看到过足球大众化的现象，很多人都在街头踢球，我每次去看见的足球发达国家群众基础就是那样的，中国孩子这些方面跟国外比，还是差得比较多的，很多足球发达的国家培养从小就开始踢球的运动员，后来到国际上的球队去踢球，这些球员个人素质和修养还是很不错的。

要想改变中国足球的现状，首先要改革体制，足协作为主管机构，应实行政企分开，既然是职业化足球就应该遵循市场化管理的模式。其次，必须给中国足球立法，制定更为详尽的法律规范。再次，要重构监管机制，加大监管力度。最后，要加强行业自律，提高从业人员的法律意识。

1.改革体制

中国足球不是不需要改革，而是需要更彻底的改革。要搞好足球，足球就必须有造血功能。走真正的足球职业化的道路，改变足球的生态环境，使足球运动从一个单纯由国家财政拨款的事业变成各俱乐部的营利活动。同时，完善相关的制度化建设，给足球职业化制定一个公平的竞赛规则，厘清足协和俱乐部，裁判和球队，教练和球员之间的利益链条，通过各种科学机制——包括行业的内部自律和利益分配机制，让足球俱乐部以协会形式建构联赛方式和利益激励机制。

足球应该更服从市场的指挥。足协现在既是管理部门，又是监督部门，同时又有经营的职能，体制上的不顺造成了诸多问题的出现。在这类外围变革中，我国需改革足球产业运作的核心框架，即弱化足协在足球联赛的话语权和决策权，实现真正意义上的俱乐部市场运作和自治。只有在这些方面建立较为完美的框架，并加强学习和借鉴，才能使中国足球真正走上科学发展的轨道。

2.加强监管

中国足球走到今天这种地步，原因很多，但一个不争的事实是，行业监管缺位乏力。中国足协应该回归其社团的本来身份，不应该代表政府，应该是和国际上的足球联合会一样的。它可以像国际足联那样组织各种联赛，但这种组织不是至高无上的，它的权力应该是有限的，我们应该用法制来管理足球。重构监管机制，重肃竞赛秩序，特别是要注重加大赛场监督力度，彻底荡涤足球糟粕，净化足球环境，标本兼治，振兴中国足球。

司法预防不可或缺。法律惩处的是少数，教育规范的是大多数。公安机关公开足球打假反赌案进展后，杀一儆百的威慑力已经显现。但“风头”过后，假球会不会卷土重来？这种担心不是多余的。因此，建立长效机制，实现打假反赌常态化，让法律利剑始终高悬在足球场上，势在必行，也刻不容缓。

3.加强行业自律

足球行业法律意识的淡薄已经到了很严重的地步，如果说教练和球员缺乏法律意识，只会损害他们自身的权益，那么管理者法制观念单薄就必然导致足球管理的无序和混乱。

公安机关和体育主管部门始终高举法律利剑，依法严厉打击犯罪行为，令人赞叹。从一次次案情的公布，到中国足协高层被依法刑事拘留，再到涉案球队的被处罚，等等，这些“动真格”让人们看到了中国足球健康发展的希望。然而，要真正完成中国足球的“打假反赌”，绝非公安、司法机关就能完成，这些只是创造公平竞赛环境的“外因”，真正起决定作用的还是“内因”，还是中国足球的自我监督，即中国足球自身的综合治理和行业自律，完善监管体制机制，变“事后惩处”为“事前预防”。

从中国足球的根本利益考虑，希望有关部门能够下定决心，在对中国足球进行新一轮改革之际，不再头痛医头、脚痛医脚，而应从体制，立法，监管，行业自律等方面入手，多管齐下，相信一定会使中国足球呈现一个更加充满健康活力的全新面貌。

中国足球需要一部《足球法》

我作为中国足协纪律委员会副主任，建议单独为足球立法 从根本上治理足球乱象，中国足球眼下千疮百孔，职业联赛频频出事，足球从业人员人心涣散，各级国字号水平持续下滑，青少年足球人口极度萎靡，中国足球走到了一个十字路口。有什么办法可以拯救中国足球？只有一个办法，就是立法，我个人认为中国需要一部《足球法》，中国足球为何要立法？

有的学者认为，中国有《体育法》，但单独为一个项目立法，闻所未闻，还有人认为我国已经有《体育法》，再设立《足球法》实乃多此一举，其实不然，像在经济领域已有众多法律后也还有证券法是一个道理。足球在中国的体育市场里地位重要，很特殊，也需要立法。体育法不能解决的问题，用足球法来解决。

我认为，基于目前得足球现状，中国足球必须要走立法的道路。

这是中国足球当前最主要的要解决的问题。中国需要在法律上依法治球。

关于足球立法，世界上有先例。不少足球先进国家都有足球法，而且对足球的从业者威慑很大。意大利就有一部《足球法》，英格兰叫《英足总足球规则》。这些规则都有好几百条，非常详细。基本上我们能想到的，里头都有详细规定，这些规则都有好几百条，非常详细，比如有的球员在转会过程中有不守法的行为，欧洲足球法庭就有权力做出判罚，在禁赛期间其他俱乐部不敢引进这个球员，等等，这说明他们的市场化运作程度非常高。

普遍的观点认为，我国的足球立法主要存在两大难点。

1.需要顶层设计，顶层领导要下决心。正因为足球牵涉的问题太多，足球问题现在不仅仅是体育问题，更是社会问题，影响到中国很多层面，所以，一定要下定决心，用法律彻底整治中国足球。但目前足球立法还存在不少难点，因为足球牵涉的问题太多，影响到中国很多层面，所以，一定要领导下定决心，需要顶层的决心和顶层的设计，以立法的形式，用法律彻底整治中国足球。

2.足球立法牵一发动全身，涉及面大。我认为，足球立法绝不仅是足球的事，涉及的面太广，包括对旧体制的冲击、新体制如何理顺，在资金进入、从业人员的准入制度等，甚至刑法中也必须设定相应的罪名。足球立法不仅是为产业立法，也是帮助化解社会矛盾、维护社会稳定，宣泄社会情绪的一个很重要的手段足球立法有可行性。足球立法，就是要建立中国足球的一个监管机构，比如设立在国家体育总局领导下的中国足球监督委员会、监督比如外资引入等问题。

中国足球眼下要想从根本上避免各种成绩下滑趋势的蔓延，立法势在必行。实行依法治球，用法制化规范足球联赛，是中国足球的未来之路。有关部门应从立法层面加大对足球联赛的规范，特别是中国足协应当在这方面制定统一的法制规章，以规范各项制度，保证联赛有法可依、有法必依、执法必严、违法必究，创造良好的足球环境。市场化改革下的法治缺失，终于导致中国式足球的集体沉沦，这样的原因早已自明。要令球市有法，要令监管有效，要令球员有自律，令观众有保障，无它——以法治球，令中国足球有法可依、令行禁止。建章立制，依法治球是中国足球改革的第一要务。

社会需要足球立法。足球的社会性在于它不仅是竞技项目，还是一个产业，也是一股巨大的社会参与和推动力量。比如英国，每个社区都有足球场、足球队，通过社区来组织足球队和足球赛，来吸引不良少年、学生下课后去踢球，把社会的力量组织起来搞足球。所有人曾经做过统计，全世界的体育赞助商投入到体育产业的资金，100元中有17元是赞助足球的，而奥运会、网球和NBA都只有4%，也就是说没有一个项目能跟足球比。

足球立法，不仅是为产业立法，也是帮助化解社会矛盾、维护社会稳定，宣泄社会情绪的一个很重要的手段，通过足球立法，促进足球产业发展，迈进体育强国的行列。

足球立法，能把商业利益、资本和足球运作等融合起来，用法律的手段对足球进行规范。

现在中国足球的整个局面可以用一个“乱”字来概括。中国足球的很多不正常现象，很大程度都是人治造成的，如果我们有详细的足球法律、章程，很多事情就可以避免。我认为，结合中国的现状，足球立法可能要5年至10年后才能实现，但目前应该出台一个管理条例，作为三五年的过渡之用。

这个条例可以用部门规章的形式出台，在足球法正式立法前，相当于法律，来约束、引导，最后达到以法治球的目的，重振中国足球的雄风。

关于对中国足球的认识，实际情况是在历史过程中存在什么问题现在都在一一解决，现在的情况应该是中国足球改革发展最好的时期，党的十八大以来反腐以后把中国足球发展的不利因素基本上都扫清了，中国足球的发展路线是非常明确的，历史上看在1993年之前举国体制都诠释了这个运动是成功的，这种历史的积淀证明我们可以把足球搞好，足球运动其实现在缺的就是团结一致的精神，共同努力办好足球每一件事情的共识，在1993年之前足球是国家包办的一个体育项目，从1993年开始职业化改革到现在已经30周年，发生了很多不该发生但确实已经发生的事情，到今天足球界人士都公认现在是最好最应该发展的时期，最好的时期标志就是发展的障碍已经基本被扫除，这是一个最主要的判断标准，我们对中国足球不能抱否定一切的态度，我们要有历史的眼光和现实情况的考量。

另外一个向好发展的标准就是领导人和国家层面现在是非常重视足球工作的，足球改革的方向是最高领导和党中央和国务院的领导指明的，最高领导亲自有多次批示要求把足球的工作搞好，在我们国家，只要有领导重视就没有搞不好的事情，这是足球能够搞好的重要因素，正因为如此，所以从顶层设计角度来判断，对于足球的方方面面是比较重视的。

中国足球发展到今天，中国足球不缺钱了，也不缺市场，中国是人口大国，主要是球迷观众人口众多，现在要办的事情是把球迷重新吸引回到球场里面来看球，还有就是资金，对足球感兴趣并投资的主体也越来越多，有钱好办事，这是一个非常简单的道理，投资来了，其他方面就跟着来了，足球是需要钱又能挣钱的产业，需要有人组织和运作，现在恰逢其实。

足球是世界体育第一大运动，这是一个综合性的社会运动。中国现在已经成为世界的大国，第二大经济体，即将成为体育强国，或者是正在由体育大国向强国演变的过程当中。足球搞不上去是没有道理的，中国足球无论是国内还是国外的球迷，国内的业界和全世界的业界基本都关注中国足球，到现在无论是内因、外因、主观因素、客观因素，基本条件都具备了。中国足球到现在需要达成一个客观认识，中国足球已经度过了最困难的时期但是还没有到最好时期，现在是向最好的时期过渡，已经在很好的发展环境里，但是目标还没有达到，主要就是成绩，只要成绩上去了其他的也就都解决了，这是一个唯成绩论的问题，作为足球运动，如果没有成绩，或是没有比较好的成绩，是说不过去的，说别的也没有什么用。现在足球是空前受人关注，有人气就有希望，有希望就有市场。

关于足球的普及和大众化问题，我去过其他国家的看过一些联赛，有一些感受，我还到过欧洲，回来后写过报告，包括足球协会的运作，我觉得足球运动不应该过分人为拔高，把踢球这件事放在一个过于神秘的位置或者说很高大上的地方，其实是不太好的，应该更加大众化和普遍化，在足球发达国家，我们也接触过大量的小区里的孩子，其中很多是不良少年，孩子放学以后，都自发地组织起来踢足球，甚至踢出来了很多世界级的球星。在不发达国家，比如南非，世界杯在南非的开幕式，全世界球迷基本都去了，我也去了，我是有感受到和我们不一样的感悟，那是全世界球迷的盛会。我发现人们对足球运动是一种发自内心的一种爱好，奥运会赛事根本无法与世界杯相比，体育项目都没有像球迷那样对足球那么狂热的喜爱。大众化，普及化是足球的特性。

日本和韩国的足球也是发展的比较好的，我们的球队水平没办法跟人家比，全世界的排名日韩也比我们高很多，我们应该虚心向人家学习，如果说西方经验我们不好学，日韩的经验还是值得我们参考的。怎么发展足球，要大比例的提高足球职业化的程度，普及足球、全民足球，提升从业人员的素质，日本人和韩国人经常进行足球上的交流。在这个行业。在球场上我们还有很多问题，还有很多不够好的地方。中国不缺球迷，我们有庞大的人口基数，足球大众化的时代已经到来。我们也知道我们应该向足球发达国家学习什么东西，足球运动在中国的发展壮大只是时间问题，我们有理由相信这一点。

现在其实是一个比较好的时代，我觉得这些仍然在发生的只不过是很小黑暗面的，我认为现在中国足球整体情况越来越向好的方面发展，我相信中国足球的环境会越来越好，作为世界上第一大运动项目，足球在中国一定会有一个美好的前途和未来。

关于南非足球世界杯的启示与建议

2010年7月4—13日，时任国家体育总局崔大林副局长率领国务院研究室、国家体育总局足球运动管理中心有关同志赴南非对足球世界杯进行调研。我作为中国足球协会的常年法律顾问和纪律委员会的副主任参加了全部的调研活动。调研组的主要活动有：一是现场观看了半决赛及决赛，实地考察了南非世界杯的安全保卫、赛事组织、交通食宿、市场开发等方面工作；二是与南非职业联盟进行了专题座谈，重点了解了近年来南非职业足球快速发展的原因和经验；三是与国际足联、有关国家足协等各界人士进行了广泛接触；四是与世界杯合作伙伴阿迪达斯公司就培养中国青少年足球人才问题达成了初步意向。此外，还与我国驻南非大使馆、开普敦总领事馆有关同志进行了深入交流。以下是我当时参观完后的一些思考。

一、对南非足球世界杯的总体印象

我们的感受是，这次在非洲大陆首次举办的足球世界杯，总体上相当成功，消除了事先国际社会的疑虑，超出了许多人的预期。主要表现在：一是比赛精彩纷呈，各项赛事活动有序开展。二是犯罪率明显回落，社会治安总体平稳。三是南非国家队获历史最好成绩，南非从来没有受到世界如此广泛深入的瞩目，国际影响力空前增长。据估测，世界杯给南非国内生产总值贡献达0.5个百分点。四是国际足联获得巨大商业收益，初步统计，本届世界杯国际足联至少获得87亿美元的收入。

南非足球世界杯之所以取得成功，主要原因有以下几点：一是“举全国之力办好世界杯”。在赛场周围、繁华街区、道路两旁等场所，可以清晰地看到“举全国之力办好世界杯”的宣传标牌。我们在与南非有关人士的交谈中也得知，为了办好世界杯，树立新南非形象，南非政府与社会各界形成高度共识，上下一心，全力合作，共同办好世界杯。二是国际足联及国际社会鼎力相助。南非在筹办世界杯的过程中，曾因暴力犯罪居高不下，公共交通设施落后，艾滋病泛滥，接待能力不足，财政预算困难等问题，受到一些国家、组织和媒体的质疑。特别是2006年，有媒体甚至爆料，南非世界杯将改在澳大利亚举办。对此，国际足联迅速出面辟谣，英国、美国、欧盟等国家和有关组织纷纷表态力挺南非，使中途更换举办地的声音很快消失。三是南非人民热情好客，全力支持。无论在什么地方，都能感受到南非人民对世界杯的热情，对足球的热爱，对全世界球迷的好客。为了减少交通压力，约翰内斯堡所有中小学全部放假，部分与民生不太相关的政府部门也一并放了大假。四是南非与世界各国的关系良好。新南非成立以来，奉行独立自主的全方位外交政策，主张同一切国家保持和发展双边友好关系，大大减少了诸多不安全因素。当然，我们也亲身感受到，南非足球世界杯仍然存在一些问题。比如，南非方面组织大型赛事活动的经验不足，有些环节衔接不够紧密，应急能力不强，办事效率有待提高；基础设施不够完善，交通食宿承载能力尚有不足，开闭幕式都有一些观众因交通等原因没能进场；盗窃、抢劫等案件时有发生，社会治安没有根本好转等。

二、主要体会

1.足球运动已成为彰显国家软实力的重要组成部分

四年一次的足球世界杯，不仅是全世界足球最高水平的角逐，而且也是各国展示国家形象、增强国际影响力的重要舞台。当今世界，作为世界第一运动的足球，影响力日益增强，其所产生的巨大作用逐渐拓展到政治、经济、文化各个领域，被称为和平时期的战争，成为国家软实力的重要组成部分。世界杯期间，上万名世界各地记者云集南非，全方位、多角度、大篇幅对赛场内外进行不间断报道，全世界的目光在一个月的时间持续聚焦南非。各国的观众通过媒体，不仅了解了南非，同时也看到了参赛球队的风采和其所在国家的影响力。据估计，全球260亿人次通过各种方式观看了世界杯，现场观众人数超过300万。在机场、赛场、宾馆、商场等，都可以见到忠实的各国球迷及参赛国的国旗、队服和各种纪念品。各国政府均把参加足球世界杯作为显示本国实力，提振精神，凝聚人心的重要契机，给予高度重视。世界杯期间，入围国家政要纷纷前往现场观赛，为本国球队助威，借此扩大国家影响。

2.日韩进入16强，坚定了我们把中国足球搞上去的信心

日韩两支亚洲球队在世界杯的良好表现，给全世界观众留下了深刻印象。韩国队小组赛1胜1平1负积4分小组出线，日本队小组赛2胜1平积6分小组出线，日韩首次在非本土打进16强，表现出的技战术水平、整体配合以及顽强斗志，展示了亚洲足球水平的进步和良好精神风貌，也增强了我们冲击世界杯的信心。反赌打假以来，我国足坛已呈现出可喜变化。今年初，在日本举办的东亚四强赛上，中国国家队排除杂念，顽强拼搏，战平日本，特别是32年来在国际A级赛事中首次战胜韩国，最终获得冠军。世界杯前，国家队3：0战胜德甲劲旅勒沃库森队、热身赛中1：0胜法国国家队。这些都极大地振奋了我们的精神，在国内外产生了较大影响。虽然，目前我国足球水平落后于世界强国，与日韩等国也有一定差距，但只要我们坚定决心，思路对头，措施得力，经过一段时间的持续努力，逐步缩小与发达国家差距，达到日韩水平是完全有可能的。

3.重视青少年人才的培养是提高足球整体水平的关键

本届世界杯的一个显著特点是：表现突出的国家都特别重视对青年人才的培养和大胆使用。西班牙队夺冠的一个重要原因，是拥有被欧洲同行称为典范的青训系统。著名球星梅西就出自巴塞罗那俱乐部的青训体系。荷兰国家队至少有5人来自阿贾克斯俱乐部的青训中心，该中心被称为“球星制造工厂”、“球星制造流水线”。德国队大胆启用年轻队员，其表现出的生机活力、团队意识和顽强作风，令世界刮目相看。德国队之所以有众多的杰出年轻队员，正是因为德国足协在2000年欧洲杯惨败后，痛下决心从青年抓起，规定所有俱乐部必须组建青训中心，起到了显著效果。2009年德国青年队包揽了欧洲U17、U19、U21的全部冠军。

4.世界杯上中国的影响力与日俱增

随着中国综合国力的日益增强，对世界杯的影响也不断扩大。虽然中国没能冲进南非世界杯，但是中国元素在赛场内外到处可见。比如，中国企业第一次成为世界杯8个赞助商之一，每个赛场都有“中国·英利”的中文广告牌。本届世界杯，中国有100亿人次通过各种方式观看了世界杯，占全球观看

比例的38%，居世界首位。每个比赛现场，都有来自中国的球迷。我们在赛场亲眼见到众多中国球迷手持五星红旗，打出“中国万岁”“中国球迷为世界杯喝彩”“2014，中国巴西见”等醒目横幅。一些世界知名品牌，如“百威”“嘉实多”也在赛场打出了中英文双语广告牌。还有，国际足联分配给中国的记者采访证只有70余个，但却有700多名中国记者前往南非采访报道世界杯，人数之多为世界之最。

5.申办世界杯成功对促进南非足球跨越式发展起到了巨大的推动作用

1992年，南非足协正式成为国际足联成员。2004年，南非战胜摩洛哥取得2010年世界杯主办权，也就是这一年，因操纵比赛、打假球、吹黑哨等丑闻，超过40多名南非足球界人士，包括俱乐部老板、高层管理者、裁判等被捕入狱，南非联赛遭受灭顶之灾。当时，许多人甚至担心南非是否还有能力举办世界杯，南非足球联赛是否还能够进行下去。借助申办成功的东风，南非对足球管理体制及联赛进行了大刀阔斧的改革，为南非联赛，乃至南非足球的跨越式发展注入了新的动力和活力。一是下决心将足协与职业联盟管办分离，成立了南非足球职业联盟，由联盟统一规范管理南超、南甲联赛；二是建立职业经理人制度，高薪聘请挪威人西埃姆为联盟CEO，负责联赛赛事组织和市场开发等；三是在政府强有力支持下，打破国家电视台对足球赛事转播的垄断权，电视转播收入大幅增加，成为联盟最大收入来源。2009年达3亿兰特。目前，南非联赛已成为非洲南部最有影响力的赛事，大多南部非洲国家的国脚在此效力，成为非洲本土出产非洲杯国脚最多的联赛，为整个非洲足球的发展提供了新思维，被国际足联树立为发展中国家的榜样。

三、几点建议

1.把足球作为实施体育强国战略的重要抓手

当前，中国体育界面临的最重要任务就是实施体育强国战略。足球水平不高，已经成为制约我们建设体育强国的重要瓶颈，解决这一问题的根本出路，就在于像过去实施奥运战略那样，从政治上、战略上、全局上重视足球事业的发展，把足球作为实施体育强国战略的重要抓手。这不仅是满足人民群众精神文化生活的迫切需要，是促进体育产业健康发展，推动经济发展的重要手段，也是增强国家软实力的有效途径。

2.以推动中国足协管办分离为突破口，加快足球管理体制改革步伐

建设符合中国国情的足球管理体制机制，是我国足球健康发展的制度保障。多年来的经验和教训证明，管办不分的足球管理体制，是造成中国足球水平不高、管理混乱、问题较多的重要原因，也不符合世界各国足球发展的普遍趋势。因此，应加快改革步伐，实现管办分离。足协作为我国足球行业的管理者，应切实承担起全面管理足球项目的责任，研究制定有关足球发展的方针政策、发展规划，抓好国家队建设、后备人才培养以及全国足球竞赛管理等。联赛管理机构要遵守国际足联、亚足联以及中国足协的章程规定，负责联赛的日常管理、赛事组织、市场开发等。

3.进一步突出重点，加大力度，加强青少年人才培养

从长远看，足球后备人才匮乏是影响我国足球运动发展的最根本问题。发展青少年足球，最关键的就是要大力推行体教结合，彻底改变应试教育片面追求升学率、不重视开展学生体育活动，甚至排斥像足球这类身体对抗强的体育项目。一是要在广泛开展校园足球的基础上，进一步握紧拳头，凝练目标，选择一批有条件、有基础、有热情的学校给予重点扶持，发挥龙头带动作用。二是通过制度和政策等手段，引导、调动职业俱乐部进一步加强青少年梯队建设。三是利用我国体制优势，建立健全青少年足球联赛体系。四是多渠道开展对外交流合作，支持和鼓励各级足协、各俱乐部、有关企业等，充分利用各自优势每年选派不同年龄阶段的青少年，到国外高水平俱乐部学习、训练和比赛。

4.认真研究借鉴日韩开展足球运动的经验和做法

中国与日韩同处东亚，地缘相邻，文化相通，人种相同，开展职业联赛的时间也差不多。在20世纪80年代，中、日、韩足球水平大致相当。近些年来，由于多方面原因，中国与日韩水平差距拉大，令人深思，值得总结。因此，建议组织专门力量，对日韩两国足球运动的管理体制、赛事组织、人才培养等方面的经验和做法，进行全面、深入、系统的研究和总结，为我国足球的改革和发展提供有益借鉴。

5.尽快启动中国申办足球世界杯的可行性研究

近10天的世界杯之旅，我们有一个强烈感受，那就是中国何时举办足球世界杯，已成为国内外越来越多人士共同关注的一个话题。我们已无法回避这个问题。因此，建议尽快启动中国申办足球世界杯的可行性研究。原因有三个：

一是国家发展的战略需要。未来20年是我国实现现代化建设第三步战略目标的关键时期，我国的综合国力、国际影响力必将进一步大幅度提升。举办世界杯可以更好地凝聚起14亿中国人民的力量，促进经济社会的又好又快发展，进一步增强中国的软实力，发挥我国在构建和谐世界过程中的更大作用。二是我国有过硬的举办条件。中国已成功举办过北京奥运会、女足世界杯、足球亚洲杯等大型赛事，完全具备举办足球世界杯的条件、经验和能力。三是国内外有广泛的期盼。国际足联、国际体育组织、世界杯合作伙伴、各赞助商及中国广大球迷都热切期望中国早日举办世界杯。

附　录

北京市隆安律师事务所30年30家分所风采

隆安上海简介

隆安上海分所设立于1998年2月24日，从此法律的天平砝码多了一把护卫之剑。2007年，时任隆安上海主任费国平因个人原因，离开隆安。后由杨坤律师牵头接手。

当时接手隆安上海的团队主要是3个人，杨坤、彭喜根和洪世宏。据杨坤律师回忆：

此前，我并没有管理过律所的经验，隆安上海当时的状况并不是很好，业务萎缩，每年的收入连房租都难以支付，团队人心涣散。所以，我并不是很有信心，一直犹豫不决。在这过程中，彭喜根律师起了关键作用。他一方面鼓励我，让我不要担心，他和洪世宏律师会全力以赴地支持我；另一方面，他几乎承揽了所有的事务，包括财务账目交接、人员安抚、租写字楼、装修等。接手律所后，在相当长的时间内，他又管理着律所的绝大部分行政事务。可以说，没有彭喜根律师的付出，我们接管隆安上海是不可能的。

接管隆安上海后，发展业务是关键。我们三个人的力量还是非常单薄的，为此，我们又邀请颜延博士和韩德科律师加盟。颜延博士是公司法、会计法双料博士，当时还是上海国家会计学院的教授，在公司法、财税法领域都是国内顶尖的专业人才，颜延博士的加盟极大地提升了隆安上海的专业水准。韩德科律师此前是检察官，参加司法部涉外人才培训班，留学英国，人品很正直也很敬业。这样，我们基本完成了新的创始人团队的组建。

我们认真总结了先前执业律所的经验教训，确定了如下办所原则：第一，自由、民主、平等；第二，财务透明、消灭剥削；第三，本所律师在外不能被欺负；第四，本所内不许搞婚外恋。基于上述原则，我们开始广揽英才，并吸收合并了陈士福律师和罗洁律师所在的两家律所、人员和业务规模均迅速扩大。

2007年5月，隆安上海入驻浦东中融恒瑞大厦，面积333平方米，以创始合伙人杨坤律师、彭喜根律师和韩德科律师为带头人的隆安上海，一体同心，组建了年轻专业的精英型团队，聚合了一批兼备财税、劳动、证券、金融、刑事、房地产建筑、商事、家事领域的律师专家团队，当年创收达1184.4万元，更是在金融证券、刑事领域取得了专业优势突破。

创始之初，万象更新，隆安上海蹄疾步稳，不以规模化为目标，坚定地走向一条适合自身发展的专业化、精品化执业之路，连续多年营业收入实现年平均增长率27%。

2011年3月隆安上海搬迁至徐汇区高级商业中心CBD黄金地段（漕溪北路333号中金国际广场B座20层），面积占1428.37平方米，律师执业人数达百人，当年创收比上一年度增长71%，达3771.32万元。2016年业界重量名腕云集至隆安上海，这一年营业创收突破亿元关，达1.055亿元。

本着团结奉献的精神，隆安上海稳定根基，加大专业综合型人才引进，拓宽案件代理领域，加强疑难案件研讨解决，对口高等学府精准培养，组建专家型团队师带徒，建立10多个专业委以面带点实现专业律师队伍的快速培养扩张，兼具外部引进几十名业界领英，多效并举，凝心聚力，在2017年、2018年甚至后面几年，隆安上海的营业创收均实现亿元以上。

截至2022年，隆安上海分所共有从业人员312名，有222名专职执业律师，硕士118名，博士9名，大多来自国内外知名高等学府法学院，资历丰富，专业且实战能力强。秉持“忠诚担当、勤勉尽责”的工作理念，凭借高水准的法律服务团队，隆安上海为众多全球五百强企业、大型国有企业、政府、各类上市公司提供综合法律服务。

2020年8月，隆安上海落户徐家汇重磅级高端CBD虹桥路1号港汇大楼，办公面积达2013.41平方米，拥有了12间智能通讯信息化会议室全天提供快速便捷周到的会议服务。并专设图书资料室，藏有各类法律文献2万余册，拥有WESTLAW、法天使、PRACTICALAW、律商联讯等多种类多语种法律数据库以供业务、研讨及公益论坛参加者同网查阅。

如今，隆安上海的业务领域涉及国有资产管理、劳动人事、投融资、房地产开发、建筑工程、土地、大型物业运营管理、知识产权、旅游文化、财税、互联网金融、医药美容、网络直播、生物科技等各个行业，服务客户包括中外企业、金融机构、国家机关等各类组织机构。在如下领域有极大优势：(1)知识产权领域业内排名领先，借助知识产权实力优势，云集理论研究与实务专家，在诉讼和非诉各个领域全方面提供知识产权法律服务，助力知识产权保护，支持技术创新，为上海各领域提供知识产权保护和科技人员创新激励等综合法律服务，为职务发明人共有知识产权法律服务。（2）刑事法律服务领域结合所内金融、税务及高科技等方面的专业经验，在金融刑法领域不断开拓，为金融机构等提供法律培训，借势代理有影响的案件，并谋取较好的法律效果和社会效果；在反商业贿赂、刑事合规领域持续深耕，专注解决疑难复杂刑事案件，为国企及外资企业提供内训服务增强企业合规意识。（3）隆安上海积极参与"一带一路"法律研究与有关活动，并积极承办"一带一路"法治论坛，同时积极参与承办上述法律研究与论坛，为"一带一路"法治建设、人才培养、涉外贸易研究等方面做出积极努力和贡献，借助上述研究成果，助力企业"走出去"，为国内核电企业等提供"走出去"企业战略法律服务；为各类风险管理项目提供法律支持。（4）隆安上海在破产重组及清算领域有着丰富的专业经验，为数十家破产企业提供专项法律服务，与人民法院、国家工商管理部门、国内外众多证券公司、会计师事务所、资产评估机构等有着十分良好的业务联络关系，有丰富的社会资源。同时，隆安还将破产重整制度重生的成功案例与其在实践中的经验相结合，出版了多部专著，并运用这些研究协助企业通过重整摆脱困境。（5）隆安上海在合规管理领域业绩突出，在反商业贿赂、食品安全领域、财税领域、生物医药领域等承接合规项目，提供专业的法律服务，建立符合中国实际的合规管理体系。隆安跨境业务团队综合运用美国海关规则和中国外汇规则，为上海的服装出口企业创造新交易模式，节省关税。隆安上海的律师们也围绕国有资产和国有企业监管制度中的监管要求展开合规法律服务。（6）隆安上海充分利用事务所法律人才优势，专注提供信访案件所涉法律服务援助。连续多年与街道居委共建，为政府机关、各类企业和居民长期提供法律咨询和民事、商事调解服务；也为重大工程建设、优化营商环境和统筹推进疫情防控和经济社会发展等重大事项进程中提供法律服务。

此外，在管理方面，隆安上海具有高度自律、科学规范的运行机制，设立以首席合伙人为领导的合伙人会议制度。设立管理委员会作为执行机构，负责日常事务管理。

尽管如此，隆安上海的不足之处也是显而易见的。一是人均创收大抵是上海的平均水平，创收总额在上海也不突出；二是业务优势和特色不明显，还没有在业界叫得响的专业特长；三是律师专业水平参差不齐，整体上亟待提高；四是旧的管理和运营模式已不适应目前的业务规模和市场竞争态势，甚至对律所的发展和进步起到了阻碍作用。目前，我们正着手思考和改进这些弊端。

“谋度于义者必得，事因于民者必成。”多年的沉淀发展，隆安上海翘楚汇集，营业创收屡创新高。在未来，这支志同道合的复合型专家律师军团将继续内心笃定、深耕细作、精研法律服务，在新的征程中满怀信心，同享机遇，接续奋斗，走向更为璀璨的法律前沿……

隆安上海目前主要合伙人如下：

1.杨坤，北京市隆安律师事务所上海分所主任、党总支书记、律师，兼任同济大学教育发展基金会监事长。杨坤律师系同济大学管理学博士、华东政法大学经济法硕士。曾荣获“上海市律师行业优秀共产党员”（2021）、入选“徐汇区2015—2017年领军人才培养计划”“2013年度徐汇区司法行政系统先进个人”“2010—2012学科带头人培养计划”等荣誉称号。因为在税收争端解决领域的工作成就，多次被国际权威税收杂志*International Tax Review*评选为“全球税收争端解决带头人”。杨坤律师的业务领域主要为银行与金融、银团贷款、基础设施融资、公司证券法、并购与重组及资产证券化、公司治理及合规等。

2.彭喜根，北京市隆安律师事务所上海分所派驻律师、创始合伙人。执业期间先后荣获“2018年律师行业优秀党员律师”“上海市律师行业优秀律师”“2012年度全国律师行业创先争优活动先进个人”称号、徐汇区司法局党委“世博会先进个人”称号。1986年7月，毕业于华东政法学院法律系，分配至南昌市司法局，并一直从事律师工作（南昌市第一律师事务所、涉外律师事务所、金融房地产律师事务所），1998年获得二级律师职称。2000年1月，上海市人才引进调入上海市海达律师事务所，后转入上海市华益律师事务所、北京市隆安律师事务所上海分所，担任隆安上海分所高级合伙人、总支部书记。在银行与金融、公司法律事务、争议解决等专业领域为客户提供专业法律服务。

3.颜延，北京市隆安律师事务所上海分所派驻律师、创始合伙人、中国注册会计师协会非执业会员。法学博士、工商管理博士后，2008年9月—2009年2月曾赴牛津大学赛义德商学院访学。曾获评上海市青浦区首届领军人才（2014年入选）、司法部千名涉外法律服务人才（2018年入选）。在加入律师行业之前，颜延律师曾经在政府部门、研究机构工作多年。执业以来，颜延律师凭借其良好的职业训练和丰富的实践经验，在投融资并购、能源、建设工程、知识产权、国际贸易、财政税收等专业法律领域，为包括瑞典阿胡斯卡尔胡等多家跨国公司，中化、中建、中核等中央企业旗下成员企业以及上海、江苏等地多家税务、审计机关与事业单位提供了高水准的专业服务。历任南京银行、江苏银行、法国巴黎银行（中国）有限公司等金融机构独立董事。在*Socio-Economic Review*、《中国法学》《法律科学》《人民司法》等国内外核心期刊上发表专业论文30余篇。出版《金融衍生工具卖方义务研究》（法律出版社）等专著3本。

隆安沈阳简介

隆安成立30年了，祝隆安30岁生日快乐！

一、瞬间的历史

被律师事务所体制改革召唤，1989年4月我从沈阳市中级人民法院辞职，在沈阳市第一合作律师事务所执业。辞职前，义无反顾，根本没有考虑先把律师资格证考试通过、在离开法院的事。辞职后，面临着律师资格考试，这才懂得什么叫只能成功。最初几年压力非常大、也非常辛苦，奔波于国内各城市、奔波于法院、奔波于客户……每到一个城市，无论是国内还是国外，我都要去当地律所参观学习。先进的律所管理理念、高大上的办公环境、前沿的律师业务，对我思想启迪之深，让我在执业整10年的时候思考未来之路。恰巧，我的同班同学田新引荐隆安创始元老徐家力，也是我东北育才的师兄。徐家力是沈阳人，在沈阳设立分所是他独有的家乡情怀，所以我们一拍即合，隆安沈阳就这样诞生了。

1999年5月，省司法厅批准隆安沈阳设立，8月举行开业庆典，我依然记得在开业庆典时，时任辽宁省委政法委书记丁世发送我们的条幅：应时势而生，担重任而行。由此，隆安沈阳砥砺前行的历史篇章开始书写。

二、23年隆安沈阳在成长

隆安沈阳成立之初仅10多名律师，如今执业律师已有144人，实习律师20人，行政7人，总人数达171人。办公面积也从最初的200余平方米，到如今租下香格里拉旗下企业广场2300平方米。业务创收从成立当年过百万，到2021年过亿元。期间，隆安沈阳多次获得过省优、市优、沈阳市首届和第二届十佳律师所等荣誉称号。

隆安沈阳吸引业界精英吴杰、亢飞、王东平、王蕴采、方太伟、刘晖、隋辉、孙迪、吴永新、曲德刚、于斌、郑可心加盟，他们给隆安沈阳插上高飞的翅膀，撑起一片天空。

隆安沈阳吸引优秀的法官杨溢、明月、祝雪峰、金大鹏、白建羽、张梅、冯添、甘国明、兰波、梁朕、龙君辉，还有党政机关优秀公务员高巍、魏明杰入队，他们给隆安沈阳竖起一面旗帜，赢得业界口碑。

我们兼职律师队伍学术背景深厚、阵容强大，辽宁大学法学院李卓、郭金良、高宁博士，沈阳药科大学陈军博士，沈阳师范大学法学院院长王旭伟博士、宋智慧博士，辽宁省社科院邵琰博士和研究员冯昀，他们给隆安沈阳充盈理论知识，奠定专业高度。

我们从律师队伍中培养出新一代高级合伙人：有部队团政委转业的贾晓东，有才华横溢、隆安沈阳“总导演”钟宇，有从助理成长起来的“80后”王学勇、王志刚和崔莹，有高考状元郝恺，他们给隆安沈阳注入生命活力，引领未来之路。

我们还有陪伴隆安沈阳20年的合伙人：高金、何东旭、王志睿、龚剑、刘德光。他们忠诚于隆安沈阳，榜样力量无穷。

三、奉献的爱心

2020年新冠肺炎疫情发生，我们在隆安系统内捐款、在辽宁省和沈阳市律师协会分别捐款、在所在地区政府捐赠抗疫物资、各级人大代表和政协委员积极捐赠抗疫物资。2021年建党百年，我们为贫困小学生捐赠。2022年3月下旬，沈阳新冠肺炎疫情严重，隆安沈阳党员先锋队率先垂范加入志愿者队伍，凌晨6点到岗，至夜间10点下岗，不辞辛苦，甘于奉献。隋辉主任自封闭在家期间20多天里，天天坚持在社区做志愿者，风雨无阻，以实际行动展示一名党员的风采。

四、璀璨的精英

隆安沈阳律师多人次获得省市优秀律师、省市优秀女律师、省市优秀青年律师、省市优秀青年女律师、省市优秀党员律师、省道德模范、市诚信律师、市首届十佳律师和首届十佳女律师、沈阳市优秀人大代表等荣誉称号。多名律师担任各级人大代表、政协委员，任职期内提了大量的议案、建议、提案。2019年亢飞律师和我收获了律师制度恢复40年为执业30年律师颁发的“纪念奖章”。

我作为创始合伙人于2021年、2022年连续两年荣登国际权威法律评级机构钱伯斯发布的《大中华区法律指南》公司/商事：辽宁业界元老榜单。

五、精于勤敏于思

节假日对我们很多律师是概念、是向往，却不是享受，更无从消遣。坐在办公桌前，看着窗外华灯初上，到静静夜里办公室明亮的灯光，从桌上、到地下堆积的厚厚卷宗，加班加点工作是唯一选择。

如今在政府法律服务、国有企业和混改的法律顾问、银行金融与票据、水利工程与房地产、破产与重整案件管理人、涉外与知识产权、医疗机构法律顾问等业务领域，隆安沈阳深耕专业知识，以精准的专业服务，形成隆安沈阳独具特色的一面旗帜并占有相当大的市场份额，并在2021年实现“小目标”——业务创收过亿元。这都离不开每一位隆安沈阳律师的努力。

所有过往，皆为序章。过去23年，有太多的故事可以叙说，有太多人可以记住。春天的花开秋天的风，流水它带走光阴的故事，留下的是不变的记忆，历史的永恒。

愿北京隆安引领未来发展方向，扬帆远航。愿隆安沈阳和全国各地的隆安家人，未来之路平坦顺畅！

（本文作者为隆安沈阳创始合伙人徐驰）

隆安深圳简介

隆安深圳分所设立于2005年1月，是随着国家改革开放的经济形势和隆安发展的国际化发展步伐而发展和成长的第三家分所。在创始合伙人贾红卫、赖向东律师的带领下，隆安深圳以“艰苦创业、海纳百川、团队合作、长远发展”为办所方针，抓住发展机遇，以反倾销等国际法律业务为先导，大力开拓进取，迅速在深圳法律服务市场上站稳了脚跟。随后经过16年的稳步发展，隆安深圳目前已经发展成为在涉外、公司、金融、证券、投资并购、知识产权、房地产、海关、劳动等各个专业领域，为客户提供包括诉讼、非诉业务在内的综合性法律服务的深圳大所之一。

一、坚持专业化、国际化的业务发展道路，不断强化分所核心竞争力

隆安深圳创立之初，华南地区大量加工制造企业深受欧美发达国家提出的反倾销、反补贴等指控的困扰，而华南地区能够做国际贸易业务的律师又相对较少，隆安深圳创始人贾红卫、赖向东律师组成专业团队抓住机遇，积极进取，先后代理国内企业积极应诉美国欧盟、印度、土耳其、加拿大等国家提起的反倾销、反补贴调查案件，并不断扩大涉外业务的深度和广度。其后，新加盟的林丹律师团队为深圳公交集团和深圳水务集团成功重组提供法律服务奠定了隆安深圳为国企提供法律服务的基础，张弛律师团队抓住国内资本市场“新三板”上市的新机遇也使隆安深圳资本市场业务迅速崛起。而李晓宁、刘志伟为首的知识产权律师团队经过数年代理多起国内有影响的案件，使隆安深圳的知识产权业务享誉业内。

二、坚持适度规模化发展道路，稳步发展成为域内中等规模律师事务所之一

随着业务的专业化发展，隆安深圳规模不断扩大。2009年前后，在吸收林丹、陈果律师加入合伙之后，隆安深圳不失时机地吸收原北京市科华律师事务所深圳分所主任李辉志律师及其团队加盟，并在此基础上，果断推动吸收原广东鹏盛律师事务所主任崔焕荣、张树海等律师团队的加盟。相应的，隆安深圳的管理从原来的主任制，也过渡到由贾红卫、赖向东、崔焕荣、张树海组成的第一届管委会制度。在管委会的有力领导下，隆安深圳制定了一体化的统一发展战略，多名律师入选广东省、深圳市两级律协的常委理事、理事、委员会主任、副主任和委员职务。其后，以李永军律师为首的原富士康法务团队部分律师陆续加盟，张弛、王建国、管世标、严海华、司贤利、李严6位合伙人和多位专业律师陆续加盟，赵红博、刘川梅律师带领其律师团队核心律师也先后加盟分所。截至2021年底，隆安深圳已拥有合伙人30人、律师近200人，一跃成为深圳市区域市场中排名前20位的中型律师事务所之一。

三、坚持品牌化发展道路，不断扩大分所的影响力

隆安深圳积极倡导律师在发展业务的同时，不断促进律师所品牌化的发展。2013年，贾红卫、赖向东、李严律师加入欧盟IPG国际组织，开始探索隆安品牌化发展道路。此后3年间，张弛律师带领团队在“新三板”业务发展中取得巨大进展，形成券商、律师、会计师战略合作、协调行动的运营模式。期间，贾红卫律师入选中国涉外律师领军人才库，与赖向东律师共同出版书籍《反对国外反倾销律师实务》。2018年，贾红卫、赖向东和张弛律师受聘为深圳国际仲裁院新一届仲裁员。李晓宁、刘志伟律师代理的案件也分别入选深圳律师知识产权十大典型案例。隆安深圳是深圳市公司治理研究会的发起单位，张军律师为研究会发起副会长，并以隆安律师事务所名义承办了“第三届中国公司治理高峰论坛”。赖向东律师承办的涉及50亿元人民币债权的阳鹿高速公路破产重组案荣登2019年《商法》“杰出交易”榜单；刘志伟律师代理的案件入选“广东省律师协会2019年度广东律师典型案例”。分所多位律师出版书籍，其中王伟艺律师曾出版《燃气行业反垄断风险防控实务》，赖冠能律师撰稿《证券诉讼法律实务》等。此外，分所多位律师成功入选深圳市第十一届市律协专业委员会，当选主任等职务；同时张弛、金文英、李崖立、邓志豪、方俊、吴旺根等律师成功入选第四批广东省涉外律师“领军”“先锋”以及“新锐”人才库，影响力不断扩大。隆安深圳将不断提升在国际业务、全球经济一体化的影响力和参与度，服务于国家“一带一路”和“大湾区”发展战略，为中国企业“走出去”以及外国企业“引进来”继续保驾护航。

四、展望未来，不断做大做强

展望未来，隆安深圳将立足于深圳这一粤港澳大湾区核心，依托深圳作为先行示范区和粤港澳大湾区中心城市的优势，在保持传统的争议解决、公司法律顾问等业务领域竞争优势基础上，着力打造涉外、金融、证券、投资并购、仲裁等有特色的业务领域，同时借助深圳国际仲裁中心、中国（深圳）证券仲裁中心落户深圳的区域优势和政策优势，发展证券法律业务和国际仲裁等业务。

隆安广州简介

隆安广州于2009年6月12日经司法部正式批准设立，设立之初的人员组合有着浓厚的北大色彩和司法实践基因，这个特点和隆安总所的创始人特点可谓一脉相承。隆安广州的创始合伙人沙渝晨自北大法律系本科毕业后分配至广州市中级人民法院任职法官，于20世纪90年代中期辞去公职进入律师行业，在北京总所创始人徐家力的邀请下，沙渝晨出资及牵头组建隆安广州并担任执行合伙人。隆安总所的沈红、何勇、肖鹏3位律师作为总所的派驻律师协助沙渝晨发起设立隆安广州申请，并由沈红律师担任法定负责人。事实上，北京总所的创始合伙人徐家力、李京生，隆安广州的创始合伙人沙渝晨，以及参与设立隆安广州的总所派驻律师沈红、何勇，他们不但全都毕业于北京大学法律系，而且全都是中国恢复高考制度后的第三届（1979级）法律专业本科的同学。隆安总所创始合伙人徐家力、李京生都有最高人民检察院、最高人民法院任职经历，而沙渝晨也具有极为丰富的审判经验，隆安及隆安广州自一开始便具备了优秀司法实践人才的积聚优势。同时，广州作为中国的南风窗，有着2200多年的辉煌历史，这座城市从容、温和、厚重、务实的文化底蕴，与先天具备浓厚的北大色彩和司法实践基因的隆安广州有着天然的契合度，由此也让隆安广州自成立伊始便呈现出低调、包容、专业的文化特色。

隆安广州最早的办公场所位于广州珠江新城华强路富力盈力大厦北塔1206室，地理位置十分优越。由于办公室装修配套、人员招聘及办理律师转所手续等原因，隆安广州自2010年1月1日才正式开业。当时在册的律师除了北京总所派驻的沈红、何勇、肖鹏3位律师外，还有在广州的沙渝晨律师和赵志明律师，以及来往于穗港之间的黎家欣律师与陈月华律师。早期的业务包括公司常年法律顾问及刑事辩护、民商事案件代理、知识产权保护等传统律师业务，其中不乏具有一定行业影响力的案件。例如，沙渝晨律师与赵志明律师在代理景田百岁山商标侵权案件中，经过认真细致的案件代理工作包括证据搜集整理和专业法律意见的撰写，成功地将客户拥有的“景田”“百岁山”商标以司法认定为驰名商标获得保护且胜诉，帮助客户扩大了品牌影响和市场份额，而今该客户已成为行业排名位于前列且家喻户晓的企业之一。值得一提的是，现担任腾讯音乐集团公司总法律顾问的杨奇虎律师也曾经是隆安广州的执业律师。2014年6月14—15日，隆安广州在广州花园酒店承办了隆安律师事务所全国合伙人年中会议，会议的环境与组织安排，获得了总所及各地办公室参会同事的广泛好评。2015年，隆安广州的人员实力得到进一步增强。之后，在大家的共同努力下，知识产权法律服务逐渐成为隆安广州的特色业务板块，隆安广州由此成为了腾讯计算机公司及腾讯音乐的常年法律顾问，代理了腾讯旗下大批游戏商标侵权、不正当竞争案件，良好的专业服务口碑和诉讼代理的胜诉率赢得了客户的高度赞誉。

2018年隆安广州与隔墙相邻多年的北京市中瑞律师事务所广州办公室整体合并，合并的方式是中瑞广州办公室的律师全部转入隆安广州，原中瑞广州办公室执业许可证申请注销，其办公场地改造为隆安广州办公用址。至此，隆安广州的住所地从富力盈力大厦的1206室变更为1207—1208室，办公室面积扩大之余，隆安广州的律师人数和业务收入也较以前迅速增长。在当年北京总所召开的年终合伙人大会上，隆安广州获授最佳进步办公室荣誉。

2021年隆安广州迎来了具有历史意义的全新发展阶段。当年年初隆安广州与广东国匠律师事务所达成了整体战略整合的意向。2021年1月28日，隆安广州与广东国匠律师事务所联袂举行隆安国匠战略整合启动暨隆安广州新办公地址落成仪式。2021年3月5日，隆安广州正式迁至广州市体育西路103号维多利广场A座46—47楼新址办公。2021年4月1日，隆安广州和广东国匠律师事务所正式进入实质性战略整合阶段。自2021年4月1日开始，以隆安广州首席合伙人、管委会主任刘昕律师为代表的运营管理团队正式全面接手隆安广州的日常运营管理，新团队以全新的运营服务理念、高效的决策架构、精干专业的人员构成，带领隆安广州进入了一个高速发展的快车道。不到1年的时间，隆安广州的执业律师人数突破100人的规模，律所总人数突破150人的规模，律所营收同比增长近5倍，人均创收也十分出色，隆安广州一跃跨入了广州本地品牌大所的行列，隆安广州也因此获得总所颁发的“2021年度优秀分所”奖。隆安广州的巨大变化还体现在体育、文化、专业交流、社团建设等诸多方面，律所的足球队第一次组队参加广州市律协举办的足球锦标赛便闯入十六强，羽毛球队第一次参加律协锦标赛便获得了团体总分第五名的佳绩。隆安广州形形色色的社团也是一大特色，例如辩论队、乒乓球队、篮球队、长跑团、合唱团、电竞团等社团都办得有声有色。另外，律所定期举办的各种高质量的专业交流活动和文化互动活动，已经在行业内产生了很大的影响力，成为不少律所观摩和模仿的对象。出色的运营管理，逐步打造出“梧桐树效应”，吸引了越来越多的优秀律师或优秀团队陆续加盟隆安广州，这又反向促进了律所的专业和文化建设。在此期间，除了刘昕主任之外，律所管理合伙人、管委会副主任梁郁珍女士、律所高级合伙人、管委会兼职副主任葛向荣律师，以及其他管委会委员和综合服务中心的伙伴，也都为广州办公室的涅槃重生和高速发展做出了巨大的贡献！

作为隆安在一线城市的办公室，隆安广州所承载的隆安品牌建设使命注定会更为宏大，隆安广州也就注定无法平凡。隆安广州下一步的愿景，是继续秉承“律所是为执业律师提供优质服务的平台”这一核心理念，围绕着“为律师赋能”这个核心目标，进一步完善决策和权益架构，继续发扬隆安广州高效的决策优势和执行力优势，全力加强中后台建设，潜心打造更具战斗力的管理团队，坚决落实运营管理人员专业化和专职化的要求，解决好律师个人、团队、专业、行业之间的关系，进一步推动“律师团队化，团队专业化”建设，继而为下一步的前台架构建设及全面实战夯实基础。同时，隆安广州希望加强与大湾区兄弟办公室的互动和协作，通过各兄弟办公室的共同努力，逐步让隆安在大湾区的兄弟办公室形成合力，让指头捏成拳头，争取以更为科学长效的机制或者方式打造隆安品牌在大湾区的整体竞争合力。

北京市隆安律师事务所将在2022年年底迎来自己30周岁的生日，而隆安广州也即将在2022年年中迎来自己13周岁的生日。总角之年的隆安广州，正在以茁壮成长的美少年姿态焕发着勃勃生机。少年初长成的隆安广州，在已步入而立之年的隆安总所的带领下，行稳致远，必将会创造一个又一个佳绩，让隆安品牌愈加辉煌！

隆安南京简介

21世纪初北京市隆安律师事务所确定全国布局的战略方针，2009年机缘巧合，当时已从江苏省高院辞职从事律师工作的苏德军与隆安所创始合伙人徐家力律师相遇，当徐主任谈到准备在南京设立分所时，苏德军当时考虑到隆安所知识产权法律服务能力很强，而自己法律专业学的也是知识产权法律，因此积极响应。因为当时苏德军本人尚不具备担任派驻律师的资格，因此其招聘了二位律师，由隆安总所派驻，再加上总所派驻的一名律师，三位律师作为发起人，在南京市建邺区中泰国际广场租赁三百多平米场地装修后，隆安南京于2010年4月26日宣布正式登场。

随着法律服务业的发展，对规模化要求越来越迫切。江苏泓远律师事务所在2011年底谋求规模化发展。当时泓远所的高级合伙人胡先龙律师与苏德军系好朋友，由胡先龙牵线搭桥，泓远所合伙人与苏德军经多次磋商，达成合并意向，泓远所并入隆安南京。当时泓远所有20多人，而隆安南京只有几位执业律师。当时大家伙开玩笑说，这次合并属于“蛇吞象”！决定合并后当时几位合伙人在2012年年初决定在南京黄金商业圈新街口长江贸易大楼购买500多平米的写字楼，作为隆安南京的办公场所。2012年5月，虽然江苏泓远律所未能最终并入隆安南京；但是泓远律所绝大多数合伙人及律师选择并入隆安南京，而且迁址长江贸易大楼，律所奠定了发展的基础；真正合伙人增加为5人，专职律师14人，在册员工23人。

2014年至2017年期间，律所迎来高速发展期，每年都有合伙人加盟，专职律师也得到较大发展。2014年合伙人6人，专职律师16人，兼职律师3人，实习律师5人，行政3人，共计34人；而到2017年年底合伙人为13人，专职律师63人，兼职2人，实习18人，行政5人，律所在册员工102人。在此期间律所及律师多次得到当地司法行政部门奖励。

2018年至2022年期间，律所进入平稳发展和调整期。在此期间，因合伙人发展理念差异产生了分歧，部分合伙人选择离开，个别合伙人因到国外深造选择不担任合伙人。律所人员发生了变动，进入调整期。目前律所合伙人7人，专职律师76人，兼职律师2人，实习律师17人，行政5人。律所在册员工107人。

隆安南京依托合伙人及主要骨干律师组建了相关业务团队：以段俊明和胡先龙为主的公司（破产）及法律顾问业务部；以刁前进为主的金融业务部；以张敬成为主的保险业务部；以甘霖、胥家山为主的家事、劳动（人事）法业务部；以胡文兵为主的刑事业务部；以包俊和刘恩臣为主的建筑房地产业务部；以王伟为主的知识产权业务部；以薛忠贵为主的政府法律（公益、法律援助）业务部；以杨涛为主的资产市场业务部；以胡先龙和张斌为主的涉外法律业务部，努力走专业化发展道路。

隆安南京90多名执业律师当中80%都是青年律师，他们都是法律科班出身，具有扎实的法律功底，是隆安南京的生力军。如何调动他们的积极性，我们一直在思考。下一步，准备成立青年律师委员会，对年轻律师业务开拓能力、执业能力进行培训，提高他们的执业水平；努力把年轻律师培养成骨干律师。另外，希望引进业界优秀律师加盟，充实合伙人队伍。

业务方面，希望利用隆安知识产权及企业破产重组的专业优势，充分挖掘江苏省作为知识产权和经济发展强省的优势资源，进一步发展隆安南京这二块业务，吸收更多的律师参与进来，将这二块业务做成隆安南京新的业务亮点。

南京作为六朝古都，具有悠久的历史文化底蕴；位于长江三角洲，虎踞龙盘，地理位置得天独厚；作为江苏省会，政治文化发达；作为长江三角带的重要城市，商业经济非常繁荣；同时作为最高院第三巡回法庭所在地，法律服务市场需求旺盛。占据如此优越的地理位置，作为隆安这样全国大所中的一员，隆安南京有信心有决心闯出一片属于自己天地。

隆安天津简介

隆安天津分所于2011年7月经天津市司法局批准设立，律所位于天津市南开区繁华地段，至今已有11年。天津作为直辖市，经济建设和社会事业全面发展，进一步巩固了中国重要的综合性工业基地和商贸中心的地位。改革开放以来，天津的港口优势不断增强，对外交往进一步扩大。天津已经成为现代化的国际港口大都市和中国北方重要的经济中心城市，天津分所的设立可以更好的为隆安律所的发展提供更为广泛的业务合作空间。

隆安天津分所从设立至今已拥有多名专职执业律师，他们均毕业于国内知名学府，具有法学学士、硕士及博士等学位，具有深厚的法学理论功底。这支高学历、高素质的律师队伍也拥有着丰富的法律实务经验与良好的社会关系基础。

隆安天津在隆安总所、本地政府、企事业单位的支持和关心下，取得了显著成绩。在劳动法、企业法律顾问、股权治理、股权激励、国有企业治理、房地产和建设工程、知识产权、投融资、并购等领域具有丰富的理论及实践经验。

目前，由雷艳智律师担任隆安天津分所主任，此外，他还是北京市隆安律师事务所高级合伙人，隆安内部民法专业委员会主任，私募基金和股权投资专业委员会副主任，中国政法大学法学硕士。现主要社会职务有：中国民主建国会北京市委法制委员会委员、中国民主建国会北京市委青年工作委员会副秘书长、中国民主建国会北京市延庆区支部副主任委员、中国民主建国会北京市延庆区支部法制委员会主任、北京市劳动和社会保障法学会会员、天津市律师协会律师福利工作委员会副主任。《股指期货法律专家指导丛书》（2010年法律出版社）副主编,《隆安律师解读民法典》(2022年法律出版社）执行主编。

今后，隆安天津将主要致力于以下两方面的新发展:(1)加强人才引进和培养，将传统业务做细做强的同时努力开拓律师新业务，加强律所规范化管理、加强党支部建设、加强律所文化建设、加大品牌宣传力度，促进律所全面发展。

(2)加强律师“团队化”建设。目前，律师“团队化”已经成为许多律所的发展方向，几乎每位律师都知道，个人的力量有限，报团取暖才能更有发展和进步。业务方向要做到“行业化”。所谓“行业化”，是要纵向的对某一个行业有所了解，然后就该行业所涉及的各个方向，都有不同专业、不同类别的律师来处理，这才是“团队化”业务发展的意义所在。在团队化模式下，对于纵向行业的不同范围，均能提供专业的法律服务，这种纵向发展更有竞争力。

天津作为中国第六大城市，也是北方传统的重点工业基地之一，具有良好的经济基础。隆安天津分所秉承“法律至上，诚信至上，当事人权益至上”的执业理念，旨在协助客户充分利用优惠政策以赢得更广阔的发展空间，为滨海新区、天津市和环渤海地区的开发和发展提供全方位、优质、高效的专业法律服务。

隆安苏州简介

隆安苏州分所2012年12月依法成立，标志着隆安在经济发达的苏州完成布局，在肥沃的土地上播下一粒种子。然而前期的发展并不顺利，甚至一度出现停滞状态。隆安总所及时调整方针，强化本土融合，2017年6月，引进国浩、竹辉、政纬、新天伦等核心团队加盟。“旧貌换新颜、老坛装新酒”，隆安苏州由原来的几个人迅速发展，如今近60人。办公地址由原来的高新区搬迁到苏州工业园区金鸡湖畔核心CBD；办公面积由200多平方米增加到1800平方米；创收由原来的几万元增加到近4000万元。重组4年创收增近11倍，人数增长10倍。隆安苏州在苏州律师界影响力显著提升，所以治乱废兴，关键在人。

以张拥军律师为核心，以钮建峰、崔进文、华中箐、费莉萍、郁军等为主要成员加盟隆安苏州以后，充分结合律师事务所的结构特点，制定隆安苏州律师的发展模式、管理制度、人文建设等治所方略。律所是由合伙人根据签订的合伙协议，共同出资、合伙经营、共担风险、共享收益，并对律所的债务承担无限连带责任的营利性经济组织，也是依靠管理来实现内部资源的整合，降低契约成本，提高效益的契约组织。它不同于公司，也不同于律师单独的劳动。组织架构上以实行以合伙人为协作单位，相对独立，互相合作的发展模式。业务上通过专业化分工，提高个人生产力，创造集体生产力。正确处理律所、合伙人、律师的名和利的关系。

律所是营利性经济组织，也是一个社会组织，肩负着社会责任，自我发展中兼顾经济效益和社会效益。合伙人自身的发展要服从于律所的发展方向，律所的发展离不开核心合伙人。合伙人个人的发展需要广阔的平台，相互促进，螺旋式上升。律师服从团队或创建团队，发展自我，约束自我。律所的管理刚柔相济，达到中和。孔子曰："政宽则民慢，慢则纠之以猛。猛则民残，残则施之以宽。宽以济猛，猛以济宽，政是以和。"

文化建设是律师的核心，是律所与律所之间不同的本质所在，也是律所发展的希望，即使律所发展道路上发展波折，只要文化精髓还在，最终一定会沿着正确的道路前行。隆安是人和文化，"同兴隆，共平安"是隆安人共同的相处宗旨。隆安苏州围绕这一宗旨，结合苏州分所文化，合伙人发展崇德轻利，而且成本不依合伙人的人数来分摊，成本在利润分配前扣除，这样，很好的稳定合伙人的队伍，也保障律所发展的基石不动摇。

以利相交，利尽则散；以势相交，势去则倾；唯以心相交，方成其久远。成熟律师让其有充足的成长空间和上升通道，针对青年律师建立传帮带制度和环境。融洽的人际关系是凝聚人才的凝合剂，清晰的发展规划是律所发展的灯塔和方向。

未来蓝图，不积跬步，无以至千里；不积小流，无以成江海。步伐最慢的不是跬步，而是徘徊，脚步最快的不是冲刺，而是坚持。隆安苏州发展规划，从小到大，从大到强，从强到壮。针对律所未来的发展，隆安苏州也制定第一个五年发展纲要（2020—2024年）。

从2012年成立，2017年新的合伙人加入并实际运营至今，隆安苏州按照"求生存、谋发展、创特色"不同发展阶段目标和要求以及"聚集一批人才、建设一个平台、成就一番事业"的奋斗方向。隆安苏州通过脚踏实地的发展与积累，成长为一家拥有员工50余名、总办公面积1700多平方米、创收近4000万元、以高科技手段为支撑、管理相对规范的综合性律师事务所。在金融、房地产、公司、民事、诉讼、仲裁等传统业务领域中保持了特色地位。

隆安苏州的发展进入了一个新的阶段。从 2020年到2024年的5年时间，是隆安苏州如何谋求发展的关键阶段。在这个重要的转折时期和新的阶段，隆安苏州需要确定新的目标，提出新的要求，找到新的发展路径，才能适应律师行业发展的趋势，满足法律服务市场的需求。

隆安苏州通过今后5年的发展，力争成为“苏州一流的、中大型的、综合性的、具有专业特色和管理特色、不断开拓创新的律师事务所”。这是隆安苏州发展的战略目标。

“苏州一流”是要达到苏州市司法局或苏州市律师协会制定的评优标准，并被评为苏州市优秀律师事务所。这是具有客观标准的目标，也是一个动态的目标。苏州市优秀律师事务所的标准会随着行业的前进而不断提高。在某个时点实现了这一了目标并不意味着满足和停止，还需要保持、巩固、提高。

“中大型”是要实现执业律师人数超过80人，律师助理超过20人，行政辅助人员超过6人；年创收总额超过8000万元。

“综合性”是要实现基础业务力量雄厚，业务专业门类众多，覆盖大部分律师业务范围。

“专业特色”是要有支柱专业和新兴业务。支柱专业是能够稳定隆安苏州创收的专业；新兴业务是在全国具有领先地位、在律师行业内有表率作用、对隆安苏州发展具有带动作用的专业。

“管理特色”一是要体现广泛、充分的民主，为全体律师参与管理提供畅通的途径；二是要建立完整严密的制度体系，用规范和标准覆盖律师事务所各项工作的各个环节；三是以数字化、信息化工具为支撑，将各项标准数字化，实现信息化管理。

“不断开拓创新”是我们建设、发展事务所的基本方略。要不断研发新的法律服务项目，开拓法律服务市场，要从理念、制度、体制、机制、方法等方面不断创新，全面推进隆安苏州执业水准和管理水平的大幅度提升。

隆安苏州在各位合伙人的协力经营下，像不断成长的青年，充满活力、充满希望，正以全新的面貌迎接挑战，创造未来。

隆安南通简介

北京市隆安（南通）律师事务所是北京市隆安律师所的分支机构，简称隆安南通，紧邻南通中央商务区，1800平方米超高层全景落地窗写字楼。隆安南通现有从业人员60多名，其中包括专职律师48人，实习律师14人，其中有博士、硕士、留学生多人，多位律师具有长期从事公、检、法及外经贸、企业管理等经历，同时选聘了一批高学历、具有专业特长的复合性律师、党员律师。其中，8人具有建筑特长（7人建造师、1人省级PPP专家）；8人具有公司法务特长（证券从业资格、注册会计师资格、中级会计职称），4 人具有涉外特长（外语、外贸、外经、报关、商检），2名律师懂得两种以上外语，2名律师持有国家海关总署颁发的报关员资格证，1名律师持有国家商检局颁发的报检员资格证；6人具有知识产权特长（商标代理、专利代理、技术经纪人）。

隆安南通设有国际业务部（涉外中心），知识产权法律业务部（商标专利申请窗口），建设工程法律业务部，公司证券法律业务部（股权、合同、上市、发债），财税金融法律业务部，破产重整法律业务部（企业解散、清算、破产、重整），婚姻家事业务部，刑事法律业务部，行政法（政府法律顾问）业务部，劳动人事法律业务部，争议解决业务部（合同、侵权赔偿、债务、劳动争议等）。

政府法律顾问团队担任市政府12345服务中心、市应急管理局、科技局、商务局、市生产力促进中心、海洋与渔业局、市建设局、高新区（科技新城）、崇川区政府、市文明办（江海志愿者总站、美德基金会）、公积金中心、广播电视台等法律顾问；另有本所律师分别被市金融办、侨之家——法律护侨专家团队（市外侨办）、外经协会（商务局）、中国（南通）知识产权维权中心（科技局）、国际商会（含省、市分会）、中小企业促进会、民主与法制（南通记者站）聘为专家律师。

服务（入库）单位包含：省政府机关事业单位采购中心、省财政厅（PPP）、省沿海集团、中国银行、交通银行、农业发展银行、上海银行、南京银行、广发银行、平安银行、农村商业银行、濠滨论坛、华强城、万达、融信地产、韩通船务、振华海工、海新船务、神马集团、南通五建、苏建建设集团、知己集团、华泰建设等。

除常规律师业务外，在建设工程、房地产开发项目的投资与并购、PPP、发行企业债、基金、跨境融资担保（外保内贷、内保外贷）、上市辅导、企业海外上市等律师业务方面有实务经验。

隆安南通协办南通涉外法律服务中心、南通涉外矛盾纠纷调处中心、南通市引航灯涉外法律援助中心、南通市海内外警侨联动服务中心涉外法律服务中心、涉侨事务调解中心、留学生法律服务中心。隆安南通是当地唯一取得专利代理资质的律师事务所；是南通最早取得商标代理资质的律所。

隆安南通为市中级法院一级破产管理人，承办20多件破产案件，成功办理3件破产重整案件，其中1 件为中级法院典型案例。

隆安南通多名律师被检察院聘为企业合规第三方监督评估机构人员。

隆安南通注重公益法律服务。除担任江海志愿者总站、美德基金会、外经协会（保护出国劳务人员）、民主与法制（南通记者站）等公益组织法律顾问或专家律师外，还在26个居民社区，4个专业市场，1个宗教场所，4个国家级开发区设有律师工作室或服务点，免费提供法律咨询，参与公共法律服务。

隆安南通设有中共党支部、工会组织。另有2名律师加入民主党派，2名律师为工商联委员。12名律师分别担任省、市、区律师协会委员。

隆安（南通）律师事务所曾多次受到上级表彰，多人受到上级党组织、政府、律师协会表彰。2013年12月获中华人民共和国司法部通报表彰；2017 年省司法厅调研我所党建工作；2019年12月获江苏省律师协会党委通报表彰。2021年获南通市律师协会党委建党一百周年优秀党组织奖。

隆安株洲简介

北京市隆安（株洲）律师事务所（以下简称隆安株洲）于2013年11月20日经湖南省司法厅批准成立；北京隆安徐家力主任曾莅临株洲授牌。

隆安株洲是一个拥有专业技能，相互配合，统一作业，全面协同的综合性法律服务机构。成立至今，已拥有合伙人律师3人，分别是易露律师、邓子青律师、胡杨律师。

2013年，易露律师怀揣着创业梦想以及在京多年的律师执业经历回到株洲。作为株洲最年轻的律所主任，她带领律所率先进入5A级写字楼并建立公司制律师团队。她凭借着广阔的见闻，先进的理念，坚定的信念和顽强的执行力，为株洲律师事务所管理带来了巨大活力。在隆安25周年之际，隆安株洲搬迁至株洲市一幢5A甲级高端纯写字楼，办公场所面积达1000余平方米，地处城市经济发展热门板块核心地段，地理位置及环境十分优越，交通、通信、网络十分发达。但随着工业园区对经济发展的作用日益明显，且意识到工业园区持续聚力发展，离不开法律服务与保障的同步推进和跟进。经高级合伙人商议，2019年隆安株洲搬迁至国家级高新技术产业开发区，成为了株洲市第一家入驻园区的律师事务所。

易露律师在参政议政、社会工作、律师执业等方面，均取得了突出的成绩。她积极参与化解社会矛盾，以社会稳定和谐为己任，将株洲两起涉及人数众多，金额巨大的上访案件引入司法诉讼中并成功维权；积极参与社会活动，推动法治社会建设，经常受各协会邀请，参加普法、息访、免费法律咨询活动；她的专业法律服务备受好评，律所工作蒸蒸日上，隆安株洲先后获得“湖南省青年文明号”“株洲市法律服务先进单位”“株洲市巾帼文明岗”“株洲市优秀律师事务所”“株洲市三八红旗集体”等光荣称号。

邓子青律师2018年8月加入隆安株洲，现系隆安株洲执行主任、第七届株洲市律师协会副会长、湖南省律师协会医疗法律事务专业委员会委员、湖南省涉军法律服务人才库成员、株洲市法律顾问专家库成员。目前主要致力于医疗纠纷、法律顾问、公司法及刑事辩护等专业领域的法律服务。2014年1月被株洲市司法局、株洲市律师协会评为株洲市第三届“十佳律师”；2020年6月被中共湖南省律师行业委员会评为“2020年度优秀共产党员”。

胡杨律师2015年5月加入隆安株洲，现系隆安株洲党支部书记、中共株洲市律师协会党委委员、中共株洲市第十三次代表大会代表、株洲市律师行业妇女联合会主席、湖南省青年律师工作与人才培养委员会委员、湖南省第二届领军人才班班委等。从事律师职业以来，主要致力于为政府机关、公司企业提供法律顾问以及企业重组并购、企业上市、产权交易、商事合同及诉讼等业务领域的法律服务；同时，也十分重视维护弱势群体的合法权益。2018年被评为湖南省律师行业“优秀党员律师”，2019年分别被湖南省司法厅、湖南省律师协会与中共株洲市律师行业委员会评为“湖南省优秀青年律师”、株洲市律师行业“优秀共产党员”等。胡杨律师将律所的党建工作与法律服务工作有机结合，隆安株洲的党建工作取得了较好的成绩：隆安支部荣获2018年度株洲市律师行业“先进党支部”、2019年度“株洲市律师行业先进基层党组织”、2021年度“湖南省律师行业先进基层党组织”等光荣称号。

隆安株洲的未来规划，是在现有基础上，将隆安株洲打造成专业结构合理、律师规模适中、团队合作与业务创新机制较强、制度管理完善、业务创收不断增长并有较丰富的律所文化氛围的优秀律师事务所，继续推广隆安专业品牌，用心办好每一个案件，让每一位客户都满意。

隆安大连简介

一、大连分所概况

北京市隆安（大连）律师事务所设立于2013年12月，办公室位于大连星海湾畔的星海广场商务区，办公环境优美，交通畅达便利。

大连分所具有专业知识广泛精湛、实操水平扎实稳妥、职业意识及品德操守一流的律师队伍，现有合伙人3人、专职律师15人，律师助理1人，另有行政辅助人员3人，共计22人。

二、业务简介

隆安大连业务范畴多元化，以公司业务、证券、民商事、知识产权等方面法律事务为核心专长，面向政府、企事业单位及各类经济实体等开展高质量的法律服务。主要业务部门有证券期货法律事务部、公司/商务事务部、知识产权事务部等，在为政府机关、大型国企、上市公司等提供法律服务方面有着丰富经验，在民商事法律服务及争议解决等方面同样有着雄厚的实力与丰富的业绩。

三、合伙人简介

隆安大连分所共有3名合伙人，负责人韩海鸥律师与合伙人曹娜律师、常宇庭律师。

（一）负责人韩海鸥律师

韩海鸥律师系北京隆安高级合伙人、隆安大连分所负责人，担任辽宁省法理学会常务理事、中国政法大学法学院兼职教授、辽宁师范大学法学院兼职导师等职务，并任多家公司独立董事。曾多次获得辽宁省优秀律师荣誉称号，并荣获大连市律师协会30年行业发展贡献奖。

韩海鸥律师具有扎实的法学功底与深厚的理论基础，主要从事证券发行上市、企业重组改制、公司法律风险防控、期货金融、建设工程等相关法律事务。其从业期间，曾长期担任大连市国资委、大连市沙河口区人民政府等法律顾问，同时担任大连国际机场股份有限公司、大连友谊（集团）股份有限公司、新源动力股份有限公司等多家大中型国有企业、上市公司、民营企业法律顾问，主办了大连国际机场股份有限公司改制重组、大连友谊（集团）股份有限公司股权分置改革及增发业务、哈尔滨秋林股份有限公司、吉林敖东股份有限公司等IPO业务、大连亚泰新材料科技股份有限公司以及大连楼兰科技股份有限公司"新三板"公司挂牌及再融资业务，曾处理各类期货交易、交割纠纷数十起，参与了大连空港物流园建设项目、期货大厦建设工程等重大建设工程的法律服务工作，具有丰富的工作经验。

（二）合伙人曹娜律师

曹娜律师系隆安大连分所合伙人、党支部书记，担任辽宁省律协律师事务所建设指导工作委员会副秘书长等多项律协职务，同时也担任大连市政府创业导师、中国共青团大连团委专家顾问、大连市仲裁委员会仲裁员等职务，曾获辽宁省优秀律师、辽宁省首届优秀青年律师、大连市优秀律师、大连市优秀党员律师多项荣誉。

曹娜律师主要从事公司规范运作与治理等相关法律事务、私募股权与投资基金、知识产权相关法律事务。其从业期间，为中建六局土木工程公司、中科禾一（大连）有限公司等多家企业提供综合法律服务，承办了"大连高新产业技术园区凌水中心小学与李迎春、段秀波教育机构责任纠纷""大连机场集团与雷明凯安保义务责任纠纷""大连高新产业技术园区凌水中心小学与于宝君动迁补偿纠纷"等多个具有社会影响力的案件。

在受聘为大连市创业导师期间，曹娜律师对五十余个孵化基地进行相关法律风险防控和针对性的孵化指导，对创业者进行法律相关培训，使创业者在企业经营管理、法律风险防控等多个方面能够迅速步入正轨，提升所创办企业的整体实力。

同时曹娜律师热心公益，曾参与多个公益慈善项目，例如担任大连高新产业技术园区凌水中心小学法制副校长、针对女童安全及应对策略做针对性讲座、参与导盲犬宣传项目、疫情防控期间捐赠防疫物资等。

（三）合伙人常宇庭律师

常宇庭律师系隆安大连分所合伙人，曾在营口市鲅鱼圈区人民法院从事民事审判工作，后选调至营口市人民政府办公室（法制办），2016年经辽宁省司法厅、营口市人民政府办公室批准，从事公职律师工作，2019年加入隆安大连分所。曾任营口市公职律师工作委员会副主任、营口市律师协会宣联委秘书长。荣获营口经济技术开发区综治工作先进个人称号、营口市优秀公务员称号。

常宇庭律师主要从事公司法律事务、银行与金融、兼并与收购相关法律事务，在为政府机关、大型国企、事业单位提供法律服务方面具有丰富的工作经验。担任营口市人民政府、营口市水利局、营口市国资委法律顾问；参与了方大医疗集团、辽宁港口集团、五矿营钢、燃气集团等国有企业整合谈判及协议起草工作以及营口污水处理PPP项目谈判及合约起草工作；受聘为营口城市基础设施建设投资集团有限公司、营口资产经营有限公司等多家公司独立董事。2018年常宇庭律师受聘为营口市第十六届人大常委会立法咨询专家，参与了《营口市物业管理条例》《关于进一步规范行政自由裁量权的指导意见》《营口市行政机关重大行政执法决定法制审查规定》等地方性法规、规范性文件的起草、修订工作。

隆安大连始终秉持着“勤勉尽责，最大限度地维护和增进委托人的利益，为客户提供专业、高效、便捷的法律服务”的宗旨，凭借隆安总所的平台，依托现有优势，不断引进优秀人才，持续精进业务能力，强化自身核心竞争力。

隆安香港简介

北京市隆安律师事务所香港分所成立于2013年，由徐家力律师、崔焕富律师、刘晓明律师、王丹律师共同设立。2018年隆安香港分所由原来的合伙制变更为有限法律责任合伙企业。隆安香港分所与香港许林律师行成为联营所，共同承接我国香港特别行政区法律业务。

隆安香港分所的成立与发展，完全依托于国家政策的开放与扶持。2003年中国内地与我国香港特别行政区签订了CEPA协议，即《关于建立更紧密经贸关系的安排》，并于2004年实施。其中有关法律服务合作的规定，为两地的律师合作奠定了基础。CEPA协议签订实施以来，双方在主体文件的基础上，又签订了6个补充协议，不断推进我国内地与我国香港特别行政区的法律服务合作，进一步放宽了对两地律所的限制。2019年2月，《粤港澳大湾区发展规划纲要》正式印发，明确指出巩固和提升我国香港特别行政区国际金融、航运、贸易中心和国际航空枢纽地位，强化全球离岸人民币业务枢纽地位、国际资产管理中心及风险管理中心功能，打造更具竞争力的国际大都会。隆安香港分所正是在这样优越的政策背景下，与香港当地的许林律师行联营，逐步开展涉港、涉外等法律业务。

隆安香港分所的经营理念是“合规合法、审慎稳健、创造特色、讲求效益”，业务模式为“合伙人负责制、跨境法律服务为主、整合分所资源”。香港特别行政区是背靠祖国，面向国际，是国内律所通往国际发展的窗口。隆安香港分所可承接的业务领域包括：中外合资、中外合作企业的跨境业务、尽职调查业务、协助公司引进海外战略投资者、改善股本结构、增资扩股、补充资金业务、内地和香港两地民事法律诉讼业务、公证业务等。在成立近10年间，隆安香港分所出色地完成了数十件涉海峡两岸以及国外的法律业务，为在香港有分支机构的内地企事业单位、有涉港业务需求的内地公民等不同类型客户提供了专业的法律服务。同时也搭建起了香港公司及个人在内地和香港两地之间的合作与交流平台，为内地的律师事务所输送了大量业务。

隆安十分重视香港分所的战略地位和对外角色，所以汇集了多位资深的律师来保障律师事务所的立足和发展。徐家力律师，隆安律师事务所创始合伙人、隆安香港分所创始合伙人，是中国最早一批取得律师资格的专职律师。中国第一个知识产权博士后，中国唯一的专职律师博士生导师。北京大学法学学士，中国政法大学法学硕士、博士，美国纽约大学高级访问学者，中国社会科学院法学博士后。曾任职于最高人民检察院，曾长期担任全国律协、北京律协的领导工作。曾先后获得北京市司法局授予的“北京首届十佳律师”、“人民满意的好律师”、中华人民共和国司法部授予的“二等功臣”、全国律协授予的“全国优秀律师”等荣誉称号。徐家力律师曾提过律所建设的“四化”理论，即规模化、专业化、国际化和品牌化。而成立香港分所，正是响应了徐家力律师的“四化”理论，使得隆安的整体布局达到规模化、专业化、国际化和品牌化。

崔焕富律师，隆安律师事务所高级合伙人，隆安香港分所创始合伙人，长江商学院EMBA硕士，工作地点在北京、深圳、香港。崔焕富律师有丰富的大型企业法律服务经验，长期在深圳工作和生活，经常往返香港和内地，有具有非常便利的条件处理香港分所事务，是香港分所的常驻合伙人。

刘晓明律师，隆安律师事务所高级合伙人，在2012—2015年期间担任隆安总所的执行合伙人，美国肯特法学院访问学者，全国优秀律师，北京市优秀律师，中国内地、香港两地注册执业律师，北京市朝阳区律师协会副会长，中国国际贸易仲裁委员会仲裁员。刘晓明律师毕业于国内知名法学院，至今已从事专职律师工作21年，代理了大量非诉讼和诉讼案件，著作有《理性市场经济与中国民间资本保护》（法律出版社）《商事合同风险及其防范》（法律出版社）、《公民诉讼指引》（法律出版社）等。在《新华文摘》、《法学文摘》（中国人民大学复印报刊资料）、《商法》、《学习与探索》、《学术交流》等期刊发表了多篇法学文章。主要从事公司、证券、商事诉讼、境内外投资并购及金融法律实务和研究，积累了丰厚的法律实践经验，具有为能源、投资、建设类大型项目提供法律服务的丰富经验。长期研究国有及民营企业的公司治理结构、民间资本的法律地位及保护等问题，并担任数十家央企、上市公司、外资公司的法律顾问、独立董事。

王丹律师，目前担任隆安律师事务所执行合伙人，中国政法大学法学学士，英国埃塞克斯大学法学硕士。中国政法大学兼职教授，东亚破产重组协会中国分会理事，中国银行法学研究会常务理事，最高人民检察院民事行政检察咨询专家（破产与执行），中国银行法学会不良资产专业委员会副秘书长，北京市律师协会破产与清算法律专业委员会副主任，北京破产管理人协会理事，多次荣获北京市律师行业优秀共产党员称号、北京市朝阳区优秀共产党员称号，2018年荣获《亚洲法律杂志》ALB China十五佳律师新星称号。王丹律师十分具有开拓精神和先进的管理理念，他一直强调，隆安在大事面前，方显“人和”之重，隆安的“人和”基因正如他们一以贯之的“同兴隆，共平安”的价值观那般，融在隆安人的血液里，一齐携手迈向新的征程。

在过去的数十年，隆安见证了历史，参与了历史，也书写了历史，隆安香港将继续见证中国律师更加辉煌的未来。隆安香港将会乘着祖国的发展春风，紧跟时代步伐，发扬光大香港法治的独特优势，砥砺初心，坚定信念，把握住历史机遇再出发，绽放更卓越的风采！

隆安太原简介

2014年春天，每一颗种子都在播种希望。时年在山西这块土地执业近20年，深耕于各个法律服务领域的侯铁芳律师，郑重向北京市隆安律师事务所管委会提出设立太原分所的申请。2014年10月10日，在这个十全十美的日子，隆安（太原）取得了执业许可证。

太原分所从申请设立至今，已足足过去8个年头。回首过往，万千气象。太原分所从初创的柔弱小苗已成长为一颗硕果累累的大树。

一、人员情况

建所之初，律所仅有5名执业人员，现已发展为拥有执业律师60名，实习律师18名，行政内勤人员5名。合计83人的员工队伍。

1. 创始合伙人侯铁芳

侯铁芳律师是中国政法大学经济法博士（在职），现担任北京隆安（太原）律师事务所主任。主要社会职务有：中华全国律师协会信息网络与高新技术法律专业委员会委员、山西省律师协会信息网络与电子商务专业委员会副主任、山西省律师协会企业顾问专业委员会委员、山西省律师协会知识产权委员会委员、山西省委统一战线工作部特邀专家、太原市工商业联合会执行委员会委员、太原市万柏林区政协委员、山西民进企业家联谊会理事、民进山西省委会省直法律支部副主委、民进山西省委会参政党理论研究会理事、民进山西省委会监督委员会委员、朔州市仲裁委员会委员、隆安律师事务所女律师工作委员会主任。自1996年执业至今近30年，在建筑工程、煤炭、证券金融等行业及政府法律顾问、重大疑难案件代理、刑事辩护等领域均有不菲业绩，执业经验丰富，擅长组织重大项目及重大案件的综合服务及把关。

2.高级合伙人杨晔蓉

杨晔蓉律师是中央党校法律硕士研究生，现担任中共隆安太原党支部书记。主要社会职务有：全国律师协会会员、山西省律协会员、山西省律协企业法律顾问专业委员会副主任、太原市律协企业法律顾问专业委员会副主任、山西省律协维权专门委员会秘书长、山西省律协建筑房产专业委员会委员、山西省律协对外联络与宣传专门委员会委员、朔州市仲裁委员会仲裁员。杨晔蓉律师执业近20年，办理民事、刑事、行政、非诉法律业务千余件，为各类民事主体、公司及企业挽回经济损失10亿元以上，为各类贪污受贿、职务侵占、非法吸收公众存款、集资诈骗、故意杀人、绑架、敲诈勒索等在社会上有较大影响力的刑事案件的被告人提供专业的辩护，具有扎实的法学理论知识和丰富的诉讼经验及技巧，对法律问题具有敏锐的分析、判断能力。

3.高级合伙人高平伟

高平伟律师毕业于山西师范大学法学院，执业15年，现担任山西省三家环境科技工程公司常年法律顾问。高平伟律师为人谦和，诉讼技巧极其精湛，善于为客户与利害关系人斡旋、调解，并且在诉讼仲裁中也十分老练，在保障受害人/诉讼请求人的合法权益的同时兼顾受害人/诉讼请求人的诉讼成本，办案手法堪称典范，在律师行业中具有很高的威望。高平伟律师凭借其敏捷的辩护思维以及对刑法的准确掌握，在知识产权、环境保护、刑事辩护、执行等领域深耕多年，洗练精干，为行业翘楚。

4.合伙人王栋

王栋律师现担任北京隆安（太原）律师事务所执行主任，隆安律师事务所全国优秀青年合伙人。自执业以来专业办理民商事案件，特别是对公司诉讼及法律风险防范、房地产及建设工程纠纷等领域的理论与实务进行了深入探索与研究，融法学理论与办案实践于一体。恪守诚信理念，做人严于律己，业务精益求精，工作一丝不苟，在法律服务中能够准确判断法律问题，凭借敏锐独到的的法律眼光，提出快速有效的解决方案，对承办的案件进行全面细致的研究，提供高效率、高质量、高水平的法律服务。

5.合伙人杨志超

杨志超律师是北京隆安（太原）律师事务所财税法专业委员会筹建人，北京隆安（太原）律师事务所知识产权专业委员会负责人。

从事律师工作以来，办理了多起疑难复杂的诉讼、仲裁案件和非诉讼法律事务，多次为国有大型企业的重大项目提供法律服务，服务内容涉及知识产权、房地产、股份制改造、合资企业组建、融资租赁等领域，杨志超律师有技术工作的背景和企业管理的经验，尤为擅长处理制造业、能源行业等公司涉及技术服务及管理的诉讼和非诉项目，受到客户的高度好评。

二、客户及专业

太原分所现有8个成熟团队，分别为建筑工程、刑事辩护、证券金融、婚姻家事、公司法、知识产权、财税、交通事故等专业法律服务团队，每个团队由一名高级合伙人或资深律师带队，有3~10名律师作为团队成员。客户涉及山西各地及各个行业，在各大国企及新型法律服务领域，均有参与且有较好的业绩。

三、制度建设

经过近8年的发展，隆安（太原）完成了较为系统的制度建设：(1)建立了实习律师、独立执业律师、合伙人律师晋级办法；(2)建立了执行主任履职规则；(3)建立了青年律师理事会活动细则；(4)为提高执业律师专业水平，形成了稳固专业内训制度；(5)建立了模拟法庭制度。以上制度保障了律所高效、有序运转，同时为各个发展阶段的律师赋能。

四、形成了独特的律所文化

所内设立了以学习国学为基本内容的知竹书院，在线上线下开展《论语》《大学》等经典国学读书活动，提高广大律师个人修养；对员工充分关怀，每位青年律师可以在律所无息借贷2—10万元；建立了员工艾灸保健中心，为员工的身体健康提供保障；邀请健身专家常年线上线下指导员工健身，强健体魄。我们的愿景是：做一家健康、幸福的律师事务所。

经过近8年的发展，隆安（太原）已成为在山西地区有一定影响力的律师事务所。今后我们将进一步依托隆安全国各办公室的支持，更广泛地与隆安全国同仁合作，与各位客户、全体同仁一道：同兴隆，共平安。

隆安杭州简介

北京隆安（杭州）律师事务所是北京市隆安律师事务所设立在杭州的分支机构，自2014年年底与浙江金麦律师事务所吸收合并以来已7年有余。

律所现专职律师27名，兼职律师3名，他们多毕业于国内知名大学法学院，具有深厚的理论功底，秉承严谨务实、积极进取的工作作风，通过不断地学习和实践，积累了丰富的实务经验，并在代理各类民商事诉讼、仲裁案件以及委托处理非诉讼法律事务方面练就了过硬的实务经验。实习律师是律师执业必不可少的辅助力量，也是重要的后备力量，本所现有实习律师3名。本所现聘有行政辅助人员5名，他们担负着繁杂的行政与后勤工作，是律师执业的重要保障力量。

本所共有高级合伙人7名，普通合伙人2名。其中周仲献、朱长英、熊检平3位律师为北京总所在册合伙人。

周仲献律师为隆安杭州分所实际负责人，自2000年进入律师行业以来，一直尽职尽责为客户提供最优质的法律服务。曾主持和参加了各类经济、贸易合同的谈判、起草、审核和修改，曾为多家企业提供包括股权转让、资产重组、各类法律文书起草修改、公司人事架构、劳动争议、法律风险防控等服务。擅长为并购项目、股权投资项目等提供尽职调查，起草及审核相关法律文件和出具法律意见等法律服务。

朱长英律师为隆安律师事务所家事法专委会副主任，浙江省民建法律服务团成员，杭州市温州商会理事，杭州市第九次律师代表大会代表，杭州市中级人民法院律师调解员、杭州市调委会调解员业务擅长领域为家事与私人财富规划传承、争议解决。业务领域为民商事争议解决，尤其擅长各类商事合同纠纷、婚姻继承等家事诉讼代理，以及合同风险识别与管控、企业家的家族财富规划与传承法律服务。

熊检平律师为民革杭州市委社会和法制工作委员会委员、杭州市上城区新的社会阶层人士联谊会副会长。长期从事诉讼业务，主要涉及刑法、公司法、物权法、婚姻继承法等，处理房产纠纷及婚姻家事纠纷，涉台商（台胞）法律服务，公司法务及部分非诉业务等。

本所设有联合党支部，现有正式党员14人，其中本所党员8人。支部党建工作积极落实各项党员大会、民主生活会、民主评议党员、党课以及思想政治工作。不断加强党风廉政建设，使正能量深入人心。在工作中，切实发挥共产党员的先锋模范作用和党支部的战斗堡垒作用。

本所自成立以来，广纳英才，不断推动律师专业化和团队化的建设，建立了健全的公司、金融、房地产等法律部门和团队。同时，本所将内部学习研讨定期化和制度化，并时常邀请知名学者、专家总所领导莅临讲学、指导，确保了律师团队所提供的法律服务在行业内具有明显的竞争力。目前，如何充分发挥每个人的能力和作用，凝聚集体的智慧和力量，打造一流的团队，创造一流的业绩，是我们持之以恒的前瞻与任务。

隆安武汉简介

隆安武汉分所于2015年7月经湖北省司法厅批准正式成立。

2005年，哈斯主任作为国家知识产权局主办的全国企业大型采访活动随团专家顾问，走访了十余省市近百家企业。走访至武汉时，便被这座人杰地灵的城市深深吸引。她了解发现武汉的知识产权领域法律服务市场方兴未艾，但仍然缺乏专业的知识产权法律服务，当地的知识产权服务机构有待进一步发展。大部分企业的知识产权领域法律需求要联系北、上、广一线城市的服务机构承办。于是，哈斯主任便设想未来有机会可以在武汉设立分支机构，便于武汉当地企业与北上广优质的服务机构联动。2008年，哈斯主任加入隆安后，当初的设想具备了基础条件。2012年，哈斯主任开始筹划设立隆安武汉分所。2015年7月获湖北省司法厅的批准，北京市隆安（武汉）律师事务所正式成立。

这些年来，隆安武汉分所持续稳步发展。聘用的执业律师多毕业于国内知名学府，拥有丰富的法律实务经验、良好的社会关系基础、高尚的职业道德情操、勤勉的执业服务态度。主要律师在国内、湖北省和武汉市具有很高的知名度；部分律师拥有海外学习和跨境工作、服务等经历，能够熟练运用英语等外语语种提供专业法律服务。隆安武汉分所的业务范围广泛，从最初的知识产权服务、公司法服务发展到企业兼并重组、跨境贸易与投资、争议解决、劳动关系法律服务、常年法律顾问等各类法律业务。

目前，隆安武汉分所拥有稳定的客户群体，服务的客户包括大型国企、合资企业、政府单位以及私营企业。

知识产权法律服务为最具优势的核心业务，不仅包括专利及商标的申请、诉讼，知识产权体系构建，还包括专利侵权预警分析、专利无效、涉外申请等高端业务。

隆安武汉现有哈斯和杨晓辉两位主要合伙人。

哈斯律师，北京市隆安律师事务所高级合伙人，北京市隆安（武汉）律师事务所主任。主要社会职务有：国家海外知识产权纠纷应对指导中心应对指导专家

、国家知识产权局知识产权战略专家库专家、国家知识产权局维权援助中心专家库专家、国家知识产权局新闻宣传中心法律顾问、国家知识产权局中国

知识产权培训中心法律顾问、中华全国律师协会信息与网络安全专业委员会委员、湖北省律师协会信息与网络安全专业委员会副主任、中国科技法协会理事、武汉知识产权研究会副理事长。哈斯律师从事律师执业20余年来，代理过大量知识产权诉讼案件，曾为武钢、武船、湖北中烟、东风集团等武汉当地大型企业提供法律服务。在处理专利权纠纷、商标权纠纷、著作权纠纷、互联网知识产权纠纷、反不正当竞争纠纷、商业秘密纠纷解决方面，积累了丰富的专业知识和实践经验，并针对各种案件总结出一套成熟的应对策略。

杨晓辉律师，现为北京市隆安（武汉）律师事务所 高级合伙人。目前主要社会职务有：全国律协“涉外律师领军人才库”第一批成员、全国律协2017年“涉外律师领军人才英国培训项目”成员、中国仲裁法学研究会会员、湖北省律协国际商事委员会委员、十堰仲裁委员会仲裁员、汉阳区政府律师专家顾问团成员、汉阳区行政复议委员会委员。杨晓辉律师先后在数家跨国公司驻华总部和国内大型汽车企业从事过法务工作，担任过法务负责人。杨律师代理过多起疑难复杂的民商事诉讼与仲裁案件（包括涉外案件），具有丰富的诉讼与非诉讼经验。曾向东风汽车集团、东风乘用车、东风进出口、东风本田以及商业银行等提供法律服务，在公司法、合同法、保险法、国际商事、产品质量法等领域均积累了丰富的执业经验。

未来，隆安武汉分所将继续稳妥发展律师队伍，不断壮大执业律师团队。稳定的律师队伍是律所稳定发展的核心力量，也是律所可持续发展的基石。隆安武汉分所将关心和帮助执业律师的成长，为律师提供和谐的执业环境和良好的职业培训。通过律师专业化、项目团队化、授薪制度及明确的晋升通道，不断吸收理念相同、志趣相投的律师加盟并共同发展。

隆安武汉分所的律师团队将秉承总所“同兴隆、共平安”的发展理念，本着严谨务实的工作作风，为客户提供优质、高效、便捷的全方位法律服务。

隆安贵阳简介

一、简介

北京隆安（贵阳）律师事务所于2016年6月在贵阳设立。北京隆安（贵阳）

律师事务所由北京市隆安律师事务所派驻的高级合伙人，在金融、公司法、不良资产处置等领域里的专家律师及本地资深民商事骨干律师组成。主要律师均系执业10年以上，有丰富的执业经验。现有专职律师28名，实习律师 4名，后勤保障3名。

隆安贵阳成立的初衷是为了建立一家专注于为客户提供综合性金融法律服务、公司法律事务所、不良资产处置、民商事合同纠纷律师所，为客户量身定制差异化、专业化的法律服务。隆安贵阳整合了具有10年以上具有上述领域的律师形成的法律服务团队，经过这几年的稳步发展，已经形成了专业化、规范化发展的律师事务所。

未来，我们希望在破产业务、企业合格管理、知识产权等领域业务有所开拓及贡献；培养年轻律师在专业领域上有所建树。提升事务所的文化建设，鼓励本所律师积极参与本地律协组织的各项专业及公益活动，以提高隆安律师事务所在贵阳的知名度。

目前服务的部分单位包括（排名不分先后）：贵州银行、贵州省农业发展银行贵州省分行、中国邮政银行、中国银行贵州省分行、浦发银行贵阳分行、贵州省科技风险投资有限公司、贵州天信担保有限公司、贵州省资产管理有限公司、贵州阳光产权交易所、贵州南方乳业有限公司、贵阳三联乳业有限公司、贵州红枫湖畜禽水产有限公司、贵州中天浩宇房地产开发有限公司、中国铝业股份有限公司贵州省分公司、中国东方资产管理股份有限公司、中国华融资产管理股份有限公司、中国信达资产管理股份有限公司、中云文化大数据科技有限公司及其下属公司、中云商业保理（天津）有限公司、贵州省建筑设计研究院有限责任公司、遵义市国有资本运营有限公司下属鑫财投资有限公司、贵州合石电子商务有限公司、深圳高瑞信达商业保理有限公司。

二、贵阳分所合伙人及主要律师介绍

（一）王仕发律师

贵阳分所负责人兼隆安金融专业委员会副主任。王仕发律师长期为中国农业银行贵州省分行、中国农业发展银行贵州省分行、中国长城资产管理公司贵阳办事处、中国东方资产管理南宁办事处、中国信达资产管理股份有限贵州办事处、中国华融资产管理贵阳办事处等多家金融机构办理了大量的诉讼及非诉讼案件，项目投融资专项法律服务，涉及不良资产项目数百个。长期为贵阳市国资委担任法律顾问，为贵阳市国资委下属企业包括阳光产权交易所提供法律服务，与国海证券、中信建投证券、国银金融租赁等其他金融机构保持良好的合作关系，熟悉金融、基金、证券、资产管理、不良资产处置、投融资等方面的法律事务。

（二）杜晓霞律师

杜晓霞律师，女，隆安贵阳分所合伙人，二级律师。2016年贵阳市律协“有突出贡献律师”、2019年被评为“贵州省首届优秀女律师”。律师事务所行政主任律师，执业年限33年。多次被聘为担任贵阳仲裁委仲裁员。贵阳市第五届律师代表、贵阳市律师协会女律师工作委员会副会长、贵州省律协破产专业委员会委员。贵州阳光产权交易所有限公司专家库专家。民建贵州省委第九届法制委员会委员。业务领域：公司法律事务、不良资产处置、民商事诉讼法律事务。

（三）何洁律师

何洁律师，女，贵州贵阳市人，1981年生，中共党员，北京隆安（贵阳）律师事务所业务主任，执业年限13年。何洁律师2003年毕业于中国政法大学，2004年至2005年在清华大学在职攻读工商管理，并获结业证书，2012年以全奖进入贵州大学攻读研究生，2016年取得法学硕士学位。2016年被聘为贵阳仲裁委员会仲裁员。2017年被聘为湛江国际仲裁委员会仲裁员。2019年被评为贵阳市优秀女律师。现为贵阳市律协金融证券保险专委会委员、贵州省律协金融证券保险专委会委员。2006年至今作为专职律师，专业从事民商事法律服务，长期为各大金融机构提供法律服务，熟悉金融、资产管理、贵行、融资、上市等方面的法律事务，担任多家企业的法律顾问工作，在民商法律领域有较高的理论及实践水平。主要业务领域：不良资产处置、国企法律顾问。

（四）母勇律师

母勇律师，男，1990年出生，北京隆安（贵阳）律师事务所执业律师，毕业于湖北中医药大学，获得学士学位及本科学历。专业从事互联网金融、证券、私募、不良资产回收业务。长期为贵州省多家商业银行、四大资产管理公司贵州分公司等多家金融机构的诉讼及非诉讼业务，为多家小贷公司、担保公司、资产管理公司等提供企业法律事务，包括投资项目前期尽职调查，投资时法律风控，贷后管理，逾期催收等。曾负责贵州都市阳光股权投资基金管理公司、北京领泽财富投资公司在贵州设立的全资子公司贵州领泽基金管理公司基金设立、基金管理业务。

隆安成都简介

北京隆安（成都）律师事务所成立于2016年7月，是中国最早创立的合伙制律师事务所之一的北京隆安律师事务所设立的第十七家分支机构，由隆安律师事务所高级合伙人黄永庆、张炳崑、丁朋共同创办，黄永庆担任主任。隆安成都在成都市内设立的固定办公场所位于高新区天府二街269号川威大厦29楼。隆安成都在隆安20多年的发展基础上，在证券期货、知识产权、资本市场及金融、民商事仲裁、重大刑事、民事诉讼等领域上，有极为丰富的实务经验。隆安成都，共享隆安在北京、上海、沈阳、深圳、广州、南京、天津、苏州、南通、株洲、大连、香港、太原、杭州、武汉、贵阳、湖州、昆明、扬州、郑州、重庆、佛山、芜湖、西安、青岛、海口、呼和浩特等共27个城市及国家的共计约1400余名资深律师精品团队资源。

隆安成都分所主任黄永庆律师在民商法，特别是公司法、期货法、证券法方面有较高的理论造诣和实务操作经验，在期货界和法律界均享有很高的声誉，是业界公认的证券期货法律专家。全国人大、最高人民法院经常邀请其参加有关的立法、司法解释研讨会，多次应北京、上海、天津及海南等地的法院聘请，作为法律专家对期货案件中的法律问题出具鉴定意见。黄永庆律师在实际工作中还广泛涉足其他法律服务领域，在涉外贸易、公司改制、企业融资与资本运作、知识产权保护、企业安全生产、消费者权益保护、反垄断与反不正当竞争等领域都有明显的业务特长。黄永庆律师具有在中央国家机关和大型国有企事业单位长期工作的经历，熟悉机关、企事业单位实务工作，富有开拓精神，善于协调各种工作关系，与公检法司各级政法机关、工商税务出版宣传等行政机关系统有广泛的工作交往，与在京政法、行政、高校及科研部门有良好的交流合作关系。

隆安成都高级合伙人丁朋律师在国际贸易、国际技术转让、国际投融资等涉外经贸法律实务方面有着丰富的经验。由于拥有在知名国企领导和从事法律工作的经验，丁朋律师熟悉商业运作、理解客户的需求，能为客户提供全面且切合实际的法律服务。

隆安成都高级合伙人张炳崑律师是我国最早从事公司、证券及涉外经济法律业务的律师之一，具有从事证券业务、招标投标业务和集体科技企业产权界定业务的资格。近年来，张炳崑律师多次在世界银行、亚洲开发银行对中国政府的技术援助项目中被聘请为中国法律专家。

隆安成都至今已成立有5年的时间，作为一个属于发展上升期的律所，找准定位，顺势而上至关重要。隆安成都立足于打造中高端律所品牌形象，主要服务政府机关、省属企业等客户群体，具有资源优势和专业优势。基于此发展进程，隆安成都未来将继续发展政府和省属企业的法律顾问、专项法律服务等业务，并持续开拓关于金融方面、企业破产、重组、政府发债等方面的业务，努力将隆安成都发展成一家综合性、专业化、精品化的律所。四川地区的律所数量众多，隆安成都若在四川地区甚至整个西部片区脱颖而出，必将立足于自身的特点及优势，抓准定位，从而发挥出自身的实力，打响西部地区。

隆安成都未来具体的发展举措，主要表现为以下方面：

1.努力拓宽业务领域，积极探索规模化、专业化建设。

加强律师事务所建设，无论是对于加强律师队伍建设、律师事务所规范化或规模化建设、推动律师事业发展，还是对于增强律师服务构建和谐社会的能力、为构建和谐社会发挥职能作用，维护社会公平正义，都具有重要意义。2022年是隆安成都进入规模化、专业化建设的一年。不论是律师队伍的建设，还是律师业务领域的拓展，隆安成都将会有不俗的表现和长足的发展。

2.加强教育培训，努力提高律师综合素质。

由于律师职业的特殊性，因此采取多种措施，通过多种渠道加强对律师进行教育培训是进一步提高律师综合素质行之有效的方法。教育培训对于丰富律师诉讼与非诉经验，了解法律行业前沿的信息，增进同行们之间的感情，及拓宽业务领域意义重大。

3.完善规章制度，进一步开展规范化建设。

逐步完善律师事务所的各项规章制度，进一步开展律师事务所规范化建设。隆安成都按照律师事务所规范化建设考核验收标准的要求完善各项规章制度。规范、完善的规章制度为隆安成都进一步开展、壮大提供了有力的保障。

4.努力改善律师的执业环境，提高律师的福利待遇，不断地增强全所律师凝聚力。

隆安成都组织全所律师外出旅游，增强律师间交流，促进律师间的友谊。针对所内网络设施陈旧，需要更新换代，所内对电脑、网络的资源进行重新配置，切实地解决律师执业环境问题，增强全所律师凝聚力。

隆安湖州简介

浙江省湖州市系长江三角洲中心区，是一座具有2300多年国家历史文化名城，山清水秀、环境优美，被誉为“太湖南岸的明珠”。

2017年5月经浙江省司法厅批准，北京市隆安律师事务所湖州分所成立，由北京隆安总所派驻深谙国际争议解决、知识产权、金融证券等领域的骨干律师以及被吸收合并的原浙江万新律师事务所全体律师及工作人员加盟组建。隆安湖州分所现有执业律师40人，员工人数总计53人。其中，大多数律师毕业于国内一线法学院校，且具有法学本科以上学历背景，相当数量的律师还具备建筑工程、知识产权（专利代理人）、化学化工、工商管理、会计、税务、人力资源管理等其他专业背景。

隆安湖州分所致力于打造精品律师事务所，遵循律师事务所品牌化、专业化、精细化的发展模式，旨向客户提供更专业的服务。隆安湖州分所坚持以“团结协作、务实进取、勤勉尽责、客户第一”为执业宗旨，以“为客户创造价值”为服务目标，力求为国内外客户提供优质高效的法律服务。

多年来，隆安湖州分所在诸多法律服务专业领域占据领先地位，担任政府、大型企业、上市公司法律顾问，进入多家金融机构律师业务备选库，具有市级破产管理人资格。多名合伙人律师担任湖州市人大代表、政协委员、湖州市政府立法咨询专家。2018 年被评为“浙江著名律师事务所”，2019 年再荣获“湖州市著名律师事务所”“五星级规范化律师事务所”等荣誉。注重党建工作，充分发挥党员律师的先锋模范作用，多名党员律师荣获“湖州市律师行业优秀共产党员”荣誉称号。

隆安湖州分所多年来规模化、专业化、品牌化发展的探索和改革取得了明显的成效，建立了先进的管理体制及专业化团队。通过整合资源和团队，主要设有民商业务部、刑事业务部、行政业务部、房建业务部、金融证券业务部、知识产权业务部、破产业务部、婚姻家事业务部和劳动人事部等法律服务部门，旨在为客户提供非诉讼和诉讼法律服务业务。

展望未来，隆安湖州律所将继续积极履行社会责任，利用总所强大、专业的平台优势，为各单位开创更多的新型法律服务项目，加强与各行各业的交流与沟通。除了完成本职工作，仍将不辱使命继续将不遗余力地继续为党委政府做好法律顾问工作。在律所建设、业务发展、公益活动及人员培养等方面开创新的纪元，将继续秉持“坚持信念、恪守诚信”的执业理念维护当事人的合法权益，维护社会公平正义，发挥律师的各项专业才智和力量，使社会更加安定，更加和谐。

隆安昆明简介

隆安昆明办公室于2017年12月11日正式设立。

昆明办公室设立之前历史一年半左右的筹备，仅有创始合伙人林磊为首的团队10余名律师作为班底创设。昆明办公室创立之前，林磊律师机缘巧合下了解到隆安律所的发展历程、历史背景、人文理念等方面，深深认同隆安律所骨子里的血统基因，并在北京与北京办公室王丹主任相谈甚欢（事后才知道林磊与王丹同系中国政法大学师兄弟），当场短短一小时左右就敲定创设隆安昆明办公室的相关具体事宜。

昆明办公室因地处云南省会昆明市，而云南全省的法律服务市场核心就在昆明市，且全省绝大部分律师均集中在昆明市，昆明当地法律服务市场同业竞争激烈，基于此，昆明办公室创始合伙人林磊律师对昆明办公室定位于发展成为当地精品律所，并依托自身特点优势，一方面，拓深既有传统强项业务，诸如：金融领域不良债权诉讼执行清收、不良资产收购化解处置、民商事领域的争议解决等；另一方面，开拓新兴业务领域，诸如：破产重整及清算、投资并购、证券领域业务等。

昆明办公室在设立至今三年多的发展历程里，由设立之初仅有十多名律师的班底发展壮大到现在将近70人的规模；由设立之初仅有几百万元的年度创收提升到2021年度将近3000万元的年度创收；由设立之初租用办公写字楼发展壮大至2019年在昆明地标万达昆明双塔自购1000多平米的高档写字楼。这些发展成就，本就是安全国一家人的共同努力得来的，很好地诠释了“同兴隆、共平安”之精髓。

昆明办公室经过三年多的发展壮大，在现有基础上，昆明办公室全体隆安人将继续迈步向前、努力拼搏，在未来继续弘扬隆安全国一家人的优良传统，深耕昆明及云南全省市场，加强加深昆明办公室在隆安全国范围内的互动合作，同时持续强化自身管理及优势强项，永葆昆明办公室的内生活力，永葆隆安这面旗帜飘扬在昆明这片土地上。

隆安扬州简介

隆安与扬州城的缘分始于2018年年初。

那时扬州城的法律市场正处于蓬勃发展时期，北京市隆安（扬州）律师事务所（以下简称：“隆安扬州”）几位高级合伙人们秉持着“定分止争，不负公平”的执业理念，与北京市隆安律师事务所的精神内核不谋而合，就好像是一场命定的默契，他们选择了加盟隆安，在隆安全国的地图上点亮了这座有着2500年历史的千年古城。

寒随一夜去，春逐五更来。2018年1月24日，那是当年扬州冬日久违的大晴天，隆安选择这一天在扬州正式设立隆安办公室，隆安扬州迎来了属于隆安在扬州版图上的执业许可证，这是隆安在全国设立的第21家办公室，在往后的着许多年中，隆安扬州逐渐迎来了更多的合伙人及律师，在扬州法律市场立稳脚跟，为客户提供专业、高效的法律服务。

沧海横流显砥柱，万山磅礴看主峰。依托隆安全国“善弈者谋势，善谋者致远”的布局理念，隆安扬州的规模日益精进，执业律师及工作人员已达五十多人。自成立以来，全体律师树立着勤勉尽职、追求公正的良好形象，开拓创新，积极进取。此外，隆安扬州在体现专业化、一体化、制度化发展的同时，也非常注重通过提升文化品味来给高端客户更舒适的体验，让客户在一个法制氛围浓厚、文化底蕴深厚的律所环境中“定分止争，不负公平”。在成长的过程中，隆安扬州不仅要打造一家极具人和气息的专业所，同时结合扬州这座拥有两千五百多年历史的文化名城将隆安扬州办公室打造成以文化驱动，用专业彰显的精品所。一直以来，隆安扬州在拥有健全的组织机构和现代的服务模式下，不仅达到了当前在业内的良好口碑，更昭示着隆安扬州办公室在日后会有更广阔的发展空间。

自成立以来，隆安扬州多次承办大型峰会、会议、仪式、沙龙、论坛等重要活动，邀请了各行各业重要嘉宾、学者、领导、行业先锋，开放交流平台，广积益智良思，携手造梦扬城，与隆安的家人朋友们“同兴隆，共平安”。隆安扬州成绩斐然，“卓越、非凡、专业”的发展理念为隆安扬州更是带来了大批优质客户的青睐，敏锐地洞察客户利益追求，精心平衡稳妥与创新的空间，最大化每个客户的法律利益，“同心同泽、始终如一”的价值观使隆安扬州广受赞誉，更是社会及行业对本所及本所律师的高度认可，也是隆安扬州在未来蓬勃发展的不竭动力。

隆安扬州在依托隆安总所及隆安基金理事会下属各专业委员会的资源及平台下，现设有资本市场、证券、私募股权与投资基金、银行与金融、兼并与收购、知识产权、房地产与建设工程、国际业务、公司法律事务、破产重整与清算、劳动法、税法、信息技术、电信、传媒与娱乐、环境、能源与自然资源、家事与私人财富规划传承、医药与健康、海事海商、争议解决、刑事业务等各专业法律事务部。隆安扬州由来自法院、检察院、司法机构组成的专家顾问及来自各大法学院校的专家教授进行专业指导。此外，隆安扬州还拥有一批专业素质过硬，执业经验丰富的资深律师，凭借自身细致的法律服务、专业的法律技能为全国经济及企业发展提供法律保障。

相较于扬州其他律所，隆安扬州独具匠心在他的文化和抱负，他想要建造一个有理想、有执行力、有凝聚力的法律工场，成为一家极具“人和”气息的律师事务所，他们每一个人都将把自己的事业和未来承载在这家律所之上；他们众志成城，希望不断凝聚合伙人的文化共识，从而树立隆安扬州自己的文化和气质；他们将勤勉谦慎，要求自己以工匠般的态度对每件法律服务产品进行精雕细琢。青春气贯长虹，勇锐盖过怯弱，进取压倒苟安，“奋斗”两个字，写在每一个隆安人的基因里。他们希望隆安扬州有朝一日在扬州本地、江苏省内，乃至全国范围内成为“人正业精”的典范。

疫情时代下，隆安扬州凭借自己特有的全国布局优势，带着“风雨不动安如山，蔚然砥柱立中流”的底气，始终屹立在扬州法律市场上。不管何时何地，隆安人始终秉承专业化的品质，彰显隆安人的欣欣向荣，积极向上的顽强精神。在各位合伙人的带领下，隆安扬州身上有一种珍贵的自洽和豁达，它对自己的发展方向有着清醒的认知，对未来也有着松弛但繁荣的期望，这种平静而充满力量感的执业姿态，是它身上最迷人的地方。

夜色越深，星光越亮。隆安扬州冷静地审视自己创造的角色，最终温柔地走进春夜，走进一大片看不清前路的茫茫荒野，其间或远或近的微光闪烁在整个隆安的版图上，这些微光聚合起来，终会为隆安的前路照亮璀璨的方向。

隆安郑州简介

北京市隆安（郑州）律师事务所成立于2018年9月14日，发展至今有魏云、赵京辉、赵楠、高春利、陈红海、王晓乐6位高级合伙人，执业律师51人、实习律师20人、行政人员10人、财务人员2人。

赵京辉主任，北京市隆安（郑州）律师事务所创始合伙人，现任郑州市律协副会长、河南省政协委员、郑州市政协委员、河南省律师协会第六届行政法律委员会副主任、河南省律师协会第七届理事、河南省律师协会第八届常务理事、河南省律师协会维权委主任、河南省律师协会文宣公委副主任、建筑房地产委员会副主任、省党外知识分子联谊会常务理事、农工党省委法律委员会常务副主任、河南省新阶层副监事长、郑州市新联会副监事长。二级律师，河南省建筑房地产专业律师，司法部国家级优秀律师、参政议政先进个人，荣获“河南省优秀律师”、郑州市司法局“十佳律师”、“优秀党员”、“河南省优秀青年卫士”、“郑州市重大活动先进志愿者”、“河南省优秀志愿者”等多项荣誉称号，并在2022年被推荐为河南省律师行业里唯一一位全国司法行政系统劳动模范。专注重大民商事诉讼，熟悉建筑房地产、合同、公司改制、资产重组、民商诉讼的程序和规则。

魏云主任，北京市隆安律师事务所高级合伙人、北京市隆安（郑州）律师事务所创始合伙人及法定代表人，隆安证券委员会秘书长、私募基金与股权投资法律事务委员会主任，在私募及股权投资、公司法律服务、民商事争议解决、债券发行、行政诉讼、金融法律服务、经济纠纷、非诉业务等领域具有丰富的实践经验。于2022年被河南省律师协会评为“金融证券保险专业律师”和“公司法专业律师”。参与编写了《隆安律师解读民法典》《私募基金实务精要》，发表业务文章《国有企业、国资控股企业的最新认定标准》《基金募集机构投资者适当性管理速查手册》《中外合资企业性质的私募基金管理人法律意见书出具要点》等。

高春利主任，北京市隆安（郑州）律师事务所创始合伙人，现任郑州市律师协会律师调解工作委员会副主任，从事专职律师工作16年，2019年荣获“郑州市律师协会先进工作者”称号、2020年被评为“郑州市优秀律师”。河南省知识产权专利侵权咨询判定专家，《法在中原》节目中讲述企业知识产权法律知识特邀嘉宾，长期担任多家行政单位及房建公司法律顾问，擅长建筑房地产、知识产权、集体土地征收拆迁补偿等方面法律业务。

赵楠主任，北京市隆安（郑州）律师事务所创始合伙人，从事专职律师工作23年，累计代理案件几千余件，目前专注于公司股权、企业风险防范、金融不良资产处置、家事财富传承业务、重大商事纠纷、公司诉讼纠纷处理。对公司运营、股权架构、资产重组，信贷催收、执行拍卖及企业风险防控中具有丰富的实践经验。2012年被聘为河南省妇联巾帼维权志愿者、2015年荣获企业上市首席专家律师、2015年被聘为中国3L资本汇国际律师联盟资深专家律师、2020年被河南省归国华侨联合会聘为河南省侨联法律顾问委员会委员、2021年被北海国际仲裁院聘为北海国际仲裁院仲裁员。

陈红海主任，北京市隆安（郑州）律师事务所创始合伙人，现任郑州市涉外委员会副主任，河南电视台民生频道《沟通无极限》特约嘉宾、河南电视台法制频道《律师前沿》《法在中原》特约嘉宾，2017年荣获“2013—2016年度河南省优秀刑辩律师”称号，2019年荣获“河南省优秀律师”称号。从事专职律师工作13年，精通商业地产和PPP项目法律业务、房地产建筑业务、公司重组并购法律业务、涉外法律业务、投融资业务，擅长职务犯罪案件辩护，律师执业以来，办理各类诉讼、经济仲裁及非诉讼案件上千起，并为全国数十家大、中型企业提供过法律顾问工作，具备扎实的理论功底和丰富的实践经验。

王晓乐主任，北京市隆安（郑州）律师事务所创始合伙人，现任郑州市律协税务法律委员会副主任、河南省律师协会维权委员会秘书，2019年荣获“郑州市优秀律师”称号，连续两年荣获“优秀青年合伙人”称号。从事专职律师工作12年，精通民商事领域和建筑房地产业务、有限责任公司及股份有限公司的运行及风险防范，公司的股权变更及交易，公司运营中的融资风险把控，公司的劳动人事争议纠纷的处理以及公司债权的追偿等。多年来担任多家公司企业的法律顾问，在公司运行及风险把控中具有丰富的实践经验，为企业提供优质、专业的法律服务。

隆安郑州坐落于中国（河南）自由贸易试验区核心位置，占地面积约1800平方米，毗邻郑州东站，地理位置优越，交通便利。河南省地处我国中原腹地，四通八达，人口众多，而郑州作为河南的省会城市，依托优越的地理位置和优渥的资源环境，使得律所成立后迅速发展。

本所宗旨：以开放的全球视野开拓业务。愿景：成为极致专业化的综合性律师事务所。使命：我们不止提供法律服务，我们还在创造价值。价值观：协同、敬业、专业、高效、温暖。

随着郑州对外开放功能不断拓展，郑州现代化国家中心城市建设提上日程。“十四五”期间，郑东新区总体发展思路将坚持“东强”战略统揽，加快建设郑州“两化（国际化、现代化）”先行区。随着“五区”联动、“四路”协同，“一带一路”建设的深度融入，郑州正在发挥交通枢纽优势，走好“枢纽+开放”路子，加快打造“一门户、两高地”，努力成为内陆地区国际消费中心。这一系列开放发展战略的全面实施，要求我所律师从观念、知识到能力都必须适应高速发展下的新要求，加快提升整体水平和发展层次，不断增强行业竞争力和服务质量。为了适应现代化国家中心城市要求，推进律师行业的高质量发展，我所需要树立新发展理念，把隆安郑州打造成为适应新时代要求的高素质律师队伍，使隆安郑州向规范化、专业化、品牌化方向发展。在隆安郑州发展中持续推进规范化建设，完善内部管理制度，加强对律师执业活动的监管，有效防范执业风险，提升行业公信力和影响力。同时结合法律服务市场精细分工要求，打造专业化团队，培养专业、敬业、厚德、诚信、担当的隆安律师精神，提高核心竞争力。找准定位、明确目标，规范业务流程，提升专业水平，优化服务质量，加强宣传推介，拓展业务领域，培育业务增长点，推动本所业务转型升级，使隆安郑州成为具有区域影响、能够代表郑州形象的高素质品牌律所。

隆安重庆简介

一、设立过程

2018年1月，重庆创始人团队向重庆市司法局、江北区司法局、江北嘴管委会有关领导汇报了隆安重庆办公室项目，有关领导均表示大力支持。

2018年2月初，隆安委派隆安全国发展基金会秘书长钱葳律师来重庆考察，与重庆发起人团队进行了坦诚、友好的沟通，基本确定了合作意向。

2018年3月，隆安全国发展基金会理事会全票通过了设立隆安重庆办公室的议案。

2018年12月25日，隆安重庆办公室经重庆市司法局批准正式成立，办公地点位于重庆市江北区江北嘴CBD。

二、取得的成绩

在隆安总部、发展基金会的指导和支持下，隆安重庆团队团结奋进，取得了一定的成绩：

1.党建方面

经中共江北区委组织部批准，2019年9月27日中共北京市隆安（重庆）律师事务所支部委员会成立，并于2021年获得重庆市江北区先进律师党支部称号。

2.队伍建设方面

三年多来，团队从建所时的11人发展到55人，而且这个增长是在严格进人标准、拒绝整所合并、无独立团队加入、严格限制业绩未达合伙人标准的一般提成律师加入的“四前提”之下取得的。

团队现有法学博士5人（博士占比远高于律师行业平均之1.2%左右的数据），法学硕士9人。

3.专业化建设方面

根据隆安总部的专业化总体方案，成立了各个专业委员会，并对各专委会的专业文章发表、专业培训、专业案件质量控制等工作进行量化考核；制定了专业律师评定制度、专业化基金制度，坚持专业先行。

4.内部治理与管理方面

（1）参照公司法人治理结构搭建了平衡而高效的律所治理架构。通过合伙人会议（对应股东会）选举产生了管理委员会（对应董事会）、执行委员会（对应经理层）、监督委员会（对应监事会）成员。管理委员会负责全所的战略规划、制度建设及合伙人发展，执行委员会负责日常行政、财务、人事等管理工作，监督委员会负责监督工作。

（2）参照企业管理的经验，把事务所各项工作划分为15个模块，分别制定了详细的岗位职责和考核标准，落实到人（分管合伙人和行政财务团队），上墙公示，每月考核奖惩兑现，保证律所管理工作的连续性，持续推进律所管理的职业化。

（3）建立了行业领先的公共时薪制团队，为律师办案提供中台支持，在为合伙人赋能的同时，避免了小团队各自为战的局面。

5.律师业务方面

2021年，随着一批授薪律师的成熟，合伙人获得了空前有力的团队支持，在当年人员增长仅3人的情况下，业绩增长率比上年增长了接近100%。

从专业方向看，隆安重庆办公室在股权、金融、破产等方面的业绩在重庆地区较为突出，并正在大力培育知识产权、家事及财富传承、劳动法等基础较好的专业方向。

2021年，隆安重庆办公室获得荣誉有：重庆市江北区优秀律师事务所、重庆市江北区先进律师党支部称号、袁能贵律师荣获重庆市优秀党员律师称号、向廷中律师荣获重庆市江北区优秀党员律师称号、吴爱环律师荣获重庆市江北区十佳女律师称号、徐江涛律师荣获重庆市江北区优秀青年律师称号。

同时，隆安重庆办公室还获得了隆安全国系统内的2021年度最佳进步分所奖项。

三、发展规划

1.市场定位

规模适度的综合性律师事务所，西部地区知名度、美誉度领先的律师事务所。

2.未来12个月的发展方向（关键词）

品牌、团队、专业（含规范、交付质量）、科技、风控。

3.发展策略

（1）经营管理专业化与管理团队职业化

遵循企业经营中的“企业文化—发展战略—经营目标—组织架构—岗位职责—队伍建设—工作流程—考核奖惩”的基本思路，实现律所经营管理的专业化。为此，需要提高对非律管理团队的要求，加强其培训，提高其待遇，逐步实现律所管理团队的职业化。

（2）修德政以服远人

除了每周公开培训等活动外，我们吸引人才的方式，主要是把现有的律师服务好，做好15个模块的具体工作，少犯错，保证管理和服务水平明显超过行业平均管理水平。

（3）充分挖掘、宣传隆安品牌优势

一方面，通过媒体宣传、积极举办和参加培训研讨活动、开放日活动等方式扩大影响；另一方面，积极融入隆安全国、全球服务网络，充分向客户和社会展示跨地域服务能力。

（4）充分利用法律科技

通过采用先进科技和充分利用互联网，显著提高管理、办案、展业效率，实现弯道超车。

（5）激励机制：奖罚分明，实行合伙人积分制，合伙人的权益充分与积分挂钩；非合伙人积分与其晋升及有关福利挂钩。

隆安顺德简介

2021年9月8日，中国中小城市发展指数研究课题组、国信中小城市指数研究院正式发布《2021年中国中小城市高质量发展指数研究成果》，顺德再次以排名第一登榜全国综合实力百强区榜单，这是自2012年起，顺德连续第十年荣登榜首。

北依广州，南近港澳、地处珠江三角洲腹地，在政策的大力加持下，顺德这方钟灵毓秀的岭南水乡，催化了多元化和集约化产业平台的迅速崛起，科技创新、金融服务等要素的加速聚集，传统单一的法律服务方式已经很难满足市场经济发展带来的新的法律服务需求。

2017年，以陈连志、陆骏飞为首的一批扎根顺德律师行业多年的法律人，清晰敏锐地洞察到了市场的变幻，唯有突破现有瓶颈，才能实现更多可能。观念决定思路，思路决定出路，他们放眼国内一线城市的高端型律师事务所，学习管理模式、探索发展理念、比对律所运作，隆安“同兴隆·共平安”的办所理念与他们的初衷不谋而合，对加盟隆安，创办佛山办公室的意愿愈发强烈。

顺德有一句流传深远的口头语：“得就得，唔得就翻顺德。”在陈连志、陆骏飞、向军华、余晓东、严健渝、胡学良、廖纷一群有志之士的缜密思量及规划部署下，创办分所说干就干。选址广东省佛山市顺德区“南方智谷”园区的甲级写字楼——大自然家居总部大厦17楼，精装打造1400平方米现代化办公环境，一间可容纳过百人办公的综合性律师事务所应时而生。2019年7月22日，北京市隆安（顺德）律师事务所在众人期待下取得律师事务所执业许可证，这也意味着佛山办公室正式设立。

佛山办公室设立后，始终以市场服务需求为导向、客户效益为中心，坚持夯实团队建设，吸引跨学科复合背景的专业人才加入。为打造成规模化的综合性律师事务所，佛山办公室从组织架构上进行重构，逐步形成极具特点的“一体化、规范化、专业化、市场化”管理模式。

“一体化”是指通过设立管委会统管内部事务，设立中台服务中心解决案件分配办理、建设专业行政团队协助工作高效推进。

“规范化”是指统一执行老带新，新执业律师两年内不得独立执业的学徒制度以及办案流程管理的规范制度。

“专业化”是指设立公司部、知识产权部、刑事部、医疗健康事业部、建筑工程部、劳动人事部、行政诉讼部七大专业部门，专业案件由专业部门律师办理，以促进隆安专业人才的精细化、专业化发展。

“市场化”是指通过全员营销和专职人员营销制度，完善、创新法律服务产品，全方位拓展市场案源。

佛山办公室凭借“四化”管理模式，团队迅速扩张，品牌形象在当地口碑相传，在各类公共招标业务中崭露头角。

佛山办公室不断发展壮大的同时，也积极动员律师参政议政、投身于行业建设以及社会公益服务，用行动诠释法律人的责任与担当。

1.律师参政议政

为打造一流的政务服务、一流的营商环境，佛山市第十六届人大代表陈连志、佛山市顺德区第十四、十五届政协委员陆骏飞、向军华、伍志琴，茂名市第十届南区人民代表大会代表易树钊参政议政、建言献策。

为推动佛山市律师行业的高质量发展，佛山办公室律师积极投身于律协工作，隆安顺德管委会主任陈连志律师当选为第十届佛山市律协副会长，严健渝律师当选为医疗卫生与健康法律专业委员会主任，向军华律师入选为公司法律专业委员会副主任、会员违规行为惩戒工作委员会委员，欧阳永飞律师入选为税务法律专业委员会副主任、顺德区工作委员会公益部部长，吴洁滢律师入选为涉外与港澳台法律专业委员会委员，孙健律师入选为信托与财富管理法律专业委员会委员。

2.“党建+公益”

佛山办公室通过打造“青少年公益”“医法同行”两个特色活动，将“党建+公益”的发展理念落到实处。

2020年年底，在佛山办公室爱心之士的联袂推动下，用于青少年捐资助学的隆安（顺德）慈善基金成立，这标志着佛山办公室青少年公益项目的正式落地。截至2022年年初，佛山办公室已持续资助青少年贫困学子22名，开展青少年普法讲座10余场。

此外，律所党支部借与医院党组织结对共建的契机，佛山办公室的律师们先后参与了核酸检测、新冠疫苗接种、健康申报卡申领等志愿服务，与医护人员们坚守在疫情防控第一线。

凭借特色活动的突出表现，佛山办公室党支部获评“2021年度广东省律师行业党建工作示范化律师事务所”。

佛山办公室的每一位成员，在享受着追求理想的乐趣的同时，也果敢地肩负起社会给到的沉甸甸的责任。

回首望，有知难而上的开拓进取，也有静水深流的长远构建。佛山办公室近三年走来，小有成就，未曾自满。日趋激烈的市场竞争、服务需求的急速变化都在鞭笞着佛山办公室居安思危、创新务实。借乘法治建设的高速发展列车，佛山办公室也在不断丰富业务门类，为成为一家执业律师在50人以上、能够引领地区性律师行业业务发展的强所而努力。

行而不辍，未来可期，追求卓越的道路上佛山办公室一步一个脚印地稳步前行。放眼未来，佛山办公室将继续以打造一家人均创收领跑地区性排名的具有幸福感的律师事务所而踔厉奋发。

隆安芜湖简介

芜湖是个历史十分悠久的城市，《诗经》首篇《关雎》中："关关雎鸠，在河之洲" 里面说的 "雎鸠" 就是鸠兹鸟。芜湖在春秋时期，就以鸠兹为名。鸠兹地名最早见于《左传·襄公三年》："春，楚子重伐吴，克鸠兹。" 汉武帝元封二年（公元前109），鸠兹设县，易名 "无湖县"。到五代南唐升元年间才改名为 "芜湖"。悠久的历史，为这个历史文化古城，孕育出了深厚的历史文化底蕴。有着 "长江明珠，创新之城" 之称的芜湖，自古就享有 "江东名邑"、"吴楚名区" 之美誉。这里山环水绕，风光秀丽，有半城山半城水之称，代表景色 "芜湖十景"，更是为历代名人雅士所钟爱，留下无数传世佳作。

律师事业犹如逆水行舟，不进则退，近几年律师行业正在发生着深刻的变化，随着二三线城市的快速崛起，这些地方的政府机关、企事业单位和普通老百姓对于高质量的法律服务需求正在迅速增长，为了顺应发展，提升芜湖法律服务水平，在走访了国内多家有一定规模和影响力的优秀律师事务所后，北京隆安丰富的管理经验和先进的服务理念以及重视人和、务实、进取的精神与芜湖法律服务需求最为契合，一群已在各自领域颇有建树的律师决定在芜湖设立隆安分所。

北京隆安（芜湖）律师事务所是北京市隆安律师事务所在安徽省设立的首家分所，于2019年8月27日设立。坐落于星隆国际城B座10楼，内部划分为办公区、会议区、接待区和功能区，设有党建活动室、模拟法庭、档案室、影音室、茶水间、咖啡吧、健身房、淋浴间，总面积达1500余平方米。北京隆安（芜湖）律师事务所现有工作人员33名，其中专兼职律师26名，本所律师均毕业于国内知名高校，50%以上的律师具有硕士研究生以上学历，还有不少律师是高校教师、教授兼职，多名律师曾荣获安徽省优秀青年律师等荣誉称号。

隆安一直以来极其重视人和、务实、进取精神，并且具有国内先进律所的管理经验和服务理念。隆安芜湖的建所初心是依托隆安总所先进的管理模式、服务理念及丰厚资源，坚守自己选择律师职业的崇高情操，奉法守节，尽职尽责，以更高的服务质量为委托之人办受托之事。隆安芜湖自创建伊始，就以党建促所建为引领，以习总书记系列讲话精神为指导，统一全所律师及其他工作人员思想，秉承着平等、开放、包容、创新的理念，提炼总结了本所的愿景、使命、价值观，形成了独特的律所文化。

隆安芜湖的愿景是未来成为芜湖地区亦或者皖南地区知名律师团队，在本土具备核心竞争力，在皖南具有较大影响力，并努力在长三角经济发达地区开拓业务，尽职尽责为客户提供优质高效的法律服务。隆安芜湖的使命是不断提升自身服务水平，为客户提供多方位、优质的法律服务，助力客户发展，为芜湖地区经济发展做出贡献。隆安芜湖提倡公开透明、平等开放、包容人和、务实进取。隆安芜湖的价值观是信仰法律、勤勉忠实、学习创新、团队协作。信仰法律是指熟悉法律规则，尊重法律事实，正确引导客户，善用法律逻辑，拒绝不法诱惑；勤勉忠实是指理解客户，快速反应，负责到位，及时反馈，客户共赢；学习创新是指善于学习，及时复盘，成果分享，创新服务，与时俱进；团队协作是指互相包容，甘于付出，成就彼此，扬长避短，分工有序。

隆安芜湖以律师队伍的专业化、团队化、产品化为战略布局，主攻专业以建筑房地产、刑事辩护、知识产权为核心，以政府法律顾问、医药健康、婚姻家事与财富继承、证券金融等领域法律服务为副翼。其中古立平团队以建筑工程、房地产、政府法律顾问为主要业务方向；千辩律师团队以刑事辩护见长，以破产清算等业务辅之；董磊律师团队专注于医药健康、合同纠纷、知识产权及企业法律风险防控。隆安芜湖积极为客户提供团队化、专业化、精细化，更加优质高效的法律服务，使客户感受到冰冷法律背后的法律人的温暖。

隆安芜湖有四大特色，第一，隆安芜湖通过引进国内一流大所的先进管理经验，承办案件从受理开始就严格按标准流程执行，把所有法律事务均设置了7个到10个不等的必经大流程，再将大流程拆解为几十个小流程，所有工作都做到了专业化、精细化、流程化；做到所有法律事务均计时记录；再将进程及结果及时向委托人反馈，让委托人知晓律师的办案过程及付出，确保案件的质量让委托人省心、放心，这是隆安芜湖的最突出特色。第二，隆安芜湖建立了模拟法庭，凡是疑难复杂案件，都要在这里模拟演练，反复对抗，辩论争议焦点，寻求最佳解决方案，最大化的保障委托人的合法权益。第三，隆安芜湖所有受理案件建档归档，保证所有委托案件都有档可查、有迹可循。第四，隆安芜湖秉承平等、开放、包容、创新的理念，合伙人不设独立办公室，所有律师集体工位办公。这种开放式的办公设计，既体现了律师间的平等，也保证了大家之间的沟通毫无障碍。

律所采用业内领先的信息管理系统，对法律服务项目进行有效管理，服务方式预设好程序，服务质量、进度有体系保障。所有工作提前设计并安排到人，工作内容实行精准计时，工作办理完毕有迹可循。十分重视工作反馈，定期进行工作汇报，本所法律服务的特色之一为重视反馈，将根据客户需求，每月或不定期向客户进行工作总结汇报，用数据和事实，借助可视化工具向客户及时报告工作成果。

隆安西安简介

隆安律所成立于1992年，是中国最早的合伙制律师事务所之一。总所设在北京，目前在中国30个城市设立办公机构，与多家外国律师事务所建立了广泛的跨国合作关系，目前隆安合伙人300余人，执业律师1500余人，员工人数总计2000余人。北京市隆安（西安）律师事务所（以下简称“隆安西安分所”）隶属于隆安律所，于2020年1月19日获批取得执照，2020年3月中旬完成备案，正式成立。在西安设立办公机构是隆安在“一带一路”沿线规划布局的重要举措，也是进军西北地区法律服务市场的重要里程碑，彰显了隆安发展的规模化与专业化。

在国际经济格局经历重新洗牌、中国提出“内外双循环”口号的背景下，在以2021年为开端的新五年中，激活区域市场无疑成为下一阶段重点，而西安作为西北重镇，也在新一个五年计划中明确将立足国家“一带一路”倡议、逐渐形成新时代西部大开发新格局。活跃的地方经济必然伴随着蓬勃的法律市场，隆安西安分所凭借千人老牌大所的平台优势、强大的资源整合能力、专业的法律服务能力，秉持“虚言、浮术、华名、伪事非吾所执，同道、共谋、相携、共进吾之所追”的信念，以总所为依托，积极开拓西安本土化资源，在西安激烈的法律服务市场竞争中优势显著。

隆安西安分所办公地址位于曲江新区最具昭示性的商务地标——曲江环球中心11层，打造智能化办公与现代化设计融为一体的办公环境。坐拥西安曲江百万平米成熟的商业配套，占据CCBD最核心区位优势。办公地址近邻陕西省高级人民法院、与西安市雁塔区人民法院仅一路之隔，律所周边环境优美，交通便利，为律师立案、开庭等业务提供了诸多便利。选址曲江新区不仅因为其是陕西省确立的以文化产业和旅游产业为主导的城市发展新区，是西安市“五区一港两基地”的重要组成部分，还因为它是西安建设国际化大都市的重要承载区，是国家文化部授予的首个国家级文化产业示范区。曲江新区多元化的经济发展状态将赋能隆安西安分所的新业务板块增长。

隆安西安分所目前有律师、实习律师及辅助人员30余人，执业律师均毕业于知名法学院校，有较高的法学理论和丰富的实务经验。这些优秀的律师组成的专业团队为客户提供高水准的法律服务。

隆安西安分所始终秉承总部发展理念，以团队及独立律师发展为依托，以高效的行政团队服务为保障，以律师专业化分工为助力，为客户提供优质高效的法律服务。两年来，完善了一系列的制度，力争每项工作都能做到有章可循，有据可依。在内部操作流程风控规范方面，严格遵照OA系统使用规范及印章使用要求进行风险把控，使隆安西安分所更好的适应外部环境的变化，维护隆安的品牌形象。

隆安西安分所成立两年来，各个方面工作还在不断完善和推进，取得了显著的成果。结合两年来的工作经验，隆安西安分所对今后的发展也做了进一步规划，力争通过以下举措，使隆安西安分所律师人员规模大幅度增加、年总收入持续上升的目标。

进一步完善管理架构，设置更为细化的律师专业部门，为律师着力搭建一个灵活有度又紧密联系的合作共享平台。

进一步引进青年人才，通过各种形式帮助青年律师挖掘自身潜力，营造良好的带教氛围，加速他们的成长。

进一步加强与总所及全国各地分所的沟通合作，整合资源，扩大业务增量的同时拓宽业务覆盖面，特别是传统业务以外的非诉领域的开发。增强团队的专业化分工，在律所内部促进律师的专业化分工，在律所外部展示律所专业化实力。

进一步加强隆安品牌宣传力度，打造明星律师作为律所形象代言，依托总所，扩大隆安在西安的影响力。

在西安这片活力与厚重并存的土地上，在总部的支持下，隆安西安分所必将快速发展，开疆拓土，大有作为，成为隆安在西北地区布局发展的先锋阵点！

隆安青岛简介

山东半岛、黄海之滨，坐落着一座美丽的海滨城市，这里红瓦绿树、碧海蓝天，这里万国建筑云集、四季啤酒飘香，这里是对外开放的热土、山东海洋经济的龙头……这就是青岛。

1992年，中国最早的海事海商专业律师所之一的山东海师律师事务所在青岛成立。2007年4月，海师所改制之际，海事部同仁发起成立山东凯恩律师所。为了律所的规范化、规模化发展，2019年凯恩所与隆安所共同筹划设立隆安青岛分所。2020年5月31日，隆安青岛取得执业证。此后，凯恩所整体转入隆安青岛。

从凯恩所成立至今，历经十余年，青岛分所已发展以海事海商、保险金融、民商事、公司业务为特色的综合性律师事务所，尤其在海事海商领域成绩斐然。现有执业律师32人，其中党员律师13人。2017年被评为“山东省优秀律师事务所”；2018年被授予“青岛市律师行业先进党组织”荣誉称号；2019年被评为“青岛市优秀律师事务所”。隆安青岛律师以严谨的工作作风、专业的服务质量，成功代理了多起疑难复杂并在中国海事司法领域具有重大影响的海事案件，赢得了有关部门及诸多客户的信赖和赞誉。

2010年5月2日，两艘外轮在威海水域发生碰撞事故，其中一条载有17万吨矿砂的“世纪之光”轮沉没后，船上燃油溢出，对周边海洋环境造成污染。本所江云主任（时任凯恩所主任，现任青岛市市南区律师协会首任会长）、合伙人于鸿章受威海市海洋与渔业局委托，代表国家就海洋生态环境损害向漏油船船舶所有人提出索赔，经青岛海事法院一审、山东省高级人民法院二审，获得了满意赔偿。该案为山东省首个提出海洋生态损害索赔并获法院支持的案例。

2016年5月7日凌晨，山东省荣成籍一大型渔船在宁波海域遭货轮碰撞受沉没，船上19名船员全部遇难，而肇事船舶一时难以确定。该案案情之严重，遇难人数之多，全国罕见。本所接受船东及委托后，立即指派江云、于鸿章、高思超等多名律师第一时间分赴宁波、荣成等地开展取证工作，及时向海事机关提供取得的渔船船舶资料、航行信息，为搜救工作的展开和肇事船的认定打下了良好基础。同时，运用航海专业知识，对碰撞原因、责任划分进行讨论分析，并向海事调查机关出具多份书面意见。由于此次事故遇难人员多，大批船员家属纷纷从全国各地来到荣成市，情绪激动、诉求不一。在此情况下，本所律师积极配合当地政府主动与家属沟通，开展心理疏导工作，充分利用法律知识和处理此类案件的丰富经验，为家属分析案情，提供维权索赔方案，得到了船员家属等各方的一致认可，有效化解矛盾、避免了群体事件的发生。在各方共同努力下，该案最终认定马耳他籍C轮承担主要责任，值班外籍船员被依法追究刑事责任。该案是国内海事法院审理的第一起、到目前也是唯一一起刑事案件。

2016年10月，本所于鸿章、高思超律师代理中国交建旗下某工程有限公司，就工程建设合同纠纷向青岛某大型造船企业索赔工程款超过1亿元。当年12月，该造船企业被法院裁定破产重整。如上述工程款作为一般债权参与破产重整程序的债权分配，必将所剩无几。而所涉工程已被业主占用数年，远超法律规定的建设工程优先受偿权的行使期间。在诉讼过程中，代理律师充分运用最高人民法院相关批复、解释及会议纪要精神，据理力争，法院最终接受了代理人提出的以合同解除日作为优先受偿权起算日的主张，支持了当事人的优先受偿权，最大限度的维护了当事人的合法权益。

2018年9月，台风“温比亚”在我国登陆，宁波保税港区某企业在中国平安上海分公司投保的四艘船舶先后因台风影响发生走锚、搁浅，或发生船损、或产生救助费用。被保险人于2019年对上海分公司提出系列诉讼，索赔共计人民币7000余万元。在诉讼初期，绝大多数业内人士均认为，法院判决保险公司承担全部责任的可能性极大。本所合伙人宋晓明、律师刘宇航接受保险公司委托后，积极与委托人进行沟通并多次召开会议讨论案情，从涉案保险的投保、承保及保险合同履行过程、展期等多个细节分析案件可能存在的突破口。同时，第一时间前往事故发生现场，积极与海事主管部门进行沟通。在不懈努力下，总结出两个重要抗辩点：投保人在通过邮件投保时，未全面履行法定告知义务；在保险合同履行过程中，涉案船舶均不满足最低配员要求，严重违反法定的安全保障义务及保险合同约定的安全责任。庭审中围绕上述两点充分提交证据，最终两审法院均采纳代理意见，认定涉案船舶性能不佳、配员不足系事故发生的部分原因，判决被保险人与保险人按对等比例承担责任，成功帮助保险人减损5000余万元。该系列案件的判决结果，对整个船舶保险行业产生了重要影响。

2021年5月，两艘外轮在青岛外海发生碰撞事故，导致装载15万吨货油的A轮货仓破损严重，大量货油溢出，青岛周边海域遭受了国内沿海最为严重的船舶溢油污染。事故发生后，A轮油污保险人在青岛海事法院申请设立了人民币约4.8亿元的油污损害赔偿责任限制基金。本所除代理青岛海事局、青岛港等单位在基金中受偿防污清污费外，还代理青岛港对A轮在上述基金外提出救助报酬索赔，并申请法院依法扣押了A轮。由于A轮船东和保险人拒绝为此提供担保，该轮已进入司法拍卖程序。相关案件仍在审理过程中。

2018年7—10月，中央电视台、最高人民法院影视中心等单位联合出品的法治题材电视连续剧《阳光下的法庭》在本所取景拍摄，本所于鸿章、江云律师参与剧本的策划及部分编剧工作，并为剧中涉及的法律问题提供咨询服务，获得了有关单位的好评。

北京市隆安（青岛）律师事务所凭借隆安大家庭的全国性平台，将继续秉持“精通法律、信誉为本、质量第一、客户至上”的服务理念，加强与隆安各地分所的协作，实现优势互补，与隆安所一起发展壮大，为隆安的品牌建设贡献力量。

隆安海口简介

“请到天涯海角来，这里四季春常在，海南岛上春风暖，好花叫你喜心怀。”如果要寻找这样一座省会城市，她有着星辰与大海，也拥抱着阳光和沙滩，她开着四季不败的繁花，她是天然的大氧吧，那她一定是海口。隆安，顺时代之势，乘改革之浪，将最南部的分所扎根在这座浪漫的城市。

2018年4月13日下午，习近平总书记在庆祝海南建省办经济特区30周年大会上郑重宣布，党中央决定支持海南全岛建设自由贸易试验区，支持海南逐步探索、稳步推进中国特色自由贸易港建设，分步骤、分阶段建立自由贸易港政策和制度体系。2020年6月1日，中共中央、国务院印发了《海南自由贸易港建设总体方案》，并发出通知，要求各地区各部门结合实际认真贯彻落实。为保障匹配自贸港建设所需法律服务能力，2019年9月，海南省司法厅借鉴香港、新加坡、迪拜等世界自由贸易港的先进做法，结合海南实际，以创新之举修订了《海南经济特区律师条例》(以下简称《条例》)，为高端律师事务所和律师在海南设立、运营、执业提供坚实制度保障。为吸引更多具有涉外法律服务能力的律师事务所和优秀律师来琼执业，海南省司法厅赴北京、上海、广州宣传推介《条例》，向中外律师界发出诚挚的“海南之约”。

应“海南之约”，隆安以锐意进取的精神投身于海南自由贸易港建设，于2020年7月21日正式获得海南省司法厅批准，在海口设立隆安第26家分支机构——北京隆安(海口)律师事务所，律所实力进一步增强，华南地区业务布局进一步完善。隆安海口坐落于海口市美兰区国兴大道中段的全球贸易之窗，该区域集海口市省级行政中心与商贸中心于一身，政府行政高效，政策红利倾斜，营商环境优渥，商业贸易繁荣，信息资源充分，高端人才汇聚，自然环境优美，是隆安海口提供专业、优质、高效法律服务的基础地理优势。

建设海南自贸港，法治先行。隆安各所一贯深耕专业领域，隆安海口也势必致力于为海南自由贸易港的建设提供高质量法律服务。未来，隆安海口分所将聚焦海南自由贸易港的建设迫切需求的航空海运、国内外金融资本投资、商务合规、海关进出口、国际贸易、跨境知识产权、跨境投资和并购、跨境诉讼等业务领域，依托隆安平台优势，整合各地分所业务办理经验，结合自由贸易港现实需求，不断探索法律服务模式，创新法律服务内容，形成一套高效、精准、便利且专门适用于自由贸易港涉外、跨境法律服务方案。

隆安实力雄厚，业务领域广泛，法律精英云集，执业能力优越，人才培养成长制度完善。隆安海口将根据业务需求，调动律所人才资源，优化律所人才配置，吸引涉外法律服务杰出就业，培养本土涉外、跨境执业律师，必将造就一支忠诚国家、业务专精的律师团队来满足海南自由贸易港的法治化、全球化需求。

隆安呼和浩特简介

近年来，内蒙古自治区政府高度重视法律服务体系建设工作，法律的支撑保障作用不断强化。韩书宇律师作为一名有着检察官执业背景的律师，怀揣梦想、积极探索，在这种大的趋势和影响下，自然想在首府家乡呼和浩特利用自己的专业，为人民、为社会贡献自己的绵薄之力，也能成就一番事业。

一、心怀热忱，和有着共同理想信念的人志行高远

成为隆安大家庭一份子的想法始于2019年8月，有着八年检察官经验的韩书宇律师自然也有着和自己有一样想法的很多伙伴们，大家一样怀抱满腔热忱，韩书宇律师在充分考察论证的基础上，特别认同隆安“同兴隆　共平安”的愿景，正是这种愿景和理念的认可和契合，深深地吸引大家加入隆安这个大家庭，成为隆安的一份子，想要加入隆安，为家乡的法治建设贡献一份力量。

建所之初，韩书宇律师考虑到自己是刑事专业出身，而要想发展地长远、稳健，必然需要其他专业的支撑。因此，韩书宇律师找到有着共同理想信念的王建强律师共同加入到隆安的大家庭当中去，王建强律师在中级人民法院从业多年，有着丰富的民事审判和执行工作经验。此时，本所的创立初步具备了基础的业务支撑条件。

在内蒙古自治区司法厅、呼和浩特市司法局及两级行业协会的支持下，更是在北京市隆安律师事务所（以下简称“北京隆安”）的鼎力相助下，2021年1月8日，经内蒙古自治区司法厅批准，设立北京市隆安（呼和浩特）律师事务所的批文正式下发，2月10日正式给北京市隆安（呼和浩特）律师事务所（以下简称“隆安呼和浩特”）颁发执业许可证。

二、夯实基础，搭建基本框架，布局长远发展

从申请设立再到批准筹建短短几个月的时间，隆安呼和浩特总投入基本建设费126万元，办公面积达到1500多平方米，打造了设施完备，功能齐全，环境一流的办公场所，并于2021年5月完成了各部门的基础搭建，包括业务部、行政部和市场运营部。并且隆安呼和浩特从长远布局，在建所之初，就明确设立市场运营部，也是内蒙古自治区首家在建所之初就设立市场运营部的律师事务所。

内蒙古地区和北、上、广、深等经济发达地区相比较，经济发展落后，思想比较固化，韩书宇律师考虑要想在未来突破种种局限性，必须要未雨绸缪，利用好时代所赋予的各种发展工具，不拘泥于传统思维、不受限于传统业务模式，才能吸引人才、增加业务量并保持业务量，实现自我价值和社会价值，使隆安呼和浩特未来发展成为内蒙古地区一颗璀璨的新星，因此而设立市场运营部。

隆安呼和浩特依托北京隆安做好基础业务的同时，利用市场运营部在建所之初，在提高工作效率上使用了企业微信等科技软件，在市场运营布局上，进行了全国前20家律师事务所和内蒙古地区全部律师事务所的分析，总结了上述各个律师事务所基本使用的广告宣传模式等信息，并作了隆安呼和浩特的长期运营规划，使隆安呼和浩特在短短的一年时间里，在内蒙古地区打开了初步的市场，至少能够做到在本行业内人所共知。

三、深耕拓疆、厚积薄发，在勇于创新的道路上我们进取致远

在这短短的一年当中，隆安呼和浩特积极承办了内蒙古自治区司法厅、内蒙古自治区律师协会、内蒙古自治区工商业联合会主办的“万所联万会首期法律大讲堂”活动。在其中，得到了北京隆安的大力支持，作为国家知识产权战略专题评审专家，中国法学会知识产权研究会常务理事、北京隆安的创始合伙人徐家力律师专门来做专题主讲，虽然由于内蒙古的疫情严重而延期举办，但隆安呼和浩特的品牌已经随着该活动在当地打开了新局面。

在这短短的一年当中，隆安呼和浩特将理论与实践的学习模式相结合，与房地产行业协会开展了两期线上法律培训活动；几乎每周举行律师业务培训会，各执业律师针对自身的专业领域及办案经验在会上做课件分享，其中还得到了北京隆安的大力支持，房地产建设领域的主任李高来律师亲自到本所对律所全员进行专题课程分享。

在这短短的一年当中，我们还始终不忘自己的社会责任，积极在公益事业上尽自己的绵薄之力。我们走进社区，积极进行普法宣传活动三次，使法律意识和法治观念深入人民；面对防控疫情突发的严峻考验，我们共计捐款两次，共计捐款数额28100元，还得到了内蒙古慈善总会专门为本所颁发的荣誉证书，得到了良好的社会赞誉，也体现了大所在关键时刻的责任和担当，为隆安这个品牌再增赞誉。

在这短短的一年当中，发展执业律师13人，实习律师3人，行政与市场人员8人，并且在业务部门又逐渐分出了刑事、民事、行政三方面的业务支撑，全体人员秉承“诚信、梦想、极致、超越”的服务宗旨，勤勉尽职、积极进取，共同为创造隆安呼和浩特的美好明天而一起拼搏并努力着。韩书宇律师入选“呼和浩特市政府法律咨询专家库”，王建强律师被内蒙古自治区妇女儿童基金会选为理事，郭东明律师受聘成为呼和浩特市经济技术开发区妇联公益律师。

每取得的一个小进步，都让隆安呼和浩特为更远的目标而设定崭新的起点。因为从一开始，我们就怀揣伟大的梦想、坚定的信念，相信我们一定会成为最好和最棒的！

四、传承精神、凝心聚力，党建引领永远是隆安呼和浩特的指路明灯

2021年欣逢中国共产党成立100周年，目前本所共有党员9人，本所先后两次参加和开展比较直观的党史教育活动，参加了呼和浩特市司法局组织的纪念建党百年华诞的知识竞赛；还组织全所人员参观了革命先驱乌兰夫纪念馆，带领大家重温入党誓词，追寻红色记忆，献礼建党百年！

2022年1月26日，经呼和浩特市律师行业党委会议通过成立中共北京市隆安（呼和浩特）律师事务所支部委员会。隆安呼和浩特始终坚持以习近平新时期社会主义法治思想为指导，着眼于内蒙古法治建设和经济发展的大局，结合地域特点，不断开拓进取，在党建引领下，要不忘初心、牢记使命。

五、超越梦想，成就未来

今年，喜逢隆安成立30周年，隆安呼和浩特作为成立一年多的新所，将继续积极探索，因地制宜，紧密结合内蒙古地区实际情况，发挥本所特色，不负隆安精神所托，根据既定的长远规划做大、做强，超越自己，实现自我价值和社会价值，要以海纳百川的心胸和格局，以务实进取的行动，以攻坚克难的精神，开启新征程，再创新辉煌。

同兴隆，共平安。

隆安石家庄简介

北京隆安（石家庄）律师事务所设立于2021年7月29日，前身为河北智律律师事务所，地址在太行山脚下，滹沱河畔的河北省会石家庄。隆安石家庄人以

“同兴隆，共平安”为信念，让天下人沐浴公平和正义为梦想，秉承“依法维权，诚信服务，追求卓越，精益求精”的宗旨，坚持以专业化、品牌化、规模化为发展方向，带领大家积极推进法律服务规范化、专业化建设。

隆安石家庄有一支具备丰富实践工作经验的实务专家及著名法学院法学教授组成的专家团队，拥有博士后、博士、硕士学位及丰富执业经验的高层次人才组成的专业律师团队。与省、市政府经济方面和其他管理部门都有着良好的沟通基础和渠道。雄厚的法学理论基础、扎实的法律专业知识、丰富的律师工作经验以及深厚的政府和社会资源，构成我所突出的服务优势。

隆安石家庄部分律师被遴选为河北省政府法制专家咨询委员会、河北省高级人民法院、河北省人大、河北省法官遴选委员会等专家组织成员，部分律师被聘为中国法学会、中国经济法研究会、中国民法学研究会、河北省法学会等研究团体的常务理事或理事，积极参与实际部门的决策咨询服务和前沿学术研究。

隆安石家庄还承担着河北省市场监管局、河北师范大学、河北经贸大学经济管理学院等多家政府机关、公司和企事业单位的法律顾问；与中国仲裁法学研究会、河北省地方立法研究中心、河北省法学会经济法学研究会、河北省法学会财税法学研究会等单位建立了合作关系；是河北经贸大学法学院等单位的教研实践基地。

律所现设有民商、公司与金融、破产与不良资产处置、商事仲裁、房地产建设工程、刑事、知识产权、行政、非诉讼等专业法律业务部，在各个业务领域均有经验丰富、乐群敬业的专家型律师，建构起各领域密切配合、团结协作的专业化律师服务团队，以确保为客户提供全方位、优质专业的法律服务。在全所律师共同努力下，律所享有较高的社会声誉，工作受到社会有关部门、单位及委托人的普遍好评。

现有以下主要合伙人：

1.柴振国律师，原河北经贸大学党委常委、副校长，现任河北经贸大学地方法治建设研究中心主任，法学博士、博士生导师、教授。曾获国务院特殊津贴专家、河北省省管优秀专家、河北省有突出贡献的中青年专家、河北省优秀社科青年专家、河北省优秀中青年法学家等称号。兼任中国法学会理事、中国经济法学研究会常务理事、中国民法学研究会理事、中国法学教育研究会理事，河北省经济法研究会会长、河北省财税法研究会会长，河北省人大立法咨询委员会委员，河北省法官遴选委员会委员，石家庄仲裁委员会副主任、河北智律律师事务所律师等职。长期从事民商法、经济法教学研究和仲裁与诉讼案件的代理工作。业务领域：经济纠纷、合同、商事仲裁业务。

2.王利军律师，河北经贸大学法学院院长，教授，硕士生导师。河北省诉讼法研究会副会长，石家庄市政协常委、石家庄仲裁委员会仲裁员等。被聘为河北省政府法制专家库专家，河北省人大常委会立法咨询专家，石家庄市中级人民法院特约监督员等职务。曾获得河北省第三届十大杰出中青年法学专家、全国法律硕士教育优秀教师、河北省"十大法治人物"等荣誉称号。业务领域：财税、金融业务。

3.郭广辉律师，原河北经贸大学法学院党委书记，教授，博士。兼任河北省世界贸易组织法研究会会长、河北省社会法研究会副会长、河北省人民政府法律顾问、河北省人民政府法制专家咨询委员会委员、河北省人大专家委员会委员等。曾获首届河北省优秀中青年法学家、河北省高校中青年骨干教师等荣誉称号。业务领域：公司治理、股权、破产业务。

4.潘静律师，法学博士，最高人民法院应用法学研究所博士后。中国审判理论研究会互联网法研究会专家委员、北京网络法研究会副秘书长，石家庄仲裁委员会仲裁员。曾参与最高人民法院民法典编纂研究小组的《民法典》编纂工作。2020年编写并出版《中华人民共和国实施精要》；2019年编著并出版《最高人民法院案例选》（中英文版），参与最高人民法院中国法院类案检索与裁判规则专项研究并编著《担保纠纷案件裁判规则》。另出版专著五部，发表法学论文20余篇。业务领域：公司治理与并购、银行与金融、证券与资本市场、债券、合同纠纷等。

5.龚道平律师，河北省律师协会第七届理事会建设工程与房地产法律专业委员会副主任，法学学士。任石家庄第六次律师代表大会律师代表、房地产专业委员会委员、公司专业委员会委员，多次应邀参加过国内顶级法律论坛，曾参加最高院主办的破产法会议。先后担任河北师范大学、河北建工集团有限责任公司、石家庄一建建设集团有限公司等多家企事业单位法律顾问，多次代理重大、疑难、复杂的民商事案件、经济案件具有丰富的办案经验。业务领域：房地产开发建设工程、土地纠纷业务。

6.王芳律师，从事法律工作23年，被评为河北省优秀律师，多次受聘河北电视台法制栏目特约嘉宾并被评为“金牌律师”称号。从事法律工作业务涉及民商、建设工程、刑事、非诉等领域。代理全国著名知识产权第一例音乐版权案件，办理中院合同纠纷案件被收入最高院经典案例，办理数起刑事无罪案件，从业期间代理了各级法院大量案件，为某国有大型企业并购进行法律服务，为客户排忧解难。目前亦担任多家国有企业、其他知名企业的常年法律顾问。业务领域：合同纠纷、公司纠纷及非诉业务、建设工程纠纷、企业法律顾问、刑事案件等。

7.牛琨律师，中国政法大学法律硕士。执业经验丰富，自执业以来承办了千余起民事及商事、行政案件，诉讼经验丰富，工作作风严谨、细致、务实，办案思路清晰周密，担任国际知名连锁超市北京地区法律顾问团队工作长达15年，提供劳动法律事务、物业租赁、买卖及服务合同等多方面的法律服务，受到客户的高度评价和认可。自执业至今承办百余起各种类型的劳动争议仲裁、诉讼案件，依法保护了顾问单位的合法权益。业务领域：公司法、三资企业法律事务、企业法律顾问、民事诉讼及仲裁、劳动法等领域。

“同兴隆，共平安”，我们将不断加强团队建设、专业化建设、品牌建设，竭力为社会、为民众提供全面、优质、高效的法律服务。

隆安合肥简介

2021年12月29日，注定是个不平凡的日子。就在这一天，隆安的名字第一次写进了合肥的律所名单。经安徽省司法厅、合肥市司法局批准，北京隆安（合肥）律师事务所顺利拿到执业许可证。同样是12月29日，就在30年前的这一天，隆安总所在首都北京正式成立。而合肥分所，又恰好是隆安在全国的第30家分所。

第30周年，第30家分所，连成立日期都是同一天。这一定不只是纯粹的数字巧合，而是拥有着妙不可言的特别机缘。让合肥分所从成立的第一天起，就能够与隆安总所同频共振，跟随隆安前进步伐，大踏步行进在高质量发展之路上。“北园山杏皆高株，新枝放花如点酥。”在隆安大家庭里，合肥分所愿为新枝添新绿，不负新时代无限春光，共创隆安发展新局面。

同兴隆　共平安

近年来，号称“霸都”的合肥，享有“风投之城”美誉，被评为中国最佳“政府合伙人”，实现了经济规模、创新能级和城市能量的跨越提升。作为长三角城市群副中心城市、“一带一路”和长江经济带战略双节点城市，合肥法律服务市场前景广阔。合肥分所的成立，对于隆安律师事务所抢抓长三角一体化发展国家战略机遇，深耕长三角法律服务市场，具有重要的开拓意义。

我们坚信，在各级司法行政部门和律师协会的关心支持下，在隆安各成员所和合肥分所全体同仁的努力下，依托隆安30年专业积累取得的综合优势和市场美誉，合肥分所一定能够赢得各类委托人的信赖，为之提供专业而优质的法律服务。与此同时，我们也将为奋力推

动新时代政法工作高质量发展，不遗余力地扛起属于隆安合肥分所的一份社会责任担当。

隆安厦门简介

1992年北京市隆安律师事务所在首都北京正式成立，至今已然走过三十载岁月，30年历史沉淀着隆安人的智慧和汗水，30年后的今天，隆安厦门分所正式成立，2022年，全新的隆安厦门分所，将与而立之年的隆安一起站在新起点，奔赴新目标，创造新未来。

近年来，厦门依托经济特区、自由贸易试验区、综合实验区、21世纪海上丝绸之路核心区等多区叠加优势，作为两岸新兴产业和现代服务业合作示范区、两岸区域性金融服务中心和两岸贸易中心，还拥有涉外涉台的多种优势，优良的经济、人文、国际知名度等软硬件条件的综合性优势，让海丝中央法务区落地厦门，最终隆安厦门分所应运而生。

隆安厦门分所成立以来，作为厦门市2022年加快建设海丝中央法务区、发展高端法律服务业重点引进单位落户自贸区，获得海丝中央法务区建设工作厦门领导小组办公室、厦门市司法局等部门的高度重视。我们坚信，隆安厦门分所的成立，对于隆安立足福建、辐射两岸，充分发挥海丝中央法务区战略优势，开拓现代化法律服务市场，具有重要意义。

2022年7月，隆安厦门分所成立初期办公面积已达到1612平方米，执业律

师70余人。办公地址位于厦门本岛自贸区东渡港区核心地段的“厦门海上世界”1号楼5A写字楼4楼。厦门海上世界是由招商蛇口、厦门港务联合打造，集智慧办公集群、沉浸式主题商业、奢华酒店、邮轮母港、滨海文娱等产业于一体的世界级滨海综合体，总建筑面积超100万平方米，未来将打造为厦门最具国际影响力的地标之一。

有幸在隆安30周年之际加入隆安的大家庭，我们坚信，在各级司法行政部门的关心支持下，在隆安全国分所和厦门分所全体同仁的努力下，依托隆安人30年历史沉淀的专业积累、综合优势和市场美誉，隆安厦门分所站在新的历史起点，一定能够成功赢得各类客户的认可，在福建乃至更大范围内树立“隆安”律师的品牌形象。

30年征程波澜壮阔，30年初心历久弥坚，未来，我们还将携手奔赴新目标，与时代共进，同兴隆，共长安，再谱新篇章。

后　记

这本书有几十万字的内容，30年的办所历程，加上我的求学求职的各个阶段，内容相当繁杂，当书稿完成的时候，终于松了一口气，大功告成。写这本书的想法在几年前就有了，框架早就在脑子里形成了，大量的资料开始收集准备，包括以前在不同历史时期已经积累写出来的东西。写作是相当费时、费力、费神的事情，遇到一个字、一个词、一句话，要反复推敲才能定夺，描述一件事要查很多遍背景资料，以保证不出错误，即便如此，谬误在所难免。正好赶上疫情期间，大部分工作和生活都停摆，损失难以估量。我利用这段难得的宝贵时间，集中精力，每天除了吃饭睡觉及必要的线上会议外，花数小时在写作上，有点像当年高考时的封闭复习。写作靠灵感，灵感一来就要抓住，不能停顿，一停下来就写不下去了，这可能就是所谓的意识流，有思维马上记录下来，否则转瞬即逝，集中时间集中精力才能写出来东西，所以才有集中时间封闭写作之说，这应该是经验之谈。高效出大活，几个月的功夫没有白费，基本成型的书稿到了移交出版社的环节了，要感谢的人和事不少。最应该要感谢的是疫情，疫情带来的痛苦是一生中最为难熬的一段经历，这段不幸遭遇过去以后，没有什么坎坷可以拦住我们的步伐。疫情一方面给我们带来了灾难；另一方面让我们反思了人生，我们究竟需要什么？我们如何面对困苦？疫情让我们脚步慢了下来，让我们有时间思考我们平时没有时间和空隙去思考的宏观问题和人生大事。没有疫情的大把时间哪能有机会写出这本书？没有写书的经历怎么会去思考很多严肃的问题？在写书的过程中，像看电影一样，经历过的事情一幕一幕在眼前晃动，在我六十多岁的花甲人生中，干了一些事情，取得了一点点业绩，是因为搭上了时代的快车，遇到了一群志同道合的人，总的感觉还算是顺利。从另一个方面，反思自己发现：没有做出什么惊天动地的大事，都是平平常常的琐碎之事，自己创立的隆安律师事务所在律师行业中只是普普通通的律师事务所，离我所设想的律师事务所应有的地位和名声还相差甚远。作为普通人，在做律师和办律师事务所的过程中，有过各种各样的失误，犯过难以计算的错误，甚至很荒唐的错误。伤害过不少人，得罪过更多的人，真是后悔莫及，如果不犯这些错误，再努力一点，做得好一点，人生会不会更好？律师事务所会不会更加成功？在写作之中，触及过去所犯错误伤口之时，这些问题时常不断的挑问我自己。写作的过程也是心灵不断的锻炼和进步的过程，如何面对自己，给自己做怎么的总结？我总是在想，一代人干一代人的事情，一个人不同阶段有不同的想法，所谓六十耳顺，就是不管听到什么语言，到自己的耳朵里都是顺耳的话，没有什么不好听的话，也没有不能接受的言语，反射到内心就是可以承受任何事情，心静如水，放下所有事情，放下整个世界，放下所有的人，当然更应该放下自己，既然我放下了很多事情，放过很多人，为什么不放过自己？原谅自己？与自己和解？自己灵魂在不断追问自己的时候，也在不断的替自己回答，寻找各种借口，自圆其说，这可能就是所谓的成熟。只要主观努力了，客观谁也左右不了，可谓理想很丰满，现实很骨感，做事在人，成事在天。相信这个世界就不是十全十美的，人生没有完美的，我一介凡人更不能苛求自己，放下一切，立地成佛，心安理得，知足常乐，不往人生足矣。

感谢隆安律师事务所的行政总监张科文先生，在本书的写作过程中，我不厌其烦的催促他给我收集写作素材和资料，同时请各个分所提供各自的介绍文本，然后编辑汇总校对等工作，没有张科文先生的辛苦付出就没有本书的出版。

感谢我的硕士研究生张成凯同学，在我决定以口述历史方式写作这本书的时候起，我就开始口述微信给他，由他整理成文字发给我成书，这本书的大部分内容都是由他把语言变成文字的。由于口语化比较凌乱，加上我的浓重东北口音，这项工作显然不轻松。

感谢马胜圣律师，在本书的前期准备工作中，他做了大量的工作，搜索资料，发现事件和人物的线索。在后期工作中，制作了目录、章节分类，并进行文字校对等。

感谢我的博士研究生杨森同学，在收集整理博客资料、草拟本书提纲方面做了相当繁重的工作。

同兴隆　共平安

感谢高光律师、郭也律师、吴静律师，在本书的成书过程中做出了非凡的贡献。

感谢当代中国出版社法治编辑部刘文科先生、邓颖君女士对本书出版所付出的辛勤工作。

最后感谢隆安律师事务所和全体隆安家人！

徐家力

2022年7月